高等院校文科教材

中國古代史

第5版

上册

十院校《中国古代史》编写组

主　　编　朱绍侯　齐　涛　王育济
分册主编　钱宗范　裘士京　王育济
修订撰稿　裘士京　商国君　韩养民
　　　　　周作明　周长山　文廷海
　　　　　戴显群　刘玉峰

海峡出版发行集团 | 福建人民出版社
THE STRAITS PUBLISHING & DISTRIBUTING GROUP | FUJIAN PEOPLE'S PUBLISHING HOUSE

十院校《中国古代史》编写组

第一、二、三版

主　　编	朱绍侯		
撰　　稿	陈怀荃	杨育坤	何清谷
	韩养民	林剑鸣	卢启勋
	刘静夫	何应忠	郑佩欣
	陈之安	宋锡民	赵凯球
	徐　规	孙如琦	徐明德
	魏得良	师道刚	刘学沛
	唐文基	张桂林	张嘉沧
	魏千志		

第四版

主　　编	朱绍侯	张海鹏	齐　涛
上册主编	钱宗范	裘士京	王育济
下册主编	魏千志	魏得良	唐文基
修订撰稿	裘士京	商国君	韩养民
	周作明	刘伟航	戴显群
	刘玉峰	何忠礼	魏得良
	杨国勇	牛建强	

第五版

主　　编	朱绍侯	齐　涛	王育济
上册主编	钱宗范	裘士京	王育济
下册主编	魏千志	魏得良	唐文基
修订撰稿	裘士京	商国君	韩养民
	周作明	周长山	文廷海
	戴显群	刘玉峰	何忠礼
	魏得良	杨国勇	牛建强

1 2
4 3

1. 山顶洞人复原像
2. 半坡遗址出土的人面鱼纹陶器
3. 商代后期奴隶陶俑
4. 商代记录祭祀、狩猎等内容的甲骨卜辞

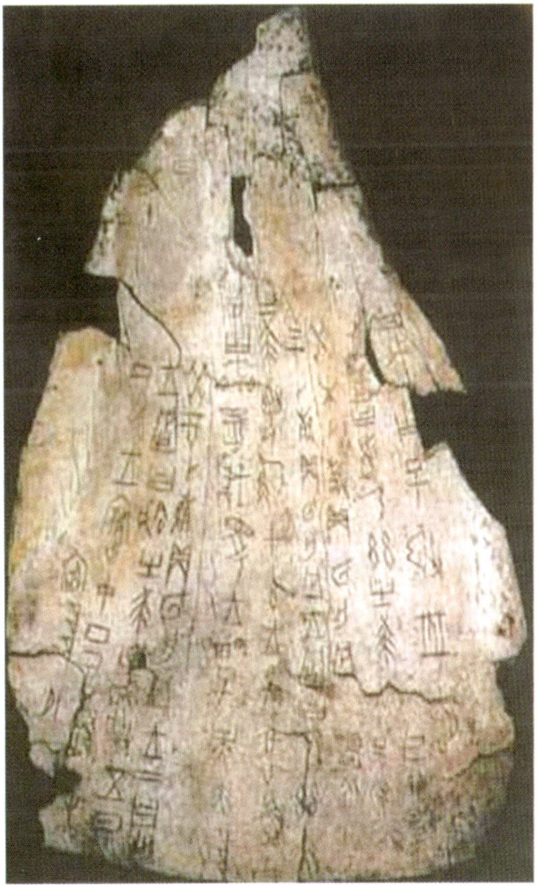

1 | 2
3

1. 越王句践剑

2. 战国帛画《龙凤仕女图》（湖南长沙出土）

3. 秦兵马俑坑

1. “单于天降”瓦当（内蒙古包头出土）

2. 《射猎收获图》（汉代画像砖）

3. 西汉长信宫灯（河北满城出土）

4. 敦煌莫高窟

1
3 | 2

1. 文成公主金像（西藏大昭寺）

2. 唐三彩骆驼

3. 大秦景教流行中国碑

第五版第二次修订说明

本次修订在保持章节框架和主体内容稳定的前提下，主要做了两方面的工作。一是总结和吸收文物考古和出土文献方面已获公认的新发现、新数据、新观点，据此对相关内容进行了修正或补充。二是认真汲取教学一线和其他读者的意见建议，据此对相关内容进行了必要调整。此外，对书中的字词舛误及新旧地名变化等，也都在相应的印次中进行了及时修订。

朱绍侯先生生前十分关心第五版的修订工作。他对本教材的巨大贡献，将永远为我们所铭记。

第五版自2010年出版以来，已累计印行27次。读者的关爱、批评与建议，是这套教材葆有活力的源泉。

编　者

2023年9月

第五版修订说明

2009 年 7 月在山东大学召开了本教材第五版修订工作会议，十院校老中青学者 30 余人出席了会议。会议确定了本次改版修订的基本原则：以唯物史观为指导，注重历史规律的客观性和教材的科学性；注重史实叙述和史料使用的严谨性；注意吸收中国古代史研究领域及文物考古方面已获公认的新观点、新成果；认真研究并汲取近年来读者和学生对本教材所提意见。为更好地适应教学需要，会议还确定了裘士京教授（安徽师范大学）、王双怀教授（陕西师范大学）、戴显群教授（福建师范大学）负责编撰本教材配套多媒体教学课件。

本次各章节的修订，原则上由上一版的原作者负责，但周作明教授因调离广西师范大学，原来他负责的两汉部分修订工作改由他与周长山教授（广西师范大学）共同完成；西华师范大学（原南充师院）的刘伟航教授英年早逝，原来他负责的魏晋南北朝部分改由文廷海教授修订。

青年骨干教师李森（山东大学）、杨加深（山东大学）参与了本次的修订工作，鲍永军（浙江大学）提供了宝贵的修改意见。

因工作需要，经主编朱绍侯、齐涛教授提议，与会代表一致同意，增补山东大学王育济教授为主编。

近十年来，本教材的第一代作者均已退休，张海鹏（安徽师范大学原校长）等数位教授离世，他们对本教材的贡献永远被我们所铭记。

编　者

2010 年 1 月

第四版前言

由教育部组织十院校编写的高等院校文科教材《中国古代史》，1979 年作为试用教材由福建人民出版社出版，1982 年成为正式教材，到现在已有 20 年左右。在这段时间内，这部教材多次修订重印，总发行量达一百多万册，至今尚有近百所高等院校在使用。使用范围之广和时间之长，实为始料所不及。应该说，这是广大高校师生对我们的极大信任、鼓励和支持，也是鞭策我们继续改进的动力。

在这 20 年里，我国社会主义现代化事业在改革开放政策指导下突飞猛进，各个领域都取得了举世瞩目的成就；中国古代史的科研、文物考古和教材建设等方面也获得了丰硕成果，不少领域都有新的突破。尽管这部教材在使用中不断修订改版，但我们清醒地认识到，要适应我国教育改革的新形势，保持这部教材的生命力，必须进行全面修订。基于这一认识，1998 年 4 月 26～29 日，安徽师大、山东大学、杭州大学、福建师大、西北大学、陕西师大、山西大学、广西师大、四川师院、河南大学等十院校，在福建人民出版社的支持和参加下，于安徽芜湖召开《中国古代史》修订研讨会，对这部教材的修订问题取得了广泛的共识，在会议研讨的基础上制订了新版编撰计划，并进行了分工。经过一年多的努力，2000 年元月 6～12 日，十院校在山东大学召开修订稿讨论会，进一步提出修改意见。会后由各章执笔人分头修改，经分册主编审改后，由全书主编定稿，送交福建人民出版社处理。现在以新版的面貌呈献给读者。

新版教材的编撰原则是：坚持以马克思主义理论为指导，注意吸收中国古代史研究领域及文物考古方面的最新成果，继承原版的优点，改正其缺点，进一步加强教材的科学性，全面提高质量，更好地适应教学的需要。在此原则下，全书框架结构做了必要的调整，章的设置仍按时代和朝代先后，节、目以下变动较大。各章内容都有所变动，不少地方重新改写。比较明显的是增加了各时代社会生活和习俗方面的内容，适当压缩农民起义方面的分量，特别是简化战争过程，避免铺叙过细；对农民起义和其他重大历史事件的分析力求更实事求是，评价更全面，提法更科学；文字体例方面也做了规范化处理。总字数保持约100万字，教学所需的资料力求丰富。这样做的目的是加强全书的科学性和内容的先进性，保持教材的实用性和稳定性。但限于水平，缺点和问题在所难免，请专家、学者、高校师生和广大读者随时指正。

20多年来，这部教材的编写人员已有很大变化，多数已退休，有四位已逝世，有的已调离原单位。为了适应人员变动的情况，注入新鲜血液，加强编撰力量，1998年芜湖会议对编撰工作分工做了新的安排：增补安徽师大原校长张海鹏教授和山东省教委副主任、山东大学博士生导师齐涛教授为本书主编；聘请安徽师大陈怀荃教授、浙江大学徐规教授、陕西师大牛致功教授、山东大学原党委书记陈之安教授、山东大学郑佩欣教授、华中师大熊铁基教授为本书顾问；调整分册主编人选：上册主编为钱宗范（广西师大教授）、裘士京（安徽师大教授）、王育济（山东大学教授）；下册主编为魏得良（浙江大学教授）、魏千志（河南大学教授）、唐文基（福建师大教授）。各章执笔人为：

第一、二、三章：安徽师大裘士京

第四、五章：陕西师大商国君

第六、七章：西北大学韩养民

第八章：广西师大周作明

第九章：四川师院刘伟航

第十章：福建师大戴显群

第十一章：山东大学刘玉峰

第十二章：浙江大学何忠礼、魏得良

第十三章：山西大学杨国勇

第十四、十五章：河南大学牛建强

十院校校系领导始终大力支持新版的编撰工作，在教学和科研任务繁重的情况下抽出得力人员参加执笔，保证了编撰工作的顺利完成。福建人民出版社的领导和编辑同志更是尽心尽力，使新版教材按计划出版。本教材是教育部“高师教学改革计划”的重点项目——《面向21世纪高师古代史教学内容和课程体系改革与实践》（项目负责人为安徽师大裘士京教授）的主要成果之一。该项目的另外两项成果由华中师范大学和河南大学负责完成。华中师范大学历史文化学院的熊铁基教授作为本项目的主要负责人担任本教材的特邀顾问，自始至终参与工作，在此一并表示衷心感谢！

朱绍侯

2000年5月于开封

第一版前言

《中国古代史》是教育部组织山东大学、西北大学、杭州大学、广西师院、山西大学、安徽师大、陕西师大、南充师院、福建师大、河南师大共同编写的大学文科教材。

根据教育部的意见，《中国古代史》于1979年由福建人民出版社先作为内部试用教材出版，经过修改审定，再作为大学文科教材。为此，教育部于1980年11月召开了中国古代史教材审稿会，根据审稿会的意见，于1981年9月修改定稿，增加插图，仍由福建人民出版社出版。

《中国古代史》全书约90余万字，分上、中、下三册。上册由原始社会至东汉，中册由魏晋南北朝至辽宋金，下册由元至清（1840年前）。具体分工如下：

第一章至第三章	安徽师大陈怀荃
第四章	陕西师大杨育坤
第五章	陕西师大何清谷
第六章、第七章	西北大学韩养民、林剑鸣
第八章	广西师院卢启勋
第九章	南充师院刘静夫
第十章	广西师院何应忠
第十一章	山东大学郑佩欣、陈之安、宋锡民、赵凯球
第十二章	杭州大学徐规、孙如琦、徐明德、魏得良
第十三章	山西大学师道刚
第十四章	福建师大刘学沛、唐文基、张桂林
第十五章	河南师大张嘉沧、魏千志

为了使本书体例一致，观点统一，前后连贯，还设有分册编辑和全书主编。上册编辑：陕西师大牛致功和西北大学林剑鸣、祝瑞开（现已调复旦大学分校）。中册编辑：杭州大学徐规和山东大学郑佩欣。下册编辑：河南师大魏千志和福建师大唐文基。全书主编为河南师大朱绍侯。

本书在编写过程中注意吸收国内中国古代史研究的先进成果及文物考古方

面的新成就，并采用了各方面的研究成果。由于本书属于教材性质，故未一一注明，敬请原作者及读者谅解。

本书在讨论和修改过程中，先后邀请几十所大专院校、历史研究机构及报刊社的中国古代史方面的专家、教授给我们提出了许多宝贵的意见，特别是南京大学的邱树森同志、暨南大学的李龙潜同志、中国历史博物馆的王宏钧同志和中国人民大学的王思治同志，帮助我们审阅和修改了元、明、清部分。对给予我们大力支持和热情帮助的专家、教授，特在此表示衷心谢意。

福建人民出版社的李瑞良、郑金祥同志，为本书出版付出了辛勤的劳动，也在此表示感谢。

为了给大学文科提供一部比较适用的中国古代史教材，我们努力运用马列主义、毛泽东思想，掌握充实而可靠的历史资料，力图正确反映中国古代史的真实面貌，揭示出中国历史的发展规律。但是，由于我们的水平有限，缺点和错误在所难免，恳切希望史学界的专家及使用本教材的同志，给予批评指正。

编　者

1981年9月

目　　录

第一章　中国的原始社会
（约200万年前～前2070年）

第二章　夏商时期奴隶制国家的建立和发展
（前2070～前1046年）

第三章 西周奴隶社会的进一步发展

（前 1046～前 771 年）

第四章 春秋时期奴隶社会的瓦解

（前 770～前 476 年）

第五章 战国时期封建制度的确立

（前 475～前 221 年）

第六章 秦帝国的建立和秦末农民战争

（前 221～前 207 年）

第七章 西汉统一多民族封建国家的发展

（前 206～25 年）

第九章 三国两晋南北朝的社会进步和民族融合

(220～581 年)

第十章 隋朝统一帝国的再建和社会经济的发展

(581～618 年)

第十一章 唐代统一多民族国家的繁荣

（618～907 年）

第一章　中国的原始社会

（约200万年前～前2070年）

第一节　中国历史的开端

一　猿人及其社会生活

科学表明，人类是从一种古猿类发展而来的。近几十年来在亚、非、欧等洲一些地区发现的森林古猿、腊玛古猿和南方古猿被认为是人类和现代类人猿的共同祖先。在中国云南开远小龙潭、禄丰石灰坝等地，先后发现距今800万年以上的腊玛古猿化石，其体质形态更接近人类的早期类型。南方古猿中的纤细种被认为是人类的直接祖先，我国湖北建始县、湖北巴东县、广西南宁市都曾发现可能属于南方古猿的牙齿化石。以上发现表明，中国是古猿生存栖息并最终完成其向人类演进的重要地区。

从古猿到人的进化经历了漫长的地质年代。第三纪的造山运动导致了气候和自然环境的变化，古猿生活的地区比以前干旱，造成树林稀疏，丛林间隙地扩大，迫使原来生活在茂密森林里的古猿，经常到地面上觅食，从而加速了手足的分化，逐渐习惯于用后肢直立行走，用手握取木棒、石块等天然工具来谋生。手足分工、直立行走，使全身的肌肉、骨骼、内脏的形态及排列位置都发生变化，也为古猿学会制造工具创造了条件。到了距今300万年以后，世界一些地区的古猿学会了制造工具，最原始的人——猿人和最原始的社会组织开始形成。从此，就开始有了人类的历史。

猿人的遗迹及其体质特征　中国是人类发源的重要地区，猿人遗迹遍布南北各地。迄今已发现猿人化石和相应的旧石器时代早期遗址有数十处之多。其中特别重要的发现有云南元谋人、陕西蓝田人、北京周口店的北京人、安徽和县人、湖北郧县人和郧西人等。一大批猿人的遗骸或遗物的发现，不仅为世人研究人类的起源和中国远古人类的状况提供了丰富的资料，而且充分地说明早在200多万年以前，中国境内已有人类生息繁衍，从而揭开了中国历史的序幕。

1965年发现于云南元谋县上那蚌村的元谋猿人，是我国已发现的较早的人类，经古地磁法鉴定，距今约170万年。目前仅发现属于同一个体的两颗上颌侧门齿化石，牙齿硕大、粗壮，较为原始。1961～1962年间，在山西芮城县西侯度旧石器时代早期遗址，发现距今约180万年的猿人时代遗存。

时代稍晚的猿人化石和遗址，在许多省市均有发现。

蓝田猿人1963～1964年发现于陕西蓝田县陈家窝和公王岭，出土有残破头盖骨一具，上、下颌骨各一具，有牙齿十余枚。其特征是眉脊骨特别粗壮，骨壁厚，前额低平，牙齿硕壮，脑壳较厚，脑量较小（约780毫升）。此外头骨枕部宽阔而圆钝，外形轮廓呈楔形，说明蓝田猿人的体质还比较原始，距今约115万～65万年①。

和县人1980年发现于安徽和县陶店镇汪家山龙潭洞。猿人化石包括一具国内现存最完整的头盖骨、一块附连二个臼齿的左下颌骨和四枚单体牙齿，共代表三个个体，头盖骨属一男性青年个体，其颅骨较宽，额骨低而后倾，顶骨的矢状脊明显，眉脊粗壮，其年代晚于北京猿人。

发现于北京周口店龙骨山的北京猿人遗址是猿人阶段资料最丰富的遗址。从1927年开始，经过多次大规模的发掘，发现包括六个较完整的头盖骨在内的大量面骨、下颌骨、四肢骨和牙齿化石，分属于四十多个不同性别和年龄的个体。北京猿人的前额低平，眉脊粗壮，吻部突出，无明显的下颌，颧骨高突，鼻子宽扁，头骨上窄下宽，最宽处在耳孔稍上方，轮廓略呈椭圆形，长着较现代人粗大且纹理复杂得多的牙齿，头部带有明显的原始性。

北京猿人的体质形态较蓝田猿人略有进步，平均脑量约为1075毫升，比现代猿类的平均脑量415毫升大一倍半以上，其中最大的脑量为1225毫升，已接近现代人的平均脑量（1400毫升）。北京猿人的门齿呈铲形，有宽鼻子和低而平的面部，下颌骨内面靠前部有下颌圆枕等，这表明北京猿人化石具有明显的蒙古人种的特征。

---

① 2015年英国《人类进化杂志》（*Journal of Human Evolution*）刊发了中英学者历时12年的合作研究成果：用多学科交叉方法和技术再测公王岭化石年代为距今163万年。

北京猿人的四肢更接近于现代人，除骨壁较厚、髓腔较小外，骨骼的形状、大小、比例和肌肉附着点都与现代人相似，其上肢骨和现代人接近的程度更甚于下肢骨，这表明北京猿人的下肢在长期直立行走和辅助性劳动中日趋完善，而上肢在长期的劳动中适应日益复杂的动作而变得十分灵巧。从北京猿人整个体质形态来看，其头骨和肢骨发展是不平衡的，四肢尤其是手，在劳动中首先得到改造。手不仅是劳动的器官，也是劳动的产物。在类人猿向人的转变过程中，首先是劳动、然后是语言和劳动一起促进了脑髓的发达，恰如恩格斯所言："我们在某种意义上不得不说：劳动创造了人本身。"[①] 北京猿人长期生活的龙骨山洞，留下40米厚的堆积物，其绝对年代经铀系法和古地磁法测定，最早距今69万年，前后持续达40万年之久。

猿人的生活和社会组织 猿人为了生存，与大自然进行了艰苦卓绝的斗争，他们依靠的是创造性劳动和集体的力量。人类的真正劳动，是从能够制造工具开始的。人类最早制造的工具，不外是稍加敲击的石块、骨头以及木棒之类，极为简单粗糙，尚不能做进一步的加工，在考古学上属于旧石器时代早期。

在元谋猿人、蓝田猿人、和县人化石出土的地层中，均发现有人工打制的石器和骨器。这些工具多以单面加工为主，修制技术简单，器形不规整，大多未经第二步加工就直接使用。在西侯度遗址还发现带砍痕的鹿角。由于年代久远，木制工具已不复存在，经简单加工的木器肯定曾广泛地被当作工具使用。

在北京猿人的洞穴中，共发现石制品10万余件。这些石器以脉石英和砂岩为原料，来源于洞前不远处的河滩砾石，稍加打击后即可形成锋利的刃部，就直接投入使用，没有固定的形状，一器多用，显得十分粗糙简陋。在漫长的岁月里，北京猿人的工具在选材、打制方法上有缓慢的进步，他们就是使用这些工具，围捕野兽，刮削兽皮，切割兽肉，砍砸兽骨、树木，制作工具，挖掘根块，顽强地与自然抗争，在极其艰难的条件下生息繁衍。

根据与北京猿人共生的各类动物化石推知，数十万年前的周口店一带，气候比现在温和湿润，周围既有蜿蜒起伏的高山、茂密的森林，又有广阔的草原、纵横交错的大小河流和成片的沼泽。其间活跃着各种野兽，其中既有剑齿虎、豹、熊、狼、鬣狗等凶猛的食肉动物，也有野马、野牛、羚羊、猕猴、鹿类等成群的食草动物，还有大象、犀牛栖息其间。这些兽类对猿人的生存构成威胁，但又是他们追杀猎取的对象，其中肿骨鹿和梅花鹿为北京猿人的主要食

① 恩格斯：《自然辩证法》，《马克思恩格斯选集》第三卷，第988页，人民出版社2012年版。

物来源。采集植物和捕捞水生动物也是获取食物的主要手段。

在龙骨山山洞里，发现了大量的灰烬及火烧过的石块和兽骨，有的灰烬成层分布，有的集中成堆，厚达6米。灰烬里有一块块颜色不一的烧过的兽骨、石块以及朴树籽和紫荆树木炭块。在元谋人、蓝田人、贵州桐梓人生活的地层里也有类似的发现。这说明猿人时代用火是普遍的。那时，人们可能从因雷击引起大火的森林里或其他有天然火燃烧的地方引来火种，在居住的洞里燃起常年不熄的火堆，用来烧烤食物，照明取暖，防御野兽。这样不仅增强了体质，而且增强了人类抗御自然的能力，火的使用是人类有决定意义的进步之一，它使人类第一次支配了自然力，从而最终把人从动物界分开。

猿人时期，个体的力量往往是微不足道的，只有依靠群体的智慧和力量才能抵御野兽的侵扰，战胜险恶的自然环境，才能勉强生存。在原始群团里，盛行原始的杂乱性交。随着社会的进步，人们逐渐有意无意地在原本无序性交的关系中形成一定的规则，开始排除不同班辈之间的杂交关系，而只允许年岁相仿的同辈男女通婚，同一辈的男女既是兄弟姐妹，又互为夫妻，从而进入人类社会发展史上第一个家庭形式——血缘家族时期，这也是第一个社会组织形式。北京猿人已经进入这一发展阶段。血缘家族曾广泛地存在于包括中国在内的各古老民族的早期阶段，世代流传的兄妹为婚的传说正是这一反映。猿人的生活是极其艰辛的，绝不是黄金时代。生产力的极端低下，科学文化知识的极端贫乏，生活资料的极度匮乏，外部环境的凶险，使人类的祖先随时面临死亡的威胁，在北京猿人的四十多个个体中，约有三分之一不到14岁就夭折了。

猿人以极艰苦的劳动，改造了自然，也改造了自己，他们创造了原始文化，积累了经验，繁衍了后代，使人类社会得以缓慢地发展。

二　古人和古人创造的文化

人类社会的演进是和人类体质的发展相一致的。到了距今二三十万年前，进入人类学上的“古人”阶段。“古人”又称早期智人，相当于考古学上的旧石器时代中期。这一时期延续到距今四五万年前，其最大特点是猿人体质上遗留下来的原始特征逐渐趋于消失，石器制作方面也有较明显的进步。

我国境内的古人　我国境内的古人化石和遗存较为丰富，特别重要的有大荔人、许家窑人、丁村人。

大荔人是1978年在陕西大荔县甜水沟的砾石层中发现的，是一具相当完整的男性青年头骨化石，是由猿人向古人过渡形态的代表，距今约20万年。

大荔人头顶低矮，眉脊粗壮，骨壁较厚，吻部不很突出，其脑颅最宽处在颞骨鳞部后上方，比北京猿人高得多，脑容量为1120毫升，表明比北京猿人进步。

许家窑人是1973年在山西阳高县许家窑村发现的。化石和遗物较为丰富，计有顶骨11块，枕骨2块，附连4颗牙齿的左上颌骨及单体牙齿2颗，分属于10多个个体。许家窑人头骨仍较厚，但颅顶较高，吻部已不太突出，牙齿粗大，牙冠嚼面复杂，既具备一定的原始性，又有接近现代人的特征。其年代约10万年前。

丁村人最初是1954年在山西襄汾丁村发现而命名的。有属于一个十一二岁小孩的3颗牙齿化石。1976年在同一地点发现一块属于一个2岁小孩的右顶骨化石。丁村人门齿舌面不如北京猿人复杂，顶骨壁较薄，某些特征接近于现代蒙古人种，其体质特征较猿人有明显进步，距今10万年之内。

此外，已发现的古人化石或遗存还有：广东韶关马坝山洞发现的马坝人、湖北长阳下钟家湾岩洞发现的长阳人、贵州桐梓云峰岩灰洞发现的桐梓人、安徽巢湖市银屏区岱山乡发现的巢湖人等，北京周口店龙骨山新洞和辽宁喀左鸽子洞等地发现旧石器中期遗址。

古人的社会生活 古人的体质比猿人有显著进步，劳动经验和技能逐渐有了提高，活动的领域进一步扩大，他们适应各地的自然环境，继续过着以采集狩猎为主的生活。

大荔人生活在渭北平原，那里20多万年前是一片辽阔的草原，树木丛生，气候温暖，大荔人在林边草地猎取鹿、马，在水边捕捞鱼、蚌，有时也在灌木丛中猎取古菱齿象、犀牛和水牛。许家窑人生活在古大同盆地的湖泊边，丁村人栖息在汾水中游，他们生存的环境差不多。当时的气候比现代温暖，剑齿虎已绝迹，大象、犀牛、鹿、马、羚羊在草地丘陵间奔驰，豺、狼、熊、狐等时有出没。周围湖泊河流和岸边浅水中生活的鱼、蚌、螺等是许家窑人和丁村人的重要生活资料来源，他们过着渔猎兼采集的生活。

古人制作的工具已有进步，大荔人遗址出土的石器形体普遍较小，许家窑和丁村遗址出土的石器多用打击碰撞法制造，有的进行了第二步加工，加工技术较前进步，石器类型多样，有单刃砍砸器、多刃砍砸器、三棱尖状器、小型尖状器、多边形器、石球、刮削器等，以适应不同的用途。如石球，又称球形投掷器，在许家窑遗址出土1000多件，每件重80～2000克之间，球面敲打得匀称滚圆。丁村人使用的石球多用石灰岩打成，重500～1300克，是重要的狩猎工具，这是当时生产技能和生产力水平提高的表现。

猿人时代已经长期积累了用火和保存火种的经验，古人当有进一步的发展。他们在打制石器时，两石对击冒出火花，或在砍砸树木时，较长时间的摩擦生热而引起燃烧，这样就导致了人工取火方法的发明。这种方法，到古人时代大概已应用在实际生活中。古人时代用火的遗迹和燧人氏"钻燧取火"的传说，正是掌握这一人工取火方法的反映。

古人阶段，血缘家族有了进一步发展，逐渐地排斥了同一家族内同胞兄弟姐妹之间的杂交状态，进而又逐渐地排除了由近及远的旁系亲属间的婚姻关系。由于血缘家族的繁衍分裂，形成新的血缘家族，这就为同一家族的一群兄弟与另一家族的一群姐妹之间的群婚创造了条件。这种新的更高级的群婚形式，即后代一度相当盛行的族外婚。人类排斥了血亲婚配，从而大大地加快了人类自身体质向更健康、更完善的方向发展。这是人类家庭婚姻史上又一次重大进步，氏族制度在这一时期就逐渐萌芽了。

第二节　原始社会的发展——母系氏族社会

一　新人与氏族公社的形成

距今 5 万年左右，古人进化为新人，新人又称晚期智人，在考古学上属旧石器时代的晚期阶段。这时，人类体质形态的原始性质完全消失，受居地环境等因素的影响，逐渐分化为各色人种，分布于新旧大陆，现代人开始形成。与新人阶段相一致的是氏族公社的形成，它是人类战胜自然的有力保证。

我国境内的新人　新人的足迹遍布我国大地，从 20 世纪 20 年代到 90 年代的重要发现有：北京周口店龙骨山的山顶洞人、内蒙古萨拉乌苏河流域的河套人、山西朔州的峙峪人、四川资阳的资阳人、广西柳江的柳江人、台湾台南左镇的左镇人、广西来宾麒麟山的麒麟山人，还有山东泰安人、辽宁建平人、云南丽江人、吉林榆树人、江苏泗洪下草湾人等，各个发展阶段的新人均有发现，其中具有代表性的是山顶洞人。

山顶洞人是 1930 年在发现北京猿人的龙骨山顶一个洞穴中发现的。计有属于 8 个个体的上下颌骨、牙齿和体骨化石。其中较完整的三具头骨，一为男性老人，二为女人，其体质特征与现代人基本相同。山顶洞人的脑量在1300～1500 毫升之间，已在现代人脑量变异范围之内。山顶洞人距今约 18000 年，属于新人阶段偏晚的代表。

新人时期生产技术的发展　新人已比他们的前人有了更丰富的劳动经验和技能，生产工具也有明显的进步。他们改进了打击和修制石器的方法，制造出类型分明的多种石器，使之更适合于狩猎、切割和刮削等不同的用途。峙峪遗址发现有石镞，说明当时已发明了弓箭。弓箭是一种远射程兵器，又是一种较复杂的工具，由弓背、弦、箭组合而成，标志着人类祖先在征服自然方面的一大进步。山顶洞人已学会在木棒尖端绑上石矛用于射杀野兽，还能捕捞一米多长的大鱼，使生活资料比他们的前辈大为丰富。

峙峪人的石器具有原始细石器的特点，器形中的雕刻器、圆头刮削器、石镞等是细石器工艺的代表。从山顶洞人使用的骨针可以看出，当时已有较高的骨器制作技术。骨针是用兽骨刮削和磨制而成的，针身保存完好，针尖圆钝，针孔残缺，针孔是用小而尖锐的尖状器挖成的。骨针残长约 83 毫米，最粗的直径 3.3 毫米，若无熟练的技术和相应的工具，制作这样的骨针是不可想象的。这是世界上迄今发现的最早的缝纫工具，说明当时已能缝制兽皮服饰，这也增强了防御寒冷保护身体的能力。

山顶洞人的生产技术还集中反映在装饰品的制作上。出土有成串的小石珠、穿孔的兽牙和截成小段的兽骨，还有经加工修饰的鸟骨、鱼骨及海蚶壳等。这些装饰品都经过比较精细的切割、打磨或钻孔，有的还用赤铁矿粉染成红色。在相当坚硬的小砾石、兽牙、海蚶壳上钻直径仅数毫米的圆孔需要很高的技艺，一般认为这是新石器时代才出现的新工艺，而山顶洞人已较熟练地掌握了，确实难能可贵。装饰品的发现，表明这一时期人们的生活水平有了提高，人类已有爱美的观念和对美的追求。而这些装饰品的制作也成为生产力发展的重要见证，原始艺术的萌芽已经出现。

山顶洞有上下两层，洞口朝北，其上层是当时人们的居住地，下层的深处则为死者的墓地。在墓地发现三具完整的人头骨化石和一些躯干骨，是一个青年妇女、一个中年妇女和一个老年男子的遗骨，都佩有装饰品，身旁安放着生产工具，骨架周围有赤铁矿粉末撒成的圆圈。红色的赤铁矿粉象征着鲜血，是生命的来源和灵魂的寄生处。在死者的四周撒赤铁矿粉，祈求给死者以新的生命，显然是原始灵魂不灭观念的反映。宗教作为一种特殊的意识形态，是对自然和社会的歪曲的反映，并与人们的终极关怀密切相连。原始的宗教在这一阶段已经产生。

母系氏族公社的形成　随着原始社会的发展，血亲婚配逐步受到较为严格的限制，氏族就逐渐形成。新人阶段氏族制的第一个时期即母系氏族公社就逐渐确定了。当时盛行族外婚制，即一个氏族的一群青年男子集体“出嫁”到另一个氏族中与一群青年女子互为夫妻。在这种群婚形态下，由于男女双方关系不固定，子女只能确认生母而不能确认生父，氏族成员只能按女系的血统来计算，一个母系氏族公社有一个共同的女性祖先，同一始祖母生的若干后代，便形成一个氏族公社，若干代以后便分离出新的氏族，几个氏族组成胞族，或直接组成部落公社。

氏族是人们赖以生存的基础，血缘亲族关系是维系氏族成员的纽带，在当时极端低下的生产力水平下，一个氏族成员离开了氏族就无法生存，他们必须共同劳动，紧密团结才能勉强抗御大自然的压力。因此，氏族成员之间人人平等，互相保护。氏族内部存在着按性别和年龄的不稳定的分工，青壮男子担任狩猎、捕鱼和防御猛兽的任务，而采集食物、烧烤食品、缝制衣服、养老育幼等繁重任务，则由妇女担当。妇女在确定血缘关系、维系氏族生存等方面起着主导作用，她们是氏族公社原始共产制经济的主持者，也是重要的社会劳动者，由此决定了她们在社会生活中所处的尊崇地位。

二　母系氏族公社的传说和遗存

氏族公社是原始社会发展的重要时期，它的产生和新人的形成大体是一致的，时间大约从5万年前至四五千年前。氏族公社可分为母系和父系两个互相衔接的阶段，母系氏族确立于旧石器时代晚期，到了距今1万年前后，我国母系氏族社会开始呈现出一幅繁荣的图景。在我国，有关母系氏族的传说很多，文化遗存更是遍布各地。

有关母系氏族公社的传说　在我国古代的文献记载和传说中，保存有不少关于母系氏族公社的传说，它们在一定程度上反映了当时的史实。

《楚辞·天问》在提出一些有关宇宙构成的问题之后，接着就问：“女岐无合，夫焉取九子?”对女岐无夫而有众多的后代表示难以理解，反映江汉地区就有以女岐为始祖的母系氏族，因盛行族外婚，男女关系不稳定，女岐无法确定亲夫的事实。又如华胥履大迹于雷泽生伏羲，这种“古之神圣母感天而生子”的神话，实际上是母系氏族“只知其母，不知其父”情况的反映。在《穆天子传》《山海经》等书中常见的西王母，可能是西戎部落传说的母系氏族比较著名的首领人物，《淮南子》中所谓“采五色石以补苍天”“积芦灰以止淫水”的女娲氏，也当是母系氏族全盛时期带领人们开辟荒原、与自然搏击的一位女性首领。

这一时期人类的重要进步是植物的种植和动物的驯养、繁殖。前者发展为农业，使人们逐渐改变了旧石器时代只能依靠采集和渔猎获取生活资料的攫取性经济，而代之以生产型经济；后者发展为畜牧业（或家庭饲养业）。有了这两项生产事业，就为人类的生活提供了较为稳定的食物来源，为原始社会的发展奠定了比较可靠的物质基础。这是人类生活和社会发展的一次飞跃，是人类征服自然的一个新的里程碑。我国古代传说中两个著名人物——神农氏和伏羲氏，就是原始农业和原始畜牧业初创时代的代表。原始农业和原始畜牧业的分工是第一次社会大分工，推动了社会的进步。从此，开始相对稳定的生活，开始有了交换，并不断出现一些新的发明创造。在有关神农氏和伏羲氏的传说中，如神农氏“耕而作陶”、尝百草、“日中为市”，伏羲氏作八卦等等，正表明社会前进，人类进步的轨迹。

姓与氏的产生和发展 我国古代有严格的姓、氏区别。姓，《说文解字》解释说：“人所生也。古之神圣母感天而生子，故称天子。从女、从生，生亦声。春秋传曰：天子因生以赐姓。”由此可见，中国人的姓是标志所由出生的血缘关系，这种血缘关系最初是从女性来确定的。所以，古代一些较早出现的姓，如姬、姜、嬴、妫、姒等等，大都从“女”，这正是母系氏族的遗制。

我国从很早的时候起，就有“同姓不婚”的习俗，这源于母系氏族时期的族外婚制。由于人口不断增殖，一个母系氏族繁衍为若干个女儿氏族和孙女儿氏族，这些新的近亲氏族仍然保持原来的血缘关系不变。随着近亲婚配的限制日益扩大，氏族之间也不再准许通婚。于是原来作为一个氏族标志的姓就扩大为这些近亲氏族的共同标志，这样一个姓至少代表一个部落。而在同一部落内的各个氏族，又必须各有新的标志，这就是氏。

由于氏族、部落不断繁衍，原来的一个部落必然要繁殖为若干新的部落。这些不断繁衍的新部落，经过若干世代之后，血缘关系比较疏远了，就又分化出一部分新的部落集团，产生新姓，从而相互可以通婚。如黄帝与炎帝本来是同出于少典氏的两个部落，分别为姬姓和姜姓，可以相互通婚。姬姓部落原来包括 25 个氏族，后来发展成为 14 个部落。这些新派生出来的部落，除了两个继续保持姬姓之外，又出现了酉、祁、己、滕、箴、任、荀、僖、姞、儇、依等 11 个新姓。原来的姬姓部落，以后又继续繁衍，派生出更多的新姓，如妫、姚、姒等等。姜姓之族也当如此。由姬、姜二姓所繁衍的众多姓、氏，就构成了华夏族的重要组成部分。这些同姓的和血缘关系比较接近的众多部落群，就以共同的祖先结为族，不同姓的部落相互结为婚姻。这样，在古代中原地区的众多部落，随着生产力的不断发展，相互关系日益密切，促进了共同发展。

母系氏族公社繁荣时期的遗址　到了距今七八千年前，我国的母系氏族社会逐渐发展到繁盛时期。已经发现的新石器时期的遗址总数超过7000处，已命名为考古学文化的有数十种。新石器时期遗址除少数文化面貌较为单纯外，大部分遗址经历了较长历史时期的发展，有的则经历了由母系繁荣到父系氏族公社，直至文明时代。从大河上下到长江南北，从伊犁河畔到东南沿海和宝岛台湾，从东北边陲到青藏高原，新石器时代遗址遍及全国各地，这些遗址保存了丰富多彩的文化遗存，为我们研究这一时期经济文化和氏族制度的发展提供了大量的实物资料。

黄河流域的遗址　1921年首先发现于河南省渑池县仰韶村并因此而得名的仰韶文化，是中原地区分布十分广泛的一种新石器文化。现已发现的遗址达1000多处，其中重点发掘的有西安半坡、临潼姜寨、宝鸡北首岭、河南陕州庙底沟、洛阳王湾、郑州大河村、安阳后岗等，分为若干个不同类型。仰韶文化的地理分布，以关中平原、河东盆地和豫西沿河谷地为中心，东至豫东、冀南，西及陇西，北过河套，南达鄂西北，影响所及的地区更为广泛。据碳-14测定，距今约六七千年，前后延续达2000年之久。

黄河中游发现的河北武安磁山文化、河南新郑裴李岗文化据测定距今7000年以上，与仰韶文化有一定的源流关系。黄河上游以洮河流域为中心地区，亦发现早于仰韶文化的大地湾文化遗址、受仰韶文化影响并具有一定地方特色的马家窑文化，时代较仰韶文化稍晚。

黄河下游的鲁中、鲁南、胶东半岛和苏北地区，分布有大汶口文化（因最早发现于山东泰安大汶口而得名）。文化面貌具有较强的地方特色，时间在6000年以前，与仰韶文化大略相同或稍晚。近些年在泰沂山区的南侧及西侧发现早于大汶口文化的北辛文化，年代约为7000年以前，表明这一地区同样有发达的新石器文化。

在山西怀仁鹅毛口和陕西大荔沙苑发现了前陶遗址和遗物。1986年在河北徐水高林村乡南庄头，发现距今1万年的早期新石器遗存，碳-14年代测定为9690±96～10815±140年，该遗址发现大量兽骨、禽骨、螺蚌壳和植物种子。除猪和狗有可能是家畜外，其余均为野生动物。

长江流域的遗址　长江流域新石器文化遗存也非常丰富。1993年在江西万年仙人洞-吊桶环遗址、1995年在湖南道县玉蟾岩遗址，均发现了距今1.2万至1万年的新石器时代早期遗址。2000年在浙江浦江黄宅镇发现了距今1.1万年新石器时代早期的上山文化遗址。在渝东鄂西（包括长江三峡地区），分布着大溪文化，这一文化以后东扩至汉水，南达湘北，北抵荆州北部。它在一定程度上受到仰韶文化的影响，年代约与仰韶文化中晚期相当，距今五六千年。

宁绍平原一太湖流域的新石器文化是江南最具特色的一个文化系列。2005年在嵊州发现了距今约9000年的小黄山遗址，1990年在杭州萧山发现了距今约8000年的跨湖桥遗址，1973年在余姚河姆渡发现了距今约7000年的河姆渡文化。其后发展起来的马家浜文化和草鞋山文化分布范围更广，已发掘的典型遗址有嘉兴马家浜、吴县（苏州）草鞋山等，距今6000年左右，它们发展成甚为发达的良渚文化。

其他地区的文化遗存　在东北的辽河上游，有颇为发达的红山文化和富河文化。已发掘出一批遗址，出土的石器以打制为主，有一定数量的细石器，地方特色明显，年代稍晚于仰韶文化。近些年来，在辽宁西部山区发现距今5000多年的大型石砌祭坛遗址、“女神庙”和几十处积石冢群址，以及一座面积约4万平方米的石砌围墙遗址，发现较多的陶塑人像残片，引起学术界广泛关注。

从东北的黑龙江起，经内蒙古、宁夏、青海，到新疆、西藏的广大地区，广泛分布着以细小石器为特征的细石器文化。在东南沿海福建的漳州和福州平潭岛，也发现有细石器文化的遗存。细石器文化存在于漫长的历史时期里，面貌也相当复杂，有的可早到中石器时代，有的则延续到中原地区已进入铁器时代的战国时期。其总的特点是，石器以打制的细石器为主，磨制石器极不发达，经济生活以渔猎为主等。

自从进入新石器时代，人类前进的步伐明显地加快了，磨制石器的使用、陶器的制作、农业的发明等成就改变了人们的生活方式，提高了生产力水平。在祖国大地上，中原地区率先迈入文明时代，各地新石器时期文化各具特色，但发展水平是不平衡的，一般说来，黄河中下游和长江中下游的氏族制度发展较快，水平较高，其他地区发展较慢。各种文化不是孤立的，而是在发展中相互影响、相互渗透、彼此促进，共同创造了这一时期繁荣的原始文化。

三　母系氏族公社繁荣时期的经济生活

在旧石器时代，人类只能依靠采集和渔猎获取生活资料，这种攫取性经济十分脆弱，随着人口的增加，生存圈的扩大，已很难满足人们对基本生活资料的需求。到了新石器时代，人们在长期的采集活动中，逐渐认识到一些植物的生长规律，并最终发明了农业。农业使人类开始定居生活，学会了石器的磨制和钻孔技术，学会了陶器的制作和牲畜的饲养，提高了生产力，改善了生活条件。在黄河、长江流域等适合农业的地区，母系氏族公社迅速地发展和繁荣起来。现以具有典型意义的仰韶文化和河姆渡文化为例，一窥这一时期的经济生活。

以农业为主的多种经济活动　我国北方黄土地带，原始农业首先从栽培粟开始。粟具有耐旱、自生能力较强等特点，而疏松肥沃的黄土又具有“自行肥效”的能力，有利于毛细现象的形成，黄土高原半干旱的气候条件，特别有利于粟的生长。粟是仰韶先民最早栽培成功的粮食作物之一。在仰韶文化的各种类型遗址的窖穴、房屋和墓葬中，粟和粟的遗迹已屡见不鲜，还发现白菜或芥菜的种子。在早于仰韶的磁山、裴李岗等早期遗址均发现一批加工谷物的磨棒与磨盘，表明这一时期的农业生产已脱离其最初阶段。由此可以推断，黄河流域农业的出现当在万年以前。

在我国南方地区的江西万年仙人洞-吊桶环遗址和湖南道县玉蟾岩遗址，均发现了距今约 1 万年的古栽培稻植硅石和稻谷壳。2006 年在浙江浦江的上山文化遗址中也发现了 1 万年以前的稻米、稻谷壳和稻叶的残存，经鉴定这些稻谷遗存已经是人工栽培的水稻了。河姆渡遗址发现成堆的稻谷、谷壳、稻叶、稻秆等，最厚处达七八十厘米。在江南稍晚的新石器时代遗址中，稻谷的遗迹有较普遍的发现，在吴县草鞋山遗址发现的碳化谷粒经鉴定已有籼、粳两个品种。可见，早在 1 万年前，我国就开始人工栽培水稻，这是我国先民对世界物质文明的伟大贡献。

原始的农业生产是粗放型的，人们砍去树木，铲除荆棘和杂草，晒干后焚毁，灰烬成了天然的肥料，进行简单的松土平整后即行播种，这种原始农业通常称之为刀耕火种（南方为适应水稻的生长还需耨田，称为火耕水耨）。农业的发明无疑是人类征服自然的一个新的里程碑。所以新石器时代被誉为“农业革命时代”。

在母系氏族公社繁荣时期，经济的发展受到多种因素的制约，发展的速度、规模呈现较大的差别。黄河中下游地区更适合原始社会旱地农业的发展，生活资料的积累和生产水平的提高相对容易，其进步和发展速度也相对快些。江南地区长期“渔猎山伐”，山地湖泽较多，地广人稀，在当时生产力水平下，稻作农业较之旱地农业发展难度较大，总的发展显得缓慢。北方草原地区自古不适合农业的发展，当地先民过着狩猎为主的生活，进而畜牧业兴起，但发展亦较缓慢。

采集和渔猎活动在日常生活中仍占有相当重要的地位。各地遗址都发现采集来的多种野生植物的果实根茎，如河姆渡遗址发现大量的菱角、芡实、橡子、酸枣、麻栎等水陆生长的果实。人们在村寨附近的山林沼泽，采用集体围猎的方式猎取诸如野鹿、獐、麂、羚羊、野猪、兔以及其他种类繁多的走兽飞禽。狩猎捕捞的工具有石质或骨质的叉、镖、钩、镞、凿、匕等，陶、石网坠多有发现。在河姆渡遗址还发现了木桨，表明在江南水乡乘坐独木舟捕捞鱼虾已较普遍。在南北各地的遗址里，遗存的各种野兽、野禽和水族蚌类的骨骼遗骸都较多，说明采集和渔猎是一项重要的辅助性生产活动。

原始的手工业 母系氏族繁盛时期，伴随着农业的发展，生活居所的稳定，人类生活向着多元化发展。

在生产工具、生活器具的制造上有了很大进步，发明了原始手工业，磨光石器是这一时期普遍使用的工具。旧石器时代晚期开始萌芽的磨制钻孔技术得到了普遍的推广和运用。在磁山、裴李岗等遗址发现的石器，琢磨得比较粗糙，有的还留有清晰的打制痕迹。到了仰韶文化时期，石器已普遍通体磨光，形成锋利的刃部，且大多数都钻了孔，从而加长了工具的长度和力度，提高了生产效率。骨器的大量使用是河姆渡文化的主要特点之一，其种类有耜（铲）、镞、凿、匕等，其中骨耜最多，证明了我国古书记载的耜早在7000年前已经使用。这种骨耜用偶蹄类哺乳动物的肩胛骨加工而成，刃部作平铲状，薄而宽，中部有凹槽以便于安柄和捆扎，是很好的翻土工具。

磨光钻孔技术在其他质地的工具、装饰品的制作中得到广泛应用，如用动物骨角制作的鱼叉、鱼钩、镞、锥、凿、针、刀、锯等；用石、骨、玉制作的各式装饰品和工艺品，如璜、管、珠等，颇为精美。

陶器是伴随着农业的发明和定居生活的需要而出现的，是新石器时代最具特色的手工业门类。相传我国古代神农氏“耕而作陶”，正是这一史实的反映。烧制陶器首先是塑制陶坯，一般是选用黏性适度、质地较细的泥土，依据用途的不同，或淘洗掉泥土中的杂质，成为细泥陶；或掺和适量的砂子以便耐火，成为夹砂细（粗）陶。陶坯早期都用手制，多采用泥条盘筑法，有的采用陶拍拍打，使质地更为紧密，并印出纹饰。陶坯阴干后，有的还涂上一层白色或火红色陶衣，然后在表面加上彩绘，使色彩更加鲜艳夺目。烧制陶器的温度一般较高，有的达900℃以上。

在这一时期的村落遗址中，普遍发现有陶窑的遗迹。由于最初的陶器大都敞开烧制，陶土充分氧化，所以陶器多为红色；以后封窑技术进步，灰色陶器逐渐增多。河姆渡等遗址的陶器则掺和碎草、稻壳之类的有机物，烧制后成为夹碳黑陶。

随着生活的改善，适合人们各方面需要的陶器数量日益增多，器形多种多样。仰韶文化的典型器形有钵、碗、盆、小口尖底瓶、瓮、罐等，此外还有陶纺轮、陶网坠、陶刀等生产工具。仰韶文化的彩陶是陶器中的艺术精品，多用黑色彩绘直接在器壁饰以几何图形或植物、动物图案，常见的有平行线纹、三角纹、网纹、鹿纹、人面纹、鱼纹和由鱼纹演变而来的各种图形，其中“人面鱼纹图形”尤为精细。在河南临汝阎村发现一幅“鹳鱼石斧图”的彩陶绘画缸，图高37厘米，宽44厘米，占陶缸外壁面积的一半，形象生动，色彩和谐，堪称原始艺术的珍品。河姆渡文化的陶器火候低，质地软，造型较简单。类型有釜、支架、罐、钵、盘等。陶器不仅仅是实用器具，而且是精美的工艺品，体现了原始人类的艺术想象力和艺术创造才能。陶色、陶质、器形和纹饰的变化成为考古断代的重要依据之一。

在陕西、河北、甘肃、安徽等地遗址出土的一些陶器的内外壁上，发现很多刻画符号。仅在半坡、姜寨和关中其他仰韶文化遗址发现的这类符号就有50多种，散见于270余件陶器或陶片上。这些刻画符号已具有记事和在一定范围内传达信息的特点，与传说中的“契木为文”相合。这些符号与商周文字可能有一定的渊源关系。

这一时期的文化遗存中，普遍出土陶石纺轮、刀杼（骨匕）、骨梭等纺织工具。当时的人们早已不再赤身裸体，他们采剥野麻纤维，掌握了纺轮捻制麻纱并用简单的织布机织成麻布制衣的技术。出土的刀杼和骨梭可能是织机上的配件。晚期仰韶文化的陶器上发现有布纹痕迹，每平方厘米经纬线各10根，当是一种粗麻布。吴县草鞋山下层发现有麻布残片。当时，麻布在南北各地已成为人们主要的衣着材料。另外，在许多遗址里都出土有骨针，骨针的针眼细小，针体纤细，打磨光滑，说明原始先民已掌握了缝纫工艺。

席垫的编织技术也较发达。半坡等遗址出土的陶器底部普遍发现有席子的编织印痕。河姆渡发现有二经二纬编织的苇编。草鞋山发现有篾席和芦席，篾席的竹篾细而匀，用人字形编织法编织得很整齐。

各种质地和式样的装饰品制作日渐繁多。当时，无论男女都用骨质的笄簪束发，妇女戴着绿松石制成的珠坠，身上佩戴着各式石环或陶环以及雕琢较为精细的玉璜、玉玦、玉管、玉珠等饰物。在红山文化遗存中发现的玉龙、玉猪，是迄今发现的最早的一批玉器。在湖北天门石家河发现成批的红陶捏塑的鸟、猪、马、牛、羊、象、狗、猴等小动物模型；在江苏连云港市郊发现一处岩画，在300多平方米的黑色岩石上刻有人面像、农作物、兽面纹以及各种符号。这些艺术品简单而古朴，生活的气息特别浓烈；有的形体和形态逼真，线条流畅，可谓原始艺术中的珍品。

房屋建筑　从事农业的氏族大都过着定居的生活，房屋的建造成为一件大事。仰韶文化地区由于相对干旱，加上黄土疏松，大都建造半地穴式房屋。这种房屋外形有圆有方，一般十几平方米大小，大的也有几十到上百平方米的。这种半地穴式房屋以所挖坑壁为墙基，周围竖立的木柱和屋内大木柱共同支撑屋顶；屋顶用草木搭成，涂以草筋泥，以避风雨。在居住面和墙上都涂抹草筋泥，做了简单的防潮处理。

在江南，为适应多雨潮湿的气候和地理条件，建筑很早就以木构地面建筑为主。河姆渡由早期打桩立柱架空的干栏式木构建筑，发展到后来的栽柱式地面木构建筑，木构件已普遍使用卯榫结构和企口板。在该遗址发现了成排卯榫相连的木桩、大量的横板和竖板，还有很多不同形式的带卯榫结构的构件。密接拼板和卯榫的运用是一种较高的工艺。卯榫结构的使用是河姆渡文化的三大发明之一，奠定了7000年以来我国木构建筑技术的基础。

四　母系氏族公社繁荣时期的社会生活

母系氏族公社经历了漫长的发展过程，到了它的繁盛时期，其社会组织和各项制度就逐步完善起来。

社会组织状况　一个母系氏族，通常包括几个女儿氏族，组成母系大家族，这是生产发展、生活改善、人口繁殖后的必然结果。若干氏族组成胞族，若干胞族结合为部落，也有由氏族直接组成部落的。所以氏族公社成员是由一个始祖母所生的若干代最近的亲属组成，他们以血缘为纽带，牢固地联结在一个集体里，形成血肉相连、生死与共的关系。以农业为主的综合经济是氏族赖以生存的基础，而氏族公社就是他们赖以发展的社会组织形式。那时，各地沿河流湖泊适合农业生产的地方普遍出现了人口相对集中的村落，人们长期定居在那里，村落的规模也越来越大，遗址的面积一般在数万至十余万平方米之间。姜寨、半坡就是其中比较典型的母系氏族村落遗址。

姜寨原始村落遗址，位于临潼骊山脚下临河东岸的二层台地上，面积达5公顷，该遗址保存着比较完整的聚落布局，包括五个较大的建筑群和三片公共墓群，建筑群被三条人工围沟和一条自然河流（临河）所环绕，公共墓地则在东部围沟以外。每个大的建筑群中都以一座100平方米左右的大型房屋为主，附近分布着十几座或二十几座中小型房屋。整个聚落的中央是一个面积约4000多平方米的中心广场。五大群房屋呈圆形围绕在广场的周围，且每群房屋的门都开向中心广场。有的房屋附近分布着一些储藏东西的地窖群或埋葬小孩的瓮棺葬群。这样的一个村落，可能就是一个母系氏族公社。

半坡村落也有与姜寨十分相似的布局。遗址内发现三条围沟，一条是环绕在居住区周围的大围沟，深宽各五六米，将村落与外界隔离，应是一种防御设施；两条是在居住区内的小围沟，可能是区分不同氏族或同一氏族中不同家族的界线。居住区的大房子是氏族公共活动和老人小孩居住地，中小房屋则是成年男女族外婚、对偶家庭日常生活之处。

在母系氏族社会，没有凌驾于群众之上的暴力机构，人人平等，和睦相处，一切按传统的习惯行事，重要事件由氏族民主集会决定，充分体现民主的精神。人们生前平等，死后都埋葬在氏族公共墓地里，随葬品一般都较少，只有一些生产工具、生活用品或装饰品，无论是数量还是质量都没有明显的差别。传说中的神农时代“无制令而民从”[①]、“神农之世，男耕而食，妇织而衣，刑政不用而治，甲兵不起而王”[②]，反映了当时社会的大致情况。

图腾崇拜与对偶婚　从初期母系氏族社会起，每个氏族就采用一种动物、植物或无生物作为本氏族的名称，这就是图腾。原始人类求助于一种超自然的神灵保护自己，图腾是作为一种假设的祖先受到人们崇拜的，崇拜图腾的目的是寻求这种与自己有血缘关系的祖先的保佑。在原始民族中，图腾、图腾崇拜普遍存在。在现实生活中，图腾是祖宗的象征，神圣不可侵犯。图腾又是氏族的族徽，借此把各个氏族区别开来。图腾还可能与氏族内部的婚姻禁忌有关。仰韶文化及其他新石器文化陶器上的鸟、鹿、鱼和人面鱼等图案，可能就是某些氏族的图腾。图腾在母系氏族极其盛行，以至被某些学者称为“图腾时代”。

除图腾崇拜外，人们还崇拜老一代的女祖先，这是与当时妇女在繁衍后代、组织生产等方面起巨大作用直接相联系的。1983～1985 年在辽宁西部的建平、凌源两县交界处的牛河梁村发现数处积石大冢，出土有母系氏族社会的象征物——陶质妇女裸体塑像，与真人尺寸相当的女神彩塑头像及大小不等的人体泥塑残块。牛河梁遗址可能是一个女神成排、高大厚实、气韵生动的女神庙，庙内有体魄硕大的主神和众星拱月的诸神，是母系社会女性崇拜的象征。

在我国古代传说中，有许多杰出的人物或神祇都是妇女，像采五色石补苍天的女娲，感神龙而生炎帝的女登，吞薏苡而生禹的女嬉，吞玄鸟卵而生商祖契的简狄，履巨人迹而生后稷的姜嫄……这些传说说明，人类最早知道的祖先

---

① 《淮南子·泛论训》。

② 《商君书·画策》。

是女性，并认为是母体与某种图腾偶合而繁衍后代的。

这时，原来盛行的族外婚逐渐发生了变化，由于氏族对血族间婚姻禁忌的日益复杂，通婚范围更加缩小等原因，导致族外婚中男女双方在或长或短时期内较为稳定的结合，形成了越来越占主导地位的对偶婚制度。对偶婚制下的夫妻关系松弛，结合和离异较容易，双方始终没有形成独立的经济单位，这是因为低下的生产力水平还不足以使个体经济存在。“民知其母，不知其父”的情况依然不同程度地存在，世系多数仍从女子计算。反映在埋葬制度上则盛行单人葬或同性合葬、母子合葬，但没有一对年龄相仿的男女夫妻合葬或父子合葬。女子的配偶是其他氏族的男子，男子死后必须归葬本氏族，显示出其对母系氏族的血缘依附关系。

第三节　父系氏族公社和原始社会的解体

母系氏族公社繁荣时期延续了几千年。当社会生产力更进一步发展时，男子的劳动在农业、畜牧业和手工业等主要的生产部门中作用得到加强，并逐渐占据主导地位。生产工具变得通体磨光和大型化，制作得更为锐利，使生产效率不断提高，社会财富日渐增多。“这些财富，一旦转归家庭私有并且迅速增加起来，就给了以对偶婚和母权制氏族为基础的社会一个强有力的打击。”[①] 男子在社会生产、经济生活中的支配地位，将财产的继承问题提上议事日程。对偶婚向一夫一妻制家庭转化，子女的男系血缘关系得以确认，这样母权制十分自然地过渡为父权制，这被认为是“人类所经历过的最深刻的革命之一”[②]，在悄然无声中完成。从此，以父权为中心的个体家庭成为与氏族对抗的力量，加速了把原始公社制推向历史尽头的步伐。

一　父系氏族公社的遗存和社会组织

距今5000年左右，黄河流域和长江中下游的众多氏族部落，先后转化为父系氏族公社，在考古学上相当于新石器时代的后期。属于这一时期的文化遗存已被大量发现，有的已经科学发掘。

---

①② 恩格斯：《家庭、私有制和国家的起源》，《马克思恩格斯选集》第四卷，第63、64页。

父系氏族公社的遗存　父系氏族公社的遗存遍布各地，而以 1928 年首先发现于山东章丘龙山城子崖而得名的龙山文化为代表。龙山文化遗址遍布于山东、河南、陕西、山西南部、江苏和安徽北部、河北、辽宁各地，比仰韶文化分布得更为广阔，年代距今约 4600～4000 年。在考古学上，又将龙山文化分为由仰韶文化发展成的河南、陕西龙山文化和由大汶口文化发展演变成的山东龙山文化。黄河上游，由马家窑文化发展而为齐家文化，该文化因 1924 年最早发现于甘肃省广河县齐家坪而得名，其年代距今约 4100～3600 年。在秦岭以南的江汉地区，有既受仰韶文化影响、又承袭大溪文化主要因素的屈家岭文化（首见于湖北京山屈家岭）。在此基础上又发展为青龙泉三期文化（首见于湖北郧阳青龙泉），其年代距今约 4400 年，较屈家岭文化晚期迟了数百年。在长江下游，以太湖流域为中心，包括上海、宁绍平原、皖南等地区，由马家浜文化发展而成的良渚文化（1936 年首见于浙江余杭良渚）颇为发达。其年代距今约 5300～4300 年。此外，华南地区石峡文化（1973 年首见于广东曲江石峡）、西樵山文化（1958 年首见于广东南海西樵山）、甑皮岩文化（1965 年首见于广西桂林独山）、昙石山文化（首见于福建闽侯昙石山）、圆山文化（首见于台北市圆山贝丘遗址）等新石器文化，地方特色明显，其时代跨度较大，距今 5000～3000 年，有的延续时间更长。分布在北方广大地区的细石器文化仍在继续发展之中。

散布于我国各地这一时期的文化遗存，大都经历了父权制确立、私有制产生和发展并向阶级社会过渡的历史进程。各文化遗存之间，存在着错综复杂、相互影响的关系，表明各地众多氏族部落之间的联系有进一步加强的趋势。同时应看到，各地区文化发展速度是不平衡的，相比较而言，龙山文化和良渚文化发展水平较高、速度较快。这些文化的中心地区最早孕育了社会变革的因素，尤其是龙山文化区私有制的发展、阶级的分化更为明显，其发展同我国最早的阶级社会夏商周有着直接的联系。

父系氏族公社的社会组织　父系氏族社会时期，人们还是生活在以集体公有制为基础的原始共产制度下，血缘关系仍是维系氏族组织和成员的基础。一个父系氏族公社包含若干个父系氏族大家族，其主要成员是由同一男性所生的几代人及其个体家庭组成。个体家庭当时还包含在大家庭之中，经济上尚未完全独立。

几个氏族公社组合成一个部落，以后发展成部落联盟。父权家族有族长，氏族有氏族酋长，部落有部落首领，部落联盟有共同的首领，传说中的尧、舜、禹就是著名的部落联盟首领。父系大家族是氏族的一个基本单位，而个体家庭则是它的一个细胞。到后来，私有制不断扩大，贫富分化日益严重，父系大家族的父权族长、家长拥有对家族成员的统治和奴役之权，而且还役使被收养的成员和奴隶。父系家长控制下的家庭，以缩影的形式包含了后来阶级社会才有的对立和矛盾，我国最早的宗法家长制家庭即告萌芽。

共同的利益和血缘纽带把公社成员维系在一起，公有制和氏族民主的形式仍然保留着。即使后来发生了一系列的变化，贫富分化日益明显，但氏族墓地仍井然有序。同族而葬的形式在古代延续了相当长时期，这在一定程度上说明氏族制度的牢固性。

二　父系氏族公社的经济和文化艺术

丰富的考古资料说明，父系氏族公社的社会生产力和生产关系的发展和变化是急速的。锄耕农业的进一步发展，以轮制陶器为代表的手工业生产技术的提高，手工业和农业的分离，交换关系的扩大，这些都成为促使父权家长制家庭不断加强和原始社会逐步趋于解体的因素。

原始农业的进步　发达的锄耕农业是龙山文化的重要特点。人们使用大型磨光石斧，披荆斩棘，垦辟耕地。用磨得扁平的石锄作为主要的翻土工具，还使用鹿角制成的短柄鹤嘴锄、骨耜、双齿木耒等工具。良渚文化的石器中出现用于中耕的耘田器和三角形的石犁，以加强田间管理，深耕土地。收获工具有显著的改进，在已有的半月形石刀和蚌刀的基础上，出现了牙刀、骨镰，还将石刀不断加长，穿孔增多。当时的石制工具不仅刃部锋利，通体琢磨光滑，且大多用管穿法钻孔，做成复合工具，提高了劳动效率。在长江下游发现有水利灌溉的遗迹，太湖地区出土了竹千篰（一种竹制戽水和捻河泥的工具），这是适应稻作的特点而产生的生产工具，说明当时已经初步掌握灌溉和施肥的技术。

南方的水稻种植已相当普遍。湖北京山屈家岭等许多遗址中都发现有稻谷或稻谷的遗迹。当时不仅种植籼稻，也种植粳稻。浙江钱山漾遗址出土的稻谷经过鉴定是粳稻。此外，还在一些遗址里发现有花生、芝麻、蚕豆、甜瓜和菱角等作物的遗迹。当时，这些植物的种植丰富了人们的生活。

这些过着长期定居生活的氏族部落先民，除了经营农业外，还普遍饲养家畜。大汶口文化遗址发现有猪、狗、羊、牛、鸡的骨骼；龙山和齐家文化遗址还发现马骨和驴骨，说明后来的所谓“六畜”，此时已经齐全。家畜的数量有了显著的增加，庙底沟龙山文化的26个灰坑发现的家畜骨骼，比同地仰韶文化168个灰坑发现的家畜骨骼的总和还要多；一些墓葬出土的公猪头骨鉴定表明，有的猪饲养了一年半左右，足见饲养技术水平的提高。大汶口墓葬发现有猪头、下颌骨，甚至半只猪、整头猪随葬，其中母猪占很大比例。如果不是饲养业的发展，家畜的大量繁殖，母猪是不会被随便杀掉的。

采集和渔猎仍在经济生活中占有一定地位。各种可食的野果、野菜、块根类野生植物，都是采集的对象。捕捞各种鱼类，采集牡蛎、蚌、贝类、螺蛳等作为食物的补充。在滨海地区还发现有贝壳等堆积而成的贝丘遗址。各地遗址中还大量发现鹿、麝、狐、虎等动物的骨骼，以及网坠、箭镞等渔猎工具。

北方沙漠草原地区由狩猎经济发展为畜牧业经济，最终导致游牧部落从其他生产劳动的氏族部落中分离出来，逐渐完成了人类社会的第一次劳动大分工。

制陶术的进步和冶铜业的出现　在从事农业的地区，随着农业生产的发展和定居生活的稳定，农产品有了剩余，有可能使少数人脱离农业而专门从事各种手工业生产，扩大了交换的范围。这不仅使产品越来越精细，而且最终导致手工业与农业的分离，使手工业成为独立的生产部门。这是原始社会后期发生的第二次劳动大分工。

制陶业从制陶技术、陶窑结构到经营管理，都发生了显著变化。龙山文化时期，在陶器的制作中已利用快轮急速旋转的力量，加上双手的配合，使陶坯器形规则，厚薄均匀，器壁变薄，生产效率也大大提高。陶窑结构改进表现在窑室扩大，一次可烧成较多的器物或大型陶器。而且火膛加深，火口缩小，支火道和窑箅孔增多，加强火力，温度可达到1000℃。同时还掌握了高温下严密的封窑技术，烧成比红陶质量高的灰色或黑色的陶器。山东龙山文化的黑陶，以造型美观、纹饰精细、器形多样而著称。有的黑陶其陶坯薄如蛋壳，表面光滑，又用烟熏法使之乌黑发亮，被称为“蛋壳陶”，是当时制陶工艺的佳作。此外，还有用高岭土（瓷土）制成的表面洁白的陶鬶。良渚文化陶器以黑皮陶和夹砂灰黑陶居多，制作以轮制为主，同样具有器形浑圆、规整，胎薄等特点。这些技术成就，为后来陶瓷业的发展奠定了基础。

由于制陶技术的进步，所制陶器的种类日益繁多，如鼎、鬲、斝、甗、甑、釜、豆、盆等。在纹饰方面，有的发展了过去的彩绘特点，有的刻画出整齐纤细的花纹，还有纺编镂空技艺，显示了新的艺术创造能力。制陶技术成为特殊的技艺，只为少数专业生产者所掌握。这些富有生产经验、擅长特殊技艺的陶器制造者，把原属氏族公社共同事业的制陶业逐渐变成他们个体家庭的专业。从考古发掘的遗址来看，陶窑大部分分散到各自的房前屋后，公共的窑场逐渐消失了。

制铜业的出现是这一时期突出的一项成就。最初，人们发现并加工自然铜，以后才发现孔雀石一类的铜矿石经过烧炼可以炼出铜来。进而发现红铜加上少量的锡矿，既易熔化，冷却后又比红铜坚硬，打制成型也较容易，于是产生了青铜器。山东胶州三里河以及齐家文化的皇娘娘台、大何庄、秦魏家、齐家坪等遗址出土铜刀、匕、凿、锥、钻头、斧、铜镜、铜饰及铜渣等。这些铜器经鉴定，既有红铜，也有青铜，有冷锻，也有冶铸。出土的铜器虽然为数较少，在生产中还远不能代替石、骨工具，但金属的冶炼和加工成功在人类历史上开辟了一个新的时代。

纺织、编织业的发展和居住条件的改善　我国的纺织业历史悠久，早在5000多年前的良渚文化时期就已达到一定的水平。在浙江钱山漾遗址出土有苎麻制作的麻布残片和细麻绳。平纹麻布经纬密度每平方厘米16至24根，有的经线31根、纬线20根，其密度与现代的细麻布相当。丝织品有绢片、丝带和丝线，纤维原料都属家蚕丝。残绢经纬密度每平方厘米48根，采用先缫后织的工艺。茧丝纤维偏细，主要通过增加经纬纱数以达到绢织物密度。钱山漾的丝麻织品是这一时期考古的重要发现。在其他遗址还发现蚕纹的图案，这些都表明中国是世界上最早养蚕织绢的国家。

钱山漾还发现200多件竹编器物，有竹篓、竹篮、谷箩、竹席、簸箕、竹绳等，具有较高的编织技艺。编制手法因器而异，篾条交织成各种纹饰，常见的如人字纹、十字纹、梅花眼、菱形花格，做工细致，牢固实用。

父系氏族阶段人们的生活水平有了提高，居住条件也有所改善。龙山文化半地穴式房屋和平地起建的房屋较常见，地面采用层层灰土铺平踏实，有的还用人工烧制的熟石灰做了防潮处理。已出现双室房屋，平面呈“吕”字形，房屋内有储藏物品的袋状窖穴，这显然是为适应一夫一妻个体家庭生活的需要而建造的。江苏邳州大墩子发现有陶屋模型，形式有方、圆两种，都是攒尖顶，四周有檐，前有门，两侧有窗，后壁上有孔，基本上具备了后代房屋的雏形。

在江南地势低下、潮湿多雨、临近湖泊河流的钱山漾等遗址，先民们在高出地面的桩上建房。他们先在地面打成长方形的木桩群，上面架设横梁、铺垫木板和竹席芦苇，再在房屋四周立柱架梁，最终盖成两面坡式屋顶。四壁和屋顶也用竹席和芦苇、竹竿、树枝圈围覆盖，内外涂抹草泥。在罗家角遗址还发现有卯榫结构的木构件和企口板。这种建筑，适应了水乡特殊的自然环境。

在一些村落中，开始出现了水井。如邯郸涧沟遗址发现两口水井，深约7米，直径约2米。在吴县澄湖遗址发现许多土井，昆山太史淀遗址的水井用大树的弧形木块围接成井圈。掘井技术的发明，方便了人们的用水，使人们生活和生产的条件得以改善。从此，先民们选择居住地、建立村落，就不一定要临近河湖了，生活的范围进一步扩大。

原始艺术和原始宗教　中国原始社会的先民们在长期的生产生活实践中，在不断丰富物质资料改善生活的同时，也培植出质朴的精神文明之花。到了父系氏族阶段，绘画、雕塑、舞蹈、记事符号、图画符号等文化艺术和原始宗教日益发展，改善和美化了人们的生活，为我国后来文化艺术的发展奠定了基础。

在长期的生产生活中，原始人类采用“结绳记事”和“契木为文”的方法，帮助记忆，加强交往。在乐都柳湾马家窑文化晚期墓葬中，出土40片骨质记事工具。在大汶口和良渚文化的陶器上，都发现有笔画整齐规范的图形刻画符号，被认为是中国早期的图形文字。

绘画、雕刻艺术源于生活，又高于生活，母系氏族社会繁盛时期，彩陶上的动物、植物和几何形装饰性图案已十分匀称美观。父系氏族公社时期图案内容更丰富，有的写实性更强。从大汶口出土的透雕象牙梳和象牙雕筒，可以看出已有较高的雕刻艺术水平。象牙雕筒是用整段象牙切削雕镂而成，筒身周围布满剔透的花瓣纹，十分精美。在南方，良渚文化雕磨工艺亦很发达，盛行以玉殓葬，玉璧、玉琮等的制作十分精致。浙江余杭长命乡反山墓地11座良渚墓葬发现随葬品1200余件，玉器占90%以上，其中一座墓出土玉璧即达53件，最大的一件玉琮重6.5公斤，堪称“琮王”。当时琮、璧是用于祭祀的礼器，墓主人当为权贵。这些原始艺术品，反映了原始宗教的色彩和原始先民的创造才能。陶塑艺术品更多，如大汶口的红陶兽形器；扶风姜西村发现的男性面部浮雕；黄陵出土的男性头部雕塑；塑为一男性裸体像的乐都柳湾彩陶壶。在一些地区还发现原始时代晚期人类遗留下来的岩画。如江苏连云港市郊将军岩发现一处岩画，刻在平整光亮的黑色岩石上，主要内容为人面像、农作物、兽面纹以及各种图像符号，画法简练、古朴。此外，原始音乐、舞蹈也有一定发展。

原始宗教产生、存在的根源在于原始人类极度贫困、狭隘和愚昧，起源于人类求生的愿望，宗教在当时曾起到组织民众，团结民众的作用，使人对生活充满信心，求得欲望的满足。父系社会，原来的自然崇拜、灵物崇拜、图腾崇拜以及对祖宗、灵魂等的崇拜比以前更复杂，内容更丰富，形式更多样。人类最早的祖先崇拜是从女性开始的，父权制确立后，普遍供奉男性祖先。齐家文化、龙山文化等父系氏族遗址中均发现陶祖、石祖等象征男性生殖器的模型，乐都柳湾出土男性裸体像彩陶壶，都是这一崇拜的表现。原始巫术是与原始宗教相伴随的宗教行为，这种行为以谋求控制自然力、沟通鬼神为目的，占卜是其中的一种形式。人们相信可以预卜凶吉祸福。在龙山文化遗址里发现有用羊、牛、猪或其他兽骨占卜后遗留的卜骨。掌管并从事宗教活动的巫师、神汉之类的人物也已出现。人们相信巫师是沟通人与神之间的使者，通过他可以得到神灵的保佑，还能丰衣足食、驱鬼治病。

三　家庭、私有制的发展和部落战争

婚姻形态的变化和最初的阶级压迫　父权制的确立和婚姻形态的变化密切相连，并借助新的婚姻形态而发展完善起来。随着生产工具的进步，生产力水平有了提高，男子在社会生产中的作用日益增强，妇女则逐渐从社会公共劳动中退居为以家务劳动为主。男女在社会生产中地位的变化，是父系氏族公社取代母系氏族公社的主要原因。旧的传统和新的制度经过长时期的斗争，终于以父权制的胜利而告终。

男子凭着自己经济上的优势地位，必然要求按男系计算世系，按父系继承财产，从而打破了母权制的婚姻秩序，改变了群婚形态下的对偶婚从妻居的传统，转变为从夫居，并且夫妻间建立起较为巩固和持久的结合，形成新的经济细胞。这样，对偶婚被一夫一妻制所取代。一夫一妻制家庭依附于父系大家族，当生产有了进一步发展后，小家庭便有了更多的独立性和自主能力，由一夫一妻小家庭组成的个体家庭成了社会的基本单位。由于生产力水平的提高，仅凭男子劳动就可以获得生活资料的大部分或主要部分，妇女的劳动则局限在家庭劳动为主的小范围里，她们在家庭中的地位下降到附属的、无足轻重的地步。

婚姻形态的变化在埋葬方式上得到充分反映，与前一时期盛行的男女分区葬或以女性为中心的二次葬有显著的不同。这时已盛行单身葬，还出现了以男子为主的男女合葬、父子合葬。在大汶口、刘林、野店等父系氏族墓地，共发现 26 座年龄相当的男女的合葬墓，且都按男左女右的顺序排列。秦魏家墓地发现 16 座男右女左的合葬墓，男子仰身直肢，女子下肢弯曲，侧身面向男子，显现出奴婢似的屈从依附状。在乐都柳湾墓地发现三座男女合葬墓，其中一例女性被捆绑而葬，二例是生殉。在其他地方还发现男子仰身置于棺内，一青年女子侧身面向男子卧于棺外，她的一条腿被压于棺下。这些墓葬的随葬品大都偏于男子一侧，且均是一次下葬的，很可能是以男子为主体，而把妇女作为殉葬的牺牲同时安葬的。当时一些富裕的男子或部落显贵已享有多妻的特权。在甘肃武威皇娘娘台遗址墓地发现多座一男二女合葬墓，男子居中，二女分列左右侧卧其旁，上肢屈于胸前，下肢向后弯曲，活现出屈辱、侍奉的样子，这可能是妻妾为夫殉葬的例证。还发现成人男子与小孩合葬、一对成年男女与一个小孩的合葬，只有父系血统确立后，父子合葬或全家合葬才可能出现。正如恩格斯指出的，历史上最初的阶级对立，是和个体婚制下夫妻间的对抗同时发生的，而最初的阶级压迫是和男性对女性的奴役同时发生的。妇女地位的下降已使她们处于被奴役、被压迫的境地，沦为丈夫的奴隶，成为生儿育女的工具。

私有制的产生和发展 人类社会经历了漫长的没有私有制的时代。由于生产力低下，人们只有依靠集体的力量，共同劳动，才能取得并维持最低限度的生活资料，没有剩余产品，因此不可能有私有财产，也没有私有观念。母系氏族社会晚期，生产力水平的提高，农业、饲养业的发展，使劳动产品有了一定的剩余，私有制产生的基础出现了。到了父系氏族社会，随着生产力进步、社会分工与交换的扩大，男子在生产中的作用提高，私有财产的范围逐渐扩大，私有制日益发展和巩固。

最初成为私有财产的是生活用品、生产工具、武器、装饰品和牲畜，然后扩大到房屋、劳动产品等；再以后，作为最基本生产资料的土地，也为父系家族或小家庭所占有，而仅仅保留氏族或部落公有的名义。

反映在墓葬的随葬品中，多寡不均、贫富悬殊现象越来越明显。在大汶口一些富有的大墓中，既有葬具（棺椁），又有大批的随葬品，最多的达 180 多件，包括精美的彩陶、黑陶和白陶及石质、骨质的工具、装饰品，甚至还有透雕刻花的骨梳和象牙雕筒等工艺品。它们与葬在同一墓地而几乎一无所有的墓葬形成鲜明的对比。这种贫富悬殊的现象，在曲阜西夏侯、胶州三里河、乐都柳湾、余杭反山墓地等均有较为明显的反映。

马克思认为，“真正的私有制只是随着动产的出现才开始的”①。在原始社会，牲畜是最大最有价值的动产，牲畜繁殖快，可供食用，是祭祀的牺牲，又是交换的对象。在父系氏族墓葬中可以看出，以猪头或其他牲畜随葬的风气很盛。在秦魏家和永靖大何庄墓地随葬猪下颌骨的现象十分普遍，最多的一墓随葬 64 副，表明牲畜成了个体家庭私有财产的重要来源之一，也是衡量财富的重要标志之一。

私有观念、私有制都是生产力发展到一定阶段的产物，它一旦出现在氏族

① 《费尔巴哈》，《马克思恩格斯选集》第一卷，第 211 页。

内部，就产生巨大的离心作用，并在产品交换、部落之间的战争中不断扩大，从而加速原始公有制的崩溃。

部落战争和部落显贵的出现 若干个父系氏族组成部落，每个部落有自己的名称和主要活动地域。部落内部的各氏族酋长组成部落的管理机构，推选威信高、能力强的人为部落首领，处理部落事务。战争时则率众出征，筹划指挥。当私有制日益发展后，各氏族部落之间为争夺土地、财产、人口而产生的冲突比以前更为激烈，往往演进为较大规模的战争。相邻的部落为自卫，也为扩大自己的实力，纷纷结成部落联盟，设立由部落首领、军事首领和宗教祭司组成的管理机构，负责处理日常的共同事务。重大事件仍由全体成年男子组成的议事会决定，但军事首领的个人权力有日益加强的趋势，这一时期被称为军事民主制时期。

这一时期，各地发现一些史前时期的城址，其数量已达数十座之多。比较重要的发现有包头阿善、凉城老虎山石城、河南省登封王城岗、淮阳平粮台、偃师郝家台、郑州西山古城、山东省王城、城子崖、湖北石家河等等。从时代上看，最早可上溯到5000多年前的仰韶文化晚期，大多数属于父系氏族社会的龙山文化时期或相当的时期；从地域上看，主要分布在黄河中下游和长江上、中游地区。这些城址大都面积较小，它们的功能因地区不同而各有差异。内蒙古地区的城址以军事防御为主，长江中游则是防御洪水和军事防御并重，黄河中下游地区的城址已具备了政治上的功能，较为进步。中国古代文明最早在黄河中下游地区诞生的事实表明，古城址的性质和功能与古代文明的起源有直接的联系。

在一些墓地里，留下了原始战争的痕迹。如有的骨架残缺不全，或有躯无首，或缺臂少腿，或身首异位，而且有的骨架上还带有箭头，一般均为青壮年男子，可能是战争中的俘虏或地位低下的奴隶。在一些地方出现利用废井、废坑埋人的现象，如邯郸涧沟，在一个直径约1.5米的圆坑中发现五具骸骨，有的身首异处，有的作挣扎状，这些人被排除于公共墓地之外，可能是原始战争的蒙难者或祭祀的牺牲。齐家文化墓葬也发现散乱的人骨和乱葬坑，有大量的有头无身、有身无头和四肢不全的骨架。

财富刺激着人们的贪欲，战争使部落首领的权力不断加强，地位和作用也随之增长。掠夺而来的财富使氏族内部极少数人富裕起来，抓来的俘虏不再像以前被杀死或吸收为养子，而是作为奴隶，被迫无条件地劳动，创造财富。氏族部落内出现了一些显贵，他们逐渐脱离了劳动，依靠掠夺和剥削而生活，随意侵吞公共财产成为他们的特权。其职务也由原来选举产生，逐步变为长时期固定或世袭。良渚文化中那些随葬大量玉璧、玉琮等祭祀天地的贵重礼器的墓葬，龙山文化中随葬卜骨的墓葬，大汶口晚期享用棺椁和随葬大批珍贵器物的墓葬，都说明其墓主人肯定是氏族部落里有一定权势和财富的人物。他们利用公职和权力，化公为私，积累个人财富，变俘虏和负债人为奴隶，由社会公仆变为最早的剥削者。氏族内部发生了人压迫人的现象，出现了一批凌驾于绝大部分成员之上的特殊人物，以及实质上是代表少数人利益的权力机构。氏族成员的民主权利已徒具形式，选贤举能的传统也被践踏，氏族制度遭到空前的破坏，社会分裂为不同利益的集团，阶级正在形成，原始社会日暮途穷，走到最后崩溃的边缘了。

四 古代传说中的部落和部落联盟

在距今4000多年至5000多年的1000年间，地球上出现了多个人类文明中心，他们向周边扩展或与周边的中心相互影响，有的中心仍保持繁荣，而另一些则开始衰落，新的更加生机勃勃的社会在此基础上诞生。我国从黄河流域到长江流域的先民大都进入了部落、部落联盟的“英雄时代”，这一段历史有相当一部分通过传说保留在古文献中。透过这些带有浓厚神话色彩的传说，我们可以窥见向国家过渡阶段社会发生重大变革的大致情况和过程。

炎、黄、夷、蛮诸部落的分布和发展 在黄河中游、关中平原、河东盆地和河南沿河的广大地区，有以姬、姜姓为主的部落群；东方的海岱地区和淮、泗，以及长江下游的三角地带，有以风、嬴、偃诸姓为主的夷族部落群；在豫西南山地和丹水、汉水、长江中游一带有“三苗”，或称苗蛮部落群。炎黄、东夷和苗蛮部落群，各由若干部落和更多的氏族组成，他们大都过着以农业为主，兼营狩猎、饲养、采集的生活，在文化发展上各具特色。他们彼此交往，相互影响，共同创造了古代文化。他们对古代社会和文化的发展都有突出的贡献。他们交往相当频繁，始而相争，继而相亲，以后相争相亲，归结于部分的或完全的同化。除此之外，在秦陇以西，有“诸戎”部落群；秦晋以北的黄土高原和燕山一带，有“群翟”部落群；在四川盆地有巴蜀的先民；在长江以南直至岭南有古越族的部落群。他们分处中原地区的边缘，或过着游牧与狩猎结合的生活，或过着原始农业与狩猎、采集相结合的生活，社会发展水平相对落后，发展速度也相对缓慢一些。

根据传说，炎帝号神农氏，生于渭水支流的姜水。以神农为号，说明他们主要是从事农业的氏族部落，其后裔较著名的有烈山氏，以善于烧山种田而闻名。其子名柱，“能殖百谷百蔬……故祀以为稷”，稷被尊奉为谷物之神。炎帝后裔还有共工氏，以善于平治水土著称，曾率领众多部落与洪水作斗争，扩大了耕地，其子曰“后土”，后来被尊奉为土地之神——社。对以农业立国的国家和民族来说，土地和粮食是社会经济的基础，是社会发展和兴衰存亡至关重要的因素，所以，在中国，“社稷”即国家的代名词。

传说中的黄帝是我国北方一些氏族部落的祖先，被列为“五帝”之首，是这个英雄时代的代表人物。黄帝号有熊氏，又号轩辕氏（即天鼋），相传黄帝分别与炎帝和东夷作战时，曾训练熊、罴、貔、貅、貙、虎六种野兽参战，实际上是以野兽命名的六个氏族，他们共同组成以有熊氏为首的部落。黄帝部落在黄河流域发展迅速。后来，黄帝与炎帝部落发展成中原地区最具实力的军事集团，并在与东夷的斗争中结为部落联盟。

东夷部落群中有一个古老的部落太昊，也叫伏羲氏，据说是雷神的后代，以龙为图腾。龙是人们把鳄鱼或蛇加以神化的形象。伏羲氏过着“以佃（狩猎）以渔”的生活，这一族后来散布或影响到我国东南广大地区。与太昊氏传说相关联的是少昊氏凤姓部落，少昊氏以“鸟名官”，凤就是凤凰，乃鸟中之王，所以少昊是以鸟为图腾的氏族组成的部落。相传“及少昊之衰也，九黎乱德”[①]。九黎即九夷，其首领蚩尤有兄弟 81 人，当已发展为 81 个氏族，东夷部落组成部落联盟，形成一股强大的势力，并与炎帝、黄帝为首的华夏部落联盟发生激烈的冲突。少昊氏后代有重、该、修、熙四个部落，在经营农业的同时，各以技术特长实行分工：重善于制作木质耒耜农具，把原来比较原始的直刺式木耒，改造成曲柄斜尖并安装上耜头，后世尊奉其为“木正”；该善于金属加工，改造旧式农具，被尊奉为“金正”；修、熙防治洪水，被尊奉为“水正”。

苗蛮（三苗）部落联盟可能有三个部落，只知其中一个部落的首领叫驩兜，后来战败被逐于崇山，另两个向西北和东南溃逃。苗蛮部落集团一度也相当发达，发明了“五虐之刑”，并意欲北上争夺更大的活动地域。

炎黄、东夷、苗蛮三大部落集团的先民们，在各自的活动领域里，在治理水患、开垦荒地、发展农耕和家庭饲养业等方面进行了长期的努力。在这一过程中，社会生产力有了较大的提高，社会组织日趋完善，人口不断繁衍增多。各氏族部落之间，三大部落联盟之间的交往日益加强，同时，各种冲突和争夺也日趋激烈，兵戎相见的机会也更多。“英雄时代”英雄辈出，黄帝、炎帝、

① 《国语·楚语》下。

共工、蚩尤、尧、舜、禹等是其中的代表人物。

各部族之间的斗争和融合　世界各古老民族都经历了自己的“英雄时代”，“英雄时代”即军事民主制时代。各氏族部落在不断迁徙和相互交往中，为了各自的利益时而结盟，时而分化，时而发生冲突。这种斗争有时非常激烈，甚至演化为较大规模的部落战争。上述三个较大的部落联盟就在这错综复杂充满神话的斗争和融合中，形成最初的以华夏族为核心的国家雏形。这一时期的历史，为我们留下了无数英雄事迹和许多流传千古的英雄人物。

以蚩尤为首的东夷一度势力大盛。蚩尤以东夷部落联盟最高首领的身份率众向中原地区发展，触发了与共工氏的战争，结果共工氏的九个氏族的居住地全被蚩尤攻占。据传共工为与颛顼争帝位，怒而头触不周之山，以至天柱折，地维绝，天倾西北，地不满东南，[①] 可见战争的残酷和激烈程度。后来，黄帝与炎帝结为联盟，经过反复较量，大败蚩尤于涿鹿之野，蚩尤被杀。以后黄帝又征服了炎帝后裔，黄帝于是成了包括诸夷部落在内的更大规模的部落联盟的最高首领。从此，黄帝族成为不断融合中原各地众多部落的核心力量，黄帝被尊崇为华夏族的共同祖先。

黄帝为代表的部落联盟在取得对东夷的优势后，进而向江汉流域扩展，与逐渐强大并意欲向北扩张的苗蛮部落联盟发生冲突。据说“五十二战而天下咸服”，一度取得阻止苗蛮北上的胜利。但黄帝族与苗蛮的冲突延续了好几代，到尧、舜、禹时期，终于演化为更大规模的战争，并最终取得了驱逐苗蛮的军事胜利。

战争打破了各部落之间的隔阂，融合了各部落创造的文化，战争也极大地刺激了部落首领们的贪欲，加速了贫富分化和阶级对立的出现。黄帝时代，后世国家的雏形已经开始萌芽。在古史传说中，后人不仅把夷人和羌人的一部分列为黄帝的后裔，而且把原始社会中各部族劳动人民的许多伟大发明，如衣服、文字、舟车、历法、蚕丝等等都归功于黄帝。黄帝越来越具备帝王的形象，作为一个胜利者的代表而被神化、偶像化，成为华夏各族的共同祖先。黄帝是由军事民主制到国家诞生的这个急剧变化时代英雄的象征。

在向文明社会的突击中，黄河中下游地区成为我国历史上各氏族、部落交往、角逐和融合的中心。这个中心的不断扩大，最终形成以炎黄部落联盟为核心，包括东夷、苗蛮大部分先民的共同体。社会的大变动，部族的大融合，加速了社会的发展步伐，加速了文明社会的降临。

---

① 见《淮南子·天文训》。

世袭王权的形成　频繁的掠夺战争，加强了各级军事首领、部落首领和祭司的权力，部落联盟首领的社会地位更是日益巩固和上升。由这样一批特殊人物和大小显贵组成的集团，虽然在名义上仍代表广大氏族成员的意志，保留着决定一切重大事件的民主制度，但在实质上正在发生着变化。到黄帝的后代颛顼时，为了更好地加强统治，将民政与宗教职务分开，部落首领只管民政，不再兼管宗教事务，宗教事务另设祭司掌管。祭司还兼管天象历法，“命南正重司天以属神，命火正黎司地以属民”。[①]“南正重”指善于观察天象且通晓巫术的巫师之类的人物，“火正黎”指部落首领，专管地上的“民事”，后来就发展为各级官尹和国家机构。神事与民事的分离，标志着国家权力和政府机构雏形的出现。

到舜时，部落联盟议事会进一步蜕化为贵族的议事机关，内部分工更明确，如“八恺”管土地、“八元”管教化、契管人民、伯益管山林、皋陶作刑等，共设九官，国家统治机构已初具规模。在部落内部，舜又用武力打击所谓“四凶族”等反对势力，巩固了统治权力。禹时，治理水患的成功极大地提高了禹的威望，扩大了夏部落的实力，尤其是大禹率众对三苗发动大规模的军事征讨，取得决定性的胜利之后，其显赫的权势和王权基本得以确立，同时，建立世袭王权的条件也已逐渐成熟。

按照军事民主制的传统，部落联盟最高首领的产生，必须通过一定的民主程序，由众多的部落首领代表氏族成员共同推举才能确立，这就是我国原始社会后期一度相当盛行的民主选举首领的禅让制。禅让制的基本原则是选贤举能。从尧到舜，从舜到禹，禅让制至少表面上还在发生作用。但企图凭借强权和实力，变禅让为世袭的斗争在这一时期也愈演愈烈。《竹书纪年》有“舜囚尧，复偃塞丹朱，使不与父相见”[②]的记载。韩非子更说：“舜逼尧，禹逼舜，汤放桀，武王伐纣，此四王者，人臣弑其君者也。”[③]这些都表明强力在实际上起了决定性的作用。大禹在取得一系列成功之后，博得诸夏首领的拥戴，具有夏后氏的称号，即诸夏之族的最高君长。到其子启时，王权世袭完全确定下来，开始了我国文明时代的历史。

① 《国语·楚语》下。

② 《史记》卷一《五帝本纪》正义引。

③ 《韩非子·说疑》。

第二章　夏商时期奴隶制国家的建立和发展

（前2070～前1046年）

第一节　夏王朝的建立与灭亡

一　夏王朝的建立及其国家机构

夏族的兴起和夏王朝的建立　夏王朝是我国历史上第一个奴隶制国家，它的建立标志着我国历史正式进入了文明时代。

夏族，姒姓，是活动于中原地区的古老部落。到禹父鲧时，夏部族已是雄踞大河南岸的著名部落，称为有崇氏，其首领鲧，又称崇伯鲧。据载，有崇氏与大河北岸太行山东麓的共工氏都是富有平治水土经验的部落，在尧舜时期，鲧和共工氏均为争夺王权的失败者。后来，禹又继续联合共工氏以及其他众多的部落，在伊、洛、河、济一带开展治水工作。他们纠正了过去以塞为主的错误做法，改为以疏导为主，实行“高高下下，疏川导滞，钟水丰物”[①] 的方法治水。就是依据地势的高下，疏导高地的川流积水，使肥沃的平原广野能减少洪水泛滥的危害，散漫的流水又能汇积到一定的地方，有利于与人民生活有关的水陆动植物的生长繁殖。经过治理，原来大都集中在大平原边沿地势较高地区的居民，迁移到比较低平的原野中，开垦那里肥沃的土地。这一时期，社会生产力有了显著提高，为突破原始社会桎梏，进入文明时代打下了必要的经济基础。

---

① 《国语·周语》下。

在当时的生产力发展水平比较低下的情况下，禹“卑宫室而尽力乎沟洫”①，率领民众平治水土。他日夜操劳，三过家门而不入，终于取得治水和生产的成功，从而赢得了众多部落首领及其部众的拥护，被拥戴为“夏后氏”，成为诸夏之族最高的君长，初步确立了王权。有关禹的治水功绩，随着时代的推进，不断被夸大，甚至被神化。

禹在确立王权的过程中，继续征伐三苗。他统领众多邦国君长，并以替天行道惩罚有苗相号召，表明他已掌握了最高的权力。经过激烈的战斗，三苗被打败，三苗部众有的向丹、汉以南或其他崇山峻岭逃去，有的就地与诸夏之族融合，也有一些人被掳掠沦为奴隶。这是一次规模较大的武力征伐。这些征伐活动，加强了夏禹的王权。

禹时在有崇部落活动的中心所在地嵩山之阳建立了都城——阳城（今河南登封告成镇），后又迁往阳翟（今河南禹州市）。两座都城都地处颍水上游，西连伊洛，东临河济，南望淮上，既是中原地区的中心地带，又便于结合东南地区众多邦国或部落。为了巩固王权，禹又沿颍水南下，在淮水中游的涂山（今安徽蚌埠市西郊，现属怀远县）大会夏、夷诸部众多邦国君长和部落首领，这就是“涂山之会”。史载：“禹合诸侯于涂山，执玉帛者万国。”② 他们前来参加大会，对禹朝贡，行臣服礼，成为王朝统治下的诸侯。涂山之会是夏王朝正式建立的重要标志。

禹死后，子启继立。由于传统的“禅让”观念没有完全消除，东方偃姓之族的伯益就曾借此与启争夺王位。这就是《竹书纪年》中所说的“益干启位，启杀之”。不久，西部的同姓诸侯有扈氏起兵反对，启亲率大军讨伐，声称有扈氏犯了“威侮五行，怠弃三正”的罪行，③ 启与有扈氏大战于甘（今河南洛阳市西），有扈氏终于被“剿绝”了。《淮南子·齐俗训》认为：“有扈氏为义而亡，知义而不知宜也。”有扈氏败亡的原因，就是只知墨守旧“义”，而不能顺应时“宜”，其失败是必然的。夏启扫除了障碍，巩固了王权，王位的世袭制度得以确立，从此开始了我国历史上的“家天下”局面。

为了使世袭王权为众多的诸侯所承认，夏启在都城阳翟召集天下的诸侯，举行盛大的“钧台之享”，这是继“涂山之会”之后又一次重要的朝会。至此，夏王朝的统治基础确立了。

---

① 《论语·泰伯》。

② 《左传·哀公七年》。

③ 《尚书·甘誓》。

夏王朝的阶级结构和国家制度　夏王朝是在原始父系氏族公社制度的基础上建立起来的，它保存了大量原始社会的制度和习俗，国家制度尚属初建，还远未达到完善的地步。在一定意义上说，夏王朝处于国家形成后的早期阶段。

在原始公社制度解体的过程中，父权家长制家庭成为它的一种对抗力量。而早期国家的世袭王权和世袭贵族，就是以父权家长制家庭为基础逐步发展起来的。“父”字，甲骨文作。《说文》解释说：“矩也，家长率教者，从又举杖。”所谓“矩”，当是在一家之中具有作为准则法度的统治地位；“率教”，含有绝对的支配权力之义，以手举杖则是形象地表明他具有在家庭中指挥的权力和相应的权威。父权制下的“父”，正如恩格斯所指出的，是“用以表示一种新的社会机体”的首长，他“支配着妻子、子女和一定数量的奴隶，并且对他们握有生杀之权”。[1] 原始的父权家长制成为后世宗法制度的萌芽。

官尹的“尹”字，甲骨文作，字形似手执笔，《说文》的解释是：“治也，从又；丿，握事者也。”它是在父权家长制的基础上发展起来的，比一般的“父”握有更大的权力。这样的官吏，是由一般的“父”发展而成的世袭贵族充当的。而在国家机构中的最高统治者，即国君的“君”字，从“尹”，从“口”，表示他是众尹之上地位最“尊”的“发号”者。这清楚地表明中国的早期国家组织，是以父权家长制家庭为基础而发展起来的。国家即是父权大家庭的扩大。

马克思曾经指出：“现代家庭在萌芽时，不仅包含着奴隶制，而且也包含着农奴制，因为它从一开始就是同田野耕作的劳役有关的。它以缩影的形式包含了一切后来在社会及其国家中广泛发展起来的对立。”[2] 我国早期社会的发展也符合这一规律，而这一规律又具有世界意义。从夏代开始，国君拥有“天下”，统治着众多的邦国，各邦国统治着众多的大家族，大家族在一定的区域内控制着为数不等的族民。在父权制家庭里，一部分人控制、奴役另一部分人的现象已很普遍，奴隶制（也包含农奴制）合法化。原来的部落首领转化为一邦之“君”，父权大家族的族长则转化为世袭贵族，充任邦国的官尹。邦国的全部土地都为邦君所有。其下各级贵族各有邑聚，建有“家”，役使奴隶耕作田地或从事其他劳作。这样，从夏代开始，在众多邦国之上的王室拥有“天下”，诸侯（邦君）有“国”，大夫有“家”。国家的组织形式和贵族等级制度因初创而显得简单，但彼此是相适应的。

---

① 恩格斯：《家庭、私有制和国家的起源》，《马克思恩格斯选集》第四卷，第 66 页。

② 恩格斯：《家庭、私有制和国家的起源》，《马克思恩格斯选集》第四卷，第 67 页。

由于早期国家组织是以父权家长制家庭为基础不断发展成熟起来的，所以在国家形成之后，各级贵族组织仍然保持旧的血缘联系，古代的姓氏从一个侧面反映了这种联系。《左传·隐公八年》载："天子建德，因生以赐姓，胙之土而命之氏。"即王室分封诸侯，除保持它所由出生的姓之外，又以封国建立新氏，大夫以邑为氏。各级贵族之间依姓氏的区别建立了各自的宗族关系。这种宗族关系虽然沿袭了旧的氏族组织的遗制，但实际上已演变为以父权家长制为核心、按其辈分高低和族属亲疏等关系来确定各级贵族的等级地位的办法，成为原始宗法制的雏形。

早期国家的阶级远不如后代那么明确，相互之间的对抗也不像后代那么激烈。各级贵族是统治阶级；从事田间耕作的劳动者则被统称为"民""黎民"，又称为"庶民"或"庶人"，有时泛称为"众"，他们大多数是从事农业生产的部众，也有相当数量地位低下且毫无人身自由的奴隶。奴隶在手工劳作和家庭劳作中也有较多的数量，他们是当时社会命运最悲惨的一部分人。另外还有"平民"，即一般的"自由民"，他们大都是各级贵族较为疏远的宗族成员，或为破落贵族的后代，或由原来的氏族成员转化而来。他们有自己的土地，具有自由民的身份，享有一定的权利和义务，但同时又受到各级贵族的剥削与压迫。

夏王朝的国家机器基本上已奠定了后世国家的框架。夏王为一国之君，拥有较高的权力，其下为"六卿"，又称"六事之人"，分管民事、军队等事务，是地位较高的官员。六卿之下有僚属和下属官吏，各自组成一定的统治部门。军队和刑法是国家机器的重要组成部分，是维护暴力统治的重要手段。禹征三苗，称他所统领的军队为"济济有众"；启征有扈氏，在甘地决战前的誓词中，严厉告诫所统领的兵将要严格听从他的指挥。这些都表明夏王朝不仅有一支较强大的军队，而且这支军队有一定的规模和比较严密的组织。夏王朝建立之后，为了巩固政权，强化对反抗势力的镇压，制定了我国历史上第一部奴隶制法典——《禹刑》。帝芬时造"圜土"，即圆形高大的围墙，这就是早期的监狱。刑法的出现是国家形成的重要标志。

《夏书》有"关石、和钧，王府则有"[①] 的记载，说明为了保持王室府藏的经常性收入和支出的需要，已有了用石和钧等衡量器械征收赋税的规定，由此可知，夏代已经确立了一定的贡赋制度。

《礼记·礼运》认为，在"天下为公"的"大同"之世之后，社会进入

---

① 《国语·周语》下。

"天下为家"的"小康"之世。所谓"小康"之世的基本特点，主要有："大人世及以为礼，城郭沟池以为固，礼义以为纪。"这与"天下为公，选贤与能"的原始社会形成鲜明的对比。世袭王权和世袭贵族的"家天下"统治形成制度，有武装保卫的坚固的城池成为统治的中心，有维护统治秩序的各种礼仪制度。在这些基本条件下，"以正君臣，以笃父子，以睦兄弟，以和夫妻，以设制度，以立田里，以贤勇知，以功为己。故谋用是作，而兵由此起"。这些就是"家天下"之后人伦关系、社会制度和种种社会现象的基本特征。在我国，从夏代开始就已经具备了国家的特征，从此，中国的历史翻开了崭新的一页。

二　夏代的经济和文化

恩格斯曾指出，原始共产制瓦解后，"在当时的情况下，采用奴隶制是一个巨大的进步"。[①] 夏代是我国最早的奴隶制国家，它的建立，奠定了中国4000多年文明发展的基础。

夏代社会经济状况　由于历史久远，有关夏代的史料记载相当贫乏，考古工作者根据古文献中有关夏人活动区域的记载，经过半个多世纪的探索，终于取得突破性的进展。文献中夏人活动的地区，主要集中在豫西和晋南，其中又以河南的洛阳平原以及登封、禹州一带和山西西南部汾水中下游一带为中心。考古工作者在上述地区发现了一种介于河南龙山文化和郑州二里岗早商文化之间的文化遗存，这类遗存以河南偃师二里头遗址和山西夏县东下冯遗址、襄汾县陶寺遗址的内涵比较典型，被分别命名为"二里头文化""东下冯类型""陶寺类型"。

二里头文化遗存可分为四期，据碳-14测定，年代约为公元前1750—前1680—前1610—前1560—前1520年[②]，都在夏代纪年的范围之内或稍微偏晚。陶寺类型分为早中晚三期，时间约为公元前2300至前1900年[③]，也在夏代纪年之内或偏早。目前，有关夏文化的探索仍在继续深化之中。

---

① 恩格斯：《反杜林论》，《马克思恩格斯选集》第三卷，第561页。

② 仇士华：《^{14}C测年与中国考古年代学研究》，第101页，中国社会科学出版社2015年版；许宏、袁靖：《二里头考古六十年》，中国社会科学出版社2019年版；许宏：《二里头与中原中心的形成》，《历史研究》2020年第5期，第10页。

③ 何驽：《陶寺文化谱系研究综论》，载北京大学中国考古学研究中心编《古代文明》第3卷第54—68页，文物出版社2004年版；中国社会科学院考古研究所：《襄汾陶寺：1978—1985年考古发掘报告》，第898—900页，文物出版社2015年版。

夏文化遗址出土的生产工具，仍以石、木、骨、角、蚌制品为主，但许多工具比以前的精良，金属的冶炼已经开始。工具的种类很多，除了用于耕作的耒、耜外，还有石犁、石铲（锸），垦荒造田用的锛、斧、铲和中耕用的石铲，收割用的刀、镰，加工粮食用的石磨盘、磨棒、石杵臼等。二里头遗址出土有青铜铸造的刀、锥、锛、凿、铃、镞、戈、爵等工具、武器和容器，同时还发现有铸铜遗址，出土有陶范、铜渣和坩埚残片。出土的铜容器采用复合范铸成，反映了当时的铸铜工艺已有一定规模和水平。史载禹时“以铜为兵”，“昔夏之方有德也，远方图物，贡金九牧，铸鼎象物，百物而为之备”①，说明当时不少地方都能冶炼青铜，并铸造具有各式图像纹饰的大鼎，作为贡赋献给夏王朝。在夏文化遗址里，还发现有骨器制造作坊和陶窑遗址；出土的陶器在形制、纹饰和器物群的组合等方面，都具有鲜明的特征，既继承河南龙山文化的特点，又在某些方面不同于河南龙山文化，与商前期的二里岗文化也有一定的差别。此外，还出土成批的制作水平较高的玉器，其中有用绿松石镶嵌的装饰品，还有石磬一类的乐器，可见手工业的制作技术和内部分工都有了进一步的发展。

夏王朝以农业立国，在生产力水平提高的前提下，农业生产中谷物的产量有了提高。相传夏王少康“作秫酒”。一说少康即杜康，为夏人，善酿酒。秫为“稷之黏者”，是黏高粱一类的谷物。夏代用粮食酿酒，出土的器物中酒器也较多，这些都说明谷物的数量较为丰裕。

夏代的手工业生产中出现了世代的专业生产者。如车辆的制造，这是一种比较复杂的工艺，必须有多种工匠的合作。据《左传·定公元年》记载，奚仲封于薛（今山东滕州南），为夏王室的“车正”，所造的车方圆曲直皆合规矩，他的后人世代为夏制造车。可见车辆的制造已成为当时比较重要的手工业。

房屋的建造技术也有了长足的进步。当时房基已采用夯筑，二里头遗址发现长方形圆角、中间鼎立三个柱穴的房基。晚期地层发现大型宫殿基址，这个基址略呈方形，东西 108 米，南北约 100 米，总面积约 1 万平方米，是一座坐北朝南的大型建筑。殿堂在基址的北部正中，长约 36 米，宽约 25 米，是一座宽八间、进深三间的双开间建筑，有四坡出檐式大屋顶。殿堂前是平整宽阔的广庭，面积约 4000～5000 平方米。宫殿的四周有完整的廊庑建筑。这座宫殿建筑，在许多方面都反映出我国古代的宫殿制度。

在二里头遗址还发现有贝，当是作为货币之用的，说明利用媒介的交换也

① 《左传·宣公三年》。

已出现。综上所述，夏王朝经济发展水平虽然不高，但比起原始社会已有很大进步，在许多方面有了质的飞跃。

夏代文化的发展　孔子说："殷因于夏礼，所损益可知也；周因于殷礼，所损益可知也。"[1] 夏代文化的全貌虽还不太清楚，但它为商、周两代文化的繁荣奠定了基础。

农业生产与季节天象有着极为密切的关系，我国古代的天文历法知识，就是在农业生产的实践中不断积累起来的，又直接为农业生产服务。在尧舜时期，就有关于羲和、羲仲观察日月星辰以定四时的传说，说明我国很早就有了熟悉天文制定历法的专职人员，天文学和历法早就很发达。

春秋鲁太史引《夏书》有"辰不集于房"[2] 的记载，就是说在某年某月朔日发生在房宿位置上的一次日食。近代学者推算是公元前 2165 年，也有的推算是公元前 1948 年，两者虽相差颇远，但都被公认是世界上最早的日食记录。《竹书纪年》有夏桀十年"夜中星陨如雨"的记载，这是有关流星雨的最早记录。

我国传统的干支记日法起源甚早，夏代末期的帝王有孔甲、胤甲、履癸（桀），都用天干为名，说明当时用天干作为序数已经普遍。夏代的历法是我国最早的历法。当时已能依据北斗星旋转斗柄所指的方位来确定月份，夏历就是以斗柄指向正东偏北所谓"建寅"之月为岁首。夏代的历法比较正确地反映了天象的客观规律，所以直到孔子时仍主张"行夏之时"。[3] 保存在《大戴礼记》中的《夏小正》，就是现存的有关夏历的重要文献。《夏小正》按夏历十二个月的顺序，分别记述每个月中的星象、气象、物象以及所应从事的农事和政事。其星象包括昏中星（黄昏时南方天空所见的恒星）、旦中星（黎明时南方天空所见恒星）、晨见夕伏的恒星、北斗的斗柄指向、河汉（银河）的位置以及太阳在星空中所处的位置等等。由于长期流传，这一文献本身可能出现残缺和其他错误，也可能混杂有后人的解说或其他的附益内容，但在一定程度上反映了夏代历法和农业发展水平，保存了我国最早的天象历法资料，其重要性是毋庸置疑的。

文字的发明及其应用于文献记录，是由原始社会过渡到文明时代的重要标志之一。夏代的文字尚在探索之中，但由原始社会晚期各地遗址中普遍发现记

---

① 《论语·为政》。

② 《左传·昭公十七年》。

③ 《论语·卫灵公》。

事性质的刻画符号以及殷商已有较成熟的甲骨文字和金文来推测，夏代可能已有文字和文献记载。我国古代的文献记录由专职的史职人员汇集成典册。先秦学者经常引证的《夏书》，就是当时还保存着的有关夏代的典册。这表明夏代确有文献记录存在，已经进入有文字可考的历史时期。夏代的存在和发展为我国 4000 多年来的文明发展奠定了基础。

三 夏王朝的兴衰

由太康失国到少康中兴 启在巩固了统治之后，放纵于“淫湎康乐”的生活。启死后太康继立，不久五子（太康的五个兄弟）内讧，夏王朝内部发生争立的动荡，接着又发生武装叛乱。太康在挫败政敌取得政权后，很快就沉湎于享乐，他“盘于游田，不恤民事”，疏于朝政，不关心民生疾苦。这就给有穷方伯后羿以可乘之机，后羿“因夏民以代夏政”，一度夺取了夏王室的统治权力，这就是历史上的“太康失国”。

有穷方伯后羿是尧时以善射著称的羿的后代，古书又称其为“夷羿”，是势力比较强大的东方夷人诸部的首领之一。太康的昏聩无能使民众怨愤，诸侯、方伯离心，后羿乘太康渡洛水“十旬弗反”的机会，拥兵占据夏都，拒绝太康返国（一说后羿攻占夏都，赶走太康）。但后羿也是一个残暴的统治者，夺得权力后他“恃其射也，不修民事而淫于原兽”[1]，只顾自己田猎游乐，把政事交给一个叫寒浞的亲信执掌。寒浞本是伯明氏的一个奸诈子弟，他一方面对后羿极尽谄媚之能事，获得了后羿的信任；同时又以小恩小惠收买人心，骗取同僚和一部分庶民的支持。在条件成熟之后，寒浞勾结后羿的亲信随从，杀死后羿，霸占了后羿的妻妾和财产，夺得了统治权。

太康失国不久死去，其弟仲康在部分臣僚、贵族的保护下，在斟鄩（今山东潍坊市附近）建立了一个小朝廷，但无力复国而亡。仲康子相在帝丘（今河南濮阳县南），依靠斟灌（今山东寿光市东北）、斟鄩等东方诸侯和亲夏势力的支持，积蓄力量。这时，寒浞杀死后羿，大力消除亲夏势力，用兵灭掉斟灌和斟鄩，又攻杀相于帝丘。当时，相的妻子缗已有身孕，情急之中从墙洞逃脱，逃回母家有仍（今山东金乡），生子少康。少康长大后，在有仍充当牧正。寒浞的儿子浇派人追捕少康，少康逃往有虞（今河南虞城）。有虞君主虞思任少康为庖正，并把两个姚姓的女子给他做妻子，还封以纶邑十里见方（一成）的

①② 《左传·襄公四年》。

土地，有五百（一旅）之众供其使用。少康广泛施恩布德，积极招纳夏的余众，准备复国。这时，寒浞"恃其谗慝诈伪而不德于民"[②]，已内外交困。最后，少康联合夏臣伯靡，灭掉寒浞和有穷（有穹）国，少康被拥立为夏王，恢复了夏王朝的统治。

由太康失国到少康中兴，经过了三代人，约40年的斗争，才重新夺回政权。这一曲折而复杂的斗争事实说明，当国家诞生之初，统治集团内部的斗争和不同阶级之间的斗争就已不同程度地存在，民心的向背是一个政权得以维系的主要因素，任何暴虐的君主都难以长期统治下去。

夏代中期的发展　从少康到胤甲是夏王朝的发展阶段。少康历经磨难才得以复国，长期的流离生活使他深知民间疾苦。他关心生产，治理水患，使社会生产有了较快的发展。少康以后，其子杼继立为夏王。

杼又作季杼，他曾带领一支军队，协助少康中兴。《世本》谓"季杼作甲"，他以能制造兵甲出名，表明在他统治时期拥有比较强大的武装力量。

从太康时起，夏王朝的都城逐渐向伊洛一带移动。传说太康居斟鄩，少康复国以后，季杼一度都于河内的原（河南济源市西北），又曾迁于老邱（河南开封陈留镇北）。老邱在兖豫大平原的中部，季杼在此彻底肃清寒浞的残余势力，又大力征伐东夷各部，一直打到东海。后来，又还都伊洛之间，形成夏代中期的极盛时期。"杼能帅禹者也，夏后氏报焉。"[①] 在夏族的后人看来，季杼是能继承禹的事业的一代名王，不但巩固了夏王朝的统治，而且还重新征服东夷诸部落，对夏王朝的发展做出了重大贡献，所以死后受到夏族的后人隆重的"报"祭。

季杼以后，直到胤甲，夏王朝经历了五代六王，基本上处于稳定发展时期。夏王朝以伊洛为中心，东至大海，西连西河，北及燕山，南逾长淮，所有夏、夷诸部的众多邦国，大都臣服在它的统治之下，受其影响的领域则更为辽阔。《禹贡》九州所确指的地理范围，是以伊、洛、廛、涧汇流入河的河南为中心，主要包括豫、兖、青、徐四州，冀州的河东、河内，雍州的关中。这就是历史上所谓的中原地区。至于冀之北土，雍之西域，和扬、荆、梁三州，在当时还是发展相对迟缓的众多部落所散居的地区。当时人有关这些地区的地理知识大都由传闻而来，难免有疏阔和差错之处。但是这些地区又是和中原地区密切联系在一起的，夏王朝的统治势力及其影响不断深入到这些地区。

夏王朝的衰亡　夏王朝发展到胤甲末年，出现了衰败的迹象。胤甲的王位

① 《国语·鲁语》上。

继承人是孔甲，夏王朝开始转入后期。《史记·夏本纪》说："帝孔甲立，好方鬼神，事淫乱。夏后氏德衰，诸侯畔之。"孔甲的荒淫暴虐激起了民众的普遍反抗，许多诸侯又开始叛离，已达到"乱夏"的严重地步。《国语·周语下》载春秋卫彪奚的话说，"昔孔甲乱夏，四世而陨"。从此，夏王朝的统治逐步走上了衰败的道路。

孔甲三传到桀（履癸）。相传桀是一个才智勇力兼备的君主，能生擒兕（野牛）、虎，折断钩索，力大无比。但他生性残暴，酷好声色，饮酒无度。继立后为了控制局势，以武力威逼东方的许多邦国，在制服有施氏（在今山东滕州）后，下令在有仍举行朝会，结果反而激起以有缗（今山东金乡东北）为首的诸侯反叛。桀便率领参加"有仍之会"的各诸侯、方国出兵征讨有缗，虽灭了有缗，但许多诸侯和方国从此与夏桀离心离德。所以，史载"桀克有缗，以丧其国"[①]。夏王朝因之元气大伤，加速了它的灭亡。

夏桀对百姓竭尽暴虐搜刮之能事，为宠妹喜，他不惜征发民工大兴土木，"桀倾宫，饰瑶台，作琼室，立玉门"[②]。《尚书·汤誓》揭露夏桀的罪状，主要有"率遏众力"（竭尽众人的力量）和"率割夏邑"（损害了夏邑）。也正如《史记·夏本纪》所载："桀不务德，而武伤百姓，百姓弗堪。"百姓以怠工相抵制，并愤怒地说："时日曷丧？予与汝皆亡！"[③] 借着骂太阳来咒桀，意思是："这个太阳为何不快灭亡，我们宁愿与你同归于尽！"

外有诸侯叛离，内有众人反抗，夏桀一意孤行，拒不听从忠臣的劝谏，夏的统治已岌岌可危。此时，商汤已在东方的孟诸地区兴起且日益强大。公元前1600年，商汤乘机兴兵伐夏，夏桀势孤力穷，被围于鸣条（可能在今河南封丘东），战败逃亡，后死于南巢（今安徽巢湖北岸）。夏亡。

从禹到桀，夏王朝共传十四代、十七王。《竹书纪年》谓夏代"有王与无王，用岁四百七十一年矣"，与孟子所说"由尧舜至于汤，五百有余岁"[④] 相差三十余年。夏王朝大约从公元前2070年到公元前1600年，统治了470年，与《竹书纪年》基本相符。

① 《左传·昭公十一年》。

② 《太平御览》卷八十二引《竹书纪年》。

③ 《尚书·汤誓》。

④ 《孟子·尽心》下。

第二节　商代奴隶制国家的发展

一　商王朝的建立和发展

商族的兴起和商王朝的建立　商人的先祖相传是高辛氏的后裔，是诸夏之族中有着悠久历史的部族之一。商人早期主要活动于东部孟诸泽畔的商丘附近，在不断开发这一片土地肥沃、物资丰富的薮泽地带的过程中发展起来。

商部族和其他许多古老的部族一样，经历了“只知其母不知其父”的母系氏族社会阶段。这个部族以玄鸟（燕子）为图腾。相传简狄吞食玄鸟卵而生契，契就是商族的始祖。商族的后人根据祖先流传的说法作《诗·商颂·玄鸟》，歌颂道：“天命玄鸟，降而生商，宅殷土茫茫。”契因此有“玄王”之称。契兴于尧舜之际，史载“契长而佐禹治水有功”，舜将他封于商，赐姓子氏。“玄王勤商，十有四世而兴。”[①] 就是说契为商族的发展壮大奠定了基业，传十四代至商汤立国，年代正好与夏王朝相始终。

太康失国的时候，契的孙子相土做乘马，且东逾泗水，在泰山之下建立城邑，大力向东方扩展。《诗经·商颂·长发》缅怀道：“相土烈烈，海外有截!”其势力可能已达到东海之滨，而且还征服过沿海地区或海岛上的部落。

在商族的祖先中冥也是一个为后代所歌颂的人。冥是契的第五代孙，相传为夏王朝的水正——管理治水工程的官吏。他辛勤地忠于职守，结果“冥勤其官而水死”，是一位以身殉职的治水英雄，地位仅次于契。

冥死后，子王亥继立。甲骨卜辞中商王祭祀王亥时称“高祖王亥”或“高祖亥”，祭祀非常隆重，用牛牲多至300头，用人牲多达10人。王亥曾服牛，夏代中期，商人就驯服牛马，用之于交通和生产，使生产力水平有了较大的发展。王亥越过河、济之间，向黄河以北发展，结果被有易氏酋长绵臣所杀，运载物资的牛群遭抢夺。后其子上甲微借助于河伯的力量，战胜有易，增强了实力。古史载：“上甲微能帅契者也，商人报焉。”[②] 即是说上甲微能够继承始祖

① 《国语·周语》下。
② 《国语·鲁语》。

契的事业，振兴商族，商的后人隆重地举行“报”祭。后世商王在祭祀先公时从上甲微开始。

由上甲微再传六代到汤，这时，商经过数百年的发展，已成为东方地区一个强大的方国。而此时的夏王朝已日薄西山，统治实力大为衰落，夏桀暴虐无道、残害民众、侵夺诸侯、众叛亲离，汤就选择这个有利的时机，积极展开灭夏的准备工作。

商族从始祖契到汤先后迁徙八次，为了灭夏，汤先在商丘旧邑的基础上，扩建成为亳邑[①]，并在那里积蓄粮草、招集人马、训练军队。汤不仅大力争取众多小邦的归顺，而且任贤使能，任用伊挚为最高执政官尹，人称伊尹，后又任仲虺为相，两人共同辅佐商汤，逐步展开对夏王朝的攻势。商汤首先从征服夏的重要附属国葛国（今河南宁陵北）开始。葛是商的西面近邻，是通往夏都的必经之路。为了争取它的归附，汤多次馈送粮食和牲畜以帮助葛国祭祀，后又派人前去助耕，均被葛伯拒绝。汤最终以葛伯杀死送饭的儿童为借口，出兵灭葛，取得攻夏的第一个胜利。正如《孟子·滕文公下》所说：“汤始征，自葛载，十一征而无敌于天下。”其后商汤逐步扩大攻势，剪除夏的羽翼，削弱夏桀的势力，取得消灭韦（今河南滑县东）、顾（今河南范县东）和昆吾（今河南濮阳东南）等国的胜利。公元前1600年最终兴兵伐夏，在鸣条（今河南封丘东）摧毁夏的主力，正式建立商王朝。

商代前期的发展和盘庚迁殷　商汤灭夏后，回师亳邑，众多的诸侯前来朝会，表示臣服。商汤又向四面征伐，使商王朝的统治区进一步扩展。《诗经·商颂·殷武》颂道：“昔有成汤，自彼氐羌，莫敢不来享，莫敢不来王，曰商是常。”表明汤时新建立的王朝已得到众多诸侯的拥戴，颂扬他的赫赫武功和建商立国的丰功伟绩。

商汤以后，由太甲到太戊，是商王朝巩固和发展时期。太甲是汤的长子太丁之子，太丁未及继立就先汤而死。汤死后，由太丁之弟外丙、仲壬相继即位，他们在位的时间都不长，均由伊尹辅佐。仲壬死后，伊尹立太甲为王。由于太甲不遵循成汤制定的典则，被伊尹放逐在桐宫。过了三年，太甲有了悔过的表现，才又恢复王位。太甲复位后，继续并发展了成汤的事业，为商的发展做出较大贡献，后世称之为“太宗”。

太甲以后，商王朝的统治是比较稳定的。在雍己时，曾发生“诸侯或不至”的情况。但接着就由太戊继立。那时既有伊陟为相，又有巫咸“治王家”，

① 多数学者认为，亳邑即20世纪80年代发现的洛阳偃师尸乡沟商城。

史称“殷复兴，诸侯归之”，太戊被称为“中宗”。

仲丁以后，王室多次迁都。如仲丁迁于隞（《书序》作“嚣”，郑州二里岗商城遗址可能与此接近），河亶甲迁于相（河南内黄东南），祖乙迁于邢（一作“耿”，河南温县东）。据说在盘庚以前，先后迁了五次。如此频繁迁都的原因，由于史料缺乏，无法确切地说明。而由仲丁到阳甲，前后五代九王，多次发生“弟子争相代立”，从史称“九世之乱”来推断，可能与王室内部的争斗有关。到盘庚继立时，政治上的混乱仍然相当严重，阶级斗争也日趋激烈。盘庚为拯救政治危机，缓和阶级矛盾，决定再一次迁都。他选择了“左盂门而右漳、滏，前带河，后背山”的殷作为新都所在。但是无论贵族或平民，都反对迁都。因此，在迁都前后，他反复劝说贵族，要求他们一同迁往新都，共同做出一番新的事业。同时，又严厉告诫众民，要他们好好随同迁往，不然就要斩尽杀绝。公元前1300年，盘庚迁殷以后，“行汤之政”，出现了“百姓由宁，殷道复兴”的政治局面，从此商朝结束了“荡析离居”“不常厥邑”的动荡岁月，迎来了全面发展的崭新时期。

在商代后期的250多年间，殷成为全国政治、经济和文化发展的中心。

武丁时期的开拓　盘庚迁殷以后，商代的各个方面都有了较大的发展，到武丁时期（前1250～前1192年）达到了商代后期的极盛时期。

盘庚死后，王位由其弟小辛、小乙先后继承。公元前1251年小乙死去，其子武丁继立。武丁统治的59年，是商王朝最为强盛的时期。武丁即位后，他从版筑匠人中擢拔傅说为相，大力改革政治，“修政行德”，使殷道复兴，死后称为“高宗”。

当时，商王朝面临最大的威胁是西北和北方游牧民族如土方、舌方、芍方、鬼方、羌方的侵扰。他们不时寇略商王朝的边邑，造成人员和财产的损失，有时甚至威胁到殷都的安全。商王朝为了加强西北边界的防御力量，除了在太行山建立一些军事据点外，还深入到今山西中部和西部的沿河地带发展一部分属国和建立城邑，借以控制西北各部。武丁曾多次和其妻子妇好派兵或亲自率军征讨游牧民族建立的方国。如对土方和舌方，不仅发兵征讨，有时还亲征，出兵人数少则三千，多则五千。鬼方大概在今陕西和内蒙古一带。芍方可能靠近内地一带，以善于养马而著称，又称为“多马芍”。武丁时也曾对这一部用兵，有一次出兵人数多达1.3万人。羌人是武丁经常讨伐的对象，卜辞中有很多“击羌”“伐羌”的记载，俘虏中的羌人是商代用作人祭的主要牺牲，动辄数十上百；羌人中的一部分人是奴隶的重要来源。

在秦岭以南的江汉有荆楚，江淮一带有群舒，东部至淮水和山东沿海一带为东夷各部散居的夷方。这些地区的居民，在经济生活和文化发展等方面都与中原地区相近，但地方性特色较突出，在政治上有时也出现比较强烈的离心倾向，所以商王朝时常对这些地区用兵，取得了不少胜利。商对南方的统治，到后期已由沿江一直深入到湘赣一带。

东南方的夷方、虎方与商的关系是时服时叛，冲突时有发生。商周之际的虎方居淝水和淮水之会，这说明武丁以后的政治势力已抵南方的江淮一带。商后期，夷方曾经“分迁淮、岱，渐居中土”，与商的接触更为密切。到帝乙时，多次出征夷方，夷方成为用兵的重点，这种情况一直延续到商纣亡国。

武丁时期因其政治、经济各方面的发展而武力大盛，有效地阻扼了周边游牧民族和其他方国的侵扰，开拓了疆域。妇好也是商代后期一位杰出的女将领。对外战争的胜利，使商王朝迈入鼎盛时期，先进的商文化也随之远播，对各地的开发有积极影响。数百年后，孟子曾不无夸张地说：“武丁朝诸侯，有天下，犹运之掌也。”①

二　商代国家机构的发展

商王朝的统治机构　在夏代国家制度的基础上，商代的国家机器有所加强并趋于完备。

商代是以商王为首的奴隶主贵族专政的国家，王权是奴隶主阶级专政的总代表。在卜辞中，商王自称“余一人”或“一人”，表明是至高无上的。由夏到商的王位继承，基本上是父死子继，并辅之以兄终弟及。由于严格的王位继承制度没有完全形成，在商代中期，连续发生“弟子或争相代立”的现象。到康丁以后，商代的嫡长子继承制度才逐渐确立。

商王之下，由各级官吏组成一整套的统治机构。商代的国家机构不断扩大和完善，形成相当复杂的体制。大致说来，在商王之下地位最高、权势最大的是尹。如汤时的伊尹，太戊时的伊陟，武丁时的傅说等，他们是商王的重要辅弼。次于尹而常置的高级政务官，总称为“多尹”或“百僚”。在“多尹”以下，还有分掌各项具体事务的“多宰”“小臣”，如管理耕作的有“小耤臣”等。武官有亚、服。他们有的是从奴隶头目中擢拔的，地位虽低，但都直接为王室管理各项具体事务，大都是商王的亲信而得到重用。他们与“多尹”并列，合称为“百执事之人”。官吏中有以王室为中心的众多贵族，他们有的是

① 《孟子·公孙丑》。

许多“旧邦”的首领，而更多的是王室近亲不断建立的新宗，“示”即为宗，见于卜辞的“某示”很多，由此而产生“多子族”。这些新旧贵族，有的受封在外地建成侯伯之国，有的在王室担任各级官职。他们是商王朝的支柱，也是奴隶主阶级的主要组成部分，原始宗法制度在商代有了初步发展。

国家机器的重要组成部分军队和刑法在商代都得以加强。史载“商有乱政，而作《汤刑》”，《汤刑》当比《禹刑》有所发展，且以肉刑为主，墨、劓、刵、宫、大辟五刑俱全，此外还有鞭刑和活埋等，但具体法律条文已无从知晓。战国时荀子曾说，“刑名从商”[①]，表明商代在刑法发展中的地位。商代的刑法以严酷而著称，韩非说：“殷之法，弃灰于公道者断其手。”[②] 见于卜辞的刖刑、大辟较多。刖刑是用刀锯断足，由卜辞可见每次被执行刖刑的人数，动辄以十计，有多到百人的。传说商纣还有炮烙之刑和脯醢之刑。这些都暴露了商法的残酷性。

商代的军队组织更为庞大。卜辞有“王作三自（师）：右、中、左”的记载。这里所谓的“三师”，当是商王直接统辖的军队中比较重要的一部分。商王领兵出征，经常要临时征发一部分平民和奴隶，动辄三五千人。每次出兵人数，少则数千，最多的超过万人。商代后期，战车已成为作战主力。每辆战车驾马两匹，有甲士三人：一人御车，一人持戈或矛，一个操弓矢。战车两旁和后面跟随着由平民组成的徒兵数十人。这些军队都由商王和卿士所统帅，成为他们对外扩张和统治广大人民群众的重要工具。

早期阶级社会都十分重视宗教的功能，这是国家机器的一个重要部分。商代对神的崇拜和对祖宗的崇拜到了无以复加的地步，商王对神的意志绝对信仰，事事都要征得神的旨意，以至于每事必卜。这样沟通人间与上天的巫就具有了非常崇高的地位，发挥着巨大的作用。巫在政治上还是一种重要的力量，如太戊时巫咸“治王家”，祖乙时又有“巫贤任职”。巫总管一切“神事”，所有的“民事”又都被涂上“神事”的色彩，所以巫对一切军国政事都起着直接或间接的支配作用。此外，还有祝、宗、卜、史等神职人员，组成相当庞大的巫职机构，发挥了宗教职能作用。

为了使神权为王权服务，上帝的观念成为至高无上主宰一切的观念。不仅王权来自上帝，而且王族的祖先也与上帝结合在一起。祭祀祖先，是国家大事，都由巫职机构经管。为了表示信从上帝的意志，占卜成为表达天命的方

① 《荀子·正名》。

② 《韩非子·内储说》上。

式。事无大小，都要通过占卜，以预测吉凶，决定行止。商代有很多的卜人、贞人，专管占卜事务，刻在甲骨上的大量卜辞，就是商代后期王室的占卜记录。由于“神事”笼罩一切，当时的科学文化知识，也都蒙上迷信的外衣，成为宗教职能的附庸。如为农业生产服务的天文历法知识，被附会成为上帝意志的表现。重要的文献典籍和历史资料，也都充斥着神化的迷雾。而掌管这些科学文化知识的史职人员，就是附属在巫职机构之下，直接为宗教服务。他们具有比较专门的文化知识，熟悉历史和政务，并擅长于文书，这些都是为王室处理日益繁杂的政务和教育贵族子弟所直接需要的，因而他们逐渐得到王室和各级贵族的重用。随着文明的发展，他们所职掌的事务日渐繁多，太史、内史、御史等职称不断出现，这样，他们才逐渐脱离巫的附庸地位，成为王室的重要职官。

方国与商代的疆域 商王朝把它的统治地区分为畿内和畿外两大部分。畿内是商王室直接统治的部分，称为“王畿”，畿外是众多方国、部族分布的地区。

邦畿之内除王都以外，有不少的城邑为王室的诸子和其他贵族的封地。这些封地和畿外的方国，性质虽然有所不同，但都要接受商王的封号，成为王室的臣属。商代可能已经比较普遍地实行了班爵制度，侯、伯、子、男等爵位，都见于卜辞。其中，侯国最多，其次为伯，所谓“诸侯”“多伯”就成为众多邦国的统称，子、男之属，为畿内的“多子族”。班爵制度，规定了贵族的等级，明确了方国的地位，是国家组织形式日趋完善的表现。

大小方国要向王室定期朝贡，提供力役，奉命征伐，遵守一切礼仪制度，成为王室统治下的臣属之邦。每一方国，都仿照王室建立地方性的政权机构，组织军队，设置监狱，征收贡赋，直接统治它所属的人民。众多方国，地位有高低，封域有大小，力量有强弱，差异很大。部分领地较小、势力较弱的小国，往往成为大国的附庸。而在某一地区内，又往往出现比较强大的“方伯”之国，如卜辞中的盂方伯、人方伯等。它们雄视一方，威服附近的很多小国，成为一方之长。它若顺从王室，就能辅助王室镇抚一方，加强王室的统治力量。如果王室的统治力量有所削弱，所谓“诸侯畔离”，首先就是由它们开始的，成为地方性的对抗力量。如周在灭商之前号称“西伯”的，就是殷西部的方伯之国，后来发展成为灭商的力量。

畿外还分散居住着众多的少数民族部落，他们在经济文化发展水平上与畿内地区还有较大的差距。他们通过各种途径与商王朝保持密切的联系，在政治上对王室表示臣服，但比一般方国要松散一些。为了加强控制，商王朝也不断深入到这些地区，建立城邑，屯驻军队，作为开发边地的据点。

商王朝的统治地区，比夏代有了扩大。商的都城，由孟诸泽畔逐步西移到河内，东西横贯兖豫大平原。《吕氏春秋·审应览》谓“汤尝约于郼、薄（亳）矣”，就是将亳、郼并举。它的邦畿东至泗上，西及伊洛，包括大平原的绝大部分。在此范围内，殷墟和洛阳偃师商城遗址、郑州商城遗址都经过重点发掘，证明是规模宏大的都邑。在其周围的今河南、河北和山东一带，也发现不少商代遗址，可能不少是当时畿内的城邑。

畿外的方国，往往与畿内的城邑错杂在一起，不过分布的范围要大得多。商代方国的名称，很多见于卜辞。如曹、杞、宋、雇、奄、薛、蜀（今山东泰安附近）、齐、邳、鄘方（今河南永城西）、盂方（即邘）、邶方（今河北涞易之间）、妟（燕）、周、光（今河南潢川）等等，大都还见于后世。总之，在东至于海、西及陇山、南过淮水、北达燕山这一大片的中原地区内，不仅有了更多的方国和城邑，而且范围也有一定程度的扩大，这就说明商王朝统治的基本地区有了较大的发展。近来，在湖北黄陂发现了盘龙城商代中期的城邑遗址，在江西清江也发现有商代中期遗址，在安徽、湖南等地发现了时代相当于商代的遗址、墓葬和遗物，说明商王朝的政治势力和文化影响早已越过江汉地区，深入到今日的鄂赣湘皖广大地区。在山西和陕西的许多地方，也都发现有商代遗址和遗物。商代的政治势力可能已经达到汉中地区，其影响还可能及于四川的某些地方。在东北，辽宁喀左县的大凌河畔多次发现殷周之际的遗物，说明商代的文化影响已经达到辽西地区。商朝畿外的广大地区，通过各种途径吸收中原先进文化的影响，缓慢地向前发展。

三　商代社会经济和文化

由夏到商，社会经济和文化有了较大的发展。大量的考古资料和文献记载，使我们对商代社会经济和文化发展情况，有了较为翔实的了解。

农业生产的发展　商代的农业生产已经达到较高的发展水平，是当时具有决定性意义的生产部门。我国较早使用的农具，据文献记载，主要是耒耜。耒，《说文》解释为“手耕曲木”，甲骨文“”（力）当是“耒”的初文，像一弯曲的叉头，用以起土翻地。因为它是最基本的农具，经过较长时期的发展，一些有关耕作的字，大都从“耒”。

甲骨文“”（㠯）当是“耜”的初文，像臿之形。《说文》有“”（梠），解释作“臿”，徐铉注：“今俗作耜。”《说文》另有“”（枱），解释

作“耒耑”，意为耒端上的臿。这种臿，最初是石质或骨质，后来用金属为臿头刃部或全部用金属代替，发展成为锹、铲或犁等农具。

上述几个甲骨文的字体结构及其演变情况说明，在商代，耒耜是普遍使用的农具，有的学者据甲骨文的“物”字推断商代可能有牛耕。但是普遍的耕作方式是劦田，即三人协力，三耒共耕。这样耕作，可以用较原始的农具，对较大面积的土地进行翻土碎土，收到相对的深耕效果。商代使用的农具，仍以石、骨、蚌制成的斧、刀、镰等为主，间或发现有一些铜镬、铜臿、铜铲等青铜工具，但不一定都用于农业生产。

甲骨文农田之“田”作田、、等形，表明在广平的原野上有整治得整齐规则的大片相连的方块熟田。疆理的疆作或，又表明这些方整的田块，经过弓尺丈量，标划出明确的疆界。又如田畴的畴作，像田间按行垄犁耕往返转折，这样的田畴当然不会耕作得很粗放。甽是田间的水沟，说明灌溉也有一定程度的发展。这些经过疆理整治规则耕作较好并配合有灌溉沟渠的方块田，就是后来的井田。这些田地主要分布在都邑附近，由商王和诸侯国君直接占有，也有分配给近亲贵族。其他贵族在封邑内也同样经营这样的田地，不过规模要小一些。

由于农业生产是古代社会的经济基础，商王和各级贵族都很重视农业。祈求“受年”“观黍”“求晴雨”等活动，都由商王主持。主要的农作物如黍、稷、粟、麦（大麦）、来（小麦）、秕、稻、菽（大豆）等，都见于卜辞，有的已在遗址发掘中出土。郑州商城遗址发现有水稻，可见当时的中原地区也种有水稻。卜辞中屡见商王卜问各地“受年”“受禾”“受黍年”的情况，表明商王对年成好坏的重视。

商代的奴隶主贵族嗜酒成风，酿酒的主要原料是黍、稷等谷物，这也从侧面反映了当时的粮食生产有了较大的发展。

圃、囿、果、树、杏、栗等字，在卜辞中也较常见，林木蔬果之属的生产也是农业生产的一个重要组成部分。

蚕桑生产在商代有了发展。不仅蚕、桑、丝、帛等字常见于卜辞，而且在青铜器纹饰中有头圆眼突而身屈曲作蠕动状的蚕纹，在玉饰中有雕琢得形态逼真的玉蚕，这些都反映了当时蚕桑事业的发达。在卜辞中有“蚕示”的记载，祭祀典礼还相当隆重，足见植桑、养蚕也是统治者极为重视的一种农事活动。

商代的畜牧业也较为发达，商后期畜禽的驯养相当繁盛，其中马、牛、羊、犬、豕数量极大，除供食用外，主要用作祭祀的牺牲。甲骨卜辞记载，商王每次都要宰杀牲畜作为祭品，每次少则数头、十几头，多则数十上百，甚至上千头。杀牲数目如此之大，也反映了商代畜牧业的发达。

青铜工艺的高度发展　商代手工业生产的发展，比农业更为突出。其中，青铜冶炼技术和青铜器制造工艺的高度发展，更集中反映了当时手工业技术水平的时代特点。

在殷墟和郑州商城遗址，都发现有为王室所专用的青铜器铸造作坊，作坊内有比较细致的分工，有世代从事铸铜生产，且擅长专门技艺的工匠。生产规模之大和技艺水平之高，是当时世界所罕见的。

商代的青铜冶炼技术已相当纯熟。从大量出土和传世的青铜器分析，当时的工匠已经比较熟练地掌握了青铜合金的特点和性能，不同用途的器物有不同的合金比例。殷墟出土的司母戊大方鼎，经过化学分析，得知它的合金比例是：铜 84.77%，锡 11.64%，铅 2.79%，与《考工记》所说的钟鼎之剂“六分其金（铜）而锡居一”大体相近。这是铸铜工匠们长期经验的积累，是不平凡的创造。

铸造青铜器，要经过一系列较为复杂的工艺程序。除了采矿、冶炼之外，还有制模、翻范、浇铸、修整等工艺。分工非常细，每一道工序都有专门的工匠，需要工匠们协作完成。在殷墟和郑州商城遗址，发现有数以千计的大小陶范，大的长达 120 厘米。大型器物，采用复合范分成几部分浇铸，然后合成整体。

商代青铜器的种类繁多。常见的按用途分为礼器、乐器、工具、兵器、车马器等。礼器是商王和贵族用来举行宴会、祭祀等重大仪式的器物，是身份、等级和地位的标志。礼器是青铜器的大宗，历年出土的商代青铜礼器总数已达数千件之多。其器型主要有鼎、鬲、甗、簋、彝、卣、罍、尊、瓿、觯、觥、觚、爵、斝、盉、角、盘、盂等，约 20 多种。可分为食器、酒器、水器等。乐器有铜铃、铜铙等。每种器物的大小不同，式样各异，造型都很精美。器物上的纹饰瑰丽而浑厚，有饕餮纹、夔纹、蝉纹、云雷纹、蟠龙纹等等，还有各种表示器物用途的特殊纹饰。有些器物的造型，完全仿照动物的形态，如枭卣、豕卣、象尊、犀尊、龙虎尊、四羊尊，生动逼真，别具匠心。其中大型器物，如司母戊大方鼎重约 833 公斤，通耳高 133 厘米，长 110 厘米，宽 78 厘米，形制雄伟，为世界同时代所仅见。

青铜工具有斧、锛、刀、锯、凿、钻、铲等，数量不多。兵器如戈、矛、戚、钺、刀、箭镞等，均有大量出土，把大量的青铜箭镞用于战争，其消耗量是相当大的，这是其他文明古国所少见的，足见我国青铜业的高度发达。商代的铁刃铜钺，经化验证明，是用陨铁锻成铁刃后，和钺体铸接而成。这说明我国在商代不仅初步认识并使用了铁，而且掌握了锻打和铸接铜与铁的较高技术。

近年来在商代统治中心以外地区有重要考古发现，其中有江西商周铜矿遗址、新干大型商墓、四川三星堆祭祀遗址。在江西瑞昌铜岭发掘的商周时期采铜遗址，有地下开采的井巷遗迹和露天采矿遗迹，以及一批开采工具、装载与提升工具。采矿井巷均采用木支护，是世界上最早使用木支护进行地下开采铜矿的实证。此时已将木溜槽选矿技术、木辘轳机械装置运用于采矿作业，这比文献记载的时代大大提前。江西新干县发现的一座大型商代墓葬出土青铜器、玉器、陶器800件，其中青铜器480余件，包括礼器、兵器、乐器、工具和生活用具，其数量之多、造型之奇、品种之全、铸工之精，为江南地区所罕见。其造型与纹饰受到中原文化的影响和浸润，表现出浓烈的地方色彩和特色，许多器型为江南所特有。墓主人当是南方一方国的最高统治者。四川广汉三星堆发现两个商代的大祭祀坑，出土大批青铜器，还有金器、玉石器、陶器、象牙制品等。青铜器中有兽面、大型人面像、人头像、树干、树枝、树座、尊等，风格特殊，从一个方面反映了古代蜀人的文化面貌。这些重大发现对研究古代巴蜀的早期历史至关重要。

其他各项手工业的发展　在殷墟和郑州商城遗址，除青铜铸造作坊之外，还有烧制陶器，制造骨器、玉器、车辆以及其他各种专业的手工业作坊，手工业的门类繁多。当时手工业都掌握在贵族手中，国家设置“多工”“百宗工”来管理，生产目的主要是满足奴隶主贵族的享受和国家的需要。

陶器是商代主要的日常生活用器，作为一个重要的生产部门，商代的陶器烧制业有较大的发展。首先表现为制陶规模扩大和内部分工明确。当时，除各地普遍生产一般民用陶器之外，在王都和贵族都邑里，都有为他们特制各种精美陶器的专用作坊。生产的陶器，大量的是灰陶，也有少量的红陶和黑陶。代表当时制陶工艺最高水平的，是采用高岭土（瓷土）烧制的白陶。这种白陶，质地硬，烧制火候高，色泽皎洁，形制和纹饰都仿照青铜器，是和青铜器同样名贵的工艺品。在最近发现的一些殷代遗址，如河南郑州、江西清江吴城、湖北黄陂盘龙城、安徽肥西大墩子等地，都出土有用瓷土作胎烧成的原始青瓷。这些原始瓷器，烧制火候在1000℃以上，器身表面涂上一层薄釉，胎质细密，吸水性弱，已经具备了瓷器的基本特点。这种原始瓷器的出现，证明早在商代中期我国就已奠定了瓷器生产的基础。

我国是世界上最早养蚕缫丝和织造绢帛的国家，到商代，丝织物已成为贵族们主要的衣着原料。在一些商代墓葬出土的青铜器表面，经常粘附有丝绸残片或带有布纹痕迹。当时不仅能织造各种平纹组织的绢帛，而且还采用比较高级的提花技术织成菱形花纹的暗花绸，还有绚丽的刺绣。提花的菱形花纹暗花绸，需要提花装置的织机。这些都表明了商代丝织技术的成熟程度。

商代的都邑建筑已较为发达，从已发现的偃师商城（汤都亳或太甲所放逐之桐宫）、郑州商城（商代中期都城）和晚期都城殷的情况看，不仅规模宏大，而且有较规整的布局结构。郑州商城平面呈正方形，城垣周长约7000米，墙基最宽处达32米，发现有大、中型夯土台基的宫殿遗址，还有铸铜、制陶作坊等遗址。殷墟的宫殿遗址规模更大，大都建筑在夯土的台基上，有范围宽阔的版筑，边线笔直，角隅方正。或以卵石为基，或以铜作柱础，竖立木柱，然后安上梁架，覆盖草顶，装上门户。这种建筑方法，确定了我国传统建筑的基本格式。有的台基长达46.7米，宽10.7米，正东正南，方向准确，形成一个有周密布局的建筑群。在湖北黄陂盘龙城发现的商代中期城址，有城墙残基和一座完整的大型宫室遗迹。这座宫室的台基东西39.8米，南北12.3米，四周有回廊，中为中室，顶为四坡重檐，全部木结构，顶盖茅草，为一座大寝殿。这些遗迹，反映了当时建筑技术的水平。

商业的发展　在农业和手工业发展的基础上，在各个生产部门内部分工日趋巩固和日益复杂的情况下，商代的商业也有一定程度的发展。

在周灭商后，据周公说在殷民中有一部分人是“肇牵车牛远服贾，用孝养厥父母”[①]。这些人就是长途贩运从事贸易活动的商贾，他们以盈利赡养父母，保持着自由民的身份，应是殷民中平民和平民以上的人。商的先王王亥曾用牛群运载物资进行商业活动，有些学者推测后世从事商业活动的人称之为商人，就是因为商朝人擅长于贸易活动。

殷都和其他重要城邑的贵族，日常生活中所需用的一些比较珍贵的物品，如龟、贝、玉、珠宝、青铜、皮毛、齿革、丝帛等等，除在专有作坊役使工匠生产之外，还有许多必须来自外地。其中有一部分由各地贡献，也有不少是通过交换得来的商品。这些商品，主要由一些专业的商贾从事贩运，有的还活动到较远的范围，这样就促进了商业的发展。

商业的发展，需要通行的货币。我国最早使用的货币，如《说文》所说，是“古者货贝而宝龟”。龟甲作为“宝货”，虽有一定的交换价值，但因主要用于占卜，在商代几乎视为神物。而同样很珍贵的贝则充当了商品交易中的媒介，贝的多寡自然成为占有财富多寡的标志，以贝殉葬现象也屡有发现。山东

① 《尚书·酒诰》。

青州苏埠屯一号大墓殉贝 4000 枚，妇好墓棺内放置海贝 6000 多枚，这在当时无疑是一笔惊人的财富。在商代，臣下接受商王几百枚贝的赏赐，往往就要铸造青铜礼器以为铭记，足见作为货币的贝在社会生活中的重要性。除了真贝之外，还有骨贝、玉贝和铸造的铜贝。铜贝的出现，说明商代已经有了金属铸造的货币。贝在流通时，有一定的单位。当时以五贝连成一串，合两串为一朋，朋就是比较流行的货币使用单位。

由于贝具有交换价值，拥有贝就是有了财富，在社会上就逐渐形成以贝作为财富象征的心理。财、货、贿、买（買）、赏、责、贫、贾等等，都与财富有关。这些从“贝”的字，有的虽然不见于甲骨文，但都是流行得较早的字，说明贝作为货币，在社会经济中很早就占有重要的地位。当然，在当时的历史条件下，商业的发展是有限的，在整个的社会经济中所占的比重还是不很大的。

科学文化的发展　社会生产力的发展，使从事单纯体力劳动与从事科学文化事业的知识分子之间的分工日益显著，这就为商代科学文化较大发展提供了条件。

商代的文字有陶文、玉石文、金文和甲骨文几种，以晚商的甲骨文最丰富。殷墟出土的带有文字的甲骨有十多万片，连同其他器物的铭文，约有单字 4000 多个（目前能释读的超过 1000 字），是一种相当成熟的文字。从文字结构来看，如象形、指事、会意、形声、假借等，都已具备。1977 年，在陕西岐山周原还发现周早期的带字甲骨，说明甲骨文在当时是商周通用的文字，它为后世的汉字发展奠定了基础。商代已有比较丰富的文献典籍。由贞卜积累的大量甲骨卜辞，是当时文献记录的一部分。还有专职的官吏“作册”，收藏有不少的典籍。这就是周公所谓的“惟殷先人有册有典”。这些典册，由于时势变迁和年代久远，大部分已经散失。现存《尚书》的《商书》，只是其中的一小部分。《盘庚》三篇是比较可信的篇章。此三篇共有 1200 多字，语言生动，文字简练，记言记事，一气呵成，是有关商代历史的重要资料，也是古代文学的上品。

商代继承了重视天象观测的传统，殷墟卜辞就有不少关于天象的记录。其中除常见的雨、风、云、启（天晴）、易（多云阴天）、晦（阴沉欲雨）等外，还有日月食，对恒星也有一定的认识。特别重要的，是有关世界上最早的新星、火星、岁星、大星等星象的观测记录。

商代的历法，在夏历的基础上，把我国最早实行的阴阳合历逐步加以调整，使它逐渐趋于完备。依据卜辞所记，殷历大月 30 天，小月 29 天，而把太阳历和太阴历相参差的天数合并到一月时，就在这一年的年终增加一个13月，叫做“归余于终”，这是我国设置闰月的开端。这种置闰方法，虽然还很不精确，但已基本掌握了日月运行的规律，为我国传统历法奠定了基础，具有重要的科学意义。

商代的雕塑艺术颇具特色，其形式有陶塑和玉石雕塑，既有平面浮雕，又有浅雕和半立体浮雕，在妇好墓中发现的玉石雕刻品有几十个动物种类、几百件之多。其中有龙、虎、熊、鹿、象、牛、马、鹦鹉、鹅、鹰、燕、鳖、蛙、螳螂、猴、狗、龟以及玉人等。商代青铜器造型与纹饰也体现了其雕塑造型艺术达到很高的水平。

商代已有成组的乐器，现已发现的有陶埙、石磬、铜铃、铜铙、鼓等，都适于演奏乐曲，当时的音乐已具有相当高的水平。安阳武官村大墓出土的大石磬，长84厘米，高42厘米，浮雕成瞪目张牙的虎形，纹饰与器物浑然一体，是我国迄今发现最早的一件大型打击乐器，也是一件具有极高艺术价值的雕塑品。

商是当时世界上最先进的文明大国之一。它的社会经济和文化的发展，不仅对后世产生了深远的影响，而且对世界文明作出了重大贡献。

四　商代后期社会矛盾与商的灭亡

商代的阶级和阶级结构　商代是早期阶级社会，由贵族、平民和奴隶组成，社会的经济发展，是建立在奴隶制度基础之上的。

商代的统治阶级由商王及其臣僚、诸子、侯伯、巫史等众多贵族组成，在《尚书·盘庚》中，担任各级官吏的贵族被称为“邦伯师长百执事”，《酒诰》则称之为“百僚庶尹”。商代贵族总称为“百姓”，商王是其总代表，也是最大的奴隶主。商王拥有极大的权力，可以任意发号施令，对民众或役为奴隶或施以酷刑，甚至残酷杀戮。在名义上他是全国土地的最高所有者，是天下臣民的最高统治者。商代贵族是一个脱离生产、过着奢侈生活并享有种种特权的剥削阶级。

平民阶级主要是“众”或“众人”，他们是商族的部众，是原始社会末期出现或分化出来的。众是商代农业生产的主要承担者。甲骨文众字作、等形，象众人在烈日下劳动。众人除在田间劳作之外，还要在农隙接受军事训练，参加商王和贵族们的狩猎和其他各项繁重的劳役。一有征伐，就要随军服役或去远方戍守。卜辞常有关于“丧众”或“不丧众”的卜问记录，就是众人

平时或出征远戍时死伤和逃亡情况严重的反映。有学者认为，当时掌握一定生产资料的“工”或“百工”也属于平民阶级。平民阶级基本上是自食其力的劳动阶级，有人身自由，他们受奴隶主阶级的剥削，有义务负担兵役和徭役。

商代奴隶的名目繁多，被投入社会生产的各个领域。其来源主要是战俘，也有因负债或犯罪而沦为奴隶的。据甲骨文所载，对羌族等俘虏的处理主要有两种办法：一是用作祭祀的牺牲，二是作为生产奴隶或家内奴婢。当时的奴隶，有的有家室，以便为奴隶主繁衍更多的劳动人手。他们世代充当奴隶，必须俯首帖耳地甘作畜民。如果“颠越不恭”，就要被“劓殄灭之无遗育”[①]，即斩尽杀绝。在称为“百工”的各种手工业作坊里，也集中了一批奴隶。奴隶还被用于赏赐、赠与和交换，没有独立的人格。这些奴隶大多数从事繁重劳苦杂役，被视为牛马。

此外，还有牧人、圉人、羌人、皂、隶等牧放和圈养牲畜的奴隶。商王和各级奴隶主贵族都有臣、妾、僮、仆、宰、奚等大批非生产性的奴隶，广泛地使用于家内生活的各个方面，负担极为繁重的家内杂役。他们的地位比一般奴隶更为低贱，所遭受的折磨更为残酷，生活更为痛苦。不过也有个别家奴得到商王或其他奴隶主贵族的宠信，变成了他们的爪牙。如伊尹本是“有莘氏媵臣”，相传他“以割烹要汤”[②]，得到汤的欢心，为汤所重用，成为辅佐商汤取得天下的重要人物。为了防止奴隶逃亡，奴隶主贵族有时还要给奴隶戴上刑具。在殷墟出土的三个奴隶陶俑，手上都戴有木梏，女的梏在胸前，男的梏在背后。

商代的人殉和人祭 商代普遍地存在着人殉和人祭，在殷墟以及其他商代遗址、墓葬所发掘出来的人殉和人祭的遗迹表明，商殷奴隶制仍处于初级发展阶段。

人殉是把人作为“侍从”奉献于死者，“杀人以卫死者曰殉”[③]。殉人既为用，则必“使亲近，避仇敌”，所以被殉之人主要是近幸，包括与死者关系最密切的妻妾、宠臣、近侍和奴婢等。这些人的身份既有贵族，也有警卫和家内奴婢，他们被殉以供伴侍、以备役使、以充护卫，以保证其主人在死后仍能过着像生前一样奢华的生活。人殉的陋俗虽普遍存在于早期阶级社会，但一直延续到封建社会后期。商代贵族墓葬几乎都有殉人，少则一二人，多则几十人乃

---

① 《尚书·盘庚》。

② 《孟子·万章》上。

③ 《左传·成公二年》正义引郑玄语。

至几百人。殷墟侯家庄大墓（应为王陵）殉一百多人，有持戈带犬的武装侍从，有有棺木和随葬礼器的近幸，也有地位较低的随从仆役、奴婢。此外，在殷墟武官村大墓、山东青州苏埠屯一号大墓（地方诸侯墓）也都发现数十人的人殉现象。

祭祀和战争是国家头等重要的大事，商代奴隶主贵族在频繁而又隆重地祭祀上帝、各种自然神和祖先神灵时，除了宰杀大量的牛、羊、豕、犬之外，还要杀人以为祭品，实行残酷的人祭。所谓人祭，即人牲，以人为牲，杀之以祭神灵祖先。这一风俗源于原始社会末期，是把人作为“物”、作为“食物”奉献给神灵祖先以供食用。人祭以俘虏为主，也有奴隶。人祭现象充分暴露了商代奴隶主贵族的残暴性。商代的祭祀名目繁多，用作牺牲的数目，是无法计算的。据统计，甲骨卜辞中武丁以后商王所用的人祭数字，多达 1.3 万以上。在已著录的一部分甲骨资料中，有关人祭的卜辞达 1992 条，其中以武丁时期最多，有 1006 条。一次用人最多是 500 人。

1976 年在安阳武官村北地殷王陵墓区东侧发现了一个祭祀场，面积有数万平方米。在发掘的 4700 平方米的范围内，清理了 191 个祭祀坑，每坑埋有人牲 1 至 10 人不等，共发现 1178 具用作人牲的遗骸。据研究，每次杀祭人数多寡不等，最多的一次竟达 339 人。人牲中一部分是被砍去头颅的男性青壮年，未被砍去头颅的多为成年女性和少年儿童，年龄最小的仅有六岁，乳齿尚未脱落，天灵盖也未长满，都是被捆绑活埋的。这一祭祀场是殷人祭祀先王之地。实际上，商王及贵族死后，不仅用大量的人殉葬，同时在下土入葬的时候，还要进行大规模的人祭，成群的人或被砍杀或被活埋，成坑成排地遍布在墓道内外。在殷墟侯家庄西北冈和武官村一带的商王陵墓里，所清理出来的人祭的遗骨，每一墓地，少则数十人，多则数百人，最多的达千人以上。

商王和贵族们除了祭祀祖先和神灵之外，在建筑宗庙和宫室时，也要用大批人和狗、牛、羊一同作为牺牲，进行祭奠。如在洹南小屯殷墟宫殿区清理了 16 个基址，发掘出用于祭奠的人牲遗骨，共有 800 多具。

这些事实说明，人祭在商代普遍存在，且杀祭量巨大。这表明商代还处于奴隶制不发达阶段，还无法将大量的俘虏由供献神灵的牺牲转变为从事生产的奴隶。

商代后期社会矛盾的加剧　武丁以后，子祖庚、祖甲相继当政。从祖甲开始，由于社会矛盾日益尖锐复杂，商王朝逐渐出现了衰乱的迹象。所谓“帝甲乱之，七世而殒”，就是指此而言的。

武丁统治的 59 年是商代最为强盛的时期，但其后的统治者则越来越腐败。

《尚书·无逸》："自时厥后，立王生则逸；生则逸，不知稼穑之艰难，不闻小人之劳，惟耽乐之从。自时其后，亦罔或克寿：或十年，或七八年，或五六年，或四三年。"祖庚以后的甲骨卜辞中，已不见求雨之祭和受年大典。到祖甲继立时，就遭到一部分贵族的反对，攻击他为"小人"。为了巩固王位，祖甲就采取了一些"能保惠于庶民"的措施，又因他"爰知小人之依"，得到下层平民的支持，使他能够维持33年的统治。在他统治期间，王权与贵族权势的矛盾仍然存在，所谓"帝甲乱之"，当是指由此引起了王室内部的混乱，伏下了商王朝趋于败亡的危机。

在商王朝统治下的各种社会矛盾中，阶级矛盾成为商末社会的主要矛盾。从商王朝建立以来，奴隶和平民群众反抗奴隶主贵族的斗争，一直没有停息。集体逃亡，是反抗斗争的主要方式。迁殷以后，经常见于卜辞的，除了领兵出征要卜问是否"丧众"之外，还见有"众作籍，不丧"这样的记录，说明在田间耕作的众也经常逃亡。到武丁极盛时期，王室控制下的众更是成批逃亡。有一次，一批众结伙逃走，武丁下令追捕，占卜预言三天就可全部追回。由于逃亡者英勇抵抗，王室又加派兵卒，费了很大气力，前后15天，才追回一部分。在此以后，平民和奴隶逃亡现象日益严重，加重了统治阶级内部的混乱和社会的动荡。

商纣王的残暴统治和商的灭亡　商代后期比较尖锐复杂的社会矛盾，到商王纣（即帝辛，前1075～前1046年在位）的时候，就更为激化了。在统治阶级内部，他要削弱一些贵族的权势，遭到强烈的反对，在他的严厉打击之下，许多人叛逃他处，最后连掌管文献典籍和乐器的大师、少师之属也逃跑了。这使得统治机构趋于涣散，大大削弱了他的统治力量。贵族微子、箕子、比干等人同纣对立，纣则给以不同的打击，有的甚至被施以挖心酷刑。周武王伐纣时列举了纣的不少"罪状"，如遗弃"王父兄弟"，不任"元良""师保"等等，反映了商王室同贵族之间的矛盾。商王朝的灭亡，这也是重要的原因之一。

后世对于商纣的残暴事实，可能有夸大之处，但他和夏桀一样，是一个有名的暴君，则是无疑的。纣在即位之后，就扩大殷都至于沬邑，大修离宫别馆，称为朝歌。为了满足他的贪欲，"厚赋税以实鹿台之钱，而盈巨桥之粟"①，加强对人民群众的搜刮，激起广大人民群众的反抗。因此，他又滥施酷刑、肆意屠杀。"小民方兴，相为敌仇"②，进一步激起平民起来与商殷统治

① 《史记》卷三《殷本纪》。

② 《尚书·微子》。

阶级为敌。在众叛亲离，四面为群众怒火所包围的形势下，纣变成了“独夫”。在他周围，是一片“如蜩如螗，如沸如羹，小大近丧”[1] 的混乱局面，商王朝的败亡已成定局。

在统治危机日益严重的形势下，各地诸侯纷纷叛离，周边各部也乘机内侵。为了转移人民群众和一部分贵族的视线，商王纣决定对周边各部用兵。他先集中大量的兵力在殷西太行山区的黎（山西黎城县东南），向黄土高原上的西北各部展开进攻，但是东南方面的兵力空虚了，又引起了东夷各部的叛离。这就是春秋椒举所说的：“商纣为黎之蒐，东夷叛之。”[2] 接着，他就回师东向，全力进攻东夷。东夷虽被平定了，并且俘获了大批的夷人，但是损耗了大量的人力物力，又加剧了人民群众的反抗斗争，所谓“纣克东夷，而殒其身”[3]；“纣之百克而卒无后”[4]。穷兵黩武的结果，只是招致了自己的灭亡。在各种矛盾达到极端尖锐化的情况下，周武王兴兵伐纣。纣王兵败自焚，商王朝灭亡。

商王朝由汤开始建立，到纣灭亡，一共传了十七代，三十王（连太丁为三十一王）。《史记集解》引谯周曰：“殷凡三十一世，六百余年。”又引《汲冢纪年》曰：“汤灭夏以至于受，二十九王，用岁四百九十六年。”而刘歆据《三统历》推算，得 629 年。按春秋王孙满说：“桀有昏德，鼎迁于商，载祀六百。”[5] 孟子也曾说：“由汤至于文王，五百有余岁。”[6] 据夏商周断代工程正式公布的《夏商周年表》，以上诸说均不确，商王朝应从公元前 1600 年到公元前 1046 年，大约存在了 554 年。

---

① 《诗经·大雅·荡》。
② 《左传·昭公四年》。
③ 《左传·昭公十一年》。
④ 《左传·宣公十二年》。
⑤ 《左传·宣公三年》。
⑥ 《孟子·尽心》下。

第三章 西周奴隶社会的进一步发展

（前1046～前771年）

第一节 西周奴隶制国家的强化

一 周王朝的建立

周族的兴起 西周是我国历史上的第三个奴隶制王朝，也是我国奴隶社会发展到极盛和开始衰落的转折时期。

从很早的古代起，周族的先民们就居住在我国西北部的泾、渭水一带，即陕西中部和甘肃东部的黄土高原地区。传说周人是帝喾的后裔，属于姬姓之族。到虞夏之际，他们的始祖母姜嫄在野外践“巨人迹”感而生弃。弃后来定居在邰（今陕西武功县西南）。邰接近雍、杜诸水汇流入渭水之口，位于渭北平原膏壤沃野的中心。弃继承和发展了烈山氏以来种植“百谷百蔬”的传统，对进一步发展农业生产，做出了卓越的贡献，被称为“后稷”，是为周族第一个男性始祖。

从夏初以来，周一直是夏王朝西部的一个重要的方国。到夏代后期，夏王朝的统治力量逐渐削弱，西北黄土高原上的游牧部落不断南下侵扰，渭北平原的农业生产遭到破坏，周人的居住地也受到严重的影响，首领不窋率众北迁，在泾水中游一带，坚持农业生产，经历了好几代，大约在商初，公刘在豳（亦作邠，今陕西旬邑西）才又发展起来，成为商王统治下的一个方国。

公刘在豳扩大耕地，整治农田，生产蒸蒸日上，贮积的粮食堆满仓囤，很快就发展成为一个繁庶兴旺之邦。接着，就“弓矢斯张，干戈戚扬”，扩充武力，活动范围不断扩大。随着生产发展的需要，他们涉过渭水采掘矿石，“取砺取锻”[①]，改进生产工具和武器。“周道之兴自此始”[②]，公刘时期为后来周人的发展奠定了基础。

由公刘再经七八代，到高圉、亚圉时代，大约正当商王武丁前后，周已发展成为殷西的大邦。由亚圉再传两代，就是公亶父。公亶父由豳南迁到雍、杜之间的岐山之阳，这就是后来有名的“周原”。公亶父在这里兴建城邑，疆理田地，很快就使岐周耕地大量增加，人丁兴旺，交通发达，呈现出一片繁荣的景象。

有了雄厚的经济基础，军事力量也很快增强。散居在岐山西北一带的混夷、西戎诸部落，都被击败逃走；附近的一些小邦，也纷纷归服。“后稷之孙，实维大王，居岐之阳，实始翦商”[③]。公亶父在岐周发展成为一个新兴的强大势力，开始了周人的“翦商”事业，后来被追尊为“太王”。

近二十几年来，周原考古取得进展，在岐山凤雏村清理出早周的宗庙建筑遗址，出土有克商以前的甲骨1.7万余片和一批陶瓷、铜器、玉石器等重要文物。最近，周原考古又有重大发现，揭露近6000平方米的面积，发现大型建筑基址群、墓葬、石子路以及数以千计的青铜器、陶器、玉石器、骨器、漆木器、蚌器，这些遗迹遗物，初步揭示了岐周的实际情况。

太王以后，由幼子季历继位，周人称为“王季”。王季展开对西北诸戎部落的进攻，先后征伐西落鬼戎、燕京之戎、余无之戎以及始呼之戎、翳徒之戎，取得很大的胜利。商王朝命季历为“牧师”，成为西方强大的方伯之国。周人势力的迅速崛起，加剧了与商王朝的矛盾。所以《晋书·束皙传》《史通·疑古篇》俱引《汲冢纪年》云：“文丁杀季历”，预示着商、周之间更大冲突的到来。

季历死，子昌继立，是为周文王。文王在太王和季历奠定的基础上，进一步联合各方国和部族，把周族的势力向东扩展。文王“享国五十年”[④]，基本上完成了“翦商”的准备工作。

文王时期的发展　周文王初立时，仍以主要力量展开对西北各部的进攻。他北逐猃狁，西攘混夷，在泾水上游灭密（今甘肃灵台西）、阮（今泾川东南）、共（今泾川北）等小国，扩大了西边的疆土，巩固了后方，便全力向东方发展。

---

① 《诗经·大雅·公刘》。

② 《史记》卷四《周本纪》。

③ 《诗经·鲁颂·閟宫》。

④ 《尚书·无逸》。

周文王由岐周而东，先在泾渭之间建立毕邑（今陕西咸阳北阪），作为向东扩展的前哨。接着渡过渭水，灭掉亲商的崇国（今陕西鄠邑东），占有渭南。不久，就在沣水西岸建立丰邑（今西安市西南），由岐周迁都于此。关中平原全部为周所有，号称“西伯”，周族大概就在这一过程中，逐渐形成了国家。

一个日益强大的周已发展成为商王朝的一大对抗力量。自太王以来，周人始终保持质朴的传统。到周文王时，还能亲自督促众人，从事“康功（垦辟土地）田功”，大力发展生产事业。同时，又注意“怀保小民，惠鲜鳏寡”[①]，借以缓和阶级矛盾。周的蒸蒸日上，和当时商王朝内外交困混乱情况，形成了鲜明的对比。文王“治岐”的主要政策有：“耕者九一，仕者世禄，关市讥而不征，泽梁无禁，罪人不孥”[②] 等，这是巩固经济基础，安定人心的重要措施，得到较多人的支持。此外，为了稳定统治秩序，据《左传·昭公七年》记载，文王还制定了“有亡，荒阅”的法规，杜注曰：“荒，大也；阅，搜也。有亡人当大搜其众。”“有亡，荒阅”当是保证追捕逃亡奴隶交还原主的共同规约，这说明文王时已使用奴隶并有奴隶逃亡现象。

文王勤于政事，“不敢盘于游田”[③]，率领民众努力发展生产。他效法公亶父、季历的作风，礼贤下士，广罗人才，“士以此多归之”。其中有一生穷困潦倒而又胸怀韬略的姜尚，后被拜为军师，辅佐文王、武王屡建奇功。

周人据有关中平原，它的势力很快就扩展到河东地区。周文王调解了虞（山西平陆东北）、芮（芮城西）争夺田土的纠纷，河东地区的众多小国纷纷归附。河东与关中平原紧密相连，在灭商以前就成为周的基本地区的一部分。从此，周人就沿河东出河南和河内，一度伐邘（今河南沁阳西北），又曾攻克太行山上的黎，直接威胁到殷都。

周原卜辞有伐蜀、征巢、楚子来告等记录，说明周人的势力在东方已达到江淮之间，南及江汉，西南入于巴蜀。南方的大部分邦国和少数民族部落大都归服于周。后人所谓“三分天下有其二”[④]，并非夸大之辞。周原出有祭祀文武帝乙和成汤的卜辞，又有求佑于太甲告周方伯和殷王来田猎等记录，说明周在表面上仍然保持臣服于商王朝的关系。但是周、商之间的冲突日益加剧，商王纣一度把周文王囚禁在羑里。后因商王朝要全力对付东夷，为了稳定后方，又把他释放了。

---

①③ 《尚书·无逸》。

② 《孟子·梁惠王》下。

④ 《论语·泰伯》。

综上所述，文王时期的周社会经济有了大的进步，阶级关系急剧变化，军事实力大增，已经逐渐成为一个较为强大的奴隶制国家，基本完成了翦商的各项准备。

据《史记·周本纪》说，周文王在“断虞、芮之讼”这一年称王，称王九年后死去。

武王克商和周公东征　周文王死后，子发继立，是为武王。周武王即位时，“殷之叛国”越来越多，商王朝内外交困，由周代商而王天下的形势已经形成。在这样的形势下，周武王扩建都邑，在沣水东岸新建镐京（今西安市长安区），积极做灭商的准备。

经过几年的准备，武王九年，大会诸侯于孟津（今河南孟津，为古代重要渡口）。前来参加大会的诸侯和部落首领，据说有八百之多。在大会上，周武王举行了誓师仪式，这就是历史上有名的“孟津之誓”，是一次“诸侯所由用命”的重要盟会。从此，众多的诸侯都听从周的指挥，灭商已有充分的把握。

在孟津之会以后不满两年，周武王便兴兵伐商。他亲自率领戎车 300 乘，虎贲（勇猛的战士）3000 人，甲士 4.5 万人，还有由各地来会的诸侯军旅和庸、蜀、羌、髳、微、𬘘、彭、濮等众多南方的部族军队。大军从孟津渡河，沿河向东进军，于周武王十一年正月甲子日清晨到达殷郊牧野（约在今河南卫辉），周武王在此举行大战前的誓师。商王纣仓促出兵应战，“纣师虽众，皆无战之心，心欲武王亟入。纣师皆倒兵以战，以开武王。武王驰之，纣兵皆崩叛纣”①。可见“倒兵以战”是牧野之战周大获全胜的主要原因。商王纣见大势已去，自焚身死，商亡。这一年是公元前 1046 年。

周武王攻克殷都，又分兵四出，基本上控制了商王朝统治的主要地区。同年四月，便胜利班师，回到镐京，正式建立了周王朝。武王班师时，封纣子武庚于殷，统率殷的遗民。以弟管叔、蔡叔和霍叔领兵驻守在殷都周围，就近监视，号称为“三监”。克殷后两年，武王病，后二年而崩，公元前 1042 年子成王诵（前 1042～前 1021 年在位）继立。成王年幼，武王弟周公旦辅政。管叔、蔡叔等贵族怀疑周公有夺取王位的企图，对周公极为不满，散布流言，认为周公将不利于“孺子”（指年幼的成王）。武庚见有机可乘，便拉拢管叔、蔡叔，又联合东方的徐、奄、熊、盈、薄姑等部，起兵反周，局势一时变得很严重。周公“内弭父兄，外抚诸侯”②，及时协调好内部关系后，便亲领大军东

① 《史记》卷四《周本纪》。

② 《逸周书·作雒解》。

征。他首先集中兵力诛灭了武庚，又杀死管叔，流放蔡叔，消除了叛乱的主要势力。再经三年苦战，相继平定了东方诸国。这次战争的规模比武王伐纣时要大得多，战斗也艰巨得多。经过这次战争，周的灭商事业才告完成。

二　周初大分封和宗法制、井田制

周初大分封　周在全国的局势基本稳定下来后，就把巩固政权尤其是对广大东方地区的军事占领作为首要任务，采取了一系列的措施。这些措施中，大封诸侯尤为重要。

周大封同姓、异姓以及古帝王之后于新占领的东方，“以藩屏周”，据荀子说，周初分封了71国，姬姓之国共有53个，占了其中的绝大部分。而在姬姓之国中，属于文王诸子的有管（今河南郑州）、蔡（今河南上蔡）、郕（今山东汶上北）、霍（今山西霍州）、鲁、卫、毛（今河南宜阳东北）、曹（今山东定陶）、滕（今山东滕州）、毕、原、酆、郇（今山西临猗县西），属于武王诸子的有邘、晋、应（今河南平顶山市）、韩（今山西芮城县西）四国，属于周公后裔的有凡（今河南辉县市西南）、蒋（今河南淮滨期思集东北）、邢、茅（今山东金乡）、胙（今河南延津）、祭（今郑州北）六国。此外，还有比较疏远的宗族如虢仲（今河南三门峡）、虢叔（今河南荥阳虎牢关）等。如同荀子所言：“周之子孙，苟不狂惑者，莫不为天下之显诸侯。”①

武王克商后，就准备在洛水与伊水之间兴建新邑，以为镇抚东方之用。但未及动工，武王病死。东征结束后，周公按原来的计划，在瀍水东岸修建洛邑（今河南洛阳市东），把那些旧殷“顽民”强迫迁移到这里，在加以严密监视的同时，反复告诫他们要老实耕田，永做周王国的驯服顺民。又在瀍水西岸修建王城（今洛阳市内），以军队八师驻守，作为朝会东方诸侯的东都。这样，西起岐阳，东到圃田，所有渭、泾、河、洛地带，都成为周的王畿。西边的关中平原，以镐京为中心，是周人兴起的根据地，称为“宗周”；东面的河洛地带，以东都王城为中心，是保卫宗周和镇抚东方的重镇，称为“成周”。东西连成一片，长达千里以上，王畿的政治、经济和军事力量，都有显著的增强，成为控制全国的基地。

周公东征，征服了商、奄、薄姑等广大的“东土”。为了加强对全国广大地区的统治，又一次进行大规模的分封。对于殷都旧地，以朝歌为中心，划定

① 《荀子·儒效》。

武父（约在今河南、河北交界处）以南，圃田以北，封给康叔，建立卫国。康叔初封时，周公反复告诫他，要实行文王“明德慎罚”的方针，广求“殷先哲王”的“保民”办法。在“商政”的基础上，加强周法的统治。通过这些措施，很快就把殷都改造成为周的方国。

东方以商丘为中心的商代宗邑，商代后期已有“宋伯”之国，此时就分封给旧殷贵族中反对纣比较激烈的微子启，称为宋公，使他保持商人的宗祀。

东方的奄，是周公东征的主要对象之一。它与徐人联合淮夷和其他邦国，结成一个声势浩大的抗周势力。它们的叛乱活动被平定之后，便由周公自己受封，命长子伯禽前往，“因商、奄之民”，在“少皞之虚”建立鲁国。鲁国的封疆：北及泰山之下，东过龟、蒙，南包凫、峄诸山。附近的若干小国，都是它的附庸。受封时，又分有“祝、宗、卜、史，备物典策，官司彝器”，鲁国成为代表王室镇抚徐、奄、淮夷以及僻远“海邦”的东方大国。

在海、岱之间的薄姑故地，就由师尚父受封，在营丘（今山东淄博市北）建立齐国。齐国的封疆：东至于海，西至于河，南至于穆陵（今山东沂水县北有穆陵关），北至于无棣（今山东无棣县北）。对于违抗王室的侯伯之国，齐国有征伐的特权。它是夹辅周王室控制渤海沿岸和莱夷地区的重要力量。

河东地区，是北通太原防御群翟部落内侵的前哨。为了加强镇守，封成王同母弟叔虞于唐国的故地，建立晋国。晋国设置有“职官五正”的国家体制，在适应诸夏之族政令的基础上，适当照顾诸戎的传统习惯，加强戎法的统治。

异姓的亲戚之国，除宋、齐外，帝舜之后封于陈（今河南淮阳）、大禹之后封于杞（今河南杞县）、帝尧之后封于蓟（今北京西南隅，后为燕都）。这些封国大小不等，有的是畿内的采邑。它们广泛地分布在中原地区内，与众多的旧国错杂在一起，这就直接加强了周王室的统治力量。

周王室除了加强广大“东土”的统治之外，又扩展了它的“北土”和“南土”。在北方，为了加强控制燕山南北和辽西一带的戎翟部落，封召公奭（shì，式）于蓟（今北京市西南），建立燕国。影响及于少数民族地区如肃慎诸部，一直达到白山黑水之间。在南方，为了加强对巴、濮、楚、邓等部的控制，在淮水上游建有蒋、息（今河南息县）等同姓国，在唐、白河流域建有申、吕等姜姓国，还在淮、汉之间建有“汉阳诸姬”，其中以随（今湖北随州市）国为最大。在大江下游的江东地区，在文王以前，就有太王的长子太伯和次子仲雍渡江南下，在太湖东北岸建立吴国。江苏丹徒出土的夨（cè，侧）簋（guǐ，鬼）铭文中有“虞侯夨”，古代“虞”“吴”同音，这个“虞侯”可能就是吴侯，周康王把他改封为宜侯。由此可见，周人的势力早已发展到江东。他们与当地人民结合，对开发吴越做出了贡献。

在周王朝统治下，还有大量的旧国。周公东征胜利回师宗周时，就遍告“四国多方”的“殷侯尹民”，要大家仍然和过去一样，“宅尔宅，畋尔田”，“惠王熙天之命”。如果不表示臣服，不顺从天命，就要“大罚殛之”。① 这就是说，所有的旧国，只要能服从周的统治，仍然保持原来的地位不变。对于那些旧殷贵族，周公还是称呼他们为“尔殷遗多士”，并且反复告诫他们说，殷的丧亡，主要是由于他们自己的淫逸暴乱，而招致天罚，周不过是顺从天命。他们必须很好地服从周王的统治，他们在西迁之后，仍然分有土地。只要能敬天听命，安于邑居，所有的奴隶都随同他们迁去。而且，还有可能“迪简在王廷，有服在百僚”②，即在周王朝的官府担任各种官职。

西迁的“殷遗多士”如此，“四国多方”的“多士”也是如此。如分与“鲁公”的“殷民六族：条氏、徐氏、萧氏、索氏、长勺氏、尾勺氏”，他们都是“帅其宗氏，辑其分族，将其类丑”，在服从周公法制的前提下，在鲁国担任各种“职事”。③ 其他，如分与康叔的“殷民七族：陶氏、施氏、繁氏、锜氏、樊氏、饥氏、终葵氏”，分与唐叔的“怀姓九宗”，都是如此。

由此可见，周王朝在代商而有天下以后，对商王朝的根本制度并没有重大的变革，只是继承原来的基础而有了较重大的发展，形成我国奴隶社会的鼎盛时期。

周初分封在于用众多的诸侯国以藩屏周，监视被征服的各地民众，达到巩固政权的目的。诸侯对王室有按期纳贡朝觐、出兵助王征伐等义务，其内政基本是独立的。周初的分封对各地的开发和文化的传播、交融是有促进作用的。

宗法制的完备　宗法制度是在父权家长制的基础上不断扩大和发展起来的一种宗族家族制度，它构成了我国早期社会的等级阶梯，形成我国奴隶社会基本的社会政治制度。到了西周时期，这一制度和分封制结合起来，达到较为完备的程度。宗法制以血缘关系为纽带，确定了贵族的亲疏、等级、分封和世袭的关系，保证了嫡长子继承王位，解决了统治阶级内部诸子、诸弟的继承权争端，成为巩固分封制的重要手段。

依据宗法制度的组织形式，周王既是普天之下最高的统治者，又是全体姬姓宗族的“大宗”，即最大的族长。他既代表社稷，又主持宗庙的祭祀，掌握

① 《尚书·多方》。
② 《尚书·多士》。
③ 《左传·定公四年》。

全国最高的政权和族权。天子的宗庙，祭祀自始祖以来的历代祖先，是全国规模最大、地位最高的祭祀祖先的场所，称为“太庙”。历代祖先，以始祖为中心，按昭、穆排列（宗庙祖先牌位排列，昭为左，穆为右，始祖居中，第二代为昭，第三代为穆，第四代为昭，第五代为穆，以下类推），都有一定的地位，只有天子才能有这种祭祀列祖列宗的特权。

历代的周天子由嫡长子继承，世代保持天下“大宗”的地位。按照宗法制的原则“立嫡以长不以贤，立子以贵不以长”[①]，嫡长子的继承权得到了维护。其他诸子有的受封为诸侯，有的在畿内分得采邑，在王室担任官尹，分别在自己的封地内建立宗庙和相应的政权机构，各有自己的“氏”号。受封者成为这些别宗的始祖，他们的封地和爵位也由嫡长子继承，成为别宗的宗子，对周天子而言，他们是“小宗”。

在诸侯国内，国君又分封自己的兄弟以采邑，建立卿大夫之家。这些卿大夫在自己的封邑内立有家庙，统率自己的家庭，是采邑内的“大宗”，对国君而言，他们又是诸侯国内的“小宗”。卿大夫以下，还可分出他们的亲属，建立各自的父权家长制家庭。这种家庭各有一定的田地，家长就是士。士要尊奉所属家庭的卿大夫为宗子。士以下，就是各级宗子的比较疏远的宗族成员，他们就成了一般的平民。

这种层层相属的宗法关系，使族权和政权合一，“宗统”和“君统”合一。“天子建国，诸侯立家，卿置侧室，大夫有贰宗，士有隶子弟，庶人工商各有分亲，皆有等衰。”[②] 各级贵族的等级制度，就是依据这种宗法关系来确立的。自“天子”以下的各级贵族，各有不同的政治地位和经济特权，这样就形成了奴隶制国家的宗法等级隶属的统治体制。至于士以下的“隶子弟”和“庶人工商”，这些包括平民和奴隶在内的劳动者，一方面要通过各自的“分亲”关系，与所属的贵族确立比较固定的宗法隶属关系；同时又要依据他们自己的亲属关系，以确定最基层的劳动组织。

由于奴隶制国家体制与奴隶主贵族的宗法关系密切地联系在一起，所以各级奴隶主贵族十分重视这种宗法关系，尊奉他们共同的祖先，树立牢固的“尊祖”“敬宗”观念。而直接继承祖宗的事业，代表全族最大利益的，就是周王室这个全国最大的“大宗”和周王这个地位最高的“宗子”。所谓“大宗维翰”，“宗子维城”，各级“小宗”都必须结合在周王的周围，对周王无限地崇

---

① 《公羊传·隐公元年》。

② 《左传·桓公二年》。

敬，这就是“敬宗”。其他各级宗族成员，都要以各级“宗子”为核心，表示“尊祖”和“敬宗”。因此，“尊祖”和“敬宗”，就成了维护宗法制度的基本信条。

以周王为首的姬姓贵族，在整个奴隶主贵族阶级中居首要的地位，所谓“周之宗盟，异姓为后”。[①] 但是这并不排斥异姓贵族。一方面，宗法制度的原则，通行于所有的百姓贵族；同时，在姬姓贵族与异姓贵族之间，还要通过世代的婚姻关系，结成亲戚之国，以加强联系。“昔挚、畴之国也由大任，杞、缯由大姒，齐、许、申、吕由大姜，陈由大姬，是皆能内利亲亲者也。”[②] 因此，周天子常称同姓诸侯为伯父、叔父，称异姓诸侯为伯舅、叔舅。这种甥舅关系，是对宗法关系的必要补充，也是宗法制度的一个组成部分。

依据宗法制度的嫡庶、长幼、亲疏等项关系，确定奴隶主贵族的贵贱、大小、上下各种等级区别。这些等级区别，形成奴隶制度的各种名分。依据名分确定伦理规范和准则，制定有关社会政治的礼法制度；为了保证这些礼法制度的实施，必须依靠政令刑罚等强制手段，这样才能较好地统治广大人民群众。所以，孔子极力主张“正名”，就是要从确定名分入手，以求得社会政治的稳定，从而巩固宗法社会的等级制度。

井田制度的发展　井田制度是奴隶制国家的经济基础，它与宗法制度紧密相连，在周代得到进一步发展。

周天子在名义上是全国土地和人民的最高主宰者，所谓“溥天之下，莫非王土；率土之滨，莫非王臣”[③]。他以天下宗主身份，将土地和依附在土地上的人民分封给新旧诸侯，诸侯国的国君在封地范围内又有最高的权力，这就形成了“封略之内，何非君土；食土之毛，谁非君臣”[④] 的局面。在诸侯国君的统辖范围内，再将部分可耕地建立采邑，分封给卿大夫，形成卿大夫之家；各卿大夫之家，再将所属范围内的土地分封给士。这样，各级奴隶主贵族各自成为所受封地的实际占有者。他们世代相承，役使奴隶耕作，形成层层相属大小不等比较稳定的奴隶制经济单位。

由于生产力发展水平的限制，古代奴隶制国家的垦田是有限度的，主要集中在一些都邑的周围。特别是王都和诸侯国都的近郊，即所谓“国中”，比较好的熟田大都集中在这里。“信彼南山，维禹甸之。畇畇原隰，曾孙田之。我

---

① 《左传·隐公十一年》。

② 《国语·周语》中。

③ 《诗经·小雅·北山》。

④ 《左传·昭公七年》。

疆我理，南东其亩。”[①] 就是指在镐京郊外南山辽阔原野里，有由王室主持开垦的大片良田。这些良田，都是经过精心的疆理，按正南北和正东西的方向，有纵横交错的大小道路和灌溉沟渠，整治成十分方正的大小相连的方块田，这就是汉儒记载的带有理想主义色彩的周代井田。

井田的疆理，一般是以每一方块为一百亩（约合今 31 亩），作为一个耕作的单位，称为一田，是当时一个劳力所能耕种的标准。纵横相连的九田合为一井，面积约为一平方里。十井称为一成，百井称为一同。也有以一田为一夫，十夫为一井，再以百夫、千夫作为计算大田单位的。

对郊外比较荒野的地区开垦不久的一些田地，就依据土地的肥瘠和整治的程度，进行合理的休耕轮作。所谓“三年一换主（土）易居”[②]，就是指的这一类需要休耕轮作的田地，还保留着定期分配的遗制。

耕作井田的农夫，笼统地称为“庶人”或者“庶民”。所谓“庶人力于农穑”，就是指此而言。民，也作氓，又作甿。夨簋铭文记周康王分封宜侯，在“锡宜庶人六百又六［十］夫”之前，还有“锡奠七伯，厥甿□又五十夫”。庶人也称鬲或人鬲，“鬲”与“黎”同音，“人鬲”也就是“黎民”。这些耕作农人都以夫计，周王在分封诸侯和赏赐臣下时，是把他们成批地作为物品赐予的。

在那些“南亩”的大田上，农夫们进行集体耕作。“噫嘻成王，既昭假尔，率时农夫，播厥百谷。骏发尔私，终三十里。亦服尔耕，十千维耦。”[③] “骏发尔私”的“私”为农具，说明在成王的号令之下，由百官督促着成千上万的“农夫”，挥动农具在大田里劳作。这些“农夫”，也就是那些“终于千亩”的“庶民”。在耕作时，还有“田畯”这一类的头目在监督管理，各级奴隶主贵族也要亲自到田间指挥。古代“籍田”的遗制，到西周前期，基本上还保存着。

那些卿大夫之家的采邑，规模比王室或公室的“国中”当然要小得多。为他们种田的“庶民”，其家室大都集中在这些采邑里。这些“庶民”，长年在田间劳作，饭食要由妻儿送到田间，自己则歇息在田间的“芦”（临时搭的茅草窝棚）里。到秋收完毕，才能回到自己的矮小破烂的家，与妻儿一同过冬。在过冬时，他们还要为“公子”田猎，剥制兽皮，采桑、养蚕、织帛、缝制衣裳，不停息地劳作。每年年终，“公子”祭奠神主的时候，把他们都召集到

---

① 《诗经·小雅·信南山》。

② 《公羊传·宣公十五年》何休解诂。

③ 《诗经·周颂·噫嘻》。

“公堂”里去，在他们高呼了“万寿无疆”的祝辞后，赏赐给他们一觞春酒，表示对他们的慰劳。

一般贵族，除了按等级各有封地之外，其中有在王室或公室担任比较重要官职的，还要在“国中”的田地里“分田制禄”，即按职位分得一定量的田地作为俸禄，这就是“官宰食加”。

“公食贡，大夫食邑，士食田，庶人食力，工商食官，皂隶食职，官宰食加。”据孟子说：“夏后氏五十而贡，殷人七十而助，周人百亩而彻，其实皆什一也。”[1] 所谓五十、七十、百亩，是指夏、商、周三代生产力发展水平不同，一夫所能耕作的田亩数量有差异，而征收比率，都是按收获量十分取一。周代一般是按一夫百亩来疆理田地的，其贡税的征收，通称为彻法。

在井田制下，卿大夫以下的贵族所分得的田地，不经王室或公室的特许，是不得随意买卖转让的，这就是“田里不粥（鬻）”[2]，因而称为“公田”。西周中晚期以后，在“公田”之外，一些奴隶主贵族又往往驱迫农人和奴隶开垦荒地，增加分外的土地，有时王室也常将一些未垦辟的荒地或者山林随意赏赐给下级贵族。这些田地，不属于“公田”，不征贡税，实际承认为他们所私有，称为“私田”。

和过去一样，西周时期也有不少的自耕农民。他们多数是各级贵族的疏远宗族成员，大都在所属宗子的居邑附近，拥有一小块耕地，过着比较独立的经济生活。但是他们也要向宗子缴纳一定的贡物和服一定的劳役，对宗子也存在一定的依附性。这些自耕农和都邑中的其他人民统称为“国人”。另外，还有一些逃亡的耕作奴隶，在远离都邑的荒野地区，逐渐脱离了奴隶主贵族的羁绊，垦辟出一小块田地，建立了自己的家室，取得了平民身份。

随着生产力的不断发展，这样的自耕农民日渐增多，助长了私田的发展，这就成了在奴隶社会内部的一种对抗力量。

三　西周国家机器的强化

周王朝的统治机构　西周王朝的统治权力较之商代更为强化，国家的统治力量加强了，统治机构比过去更为庞大、复杂。

周王作为奴隶主阶级的总代表，自称“余一人”，表示他具有至高无上的

---

① 《孟子·滕文公》上。

② 《礼记·王制》。

权威。在周王左右的辅佐人物，有太师、太傅、太保，合称为“三公”或“师保”。如曾为周文王的重要谋划人物，又继续辅佐武王的太公望，就被尊称为“师尚父”。成王时，周公为师，召公为保，共同辅政。一直到康王时，召公还担任太保，与毕公高等同为朝中的显赫人物。师保统辖诸侯百官以奉侍周王，执掌朝廷军政大权，并且成为青少年国君的监护人，在政治上享有崇高的地位。

与师保地位相当，而直接辅佐周王管理政事的，是太宰。成王时，周公以太师而兼为太宰，“相王室，以尹天下”①，太宰拥有总揽一切政务的大权，是政府机构中的首脑。

太宰以下，有众多的卿士，其中比较重要的政务官，是被称为“三有司”的司土（徒）、司马、司工（空）。三司之外还有司寇。司徒除管土地垦辟、井田划分和有关农田耕作等事外，还要管理诸侯封疆的划定和军旅事宜。司马负责征收军赋、管理战车以及驾车马匹等军政事宜。司寇掌管刑法。司空负责管理百工以及兴建土木、水利等工程。他们都是比较高级的政务官，一有战事，又是重要的统兵官。他们都有很多僚属，分管各项具体事务，由中下级贵族担任，组成相当庞大的统治机构。

周代的宗教职能在政权机构中逐渐削弱。其长官是太史，主管册命、制禄、祭祀、时令、图籍等。在西周初，太师、太保、太史曾都称为“公”。西周中期以后宗教职能在政权机构中削弱，明保、明公等宗教官职已不复见。一切有关丧葬、祭祀、占卜以及文化教育等事，在《周礼》中，都属于掌礼机构管理，司巫在这机构中地位是较低的。史官的地位，则有了很大的提高。太史不仅掌管天文历法的观测制订，文献典籍的收藏整理和教育贵族子弟等有关科技文教方面的工作，而且熟悉国家的政令典则，常在周王左右以备咨询。内史为周王起草诏令，出纳王命，成为王室的近臣。此外，还有小史、外史等辅助人员。这些变化意味着政务官职机构的扩大，应是周代国家统治机构有所发展的表现之一。

周王朝的大小官职，有很多是世代相承的，这样就形成了世卿世禄，还有不少以官职为氏号的家族。诸侯国大都仿周室而设立相应的官职，有些诸侯则兼为王室卿士。

军队、刑罚和礼乐　周王朝强化国家机器的另一方面，就是扩充军队和加强刑罚。

---

①《左传·定公四年》。

军队是国家机器的重要组成部分，为了防范叛乱和民众的反抗斗争，周王室设置了庞大的军旅，他们是虎贲和周六师、殷八师。虎贲是周王的禁卫军，武王伐纣时曾充当先锋，由“左右虎臣”统领。周六师用于宿卫宗周所在的西土地区，故又称为“西六师”，由“国人”组成；殷八师是在成周为震慑东方诸侯而建立的，又称为“成周八师”，主要由殷遗民编成，其将帅则由周人担任。周六师、殷八师共十四师常规部队，这就是周王朝维持“礼乐征伐自天子出”的武力基础。分封的诸侯国，都有一定的武装力量。大国一般不超过三军，小国一军。诸侯国的军队，周王都能调遣，实际上也属于整个周王朝的武装力量。

西周的军队，名义上是由周王直接指挥和调遣，重大的征伐，周王常亲自领兵出征，近亲的王族则以亲兵相随。如果周王不亲自出征，则指派重要的卿士统领中军，作为全军的指挥者。军队的组成，以战车为单位，一辆战车谓之一乘。每辆战车除甲士外，配驭者一二人，徒兵十人。各级军官，由地位与之相应的贵族担任。最基层的甲士，则由最低级的贵族和平民充任。奴隶则在军队中服杂役。当时的军事编制是与当时的社会等级制度相适应的。

“大刑用甲兵，其次用斧钺。”① 军队与刑罚同为暴力镇压的工具。在《禹刑》和《汤刑》的发展基础上，到周代又制定了《九刑》。《九刑》的主要内容，在于严厉惩治那些所谓“盗”“贼”的行为，维护奴隶制度的基本法则和奴隶主贵族的根本利益。据《尚书·吕刑》所记，周代的刑罚，有墨（即黥刑，先刻其面，以墨窒之）、劓（割鼻）、剕（断足，即刖刑）、宫（男去势，女禁锢）、大辟（斩首）五刑。此外，还有鞭刑和流放。判处五刑的律条，墨刑和劓刑各有 1000 条，剕刑 500 条，宫刑 300 条，大辟 200 条，共有 3000 条。法网严密，远远超过了前代。

严密的法网，主要是惩治奴隶和平民的。一般贵族犯法，纵然按律判刑，但可以“赎刑”，即缴纳一定数量的罚金，墨刑罚 100 锾（百锾约为铜 3 斤），劓刑罚 200 锾，剕刑罚 500 锾，宫刑罚 600 锾，大辟罚 1000 锾，即可免刑。

在西周社会，依照血缘的亲疏远近分成许多等级，联系这种等级关系是血缘纽带，而维持这种等级的则是礼制。西周的礼乐制度日趋完备，西周初期，在周公主持下所制定的“周礼”，内容比较广泛，其中，除了有关政刑的各种制度之外，还有吉、凶、军、宾、嘉五礼，即有关祭祀、丧葬、军旅、朝觐盟会和婚冠喜庆等各种典礼仪式，以及宫室、衣服、车马等礼仪等级规定。配合

① 《汉书》卷二三《刑法志》。

这些典礼仪式，还要具备与之相应的舞乐。春秋以后，礼仪的概念逐渐扩大，几乎包括一切具体的典章制度。这些礼乐制度，广泛地应用于政治和社会的各个方面，既能使人恪守符合等级观念的各种规范典则，又能体现当时的时代文明，对后代产生重大影响。

“礼”的作用一方面在于维系等级制度，规范各级贵族的行为，另一方面在于加强对被统治阶级的统治。“礼”与“法”“刑”既对立又相辅相成，非礼就是非法，犯法就要用刑。《荀子·富国篇》说：“由士以上，则必以礼乐节之；众庶百姓，则必以法数制之。”《礼记·曲礼上》说：“礼不下庶人，刑不上大夫”，这当然不是绝对的。但在商周时期，礼与刑的对立和各有所施的现象，也确是存在的。西周较为完备的礼乐制度反映了奴隶制极盛时代的某些特点。

对诸侯控制的加强　周初大分封后，周的统治触角通过众多的诸侯、方国伸向各地，在西周前中期，王室对诸侯的控制加强了。“夫先王之制，邦内甸服，邦外侯服，侯卫宾服，蛮夷要服，戎狄荒服。”① 所谓“甸服”就是王畿之内为王室直接统辖的田地；“侯服”指王畿之外为诸侯国所控制的地区。“侯服”以外，就是一些关系比较疏远的旧国或在发展中的少数民族部落，也视地方远近和关系疏密程度，分别称之为“宾服”“要服”“荒服”等等。这是我国早期国家组织的一般情况。到西周时期，由于统治力量的加强和分封制度的推广，“甸服”和“侯服”的规模有了进一步的扩大。王畿范围的扩大，王室的经济力量和军事力量都比较雄厚了；同时，又在广大的“侯服”范围内，分封了不少的亲戚之国，加强了对各个地方的控制力量，即使是一些比较边远的地区，如汉阳、江东等地，也有宗亲建立邦国。所以，总的说来，西周时期对各地的统治力量大为加强，统治力量所及的范围也比过去扩大了。

西周时期的诸侯国，也和过去一样，都仿照王室的体制，建立地方性的政权机构，设置军队和监狱。但是组织规模的大小和地位的高低，都受周礼的限制。如诸侯国的上卿，一般不能超过三人，地位只相当于王室的下卿，对天子只能称“陪臣”。各国的军队，限制在一军到三军。各国的都城不能超过三百雉（九百丈），大的城邑不能超过一百雉。其他各项制度，都规定得比较严格。西周时期，王室对于诸侯确有很大的权威。诸侯国君要定期朝见周王，要定时定制向王室缴纳军赋和贡税，朝觐时还要贡献特定的礼物。周王可以随时征调各国的军队，被征调的国君要随同周王出征。王室要兴建宫室或其他重大工

① 《国语·周语》上。

程，各国要提供劳役。王室的重大祭祀，诸侯国君要亲自前往助祭；周王有死丧、嫁娶和出巡，各国都有特定的义务。周王有权干涉诸侯内政，有时还向诸侯国派遣监国的使臣；如果不遵从王命或违反规定，周王可以削减他们的爵位，另立国君，乃至废除封地。王室衰微后，这些特权无法发生效用。

距离中原地区较远的邦国或少数民族部落，也要定期入朝，不过时间隔得较长一些，一般是在王室举行重大的典礼时前去参加朝会。它们也要定时定量贡献方物，不过数量和次数都要少一些，如南方的楚国只是按时贡献用于祭奠灌滤的“包茅”。它们都与周王朝建立了越来越密切的联系，都是周王朝的臣属之邦。由于生产力发展水平的限制，各地区的经济发展很不平衡，因而各诸侯国在政治上也还存在不同程度的分散性、独立性，越是比较边远的地区，表现得越为明显，这就潜伏着某些战乱的隐患。

第二节　社会经济、文化和社会生活

一　社会经济的进一步发展

农业生产状况　农业作为当时的主要生产部门，由于广大劳动人民的辛勤劳动，得到了进一步的发展。

西周时期农业生产工具，见于记载的有耒、耜、钱、镈、铚等。质地绝大部分是木、石、兽骨或蚌壳，青铜农具极少。在《诗经》的农事诗中，常有这样的描述。如，“以我覃耜”[①]，“有略其耜”[②]，“畟畟良耜”[③]。所谓“覃耜”，即锐利的耜；“有略其耜”，把耜打磨得非常锋快；“畟畟良耜”，疾速快耕的好耜。这些诗句，都是说用比较锋利的耜在“南亩”中开展耕作。又如：“命我众人，庤乃钱镈，奄观铚艾。”[④] 大意是说，呼唤众人，准备好钱、镈等农具，一同去砍除草莱，开垦荒地。钱，是铲、臿一类的起土农具。镈，与锄相近，是除草的农具。铚，本是镰刀一类的砍割农具，这里是用作动词，即用以砍割

① 《诗经·小雅·大田》。
② 《诗经·周颂·载芟》。
③ 《诗经·周颂·良耜》。
④ 《诗经·周颂·臣工》。

的意思。再如，“其镈斯赵，以薅荼蓼”①，即用镈这种工具耙地薅除荼蓼和杂草。

耒是下部分叉的双齿农具；耜的下部带有一个宽头，类似后代的铲，其刃部可用金属的耜头。西周时期，盛行耦耕，即二人为一组相对而立，一人用刺耒入土，一人用耜翻土，合力而耕。这样，既较省力，效率又高，《诗经》上有“十千维耦”和“千耦其耘”，表明当时盛行较大规模的集体耕作，与三人简单协作的“协田”相比，当是耕作方法的一个进步，也使开垦荒地的规模越来越大了。

在农业技术上，随着大量的荒地被不断垦辟成为良田，出现了休耕轮作的方法。《周官·大司徒》记载中有不易之田、一易之田和再易之田。这就是为了合理地保持土地的肥力，根据田地整治程度，确定休耕轮作制度。所谓不易之田，就是无须休耕的上等好田；一易之田，即耕作一年休耕一年的一般田地；再易之田，即耕作一年休耕两年的生荒田。这样分别田地的生熟程度，进行休耕的情况，也见于《诗经》。如《小雅·采芑》之诗：“薄言采芑，于彼新田，于此菑亩。”又《周颂·臣工》：“亦又何求，如何新、畬。”《尔雅·释地》解释说：“田一岁曰菑，二岁曰新田，三岁曰畬。”即初垦的生荒田称为“菑”或“菑亩”，耕作了两年的称为“新田”，三年以上的熟田就称为“畬”。这样由生荒地逐步整治成为熟田，这也是耕作技术进步的表现。

在耕作技术上，当时不仅懂得深耕、熟耘、壅本等精耕细作，而且已能使用绿肥和制造堆肥，知道应用人工灌溉。“荼蓼朽止，黍稷茂止”②，就是把田间耨锄的荼蓼和杂草沤烂作为绿肥，使黍稷等作物生长得更为茂盛。此外，扫除污秽的杂物，用火化、土化等方法制成的堆肥，也是当时常用的肥料。《周礼·地官·草人》所谓的“粪种”，当是使用这样的堆肥。“去其螟螣，及其蟊贼，无害我田稚。”③ 螟食苗心，螣蛀苗叶，蟊害苗根，贼坏苗节，这些害虫都要消除干净，以免损害田间的幼苗。说明对防治虫害也是非常注意的。

综上表明，周代农人在长期的实践中，在耕作、选地、休耕、疆理、施肥、除虫等方面都具有较高的技术水平和实践经验，西周时期的农作物种类增多，如粮食稻、粱、粟、麦、稷等，经济作物桑、麻、菽、苴、苎、瓜、果之属，品种和产量都有了增加。《诗经》里保存着不少贵族喜庆丰收的诗句。

手工业生产技术的提高　由于社会经济的发展和公私需要的浩繁，周王朝

①② 《诗经·周颂·良耜》。

③ 《诗经·小雅·大田》。

很重视手工业生产。西周时期的手工业，是在商代的基础上继续向前发展的，表现在手工门类的增加，一些主要的生产部门技艺都有比较显著的进步。

周王室和诸侯公室都拥有各种手工业作坊，有众多的具有专门技艺的工匠，号称为“百工”。这些作坊和工匠，都由官府管理，所谓“工商食官”，就是指此而言。

青铜器铸造仍然是手工业生产的重要部门。西周初年铸造的青铜器，其形制、纹饰和品种和商末大致相似。康王以后，才逐渐推陈出新，表现出一些新的风格和特色。西周青铜器铸造的地域分布比商代要广泛得多。周王室和诸侯公室，乃至一般贵族，都拥有规模大小不等的铜器铸造作坊，在经济相对落后而又比较偏远的地区，青铜冶铸业也有了长足的发展。因此，这个时期的青铜器，既有共同的风格，又在很大程度上显示出某些地方性的特色。

西周青铜器的数量远远超过商代。历代出土的西周青铜礼器、用具、兵器、工具、饰物，数以千计，1949 年后更有成批的出土。1976 年 3 月在陕西临潼零口出土的青铜器中有利簋，记有武王伐纣的事，是迄今发现最早的西周青铜器。同年 12 月又在扶风庄白大队发现一个青铜器窖藏，内有微史家族的青铜器 103 件。河南三门峡市虢国墓地出土铜器器皿 181 件，其他工具、武器、车马器不下 5000 件，其中有一把“玉茎铜芯镶嵌铁剑”，经专家鉴定确认是人工冶铁制品，被誉为“中华第一剑”，把我国人工冶铁的历史由春秋末推进到西周末。各地的重要发现不断见于报道，在皖南沿江一带发现一批古代铜矿开采、冶炼遗址和遗物，其时代最早为西周，下迄宋代。

西周青铜器的类型与商代相比有了显著变化。有些商代常见的器物，如酒器中的方彝、卣、觚、爵等，逐渐减少或绝灭，新器物又不断出现，如乐器中的钟、镈，食器中的盨，用具中的匜，兵器中的戟、剑等，都是此前所不曾见的。器物纹饰从繁缛趋于简易，逐渐减少了过去所带有的神秘色彩，器壁也从厚重而趋于轻巧，具有朴素和实用的特色。

陶瓷器的制作，西周时期有突出的发展。在陕西岐山、长安，河南浚县、洛阳和江苏丹徒、安徽屯溪等地遗址和墓葬出土的原始瓷器，有碗、盂、豆、尊、盉、盘、簋、罐等，数量和种类都超过前代。这些原始瓷器，都用高岭土烧制，釉色有姜黄、绿色和灰青色，胎质结构紧密，吸水性弱，烧成温度已达 1200℃左右，基本上达到了成熟的程度，是我国瓷器史上的一个重大发展。在陕西岐山凤雏村岐周宗庙遗址中发现有少量带有瓦钉或瓦环的绳纹瓦，这是我国迄今发现最早的瓦。当时的屋瓦还只用于屋脊和天沟。到西周中期，宫室宗庙的屋顶已全部铺瓦，有板瓦、筒瓦，并逐渐有了瓦当。这是建筑技术的一个重大进步。

西周时期车辆的制造，形制更为精巧，种类也有增多。车的部件和马的佩饰有几十种名目。制造一辆车，要有木工、金工、漆工、皮革工等多种熟练工匠的密切协作，构成了综合性的手工业。

玉器的应用，在贵族中更为普遍了。不仅用作华丽的装饰，而且成为典礼中的礼器，如圭、璧等的制作都很精美，具有很高的工艺水平。当时，还有比较发达的煤玉雕刻。陕西的沣西和宝鸡茹家庄、竹园沟等处的西周墓葬中，都发现有煤玉雕刻品。茹家庄出土煤玉200余枚，表现了西周煤玉雕刻艺术的特殊风格。

西周的商业　由于农业和手工业生产的进一步发展，商业成了不可缺少的社会经济部门。当时在“工商食官”的制度下，商业由国家垄断，在较大的都邑中出现了市场，有管理市场的“质人”。交易的商品，除了比较珍贵的“宝货”和兵器、牛马、丝帛等各种物资外，还有奴隶。奴隶的价格，如曶鼎铭文所记，五名奴隶才值“匹马束丝”。商贾在市场上进行贸易，都由“质人”制发买卖的契券。

在商业交换中，主要的货币是以朋为计算单位的贝。铜也被用作交换手段，以寽或锾为重量单位。铜本身是一种重要的商品，同时担负着货币的职能，后来就发展为铸造铜币。

民间的贸易活动，也在城邑内外展开，但一般数量较小，大都以物易物，相互交换一些日用必需品。“氓之蚩蚩，抱布贸丝”①，反映了一般自由民以家庭手工业产品相交换，作为他们自给自足自然经济的补充。

二　哲学、科技和文化的发展

敬天保民思想的形成　西周时期的统治阶级基本上继承了夏商以来奴隶主贵族的统治思想，把上帝视为至高无上的主宰者，而呼之为“天”。最高统治者——周王，则为受天之命而王天下的“天子”。但是前有商之代夏，后来又有周之代商，都相继变革了天命，即“汤、武革命”。这样的历史事实，又使他们不能不感到“天命靡常”，甚至可以此来警告那些过于骄纵专横的贵族们，要他们认识“天不可信”，不要盲目地依恃“天命”。但在当时的历史条件下，他们不仅不可能从根本上否认“天命”，而且还要大力维护“天命”。于是他们

① 《诗经·卫风·氓》。

就在不动摇“天命”的前提下，强调人事的重要性，提出“顺乎天而应乎人”的观点，就是既要顺从天意，又要适应人心，才能维持“天命”。因此，天子既要“敬天”，又须“保民”。这比简单的“天命”观是进了一步。

这种思想的产生，主要是长期阶级斗争的现实，使在新形势下取得统治权力的周王朝统治者，深刻认识到“小民难保”，对“民”的作用不能不有所警惕。因此，周公就曾说：“民之所欲，天必从之。”① 这就进一步把天意和民心直接联系起来，认为天意就是民心的集中表现，给“天命”赋予实际的内容。统治者要保持“天命”，就必须注意“保民”。为了“保民”，统治者还须“明德”，这就是要求统治者加强自我克制的功夫，同时也要加强对“民”的思想约束。

“敬天”“保民”“明德”，反映了西周时期统治思想在重视天的前提下强调保民、德政的重要，比夏商时代有了重大进步。

朴素唯物主义思想的萌芽　随着社会生产力的逐步发展和科学文化的进步，在宗教思想还占统治地位的历史条件下，也产生了一些具有朴素的唯物主义和辩证法的思想因素。

《尚书·洪范》把水、火、木、金、土这五种物质称为“五行”。这五种物质各有不同的属性和作用，人们只要善于利用其属性和发挥其作用，世界就能在正常的秩序中发展。在五行中，特别值得注意的是金的提出，它说明我国古代矿冶业的发达之早和金属工具应用的普遍。这五种基本物质，是我国自发的唯物主义思想因素发生较早的物质基础。五行观念也就是我国较早的朴素唯物主义思想的萌芽。

《周易》本来是关于占卜的记录，但它以当时人们的生活实践和社会实践来解释占卜的卦爻，因而也含有一些比较科学的思想因素。所谓八卦，即从自然界中选取了天、地、雷、火、风、泽、水、山八种自然物，作为生成万物的根源，而天、地二者又是总根源，这就是关于万物生成的一种十分朴素的唯物主义观念。它把世界上千变万化复杂纷纭的事物抽象为阴、阳两个基本范畴，认为世界就是由于这一对具有对抗性的势力交感而产生变化和发展的。而这一切事物的发展变化又有它自身的历史过程，当它发展到一定的极限，就会发生物极必反的现象，转化到它的对立面去。这又是一种朴素的辩证法思想。

《洪范》和《周易》中的一些朴素的唯物论和辩证法观念，还不可能摆脱神学思想的体系。这正是列宁所指出的：“科学思维的胚芽同宗教、神话之类

① 《尚书·泰誓》。

幻想的一种联系。而今天！同样，还是有那种联系，只是科学和神话的比例不同了。”① 这些萌芽的科学思维，对中国后世哲学的发展，是有深远影响的。

科学技术的发展　在社会生产力发展的基础上，西周时期的传统科学技术取得了不少新的成就，为后来的科学发展开拓了道路。

周代很重视贵族子弟的教育，从幼童开始，就要教以礼、乐、射、御、书、数等基础知识和基本技能，号称为“六艺”。数学是六艺中的一门，说明数学教育的重要性，有关数学的知识已较广泛应用于社会生活的各方面，并发展成为一门独立的科学。

古代很早就形成了认真观测天象，了解日月星辰的运行规律，以制定或不断修正历法的优良传统，即所谓“观象授时”，这是以农业立国的民族指导农时，安排日常生活必不可少的一项工作。西周时期在我国古代天文学的发展中又做出了贡献。一些星象和天文历法文献为夏商周的年代问题研究提供了重要线索和依据。

我国古代的天文学家观测恒星，在黄道带和赤道带的两侧，确定了二十八个星座作为标志，称为二十八宿。它们的名称是：角、亢、氐、房、心、尾、箕；斗、牛、女、虚、危、室、壁；奎、娄、胃、昴、毕、觜、参；井、鬼、柳、星、张、翼、轸。依据这些星座，来确定天体的位置和许多天象，如日、月食等发生的位置。由太阳在二十八宿中的位置，便可知道一年的季节，这比观测昏旦星象以观察太阳所在位置而定季节的方法要精确。这是古代天文学的一大进步，也是我国古代天文学的特色。《诗经》的一些篇章记有不少星座的名称，如火、箕、斗、室、昴、毕、参、牵牛、织女等宿的名称，足见西周时期观测恒星的知识很丰富，二十八宿当已完全确定了。后来的《甘石星经》就是在此基础上加以发展而编写的。

关于日食的观测，据《竹书纪年》记载“懿王元年天再旦于郑”，学者推断“天再旦”是日出前的日食，这一推断经当代天文学家研究和实地观察，基本得以确定。经过大量的天文演算，断定懿王元年“天再旦”发生于公元前899年4月21日。这是年代学方面的一大成果。这也是目前所知我国最早的一次有确定日期的日食记录。另外，《诗经·小雅·十月之交》载：“十月之交，朔日辛卯，日有食之，亦孔之丑”，据推断，这次日食发生在周幽王六年十月初一日，即公元前776年9月6日，是我国现已发现的最早的以日月合朔

---

① 《黑格尔〈哲学史讲演录〉一书摘要》，《列宁全集》第五十五卷，第211页，人民出版社1990年版。

为一月开端的记录。

我国最早的天文观测仪器是土圭，而最早装置圭表的观测台是周初在阳城建立的周公测景（影）台（遗迹在今河南登封告成镇）。表是一根直立的柱子，高八尺；圭是与表垂直相连的座子。太阳照射下，表的影子落在圭上，夏至之日正午投影最短，冬至的日影则最长。利用土圭观测日影，就能比较正确地规定二至（冬至、夏至）、二分（春分、秋分），测定出太阳年的长度。

由于军事、政治和经济等方面的需要，地图在西周时期已经广泛应用。如周公在选定洛邑城址时，就事先绘制地图。《周礼》大司马的属官有职方氏"掌天下之图，以掌天下之地"；司险"掌九州之图，以周知其山林川泽之阻"，大司徒的属官有土训"掌道（解释）地图以诏地事"，遂人"以土地之图经田野"。这些专职官吏各有专用的地图，说明地图的绘制已经相当发达。

在与疾病作斗争的长期实践中，我国古代医药学很早就发展起来了。据《周礼》记载，当时有医师"掌医之政令"，并有食医、疾医（内科）、疡医（外科）、兽医等我国最早的医学分科。春、夏、秋、冬各有时疫，有关疟疾等传染病的记载也出现了，在治疗疾病的医学理论方面，提出了"以五味、五谷、五药养其病，以五气、五声、五色视其死生，两之以九窍之变（观察五官和大小便的变化），参之以九藏之动（观察内脏的活动）"。有关中医的理论基础，在此已经初步形成。同时，还提出要注意饮食和清洁卫生，有了预防疾病的初步观念。这些都反映了西周时期的医学成就已为我国传统医学的发展开辟了广阔的道路。

文字、诗歌和音乐的发展　陕西岐山凤雏村出土了1.7万多片卜甲卜骨，其中有文字的卜骨190多片，600多字，与商代的甲骨文在字体、用词上既有相似之处，又有一定的差异。西周流传下来的青铜器铭文，与商代基本相同，但西周时期出土的器物较多，铭文的篇幅也较长，所以成为金文的主要部分。容庚《金文编》收录了1949年以前出土的铜器铭文近3000个单字；1949年后又出土了大量的商周铜器，使我们知道不少金文新字，说明西周时期是我国古文字的一个重要发展时期。世传周太史籀作大篆，《汉书·艺文志》有《史籀》15篇，说是"周时史官教学童书也"。经过长期流传下来的籀文，在书法上与金文或有某些不同之处，但在当时是一般比较通行的文字，与铭刻在器物上的金文是一致的。这又说明西周时期是很重视文字的发展工作的。

西周金文一般有较长的篇幅。最长的《毛公鼎》近500字，记述了有关政治、经济、社会各方面的史实，有较高史料价值。如陕西临潼出土的记武王伐商的利簋，江苏丹徒出土的记康王封宜侯的夨簋，扶风庄白出土的微氏家族铜器群，长安张家坡出土的盂簋等器，岐山董家村出土的裘卫诸器等都有铭文，丰富了关于西周社会历史研究的内容。

西周时期由史官保存下来的文献典籍是相当丰富的。现存《尚书》中的《周书》以及《逸周书》等，就是经过后人选编而保存下来的一部分。这些篇章是当时的重要历史文献，文章的组织结构比较复杂，文辞简练，表现了当时严谨的文风。

《诗经》是我国现存最早的一部诗歌总集，收集有两周的诗歌305篇。其中的《周颂》《大雅》和《国风》中《周南》《召南》《豳风》，以及其他部分篇章，是西周时期的作品。这些篇章，有的是王室用于庙堂的颂歌，有的是贵族们的欢乐和怨尤声，而《国风》中的大部分篇章是下层庶民生活的真情流露和对贵族统治者的愤怒控诉，比较全面地反映了当时社会生活面貌和阶级斗争的实际情况。这是当时社会经济发展的产物，也是文化进步的重要表现。

诗歌与音乐是结合在一起的。十五国风是十五种地方性的民歌，各有不同特点的声调和风格。雅与颂，也各有不同的格律，都能配乐歌唱，组成一定的乐章。这些乐章是国家制定的礼乐的重要组成部分，应用相当广泛。不仅国家的祭祀、朝会等重大典礼，需要有繁缛的舞乐，而且在一般贵族的社交宴享之中，也要应酬演唱一定的乐章。所以，在当时的贵族教育中，对诗与音乐都非常重视，这对文学与艺术的发展，也起了一定的促进作用。

音乐的发展表现在两个方面，一为乐器种类增多，一为音乐理论的发展。当时的乐器除编钟、编磬和大小不同的鼓等打击乐器之外，像琴、瑟等弦乐器，笙、竽等管乐器，也都已出现。所谓金、石、丝、竹、匏、革之音，大都齐备。乐器增多，就必须注意演奏的和谐，音律的理论也随之有进一步的发展。我国古代有宫、商、角、徵、羽五声，即五个音阶。后来发展为十二律，分为六律六吕，由此形成了我国传统的律吕学。

三　社会生活

社会生活包含的内容很广泛，它涉及与生产力水平相一致的诸多方面，如饮食、服饰、住宅、交通、娱乐、宗教、节日等。透过某一时代社会生活的了解，可以补充、加深对历史的理解，使历史变得更生动。西周的社会生活上承夏商传统，下启东周秦汉，在继承中有新的发展。

饮食与服饰　中国人自古就认为“民以食为天”。中国传统的饮食及饮食习俗在周代尚处于形成之中。周以农业立国，农业生产尽管较前代有很大发展，但总的水平仍较低下，畜牧、园艺也欠发达，因此食物种类不算丰富，饮食的方式重于礼仪。周代的主食为黍稷稻粱，这些也是祭祀神灵的供品。稻粱则在贵族的宴席上才有，是比较珍贵的美食。后代人们熟悉的麦麻菽豆尚不普及。

菜馔中既有多种家畜、家禽，也有野味，食肉是贵族的特权。从当时贵族生活情况看，已非常奢华。按照周代礼仪制度的规定，各级贵族的饮食按其身份高低享用一定的规格。天子享用九鼎八簋，九鼎内分置牛、羊、豕、鱼等肉食，即所谓太牢。八簋用来盛各种黍稷食粮，另外再用壶、盘、豆等盛放酒、水和果蔬。诸侯配七鼎六簋，大夫用五鼎四簋，士则用三鼎或一鼎。贵族们美酒佳肴，终日筵飨，并有美女伴以歌舞，击鼓鸣钟，吹笙奏竽，以助雅兴。贵族之间的社交以及国家的祭祀、朝会等重大典礼上，这种以鼎盛食，歌舞钟磬助兴的场面在《诗经》等上古典籍中均有记载。考古发掘中常见周代的礼器有列鼎、簋、壶、盘及成套的编钟、磬等。庶民当然没有这么多可享受的食物，器具多为陶制。这一习俗到春秋战国时因礼崩乐坏而发生变化。

周代的蔬果有萝卜、苦瓜、葫芦、葵、芥等，其中不少菜蔬采集自水陆野生植物，如萍、藻、荼、苴、薇、卷耳等。水果则有枣、栗、瓜、桃、梅、杏等。酒有谷物酿造的醴酒，其中经苞茅过滤的酒供王室享用。一种用黑黍加香料鬯酿造的酒称之为巨鬯，是周王用于赏赐臣下的高级酒，常见于金文。鉴于殷饮酒误国导致亡国的教训，周人饮酒之风远逊于殷商，周代墓葬中，酒器远不如殷商多，礼器中食器的比例大增。

根据文献和出土文物分析，周代已有完整的冠服制度。首服有冕、弁、冠、巾、帻多种。冕是王公诸侯的首服，冕前有旒，因爵位高低而有多少之别。弁是天子至士的常礼之首服。冠是有一定身份人常戴的首服，儿童成年时要行冠礼。因当时人皆束发受冠，以笄和簪束发成为惯例。笄和簪因时代不同在质地、式样、纹饰上都有变化。一般人则戴巾帻。天寒时则有皮制冠，下雨有用莎草制的笠帽。平时也有只用笄簪束发，或以飘带束发。

周代戴冕冠者，都要穿着冕服。冕服由玄衣、纁裳等组成。玄衣为黑色上衣，纁裳即绛色围裳。上衣所绘纹样以十二章为贵，十二章即十二种图像，依次为：日、月、星辰、山、龙、华虫、宗彝、藻、火、粉米、黼、黻。每一章纹都有特定含义，隐喻帝王贵族的风操品行，如日、月、星辰取其照耀之意；山，取其稳重；龙取其应变……一般服饰是上衣下裳，上衣右衽，由胸前围包肩部。裳的形制前三幅后四幅，两侧重叠相连，状如今之长裙。裳的下面是芾，用以蔽膝，还有相当于“绑腿”的“邪幅”，以保护足上至膝部分。周代已有衣裳相连的“深衣”，这种衣服宽博而合体，长度到足背，袖子宽阔，用长带束腰，在各种正式场合都可穿。

衣服的材料主要有皮毛、麻、葛和丝织品。贵族以各式皮裘为原料作成衣服，周已有专制皮毛服饰的裘卫家族，所出卫鼎铭文中记载有披肩、围裙、皮罩以及各种不同的皮料。庶民和农夫则穿着用粗毛制成的短褐过冬，有时连褐也难得，所以《诗经·豳风·七月》中有“无衣无褐，何以卒岁”的叹息。丝织品在西周已成为贵族衣物的重要原料，在墓葬中多次发现玉蚕和丝织物的遗痕，已有平织纹、斜纹提花的菱形图案和刺绣工艺。麻葛纤维织物的残片也有出土。

居室和宫寝　西周时期人们的居住条件有了一定的改善。周的先祖古公亶父时是“陶复陶穴，未有家室”，所谓“陶穴”是“凿地曰穴，皆如陶然”，即半地穴式的居室。在沣西张家坡发现15座西周早期居室，均为土穴式长方形或圆形、椭圆形。坑壁即室墙，墙根及地面都用火烧硬，有出入门道，房中留有架设屋顶用的柱洞。中部有一凹下的椭圆形火坑——灶。另有圆形深土窑式房屋，面积稍大，有一条隔墙将居室分为南北两半，形成外堂内室的雏形。类似的房屋遗存在河北磁县下潘汪、洛阳王湾等地也有发现。这应该是一般平民和穷苦人居住的房屋。

王室和诸侯王的宫室建筑已具有相当大的规模。尤其是宗周和洛邑出现一系列诸如宫殿、宗庙、辟雍等大型建筑群，以供周天子为首的统治者居住，并在此举行庆典、祭祀、宴享、迎宾等各类活动。1977年，在陕西岐山凤雏村、扶风召陈村发现的大型建筑遗存，分别代表了早周和西周中晚期宫室或宗庙的建筑水平。凤雏村的甲组建筑遗存是一座四边可以走通的大院落，房基经夯实。前有门塾，两边东庑西庑，各有八间小室，中间是堂，堂前是庭，后面经过廊道有后庭。整座建筑是两坡悬山顶式，格局规整，左右对称，符合古代文献记载，堪称中国传统建筑方式的早期典范。甲组的西边发现乙组建筑，两组之间有墙隔开，且乙组的前庭更具规模，按传统“庙在寝东”的说法，甲组应是宗庙遗存，乙组应是寝宫。鉴于该地又出土卜骨，整个凤雏村遗址应是西周早期的王室宫室无疑。据文献记载，周代已有一定的宫室制度，其“前朝后寝”或“前堂后室”的格局也为后代所继承。

召陈村与凤雏村仅隔2.5公里，发现两组前堂后室式的建筑组合和一个单独的大堂。这些建筑都筑于夯土台基上，这是一座四阿顶式瓦屋。召陈建筑群出土的瓦的残片很多，有板瓦和筒瓦，以及固定用的瓦钉、瓦环。在客省庄、洛阳王湾、北京董家林等西周遗址也都发现瓦片，表明这一时期建筑用瓦已相当普遍。在扶风云塘的西周灰窖中，首次发现建筑用大型陶砖，说明了建筑用材的进步。

北方用夯土及垛泥建屋，南方潮湿多雨，流行木结构建筑和干栏式的建筑，在湖北荆门、圻春等地都曾发现西周木结构建筑的遗迹。

成人、婚丧礼仪 西周是各种礼仪制度创建和完善时期，周文化被称为“礼文化”。从出生、成人到婚嫁、死丧都有一定的礼仪来规范人（主要是贵族）的行为。

婴儿降生时，男婴享有特殊的待遇。《诗经·小雅·斯干》：生了男孩“载（则）寝之床，载衣之裳，载弄之璋（一种半圭形玉器）”。生了女婴则“载寝之地，载衣之裼（包婴儿的被），载弄之瓦（纺轮）”。诗歌祝贺主人子孙繁盛，生男长成执玉璋，贵为王侯；生女长成精于女工，善及夫家。生男生女在礼制上有较大差别。后代生男则称弄璋之庆，生女则称弄瓦之喜。

男孩长大到20岁时，要行成人的冠礼。冠礼由筮卜定吉日，届时邀请亲朋为证人，冠礼中先后加冠三次，一为爵弁，一为皮弁，一为玄端，分别是男子参加祭祀、视朔及朝会的首服。由请来的贵宾为青年加冠，并加以勉励和告诫。仪式结束，该男子遂成为贵族社会的一员。冠礼还包括命字的礼仪，有了字，表示成年之后已可为人之父了。

婚姻和丧葬是人生的大事，西周承袭商代已形成一套礼仪制度。据《仪礼》载，当时的婚姻普遍实行“同姓不婚”和“匪媒不得”的原则，禁止男女自由结合。一般男娶女嫁，要经过纳采、问名、纳吉、纳征、请期和亲迎等六个程序。男家求婚，必须先派媒妁传言沟通，待女家应允后以雁为贽见之礼，是为纳采。男家在女家接受彩礼后，即请媒妁询问对方的姓氏和女子的名字，称作问名。男方要在宗庙占卜是否吉祥，如卜得吉，再往告女家，是为纳吉。纳征和请期则是肯定婚姻的赠礼及确定结婚的日期。婚礼均在黄昏，由新郎至女家亲迎，并完成迎亲仪式。婚礼和其他礼仪一样大致限于士大夫阶层，一般民众的婚礼则较为简单。

丧礼经长时期的演变，到西周时日趋复杂。人初死必先有招魂复魄之举，由人持死者衣物，登屋三呼死者名字招魂，以免假死而葬。确定无效后才举办丧事。其步骤是：先沐浴死者，以珠玉贝米填死者口中，称为“饭含”，天子和贵族则口含玉器、珠宝等，以示尊贵。此后小殓，为死者备衣物，陈尸于堂前，待亲友来吊唁，再大殓入棺、椁。凡此过程都有哭踊和献祭食物之举。棺、椁依身份有明确的规定，天子九重棺椁，诸侯五重，大夫三重，士二重，庶人有棺而无椁。在埋葬的时间、方位等方面也依礼而有身份地位的区别。西周盛行宗族的公共墓地制，墓地有“公墓”和“邦墓”之分，前者为王侯墓地，后者是各个家族墓群，埋葬同一家族不同身份的人。考古工作者在河南浚县辛村、三门峡上村岭和北京房山黄土坡等处发现卫、虢、燕诸国“公墓”性质的墓群；在陕西宝鸡斗鸡台、长安沣西张家坡的墓地则为“邦墓”性质的墓群。丧礼的等级是现实社会等级制度的延续。

宗教信仰 夏商时期宗教信仰的对象较宽泛，可分为自然崇拜和鬼神崇拜两类，宗教迷信占据着支配地位，卜筮和巫觋盛行，其宗教信仰渗透于人们生活的各个方面。西周继承了殷商传统，但又有所发展。西周早期，卜筮的作用相当显要，周统治者把它作为天意的代表，迁都、战争、祭祀等国家大事，都要通过卜筮听从上天的旨意。在早期周的遗址中，不断发现占卜用的龟甲和兽骨遗物。以后周人更重占筮。

筮法是一种用蓍草占卜的方法，它是根据蓍草排列和数字的变化，按照一定变化法则推衍而得出结论。较之龟卜有更大的灵活性和思想性，不是单靠自然，而是着重人为。龟卜被认为是“鬼谋”，而占筮则重“人谋”，它所暗含的人类抽象思维意向和主观能动精神在后代不断发展，并推衍出博大精深的《周易》哲学体系。筮法的流行是周人敬天保民思想的体现，反映了从殷商到西周，中国文化所经历的从神本走向民本的变化。

巫觋也是对西周社会生活产生较大影响的迷信活动。国家专门设置管理巫觋活动的司巫职官，每逢发生重大旱情，司巫都要率领巫觋跳神祈雨，民间女巫也有为民众跳神以消灾免祸的活动。周厉王曾任用卫巫监谤，加强统治的事。但总的来看，巫觋的地位和作用与殷商相比已有很大削弱。

第三节 西周中后期社会矛盾和西周的衰亡

一 西周中期社会危机的加剧

西周王朝经文、武时期的创建，到成、康时期（前1020～前996年）趋于稳定，这前后近百年，是奴隶制发展的强盛时期。从昭（前995～前977年）、穆（前976～前922年）两代开始，各种矛盾尤其是与国内各族的矛盾、统治阶级内部的矛盾以及与被统治阶级之间矛盾日趋尖锐，不但削弱了西周王朝的统治力量，而且使奴隶制度不断遭到破坏，奴隶制国家从此走向衰落。

与周边各族的矛盾和冲突　西周时期，周边各族的社会经济都有不同程度的发展，周王朝加强了和它们的联系，扩大了统治范围。西周立国之初，患在东南，不在西北。周与东南地区殷的残余势力，与东夷和淮夷的冲突不断。随着周王朝一系列措施的实施和政权的巩固，与东南各部的矛盾有所缓和。在地方经济不断发展的过程中，部分地方势力和少数民族兴盛起来。从昭王、穆王开始，它们和周王室的矛盾逐渐加剧，不断发生军事冲突。

与周王室发生军事冲突较早的，是属于蛮族的南方楚。传说荆楚是祝融氏的后裔，是芈（mǐ，米）姓之族与江汉间的居民融合而发展起来的，到殷周之际，逐渐由丹阳地区（约在今豫西南与鄂西北之交的丹东汉北一带）向荆山地区发展，与庸、卢、彭、濮诸部和汉北的曼姓邓国，都是周在南方的属部。周武王灭商后，为了加强对江汉地区的控制，在淮、汉之间分封了一些姬姓的诸侯国。如淮水上游有息国（今河南息县），涢水上游有随（今湖北随州市）、唐（今枣阳东南）、郧（今湖北安陆）等“汉阳诸姬”。近年来在今湖北京山、孝感一带发现有曾国的青铜器，曾国也应是当时的封国（近年学界认为曾、随系一国两名）。另外，在南阳地区，还有申、吕等姜姓之国。在周初，楚国慑于周王朝强大的统治力量，也表示臣服，定期向王室进贡“包茅”等物。但周王朝“以蛮夷视之”，使之不得参与中原诸侯的会盟。

成、康以后，楚国的势力日趋壮大，与周王室的冲突不断加剧。昭王十六年（前980年），昭王亲自领兵伐楚。这次伐楚取得了胜利，振旅凯旋。到十九年下半年，又第二次出征。这次南征，由于骄傲轻敌，在渡汉水时，昭王坐上了楚人用胶黏结的船只，船到中流解体，昭王落水淹死，周军大部丧亡。这就是春秋时期管仲责问楚国“昭王南征而不复”[①] 的事实。经过这次严重的挫败，周王室控制南方的力量被削弱，楚国便在江汉地区不断发展起来。

西北地区的犬戎诸部，周初以来，一直被列在“荒服”，常来宗周朝贡。到穆王时，他们的势力也强大起来，有时还侵扰到宗周附近。穆王亲自领兵西征，祭公谋父劝阻他，他没有听。西征的结果，只取得四白狼、四白鹿而归（可能是犬戎的八个部落的名称）。“自是荒服者不至”，即“荒服”诸部从此就与西周王朝断绝来了来往，西周王朝与犬戎诸部的矛盾不断加剧。

周穆王西征犬戎的时候，东南地区淮、泗之间的徐奄诸部又乘机发动叛乱。他们以徐偃王为首联合徐奄诸部，西伐宗周，至于河上，深入中原。周穆

① 《左传·僖公四年》。

王得此信息，急忙回师东向，又联合楚国，合攻徐偃王。徐偃王“仁而无权”，兵败被灭，于是“周有徐奄”。这次战争，徐奄诸部虽然失败了，但周王朝也受到很大的损失，对东方的统治大为削弱。厉王时期（前 877～前 841 年），周与南方发生多次战争，淮夷一度攻到洛水两岸，深入到东都附近。以后又有噩（鄂）侯率南夷、东夷与周对峙，周王朝虽勉强取胜，但实力则大大削弱了。

以夏、商、周三族为核心的华夏族，当时是经济文化发展水平最高的民族。在西周时期，经过和周边蛮、夷、戎、狄各少数民族不断地斗争与融合，为春秋以后出现的统一趋势创造了条件，奠定了汉民族形成的基础。

统治阶级内部分化和矛盾的加深 成、康以后，在奴隶主贵族内部也发生了社会地位的急剧升降起伏。如在昭、穆两代，就有一部分原来地位较高的贵族，由于醉心于掠夺和战争，不注意生产和经营，家道逐渐趋于衰落。一部分地位较低的或者后起的新贵族，招徕流散的奴隶和贫苦的自耕农民进行开荒，扩大耕地，形成新的暴发户。加上政治地位的升降等原因，贵族集团内部出现了兴衰浮沉不定的波动，加剧了他们之间的相互倾轧，矛盾不断加深。

在贵族之间出现新的分化的情况下，有些趋于衰败的旧贵族，为了维持生计，往往将自己的田地出租或者作价转让给一些新的暴发户。如 1975 年在陕西岐山董家村出土的裘卫铜器的铭文就说明出现了这种现象。据卫盉、卫鼎的铭文记载，共王三年，裘卫用价值八十朋的一块玉璋，租得矩伯的十田；又用价值二十朋的两件赤琥、两件鹿韨和一件贲韐租得三田。共王五年，裘卫用自己的五田与邦君厉的四田相交换。共王九年，矩伯又取了裘卫的一辆车子和车马的饰件，裘卫另外送给矩妻四卷帛，矩伯便把一片田地给予裘卫。又因田旁林木是矩伯的属下颜氏家族种的，裘卫又给颜陈夫妇和颜有司寿商送了礼，才获得这一片土地和林木。裘卫不是显赫的贵族之家，可能是王室的司裘一类的小官，但富有财物，矩伯、邦君厉等封君不得不用土地和他交换，或者出租与他。这种土地典租或转让的现象，在当时还不是个别的，在格伯簋、曶鼎、矢人盘等铭文中均有类似的记载，虽然它在形式上还要受到某些限制，如在定约时还要由官府指派官员主持划定疆界，但是这对奴隶制国家的土地国有制来说，确是严重的破坏，土地在不同程度上具有了私有的性质。

由于贵族之间及其上下等级之间存在着利害冲突，在贵族中的诉讼纠纷不断增多，这又直接冲击奴隶制的等级制度。如西周前期师旂鼎的铭文记载师旂因其属下不从周王出征，他便派属吏弘向伯懋父告状，伯懋父判处罚金三百锊，但他们拒不交纳，师旂只得把判词记在鼎上。又如在岐山董家村出土的铜器中有一件𠑇匜。这件铜器的铭文大意是：师𠑇的属下名叫牧牛的上告师𠑇，伯扬父对此做出判决，指责牧牛不应该与他的上司打官司，应判处鞭刑一千，还要加上墨刑。经过大赦，只鞭五百，罚铜三百锾。这件器物的时代可能比较晚，而这两则铭文所记的是同一类型的事，都是下属敢于反抗上司，上司无法对付，只得求助于法官。法官所做的判决，往往流于形式，或者虚张声势。这种现象，终西周之世不断发生，这就是等级制度不断遭到破坏的表现。

奴隶主贵族内部社会地位的起伏升降越到后来越是厉害，这样就在社会上和政治上造成许多混乱。到了西周后期，失势的旧贵族越来越多。他们的土地大都被兼并了，奴隶也几乎被抢光了，地位一落千丈。他们的实际遭遇是："人有土田，女（汝）反有之；人有民人，女覆夺之；此宜无罪，女反收之；彼宜有罪，女覆说（脱）之。"[①] 他们怀着强烈的怨愤情绪，被迫下降到一般的国人行列中。

在奴隶主贵族的等级阶梯中，士是最低层。他们一般只有少量的土地和少数的劳动人手，在大多数的情况下，都要自己参加劳动，才能维持一家生计。一遇战争，就得"执干戈以卫社稷"。如果立有战功，当然可以得到庆赏，有的还能上升到大夫的行列中去。但是兵役负担繁重，有时还要长期戍守在远方，荒芜了田地，影响到家人生计，有的连父母也无法赡养。他们与那些养尊处优的大夫相比，劳逸苦乐确实是大相悬殊的。"或燕燕居息，或尽瘁事国；或息偃在床，或不已于行。或不知叫号，或惨惨劬劳，或栖迟偃仰，或王事鞅掌，或湛乐饮酒，或惨惨畏咎；或出入风议，或靡事不为。"[②] 他们中的许多人因为负担过重，而沦于极为贫困的境地。"出自北门，忧心殷殷，终窭且贫，莫知我艰。已焉哉，天实为之，谓之何哉！"[③] 这样的悲愤心情，反映了当时许多陷入极为穷困的士的实际处境。

民众的反抗斗争　周的奴隶主贵族凭借着强大的政治力量和经济力量，对奴隶和广大人民群众进行残酷的剥削和暴力统治，形成了深刻而又尖锐的阶级对立。这种阶级矛盾，在当时错综复杂的社会矛盾中，居于主要地位。

西周社会的平民阶级是"国人"和"野人"，他们是农业生产的主要担当者。"国人"居住在城郭之内，原是周族公社农民，他们虽然也受剥削和压迫，但由于与贵族还保存着某种血缘关系，具有一定的参政权力，有服兵役的义

① 《诗经·大雅·瞻卬》。
② 《诗经·小雅·北山》。
③ 《诗经·邶风·北门》。

务。“野人”居于郊外野、鄙之中，因此又称为“鄙夫”，是原被征服的商族等公社的成员，也以种田为生，地位虽低下，但能够组织家庭，并随土地赏赐给贵族，不会被任意屠戮。

各级奴隶主贵族以“国”“都”为中心，垄断着社会的物质财富。他们囤积着成千上万石粮食，拥有大群的牲畜，还有各种贵重的器物。他们居住在高大的宫室里，穿戴着华丽的服饰，玩弄着珍奇异物和声色犬马。他们出入车辇，列鼎而食，日夜宴饮，过着极为奢侈腐朽的生活。国人和野人们终生劳苦，用血汗创造了丰富的社会财富，但是收获的大部分都被剥夺，吃的常常是野菜豆糊，住的是透风漏雨的茅棚土舍。到了寒风凛冽的冬天，还是“无衣无褐”。他们的妻女，也和他们一样受到侮辱和折磨。

西周时期奴隶与马牛并论，奴隶有的从事农业，有的为手工业官奴，有的为家内奴仆，被称为“臣妾”、“臣”、“鬲”（即隶）等。金文中有赏赐奴隶（如“臣十家”“臣五家”等）的记载，但一般数量不多。他们没有人身自由，生活在社会的最底层。野蛮的人祭、人殉在周立国之初还继续存在。据载，周武王伐商胜利后，在商都举行了大规模的人祭，“荐俘殷王鼎”，“荐殷俘王士百人”；后又在宗周的宗庙祭祀，“乃夹于南门用俘，皆施”①，其牺牲多数是战俘。各地发掘的西周墓葬，也常发现有人殉。随着社会的进步和生产力发展，周的人殉、人祭无论数量和次数都急剧减少。

广大受压迫的民众，对贵族的残酷压榨，怀着深刻的仇恨，经常迸发出强烈的反抗呼声。“不稼不穑，胡取禾三百缠兮？不狩不猎，胡瞻尔庭有县（悬）貆兮？”这一群伐木者愤怒谴责那些不劳而获的所谓“君子”，表现了要与之展开斗争的坚强意志。逃亡仍然是反抗斗争的主要方式。西周时期，这种逃亡现象越来越普遍了。“硕鼠硕鼠，无食我黍！三岁贯女（汝），莫我肯顾。逝（誓）将去女（汝），适彼乐土。乐土乐土，爰得我所。”② 他们用“硕鼠”来比喻那些贪婪而懒惰的奴隶主贵族，深刻揭露了这些寄生虫的腐朽性，决心要摆脱其控制，去寻找自己的理想乐土。这种“乐土”，在当时固然是一种幻想，但是他们远走到那辽阔的荒野或山林之地，作为一个披荆斩棘的开拓者，总能呼吸到比较自由的空气。所以，在当时不断出现的“臣妾逋逃”的浪潮，就直接冲击着奴隶制度的基础。

① 《逸周书·世俘解》。

② 《诗经·魏风·硕鼠》。

二　西周王朝的衰亡

国人暴动和共和行政　西周中期以后，周王朝逐渐趋于衰落。到周厉王（前877～前841年在位）时期，由于各种社会矛盾进一步激化，爆发了国人暴动，加速了周王朝的衰亡。

国人是居住在“国中”的平民。他们多数是各级贵族的疏远宗族成员，在政治上和经济上与各级贵族既有联系，又相对立。同时，由于贵族内部的分化现象越来越严重，许多失势的贵族和贫困的士，地位纷纷下降，有的在国中与一般平民杂处，成为国人的组成部分。他们对现实的不满情绪，又加重了一般平民对当权者的憎恨。另外，在国人中还有百工、商贾以及其他一些居于社会下层的群众，情况是比较复杂的，因而成为多种社会矛盾的汇合点。反抗统治集团的斗争，就以各种不同的形式，在“国人”中比较广泛地展开。所谓“时为王之患，其惟国人”，就是指这种形势而言的。

周厉王是一个贪婪暴戾的统治者。他在各种社会矛盾日益激化，统治危机日益严重的情况下，任用“好专利而不知大难”的荣夷公等人，垄断山林川泽的一切收益，不让平民前往采樵渔猎，断绝了他们的生计。同时，他还任意兴师动众，命虢仲征伐淮夷，又多次南征荆楚，但都以失败告终，这又给一般平民带来沉重的负担。他的横征暴敛，虐待人民的暴行，引起贵族内部的忧虑。如芮伯良夫就指出：“专利作威，佐乱进祸，民将弗堪。”① 并且警告周厉王说：“荣公若用，周必败。”但是厉王置若罔闻，继续任用荣夷公为卿士。

周厉王的暴政，激起了广大国人的愤慨，出现了“国人谤王”的情况。邵穆公也警告厉王说：“民不堪命矣！”周厉王却利用卫巫“监谤”，想以严密监视和屠杀来制止民众的议论，钳制舆论。结果京城内外一片恐怖，国人敢怒而不敢言，以至出现“道路以目”的现象。周厉王十分得意，自以为“吾能弭谤矣”，正如邵穆公所说：“防民之口，甚于防川。”② 用镇压的手段来消除民众的反抗，只能激起更为强烈的反抗斗争。如果这种反抗斗争像河堤决口那样爆发起来，就将无法收拾。周厉王仍继续倒行逆施。不到三年，广大的国人实在无法忍受了，终于爆发了我国历史上的第一次群众暴动。

---

① 《逸周书·芮良夫解》。

② 《国语·周语》。

这次暴动，以聚居在宗周“国中”的国人为主。据宣王时期的㺇簋铭文记载，除“邦人”以外，还有“正人、师氏人”等参加。“邦人”，就是国人。“正人”，当为工正、陶正、车正、马正等百工的正长所属之人，包括工匠和胥徒之属。“师氏人”，是宿卫王宫的军卒。他们同愤怒的国人一齐冲入王宫。四方四国的人民也纷纷起义，向首都进攻，一时之间形成了一股巨大的洪流，将周厉王、荣夷公之流所设置的堤障完全冲毁了。周厉王狼狈逃出王宫，在国人的追逐之下，渡过黄河，一直逃奔到彘（今山西霍州东北）。太子静躲藏在召公家，被国人包围，召公只得将自己的儿子冒充太子交给国人杀死，才保存了太子的性命。

国人暴动发生后，宗周一片混乱。于是召公、周公临时主持政事，收拾残局，号称“共和行政”（一说由国人共推诸侯共伯和执掌王政）。共和元年，即公元前841年，是我国现存史料中有确切纪年的开始。

国人暴动之后，接着又发生天灾。贵族们哀叹道：“天降丧乱，灭我立王。降此蟊贼，稼穑卒痒。哀恫中国，具赘卒荒。靡有旅力，以念穹苍。”① 这次暴动，对西周王朝的打击是沉重的。它不仅赶走了周厉王，而且动摇了西周王朝的统治基础，加速了它的崩溃过程。

共和十四年（前828年），周厉王死于彘，太子静即位，是为周宣王。周宣王时期，局势虽然略为稳定，但各种社会矛盾无法从根本上得以缓和，西周王朝的统治已经接近尾声。

宣王“中兴”与民族矛盾的加剧 周宣王即位之后，由于统治力量的削弱，对周边各部和一些地方势力更难以控制。

当时，对周王朝威胁最大的，是黄土高原上群翟部落中的猃狁。从西周中期以来，猃狁就不断南下侵扰宗周。懿王以后，更为严重。他们深入到焦获（今陕西三原、泾阳一带有焦获泽），南逼泾阳，直接威胁到镐京。他们掠夺财物，杀害人民，给渭泾一带的人民群众带来严重的灾难。“靡室靡家，猃狁之故”②，面临着如此严重的情况，周宣王不得不集中力量对付。他一方面派南仲驻兵朔方，加强防守力量；同时又派尹吉甫领兵北伐，取得了较大的胜利。虢季子白盘的铭文记载，参加这次战争的子白，“博伐猃狁，于洛（北洛水）之阳，折首五百，执讯五十”，立了大功。猃狁受此打击，向北逃去，周王室所受的威胁暂时解除了。但散在西北的其他各部，周王室仍然无法控制，

① 《诗经·大雅·桑柔》。

② 《诗经·小雅·采薇》。

小规模的侵扰活动还是不断发生。

宣王在战胜猃狁之后，又派方叔带兵南征荆楚，也取得一些胜利。派尹吉甫用武力压服淮夷进献贡物，使徐国来朝，建立申国（今河南南阳），使之成为对付南方的军事重镇，暂时控制了东南地区。在宗周以西，以秦仲为大夫，命他西征西戎，结果为西戎所杀。又召秦仲之子庄公兄弟五人，给了他们7000人的兵力，再伐西戎，才勉强取得胜利。

周宣王用武力取得一些胜利，被后来的史家誉为“中兴”。其实，这些胜利不但没有缓和各种社会矛盾，反而暴露了统治力量的虚弱。到后来，除了战胜一次申戎外，伐太原戎、条戎和奔戎，都遭到失败。特别是在宣王三十九年（前789年）伐姜氏之戎，大败于千亩（今山西介休南），他调去的“南国之师”全军覆没。周王朝已经面临着全面崩溃的危险。

西周的灭亡　宣王时期，西周王朝和整个奴隶制度都呈现出江河日下之势。井田原是奴隶制度赖以存在的经济基础，西周中期以降，由于公卿大夫之间的纷争日益增多，“经界不正，井地不均，谷禄不平”[①] 的现象日益严重，耕作公田的劳动人手大量逃亡，加上连年战争，周宣王更无暇顾及农事。在他即位时，连“耤于千亩”的传统仪式，也不愿举行了。在此之后，又有“料民于太原”的记载。“料”，“数也”，即指登记人口，以便作为对民众征派赋税和力役的依据。在千亩之战丧失了全部的“南国之师”的宣王，在此时“料民”可能是为了扩充军队而采取的临时性措施。

由于王室衰微，诸侯国对王室的离心倾向不断加重。周宣王违反嫡长子继承制度，强迫鲁国立武公的少子戏为太子，不久继立为懿公，引起鲁国的内乱。他又出兵伐鲁，另立鲁孝公，更引起诸侯的不满，“自是后诸侯多畔王命”[②]。

周宣王在位46年（前827～前782年）。他死后，子宫涅继立，是为幽王。幽王初立时，宗周社会动荡不安，三川（渭、泾、洛）又连续发生强烈的地震，以至“百川沸腾，山冢崒崩，高岸为谷，深谷为陵”[③]，于是就有人惊呼：“周将亡矣！”周幽王以“善谀好利”的虢石父为卿士，引起国人极大的怨愤。他又宠爱褒姒，废申后和太子宜臼，立褒姒为后，以褒姒子伯服为太子，引起朝政混乱，诸侯叛离。申后是申侯的女儿，申侯联合缯与犬戎等部，于幽

① 《孟子·滕文公》上。

② 《史记》卷三三《鲁周公世家》。

③ 《诗经·小雅·十月之交》。

王十一年（前771年），发兵进攻宗周，攻占镐京，杀幽王骊山之下。宗周被戎人摧毁，西周灭亡。西周王朝从公元前1046年武王克商开始，到公元前771年周幽王被杀，前后共历十二王，276年。

第四章　春秋时期奴隶社会的瓦解

（前770～前476年）

第一节　王室衰微和大国争霸

从周平王元年（前770年）周室东迁洛邑到周敬王四十四年（前476年），这一阶段的历史大体与孔子所修订的《春秋》年代（前722～前481年）相当，所以历史上叫春秋时期。

一　春秋初年的政治形势

幽王死后，太子宜臼即位，是为平王。鉴于镐京残破，偏居西部，又处于犬戎威胁之下，周平王于公元前770年，在郑武公、秦襄公、晋文侯等诸侯的护卫下，迁都洛邑，建立了东周王朝。

周平王迁都洛邑初，还有约方圆六百里的王畿。随之因赏赐有功诸侯及被外部侵夺，渐次缩减，最后，仅剩下成周方一二百里，即今河南西部一隅的地盘；同时，天子控制诸侯的权力和直接拥有的军事力量，也日益丧失。但天子以“共主”的名义，仍然具有号召力。因此，一些随着地方经济发展逐步强大的诸侯国，就利用王室这个旗号，“挟天子以令诸侯”，积极发展自己势力。位于中原中部而商业比较发达的郑国，在春秋初年就扮演了这个角色。

西周后期，周宣王封弟友于郑（今陕西华州），是为郑桓公。郑桓公眼见王室政治腐败、诸侯叛离的倾向愈益滋长，于是利用东方郐（今河南郑州南）、东虢（今河南荥阳东北）两个小国的统治者贪财好利，百姓多不归附的机会，把自己的财货和奴隶预先迁寄到那里，准备一旦时机成熟就取而代之。后来桓公死于幽王之难，他的儿子武公终于灭了郐和东虢，建都于新郑（今河南新郑)。武公的儿子庄公，继续做东周的卿士，在王室衰微，周天子没有力量继续维持统治秩序的情况下，庄公打起“以王命讨不庭”[①] 的旗帜，联合齐、鲁，攻打宋、卫，制服陈、蔡，并打败北戎，稳定了东周的政局。所以有“我周之东迁，晋、郑焉依”[②] 的话。但郑却乘机独霸王室权力，与周天子的矛盾日益尖锐。平王时，王室与郑国已互不信任，相互交换质子；后来周桓王上台，起用虢公，剥夺郑伯的权力，郑伯非常不满，派人割了王室洛邑的庄稼。周郑“交质”发展到“交恶”的地步。尖锐的对立，终于引起一场大战。公元前707年，周桓王亲自率领陈、蔡、卫等诸侯国的军队讨伐郑国，结果王师惨败，连桓王也被箭射中了肩膀。天子的威严扫地，从此一蹶不振。郑国的地位却比以前更加显赫，俨然成了春秋初年的霸主。

随着王权的沦落，诸侯对天子的朝聘、贡献大大减少，王室财政越来越拮据，不得不仰赖诸侯的资助，周桓王、周顷王曾先后派人向鲁国“求赙（丧葬费）”、“告饥”、“求车”、“求金”。天子不仅经济上有求于诸侯，政治上也往往受诸侯的摆布。周襄王曾低声下气地向郑国“请盟”[③]，后来又接受晋侯的召唤，参加诸侯召开的会议。天子共主的地位，此时已名存实亡，“礼乐征伐自天子出”的时代已经成为过去，社会进入了一个动乱的时代，各种矛盾都在急剧发展，而且错综复杂地交织在一起。

动乱的中原局面，给周边少数民族以发展的机会。占有西周旧地的西戎继续威胁着东周；居住在今山西、陕西北部、河北西北部以及内蒙古等广大地区的狄族，也逐渐向内地发展，威胁着中原的安全；居住在今河北、山东境内的戎族部落以及河北东北部直到东北地区的山戎，与齐、燕等国多次发生战争；在江汉流域被周人斥为南蛮的荆楚，在臣服了百濮、群蛮，控制了群舒、淮夷等族之后，势力迅速强大，力图向黄河流域争夺土地。盛极一时的郑庄公，终因建国不久，随后又发生内部争位的斗争，实力被削弱，没有能力对付这种局势。继郑之后，先后崛起了齐、晋、秦、楚和以后兴起的吴、越等较强的诸侯国，他们励精图治，努力发展自己的势力，积极从事霸业活动。

二　大国争霸

齐桓公的霸业　齐国在今山东省的北部，是东方一个大国。它地处海滨，

① 《左传·隐公十年》。
② 《左传·隐公六年》。
③ 《左传·僖公二十四年》。

拥有丰富的鱼盐和矿藏，从太公开始，就“通商工之业，便鱼盐之利”[①]，到了春秋年间，农业、手工业，特别是冶铸、纺织都取得了迅速的发展。

齐桓公（前685～前643年在位）即位后，任用管仲为相，积极改革内政。

管仲从“富国强兵”的目的出发，明确提出“修旧法，择其善者而业（创）用之，遂滋（培育）民与无财（穷人），而敬百姓”[②]的治国原则，在整饬旧制的基础上，对各项制度加以改进、创新。在政治、军事方面，基本上维持“国”“野”分治的制度，“叁其国而伍其鄙”[③]，即在“国”中设置二十一乡，其中工乡三、商乡三、士（包括军士、农民）乡十五。士乡又分成三个部分（五乡为一军，共三军，国君与国、高二卿各帅一军），这叫“叁其国”。在“野（鄙）”设置五属，叫“伍其鄙”。各级设官治理，严格实行士、农、工、商分区定居制，不许杂处、迁徙：士居“闲燕”（清闲的环境），工居官府，商居市井，农居田野。企图使四民各有所务，以利于老传少习，安心生产。在“国”内采用轨（五家为轨，设轨长）、里（十轨为里，设有司）、连（四里为连，设连长）、乡（十连为乡，设乡良人）的编制，实行“作内政而寄军令”的政、军合一制度。“春以蒐振旅，秋以狝治兵”[④]，加强对国家常备军士的控制和定期操练，达到“卒伍整于里，军旅整于郊”[⑤]，使其成为一支“莫之能御”的战斗武装。为了增加兵员，还提高部分鄙野庶人的社会地位，选拔其中“秀民”充当“士”（战士）。在经济方面，除继续维持“井田畴均”的奴隶制生产方式外，对鄙野出现的大量私田，实行“相地而衰征”的税收政策，即按土质肥瘠征税。还规定“泽立三虞”“山立三衡”，[⑥]即由官吏统一管理山林河泽，并采取“通齐国之鱼盐于东莱，使关市几而不征”[⑦]的鼓励贸易、促进生产的政策。

管仲进行的改革，很快收到了“通货积财，富国强兵”[⑧]的效果。齐国国力日益强盛，连续灭了谭（今山东历城）、遂（今山东宁阳）等小国，大大扩充了国土。这时，北方山戎和狄族势力正向南发展，经常袭扰燕、邢、卫等国。齐桓公利用王室虽然衰微但周王仍是名义上的诸侯各国的大宗和共主的地位，提出“尊王攘夷”的口号，联合燕国打败山戎，又联合宋、曹等国制止了

① 《史记》卷三二《齐太公世家》。

②③④⑤⑥⑦ 《国语·齐语》。

⑧ 《史记》卷二六《管晏列传》。

狄人的扰害，“存邢救卫”，为邢和卫两国筑了新的城邑，使“邢迁如归，卫国忘亡”[1]，从而保证了这一地区的安定和经济的发展，在诸侯中树立了很高的威信。

当齐国忙于对付山戎、北狄的时候，南方的楚国日益强大，灭了“汉阳诸姬”和邓（今湖北襄阳）、申（今河南南阳）、息（今河南息县）等国，又接连发兵攻郑。为了制服南方的楚国，周惠王二十一年（前656年），齐桓公率领齐、鲁、宋、陈、卫、曹、郑、许八国军队，首先讨伐依附楚的蔡国，蔡人望风溃逃。于是乘胜进军楚境，讨伐楚国。楚成王看到齐军来势甚猛，一面亲率大军迎战，一面派大夫屈完与齐讲和。齐桓公见无隙可乘，便在召陵（今河南郾城东）与楚订立盟约，取得了霸主地位。此后，齐桓公几次大会诸侯，各诸侯国在盟会上通过了尊王攘夷、互助合作的协议，周襄王元年（前651年）的葵丘（今河南兰考）之会，周天子也派人参加，齐桓公霸业达到了顶峰。不久，齐桓公去世，内部争权夺利，阶级矛盾日益尖锐。虽然此后齐仍不失为一个大国，但霸业却骤然衰落了。

楚想北进中原受阻于齐以后，先把注意力转向东方，灭掉弦（今河南光山西北）、黄（今河南潢川西）和徐国（今安徽泗县北），势力扩展到今豫南、皖北地区。此时趁齐霸业衰落的机会，又向中原扩展。这时，一直依附于齐的郑国，又转而投靠了楚国。宋襄公不自量力，妄图接替齐桓公的霸业，于周襄王十四年（前638年）率军伐郑，与楚的救兵相遇于泓水（今河南柘城北），宋败。此后，鲁、宋、郑、陈、蔡、许、曹、卫等国，都看风使舵，陆续倒向了楚国。

晋文公争霸中原　晋国地处山西汾水流域，与戎狄杂处。到晋献公（前676～前651年在位）执政时，削除了一批同姓宗族，重用有军功的异姓卿大夫，加强了公室权力。继而积极开拓疆士，灭霍（今山西霍州）、耿（今山西河津）、魏（今山西芮城）、虞（今山西平陆）、虢（今河南陕州）等国，又战胜了骊戎，打败了北狄，领地发展到黄河西岸和南岸，成为据有殽（即崤山）、函（即函谷关）天险的北方大国。此后，晋国统治集团内部进行了激烈的争权夺利的斗争。到周襄王十六年（前636年），流亡在外19年的重耳回国即位，是为晋文公（前636～前628年在位）。他执掌晋国大权以后，重用狐偃、赵衰等人，推行“弃责薄敛”“救乏振滞”“轻关易道，通商宽农”[2]的免债轻赋、救贫济弱、发展农商事业的经济措施和“明贤良”“赏功劳”“举善援

① 《左传·闵公二年》。

② 《国语·晋语》四。

能”[①] 的用人政策，并扩充军事编制，由原来的二军增加到三军、五军，结束了多年以来动荡的晋国政局，使“政平民阜，财用不匮”[②]，创造了从事霸业活动的条件。就在晋文公即位的同一年，周襄王被其弟太叔带勾结狄人赶跑，流落在外。晋文公抓住这个时机，约会诸侯用武力平定了太叔带的叛乱，恢复了周襄王的地位，博得了“尊王”的美名，以此获得周室阳樊（今河南济源西南）、温（今河南温县西）、原（今河南济源西北）等八邑土地的赏赐。接着以全力南向与楚争霸。那时，一度附楚的宋国，首先摆脱楚的控制，依附了晋国。楚国为了保持在中原取得的优势地位，联合陈、蔡等国，出兵伐宋。晋国也在宋、齐、秦等国的声援下，于公元前632年，向楚的与国曹、卫进攻，迫使楚军北上，于是发生了历史上有名的城濮之战。晋文公采取诱敌深入、袭击敌军薄弱部分、各个击破的战略战术，以少胜多，取得了这次决战的胜利。城濮之战，是关系中原全局的战争，使中原小国摆脱了楚的控制，归附了晋国。战后，晋文公大会诸侯于践土（今河南原阳西南），周襄王正式册封晋文公为霸主，从而成就了“取威定霸”的业绩。这年冬天，晋文公又召集齐、秦、宋、鲁、郑、陈、蔡、莒等国诸侯在温（今河南温县）会盟，周襄王被召赴会，晋国霸主的地位愈加巩固了。

秦穆公独霸西戎　在晋文公称霸中原以前，地处西方的秦国也逐渐强大起来。原来嬴秦在西周后期仅仅是一个“西垂大夫”。平王东迁时，秦襄公护送有功，开始封为诸侯，划岐以西作封地。以后秦与戎狄不断战斗，巩固和扩大了地盘，都于雍（今陕西凤翔）。经过一百多年，到穆公时（前659～前621年在位），政治、经济、文化都有很大进步，国势日盛。周襄王二十五年（前627年）秦乘晋文公去世的机会，企图插足中原，派军偷袭郑国，不料行军途中，遇郑国的商人弦高。弦高假借国君的名义，以12头牛犒劳秦军，并秘密派人兼程回国报信。秦以为郑已有备，遂灭晋盟国滑（今河南偃师西南）而归。晋对秦东进政策一向怀有戒惧心理，抱着“敌不可纵，纵敌患生”[③] 的态度，出兵截击秦军，爆发了殽（今河南渑池西）之战，秦军陷入了晋军的包围圈，全军覆没。此后，秦连续几次出击晋，一直没有占到便宜。秦军东进的企图受阻，于是转而向西发展，乘戎族“莫能相一”的有利形势，进军戎地，“益国十二，开地千里”[④]，取得了独霸西戎的地位。秦在西方的发展，加速了

①② 《国语·晋语》四。

③ 《左传·僖公三十三年》。

④ 《史记》卷五《秦本纪》。

与戎族人民的融合。

晋、楚争霸 城濮之战以后，楚北上再次受阻，转而向东发展。灭江（今息县西）、六（今安徽六安）、蓼（今河南固始），攻打群舒（今安徽舒城、舒山一带）和巢（今安徽巢湖北），占领淮南等地。楚庄王即位（前613～前591年在位），国内一度发生贵族叛乱，群舒、百濮乘机骚动。庄王任用鄙人出身的孙叔敖为令尹，进行改革，任贤用能，讲求得失，修建芍陂（今安徽寿县），稳定了政局，发展了生产，迅速平定了贵族若敖氏的叛乱，又用武力平服了百濮、群舒，从而为楚国的争霸奠定了基础。

周定王元年（前606年），楚庄王伐陆浑（今河南嵩县北）之戎，接着率军北上，在周的直辖区耀武扬威，并遣使问象征王权的九鼎之轻重，大有取周而代之的气势。

楚觊觎中原，首当其冲的是郑、宋等国。周定王十年（前597年），楚军围郑，连攻三个月，破郑都。晋遣兵来救，与楚军大战于邲（今河南荥阳东北），晋军将帅举棋不定，步调不一，迟疑不进，结果大败。晋在退军途中，诸军抢先渡河，自相砍杀。邲战之后，楚庄王饮马黄河，雄视北方。隔了两年，楚又借故围攻宋国，宋“易子而食，析骸以爨”[1]，艰苦抵抗，最后被迫向楚国屈服。晋国由于力不从心，只好置之不理。这时，鲁、宋、郑、陈诸中原小国，又相继依附楚国，楚庄王一度做了中原盟主。

晋、楚争霸，战争持续了百余年，给中原各国人民带来莫大的灾难，双方也打得筋疲力尽；同时，争霸战争又激化了本国阶级矛盾和新旧势力之间的斗争，各国逐渐无力外顾，于是在两大霸国之间出现了“弭兵”的活动。

弭兵之会 春秋时代，先后召开过两次“弭兵”会议。周简王七年（前579年），邲战以后，由宋国执政华元发起，约合晋楚，于宋相会，订立了彼此不使用武力，互相帮助，救助危难，共同讨伐违命反抗的诸侯的盟约。晋楚之间的暂时休战，正是为新的争夺做准备。盟约订后仅仅三年时间，楚国就撕毁了盟约。周简王十一年（前575年），晋、楚战于鄢陵（今河南鄢陵西北），周灵王十五年（前557年）又战于湛阪（今河南平顶山西北），结果楚国都失败了。那时，晋公室与异姓卿大夫之间及卿大夫相互之间争夺政柄的斗争日趋激烈，加上被压迫人民反抗斗争的兴起，更使统治者有“内忧”大于“外患”、唯恐“疾自中起”[2] 的忧虑；楚国也因遭受东南新兴的吴国的连续进攻，有后

① 《左传·宣公十五年》。

② 《国语·晋语》六。

顾之忧，无暇北进。其他诸国长期追随晋、楚之后，疲于奔命，更希望和平，一时弭兵成为大势所趋。宋大夫向戌看到晋、楚等国都不想打仗，于是奔走于晋、楚等国之间，取得了诸侯国的同意，于周灵王二十六年（前546年）在宋都（今河南商丘）西门举行了有楚、晋、齐、秦、鲁、郑、卫、宋、许、陈、蔡、滕、邾、曹等14个国家参加的弭兵大会。赴会的楚人暗中藏甲，在会上争先歃血，晋无力阻挡，只好让楚国主盟。会议主要做了"晋、楚之从交相见"[①] 的决议，即除齐、秦两大国和邾、滕等属国外，原来晋的属国和楚的属国，现在变成楚晋双方共同的归附国，对两国尽同样的义务。从此，宋、郑等国"仆仆于晋、楚之廷"[②]。晋、楚两大国利用弭兵会议，以牺牲中小国利益的办法，瓜分了霸权，形成了均势。虽然如此，弭兵会议的举行，毕竟赢得了比较安定的和平环境。此后40多年中，中原战争减少了，人民得到喘息的机会，客观上为生产的发展和新兴势力的夺权创造了有利的条件。

在弭兵之会以后，晋、楚争霸局面接近尾声，北方齐、晋、鲁等国的新兴势力与公室顽固的旧势力之间，展开激烈的夺权斗争。长江下游崛起了两个国家——吴、越，积极从事霸业的活动。

吴、越图霸 吴在今江苏南部，越在今浙江北部，都地处海滨，土地肥沃，有渔盐之利，在中原诸国的影响下，社会经济逐渐繁荣起来。

吴国相传是周太王的儿子太伯、仲雍建立的，都于吴（今江苏苏州）。它的早期历史有一大段空白。在寿梦时，与中原的晋国建立密切的联系。当时楚国亡臣申公巫臣逃到晋国，向晋建议联吴攻楚的策略。周简王二年（前584年），晋派巫臣到吴国，教吴人以射御乘车和先进的战术，使吴开始有力量从陆路与居于长江中游的楚相较量。公元前6世纪末到公元前5世纪初，吴王阖闾执政，在楚国亡臣伍子胥的协助下，进行了政治、军事等方面的改革：建造城郭，设立守备，充实仓廪，整治库兵；同时，又任用著名的政治家和军事家孙武，发展了吴国的实力。于是派大军更番袭扰楚国边境，从楚昭王以后，"无岁不有吴师"。到周敬王十四年（前506年），吴与唐、蔡联军大举攻楚，乘楚军连年作战、极度疲惫之机，由水路进军，到达豫章。大军越过大别山，与楚相遇于柏举（今湖北麻城），结果楚军大败。吴军乘胜追击，五战五捷，攻下楚都郢（今湖北江陵纪南城），楚昭王仓皇逃走。这次战争，对楚是一次空前的浩劫。楚人面对强敌奋起反抗。同时，吴国内部也发生了贵族争夺权位

---

① 《左传·襄公二十七年》。

② 《春秋大事表》卷三七。

的斗争（吴王弟夫概背着吴王归国自立为王），越国又趁机攻入吴都，造成吴国的后顾之忧。加之，楚大夫申包胥到秦求救，秦惧怕在南邻出现新的劲敌，同时又想从战火中捞到一些便宜，于是，出兵救楚，最后吴军大败。从此，吴国国力大大削弱了。

越本是越族的一支，建都会稽（今浙江绍兴东南）。公元前6世纪中叶，越还是楚的属国。楚为了制服吴国，助越攻吴。周敬王二十四年（前496年），吴与越战于檇（zuì，最）李（今浙江嘉兴），吴兵败，阖闾伤指而死。子夫差即位，立志报仇。公元前494年，大举攻越，句践大败，仅剩甲楯五千，退保会稽，卑辞乞和，情愿称臣归附。吴王夫差认为越已失去反攻能力，便一意北上。为了称霸中原，他组织民力，沟通江淮，修筑邗沟城（今江苏扬州），掘深沟，自邗沟穿过射阳湖（今江苏宝应）至末口（今江苏淮安）入淮，再北连沂水和济水，基本上建成了从长江至黄河的一段运河，然后挥师北上。周敬王三十八年（前482年），夫差在两败齐国之后，大会诸侯于黄池（今河南封丘西南），与晋争做盟主。不料，越王句践在屈服于吴的时候，已下定灭吴的决心。他任用著名政治家范蠡、文种等人，积极从事改革，经济上采取垦殖土地，发展畜牧，充实府库，采矿晒盐等有利农工事业的措施；军事上加强剑戟习射的训练，执行严格纪律；外交上实行亲楚、结齐、附晋和孤立吴国的政策，并多方奖励人口的增殖。在句践的励精图治下，经过“十年生聚，十年教训”的长期准备之后，越国由弱变强，于公元前482年，趁夫差北上会盟，国内空虚的机会，出兵攻吴。越军分两路出击，一路由海道入淮河，切断吴军归路；一路从陆路北上，直袭吴都姑苏（今江苏苏州）。夫差仓皇回军，但已措手不及。周元王四年（前473年），越灭吴，夫差自杀。

句践踏着夫差的途径北进，大会诸侯于徐州，一时号称霸主。但吴越的霸业，毕竟是尾声了。春秋时代业已步入结束的阶段。

大国争霸的实质及其历史意义 春秋时代，大国诸侯的争霸战争，是奴隶制接近衰亡的反映。齐桓、晋文提出“尊王攘夷”的口号，具有维护奴隶制统治秩序的含义。不过他们的真实目的，是要利用这一口号作为扩张领土和掠夺财富的手段。仅据《春秋》记载，在242年间，列国进行的战争共483次，朝聘盟会450次。这些军事行动和朝聘盟会实际上是大国对小国的掠夺。晋国规定各附属国“三岁而聘，五岁而朝，有事而会，不协而盟”①，借此从小国那里榨取财物。以鲁国为例，春秋时期鲁君朝周仅3次，而朝齐、晋、楚竟达

① 《左传·昭公三年》。

33次之多。小国通过“聘而献物”的办法乞免于大国的欺凌，所以小国在大国之间，总是“唯强是从”[①]，“职贡不乏，玩好时至”[②]。鲁叔孙穆子说：“今我小侯也，处大国之间，缮贡赋以共从者，犹惧有讨。”[③] 此外，小国人民还得为大国统治者服兵役和劳役。小国对于大国简直到了“无岁不聘，无役不从”[④]，战战兢兢，不敢“忘职”的地步！有时不仅向一个大国奉献，还要同时受几个大国的宰割，所谓“牺牲玉帛，待于二竟”，“敬共（供）币帛，以待来者”。[⑤]

尽管春秋时代争霸战争不可避免地带来种种惨祸、灾难和痛苦，但也产生了有利于历史前进的客观效果。

第一，争霸战争加快了统一中国的步伐。大国在争霸和兼并战争中，开拓了疆土。山东诸小国为齐所并，河北、山西诸小国为晋所并，江淮、汉水诸小国为楚所并，西北诸小国为秦所并，使春秋初年百十个国家，缩减成几个大国，实现了区域性的局部统一。这种集权趋势的加强，为全国的统一和中央集权制的建立，起了奠基的作用。

第二，争霸战争加速了新旧制度的更替过程。春秋时代是一个新旧制度交替变革的过渡阶段，社会上存在着开始产生的封建制与日趋没落的奴隶制之间的斗争。大国争霸战争，程度不同地打击和削弱了奴隶主贵族集团，为封建地主阶级扫清了前进道路上的障碍，有助于新势力的发展。春秋后期尤其如此。

第三，争霸战争，促进了民族的大融合。春秋时代，居住在周边的蛮、夷、戎、狄不断袭扰中原；中原霸主也以“攘夷”相号召，与之进行斗争，于是出现了空前的民族大迁徙、大交流，华夏族与其他少数民族彼此犬牙交错，杂居共处，打破了各族间固有的地域界限，为各族的交往、融合创造了十分有利的前提，从而密切了华夏族与其他各族经济文化的联系。如姜戎获得晋赐予的“南鄙之田”后，披荆斩棘，为晋的开发做出了不可磨灭的贡献；山戎特有的“戎菽”（大豆），也因齐桓公伐山戎而“布之天下”[⑥]。正由于各族人民的辛勤劳动，互通有无，相互通婚，相互影响，有力地促进了各族的经济发展和民族融合。

---

① 《左传·襄公九年》。

② 《左传·襄公二十九年》。

③ 《国语·鲁语》下。

④ 《左传·襄公二十二年》。

⑤ 《左传·襄公八年》。

⑥ 《管子·戒》。

总之，争霸战争打破了列国的分野，逐渐泯灭了各族的界限，形成了南方以楚国，东方以齐国，北方以晋国、燕国，西方以秦国几个融合的中心。随着民族交往联系的频繁，相互学习，相互促进，社会经济获得了较快的发展，各族先后走上了封建制的轨道。

第二节　社会生产力的发展和封建生产关系的产生

一　社会生产力的发展

春秋时代是我国由奴隶社会向封建社会转变的阶段。促成这一社会变革的物质因素，是社会生产力的发展。

劳动工具是社会生产力发展的重要标志。铁制工具比较多的使用，促进了我国由奴隶制向封建制的过渡。早在商代已用陨铁制作铁刃铜钺，但尚不知人工炼铁，所以在社会生产上没有实际意义。到了周末已知人工炼铁，但数量极少，春秋时期，铁的使用逐渐增多。古代文献中就有关于铁和铁器的记载。秦襄公时代的《诗·秦风·驷驖》有“驷驖孔阜”之句。“驖”言马色黑如铁。以铁形容马的颜色，说明铁已为人所熟知。《左传·昭公二十九年》记载：晋国用铁铸刑鼎，鼎上铸有范宣子所作的刑书，铸鼎的铁是作为军赋向民间征收的，可见晋国用铁相当普遍；与此同时，南方的吴国“使童女童男三百人鼓橐装炭，金铁乃濡，遂以成剑”①；见于《老子》一书的也有“天地之间，其犹橐籥（籥，一种状似笛的乐器，橐籥，指多个鼓风皮囊）乎”的话，说明春秋晚期已采用鼓风橐增高炉温，进行冶炼。还有卫国一地名叫铁丘，或与产铁有关。可见铁器在社会生产和生活中具有重要的意义。

近代考古发现有陕西陇县边家庄秦早期墓、凤翔雍城秦公大墓（可能是秦景公墓），江苏六合程桥的吴国一号、二号墓，湖南常德德山的楚墓，长沙窑岭、杨家山、识字岭、龙洞坡等古墓及长沙楚墓，洛阳市水泥制品厂灰坑以及山西侯马西北庄等遗址，出土的铁器，大都是春秋晚期的遗物，计有铁块、铁

① 《吴越春秋》卷四《阖闾内传》。

条、铁削、铁斨、铁镈、铁镢、铁臿、铁铧、铁铲、锨锛、钢剑及铁鼎、铁带钩、铁环等铁制农具、日用生活品及武器，说明冶铁技术有了明显的进步。据考察，至迟在春秋晚期人们已创造了在较低温度（800℃～1000℃）下还原铁矿石的方法。它可以炼出比较纯净的铁块，再经锻打，便可制成铁器。可见那时已经能锻造“熟铁”，这是冶金史上一项重大的成就。根据地下发掘，结合古文献的记载，春秋时期，铁制农具已在相当大的范围内得到使用。虽然铁器使用还处于初期阶段，但铁器作为一种新的生产力因素，为开发山林、扩大耕地、发展水利交通、促进社会生产创造了条件。

与铁器用于农业生产的同时，又使用了牛耕。传说早在殷代就用牛驾车，也有人推测殷代已有牛耕。到了春秋时期，牛耕已经使用则是毫无疑问的，如人们起名字往往把牛和耕连在一起，孔子弟子冉耕字伯牛，司马耕字子牛，晋国大力士姓牛名子耕，还有“犁牛之子骍且角”[1] 的“犁”“牛”连用的句子；《国语·晋语》记载：“宗庙之牺，为畎亩之勤。”足证春秋时期，牛耕已为人所熟知，并且作为一种先进事物受到重视。不过原来习惯采用的耦耕制，在生产领域中还起着一定的作用。

劳动工具的改进，促进了水利灌溉事业的发展。郑国大夫子驷做过兴修田间水利（“为田洫”）的努力，遭到贵族的强烈反对；后来子产执政，使“田有封洫”，即一面整顿井田的封疆，一面开挖灌溉沟渠，取得了显著成效，“我有田畴，子产殖之”[2]，就是当时人对子产的赞颂。楚国令尹孙叔敖主持修建了芍陂用以灌溉，扩大稻田。那时的灌溉工具中已出现了“桔槔”，即利用底端系石顶端挂桶的杠杆提水。子贡曾赞美桔槔说：“有械于此，一日浸百畦，用力甚寡而见功多”[3]。

随着铁制农具、牛耕的使用和推广以及水利事业的发展，农业生产水平提高了，剩余产品有所增加。在郑州碧沙岗郑国遗址发现有贮藏粮食的窖穴，仅30平方米内就有8个之多，对我们了解当时农业生产的情况很有帮助。生产力的发展和产量的增加，使一家一户的个体小农生产有了发展的可能，这就为小土地私有制的出现提供了条件。建基于“耦耕俱耘”[4] 的共耕制之上的奴隶制经济基础发生了动摇，以一家一户为生产单位的封建经济开始产生。

---

① 《论语·雍也》。

② 《左传·襄公三十年》。

③ 《淮南子·泛论训》。

④ 《逸周书·大聚》。

二 井田制的瓦解和封建生产关系的产生

井田制的破坏 春秋年间，由于社会生产力的进步，“蓬蒿藜藋”之地，“狐狸所居，豺狼所嗥”之野，以及诸侯国境之间的旷土隙田，经过“庸次比耦”，“翦其荆棘”，逐渐得到垦辟，成为“庐田庑舍”。而井田却由于“民不肯尽力”，到处是“维莠骄骄”“维莠桀桀”[①]，从生茂草，弄得“道路不可知，田在草间”[②]。《国语·周语》记述周定王派人去宋国，途经陈国时，就看到那里“野有庾积，场功未毕”的“公田不治”景象。与此相反，一些奴隶主却尽量驱使奴隶从事荒田的开垦，使西周末期以来不在税收之列的私田，急剧增加。那时，统治阶级间争田夺土的事件史不绝书，周天子主宰土地和民人的局面越来越无法维持。周桓王五年（前715年），郑、鲁两国不经天子同意，相互交换祊（bēng，崩）许二地，天子也只好默许；周桓王八年（前712年）王室取田于郑，还得用王畿内十二邑作为交换条件。至于大小奴隶主贵族，从天子到大夫，相互间为了一田一邑发生纠纷的事更是屡见不鲜。周简王六年（前580年），晋大夫郤（xì，隙）至公然与周王室争鄇（hóu，侯）田（温别邑），双方各不相让，竟然到晋侯那里打官司。郤至说，鄇田所在的温邑是他自己的“故地”，天子派去的使者以温邑先后赐封的变化进行反驳，最后才取得了晋侯的支持，承认鄇田属“王室之邑”，这说明周天子对土地的最高支配权已经丧失，土地王有的概念已不起作用。周匡王四年（前609年），齐懿公曾因过去与邴歜的父亲争田失败，即位后，处邴歜父尸刖刑以泄愤。其他类似的事例不一而足。至于见于记载的“并其室”“取其室”“分其室”之类，都含有掠夺兼并土地的内容。由于统治阶级的侵田夺土，一再突破了井田制的封疆沟洫，井田制也就在这一过程中，日趋解体，土地私有权得到事实上的承认。

到了春秋末期，随着社会经济的飞跃发展，土地的让渡转移和宅圃的买卖，更是公然地进行了。晋国赵襄子因赏了两个中牟博学的贤士为中大夫，并授予田宅，引起了中牟地区“弃其田耘，卖宅圃，而随文学者邑之半”[③] 的现象；同时，晋国利用戎狄“贵货易土”的特点，用财货交换戎狄的土地，这和私人土地买卖虽有所不同，但“土可贾焉”[④] 一语已露出了土地买卖的端倪。

---

① 《诗经·齐风·甫田》。
② 《国语·周语》中。
③ 《韩非子·外储说左上》。
④ 《左传·襄公四年》。

《吕氏春秋·异宝篇》记载，孙叔敖死前告诫儿子，勿受封赏的良田，只取楚、越间的寝丘贫瘠土地，如此可保长有，足证土地占夺或买卖在楚国也是存在的。从西周以来，“田里不鬻”的格局已被冲破了缺口，土地关系正走向私有化的道路。尽管由于各国社会经济发展不平衡，井田制的崩溃过程也先后不一，但井田制的崩溃是历史发展的必然结果。

封建生产关系的产生　伴随井田制的崩溃和土地私有制的出现，阶级关系也相应地发生了变化，封建依附关系开始产生、发展起来。一部分奴隶和平民自己垦荒种地，获得了小块土地的私有权，在一定程度上摆脱了贵族奴隶主的控制和束缚，成为自耕农。《论语·微子》记述了“耦而耕”的长沮、桀溺，“植其杖而芸”的丈人，他们或“耰而不辍”或“杀鸡为黍而食之”，而且又敢于讥讽孔子，显然具有个体农民的性质。还有一部分贵族，由于种种原因转化而为自耕农，楚伍子胥被迫奔吴“而耕于鄙”[1]，吴寿梦子季札拒不从政“而耕于野”[2]，楚狂人接舆“躬耕以食”[3]，都是明显的例证。这种自耕农，随着奴隶制的瓦解，数量不断增加。至于新兴地主阶级的产生，有的是由奴隶主贵族分化而来，有的则是获得土地赏赐的军功地主，还有一些是从平民乃至“鄙人”中上升而成。他们在奴隶大量逃亡、井田制面临崩溃的时代，眼见奴隶制剥削已无利可图，便改变剥削方式，把土地划分成小块，招徕逃亡奴隶和破产平民耕种，从中收取地租。从此，封建地主与农民两个新兴的阶级便孕育成长起来。据《左传》哀公元年记载：吴对楚用兵时，曾胁迫陈国也一起出兵攻楚。陈怀公召集国人商量，提出：愿从楚者右站，从吴者左站。结果“陈人从田，无田从党”。注释说：“都邑之人无田者，随党而立，不知所与，故直从所居。田在西者居右，田在东者居左。”这说明当时都邑的居民就分化为有田与无田两大对立的阵线，无田者没有土地利害的牵挂，所以站在自己家门；而有田人的政治态度则依其土地为转移。不难看出，正在孕育滋长的地主阶级在春秋晚期，已有相当数量了。那时致富的关键在于获得土地。晋范文子一次对郤至说：“子见无土而欲富者，乐乎哉！”[4] 意思是说，没有土地而要求富，是不能称心如意的。这充分说明，利用土地进行封建剥削，已成为当时主要的剥削方式。

随着封建生产关系的滋长，受地主剥削的农奴大量出现。春秋时代见于记

---

① 《左传·昭公二十年》。

② 《吴越春秋》卷一《吴王寿梦传》。

③ 《韩诗外传》卷二。

④ 《国语·晋语》六。

载的有“隐民”“私属徒”“宾萌”“族属”之类的称呼。“民”和“徒”在以前都是奴隶的称呼，“萌”也是称呼奴隶的，和氓、甿二字通用。但“隐民”“私属徒”“宾萌”却具有新的含义。“宾萌”系指外来的依附农民，与后来的隶农相类似；而“隐民”和“私属徒”是隐匿托庇于贵族豪宗之家的隐庇户，即依附农民。他们虽不自由，但身份毕竟与奴隶不同，这是隐存在奴隶社会内部的封建依附关系。如《左传·昭公二十五年》记载：鲁季氏就有不少就食于他家的“隐民”。“族属”也是封建性的宗法依附关系。这种依附农民，身份与奴隶不同，他们占有少量的生产资料，有条件获取一部分收获物归自己受用。上述“隐民”“私属徒”“宾萌”“族属”等依附户，是封建生产关系的产物，他们虽然还要受超经济的剥削，但有权支配部分收获物，生产积极性有所提高。《吕氏春秋·审分览》指出：“公作则迟，有所匿其力也；分地则速，无所匿迟也。”所谓“公作”，就是指奴隶在井田上的集体耕作，“分地”则是指封建制度下的租佃制。这种“公作”与“分地”之间的区别，反映了没落的奴隶制与新发展起来的封建制之间的鲜明对比。因此，春秋时代，随着生产的不断发展，孕育在奴隶制内部的封建生产关系正在逐步形成。

赋税制度的变化　随着土地占有关系的变化和封建生产关系的产生，各国统治阶级为了维持和增加剥削收入，不得不在赋税制度上进行一些改革，以适应社会形势的变化。周庄王十二年（前685年），齐国首先采用了按土地的多寡肥瘠征收贡税的办法。《管子·乘马》有“均地分力”“与之（民）分货”的话，就是把田地分配给耕者，实行一家一户的个体经营，在此基础上，推行分成制的地租剥削，即土地占有者与土地耕作者共同分配劳动产品。从此，劳动者“夜寝早起”，“为而不倦”，出现了“则民尽力矣”的效果。管仲在齐国进行的这一改革，实际上起了破坏井田制的作用。“画野分民乱井田，百王礼乐散寒烟”[①]，就是对管子进行改革的评价。

继齐改革之后，晋国进行了类似的改革。周襄王七年（前645年），秦、晋韩原之战以后，战败的晋国，为了挽回局势，把田地赏赐给人民，名曰“作爰田”，这就废除了周初以来土地定期分授的制度，改为“自在其田，不复易居”的“爰田制”，等于承认土地的私有。获得赏田的不仅有居于都内身份较高的“国人”，而且也有居于“国”“野”之间身份卑微的“州人”，[②] 他们原来没有权利当兵，“作爰田”的同时，晋即“作州兵”，征发州人服兵役、缴军

① 元人陈孚正题《管子》诗。

② 司马法说：“王国百里为郊，二百里为州，三百里为野。”

赋，从此晋国兵员陡增，出现了“群臣辑睦，甲兵益多”[①]的局面。可见，晋是以“作爰田”为手段，“赏田以悦众”，达到扩充军力的目的。但“作爰田”的措施，在一定程度上促进了国有土地向私有土地的转化。过了约半个世纪，到周定王十三年（前594年），鲁国季孙氏掌权时颁布了“初税亩”的法令，[②]对公私土地一律按亩征税，公田和私田在实际上的差别取消了。这表明鲁国正式宣布废除井田制，承认私田的合法存在。

“初税亩”实行以后的第四年，即公元前590年，鲁国“作丘甲”，过了42年，楚国“书土田”，“量入修赋”；再过10年，郑国“作丘赋”。“甲”“赋”都指兵役和军用品的征收。原来承担兵役、军赋的只限于都内的“国人”，由于战争日益频繁，规模日趋扩大，赋的数量也随之不断增加，于是负担兵役、军赋的范围，就不得不由国都扩大到野的行政组织丘，所谓“财竭则急于丘役”，就是这个意思。同时，也因井田制逐渐瓦解，份地难以继续定期分授，以致出现了有夫无田的现象，这就使按夫负担兵役的军赋无法实施。于是，继晋“作州兵”之后，鲁、郑等国先后推行以丘出“甲”“赋”；而楚则依据土田的收入制定应出的车马、车兵、徒兵、甲楯的数额，说明当时承担军赋的范围明显地扩大了。后来随着各丘垦田多少的不同，军赋负担轻重出现差异，为了解决各丘负担不均的矛盾，在公元前483年，改行依田亩征赋，叫“用田赋”。这样，有田人虽然增加了军赋负担，但对土地的处理权却扩大了，土地私有进一步受到政府的认可。既然赋和税都依田土作为征收的依据，赋和税后来也就渐趋合一了。按丘出赋与依田亩征收赋税，不仅反映了“国”“野”差别的渐趋消灭，也反映了土地私有化的发展趋势。

当然，诸侯国改革赋税制度，目的在于增加财政收入，但为了扩大统治者的经济收入或兵员补给，不能不在某种程度上肯定已经出现的客观现实，其结果是加速了奴隶制的瓦解和封建制的形成。

独立手工业者与商人的出现 生产工具和技术的改进以及农业生产水平的提高，为手工业和商业的发展创造了有利的条件。

春秋时代，受政治形势的影响，地区经济有较大的发展，各地方的手工业往往具有自己的特色，如“郑之刀，宋之斤，鲁之削，吴、粤之剑”[③]都闻名于当世，说明手工业日益趋向专业化。新兴的手工业有煮盐、冶铁、漆器等。

---

① 《左传·僖公十五年》。

② 《左传·宣公十五年》。

③ 《周礼》卷三九《考工记》。

青铜制造业与殷、周相比，明显地表现为王室、王臣之器物的减少，诸侯之器的增多。另外，产品风格和工艺水平有新的改进，纹饰雕镂趋向工整细致，轻便灵巧。河南新郑出土的一对莲鹤方壶，莲瓣形的壶盖中央各有一清新俊逸的白鹤，亭亭独立，展翅欲飞，伸颈欲鸣，突破了呆板的旧传统，这对莲鹤方壶，为青铜时代转变期的代表作。此外，还出现了贵族使用的带钩、短剑、铜镜等新器物。漆器以楚国最著名，长沙春秋楚墓出土的漆棺、漆木车、涂漆皮甲和带漆铜剑鞘等，都是价值很高的工艺品。齐国纺织业非常发达，“织作冰纨绮绣纯丽之物，号为冠带衣履天下”①。陶瓷器烧制工艺也有迅速的发展，吴、越地区，印纹硬陶达到全盛阶段，陶器纹饰复杂，有水波纹、折尺纹、回纹、方格纹、菱形纹等，风格别致；侯马牛村古城遗址出土的早期青瓷，釉色淡青，釉质均匀光泽。

随着农业和手工业的发展，社会分工的扩大，商业也日趋活跃。为了适应工商业发展的趋势，有的国君制定了“通商惠工”②，“轻关易道，通商宽农”③的政策；有的相互订立了“毋忘宾旅”“毋讫籴”④“毋蕴年、毋壅利”⑤等同贸易交通有关的盟约誓词，进一步促进了这一趋势的发展。

不过，春秋初期的工商业仍然掌握在官府手里，各项工艺品，都由官吏管辖的奴隶从事生产。所谓“处工就官府”“工商食官”正是这一特征的反映。从事手工业生产的工奴地位非常低贱，他们往往被当作贡物或礼品送人，如卫国曾贡500家工奴给晋国；鲁国也曾献300个专业工匠给楚国。至于商业活动，主要也是为贵族服务的，商人经营的多属珠、玉、皮革等较珍贵的物品，因此有“商不出则三宝绝”⑥的话。

到春秋中叶以后，随着土地私有制的逐渐建立和封建生产关系的产生，工商业部门也逐渐离开官家的豢养，向私人经营的方向发展，出现了以生产商品为主的私营手工业和独立个体手工业者。他们一般在自己家内从事生产，也有的在城市市场内设立作坊店铺，所谓“百工居肆，以成其事”⑦，就是指这种经营方式。如宋国有个手工业者，有自己固定的住址，常来的主顾，操着世代

① 《汉书》卷二八下《地理志》。
② 《左传·闵公二年》。
③ 《国语·晋语》四。
④ 《榖梁传·僖公九年》。
⑤ 《左传·襄公十一年》。
⑥ 《史记》卷一二九《货殖列传》引《周书》。
⑦ 《论语·子张》。

相袭的职业。还有春秋战国之际以技巧闻名的公输般（班），也正是这样一个独立手工业者。与此同时，官商已不能再垄断贸易，私商的势力日益强大。早在春秋初年，郑桓公就与商人订有盟约，商人不叛公家，公家也不干涉商人的经营。在以后的200多年中，郑国统治者一直恪守不渝，从而更有助于郑国商业的发展。当时郑商的足迹，南到楚，北到晋，东到齐，遍及黄河长江；从郑国商人弦高矫命犒秦师和郑国商人准备营救晋国荀罃的故事中，都可以看出商人的作用日见重要了。虽然如此，商人的社会地位还是大受限制，甚至商业仍被上层贵族视为贱业。如晋国绛（今山西侯马）的富商，财富已很可观，“能金玉其车，文错其服，能行诸侯之贿”，但在统治者眼里他却是“无寻尺之禄”的人，[1] 不能与有世袭爵禄的卿大夫相比拟。与孔子同时的臧文仲，因为“废六关”“妾织蒲”，被斥为“不仁”的人；[2] 孔子的学生子贡从事货殖，也受到不安本分的谴责。不过上层贵族的旧观念，最终挡不住历史发展的趋势，妨碍工商业发展的山泽之禁、关隘之征，在人民群众的压力下被撤除，即所谓的“毁关去禁”。[3] 官家的藩篱被突破，新兴商人阶层日益活跃。中小商人“负、任、担、荷，服牛、轺马，以周四方，以其所有，易其所无”[4]。有些大商人往来于列国之间，不仅是货殖的能手，而且在政治上也非常活跃。如范蠡、子贡等就是显例。范蠡帮助越王句践雪了会稽之耻以后，乘扁舟，游江湖，19年中“三致千金”；孔门弟子子贡“结驷连骑，束帛之币以聘享诸侯，所至，国君无不分庭与之抗礼”[5]。随着商业的发展，出现了金属货币。公元前524年，周景王铸造大钱，是我国文献中关于铸钱的最早记录。已经出土的齐刀币、楚郢爰和晋的空首布，充分反映了当时的商品货币关系。随着货币经济的发展，借贷、高利贷也相应地产生了。商业的发展促进了都市的兴起。春秋后期，齐都临淄已是“湫隘嚣尘”“朝夕得所求”[6] 的闹市了。

从工商业的发展和工商业者身份地位的变化，不难看出，工商业领域正在逐渐摆脱奴隶制的控制与束缚，封建关系的新因素也日渐增长。

---

① 《国语·晋语》八。

② 《左传·文公二年》。

③ 《左传·昭公二十年》。

④ 《国语·齐语》。

⑤ 《史记》卷一二九《货殖列传》。

⑥ 《左传·昭公三年》。

第三节　下层民众的反抗和地主阶级夺取政权的斗争

一　没落奴隶主贵族的腐朽统治

春秋时期，腐朽的奴隶制已成为束缚生产力的桎梏，奴隶主对奴隶和平民的剥削和压迫更加残酷暴虐，奴隶主贵族成为阻碍历史前进的反动势力。

齐国奴隶主贵族垄断国内大部分土地、山林、渔盐事业，严禁人民樵采渔猎；设立关卡，"暴征其私"；宠臣官吏也"肆夺于市"，"偕令于鄙"。[①] 民众劳动所得，三分之二被搜刮了去。奴隶主贵族过着"宫室日更，淫乐不违"[②]的腐朽糜烂生活，形成了"公聚朽蠹，而三老冻馁"[③]、"民人苦病，夫妇皆诅"[④]的局面。不堪忍受苦难的民众起而反抗，奴隶主贵族用酷刑进行镇压，不少人被判刖刑，脚被砍掉，齐国市场上出现"屦（草鞋）贱踊（假脚）贵"的惨象。

晋国统治阶级同样腐朽。晋灵公经常从宫墙上用弹弓打人，看着人们躲避弹丸取乐；晋平公时，本来已有"铜鞮之宫数里"，但他仍不满足，还继续修建"虒祁之宫"，搞得百姓疲敝不堪，以至"民闻公命，如逃寇仇"[⑤]，阶级矛盾十分尖锐。

中小国家的统治者，与齐晋奴隶主贵族没有两样。卫国懿公喜欢玩鹤，竟为鹤配备大夫乘坐的车子以表示尊宠。春秋晚期的蔡国，已到了奄奄一息的地步，但蔡侯还是极端奢侈。安徽寿县发掘的蔡侯墓，出土物仅铜器就近百件。其中有炊器、食器、酒器、盥器、乐器几大类，每类又因用途不同各分若干组或若干套，其器物之精、种类之多，令人叹为观止。同时墓中还有殉葬的人。贵族死后尚且如此，生前的腐朽生活就不用说了。

奴隶主贵族的享乐腐化和各诸侯国的兼并掠夺战争，都是靠榨取人民财富

①②④ 《左传·昭公二十年》。

③⑤ 《左传·昭公三年》。

和加重人民劳役、兵役负担实现的。《诗经》有“君子于役，不知其期”[①]，“王事靡盬，不能艺稷黍”[②] 的诗句，不仅道出了无休止的劳役、兵役的苦难，而且反映了对农业生产的严重破坏。至于战争给中小诸侯国带来的灾难就更为厉害，往往树木被砍伐，井灶被填塞，男女被俘做奴隶。在平时，小国对大国的奉献也很浩繁，大国每有丧葬婚娶，小国必须送礼致敬，贡献一次，用车百辆，护送千人。这一切负担都转嫁到劳动人民身上。

二　下层民众的反抗斗争

下层民众的反抗斗争　春秋时期，劳役繁重，战争频仍，不堪负荷的役人或被驱使参战的民众，往往采取溃逃的手段拒绝为统治者服役卖命。如公元前644年，齐筑鄫城（今山东苍山西北），被征发的各国役人，夜里一哄而散。有的“民溃”事件则是在国内统治集团内部互相斗争时爆发的。如公元前529年，楚公子弃疾攻楚灵王，灵王率兵抵达訾梁，众军溃散。

被压迫的民众还采用公开暴动的手段来表达他们对暴政的不满。公元前550年，陈侯与庆氏矛盾尖锐，庆氏乘陈侯赴楚的机会，强征庶民筑城，由于监工杀害民工，“役人”相约杀掉工头和庆寅、庆虎，一时贵族吓得惊慌失措，发出了“惟命不于常”的哀叹。

除了反劳役、反兵役的斗争外，奴隶、工匠反抗剥削压迫的斗争也不断展开。春秋时代，奴隶逃亡屡见不鲜。许多国家都制定了逮捕逃亡奴隶的法令，规定“逃徙者刑”，但无济于事。这些逃亡的奴隶和流徙的平民几乎各地都有，统治阶级诬称他们为“盗”“贼”。鲁季孙氏以“鲁多盗”，曾严词申斥司寇臧武仲，要他“将盗是务去”[③]。楚国是“道殣相望”。晋国情况尤为严重，连国都也有起义的队伍，而且公行无阻。

这些被迫逃亡、流徙的奴隶和平民，冲破重重关卡，公然啸聚在奴隶主的专利禁地、山泽林薮，他们摆脱贵族的控制，垦荒种田，甚至夺取贵族豪富人家的“车马衣裘”[④]，据险与统治政权抗衡。如公元前522年，郑国起义队伍据守于萑（huán，环）苻之泽（今河南中牟），严重威胁了郑的奴隶主统治。执政子大叔亲自率领徒兵，向萑苻起义者进攻，经过激烈搏斗，起义群众终因

① 《诗经・王风・君子于役》。
② 《诗经・唐风・鸨羽》。
③ 《左传・襄公二十一年》。
④ 《墨子・明鬼》下。

寡不敌众，全部壮烈牺牲。

官府手工业作坊的工匠反抗斗争也是十分激烈的。有个卫国贵族曾声称："苟卫国有难，工商未尝不为患"[①]，说明在"工商食官"的制度下，随着政治气候的变化，工商业奴隶是经常参与反政府斗争的。如春秋时期，卫国工匠掀起了两次暴动，一次发生在公元前478年，一次发生在公元前470年，暴动的原因都是由于"公使匠久"激起的。这两次工匠暴动，给卫国统治者一定的打击。总之，下层民众在反抗的斗争中，正逐步觉醒，维护了自身利益，并在一定程度上震撼了当时的统治。

国人干政　居住在周王国和诸侯国都内的"国人"，他们本来就享有议政、选举、从军等权利，随着奴隶主贵族的腐化，租税赋役的增加，国人的权利和生活受到威胁，于是产生强烈的不满情绪，遂激起接连不断的反国君和贵族的斗争。

春秋前期，卫国国人十分讨厌喜好玩鹤的卫懿公，当狄人来犯时，国人拒绝为他出力效命，结果卫懿公战败被杀，国亡。公元前632年，晋、楚城濮之战的前夕，介在晋、楚两强之间的卫国，打算背晋从楚，国人不同意卫侯的决策，一举把卫侯赶出了都城。公元前609年，莒纪公因废嫡立庶，"且多行无礼于国"[②]，激起国人的愤慨，被废的太子仆利用国人杀了莒纪公。

国人反对奴隶主贵族的斗争，愈来愈激烈，锋芒针对奴隶主贵族的腐朽统治。如公元前554年，郑国执政子孔专制跋扈，子展、子西率领国人攻杀子孔而分其室；公元前523年，郑执政伯有骄横好酒，子驷带率领国人攻杀伯有于羊肆（市列）；公元前519年，莒国君庚舆暴虐无道，喜好利剑，每铸造一柄，就要杀人试剑，国人愤恨极了，把他驱逐出国。国人是军队的主要来源和重要的社会基础，国人的暴动，对摧毁奴隶主统治，促使奴隶制解体，起着一定的作用。

春秋时代是一个大变革的时代，被压迫的奴隶、工匠以至国人与奴隶主贵族进行的斗争，在诸侯国林立、互相隔绝的条件下，规模小，并带有地域性和不平衡性；而且许多斗争往往被贵族所利用，作为他们互相斗争的工具，没有汇集成汹涌澎湃的革命洪流。但是斗争延续不断，一浪高过一浪。这些斗争，一定程度上起了动摇、削弱、摧毁奴隶社会基础，加速奴隶主阶级分化的作用，为新兴地主阶级势力夺取政权创造了有利的条件。

① 《左传·定公八年》。
② 《左传·文公十八年》。

三　新兴地主阶级的夺权斗争

在奴隶社会内部孕育的封建生产关系，到春秋末期有了明显的发展。由奴隶主贵族中蜕化而来的以及从下层人士中上升而来的，或因军功事功起家的新兴地主阶层，随着经济地位的变化，逐渐形成具有独立政治集团利益的地主阶级，并迫切要求取得政治上的权力。他们乘着斗争的风云，利用奴隶和平民的力量，向奴隶主贵族展开了激烈的夺权斗争。

“私家”对“公室”的斗争　“公室”指诸侯国君，“私家”则指大夫。以国君为代表的“公室”大都是主张维持旧制度的守旧派，而“私家”则是从旧贵族中转化过来的新兴地主阶级的政治代表。在井田制日趋崩溃、私有土地不断发展的时代，不少“私家”千方百计地争夺土地和人民，成为拥有大量私产的富有者。如晋国的郤氏“其富半公室，其家半三军”[①]，鲁国的季氏“富于周公”[②]。一时出现了“私肥于公”“大夫皆富”的局面。与经济地位的变化相适应，政治上也必然要求有一个大的变革。当时已有人预感到“大夫皆富，政将在家”[③]，说明以大夫为代表的“私家”取得政治上的权力已经不可避免了。

田氏代齐　在各国新旧势力的斗争中，具有代表性的是齐国。春秋初年，陈国发生内乱，公子完惧祸奔齐，被任命为工正，这是陈（田）氏立足于齐的开始。在相当长的一段时间内，田氏得宠于齐，与公室关系非常密切。后来，由于齐国奴隶和平民反对奴隶主、反对公室的斗争广泛开展，旧制度的崩溃和公室的灭亡已成必然的趋势。田氏适应形势的发展，走向背离公室的道路，从而使齐国统治阶级形成了以国君为首的奴隶主贵族集团和以田氏为代表的新兴地主集团，并开展了长期而剧烈的斗争。代表新兴势力的田氏家族，采用施恩授惠的手段，与“公室”展开争夺民众的斗争。田桓子对贫穷孤寡的国人“私与之粟”[④]，他儿子田釐子乞做了齐景公的大夫以后，一面用齐的通行量具小斗向民众征收赋税，一面以田氏家量大斗赐谷物于民。田常执政后，为了收买人心，也以大斗出贷，以小斗收进。那时，量具有升、豆、区、釜、钟五种。齐公量由升到釜是四进制，田氏家量由升到釜则是五进制，而由釜到钟都是十

---

① 《国语·晋语》八。

② 《论语·先进》。

③ 《左传·襄公二十九年》。

④ 《左传·昭公十年》。

进制。田氏家量比齐公量大一些，田氏出贷用大斗，收进用小斗，是要付出相当代价的，不过从田常“复修鳌子之政”一语看来，田氏出贷不是年年进行的，而是在“凶饥”年成，当“道路有死人”的情况下，才“以家量贷，以公量收”。[1] 所以田氏厚施薄敛仍然是有限的。田氏在厚施薄敛的同时，还实行了一套“山木如市，不加于山；鱼盐蚌蜃，不加于海”[2]的产销地等价的政策，这是一种薄利多销、赚取财富的手段，结果反而使“民财为之归”[3]。田氏由此获得的雄厚资财，为他从事“厚施薄敛”提供了保证。果然田氏“得齐众心”[4]，民众大量逃往田氏门下，“归之如流水”[5]，甚至“妪乎采芑”，都“归乎田成子”了。[6]田氏把民众变作“隐民”，形成封建生产关系的雏形，而重敛于民的“公室”却逐渐被抽空了。

可是，齐国的旧势力并不甘心退出历史舞台。以田氏为首的新兴势力不得不以暴力手段对旧势力展开了猛烈的进攻，于是出现了三次武装斗争：第一次在公元前532年的夏天，田桓子联合国人向贪得无厌、花天酒地的两家执政贵族栾氏、高氏发动进攻，把他们驱逐出齐国。这时，田氏除对国人分赐粮食外，对遭栾、高排斥打击的贵族“反其邑”“益其禄”，无禄的人“私分之邑”，[7] 有效地分化孤立了守旧势力。第二次在公元前489年，田桓子的儿子田乞，联合大夫，带兵冲入公宫，打败了齐国国氏、高氏、弦氏、晏氏四大家族，国氏奔莒，其余三家贵族逃往鲁国。第三次在公元前481年，田乞的儿子田恒（即田常，田成子）与监止（亦作阚止）任左右相，监止得到齐简公的宠信，拥有很大权力。由于田常有民众的支持，以武力战胜监止，监止、齐简公出逃，后来被捉回杀掉了。为了进一步掌握齐国实权，田常向继位的平公说：“德施人之所欲，君其行之；刑罚人之所恶，臣请行之。”[8]从而掌握了齐国的刑罚大权，对残留的旧贵族鲍氏、晏氏、监止以及有势力的公族尽行诛戮。在消灭了旧贵族势力以后，又任命田氏兄弟和同族人作都邑大夫，扩大了自己封地。到公元前476年，“齐国之政皆归田常”。到公元前386年，田和列为诸侯，仍沿用齐国国号。田氏代齐实际上是地主阶级政治革命在齐国的实现。

三家分晋　在齐国新兴势力夺权斗争的同时，晋国新兴势力也同本国的旧势力进行了生死搏斗。

---

①②③《晏子春秋》卷七《外篇》。

④⑥⑧《史记》卷四六《田敬仲完世家》。

⑤《左传·昭公三年》。

⑦《左传·昭公十年》。

公元前7世纪，在晋献公执政期间，“尽杀群公子”[1]，骊姬得宠以后，又“尽逐群公子”[2]。一时晋国“国无公族”[3]。到春秋中叶，旧公族仅剩下栾氏、羊舌氏和祁氏等寥寥可数的几家；而晋国的“私家”力量却逐步强大起来，不断与晋国的旧公族展开斗争。晋厉公即位后，眼见“私家”大族郤氏专权太甚，“欲尽去群大夫，而立其左右”[4]。公元前574年，他举兵杀三郤（郤至、郤犨、郤锜），结果很不得人心。次年，厉公被杀。后来，韩、赵、魏、智伯、中行、范氏六家新兴势力，对晋的旧贵族发起了连绵不断的进攻，形成“六卿强，公室卑”[5]的局面。公元前550年，新兴势力联合起来打败了栾氏。栾盈逃楚，又由楚奔齐，不久乘机潜回晋国，收罗残余势力，向新兴势力发起反扑。新兴势力迅速调动武装，抢先占领固宫（晋襄公庙）。在激烈的战斗中，奴隶斐豹提出以自身解放作为效忠新兴势力的交换条件，新兴势力烧掉了斐豹沦为官奴的丹书（即卖身契），部分满足了奴隶们的要求。斐豹杀死栾氏的力士督戎，震动了旧贵族。为了战胜栾氏，新兴集团发布命令说：“自文公以来有力于先君而子孙不立者，将授立之，得之者赏。”[6]这种奖赏军功的政策，鼓舞了群众。结果，栾氏惨败，栾氏及其党羽几乎全被诛杀，新兴势力完全占了上风。以后，栾氏、郤氏、胥氏、原氏、狐氏、续氏、庆氏、伯氏等旧贵族继续受到打击，降为奴隶和平民。守旧的执政叔向，面对这一形势，慨叹：“晋之公族尽矣”，“政在家门，民无所依”。[7]其实，“民”不过是由依“公室”旧卿族而转依“私门”罢了。接着新兴势力又“以法尽灭”祁氏、羊舌氏，分祁氏领地以为七县，分羊舌氏领地以为三县，[8]任命韩、赵、魏等族的子弟和有军功有才能的人去做县大夫。旧公族的消灭，为晋国的社会发展，去掉了一块绊脚石。公族世袭采邑制的瓦解，有利于封建因素的增长。

在同旧势力斗争的同时，晋国新兴势力内部也进行了激烈的斗争。那时，六家在经济政策上有比较大的差别。譬如在亩制的改革上，六家虽然都突破“百步为亩”的旧“经界”，但范氏、中行氏和智氏亩制远没有赵、韩、魏三家的大，范氏、中行氏一亩为160平方步，智氏为180平方步，韩、魏为200平

---

① 《左传·庄公二十五年》。

②③ 《国语·晋语》二。

④ 《左传·成公十七年》。

⑤ 《史记》卷三九《晋世家》。

⑥ 《国语·晋语》八。

⑦ 《左传·昭公三年》。

⑧ 《左传·昭公二十八年》。

方步，而赵氏则为 240 平方步。[①] 由于当时耕种土地量有一定的标准，亩制大意味着实耕的面积大，亩制由小变大正是适应了生产力日益发展的水平，所以适当扩大亩制对农业和地主经济的发展是有利的。范氏、中行氏在亩制的改革上很不彻底，而且又独断专行，在与以赵氏为代表的先进力量展开的斗争中自然处于不利地位。公元前 493 年，范氏、中行氏与郑、齐、鲁、卫等联合，和赵、韩、魏在铁地（今河南濮阳西北）发生战斗。赵鞅为了争取战争的胜利宣布誓词说："克敌者，上大夫受县，下大夫受郡，士田十万，庶人工商遂，人臣隶圉免。"[②] 这种按军功赐爵、赐田，提高庶人工商业者社会地位以及依军功免除奴隶身份的政策，赢得了人民的支持，结果打败了范氏、中行氏。这一政策的实行，起了促进晋国阶级关系变化的作用，使地主阶级势力得以迅速发展，加速了封建制的形成。公元前 453 年，韩、赵、魏三家又联合起来灭掉智伯，分别建立三个封建政权。公元前 403 年，周王室正式承认它们为诸侯。

其他各国　春秋末期到战国初年，新兴地主阶级经过一系列激烈的斗争，先后在各国夺取了政权，为封建制的发展铺平了道路。这场斗争，在各诸侯国中的发展是不平衡的。鲁国以季孙氏为代表的三家势力反对鲁国公室的斗争也取得了很大的胜利，但由于季孙氏本为公族，改革不彻底，虽然季孙氏长期控制了鲁国的大权，但最后改革未能成功，鲁国到战国时期为楚国所灭。郑、宋、卫等新兴势力亦曾不同程度地进行过改革，并做过夺权的努力，但由于旧势力仍占优势，都告失败。至于四周地区的诸侯国，由于社会经济发展一般比较缓慢，所以社会改革也稍迟于中原地区。到了这些地区的社会经济发展到大体上和中原相当的程度时，同样的现象也就发生了。如楚国在公元前 479 年爆发了白公胜的夺权斗争，但以失败而告终。其他边远国家如秦国和燕国，到战国时代，才完成其社会变革，由奴隶制过渡到封建制。

地主阶级夺权斗争的意义　新旧势力的斗争，大大加速了地主阶级和农民阶级的形成过程。这两个互相联系而又互相对立的阶级是从奴隶社会母体内孕育出来的。一部分逐渐采用封建剥削方式的旧贵族、军功贵族和新官僚，以及平民中拥有大量土地的人，形成为地主阶级；大部分庶人和平民，则转化为农民阶级。尽管地主阶级本身还保留着浓厚的奴隶制残余，但其主要的剥削对象，已是以租佃方式耕种地主土地的依附农民，以及取得小块土地，承担地主阶级国家赋税和劳役的自耕农和半自耕农。他们和奴隶相比，身份有明显提

① 据《吴问》，见银雀山汉墓竹简《孙子兵法》。

② 《左传·哀公二年》。

高。在这种新的生产关系下，社会经济有了迅速发展。所以封建制的产生是历史的进步。当然，这种变革是以一种剥削制度代替另一种剥削制度，它的“基础是一个阶级对另一个阶级的剥削”，所以，“对一些人是好事，对另一些人必然是坏事，一个阶级的任何新的解放，必然是对另一个阶级的新的压迫”。[①]封建地主阶级掌握政权之日，便是农民阶级受压迫受剥削之时。

第四节　春秋时期的文化

一　轻天重民思想的形成与朴素唯物主义的发展

轻天重民思想的形成　春秋时代是奴隶制逐渐解体、封建制逐渐形成的时代。经济、政治的剧变反映到社会思想上，是对天的信仰的动摇与重民思想的抬头。

自西周夷王、厉王以后，随着政治的危机、周天子权力的旁落，“尊神”“敬天”的传统观念也相应地发生动摇，而“人本”思想意识则逐渐萌芽。一向受人敬畏的天，受到某些人的诅咒，失掉了从前的权威。一入春秋时代，愈来愈多的人对天产生了怀疑。楚斗廉的“卜以决疑，不疑何卜”[②]，就是对龟卜神灵的蔑视。人间一切休咎祸福均自天降的传统观念显然受到了挑战。周内史叔兴和郑申缙（xū，需）曾发表过“吉凶由人”[③]和“妖由人兴”[④]的见解；鲁闵子马也提出了“祸福无门，惟人所召”[⑤]的论点；郑子产说得更加透彻，他说“天道远，人道迩，非所及也”[⑥]，主张人事与天道分开，力求脱离天的羁绊。

随着天的地位的动摇，对天人关系也出现了新的认识。在一些人的心目中，天神已远非凌驾一切之上的神灵，而是处于人的附属地位。“夫民，神之主也。”[⑦]

---

① 恩格斯：《家庭、私有制和国家的起源》，《马克思恩格斯选集》第四卷，第194页。
② 《左传·桓公十一年》。
③ 《左传·僖公十六年》。
④ 《左传·庄公十四年》。
⑤ 《左传·襄公二十三年》。
⑥ 《左传·昭公十八年》。
⑦ 《左传·桓公六年》。

虢国的史嚚（yín，银）就有“国将兴，听于民；将亡，听于神。神，……依人而行”① 的论调。季梁曾建议随君“先成民而后致力于神”②。天神必须按照人的意志行事的思想，正是重民思想的反映。人神关系的颠倒，确是一大进步。在这种情况下，残存的人殉和人祭制度遭到了舆论的谴责。司马子鱼公开抨击宋襄公用人作为祭品的反动行为，他说：“祭祀以为人也。民，神之主也。用人，其谁飨之！”③ 孔子咒骂：“始作俑者，其无后乎？”对象征人殉的俑尚且如此愤慨，无疑他是反对人殉、人祭的。这种把人的地位摆在神之上和反对人祭的思想，是奴隶制崩溃的反映。

朴素唯物主义思想的发展　随着对宗教性的天和神信仰的动摇，朴素唯物主义思想也有所发展。

西周末年，伯阳甫以阴阳二气失调解释泾、渭、洛三川发生的地震；郑史伯提出“土与金、木、水、火杂以成百物”④。这种对自然现象的解释反映了朴素唯物主义的思想。春秋时，晋史官蔡墨提出了“物生有两”的命题，意即事物是由互相对立的两个方面组成的。他用鲁国季氏与鲁君的关系说明二者在斗争中互相转化的道理：一个是“世修其勤”，得到民众的赞助；另一个是“世从其失”，被民众所抛弃。蔡墨还引用“高岸为谷，深谷为陵”的诗句，得出“社稷无常奉，君臣无常位，自古以然”⑤ 的重要政治结论。这是对新兴封建地主阶级取代奴隶主统治的歌颂，含有朴素辩证法的因素。

二　老子和《道德经》

老子其人其书　老子即老聃，道家学派的创始者，生卒年不可考，相传为楚国人，做过周守藏史，熟悉各种典章制度。传世的老子《道德经》，不是出于一时一人之手，而是由其门人追记老子遗说，到战国时由楚人环渊纂集而成的。《史记·孟荀列传》曾经指出，楚人环渊学黄老之术，著上下篇。这可能就是《道德经》的上下篇。这本书的文字多半是环渊的，其精神则是老子的。⑥

① 《左传·庄公三十二年》。

② 《左传·桓公六年》。

③ 《左传·僖公十九年》。

④ 《国语·郑语》。

⑤ 《左传·昭公三十二年》。

⑥ 关于《道德经》，很多人认为它成书于战国，代表了战国时代思想。本段文字是采用郭沫若的意见写成的。

1973年湖南长沙马王堆三号汉墓出土的帛书《老子》甲、乙两种写本，与通行本《道德经》编次不同，不是《道经》在前《德经》在后，而是《德经》在前《道经》在后，而且帛书《老子》与通行本《老子》在经文的字句上也有出入。帛书《老子》的出土，为研究老子及其思想，提供了新的珍贵的资料。1993年10月，湖北荆门郭店一号墓出土800余枚竹简，其中有71枚是抄录《老子》的。整理后分为甲、乙、丙三组，字数约为今本《老子》三分之一左右，但文字上颇有出入。据墓葬年代推断，抄写时间约在公元前4世纪晚期至公元前3世纪早期。郭店楚简的出土，对研究《老子》的时代源流和思想，具有重要参考价值。①

老子思想概要　老子冲破传统宗教思想，提出了一个超绝一切的虚无本体，叫做“道”，又叫做“大”，以取代商周以来的人格神——天的至上权威。他说：“有物混成，先天地生，寂兮寥兮，独立而不改，周行而不殆，可以为天下母。吾不知其名，字之曰道，强为之名曰大。”② 因此，“道”成了老子哲学思想的核心。在他看来，“道”是万物的始基，世间一切事物都是从“道”派生出来的。所以他说：“道”是“万物之宗”，又说：“吾不知谁之子，象帝之先”③，就是说，“道”是宇宙万物的老祖宗，在上帝之先。“道”生万物的过程是：“道生一，一生二，二生三，三生万物。”④ 这里所谓的“一”，应理解为元气，是原初的物质。比原初物质更原始的“道”显然不是指物质实体，而是指“视之不见”的精神。老子还说：“天下万物生于有，有生于无”⑤，“无”比“有”更根本，是天下万物产生的根源。因此，“无”即是“道”，这种“道”是一种“恍惚”的，“玄妙”的，无形无迹的，看不见，听不到，摸不着的超感觉的东西。

在“道”的思想支配下，老子的政治主张是“无为而治”。他说：“道常无为而无不为”，“侯王若能守之，万物将自化”。⑥ 意思是说：“道”经常是无为的，但没有一件事物不是它干出来的，侯王如果能保有它，天下将会自动归服。“无为”就是听其自然，“少私寡欲”⑦，“不尚贤”，“不贵难得之货”⑧；同

---

① 参见《道家文化研究》第十七辑之《郭店楚简》。
② 《道德经》第二五章。
③ 《道德经》第四章。
④ 《道德经》第四二章。
⑤ 《道德经》第四〇章。
⑥ 《道德经》第三七章。
⑦ 《道德经》第一九章。
⑧ 《道德经》第三章。

时他也希望统治者尽可能地少过问政事，力求做到“去甚、去奢、去泰”[①]，薄赋敛，轻刑罚，尚节俭。这些显然有同情人民疾苦的一面，但也有鼓吹“愚民”政策的一面。他说：“民之难治，以其智多”，“以智治国，国之贼”，[②] 所以他主张“绝圣弃智”，“绝仁弃义”[③]，使民“无知无欲”。他号召统治者在“治民”时，必须遵守“虚其心，实其腹，弱其志，强其骨，常使民无知无欲”[④] 的政策。这就是“为无为，则无不治”[⑤]的妙用。

老子的理想的社会是“至治之极”的“小国寡民”的世界，他所描绘的“小国寡民”的图景是：虽有“什伯之器而不用，使民重死而不远徙，虽有舟舆，无所乘之，虽有甲兵，无所陈之，使人复结绳而用之”[⑥]，“邻国相望，鸡犬之声相闻，民至老死不相往来”[⑦]。很明显，老子向往的并不是一幅未来理想社会的图景，而是早已在历史上消逝了的，经过他的美化，保留有原始公社遗迹的早期奴隶制社会。

《道德经》中的精华是朴素辩证法思想的因素，它揭示出世界的事物包含有矛盾对立的两方面，互相依存，相反相成。如美与丑、难与易、长与短、高与下、前与后、有与无、祸与福、强与弱、刚与柔、多与少、实与虚、荣与辱、巧与拙、智与愚等等，都是对立的统一，相反而又相成。他提出“有无相生，难易相成，长短相形，高下相倾，声音相和，前后相随”[⑧] 等等命题，并能观察到对立面的转化，“祸兮，福之所倚，福兮，祸之所伏”[⑨]，“正复为奇(反常)，善复为妖”[⑩]，肯定事物无不向它的对立面转化。但由于阶级立场的局限，他极力否认对立面的斗争，夸大对立面的统一，并力图从内心精神世界消解现实的矛盾。他主张“致虚极，守静笃，万物并作，吾以观复”[⑪]，就是说，要尽量使心灵虚寂，切实坚守清静，万物都在生长发展，我从而观察它的循环往复。这实际上是以不变应万变的思想。同时，老子所谓的对立面的转化，既无视事物转化的条件，又看不到新旧质的区别，而是把对立面的转化仅仅看作循环往复的无尽过程。这样，老子的朴素的辩证法思想就被唯心主义所冲淡，最后导向了形而上学。老子的哲学观是为他的历史观服务的。他不是绝

---

① 《道德经》第二九章。

② 《道德经》第六五章。

③ 《道德经》第一九章。

④⑤ 《道德经》第三章。

⑥⑦ 《道德经》第八〇章。

⑧ 《道德经》第二章。

⑨⑩ 《道德经》第五八章。

⑪ 《道德经》第一六章。

对的消极厌世者，而是希望通过以柔弱胜刚强、以退为进的途径，来恢复他自己的理想社会。毛泽东同志指出："辩证法的宇宙观，不论在中国，在欧洲，在古代就产生了。但是古代的辩证法带着自发的朴素的性质，根据当时的社会历史条件，还不可能有完备的理论，因而不能完全解释宇宙，后来就被形而上学所代替。"[①] 这一精辟的分析也是对老子的朴素辩证法思想最恰当的评价。

三　孔子和《论语》

孔子其人其书　孔子（前551～前479年），儒家学派的创始者，名丘，字仲尼。其先祖原为宋国贵族，后逃难到鲁国，成了鲁人。他的父亲叔梁纥做过鲁国的鄹邑大夫。孔子幼年丧父，家道中落，曾做过管理仓库的"委吏"和看管牛羊的"乘田"。中年以后，担任过鲁国的中都宰，后升任司空、司寇等职。去职后，周游卫、宋、郑、陈、蔡、楚等国，到处游说，晚年又回到鲁国从事讲学。孔子的言论，由他的门人整理成为《论语》，《论语》是研究孔子思想的主要依据。

孔子的政治思想　孔子生活在"礼崩乐坏"的春秋晚期，他探究过夏、商、周三代因革的历史，得出"殷因于夏礼""周因于殷礼"[②] 的结论。他非常崇拜周公的政治，主张"天下有道，则礼乐征伐自天子出""天下有道，则政不在大夫""天下有道，则庶人不议"。[③] 在孔子看来，实现这一目的的有效手段，是"正名"。所谓"正名"，就是以"周礼"为准则，正定名分，即君臣父子各安其位，遵守自己的本分，不越位，不僭礼。怎样实现"正名"呢？孔子认为不能单靠政治手段，在"政""刑"之外必须借助"德""礼"，而且把"德""礼"视为首要的统治手段。他说："道之以政，齐之以刑，民免而无耻；道之以德，齐之以礼，有耻且格。"[④] 在孔子看来，从政的人如果真正能以"德"治国，就犹如北极星受众星拱卫一样，将得到人民的拥护。所以，孔子是希望用法先王、行德治的方法，使当时动乱的社会恢复稳定，人民所受的痛苦得以减轻。

仁和礼的学说　孔子认为，要实现"德治"（礼治），必须提倡"仁"学，

---

① 《矛盾论》，《毛泽东选集》第一卷，第303页，人民出版社1991年版。

②④ 《论语·为政》。

③ 《论语·季氏》。

即通过各人内心修养，形成“仁”这个无美不备的德性。“仁”是孔子伦理思想的核心。究竟“仁”的具体含义是什么呢？孔子从各种不同角度对“仁”进行解说，“仁者爱人”“克己复礼为仁”就是他给“仁”所下的两个最主要的定义。

“仁”从人从二，指人与人的关系，“仁者爱人”，就是这种关系的体现。孔子把“能近取譬”和“忠恕之道”都当作是“为仁之方”。他要求作为一个仁者，在消极方面要“己所不欲，勿施于人”[①]，在积极方面要“己欲立而立人，己欲达而达人”[②]，这是对统治者相互间的要求。进而推广到被统治阶级，他主张统治者要“节用而爱人，使民以时”[③]，那就是“仁”的极致，甚至可以称之为“圣”了。因此，孔子认为从政者要做到“因民之所利而利之”[④]。孔子主张“爱人”，这实际上是做不到的。不过，在人民大众受压迫被剥削的阶级社会中，孔子提出“爱人”的思想，一定程度上反映了对人的重视，有利于缓和社会矛盾，实现社会的稳定，毕竟是有进步意义的。他这种思想，承继和发展了西周以降重民重人的思潮。

孔子提倡“仁”的终极目的还在于“克己复礼”。他说：“克己复礼为仁。”[⑤]“克己复礼”的意思是要克制自己，使自己的行为符合周礼的规范，一切非礼的视、听、言、动都必须加以克制，这就算有了仁德。做到这一步，统治阶级的内部矛盾就可以得到缓和，人民也因受统治阶级的所谓恩惠而消解其反抗的斗志。所以孔子倡导的“仁”学，是以调整阶级关系为出发点的。他把伦理范畴的“仁”和政治范畴的“礼”密切结合在一起，形成了不可分割的统一体，由此而形成的伦理政治对后世的影响是深远的。

孔子宣扬天命，但是对鬼神却持存疑态度，所谓“子不语怪力乱神”[⑥]、“敬鬼神而远之”[⑦]，都反映了这种思想。这种现象是与他的政治立场分不开的。在孔子看来，天命在天上就是“上帝之命”，在人间就是周天子之命，至于鬼神则不是“正宗”，敬而远之也就可以了，而对于怪力乱神那就不屑一提了。

孔子的教育思想　孔子大半生的时间从事教育活动。他以礼、乐、诗、书教育学生，由于长期从事教学，在教育思想和教学方法方面，总结了很多有益

①⑤ 《论语·颜渊》。
②⑦ 《论语·雍也》。
③ 《论语·学而》。
④ 《论语·尧曰》。
⑥ 《论语·述而》。

的符合认识规律的东西，值得加以批判地继承。

在教育对象上，孔子倡导有教无类。他推广私人讲学，对打破“学在官府”、贵族垄断教育是有贡献的。他在实践中，破除了等级、地域和种族的界限，接收贾人、贱人和农家的子弟入学，提出了“有教无类”的主张。这是学术下移、庶人议政历史趋势的必然结果，而这一口号的提出，又进一步促进了这一历史趋势的发展，其意义是不能低估的。在一定程度上说，孔子促使“私学”走向兴盛，并为战国社会的变革奠定了人才基础。

孔子在教学实践中重视启发学生学习的自觉性、主动性，强调实事求是的学习态度。他曾说：“知之者不如好之者，好之者不如乐之者”①，他反对不懂装懂，认为“知之为知之，不知为不知，是知也”②。因此，他主张学习要有“多闻阙疑”“多见阙殆”③的精神，即是要多听多看，有怀疑的地方不轻易下判断，要持存疑态度，主张“毋意（不凭主观臆测）、毋必（不武断）、毋固（不固执己见）、毋我（不惟我正确）”④。孔子还重视相互学习，取长补短，教育学生要“不耻下问”，孔子对于自己不懂的东西就经常请教别人。学生称颂他是学无常师。在他的影响下，学生曾子提出了“以能问于不能，以多问于寡”⑤ 的见解。

在教学方法上，强调学与思的关系、学习与复习的关系。他认为“学而不思则罔（诬罔，即受欺），思而不学则殆（疑惑）”⑥，这是学与思结合求得知识的必要方法；复习也是巩固知识、增长新知所不可少的，“学而时习之”⑦、“温故而知新”⑧、“告诸往而知来者”⑨就是这个意思。知识的获得建基于经常的练习与复习，这无疑是正确的。

启发学生的积极性和独立思考是孔子教学方法的重要特点。他主张“不愤不启，不悱不发”⑩，就是说，学生不到急于求知的时候，不去开导他；不到想说又说不出来的时候，不去启发他。孔子要求学生做到“举一反三”，融会贯通。他用“能近取譬”的比喻法，帮助学生理解困难问题。

孔子还善于“因材施教”，在教学中坚持对不同对象施以不同的教育，所

---

① 《论语·雍也》。
②③⑥⑧ 《论语·为政》。
④ 《论语·子罕》。
⑤ 《论语·泰伯》。
⑦⑨ 《论语·学而》。
⑩ 《论语·述而》。

谓“中人以上，可以语上也，中人以下，不可以语上也”[①]。这是就程度说的。具有中等以上水平的人，给他讲授高深的知识，水平不及中等的人，就不要把难于理解的知识传授给他，还应针对各人的个性特点施以不同教育。孔子培养了“德行、言词、政事、文学”[②] 等方面各具专长的人才，就是因材施教的结果。

在培养目标上，孔子倡导“仕而优则学，学而优则仕”[③]。这就打破商周以来选才任官上的贵族性宗法性，为广大学有专长的下层人士参与国家管理开辟了道路；同时主张出仕后还要不断学习，提出了终身受教育的思想。这是春秋后期社会下层人士参与国家政治生活的反映。在我国教育史和选官制度变革上，具有划时代的进步意义。

为了教学的需要，孔子以《诗》《书》《礼》《乐》《易》《春秋》作为教材。这些文献大部分经过他搜集、整理、删定或改编。《史记·滑稽列传》引孔子的话说：“六艺于治一也。礼以节人，乐以发和，书以道事，诗以达意，易以神化，春秋以义。”说明孔子把六经当作从教治国的重要工具。这些文献现在仍是研究古代典章制度和社会经济、政治、文化状况的宝贵资料。孔子在整理、保存我国文化遗产方面是有功绩的。

两千多年来，孔子倡导的和谐、友爱、克己、为人、团结、凝聚的群体主义伦理道德，孔子倡导的三大教育观，在中国历史上起了巨大影响。孔子已被国际学术界尊为世界古代十大思想家之首。对孔子思想，我们应认真总结，继承这一份珍贵的遗产。

四 孙武和《孙子兵法》

孙武，生卒年不详，春秋末兵家的代表，字长卿，齐国乐安（今山东广饶县境内）人。据《史记·孙子吴起列传》记载，他曾以兵法 13 篇见于吴王阖闾。阖闾曾说：“子之十三篇，吾尽观之矣。”这即是传世的《孙子兵法》13 篇，也说明当时孙武的著述已流传较广。阖闾欲试其治军才能，令孙武“小试勒兵”，他以宫女 180 人分二队操练。初始，宫女皆嬉笑不听军令，在三令五申后，依然如故，为严明军纪而斩“左右队长”，宫女皆听令而行，“中规矩绳

① 《论语·雍也》。
② 《论语·先进》。
③ 《论语·子张》。

墨”。这即是广为传扬的“吴宫教战”故事。“于是阖庐知孙子能用兵，卒以为将。西破强楚，入郢，北威齐晋，显名诸侯，孙子与有力焉。”[①]

《孙子兵法》13篇，具体篇目为《计篇》《作战篇》《谋攻篇》《形篇》《势篇》《虚实篇》《军争篇》《九变篇》《行军篇》《地形篇》《九地篇》《火攻篇》《用间篇》。《孙子兵法》是我国古代最著名的军事著述，也是世界上最古老的兵书，在我国古代军事学术史及世界军事学术史上占有突出地位，对后世影响久远而深广。孙中山曾给予高度评价，认为《孙子兵法》首创了中国的军事哲学。[②]《孙子兵法》于公元8世纪开始传入日本、朝鲜，渐次传遍世界，已被译成日、英、俄、法等十几种文字，目前仍是国内外研究的热点之一。

《孙子兵法》来源于战争实践，是在战争实践基础上的理论升华，其论述充满了朴素唯物论和辩证法因素，语言简练概括，不少已为人们所熟知并运用。孙武认为：“兵者，国之大事。”他强调“知己知彼，百战不殆”，注重了解情况，全面地分析敌我、众寡、强弱、虚实、攻守、进退等矛盾双方，并通过对战争客观规律的认识和掌握来克敌制胜。他还提出“兵无常势，水无常形，能因敌变化而取胜者，谓之神”。他同时也特别强调了战略战术上的“奇正相生”和灵活运用。此外，在具体的战略战术、作战原则、方式方法及选将、用兵、用谋等方面，均有精辟论述。《孙子兵法》历代注本不断，较完善的注本为《孙子十家注》。

五　科学技术的新成就

春秋时代，在社会生产发展的基础上，科学技术有了显著的进步。

数学、天文历法　春秋时期，人们能较熟练地运用数学知识于城市建筑、土地测量与赋役征收等方面。周敬王十年（前510年），各国诸侯为周王筑城，动工前，士弥牟“计丈数，揣高卑，度厚薄，仞沟洫，物土方，议远迩，量事期，计徒庸，虑材用，书糇粮，以令役于诸侯”[③]。就是说，对王城的长、宽、高，连沟洫在内的土石方，以及人工、材料，甚至各国劳动力的往返里程和所需干粮的数量，都计算得精确周到，所以工程得以提前完成。这说明当时人们已掌握相当广泛的数学知识。周灵王二十四年（前548年），楚司马芀掩奉命

---

① 《史记》卷六五《孙子吴起列传》。

② 参见《孙中山选集》，第672页，人民出版社1981年版。

③ 《左传·昭公三十二年》。

整治军赋。他“书土田，度山林，鸠薮泽，辨京陵，表淳卤，数疆潦，规偃潴，町原防，牧隰皋，井衍沃，量入修赋”[①]。蒍掩对不同类型的田土、山林、水泽等做了精密的测量和计算，然后依据收入确定军赋的数额。从事土田的测量和计算必须有相当的几何学知识才有可能。

天文历法也有很大进步。《春秋》一书对日月食的记录非常翔实，在242年间，记录日食37次，其中35次已证明是准确的，最早的一次是鲁隐公三年二月己巳日（前720年2月22日）的日全食，比西方的记录早了135年。《春秋》鲁文公十四年（前613年）秋七月记“有星孛入于北斗”，天文学家公认这是“哈雷彗星”在世界上最早的记录，比欧洲的记载早了670多年。《左传》记载了两次日南至（冬至），一次在鲁僖公五年（前655年），一次在昭公二十年（前522年），两次间隔133年，其间记录闰月48次，失闰一次，共计应有闰月49次，这就是有名的19年7闰的方法。这不但比商代的历法精确，而且比欧洲应用这个历法早一百六七十年。

建筑机械 在这方面，巧匠公输般做出了杰出的贡献。公输般是春秋末叶鲁国人，姓公输，名般，字若，因系鲁国人，所以又称鲁班。这位民间工艺家，不仅能建造“宫室台榭”[②]，而且在攻伐征战频繁的年代，曾造“云梯”[③]、“钩拒”[④] 等攻城、舟战的器械；还“削竹木以为鹊”，借助风力飞行。[⑤]相传他创制了“机关备具”的“木车马”[⑥] 以及磨子、碾子等，这些创造，虽然不免有被后人夸大和理想化的地方，但他确是一位少有的巧匠，人们称颂他是“机械之圣”[⑦]。鲁班对后世有巨大的影响，几千年来，一直被奉为木工、石工、泥瓦工等工艺部门的祖师。

医学 医学也有很大的成就。春秋时，诊病的方法已有切脉、望色、听声、写（观）形等。见于记载的著名医生有医缓、医和等人。缓与和都是秦国的名医。医缓曾为晋景公治病，诊断景公病在肓之上，膏之下，“（药物）攻之不可，达之不及”[⑧]，不久，景公果然病死。后来，晋平公又患重病，医和来到晋国，诊断后，确定平公的病既不是饮食引起的，也不属鬼怪缠身，而是贪

---

① 《左传·襄公二十五年》。
② 《盐铁论·贫富》。
③ 《墨子·公输》。
④⑤ 《墨子·鲁问》。
⑥ 《论衡·儒增篇》。
⑦ 《抱朴子内篇》卷一二《辨问》。
⑧ 《左传·成公十年》。

恋女色、纵欲过度的结果，医药已经无效，少则3年，多则10年，必死无救。10年后，平公不治而死。缓与和都被人誉为“良医”。在病理上，医和认为阴、阳、风、雨、晦、明六气的不调和是招致疾病的原因。此后医学家在这一理论的基础上发展成为风、寒、暑、湿、燥、火六气，成为医学名著《内经·素问》的重要依据之一。

第五章 战国时期封建制度的确立

（前 475～前 221 年）

第一节 各国封建政权的建立和变法运动

由公元前 475 年至公元前 221 年，历史上称为战国时期。经过春秋时期的兼并战争，到战国时就形成齐、魏、赵、韩、秦、楚、燕七个大国争雄的局面，人们把这七个大国叫“七雄”。“七雄”的方位是：楚在南，赵在北，燕在东北，秦在西，齐在东，韩、魏居中。

七国的地主阶级在取得夺权斗争的胜利之后，为了巩固和扩展地主阶级利益，加强对农民的奴役和剥削，都先后在不同程度上开展了社会改革，掀起了变法运动，对旧的经济基础和上层建筑进行封建改造，以巩固地主阶级专政。

一 李悝在魏国的变法

魏国在战国初年魏文侯当政时（前 445～前 396 年），任用李悝为相，进行变法。李悝变法的主要内容有以下几点：

1. 废除奴隶主官爵世袭制。李悝以“食有劳而禄有功”① 为原则，根据功劳和能力选拔官吏，使地主阶级的代表得以牢固地掌握政权。

2. 推行“尽地力之教”。目的在于挖掘土地潜力，提高农作物产量，增加封建政权的田租收入。其具体措施：规定每亩地的标准产量为一石五斗，要求农民“治田勤谨”，达到每亩增产三斗；同时杂种各种粮食作物，以防某种作

① 《说苑·政理》。

物发生病害；要努力耕作，勤于除草，收获时加紧抢收；充分利用房前屋后的空闲土地，植树种桑，多种瓜果蔬菜。魏国地少人多，这些规定是适合当地农业生产发展的需要的。

3. 实行“平籴法”。年成好时，政府以平价购入粮食，灾年再以平价出售，用“取有余以补不足”① 的办法来平衡粮食价格。目的是防止商人垄断粮价，造成“谷贱伤农，谷贵伤民”的现象，以稳定小农经济，巩固封建的经济基础。

4. 创制《法经》。为了确立封建法制，李悝作《法经》六篇，即“盗法”“贼法”“囚法”“捕法”“杂法”“具法”。所谓“盗法”，主要是防范农民对私有财产的侵犯，以保护地主阶级的私有制；所谓“贼法”，主要是镇压破坏封建秩序的行为，以维护地主阶级的政权；“囚法”和“捕法”是惩办“盗贼”的办法；“杂法”主要是惩办盗取兵符官印、议论国家法令、越城逃跑、赌博、官吏贪污、所用器物超越等级等的法律；“具法”是根据特殊情况加重或减轻刑罚的法律。从这些法律的内容来看，李悝《法经》是一部保护封建制度的法典。这部《法经》不仅集以前各国法律之大成，而且是秦汉法律的张本，所以李悝被列为战国时代法家的始祖。

魏文侯还任用吴起改革军事制度。吴起对士兵进行严格的挑选、训练和考核。考核的标准：身穿三层甲，头戴铁盔，腰佩利剑，操十二石的强弩，带箭五十支，肩扛长矛一杆，背三天干粮，半天能行一百里。凡考核及格者，免去一家徭役，并奖给田宅。吴起还根据士兵的不同特点，对军队采取新的编制，把身强力壮、善于近战的士兵编在一起；把机智灵活、善于爬坡越沟的士兵编在一起；把能吃苦耐劳、善于长途奔袭的士兵编在一起，以便在战争时根据敌军的弱点以及地形，交互使用或者互相配合使用这些军队，使每个士兵的优点得到充分的发挥。吴起在魏国创立的这套军事制度，后人称为“武卒制”。公元前408年，魏文侯命吴起伐秦。吴起统帅魏军一举攻下秦国洛水以东的五座城池，在那里设立了西河郡。吴起任西河守，使“秦兵不敢东乡”②。

李悝变法的结果，使魏国经济得以迅速发展，地主政权逐渐巩固，国力逐渐强大，成为战国初年一个强盛的封建国家。

---

① 《汉书》卷二四《食货志》。

② 《史记》卷六五《孙子吴起列传》。

二　吴起在楚国的变法

楚国是战国初期领土最大的一个国家。但是，由于政治腐败，经济落后，国力衰弱。公元前402年，楚声王因暴虐被杀。其子楚悼王即位后，接连遭到新兴的魏、赵、韩等国的进攻，无力抵挡。公元前400年，魏、赵、韩举兵攻到楚国的乘丘。公元前391年，魏、赵、韩又伐楚，再败楚军于大梁、榆关，楚丧失了大片土地。在极其窘迫的形势下，楚悼王不得不用重礼贿赂秦惠公，在秦国的帮助下，才得以与魏、赵、韩讲和。面对着这种内外交困的形势，楚悼王很想进行政治改革，以图振兴国势。恰巧在这时，吴起因在魏国遭到排斥而来到楚国。楚悼王对吴起的才干非常赏识，立即任命吴起为宛（今河南南阳）守，把守北部边境，防御韩、赵、魏的进犯。公元前382年，楚悼王任命吴起为令尹，主持变法。

吴起变法基本上承袭了李悝在魏国实行的办法，并根据楚国“大臣太重、封君太众”的状况而进行改革。它的主要内容是：

1. 凡是封君传到第三代的就收回其爵禄，废除公族中疏远者的特殊待遇，把一些旧贵族迁移到荒凉的地区。这就从政治上和经济上削弱了旧贵族的势力。

2. 精简无关紧要的官职，削减过高的官吏俸禄，把节省下的经费用来训练战士。

3. 整顿吏治，要求官吏“私不害公”，“行义”而不计毁誉，一心为地主政权效力。

吴起变法沉重地打击了楚国的旧贵族，加速了楚国封建化的进程，使其国力迅速强盛。公元前381年，赵国遭到魏国的进攻，求救于楚。楚国派兵攻魏救赵，与魏军“战于州（今河南沁阳东南武德镇）西，出梁门，军舍林中（今河南新郑东），马饮于大河”[①]，大败魏军，引起各诸侯国的震惊。

但是就在对魏战争胜利的这年，楚悼王病死了。楚国旧贵族乘机作乱，围攻吴起，吴起逃避在楚悼王的尸体旁，贵族用乱箭射杀吴起，同时射中了悼王的尸体。楚悼王的儿子楚肃王即位后，按楚国法令，将加兵于王尸者罪及三族，打击了旧势力的凶焰。

---

① 《战国策·齐策》。

三　商鞅在秦国的变法

秦国的社会经济发展比较迟缓，公元前408年实行“初租禾”，标志着封建生产关系的确立。公元前385年，秦献公夺取了政权，接着进行了一系列改革，废止奴隶主杀人殉葬的制度，制定户籍制度，建立了四个县，削弱了奴隶主贵族的特权，壮大了地主阶级的力量，为后来商鞅变法做了准备。公元前361年，秦孝公即位，痛感“诸侯卑秦，丑莫大焉”，决心继承献公的事业，进行改革。他下令“求贤”，注意选拔人才。就在这时候，商鞅从魏国来到秦国。

商鞅（约前390～前338年），原是卫国破落贵族的后裔，公孙氏，名鞅，也叫卫鞅，后因在秦变法有功，封为商君，所以历史上称为商鞅。商鞅从小喜好刑名之学，曾做魏相公叔痤的家臣。他入秦后，通过景监得见秦孝公，以“强国之术”说服了孝公，孝公让他主持变法。商鞅从公元前356年至公元前350年，大规模地推行过两次变法。变法的主要内容有：

1. 用法令形式废除了奴隶制的井田制，“开阡陌封疆”。具体说，就是把原来“百步为亩”的小田界“阡陌”和每一井田的大田界“封疆”，统统破除，开拓为240步一亩，重新设置田界，不许私自移动。[①] 把土地授给农民，土地可以买卖。这就从法律上维护了封建土地私有制，有利于地主经济的发展。

2. 奖励军功，建立军功爵制。规定军功以在前线斩得敌人的多少来计算，斩敌人甲士首级一颗的赏给爵一级，田一顷，宅九亩，庶子一人。杀敌越多，赏赐越厚。根据“劳大者其禄厚，功多者其爵尊”的原则，建立了一套军功爵制，按爵位高低授予种种封建特权，包括占有耕地、住宅、服劳役的“庶子”和担任一定的官职等，爵位高的还可以得到三百家以上的“税邑”以及减刑的特权。还规定国君的宗族没有军功的不能列入公族的属籍，不能享受贵族的特权。按军功爵制，人的政治地位要由有无军功来决定。这对旧贵族是个沉重的打击；而对于当时新兴的地主阶级来说，是个鼓励；就是下级士兵，也可以通过军功在政治上获得一点优待。

3. 实行重农抑商政策。商鞅认为农业是“本业”，是国家富强的基础；而把商业和手工业称为“末业”。由于商品经济的发展，农民中已有一部分弃农

① 参见《史记》卷六八《商君列传》；又参见云梦竹简《法律答问》。

经商，“事商贾，为技艺，皆以避农战”[①]。为了保证封建国家的财源和兵源，商鞅规定：“僇力本业，耕织致粟帛多者，复其身；事末利及怠而贫者，举以为收孥。”[②] 即凡是努力经营农业生产，多缴纳租税的，免去其本身的徭役；凡是弃农经商或怠惰以致贫穷而交不起租税的农民，没收为官府的奴婢。商鞅还采取加重关市的商品税，不许商人贩卖粮食，商人的奴仆必须服徭役等措施，迫使商人弃商归农。为了增加农业劳动力和纳税服役的人口，鼓励一家一户的生产，规定男子成年必须与父母分居，另立门户，女子到一定年龄必须出嫁，以促进封建性的小农经济的发展。

4. 普遍推行县制。秦国在秦孝公以前虽有设县的事实，但未成为制度，到了商鞅时才开始普遍推行。他在没有建立县的地方把许多乡、邑、聚合并成县，一共新建了 31 个县（一说 41 个县），[③] 每县设置了令和丞等官职来掌握全县政事，使县成为直属于国君的地方组织，加强了中央集权。这时秦国土地不广，所以还没设郡。

5. 建立什伍连坐制。五家为伍，十家为什，有相互纠察告发“奸人”的责任。不告发“奸人”，处以腰斩，告发“奸人”的可与斩敌同赏。如果一家藏“奸”，什、伍要同罪连坐。

6. 统一度量衡。商鞅颁布了标准的度量衡器，其标准尺 1 尺约合今 0.23 米，标准量器 1 升约合今 0.2 公升。现在存世的“商鞅方升”，就是当时颁布的一件标准量器。

商鞅所采取的改革措施，目的是破除奴隶制度，巩固和发展封建制度，从本质上说这是一场地主阶级的政治革命。

由于变法触犯了旧贵族的利益，一开始就遭到甘龙、杜挚等人的反对。在变法中，公子虔、公孙贾等旧贵族鼓动太子出来捣乱，商鞅就把他们二人拿来治罪。国都雍（今陕西凤翔南）的一些守旧分子攻击新法，商鞅把他们看作“乱化之民”，强迫他们迁徙到边地去。贵族们在破坏变法的阴谋失败后，把仇恨集中在商鞅个人身上，公元前 338 年秦孝公去世，秦惠文王即位，“宗室多怨鞅”，商鞅被“车裂”而死。但是，由于变法内容顺应了封建制发展的历史趋势，加上新法已推行了 18 年，“秦妇人婴儿，皆言商君之法”[④]，所以商鞅

---

① 《商君书·农战》。

② 《史记》卷六八《商君列传》。

③ 《史记》卷六八《商君列传》作 31 个县，卷五《秦本纪》作 41 个县，大概前者根据新建数，后者根据共有数。

④ 《战国策·秦策》一。

虽死，“秦法未败”[1]。商鞅变法的成功，使原来比较落后的秦国一跃而成为战国时代最先进的强国，为日后统一六国打下了基础。

四　其他诸侯国的改革

赵烈侯的改革　赵国在赵烈侯（前408～前387年在位）时一面采纳牛畜的建议，倡“仁义”，行“王道”；一面采纳荀欣和徐越的建议，在用人上“选练举贤，任官使能”，在财政上“节财俭用，察度功德”。[2] 经过这些改革，赵国封建政权得以逐渐稳固。

韩昭侯的改革　公元前355年韩昭侯任用申不害为相，建立了“循功劳，视次第”[3]的因功行赏制度。申不害强调“术”的作用。术是专制君主任免、考核、赏罚各级官吏的方法。申不害要国君“独断”，操纵最高的权力；平常不动声色，让人摸不透底细；任用官吏要使其称职，不许官吏越职办事，要经常监督和考核官吏。这是一套加强专制主义中央集权的办法。据说申不害相韩15年，“修术行道，国内以治，诸侯不来侵伐”[4]。

齐威王的改革　齐威王是田齐的第五代国君，他初即位时内政混乱，卿大夫弄虚作假。他即位的第九年，因即墨大夫在政事方面很有成绩，就赏了即墨大夫万家的食邑。相反，阿大夫治阿，“田野不辟，民贫苦”，却用贿赂买通国君左右替他吹嘘，他就把阿大夫处了烹刑。从此齐国震动，“人人不敢饰非，务尽其诚，齐国大治”。后来威王还任用邹忌为相，“谨修法律而督奸吏”[5]，制定巩固封建秩序的法律，加强对地方官吏的监督，并注意招收流民开荒。因此在战国中期，齐国曾一度代替魏国成为东方诸侯的霸主。

燕国的改革　公元前316年，“苦身以忧民”“勤身而忧世”[6]的燕王哙把君位让给相子之，并把三百石俸禄以上大官的官印全部收回，另由子之任命。让位的目的是改革政治，振兴燕国。但这种和平转让政权却引起旧贵族的反对。两年后，代表旧势力的太子平和将军市被发动叛乱，子之虽在平叛中获胜，但遭到齐宣王的武装干涉，子之败死，燕国闹到几乎亡国的地步。继承者

① 《韩非子·定法》。
② 《史记》卷四三《赵世家》。
③ 《战国策·韩策》一。
④ 《史记》卷四五《韩世家》。
⑤ 《史记》卷四六《田敬仲完世家》。
⑥ 《韩非子·说疑》。

燕昭王（前311～前279年在位），奋发图强，“卑身厚币以招贤者”，得到乐毅等人的辅助，修法令，“与百姓同其甘苦”①，使燕国一度强盛起来，几乎灭掉了齐国。

各国的变法运动，实际上是一场封建化运动。各国都在不同程度上打击了奴隶主贵族，保护封建地主阶级，废除奴隶制的政治经济制度，巩固和发展封建制的政治经济制度。通过变法使封建制度得到确立，由奴隶制引起的社会矛盾基本上得到解决。从奴隶制进入封建制是历史发展中的一大进步。处在地主阶级统治下的农民比起奴隶主阶级驱使下的奴隶来，人身束缚相对减轻，这对提高劳动人民的生产积极性、解放生产力是有促进作用的。在封建社会初期，这种封建生产关系和生产力的发展基本上是适应的。所以在各国变法之后，社会经济和文化日益繁荣，在中国历史上出现了一个蓬勃发展的新局面。

五　诸侯国中央集权制政体的初步形成

郡县制度的产生和发展　中央集权制体现在地方政权上就是郡县制。早在春秋初期，秦、晋、楚等国往往把兼并得来的土地和灭亡的小国改设为县。县和卿大夫的封邑不同，是国君直属的地方行政区域，有利于国君对边地的直接统治。到春秋后期，晋国把县制推行到内地，一些代表新兴地主阶级的卿大夫在封邑内也设县管理，县的性质就发生了变化，开始成为地主政权的地方行政组织。郡在春秋末期才有，最初出现在晋，设在新得到的边地。那里偏僻荒凉，地广人稀，面积要比县大，但地位比县低。后来由于这些地区逐渐繁荣，人口增多，就在郡下划分县，产生了郡县两级的地方组织。

由于郡县制便于地主阶级实行集权统治，所以进入战国后，魏、赵、韩、燕、秦等国普遍推行了郡县制。郡最初设在边地，具有边防的作用，所以一郡的长官叫做“守”，也尊称为“太守”，往往由武官来充任，有征发一郡壮丁出征的权力。县为从属于郡的地方组织，县的长官叫做“令”。郡县制的推行，使各国形成了中央、郡、县、乡等一套比较系统和健全的行政机构，郡和县的长官由中央委派，国君直接掌握着郡、县的政治、军事和经济大权。这就加强了中央集权。

封建官僚制度的建立　在奴隶制政权中，世袭的卿大夫平时担任各种文官，战时又成为统帅军队的将领，文武不大分职。封建政权建立后，出现了文

---

①《战国策·燕策》一。

武分职的专职官吏。在国君之下设相和将，相也称相邦、丞相，又通称宰相，是百官之长，协助国君处理全国政务。将又称将军，是武官之长，负责领兵打仗。有的国还设有御史，相当国王的秘书。次一级的武官有尉。“官分文武”，适应当时政治上和军事上的需要，因为处理政务要有一定的政治能力，指挥作战要有一定的军事才能；同时又分散了大臣的权力，可以起互相监督作用，便于国君控制。

到战国中期，随着封建官僚制度的建立，国君对各级官吏的报酬，一般已不采取分封土地的办法，而给以一定数量的粮食作为俸禄，有时赏给部分钱币或黄金。以官位的高低定俸禄的多少，官高的可达万担、千钟的厚禄，也有“斗食”的小吏。这种官僚俸禄制度，便于国君用利害关系控制各种官吏，所谓“臣尽死力以与君市（交易），君垂爵禄以与臣市”①。

国君对官吏的考核，最主要的方法叫“上计”。“上计”的办法是，中央的重要官吏和地方的首长，每年要把自己管辖地区的户口、垦田、赋税等预算数字写在木券上，上报国君，并把木券剖分为二，国君执右券，臣下执左券。到了年终，官吏必须到国君那里去报核。国君根据右券亲自考核，或由丞相协助考核。根据考核结果，予以升、降、赏、罚。“上计”制度的建立，更意味着中央对地方财政控制的加强。

战国时期，国君已普遍用玺、符作为凭证，用以任免官吏，传达政令，调遣军队，派遣使者。官吏的任免以玺为凭，任命时发给，免职时收回。军队调动都要用兵符，兵符作伏虎形，故称虎符。出土的秦国“新郪虎符”铭文记载：“甲兵之符，右才（在）王，左才（在）新郪。凡兴士被甲用兵，五十人以上，必会王符，乃敢行之。”玺符制度的推行使行政权和军事权都集中在国君手中。

战国时期初步形成的这一套中央集权制度，对从封建割据走向封建的大一统起了促进作用；但同时也加强了对广大人民的控制和镇压，激化了地主阶级与农民的矛盾。

第二节 封建经济的迅速发展

战国时代，由于封建的生产关系代替了奴隶制的生产关系，大部分直接生

① 《韩非子·难一》。

产者从奴隶制的桎梏下解放出来，劳动兴趣和生产积极性有了提高，促使社会经济呈现出繁荣的景象。

一 水利灌溉事业的发展

冶铁技术的进步给兴修水利提供了比较锋利的铁工具，能够大规模地挖掘泥土，开凿山石；另外，中央集权制度形成后，各国封建政府把兴修水利作为国家公共事务，发挥了兴建大型水利工程的组织作用。所以，水利灌溉事业在这个时期有较大的发展。

堤防的建筑 堤防是防御洪水泛滥的重要措施。我国古代的政治、经济和文化的中心大都在黄河中下游，今郑州以东黄河下游一带地势低平，河水容易泛滥，所以人们很早就用筑堤的办法和洪水作斗争。《礼记·月令》有“修利堤防，导达沟渎”的记载，可见春秋时代已经积累了丰富的筑堤经验。

战国时代所筑的堤防，规模较前为大，工程较前坚固，数量较前增多，在许多大河上都建筑有比较长的堤防。但是，由于诸侯割据局面的存在，各诸侯国所筑的堤防往往只顾本国的利益，“以邻为壑”，造成邻国的灾害。齐、赵、魏都以黄河为界，赵、魏两国地势较高，齐国的地势低下，黄河泛滥时齐国遭受的灾害较严重，因而齐国首先在离黄河25里处筑了一条长堤，以防止黄河的泛滥。河水东流被齐国的长堤阻挡，便向西泛滥，冲向赵魏，于是赵魏也在离黄河25里处修了一条长堤，在河水大涨的时候，又迫使黄河的洪水冲过齐国的堤防。

战国时代各国大规模建筑堤防，对于保障各个局部地区人民生命财产的安全，对于农业生产的发展，起了一定的作用。各国在筑堤工程中都总结出一些宝贵经验，如魏相白圭是以筑堤闻名的水利专家，他在实践中认识到“千丈之堤，以蝼蚁之穴溃”① 的道理。

运河的开凿 战国时代，魏国开凿运河有显著的成绩。魏惠王（前369～前319年在位）把国都从安邑（今山西夏县西北）迁到大梁（今河南开封）以后，为了把黄河南北的两部分领土与国都大梁紧密地联系起来，公元前360年在黄河以南开凿运河——大沟。大沟运河是从今河南原阳县北引河水南行，横过济水，注入今郑州市与中牟县之间的圃田泽。圃田泽是一个古老的湖泊，东西广约18公里，南北长约9公里，成为这条运河的重要蓄水库，“水盛则北

---

① 《韩非子·喻老》。

注，渠溢则南播”[1]，保证运河有充足的水量。

魏国为了把境内的河流连接起来，形成一个完整的水运交通网，在公元前339年，又引圃田泽水东流，把大沟运河延伸到大梁城北，又绕过大梁城东，折而南行，至陈（今河南淮阳）流入颍水，下流注入淮水。这就是历史上有名的鸿沟。鸿沟是从今河南省荥阳以北和济水一起分黄河水东流的，其源头是黄河，又有圃田泽进行调节，水量充沛，与它相通的各条自然河流的面貌大为改观，通航能力大大提高。济、颍、淮、泗和黄河互相贯通，在黄淮平原形成以鸿沟为主干，以自然河流为分支的完整的运河网。这条运河不仅对当时的航运起了重要作用，也有利于封建国家的统一，而且可以灌溉农田，使鸿沟流域成为农业丰产区。

农田灌溉工程的兴修　战国初年，魏文侯派西门豹做邺县（在今河北临漳县西南邺镇）的县令。当时漳水泛滥成灾，地方官吏勾结女巫，每年都将一名贫苦少女投入水中，称为“河伯娶妇”，借口平息水患，以愚弄人民，搜刮财物。西门豹至邺，破除了“河伯娶妇”的迷信，动员人力开凿了12道水渠，引漳水灌溉农田，使漳河由水害变为水利。魏襄王时的邺令史起，继续开渠引漳水灌田，使邺一带的盐碱地得到改良。当地人民歌颂道：“邺有贤令兮为史公，决漳水兮灌邺旁，终古舄卤兮生稻粱。”[2]

战国最著名的水利工程，要算李冰主持兴修的都江堰了。都江堰位于岷江中游的灌县。原来岷江上游流经地势陡峻的万山丛中，一到成都平原，水速突然减慢，因而夹带的大量泥沙和岩石随即沉积下来，淤塞了河道。每年雨季到来时，岷江和其他支流水势骤涨，往往泛滥成灾；雨水不足时，又会造成干旱。远在李冰之前的二三百年，古蜀国杜宇王以开明为相，在岷江出山处开一条人工河流，分岷江水流入沱江，以除水害。秦昭王时，李冰做蜀郡守，他在前人治水的基础上，依靠当地人民群众，在岷江出山流入平原的灌县，建成了都江堰。都江堰是一个防洪、灌溉、航运综合水利工程。李冰采取中流作堰的方法，在岷江峡内用石块砌成石埂，叫都江鱼嘴。鱼嘴是一个分水的建筑工程，把岷江水流一分为二。东边的叫内江，供灌溉渠用水；西边的叫外江，是岷江的正流。又在灌县城附近的岷江南岸筑了离碓，离碓就是开凿岩石后被隔开的石堆，夹在内外江之间。离碓的东侧是内江的水口，称宝瓶口，具有节制水流的功用。夏季岷江水涨，都江鱼嘴淹没了，离碓就成为第二道分水处。内

① 《水经注》卷二二《渠注》。
② 《汉书》卷二九《沟洫志》。

江自宝瓶口以下进入密布于川西平原之上的灌溉渠道，“旱则引水浸润，雨则杜塞水门”①，保证了大约300万亩良田的灌溉，使成都平原成为旱涝保收的“天府之国”。

关中的郑国渠，也是一个规模宏大的灌溉工程。公元前246年，秦王政刚即位，韩桓惠王为了诱使秦国把人力物力消耗在水利建设上，无力进行东伐，派水工郑国到秦国执行“疲秦”之计。郑国给秦国设计兴修引泾水入洛河的灌溉工程。在施工过程中韩王的计谋暴露，秦要杀郑国，郑国说：当初韩王是叫我来做间谍的，但是，水渠修成，不过“为韩延数岁之命”，为秦却“建万世之功”。② 秦王政认为郑国的话有道理，让他继续主持这项工程。大约花了10年时间这项工程才告竣工，称为郑国渠。郑国渠的渠首在仲山西麓的瓠口（今陕西泾阳县王桥乡船头村西北），郑国在瓠口做石堰坝，抬高水位，拦截泾水入渠。渠的主干线沿北山南麓自西向东伸展，流经今泾阳、三原、富平、蒲城等县，最后在蒲城县晋城村南注入洛河。干渠总长近150公里，灌溉面积约4万余顷。由于郑国渠流水中含有大量的淤泥，所以灌溉田地能增加肥力，并能起到压盐冲碱的作用，使贫瘠的土壤得到改良，使关中成为沃野。

二　农业生产的发展

铁农具的普遍使用　在春秋时期，铁制农具已经广泛使用，到战国中期，即各国变法之后，铁器的使用更以空前规模在各地推广。1949年以来，北起辽宁，南至广东，东至山东半岛，西到陕西、四川，包括七国的广大地区，都有战国的铁器出土，而且种类、数量很多。在河南辉县的战国魏墓中，曾发现58件铁农具，有犁铧、镬、锄、臿、镰、斧等，其中有两个“V”形的犁铧，构造虽然还很原始，没有翻土镜面的装置，但已能起破土划沟的作用。在河北兴隆县发现了一个战国后期燕国的冶铁手工业遗址，有铸造工具的铁范87件，其中有铁镬铸范、铁锄铸范、铁镰铸范。在河南新郑和登封的告成镇发现的战国时期韩国冶铁遗址中，有许多原始性的卧式层叠铸范，可知战国时已经发明层叠铸造技术。这种层叠铸造法是把许多范片层层叠合起来，一次浇铸出多个铸件。不过战国时的叠铸法还是两孔浇铸，比较原始，到东汉就变为一孔浇铸了。从这些考古发现来看，战国时南北各地铁农具的种类和形式已经没有多大

① 《华阳国志·蜀志》。

② 《汉书》卷二九《沟洫志》。

区别。个体生产是封建农业的标志，而个体生产发展的速度，首先取决于铁制农具供应的程度。冶铁手工业的发展，铁农具的普遍使用，给封建农业生产的发展提供了物质前提。

畜力耕田的推广 铁制农具的使用对耕作方法的改进起很大的作用。有了铁犁铧，必然要用畜力来牵引。春秋战国时代牛耕开始于东方，商鞅变法后，史载“秦以牛田，水通粮”[①]，秦国也普遍使用牛耕。当时还开始用马耕田，商鞅为了“重本”，规定：“盗马者死，盗牛者加。”[②]《盐铁论·散不足》中说：“古者”，人们用马代劳，行则拉车，“止则就犁”。畜力与铁器的结合给精耕细作提供了条件。当时人们已经力求“耕者且深，耨（这里指锄草）者熟耘”[③]，并已注意识别土壤，把土壤粗分为九种，因地制宜，进行种植。

施肥技术的进步 战国时人们已普遍用人或动物的粪便作为肥料。如《孟子·滕文公上》就提到“粪其田”；《荀子·富国》说“多粪肥田”；《韩非子·解老》说“积力于田畴，必且粪灌”等，都说明施肥已成为提高农业产量的重要措施之一。人们已懂得树叶在土中腐烂可以作为肥料，如《荀子·致士》说：“树落则粪本。”当时已会沤制绿肥，《礼记·月令篇》中谈到季夏之月，“土润溽（湿）暑，大雨时行，烧薙行水，利以杀草，如以热汤，可以粪田畴，可以美土疆”。对积肥、施肥的重视，是当时提高农业产量的一个重要因素。欧洲到10、11世纪，才知道施肥。

主要粮食作物的种类和分布 当时各诸侯国根据土壤气候等条件，普遍种植稷、黍、稻、麦、菽、麻等六种粮食作物。稷也称粟或禾，耐干寒，加工后就是小米，主要产在华北大平原和黄土高原，是北方人民的主要粮食。黍就是黍子，去皮后叫黄米，当时在北方是仅次于稷的主要粮食。麦有大麦、小麦之分，小麦又有春小麦和冬小麦之分，性耐干寒，分布很广，这时冬小麦已在黄河流域和长江流域普遍种植。菽就是豆，大菽就是大豆，戎菽就是东北少数民族山戎栽培出来的大豆品种，春秋初期传入中原而广泛种植。麻子也是古人的一种粮食，北方普遍种植。稻主要种植在长江中下游平原，这一带属于“楚越之地”，地广人稀，水利没有很好治理，耕作方法还是“火耕水耨”，产量不高。当时北方产稻的地区也很广，洛阳一带、漳水流域及泰山以东等地都种稻。粮食的主要产地有成都平原的都江堰灌区，关中的郑国渠灌区，魏国的鸿

① 《战国策·秦策》。

② 《盐铁论·刑德》。

③ 《韩非子·外储说左上》。

沟流域及郿县一带，黄河下游的齐国。当时人们除用粮做饭或炒成干粮外，还用米麦磨粉制饼。

农业产量的提高　由于铁农具的普遍使用，水利灌溉事业的发展和耕作方法的进步，单位面积产量有所提高。据李悝对战国初年魏国农产量的估计：一亩地普通可产粟一石半，上熟可产四倍，即六石；中熟三倍，即四石半；下熟二倍，即三石。小饥可收一石，中饥七斗，大饥只收三斗。[①] 战国一亩约当今三分之一市亩，一石约当今五分之一市石，即二市斗。如果折算起来，现在三分之一市亩的土地，那时候可生产合今三市斗的粟，最好年成可以生产四倍，合今一市石二市斗。据《史记·河渠书》记载：凡受郑国渠水灌溉的土地，每亩可收一钟，一钟是六石四斗，合今三分之一亩的土地，生产粮食合今一市石二市斗八市升。这在2000多年前的生产条件下，产量的确是很高的。

三　手工业和商业的发展

春秋以前，商品经济十分薄弱，工商业主要是由官府经营的，劳动力是奴隶，私营工商业者极少。春秋战国之际，随着土地私有制逐渐建立，国家政权逐渐转移到地主手里，一部分工商业也就逐渐离开官家的控制，而成为私人经营的了。由于工商业摆脱了奴隶主贵族的控制，得到迅速发展，商品经济也空前活跃起来。

手工业的发展　战国时代的手工业，有作为农业副业的家庭手工业，有独立经营的个体手工业，有“豪民”经营的大手工业，也有各国封建政府经营的官营手工业。

男耕女织是农业与手工业结合的小农经济的主要特色，“丈夫耕稼树艺”，“妇人纺绩织纴”，[②] 家家种植桑麻，农妇养蚕、缫丝、纺织布帛是农村中普遍的现象。商鞅变法对农民的耕和织是同样奖励的。各国封建政府向农民征收的赋税，除了“粟米之征”，还有“布缕之征”。[③] 如果“丈夫尽于耕农，妇人力于织纴”，封建国家的收入就会增多。[④] 在“农有余粟，女有余布”[⑤] 的情况下，家庭手工业生产的布帛，已有小部分参加商品交换，有的家庭虽无“余

① 据《汉书》卷二四《食货志》。

② 《墨子·非乐》上。

③ 《孟子·尽心》下。

④ 《韩非子·难二》。

⑤ 《孟子·滕文公》下。

布”，但为了交纳租税，也要节衣缩食，把仅有的布帛投入市场进行交换。

个体手工业者逐渐增多。这种手工业者，一部分是由原来官营手工业中的官奴经过斗争解放出来的，一部分是从农业生产中脱离出来的。他们独立经营木工、车工、陶工、皮革工、修补工等，从事个体的小生产，有自己的住宅，可以自由迁徙。各行各业通常集中在一个固定的地区进行生产，一般是自产自销，谋生比农民容易，能够“一日作而五日食”[①]。由于他们进行的小商品生产，经常受价值规律的刺激，生产技术的改进较快。

由豪民经营的大手工业，主要是冶铁业和煮盐业。直接生产者是依附贫民、雇工和奴隶。如猗顿以煮盐起家，魏国的孔氏、赵国的卓氏和郭纵以冶铁致富，他们都是富比王公的暴发户。

官营手工业主要用来满足封建统治者本身的需要，如战争用品和奢侈品等，其规模相当大。在官营手工业的机构中有一套管理组织，直接生产者是官奴、刑徒和征发来的民工，有时还用雇工，即“佣客”。在出土的楚国铜器铭文中，出现了“工”“铸客”“冶师”的称呼。产品常标出督造机构、司造的各级官工和生产者的名称。云梦秦简中有《工人程》，对于官营手工业作坊中劳动的隶臣、妾，即官奴，定出具体计算劳动力和劳动时间的方法。在《军爵律》中规定：工隶臣如果能杀敌立功，可以免去奴隶身份。

战国时期，手工业的生产技术有长足的进步。丝织业已能生产罗、纨、绮、縠、锦、绣、绢帛、缣等新产品，产品已具有地区特色。齐国的丝织品最出名，产品行销各地，享有“冠带衣履天下”的声誉。木工所用的工具除斧、凿、锥外，已有画方形的“矩（曲尺）”，画圆形的“规（圆规）”，弹直线的“绳（墨斗）”，测量垂直线的“悬（悬挂的线）”，测量水平线的“水（水平仪）”。[②] 还发明了一种矫正木料曲直的工具，叫做隐栝，把木料经过蒸煮后放在隐栝中过一定时间，可把曲木压直，或把直木压曲，使其符合制作上的需要。战国早期，漆器工艺还是木器业的附属部门，战国中期以后，开始脱离木器业而成为一个独立的手工业部门。饮食器具、日用容器、乐器、武器，以至棺材，都要髹漆。髹漆不仅可以增强器物的防腐性能，而且可以用各色的漆画成各种图像和图案，使器物成为工艺美术品。找矿和采矿技术也有很大的进步。《管子·地数》和《山海经·五藏山经》中，不仅著录了产铁之山，还记载有出铜之山 467 处，出金之山 129 处，出银之山 20 处，出锡之山 50 处。这

---

① 《管子·治国》。

② 《墨子·法仪》。

些数字虽不一定准确，但它表明我国在当时确已发现了许多矿点。在湖北铜绿山发现的古铜矿遗址证明，当时我国不仅能找到富矿、大矿，而且已能开掘深矿井了。我国很早就发明了制作琉璃（即玻璃）的技术。在西周的墓中已发现琉璃管和琉璃珠，经过化验得知，这是一种低熔点的含有铅、钡的玻璃，和西方的钠钙玻璃不同。在长沙战国楚墓中发现了大量用琉璃制成的璧、珠、剑首、剑珥、印玺等，证明战国时琉璃的制作质量已有显著提高。过去认为中国最早的琉璃是从罗马传入的，到北魏时才能自己制造，这显然是错误的。

商业的发展　随着农业、手工业生产的发展，社会分工的扩大，农夫要“以粟易械器”，手工业工人要“以其械器易粟”，[①] 都要通过市场进行交换。贵族、官僚、地主的剥削所得主要是农副产品，他们也要通过商人的手换取大量的奢侈品。由于商品交换的需要，民间商业就冲破官营商业的藩篱而发展起来。孟子曾追叙这段历史说：“古之为市也，以其所有易其所无者，有司者治之耳。有贱丈夫焉，必求垄断而登之，以左右望，而罔市利。人皆以为贱，故从而征之。征商自此贱丈夫始矣。”[②] 这就是说：古代的市场，没有金属货币，进行物物交换，不征商税，由官府管理，这是奴隶制时代“工商食官”的情形。被孟轲称为“贱丈夫”的民间商人，最初是不合法的，不能到官府市场上去交易，只能在野外找个土岗，左顾右盼，窥测动向，以牟取利润。这说明封建性的民间商业是从乡间发展起来的。何休也说：“因井田以为市，故俗语曰市井。”[③] 就是私商最初起于田野的又一佐证。以后到处都有不合法的市场，“聚者有市，无市则民乏”[④]。官府禁不住，为了增加财政收入，也和对付井田以外的“私田”的办法一样，承认私商的合法存在而征收商税，商人纳过税就可以在城里的市场上进行贸易了。奴隶主政权对私商的税收是很重的，齐景公时“逼介之关，暴征其私”[⑤]。战国时的封建政权仍然对私商征收关税，“关市之征，五十而取一”[⑥]。

战国时代的商人很活跃，“天下熙熙，皆为利来；天下攘攘，皆为利往”[⑦]。只要能多赚钱，他们不避艰难险阻，到处经商。当时的商人大体可分

---

① 《孟子·滕文公》上。

② 《孟子·公孙丑》下。

③ 《公羊传·宣公十五年》何休解诂。

④ 《管子·乘马》。

⑤ 《左传·昭公二十年》。

⑥ 《管子·大匡》。

⑦ 《史记》卷一二九《货殖列传》。

为两类：一类是“坐列贩卖”的普通商人和小本经营的“贩夫贩妇”。他们本钱小，人手少，营业极不稳定，是富商大贾鲸吞的对象。但比耕田容易获利，是贫民谋生的手段，也是一些人求富的途径。谚语说：“用贫求富，农不如工，工不如商”①。另一类是富商大贾。他们有一定的政治地位，拥有雄厚的资本，用伙计、佣保、奴隶作为劳动力，动辄用几百辆大车转运货物。他们有的囤积居奇，操纵市场；有的在诸侯国之间进行大规模的贩运贸易，“连车骑，游诸侯”②。所谓“万乘之国必有万金之贾，千乘之国必有千金之贾”③，历史上有名的富商大贾如白圭、吕不韦等这时相继出现了。白圭是战国初年魏国的大商人，他采取“人弃我取，人取我与”的方法，在年岁丰收时买进粮食，出售丝、漆等物；荒年则卖出粮食，买进帛絮，利用地区差价，获取大利。吕不韦是战国后期的大商人，他经营可以获利百倍的珠宝，与各国贵族、官僚打交道，后来竟爬上了秦国丞相的位置。此外，有些靠煮盐、冶铁起家的大富豪，同时也兼营商业。

城市的发展 由于农业、手工业、商业的发展，专制主义中央集权制度的形成，促使了政治、经济、文化的集中，引起了城市的迅速发展。当时列国的都城和郡县的治所，都发展成为规模不等的城市。临淄是齐国的都城，是战国时期最大的都市之一。据说临淄城中有 7 万户人家，壮年男子有 21 万，居民都喜欢音乐游戏。这个城市是非常繁华的，用苏秦的话来说，是“车毂击，人肩摩，连衽成帷，举袂成幕，挥汗成雨”④。根据近来的发掘，得知该城由大小两城组成，大城住着官吏及百姓，小城是国君居住的宫城。在大城中有集中的工商业区，叫做市。在宫殿附近发现有铸币遗址、铁器作坊遗址。燕国的国都之一武阳，也叫燕下都（今河北易县东南），分东西两城，规模也相当宏大。宫殿区有三座大型的主体建筑，从其布局看，相当宏伟而豪华。当时建筑已有排水设备，地下有衔接的陶管下水道；露出地面的陶水管有蛙头形的。宫殿区的西半部和南侧，有密集的手工业作坊，主要是冶铁、造兵器、铸钱、制骨、制陶的作坊。市民居住区则分布于离宫殿区稍远的西南部。郢（今湖北江陵纪南城）是楚国都城，其遗址城墙共长约 15 公里。据说街道上经常交通阻塞，车碰车，人挤人，早上穿的新衣服，到晚上就挤破了。另外，还有些城市商业很繁盛，如陶（今山东定陶附近），因为是“天下之中、诸侯四通，货物所交易”⑤

①②⑤ 《史记》卷一二九《货殖列传》。
③ 《管子·轻重》甲。
④ 《战国策·齐策》一。

的地方，曾是齐、秦、赵三国激烈争夺的目标。这种封建城市是统治阶级对农村行使统治权的据点，又是官吏、地主、商人、高利贷者聚居的场所。城市既从政治上统治农村，又从经济上剥削农村。

金属货币的广泛流通 春秋晚期，适应民间商业的勃兴，出现了金属货币，即铸币。战国时期货币的流通量逐渐增大。当时的货币主要有两类，一类是铜币，另一类是金币。铜币从造型上分有四种；形状像刀的叫刀币，流通于齐、燕等国；形状像铲的叫布，流通于韩、赵、魏等国；圆形圆孔或方孔的叫圜钱，流通于秦国和东周、西周等地；形状像贝壳的叫铜贝，也叫蚁鼻钱，流通于楚国。楚国还铸有金币叫"郢爰"，是在扁平的金版上打出一块块的金印，印文为"郢爰"，使用时从大版上切下，依重量定其价值，是一种称量货币。后来还发现有"陈爰"，当是楚都由郢迁陈以后铸造的金币。货币的数量大，反映了商业较过去发达；式样多，说明钱币的使用还带有地域性。

战国时期，商品经济虽然有了较大的发展，但就社会生产的比重而言，自然经济仍然占绝对的支配地位。这种商品经济在从奴隶制向封建制过渡的过程中，对旧的奴隶制生产方式起过分解作用，对新的封建生产方式的形成起过促进作用。但是，随着封建制的确立，商品经济对封建生产方式继续起着分解作用，商人与地主阶级的利益日渐发生冲突，所以封建政权采取重农抑商政策。

四 封建社会初期的阶级构成

在战国的历史舞台上有三对社会矛盾：封建地主阶级和农民阶级的矛盾，地主阶级的内部矛盾，封建地主阶级和被推翻的奴隶主阶级残余势力的矛盾。

随着封建政权的巩固和封建经济的发展，地主阶级逐渐取代奴隶主成为统治阶级，农民成为主要的被剥削被压迫阶级。农民与地主构成了社会上两大对立阶级，这两个矛盾着的力量构成了战国社会的主要矛盾。

封建地主阶级是战国社会上的统治阶级，其中又分为不同的阶层或集团。

国君是地主阶级政治上的最高代表，也是最大的土地占有者。这种占有属于封建国家土地所有制。从当时国君赏赐臣下土地动辄几万亩、几十万亩，甚至上百万亩的情况看，或从云梦秦简中的"受田"资料看，各封建国家占有的土地是相当多的。国君把国家所有的土地通过授田和赏赐的方式，分配给农民和臣下。国君凭借国家机器剥削和压迫农民。

贵族食封地主。他们最初是从宗法分封制下的奴隶主贵族转化过来的。封建君主对他的宗族、外戚和嬖幸，按"亲亲分封"的原则封赏给的土地叫"封邑”。这些贵族食封地主有权收取“封邑”内民户的租税，在势力膨胀时不听从中央政令，招纳食客，扩大剥削范围。他们和奴隶制残余有更多的联系，是地主阶级中的保守阶层。

军功官僚地主。这是在统治阶级内部进行财产和权力的再分配中推行“计功行赏”政策而产生的一个阶层。他们大都出身于“士”，其获得土地和政治特权主要依靠战功或政治才能。这个阶层的形成对宗法分封制有破坏作用，其中有一部分人投身于变法革新和谋求统一的事业中，顺应了历史潮流，对社会的发展做出了一定的贡献。

“豪民”地主是地主阶级中的另一个阶层。这是随着土地的自由买卖而从自耕农、手工业者和商人中发展起来的地主，他们虽然没有做官，但依靠经济手段致富，而且“富比封君”，剥削大量的佃户，因而古籍中称之为“豪民”。这种“豪民”主要是从大手工业主和大商人转化来的。他们通过“以末（商）致财，用本（农）守之”① 的途径购买土地，转化为地主。

农民阶级是封建地主阶级剥削压迫的对象。在战国时期，由于本身地位和生产条件的不同，农民阶级形成不同的部分。

封建国家“授田”制下的农民称为“公民”②，是当时农民阶级中的主要组成部分。国家通过“授田”的形式把土地分给农民，农民要向国家缴纳租税，服徭役和兵役。授田是根据土地的好坏，大体上每户授100亩（约合今2公顷）至300亩。农民一般有家室妻小，工具、牲畜等，每一家就是一个生产单位。有严格的户籍制度，农民被束缚在土地上，不准私自迁徙，如果逃亡被捉住要给予严厉惩罚。魏国专门制定了《奔命律》《户律》，就是为了控制农民逃亡的。这种被称为“公民”的农民，实际上是国家控制下的农奴。

依附于私人地主的农民称为“私人”③。“私人”也就是佃农。他们租种地主的土地，将收成的一半以上作为地租交给地主，这就是“或耕豪民之田，见税什五”④ 的租佃关系。这种佃农的身份同样是不自由的。由于佃农依附于豪强地主，一般不再承担封建国家的义务。因此许多“公民”为抗拒国家的租税徭役，便从“公家”逃到“私门”。

自耕农，地位比“公民”略高。他们占有少量的土地和农具，人身比较自由。其中一部分原来是士，因地位下降不得不从事劳动，当时叫“力耕”之

① 《史记》卷一二九《货殖列传》。

②③ 《韩非子·五蠹》。

④ 《汉书》卷二四《食货志》。

士。一部分是在国有土地之外，自己“开田而耕”[①]。另一部分是立了小军功，得到国家赏赐的少量土地。这些自耕农的地位很不稳定，经常在分化，大部分趋于下降。

雇农，在战国文献中有“庸客”“庸夫”“庸民”“庸耕”“庸徒”等名称，是农民中最苦的一部分，生活极无保障，以出卖劳动力为生，被称为“持手而食者”。这种雇佣劳动是封建性的雇佣，受封建生产方式的制约，在当时受到许多因素的束缚而不能得到发展。

农民和地主阶级的矛盾从一开始就存在，随着地主政权的建立和巩固，这一对矛盾也不断发展。各国制定的封建法律，主要是为了防范和镇压农民的反抗。从《商君书》的《农战》《画策》等篇可以看出，逃亡是农民反抗的主要方式之一。商鞅实行什伍组织，主要目的是防止农民逃亡，限制农民迁徙，驱使农民从事农战。从云梦秦简可以看出，秦国农民逃亡、夺取地主财产、聚众反抗的事例很多。不过，由于各国间激烈的兼并战争，有利于统治阶级转移矛盾、分化农民，因而农民与地主阶级的矛盾时而尖锐，时而缓和，还没有达到总爆发的程度。

第三节　各国的兼并战争和秦的统一

一　战国时代封建战争概述

武器的进步　社会生产力的发展给军队提供了新的武器装备。这主要表现在钢铁武器的品种日益增多，如矛、戟、剑等武器逐渐改用铁制，还有了铁胄和铁甲。当时钢铁兵器的制造技术以楚国较发达。考古发掘出的铁兵器，很多是楚国铸造的。这一时期，弩机也得以发展。弩机是一种利用机械力量射箭的装置，可以提高射程和杀伤力。战国时代各国军队都普遍装备有弩，秦俑坑出土的弩机数量很多，说明在秦始皇时代更为普遍了。此外，公输般发明了云梯和钩拒。云梯是攻城的工具，钩拒是舟战的工具。这些新武器的出现，对军队编制及战争方式的改变，都有一定的影响。

---

① 《管子·问》。

兵种兵源的变化　奴隶社会主要的兵种是战车部队，战国时期，步兵和骑兵逐渐成为主要兵种，战车部队逐渐退居次要地位。步兵独立作战，是从春秋时郑、晋两国为了对付戎翟开始的，战国时代，各国军队的成员逐渐变成“徒步匹夫”的农民，步兵成为最主要的兵种。骑兵作为一个兵种出现在我们古代的军队中，大约开始于春秋战国之交。在古代史籍里记录的中原地区最早组建骑兵的实例，是公元前307年赵武灵王开始实行的胡服骑射。骑兵与车兵相较，不但轻快灵活，而且也节省军费。战国时代，各国普遍实行了郡县征兵制度。封建政权强迫农民中的壮丁当兵，各国的兵额大大增多了。如当时的秦、楚二国，各有带甲的步兵百万，车千乘，骑万匹；其他国家则依次不等，但数量均有增益，如韩国的兵力最弱，也有兵卒30万左右。

战争方式的变化　春秋时代用车兵作战，双方都选择平坦的地方，排列成整齐的车阵，然后交战。这种整齐的车阵，一经交战，战败的车阵一乱，就很难整顿队伍、重新编排车阵继续作战，所以胜负很快就决定了。如城濮之战、邲之战、鞍之战，都是在一天之内就分出了胜负。但到战国时代，由于兵种的变化，以步兵和骑兵为主的野战和包围战便逐渐代替了车阵作战。由于军队的数量日益扩大，补充兵力比较容易，战争也就比较带有持久的、长期的性质，打起仗来往往“旷日持久数岁”[①]。如魏惠王包围邯郸达3年之久，赵武灵王以20万军队攻打中山，打了5年才把军队撤回去。由于骑兵和步兵都比较轻捷灵活，适宜于攻击险要地势，因而在进攻手段上迂回的运动战术开始运用，险要之地往往成为防御战和争夺战的中心地点。例如齐魏马陵之战，秦赵阏与之战、长平之战等，都是在险要地区进行的。

各国长城的建筑　由于战争规模的扩大和运动性进攻战术的出现，防御手段也跟着进步。各国都在国境上把原有的大河堤防加以扩建，或利用险要的地形，建筑大规模的防御工程，其中比较长的就称为长城。

战国中期以来，秦、赵、燕三国常受到匈奴、东胡、林胡、楼烦等游牧民族的侵扰。这些游牧民族精于骑射，来去飘忽，战争的运动性大，因而迫使三国都在北境修筑长城。

秦的北长城为秦昭王时所筑。据《史记·匈奴列传》记载，这条长城筑在陇西郡（今甘肃中部）、北地郡（今甘肃东北部和宁夏东南部）、上郡（今陕西北部）三郡的边地。

赵的北长城建筑于赵武灵王破林胡、楼烦之后。这条长城东端起于赵国代

① 《战国策·赵策》三。

郡所辖的今河北省张北县南，向西沿阴山山脉，直到高阙。高阙可能在今内蒙古乌拉山西段。[①]

燕的北长城建筑于燕将秦开破东胡后。这条长城西起造阳（造阳在上谷郡，汉上谷郡治在今河北省怀来县），东到襄平（今辽宁省辽阳市）。

战争的性质和发展的趋势 战国“七雄”之间频繁而激烈的战争，属于封建性的兼并战争。当时的战争都是由各国封建统治阶级发动的，目的不仅为兼并宋、郑、鲁、卫、中山、越、巴、蜀等中小国，而且大国之间也进行土地兼并。这种战争本身就是一种政治行动，它与交战国的政治有密切关系。

兼并战争发展的趋势是逐步转化为封建统一的战争，从而造成由封建割据走向封建统一的历史特点。结束封建割据，实现全国统一，是大势所趋，人心所向，也是各国统治阶级共同向往的王霸之业。无论魏国、齐国、楚国、赵国，都想由自己来完成统一事业，但经过长期搏斗都失败了，最后由封建改革成效最为卓著的秦国消灭了六国，建立了空前统一的中央集权的封建国家。这由封建兼并战争走向封建统一战争的历史，大体可分为四个阶段：魏国独霸时期，秦齐对峙时期，秦赵大战时期，秦国统一时期。

二　魏国独霸中原时期

魏国的强盛 战国初年，魏国首先成为最强盛的国家。因为，三家分晋时魏分得今山西西南部的河东地区，那是原来晋国的基本部分，生产发达，有较好的经济基础。更重要的是在魏文侯时期（前 445～前 396 年）经过李悝变法，促进了封建经济的发展，形成了中央集权的政治制度，建立了一支以武卒制为基础的强大武装力量。从公元前 413 年起，魏文侯不断向秦国进攻，到公元前 408 年，就全部攻占了秦的河西（黄河西边洛水东边的地区），秦人被迫退守洛水。同年，魏又派乐羊领兵越过赵国进攻中山（今河北省宁晋、柏乡、临城、徐水、满城、顺平、唐县之间），终于在公元前 406 年灭掉中山国。魏文侯在西方和北方取得胜利后，又率领韩赵向东方发展。公元前 404 年，魏赵韩联军一直攻入齐国的长城，大败齐军，三国的声威一时大振。魏武侯（前 395～前 370 年）时又向南发展，取得了郑、宋、楚三国间的大块土地。公元前 391 年，魏赵韩联军大败楚军于大梁、榆关，魏国便占有大梁（今河南开封）及其外围襄陵（今河南睢县西）。公元前 371 年，魏又攻取了楚的鲁阳

① 参见何清谷：《高阙地望考》，《陕西师范大学学报》1986 年第 3 期。

（今河南鲁山县）。从此魏国在黄河以南占有了广大的土地，为后来迁都大梁奠定了基础。当时不仅淮水、泗水一带的小诸侯不敢反对魏国，连韩、赵和齐也得服从魏国，田齐能够列为诸侯也是靠魏国的帮助。总之，魏国在文侯、武侯时代，已经初具霸业规模。

魏惠王巩固霸业的措施　魏惠王于公元前369年即位。为了巩固霸业采取了以下措施：一、公元前361年，把国都从今山西西南部的安邑（今山西夏县北）迁到今河南中部的大梁。因为，魏国的主要领土在今山西西南部河东和今河南北部中部的河内和大梁一带，东西两部呈葫芦形。安邑在魏国西部，距东方太远，经上党（今山西东南部）通到东方。上党崎岖多山，交通不便。因此，安邑不仅不便于控制东方诸侯，而且也不便于统治东部地区，如果赵、韩联合攻魏，很容易切断上党的交通线，使安邑陷于韩、赵、秦三国的包围中。为了便于统治东部地区，为了加强对东方诸侯的控制力量，为了保证国都的安全，决定迁都大梁。二、对内兴修水利发展生产。如开凿运河，修筑黄河长堤等。又“发逢忌（今开封附近）之薮以赐民”[①]，开放统治者独占专利的山林川泽，让人民自由去开发，使人民获得较多的生活资源。这样，不仅使生产有所发展，而且在一定程度上缓和了统治阶级与人民间的矛盾。三、对外采取团结赵、韩的政策。公元前361年，魏惠王把原来攻占赵国的榆次（今山西榆次）、阳邑（榆次南）交还赵国，以求得和赵国和好。同年，魏惠王和韩昭侯在巫沙（今河南荥阳北）相会。公元前357年，魏惠王用军事压力迫使韩昭侯和他在巫沙结盟。四、公元前358年，魏惠王使“龙贾率师筑长城于西边”[②]，这可能就是沿洛水筑的长城。公元前352年又进一步扩建。这条长城的修筑，显示出魏国对秦国已采取守势，以防御为主。由于魏惠王采取了以上比较切合时宜的措施，国力又大大加强。公元前356年，鲁、宋、卫、韩的国君都到魏国去朝见魏惠王，继文侯、武侯之后，魏惠王又成为诸侯的领袖了。

魏和赵、齐、秦的战争　公元前356年，赵成侯和齐威王、宋桓侯在平陆（今山东汶上县）相会，建立了齐赵联盟，共同对付魏国。齐、赵两国就在反对魏惠王霸业的基础上联合起来。公元前354年，赵国向卫国进攻，迫使卫国屈服入朝。卫国原来是入朝魏国的，现在朝赵当然是魏国所不允许的，于是魏国起兵伐赵，包围了赵都邯郸。次年，赵向齐求救。齐威王派田忌领兵骚扰魏东部边境，接着又迫使宋、卫两国联合出兵攻魏的襄陵（今河南睢县西）。在

---

① 《汉书》卷二八《地理志》河南郡开封县臣瓒注。

② 《水经注》卷七《济水注》引《竹书纪年》。

这年十月，魏国攻破赵都邯郸。当邯郸告急的时候，齐威王命田忌为大将，孙膑为军师，率兵救赵。孙膑采取避实击虚的策略，利用魏国内部空虚之机，袭击魏都大梁，迫使魏军回兵自救。在桂陵（今山东菏泽）遭到齐军的阻击，魏军大败。但是，魏国的实力毕竟是雄厚的，齐国没有迫使魏国放弃邯郸，也没有继续进攻。公元前352年，魏国联合韩国在襄陵打败了齐、宋、卫的联军，齐国不得已请楚将景舍出来向魏求和。

这时正是商鞅在秦国主持变法的时候，秦乘魏国用全力在东方和齐赵争斗之机，向魏进攻。公元前354年，秦攻取了魏河西重镇少梁。公元前352年，秦军渡过黄河攻占了魏的旧都安邑。魏国没有力量同东方齐赵和西方秦国同时进行战争，魏惠王只得放弃吞并赵国的打算。公元前351年，魏把邯郸归还赵国，与赵国在漳水之上结盟，同齐赵妥协，以便集中力量对付西边的秦国。公元前350年，魏向秦反攻，不但收复了失地，而且围攻定阳（今陕西宜川县西北）。这使秦孝公"寝不安席，食不甘味"，商鞅也认为"以一秦而敌大魏恐不如"①，经商鞅活动，秦孝公和魏惠王在彤（今陕西华州）相会讲和。

魏、齐、赵、秦间展开了长达五年之久的激烈战争，魏国虽然吃了不少亏，但霸业仍然得到发展。公元前344年，魏惠王召集了逢泽之会，参加会盟的共十二个诸侯国，除淮泗一带的小国外，还有赵肃侯和秦公子少官参加，会后还一同去朝见周天子。

齐魏马陵之战和魏国霸业的衰落　在长达五年的战争中韩国一直站在魏国一边，但逢泽之会韩国却没有参加。根本原因是韩国怕魏国继续强大会吃掉自己，借口是反对朝见周天子。韩国和齐国在共同反对逢泽之会的条件下亲近起来。韩国的公然背叛，是魏国所不能容忍的。公元前342年，魏惠王派兵大举攻韩，在梁、赫（都在今河南临汝西南）连败韩军，韩向齐求救。齐派田肦、田忌、田婴为将，孙膑为军师，起兵攻魏救韩。魏惠王也派庞涓、太子申为将，带了十万大军前来应战。两军相持达一年之久。公元前341年，孙膑利用庞涓轻视齐军的弱点，以逐日减灶的办法制造齐军大量逃亡的假象，引诱魏军追击。当魏军追到马陵（郯城马陵山）② 的险要地方时，被齐军包围，一时万弩齐发，十万魏军被歼灭，庞涓自杀，③ 太子申被俘。这是魏国从来没有过的惨败。接着齐、秦、赵从东、西、北三面夹攻魏国。齐国和宋国军队围攻魏国

① 《战国策·齐策》五。

② 王焕春：《魏齐马陵之战在郯城马陵山》，《中国史研究》1985年第1期。

③ 据《孙膑兵法》记载，庞涓兵败后被俘。另《战国纵横家书》中亦有擒庞涓之说。

的平阳。公元前340年，秦商鞅用计擒魏公子卬，大破魏军。这是魏的又一次惨败。在这样的沉重打击下，魏国由于损失惨重而大大削弱了，不仅丧失了霸主地位，反而向齐国屈膝。魏惠王不得不到齐国去朝见齐威王。由于三晋都到齐国朝见，淮泗间的小诸侯当然都顺从齐国。齐威王也会诸侯，朝天子，代替魏国而称霸了。

三 秦、齐对峙时期

秦、齐对峙局面的形成 马陵之战以后，魏国削弱，出现了秦、齐两大强国东西对峙的形势。这时各大国陆续称王，连名义上的周天子也踢开了；作为缓冲地带的小国大量消失，大国领土相邻，于是彼此之间的冲突更加剧烈了。秦、齐两大强国展开了争取弱国、孤立敌国的斗争，而魏、赵、韩等国内，也分成联秦抗齐和联齐抗秦两派，从而展开了合纵连横的活动。

所谓合纵连横，从地域上来说，原是以韩、赵、魏为主，北连燕，南连楚，南北相连为纵；东连齐或西连秦，东西相连为横。从策略上来说，合纵是“合众弱以攻一强”的意思，是阻止强国进行兼并的策略；连横是“事一强以攻众弱”的意思，是强国迫使弱国帮助它进行兼并的策略。起初，合纵既可以对秦、也可以对齐，连横既可以连秦、也可以连齐；直到长平之战以后，才凝固成合纵是六国并力抵抗强秦、连横是六国分别投降秦国的意思了。

张仪、公孙衍的连横合纵 魏惠王因为受到齐、楚的打击，不得不采用秦相张仪提出的魏与秦、韩联合攻击齐、楚的策略，公元前322年起用张仪为魏相。张仪推行的是“欲令魏先事秦而诸侯效之”的连横策略，要魏国做投降秦国的带头羊。魏惠王不肯听张仪的话，秦国就出兵攻占了魏国的曲沃（今山西闻喜县东）、平周（今山西介休西）两地。这对其他各国威胁很大，因而齐、楚、燕、赵、韩五国就出来支持公孙衍的合纵策略。公元前319年魏国改用公孙衍为相，把张仪逐回秦国。

公元前318年，魏相公孙衍发起合纵抗秦，因而有了魏、赵、韩、燕、楚“五国伐秦”之举。当时曾推楚怀王为纵长。但由于各国的利害关系不同，楚、燕二国对合纵不热心，没有出兵，实际只是韩、赵、魏三国和秦交战。公元前317年，秦派庶长樗里疾率兵和韩、赵、魏在修鱼（今河南原阳县西）交战，把三国联军打得大败。以后秦不断进攻三晋，迫使韩国屈服，把太子仓押在秦国求和。魏国的内政也受到秦国的干预，按秦国的意思立公子政为太子。

自打退这次合纵以后，秦国暂时注意于扩充后方。公元前316年，秦惠文王接受司马错的建议，利用巴蜀之间的矛盾，起兵伐蜀，把蜀国灭亡了，接着又灭掉了巴国。从此秦国获得了“天府之国”的巴蜀，对日后的发展起了重大的作用。

张仪拆散齐楚联盟　公元前314年，齐宣王以燕王哙禅让子之引起内乱为借口，出兵干预，仅15天就攻占燕，后因遭到燕国军民反抗而撤军，也引起秦国的震惊。齐为对抗秦国，又与楚国结成联盟。楚国虽然社会改革不彻底，但疆土最大，人口众多，能够调集百万大军，举足轻重。楚国联齐抗秦，使秦国的发展大受影响，因此破坏齐楚联盟是秦国最关键的一着。于是秦国派张仪入楚游说。张仪首先收买了楚国的旧贵族，并许献出商於之地600里为代价，使楚与齐断绝关系。楚怀王不听屈原的劝阻，遂和齐国绝交。当楚国派人向秦讨取土地时，秦国拒绝不给。楚怀王大怒，于公元前312年发兵攻秦。秦军在丹阳（今河南丹水北岸）大败楚军，消灭楚军8万，主将屈匄以下70余人被俘。秦军进而占领楚的汉中。秦国取得了汉中，加强了关中和巴蜀的联系，免除了楚国对秦本土的威胁，国力更加强盛。楚失汉中后，楚怀王征发军队进行反攻，秦、楚在蓝田（今陕西蓝田）发生大战，楚又大败。

由于楚国背齐，齐就联合韩、魏伐楚。公元前301年，齐、魏、韩三国联军向楚的方城进攻，在沘水旁的垂沙大败楚军，杀死楚将唐昧，楚国宛（今河南南阳）、叶（今河南叶县）以北的土地也为韩、魏所占。这一连串的打击使楚国大受挫折。而此后秦国势力得到了进一步发展，公元前293年，秦将白起在伊阙（今河南洛阳市龙门）消灭韩魏联军24万。白起因功升为国尉，秦国实力更强。

苏秦的合纵攻秦　当秦、齐进行剧烈争夺的时候，赵国得到了一个发展的机会。赵国东北有东胡，西北有林胡、楼烦，“三胡”都是我国北方游牧民族，善于骑马射箭。赵国原来的主力部队是战车，笨重的战车无法追及轻捷的骑士，处处被动挨打。赵武灵王为了对付东胡、林胡、楼烦，遂于公元前307年开始改革军制，实行“胡服骑射”，建立了强大的骑兵部队。赵国从此迅速强盛起来，成为秦齐的对手。秦国为了打击赵国，又谋取和齐国联合。公元前288年十月，秦昭王派穰侯魏冉到齐国来，约齐湣王与秦昭王同时称帝，秦为西帝，齐为东帝，准备联合五国攻赵，并三分赵国。当时订立了共同伐赵的盟约，但秦国这一连横策略没有成功，被苏秦的合纵策略所破坏。苏秦劝告齐湣王主动放弃帝号，用以孤立秦国，拉拢各国反秦，以便乘机攻灭宋国。齐湣王采纳了苏秦的主张，废除了帝号，由苏秦发动合纵，“倍（背）约摈秦”。齐国会合燕、韩、魏、赵等五国军队向西攻秦，迫使秦昭王不得不“废帝请服”，把秦此前所占的魏地温（今河南温县西）、轵（今河南济源轵城）、高平等邑还给魏国，把所占赵地王公、符逾还给赵国。[①]

燕攻破齐国　公元前286年，齐国把宋国灭亡了，一时势力大振，引起三晋和楚的不安，秦国便乘机约各国攻齐。公元前285年，秦派蒙骜带兵越过韩、魏，开始向齐的河东进攻，攻取了9个城，设立为9县。

燕国自从燕昭王即位后，决心报齐国武装干涉之仇。燕昭王改革政治，招揽人才，君臣奋发图强，“与百姓同其甘苦”，经过28年的努力，使得国家殷富，士卒“乐佚轻战”。[②] 他派苏秦到齐国去进行反间活动。齐湣王信任苏秦，认为燕国绝不会反齐，因而对燕国毫无防范。燕昭王封乐毅为上将军，乐毅建议燕昭王联合各国一起伐齐。公元前284年，乐毅统率燕、秦、韩、赵、魏五国联军向齐进攻，在济西大败齐军。接着，乐毅遣还秦、韩之师，分魏师攻占旧宋国地，分赵师攻取河间，自己率燕军长驱直入，攻下了齐都临淄。齐湣王逃到莒，被楚将所杀。乐毅乘胜把燕军分为五路，独力伐齐。六个月之间，攻下齐国70多城。只有莒（今山东莒县）和即墨（今山东平度东）两个城市未能攻下。后来燕昭王死，子惠王立。惠王疑忌乐毅，改用骑劫领兵，乐毅被迫出走。骑劫放纵燕军残害齐军的降卒，甚至掘坟焚尸，激起齐国人民的极大愤恨。齐将田单知道士气可用，用“火牛阵”夜袭燕军，杀燕主将骑劫，乘胜收回大片失地，使齐国转危为安。但齐国所受的损失太大，从此一蹶不振，秦、齐对峙的局面也就被打破了。

公元前278年，秦又派白起领兵攻下楚国的都城郢，楚被迫徙都于陈（今河南淮阳）。次年，秦夺取楚的巫郡和黔中郡，势力发展到今湖南地区。从此，楚国也就削弱了。

四　秦、赵大战时期

秦国的远交近攻策略　齐、楚的削弱，为秦国推行远交近攻策略创造了条件。秦国本来早已把战争的目标转向对韩、魏的蚕食。但是，此时宣太后和穰侯魏冉专权。魏冉为了扩大他在陶（今山东定陶）的封地，强令秦军越过韩魏远攻齐国的刚（今山东宁阳东北）、寿（今山东东平西南）。范雎向秦昭王指出，越过韩、魏而攻齐，“少出师则不足以伤齐，多之则害于秦”，结果并不能

① 此从《战国纵横家书》二一。《史记》卷四三《赵世家》作“𡈼分、先俞”。

② 《战国策·燕策》一。

扩大秦国的土地。因此他主张：一是要“远交而近攻”[①]，即远交齐、楚，近攻三晋。认为如此才能“得寸即王之寸，得尺亦王之尺”[②]。一是要“毋独攻其地而攻其人”[③]，即大量杀伤敌人。认为如此才能削弱敌国，争取统一战争的胜利。秦昭王驱逐了魏冉，改用范雎为相，积极推行远交近攻的策略，向三晋大举进攻。三晋之中以赵最强。在此期间，主要是秦赵之间发生了几次空前残酷的大战。

赵、秦阏与之战　公元前 270 年，秦派中更胡阳越过韩的上党，向赵的险要地区阏与（今山西和顺县西）进攻。次年，赵派将军赵奢前往救援。赵奢带兵在离邯郸 30 里的地方驻扎了 28 天，装作不敢前去救援的样子，利用秦的间谍给秦军制造错觉。当秦军被麻痹以后，他以两日一夜的急行军赶到离阏与 50 里的地方驻扎下来，把秦军吸引过来。然后派一万人占据北山，夺取制高点，等秦军来争夺制高点时，“赵奢纵兵击之，大破秦军”[④]，完成了解救阏与的任务，使秦军的锋芒大受挫折。

秦、赵长平之战　公元前 262 年，秦昭王派大将白起攻打韩国，占领了野王城（今河南沁阳），切断了韩国上党郡和国都（今河南新郑）的联系。韩国想献出上党郡向秦求和，但是上党郡守冯亭不愿降秦，请赵国发兵取上党郡。赵派老将廉颇带着大军驻扎在长平（今山西高平西北），秦也派白起、王龁率兵向长平进攻，开始了战国时期从来未有的大战。廉颇鉴于秦军攻击力量很强，采取筑垒固守，坚不出战，以逸待劳的策略，消耗秦的力量。双方相持 3 年，不分胜负。公元前 260 年，赵孝成王中了秦的反间计，改用赵奢的儿子赵括代替廉颇。赵括只能空谈兵法，不会领兵打仗，他一反廉颇的战略，向秦军大举进攻。白起运用了迂回战术，先在正面诈败后退，把赵军引诱到秦军的营垒附近。另外布置了两支奇兵，一支 25000 人，断绝了赵军的后路，另一支 5000 人，把赵军切成两段。赵军被秦军围困达 46 天，粮尽援绝，只得分成四队，轮番突围，都告失败。最后赵括亲自带兵搏斗，被秦军射死。赵军失了主将，全军 40 多万人都投降秦军。白起把战俘中年幼的 240 人放回，其余全部活埋了。

窃符救赵　长平之战赵军主力损失殆尽。公元前 259 年九月，秦派王陵领兵包围赵都邯郸。由于秦国的残杀，激起了赵人的义愤，赵国军民重整旗鼓，对秦军的进攻英勇抵抗。秦军屡遭挫折，死伤很多。白起又一再不同意秦昭王和范雎进攻邯郸的策略，托病不肯亲自出征，范雎起用郑安平为进攻邯郸的主

---

①②③　《战国策·秦策》三。

④　《史记》卷八一《廉颇蔺相如列传》。

将。公元前257年，魏、楚准备救赵，魏安釐王派将军晋鄙带领10万大军驻在汤阴声援赵国，但因畏惧秦国，不敢进兵。魏相信陵君无忌设法窃取了魏王的虎符，带勇士用铁锥击杀了晋鄙，夺得了军队的指挥权，发兵进攻秦军。这时楚春申君黄歇也派景阳带大军前来救赵。秦军在赵、魏、楚三军的内外夹攻下，终于大败。秦将郑安平在围困中带了两万人投降赵国。秦在这一战役中，连前所取得魏的河东和赵的太原都失守了。这是秦国继阏与之役后又一次大败。但秦国国力并没有因此而削弱，仍继续向东发展。

秦灭二周 战国时代残存的周王室不过保有洛阳附近的一小块地方。公元前367年，周贵族发生权力争夺，韩、赵用武力加以支持，周又分裂成西周、东周两个部分。在河南（今河南洛阳市）的称西周公；在巩（今河南巩义市西南）的称东周公。二周不仅各自独立，还常相攻打。周赧王名为天子，实则寄居西周。公元前256年，秦灭了西周，这年周赧王死去，从此挂名的天子也不复存在。公元前249年，秦又灭东周，并且攻取了韩的成皋、荥阳，连同东周、西周的地方建成三川郡。这就使秦据有今伊水、洛水和黄河之间的大片土地。

五国合纵攻秦的最后失败 秦灭二周后展开了对魏、赵、韩的蚕食，特别是公元前242年，秦攻取了魏国的酸枣（今河南延津西南）、桃人（今河南长垣西北）、雍丘（今河南杞县）等20城，建立东郡（今河南东北部）。这样，秦的国土就和已经投靠秦国的齐国接连起来，把韩、赵、魏拦腰截断，秦兵离楚都陈只有160里，对东方各国的威胁很大。公元前241年，合纵的形势又形成了。赵、楚、魏、韩、燕五国合纵攻秦，推楚考烈王为纵长，一直攻到蕞（今陕西临潼东）。但等到秦出兵反攻，楚军闻讯逃跑，各国军队也都纷纷撤退。这是战国时代最后一次合纵，从此联合抗秦的活动再也搞不起来了。就在这年，楚国为了避开秦的威胁，把国都迁到寿春（今安徽寿县），企图退保江淮。

五 秦统一六国时期

秦统一六国时机的成熟 结束诸侯割据局面，完成封建国家的统一事业，是春秋战国以来历史发展的必然趋势。首先，从经济条件上讲，由于生产力的提高，社会经济的发展，各地区的经济联系已有一定程度的加强。这给统一局面的形成提供了必要的经济基础。其次，从民族关系上讲，经过春秋、战国长期的民族融合，华夏族像滚雪球一样越滚越大，在中国境内形成一个相当巩固的民族共同体，且有较高的经济、文化水平。所以华夏族能够作为一个核心民族，克服周边各族的离心力，促进各族人民逐渐融合。第三，各阶层民众及统治者都要求统一。农民是统一最热诚的支持者，因为封建割据以及由此引起的纷争混战，给农民带来了难以忍受的痛苦和负担。工商业者也渴望统一，因为封建割据，关卡林立，限制了工商业的进一步发展。地主阶级更要求统一，他们为了保证对农民的剥削压迫，希望建立一个统一的强有力的中央集权的封建国家。最后，经过长期的大国争霸和兼并战争，大吃小，强吞弱，改变了大国之间的均势，逐渐使秦国成为实现统一的中心力量。

由秦国来完成封建统一，不是偶然的。秦自商鞅变法以来，由于社会改革比较彻底，建立了比较巩固的中央集权的封建政权，新兴地主阶级的力量比较强大，经济发展比较迅速，军队装备精良，供给充足，战斗力强。从公元前361年秦孝公即位，到秦王政公元前238年亲自执政，共历六代123年，关东六国一个一个衰败下去，惟独秦国越战越强。在此期间秦消灭了六国150多万军队，领土从今关中地区扩展到陕南、陕北、甘肃、宁夏、四川、山西、河南、湖北、湖南等地区，因而秦国最有条件来完成统一的事业。秦王政刚即位的时候，李斯就在上书中指出：秦国已具备了统一天下的条件，六国实际上已降到秦的郡县的地位了；凭借秦国的强大和秦王的才干，可以像扫除灶上灰尘一样，吞并诸侯，完成封建统一的大业，这是千载难逢的时机！这说明由秦国统一中国，已经是水到渠成了。

秦统一六国的经过　公元前247年，秦庄襄王去世，其子政13岁即位，他就是杰出的政治家秦始皇。公元前238年，秦王政22岁开始亲自执政，他从吕不韦、嫪毐手里夺回了权力，重新部署了对付六国的战略和策略，开始了统一中国的战争。

秦灭韩：秦首先从六国中最弱小的韩国开刀。公元前230年，派内史腾率兵进攻韩国，俘虏了韩王安，把所得韩地置为颍川郡（郡治今河南禹州市），韩国灭亡。

秦破赵：公元前229年，秦利用赵国发生大地震和大灾荒之机，派王翦领兵攻赵。赵派李牧、司马尚领兵抵御。李牧是抵抗匈奴的名将，他领的军队战斗力很强，多次打败秦军。王翦用重金收买了赵王的宠臣郭开，使赵国统治集团内部互相倾轧加剧，结果赵王迁杀死李牧，引起军队对统治集团的不满，战斗力涣散。王翦乘机大举进攻。公元前228年，秦军长驱进入邯郸，赵王迁被迫献出地图降秦。赵公子嘉率其宗族几百人逃到了赵的代郡（今河北蔚县一带），自立为代王。灭赵的战争只留下这个尾巴。

秦破燕：秦军在追逐赵公子嘉时，大军接近燕国的西南边境，燕国面临灭亡的威胁。公元前227年，燕太子丹派荆轲去刺杀秦王政未遂，秦王政立即派王翦、辛胜领兵攻燕，在易水以西击败了燕军主力。公元前226年，王翦领兵攻下了燕都蓟（今北京大兴西南），燕王喜逃到辽东（今辽宁辽阳市西北），只得杀了太子丹，把太子的头献给秦军求和。这时已到深冬季节，大雪封山，行军不便，秦王政便把北方的军队撤回，向南方用兵。

秦灭魏：公元前225年，王翦的儿子王贲率领10万军队攻打魏国。秦军包围了魏都大梁，掘开河沟（汳水的一条支渠），三个月后大梁城破，魏王假投降，魏亡。

秦灭楚：公元前224年，秦派王翦率领60万军队进攻楚国。他选择有利地势扎下营盘，采取屯兵练武、坚壁不战、麻痹敌人、以逸待劳的战略。秦王政动员一切人力物力支援前方。这样过了一年多，楚军的斗志渐渐松懈，而且粮草不足，难以支持，“乃引而东”。王翦乘楚军向东撤退的时候，率秦军追击，迅速消灭了楚军的主力，接着占领了楚都寿春（今安徽寿县），俘虏了楚王负刍。公元前222年，王翦又率军渡过长江，平定了楚的江南地，降服了越君，设置会稽郡（今江苏东南部和浙江东部），楚国亡。

秦灭燕、赵和灭楚以后，秦王政派王贲为大将，再去扫除燕、赵残余。公元前222年，王贲攻下了辽东，俘虏了燕王喜，接着就攻下了代城，俘虏了代王嘉。燕、赵彻底灭亡。

秦灭齐：秦国长期以来对齐国的笼络是很成功的，齐王建在位40多年，“事秦谨”，“不修攻战之备，不助五国攻秦”。[①] 直到五国灭亡后，齐国统治集团才慌了，“发兵守其西界”。公元前221年，秦王政命令王贲在灭燕之后率军南下，一路几乎没有遇到什么抵抗，不几天工夫就打进齐都临淄，齐王建投降，齐国亡。

秦统一的历史意义 秦国从公元前230年灭韩开始到公元前221年灭齐为止，前后10年，就完成了统一六国的事业，从此结束了春秋战国以来诸侯割据混战的局面，建立了第一个统一的多民族的中央集权的封建国家。战国时代的诸侯混战，给社会生产带来了巨大的破坏。当时就有人说：经过一场大战，人民的死伤和甲兵的损失，其所费“十年之田而不偿也”[②]。秦统一之后，“元元黎民，得免于战国”[③]，人民可以有一个比较安定的环境从事生产。秦王朝

① 《资治通鉴》卷七。

② 《战国策·齐策》五。

③ 《汉书》卷六四《严安传》。

推行了许多消除分裂因素的措施，加强了各地区的经济、文化联系，为我国长期的统一奠定了基础。这对我国历史的发展，有着巨大而深远的影响。长期以来，我国封建社会，以高度发展的经济和文化，屹立在世界文明的前列，而且能有效地抵抗外来侵略，保持国家的独立，这与公元前3世纪秦统一的开创之功，有着不可分割的历史联系。

第四节　战国时期的文化和社会生活

一　学术思想领域的“百家争鸣”

“百家争鸣”的社会背景　战国是社会大变革的时代，各种社会矛盾错综复杂。激烈的政治斗争和经济与文化繁荣，对各个阶级、阶层都产生了深远的影响。人们对当时社会大变革中的许多问题，表明自己的态度，提出主张、愿望和要求。这是产生“百家争鸣”的阶级基础。

战国时代的“士”，是当时知识分子的通称。他们一部分是从奴隶社会的“士”转化来的，一部分是从地主和平民中涌现出来的。他们虽然不是一个阶级，但都必须依附于一定的阶级。他们走公室、跑私门，希望得到统治者的任用。由于他们所投靠的对象不同，或出身经历不同，成了各阶级在思想上的代言人。

在诸侯割据纷争的时期，统治者还不可能推行封建的文化专制主义。所谓“诸侯并争，厚招游学”①，诸侯国的国君和大贵族，都招揽大批知识分子为自己服务，礼贤下士成为社会风尚。当时的士，可以各持一说，在诸侯之间奔走游说，“合则留，不合则去”，有相对的自由。收门徒讲学的风气也非常盛行，只要略为著名的士，差不多没有一个不是“率其群徒，辩其谈说”② 的。这就使各个学派有了发展的机会。

战国时期的各个学派，人们总称之为诸子百家。各派各家都著书立说，议论政治，既互相批判，又互相影响，在学术思想领域内出现了“百家争鸣”的

① 《史记》卷六《秦始皇本纪》。

② 《荀子·儒效》。

局面。参加争鸣的主要有儒家、墨家、道家、法家，还有阴阳家、名家、农家、纵横家、杂家、兵家等。这对于当时的社会变革及文化发展，起了促进作用。在这一时期形成的各种学术思想，成为以后中国思想文化的主要源头。

墨子和墨家　墨子名翟，鲁人，一说宋人，生于公元前468年左右，死于公元前376年左右。他自称为“贱人”，是一个能制造器械的木工，他的技术跟当时著名的工匠鲁班齐名。墨子本人后来上升为“士”，相传他早年受过儒家教育，后来抛弃儒学，创立了墨家学派，成为孔子思想的反对者。墨子的弟子多半来源于社会下层。他和他的弟子结成一个严密的团体，有严格的组织纪律，在他之后的领袖号称“巨子”，所有墨者都得服从巨子的指挥。墨子是当时下层民众在政治上的代言人，他的学说往往反映“农与工肆之人”的利益。墨家流传的著作有《墨子》一书，现存53篇，大部分篇章都是墨子的弟子或再传弟子记述墨子言行的集录，是研究墨子思想的可靠材料。

墨子对劳动很重视。他认为人与禽兽不同之处就在于人要靠劳动生活，只有努力生产才能生存。他还认为不劳而获是不仁不义的行为。这反映了小生产者的意愿和要求。

墨子主张“节用”“节葬”。他反对统治阶级穷奢极欲，挥霍浪费，要求节约开支，葬礼从俭。这反映了劳动人民珍惜劳动成果的要求。

墨子主张“兼爱”“非攻”。他既反对“大攻小，强执弱”的兼并战争，又反对强凌弱、众暴寡、富侮贫、贵傲贱等阶级压迫，宣传不同阶级、阶层的人“兼相爱、交相利”。这反映了民众要求平等，厌恶战争，希望安居乐业的愿望。但这只是一种不切实际的幻想。

墨子主张“尚贤”“尚同”。尚贤是要求国君不分等级，举用贤才，反对“骨肉之亲无故富贵”的世卿世禄制，要求向“农与工肆之人”开放政权，对这些人中“有能则举之，高予之爵，重予之禄”①。这反映了小生产者企图提高自己的政治地位、参与国家管理的要求。尚同是在尚贤的前提下，要求人们与上级政长同是非，“上之所是必皆是之，上之所非必皆非之”，逐级逐层统一思想，最后使“天下之百姓，皆上同于天子”，② 也就是集中统一到中央。这反映了本身经济力量单薄的小生产者希望有一个最贤能者管理政令统一的中央政权，使自己的生活得到相对的稳定。

墨子未能摆脱传统宗教思想的束缚。他否定了天命，却保留了尊天事鬼的

① 《墨子·尚贤》上。
② 《墨子·尚同》上。

宗教外衣。墨子所说的天，是有意志的，它能赏善罚恶，能爱人憎人。他也相信鬼神，宣传鬼神有超越常人的能力。在墨子看来，上天鬼神不是欺压老百姓的，而是为了百姓的利益来监督上自天子、下至万民的一种最高权威力量，这和统治阶级利用“天命”“鬼神”作为压迫人民的思想工具，是有很大区别的。但宗教幻想不会给人民带来实际利益，这种理论反而会被统治阶级所利用。

墨子在认识论方面，提出了判断是非真假标准的三表法：第一表，“本之于古者圣王之事”；第二表，“原察百姓耳目之实”；第三表，“废（发）以为刑政，观其中国家百姓人民之利”。[①] 三表法的出发点是唯物主义的，主张根据前人的间接经验、群众的直接经验和实际效果来判断是非，在认识发展史上是一个很大的进步。但他过分夸大了感觉的作用，忽视了理性认识的重要性，因而不能分辨古书记载和众人见闻的真伪，也不能区别不同阶级对事物的不同态度，在实际运用中不能不陷入经验论的错误。

据《韩非子·显学》等记载，墨子死后，其后学分成许多流派，对墨子思想做了不同的解释和发展。今存《墨子》书中的《经上》《经下》《经说上》《经说下》《大取》《小取》等六篇，从形式到内容都与《墨子》书中其他各篇有显著不同。近人认为这六篇是墨子后学一派的著作，统称为后期墨家。这些著作不是一个时代，一个人的作品，而是经过长期积累，逐渐形成的，可能是在战国后期编定成书的。它们反映了当时新兴地主阶级的思想。

道家和庄子 道家学派是由老子创始的，战国前期继承老子思想的有关尹等，关尹又叫环渊，“学黄老道德之术”[②]，成为老子思想的直接继承人。战国中期的庄子，继承和发挥了老子、关尹的思想，是战国时期道家的代表人物。

庄子（约前369～前286年），名周，宋国蒙（今河南商丘附近）人。在蒙做过短时间的漆园吏，有时以打草鞋为副业。他的出身可能是没落奴隶主贵族。庄子的思想，保存在《庄子》一书中。

庄子对老子所讲的“道”，做了进一步的阐释。他在《大宗师》中说：“道”是超感觉的，“无为无形”，看不见，摸不着；又是不受时间空间限制的，无时不在，无处不在。“道”是世界万物的本源，它生出天地，生出帝王，生出鬼神，而“道”则“自本自根”，自己生出自己。这和老子的解释是一致的。但他进而认为人通过修养可以得“道”，得了“道”就可以与“道”同体，我

① 《墨子·非命》上。

② 《史记》卷七四《孟子荀卿列传》。

就是“道”，“道”就是我，“天地与我并生，而万物与我为一”[①]。这样，人生的苦恼和生死都可以得到解脱，这种“真人”的境界，是庄子理想中的人生最高境界。从这里可以看出庄子的“道”与老子有区别。老子所说的“道”是一个独立的精神性的东西，而庄子所说的“道”却成了主观精神的东西了。

庄子把老子的对立面转化的思想引向了相对主义。他否认客观真理的存在，用相对主义观点来对待好与坏、大与小、高与低、生与死、正确与错误的区别，认为对立双方没有什么绝对的界限，否认相对之中有绝对。列宁在《唯物主义和经验批判主义》中说：“把相对主义作为认识论的基础，就必然使自己不是陷入绝对怀疑论、不可知论和诡辩，就是陷入主观主义。”[②] 庄子正是从相对主义走向不可知论的。庄子认为无论贵贱、大小、有无、是非、生死，都不是由客观事物本身的性质决定的，而是由认识者观察事物时的主观偏见决定的。他举例说：站在活着的人的立场上说死是死，死人也可以站在死人的立场上说生是死；醒着的人站在醒的立场上说梦是梦，做梦的人站在梦的立场上说醒是梦。“庄周梦为蝴蝶”，这是站在庄周的立场上说的；站在蝴蝶的立场上，也可以说蝴蝶梦为庄周。究竟是生是死、是梦是醒、是庄周还是蝴蝶，谁也判断不清。庄子由此得出结论，不管什么高谈阔论、利害之争、仁义之辩，一概没有用，都是自找麻烦。世界上不同的事物间的差异虽然有一定的相对性，但还有本质的差别。这种质的差别正是一事物区别于另一事物的标准。如果把相对论绝对化就变成了谬误。庄子哲学的理论基础是主观唯心论和绝对的相对论的结合。

庄子感到现实生活中的一切都是可怕的和痛苦的。他为了保全自己，竭力想逃避现实，去追求一种精神上的绝对自由，幻想在精神领域里找到一种安慰。他在《逍遥游》中说，大鹏的高飞要靠大风和长翼的帮助，行千里的人要带够三个月的口粮，这种“游”都不能算是真正的自由，因为都要依靠一定的条件，也就是“有待”。他认为真正的自由是“无待”的，这种生活没有任何依赖条件，可以在天地之间驾驭六气的变化，遨游于无穷的境地。寻求这种自由的方法就是对人生的一切都不感兴趣，把现实的王权看成赃物，把仁义是非看成刑具，把圣哲看成家奴，把各派的论争看成如同猪身上的虱子争吃肥肉瘦肉一样。不要有任何作为，不计较自己的毁誉，不感到自己的存在。这实际上是一种自我精神麻醉法。

---

① 《庄子·齐物论》。

② 《列宁全集》第十八卷，第137页，人民出版社1990年版。

儒家和孟子　儒家学派是孔子创始的，孔子死后儒分为八：有子张之儒，子思之儒，颜氏之儒，孟氏之儒，漆雕氏之儒，仲良氏之儒，孙氏之儒，乐正氏之儒。在战国时期，儒家除和其他学派论战外，他们内部的各派间也相互论争。

孟氏之儒的代表人物是孟轲。孟轲（约前371～前289年），战国时邹（今山东邹城）人。他是鲁国贵族孟孙氏的后裔，曾受业于子思的门人。子思是孔子的嫡孙，孟子的学术思想渊源是通过子思而上继孔子的。孟子的学生们记载他的言论，编成《孟子》一书，这是研究孟子思想的直接材料。

孟子所处的时代，封建制取代奴隶制已成为定局，周代奴隶制的旧秩序已基本摧毁，各大国的国君都已称王，所以他不再提周天子了。他认为无论哪一国的国王，只要接受他的政治主张，就可以取周王而代之，成为全国的“共主”。他主张政治上实行温和的改良，而反对激进的改革。他主张“法先王”，但不是原封不动地恢复“周礼”，而是想保存旧框框，装进新内容，实行“托古改制”，为巩固新兴的封建政权提供理论基础。

孟子继承孔子仁的思想，提出要推行“仁政”。他认为要行“仁政”首先要使“民有恒产”，使每家农户有百亩之田，五亩之宅，宅边种着桑树，家中养着鸡、狗、猪等家畜，吃得饱，穿得暖，50岁以上的有丝织品穿，70岁以上的有肉吃，遇到灾荒，可以避免死亡。他提倡的这种恒产，实际上就是要巩固耕织结合的个体小农经济，孟子的仁政说发展了孔子的富民思想。

孟子的性善说是他的仁政学说的哲学基础。孟子认为人性善，人先天就具有统治阶级所要求的那些基本道德品质的萌芽。据他说，每个人生下来都有“恻隐之心”“羞恶之心”“恭敬之心”“是非之心”，这些他称为“四端”。“四端”如果发展起来，就成为“仁”“义”“礼”“智”的“四德”。① “恻隐之心”是“四端”之首，“仁”是“四德”之首。孟子认为统治者把这种内心固有的“恻隐之心”发扬出来，“扩而充之”，推行到行政措施中去，每办一件事情都能想到老百姓的痛苦，这就叫“以不忍人之心，行不忍人之政”，② 也就是所谓的“仁政”了。孟子的性善说，虽然是唯心主义的，但在封建社会中起了重大的影响。在封建统治者鼓吹人性恶而镇压人民时，性善论对人民争取自由和个性解放提供了理论依据。

---

① 《孟子·告子》上。

② 《孟子·公孙丑》上。

孟子倡导“民为贵，社稷次之，君为轻”[①] 的民主思想，这是奴隶社会崩溃，庶民地位提高的反映。在封建社会中起了重大进步作用。

荀子　荀子名况，字卿，战国末期赵国人，生卒年不详，他的学术活动年代约在公元前298年至公元前238年。他曾游学齐国的稷下，到过秦国，后来做过楚国的兰陵令。他的言论保存在《荀子》一书中。

荀子是儒家八派中的一派的创始人，孙氏之儒指的就是荀子这一派。他尊崇孔子，但把子张氏、子夏氏、子游氏的后学都斥为“贱儒”或“俗儒”，而对以儒家正宗自居的子思、孟轲更不惜痛加斥责。荀子是“重法”的，他的思想在实质上和法家思想有不少一致的地方，但他到实行法家政治的秦国去游历，却认为秦国“无儒”[②] 是个大缺点。可见荀子既不是正统的儒家，又不是典型的法家，而是一位以儒家学说为基础，批判地吸取各家之长，自成体系的地主阶级思想家。

“礼治”和“法治”本来是儒、法两家对立的政治主张，但是荀子主张既“隆礼”又重法。他认为“礼”与“法”的关系是：“礼者，法之大分”[③]。“礼”是根本原则，法是具体措施，二者不是对立的，而是相辅相成的。这是地主阶级需要巩固新的等级制度在理论上的反映。

在人性论方面，荀子主张人性恶。他认为人生下来就是“目好色，耳好声，口好味，心好利”。有欲望就不能不追求，大家都片面追求满足自己的欲望就不能不发生争斗，发生争斗就使社会秩序紊乱，总之人性与礼义是相违背的。人之所以有礼义等道德观念，是“君主”或“圣人”“明礼义以化之，起法正以治之，重刑罚以禁之”[④] 的结果。他力图通过性恶论说明建立封建法制和对人民进行教化的必要性。性恶论同样是唯心主义的，但荀子强调后天学习、去伪从善的重要，也有积极意义。所以荀子说：“青，出之蓝，而青于蓝；冰，水为之，而寒于水。”[⑤] 以生动比喻，指出学习可使后者居上，新知超过旧知。

在自然观方面，荀子肯定“天”是自然的天。自然界的变化有自己的规律，不受人的意志支配，天不因为人怕冷就取消了冬季，也不因为人怕跑远路就缩短了距离。他认为天也管不了人事。如果人们加强农业生产，又节约开支，天不能使人贫穷；如果人们荒废了农业生产而又奢侈浪费，天也不能使人

---

① 《孟子·尽心》下。

② 《荀子·强国》。

③⑤ 《荀子·劝学》。

④ 《荀子·性恶》。

富裕。这种论证“天”与人类社会的治乱毫无关系的“天人相分论”，第一次从理论上把人与神、自然与社会区分开来，是对天命论的有力批判。他还强调了人在认识自然和利用自然中的主观能动作用，提出“制天命而用之”的光辉思想，指出人如果掌握了自然规律，就可以做到“天地官（管）而万物役”，就能够使天地万物为人服务。荀子在总结天与人关系的论争过程中，把唯物主义发展到新的理论高度。但是，他认为人应该“不求知天”[①]，如宇宙到底是如何构成的，世界到底有没有共同的物质本原等，在他看来都没有进行科学探讨的必要。他断言人类只能从大自然已经显现出来的规律和既成事实去掌握自然规律，而不必去探求还未发现的自然规律。这就使他的唯物主义思想的发展受到很大的局限。

法家和韩非 法家是地主阶级改革派。战国早期的法家有李悝、吴起、商鞅、申不害、慎到等，都是各国变法运动的倡导者。后期法家的代表人物是韩非（约前280～前233年）。韩非是韩国人，是先秦法家思想的集大成者。他的著作收集在《韩非子》一书中。

法家提出了具有发展进化因素的历史观，力图论证战国时期政治、经济地位的变动和财富权力的转移是合理的、进步的，批判儒家守旧不变的观点。韩非发挥了这种观点。他在《五蠹》篇中有一段脍炙人口的话，是批判孟子“法先王”思想的。他写道：“今有构木钻燧于夏后氏之世者，必为鲧、禹笑矣。有决渎于殷、周之世者，必为汤、武笑矣。然则今有美尧、舜、禹、汤、武之道于当今之世者，必为新圣笑矣。是以圣人不期修古，不法常可，论世之事，因为之备。”接下去便用那个“守株待兔”的著名寓言为喻，得出结论说：“今欲以先王之政，治当世之民，皆守株之类也。”这段话说明，历史是不断发展变化的，随着时代的进步，社会生活和政治制度都要跟着发生变化，复古的主张是行不通的。这种思想体现出新兴地主阶级改革旧制度的进取精神。

法家是主张君主专制的，商鞅重“法”，申不害重“术”，慎到重“势”，从不同角度提出加强君权的主张。韩非认为，要建立中央集权的专制主义政治，法、术、势缺一不可。“法”指成文法令，“术”指国君操纵臣下的手段，“势”指国君拥有至高无上的权势。他主张把法、术、势结合起来，以加强中央集权制。关于中央和地方的关系，他提出“事在四方，要在中央，圣人执要，四方来效”[②]。韩非的这些主张，为结束诸侯割据，建立统一的中央集权

① 《荀子·天论》。
② 《韩非子·扬权》。

的封建国家，提供了理论根据。

韩非继承了荀子的性恶论，认为人生来是自私自利的，统治者与人民的关系是建筑在利害矛盾的基础上的，他认为不可能使人民心悦诚服地供统治者剥削，必须用暴力加以强迫，他毫不掩饰自己的剥削阶级立场。如说："严家无悍虏，而慈母有败子，吾以此知威势之可以禁暴，而德厚之不足以止乱也。"[①]实行轻罪重判，可以使"小过不生，大罪不至"[②]。"上设重刑者而奸尽止"[③]。他一再强调要用严刑峻法制止人民的反抗。这是地主与农民的阶级矛盾日益尖锐在理论上的表现。

其他学派　阴阳家：阴阳五行说是西周时期产生的朴素唯物主义的自然观。它用阴阳的对立和相互作用来说明自然现象变化的原因；用金、木、水、火、土五种物质来说明各种事物的构成。战国时期，形成了一个专讲阴阳五行的学派，人们叫阴阳家。这个学派以阴阳五行观念为基础，夹杂一些宗教、巫术和迷信，用以解释他们日常所接触到的一切自然现象和社会现象，形成唯心主义和神学的思想体系。当时讲阴阳五行的有两派：一派是五行相生说，一派是五行相胜说。《礼记·月令》用五行相生说来解释四季的变化，要求人们按照天地四时的变化来进行农业生产，这具有朴素唯物主义的因素，但进而把一切人事都和阴阳五行做荒谬的比附、组合，认为是吉祥祸福的象征，这就变成了神学。齐国人邹衍用五行相胜说来解释朝代的变更，创立了五德终始说。按他的说法，黄帝是土德，夏禹是木德，商汤是金德，周文王是火德，而将来代周的一定是水德。因为木胜土，土胜水，金胜木，火胜金，水胜火。后来秦始皇就采用这个说法，把秦朝定为水德。这种学说把王朝的更替和五行作荒谬的比附，并说成是无限循环的。这既是神学，也是神秘的历史循环论，但它又说明，任何一个王朝或时代都不是永恒的。

名家：由于社会制度发生了根本的变革，旧有的称谓不能适应新的内容，新起的称谓又还没有得到一定的公认，因而在意识形态上反映出澄清名实不符的要求，产生了"名家"。"名家"是主张辨别名实关系的，其代表人物公孙龙子说："夫名，实谓也"[④]，就是说名是实的称谓，名必须符实。但他在辩论中追逐概念游戏，往往流于诡辩。公孙龙有一篇《白马论》，他说马是指形状，白是指颜色，而白马是马形加上白色，既不是马，也不是白，所以说"白马非

---

① 《韩非子·显学》。

② 《韩非子·外储说上七术》。

③ 《韩非子·六反》。

④ 《名实论》。

马”。其实，任何具体的事物都是个别与一般的对立统一。拿白马这个具体事物来说，它既包含了白马的个别性，与黄马、黑马有颜色上的差异，也包含了白马作为马的一般性，一般只能在个别中存在，因此应该说白马是马。公孙龙只看到个别与一般之间的差异，并将这种差异绝对化，否认它们之间的内在联系，这就倒向了诡辩论。但在中国古代逻辑发展史上，名家是做出了重要贡献的。

兵家：战国时期兵家的主要代表人物是孙膑。他是齐国人，孙武的后代。他继承和发展了孙武的军事思想，著有《孙膑兵法》。这部书失传了一千余年，1972 年 4 月从山东临沂银雀山汉墓中发现。书中认为寡可胜众，弱可胜强；强调进攻战略；强调灵活运用战法；重视城邑的攻取和阵法的运用，是我国古代一部重要的军事著作。此时著名的兵法著作还有《吴起兵法》《商鞅兵法》《庞煖兵法》《信陵君兵法》《尉缭子》等，兵法著作之多，说明军事学是战国时代较为发展的一门学问。

农家：据《孟子》的记载，许行是提倡“神农之教”的农家。他领导了一个团体，有几十个人。他们都穿着劳动人民的衣服，以编草鞋、织席维持生活。他主张每个人都应该以自己的劳动果实来维持自己的生活，国君也应该跟劳动人民一起劳动，吃一样的饭，不能不劳而获。反对社会分工和等级差别。在当时的历史条件下，农家的社会思想只是一种空想，不符合历史发展的趋势。但是，它反映了农民向往一个没有剥削、人人劳动的理想社会的要求和愿望。

杂家：秦相吕不韦当政时，召集一部分门客给他写文章，编成一部《吕氏春秋》。该书糅合了阴阳五行家、道家、儒家、兵家、墨家的部分学说，企图用来作为实现统一的指导思想。由于是各家思想糅杂在一起的，所以班固把它列为“杂家”。这部书辑录了一些珍贵的历史资料，对研究古代天文、农业生产等有重要的参考价值。

纵横家：苏秦和张仪进行合纵、连横活动的游说词，为当时游说之士所传习，所以合称纵横家。《战国策》及当代出土的《战国纵横家书》，是研究这一学派的主要著作。

二　史学与文学艺术

史学著作　《左传》是一部编年体春秋史，亦称《春秋左传》。旧传是春秋时鲁国人左丘明所撰。近人多认为是战国初年以《春秋》为纲，博采各国史料编成的。《左传》的纪事编年起自鲁隐公元年（前 722 年），与《春秋》相同；止于鲁悼公四年（前463年），比《春秋》多出17年，其叙事直到悼公十四年（前453年）。对东周王室和各主要诸侯国的盛衰兴亡，对春秋时代的重要政治和军事活动，都有比较具体的记载。此外，还保存了一些夏、商、西周的事迹和传说。文章也很优美，刻画人物细致生动，实为我国古代最早的一部史学名著，是研究春秋史最重要的文献史料。常见的注释本，有晋杜预《春秋左氏经传集解》。

《竹书纪年》是战国时魏国编年体的官史，因原本写于竹简而得名。该书久埋地下，直到公元279年汲郡人盗发魏襄王墓时才被发现。记有上起夏代、下迄魏襄王二十年（前299年）的历史。可惜此书到宋代已经散失，现在能看到的是王国维编成的《古本竹书纪年辑校》和范祥雍的《古本竹书纪年辑校订补》。这是研究古代史的重要资料，可校正《史记》所载战国史事年代的错误。

《战国策》是一部关于战国时代纵横家游说辞和权变故事的汇编，也有一些战国史事的记载，分国编辑，是战国时代最基本的史料。但其中夹杂有游说之士的拟说、拟作，不尽可信。在长沙马王堆汉墓中发现的《战国纵横家书》，可订正《战国策》中的部分错误。

诸子散文 战国时代的诸子差不多都是优秀的散文家。他们大量吸收民间语言，思想开阔，语言丰富，文辞精彩，议论风生。其中以孟、庄、荀、韩四家文学价值最高。孟子的议论语言犀利，善于辩论；庄子的文章汪洋恣肆，想象丰富；荀子的文章气势磅礴，说理透晰；韩非的文章峻峭尖刻，锋芒毕露。诸子都善于用寓言故事阐明自己的思想和主张。如《庄子》中用河伯"望洋兴叹"的故事，讽刺见识少而又自高自大的人；《韩非子》中引用"守株待兔"的故事，讽刺政治上的保守派，文笔生动活泼，很有说服力。

屈原和楚辞 诗歌在战国时代有重大的成就。楚国的诗人，吸收了南方民歌的精华，融合了古代神话和传说，创造出了新体诗——"楚辞"。按宋人黄伯思的解释，因为"皆书楚语，作楚声，纪楚地，名楚物，故可谓之楚辞"①。楚辞打破了《诗经》四字一句的格式，采取三言至八言参差不齐的句式，形式活泼多样，适宜于描写复杂的社会生活，表达丰富的思想感情，篇幅和容量可根据内容的需要而任意扩充。伟大诗人屈原，是楚辞的创始人和代表作家。

屈原（前340～前278年），名平，出身于楚国的贵族。他生在楚国由强大走向破败的时期。起初他颇受楚怀王的信任，曾官至左徒，是国王左右的近臣，参与国家政令的起草和外交等工作。屈原鉴于秦国对楚国的威胁而产生的

① 《东观余论》卷下《校定楚辞序》。

危机，主张改良内政，联齐抗秦。但是，上官大夫靳尚和怀王宠妃郑袖等人，由于受了秦国使者张仪的贿赂，不但阻止怀王接受屈原的意见，并且使怀王疏远了屈原。结果楚怀王被秦国诱去，囚死在秦国。继位的顷襄王比他的父亲还要糊涂。屈原继续受到谗毁、迫害，并一再遭到放逐。公元前278年，秦国的大将白起带兵南下，攻破了楚国的郢都。屈原当时已经62岁，他对楚国的前途深感绝望，就在这一年的五月初五，跳进汨罗江自杀了。屈原的政治生活虽然是个悲剧，但作为诗人，他给后人留下了珍贵的遗产。他那和黑暗势力作斗争的遭遇，特别是长期的流放生活，使他有机会了解、体验人民的疾苦，充分吸收民歌的营养，创作了《离骚》《天问》等20多篇不朽的诗作。

《离骚》是屈原最成熟的作品。全诗373句，2490字，是我国古代最宏大的一篇抒情诗。前半部分是现实的叙述，写他改良政治的理想，黑暗势力对他的陷害，以及他坚持自己理想的坚强信念。后半部分织入了许多奇特的幻想。他把风、雨、雷、电、云、月，作为他的侍从、御者、卫士，使凤凰和龙替他拉车子；让他在天空中驰骋，上天下地去追求他所理想的对象，结果是失望了。诗人把自然现象、历史人物、神话传说糅成一体，编织成为瑰丽的浪漫主义艺术形象，达到了思想性和艺术性的高度结合。鲁迅在《汉文学史纲要》中称赞屈原：“被谗放逐，乃作《离骚》。逸响伟辞，卓绝一世。”

《天问》是一篇奇特的长诗。这是屈原在放逐以后，忧郁彷徨，精神上起了激烈的动荡，旧信仰完全崩溃，因此对于自然现象、古代遗闻、宗教信仰以及对社会的传统思想都产生了怀疑，从而发出种种疑问。通过提问，诗人尽情宣泄了政治生活中的矛盾和苦闷。

屈原的作品在中国文学史上有重大的影响，他的诗篇是中国古代文化的瑰宝，也是全人类的宝贵遗产。

艺术　战国时代的艺术有很大的进步。青铜工艺造型精巧，形制轻便适用，且多样化。除铸纹外，出现了精细的鎏金纹和刻纹。大型青铜器的花纹中有描写现实生活的车马狩猎、水陆攻战、宴乐等图像。1935年河南汲县山彪镇（今卫辉市唐庄镇山彪村）战国墓葬出土的水陆攻战纹铜鉴，有图像40组，292人，表现出格斗、射杀、划船、击鼓、犒赏、送行等种种姿态。由于毛笔的使用，绘画也发展起来。长沙城东子弹库的楚墓出土的一张男子御龙舟帛画，反映了当时的绘画水平。画的正中站着一个男子，手执缰绳，驾驭着一条龙舟。龙舟的龙头高昂，龙尾翘起，龙身平伏，构成一舟形。龙尾上部向右站立一鹤，昂首朝天。舟顶有华盖，舟左下角有一条鲤鱼。绘画技巧相当成熟，用单线勾勒，线条流畅，毫不板滞。长沙陈家大山楚墓出土的人物龙凤帛画，也是著名的艺术珍品。

春秋战国时期，我国音乐有重要发展。河南淅川县一号楚墓出土春秋末期九件编钟（纽钟），每个钟能发出两个乐音，构成十三度或大三度音程，已使用七声音阶，而且十二个半音齐全，可以从宫转调，打破了过去人们认为中国只有1、2、3、5、6五声音阶的说法。在湖北随县（今随州）战国初年曾国君主墓中出土的成套乐器，有编钟、编磬和鼓、瑟等，其中编钟的发音与淅川编钟相同，说明在春秋战国时代，中国音乐已达到相当高的水平。

三　自然科学的发展

战国时期，在社会生产进一步发展的情况下，自然科学也有了显著的发展。

天文历法　在天文学方面，对天体运行有了进一步的研究，出现了许多专门观测星象、研究天文的学者和著作，著名的如齐国的甘德著《天文星占》8卷，魏国的石申著《天文》8卷，后人把这两部著作合为一部，叫《甘石星经》。他们观测了金、木、水、火、土五个行星的运行，发现了这五个行星出没的规律。据我国科学家席泽宗研究证明：甘德已发现木星的3号卫星，比意大利伽利略和德国麦依耳的同一发现早近2000年。甘德、石申所测定的恒星纪录，是世界上最早的恒星表。书中记有120颗恒星的位置，以现在的观察结果来看，还是比较准确的。它比欧洲第一个恒星表——希腊伊巴谷的星表早约200年。战国时用的历法，一年为365.25天，19年共235个月，为了调整年与月的差距，已采用19年7个闰月的置闰方法，这就是后来所谓的“四分历”。这时历法上的最新成就是“月令”的出现，人们已经测知了一年二十四节气，并知道根据节气的变化来安排农业生产。

“司南”的发明　战国末年，劳动人民在生产实践过程中，发现了磁石的指南性，利用磁石的这一特性制成一种正方向、定南北的仪器，叫做“司南”。《韩非子·有度》说：人们怕“东西易面而不自知”，就用“司南”来辨别方向。据考证，司南的样子像一把汤匙，有一根长柄和光滑的圆底，放在刻有方位的盘子中。只要把柄轻轻转动一下，静止时长柄所指的方向便是南方。这是世界上最早的指南仪器，后来逐步发展成指南针。

医学　战国时代的医学有很大的发展。医学家已懂得人体解剖，知道内脏、血管和血液循环的情况。治病已有较多的分科，如内科、外科、妇科、小儿科等。诊断方法有望、闻、问、切。医疗器械有“针”“石”“熨”等。用药除一般饮用的汤药外，还有药酒和药膏。当时有不少医学的专门著作，流传下来的有《黄帝内经》中的《素问》和《灵枢经》，从马王堆汉墓中出土的《足臂十一脉灸经》《阴阳十一脉灸经》《脉法》《阴阳脉死候》《五十二病方》，都大体写成于战国时代。齐人扁鹊是春秋战国之际的名医，他不仅精通内科，而且熟悉妇科、小儿科、五官科。他的医疗事迹一直为后人所传诵。

光学 战国时代，人们已经发现了光是沿直线传播的。《墨经》中对光的直进律，做了精辟的分析。如：在一间黑暗的小屋朝阳的墙上开一个小孔，人对着小孔站在屋外，屋里相对的墙上就出现了一个倒立的人影。为什么会有这奇怪的现象呢？墨家解释说，光穿过小孔如射箭一样，是直线进行的，人的头部遮住了上面的光，成影在下边，人的足部遮住了下面的光，成影在上边，就形成了倒立的影。这是对光直线传播的第一次科学解释。

数学 战国时我国劳动人民在制造农具、车辆和兵器等的实践中已有了角度的概念。《考工记·车人》中有多种角度的名称。《墨经》中有点、线、面、方、圆等几何概念。《管子·地员》《荀子·大略》等作品中都有运用九九诀的例句。

地图的绘制 1986年在甘肃天水放马滩发现秦始皇八年木板地图，该图以墨线绘于四块大小基本相同的木板上，其中三块两面绘制，一块一面绘制，有一幅为半成品。除半成品外，其余各图可拼接为一幅以邽丘为中心的行政区地图，该图包括今天水市的麦积区、秦州区、清水县、秦安县等地，总面积为118.8平方公里，图上标明了河流、山川、居民点、县乡治所、道路、关口及森林资源分布情况。木板地图的绘制有统一的体制，已具备了方位、距离、地势起伏、倾斜角度、河流和道路的曲直等项绘图原则，只是未标明比例。但据图的四至所标明的距离推算，其比例应为1∶300000。该图集地形图、经济图和政区图于一体，反映了秦对地理和行政区划非常重视，也表明当时的制图和测量技术已达到相当高的水平。

四 社会生活

礼仪风俗 中国素称“礼仪之邦”，礼仪在中国古代的政治、文化生活中占有重要地位。上至朝会、祭祀等政治、宗教活动，下至婚丧嫁娶等民风民俗，皆与礼仪密切相关，礼仪成为人们言行的准则，故《左传·昭公七年》言：“礼，人之干也。无礼，无以立。”有关礼仪风俗的记载，大多集中在《周礼》《仪礼》《礼记》之中，此外还散见于《诗经》《左传》《国语》《公羊传》

《穀梁传》《楚辞》及先秦诸子著作之中。礼一般又分“五礼”——吉、凶、军、宾、嘉，各有不同“仪”与之相配，以区别尊卑贵贱之等差；其中重要者又称“八纲”——冠、婚、丧、祭、朝、聘、射、乡。周礼初始皆行于贵族阶层，春秋“礼坏乐崩”，战国社会剧变，礼仪发生分化，一部分以礼制形式遗变，一部分则积久而渐变为风俗。

冠礼。其礼仪与西周相同，故不再重述。加冠礼仪完毕，由宾为冠者取“字”。命字以后，名只用于自称，除君王、父祖，别人不能直呼其名而只能以字称呼，以示尊重。据《礼记·冠义》记载，冠礼的意义是“成人之道也”，“将责成人礼焉也”，即要按照“为人子，为人弟，为人臣，为人少者”四个方面的礼仪规范加以约束，使之成为具有“孝、悌、忠、顺”完美品德的人。女子十五而笄。将头发梳成发髻，盘在头顶，以笄插牢，称为结发，也要取“字”，以示成人。

婚礼。《礼记·昏义》言：“昏礼者，礼之本也。”春秋战国婚姻形式以一夫一妻制为主体，但贵族及富有者多媵妾成群，故有多种婚姻形式存在，形成事实上的多妻制。烝、报婚流行于西周春秋时代和古代北方少数民族中。父亲死后，儿子可以娶庶母，称作烝；叔、伯死后，侄儿可以娶伯、婶母，称作报；兄或弟死后，弟或兄可以娶兄嫂或弟媳，称为转房婚。烝、报原为祭祀名；收继时要祭祀祖先。烝、报婚所生子女具有合法权益。招养婚又称招赘婚，俗称“倒插门”，男入女家。战国时较流行，但一般社会地位低下。聘娶婚是婚姻形式的主流，由“买卖婚”演化而成。男子以聘的方式娶妻，其中“父母之命，媒妁之言”起着重要作用。媒人有官媒和私媒之别。婚姻也要经过纳采、问名、纳吉、纳征、请期、亲迎等六个程序。新婚之夜，夫妻要行“共牢合卺”之礼；第二天早起，沐浴盛装，拜见公婆，以示孝心。如公婆已故，则在三个月后到公婆庙中参拜，称为“庙见”。如是婚礼才告结束。

丧葬。春秋战国时丧礼繁琐而严格，主要程序仍属西周之遗制。丧礼过后，死者亲属必须身着丧服为其守丧。据《仪礼·丧服》载，丧服有斩衰、齐衰、大功、小功、缌麻五种，俗称“五服”。以与死者血缘关系亲疏为基准，越亲服制越重，依次为三年至三个月。血亲关系以五代为限，逾此则无服，俗称“出五服”。服制中具有突出君父及男尊女卑思想。葬礼，即埋葬的礼仪。古人视土地为生命之本，讲求入土为安，故标准葬式为土葬。一般有墓有坟，通称“墓”；君主之墓通称“陵”。土葬盛殓尸体之具称为棺，套层为椁。依据尊卑富贫差异，棺椁的厚薄、用料、彩绘、层数也各有不同。考古证明，周制的棺椁制度，春秋战国仍在一定程度上实行。此外，当时盛行厚葬之风，既有殉物，也有殉人，均随墓主尊卑富贫而变异不等。

祭祀。《春秋》经传记载有郊、大雩、禘、烝、尝、日月、星辰、风云、社稷、五祀、四望山川、先农等祭祀典礼，与《周礼·春官·大宗伯》所言基本吻合。综括可分三大类，即对天神、地祇、人鬼的祭祀典礼。各类祭祀都有严格等级区分，必须按所处地位祭祀相应对象，一定的祭祀资格是一定的政治权力的体现。如《礼记·曲礼》言，只有天子才有资格祭天地。周代以“圜丘祭天”，古人认为天为圆形，故取圜丘为天的象征。正祭时间在每年冬至之日，地点在国都南郊的圜丘，天子主祭，群臣陪祀。祭毕，天子将祭祀用的牲肉赐给宗室、臣下，称为“赐胙”，以示恩宠。以“方丘祭地”，取地方之意。正祭时间为每年夏至之日，地点在国都北郊水泽中的方丘，并将牺牲及其他祭品埋入土中，以供大地品尝。供奉和祭祀祖先的地方称宗庙，又称太庙、祖庙，也被视为国家的象征，与社稷一样重要。祭分四时，祭品也以等级地位而定，如天子用“会”，相当于三个“太牢”；诸侯牛、羊、猪并用，称为“太牢”；卿用一牛，称为“特牛”；大夫羊、猪并用，称为“少牢”；士用猪，庶人用鱼。正祭之外，还有随时节的“荐新”之祭。

朝、聘、射、乡。朝、聘属宾礼，射、乡属嘉礼。朝、聘礼仪是天子与诸侯国以及诸侯国之间的往来交际。据《周礼·春官·大宗伯》载：“春见曰朝，夏见曰宗，秋见曰觐，冬见曰遇。时见曰会，殷见曰同。时聘曰问，殷眺曰视。”朝、聘礼仪主要施于上层，大夫士庶也讲求“礼尚往来”，以融洽关系。射礼又分四种：大射、宾射、燕射、乡射。参加人员地位渐次由高至低。射礼前后，常有燕饮。乡礼为乡饮酒礼，属于地方基层的敬贤尊老之礼，是基层行政管理的一项重要内容，具体内容见《仪礼·乡饮酒礼》《周礼·地官·乡大夫》《礼记·王制》等。

节日。中国是以农业立国的文明国家，又是一个多祭祀的国家，故其传统节日，多为农业节日和祭祀性的节日。先秦萌芽或略具雏形、后经发展而成今日风俗节日的主要有：元旦、立春、上巳、寒食、端午、重阳、社日、祭灶日等。元旦，又称元日、元春、正旦、新正等，是农历正月初一，即今日之春节，也叫新年。《尔雅》释“年”说：“夏曰岁，商曰祀，周曰年。”其源于原始社会的蜡祭，为神农氏时代的“岁终大祭”；农事毕功，便于十二月举行蜡祭，庆功狂欢，祈运来年。此风俗逐渐沿袭损益，终成汉民族和部分少数民族最重要的节日。立春，为一年农业生产的序幕，立春之日周天子率文武百官到国都东郊迎春，祭祀春之神——东方青帝。之后，人们便投入一年一度的农事之中。上巳，又称元巳、三巳、上除、除巳、三月三等。它是古代青年男女约会的日子。在周代，这一天人们还到水边用浸泡了香草的水沐浴，以祓除疾病和不祥。寒食，又称冷节、禁烟节，一说在清明前一天，一说在清明前两天。据《周礼·秋官·司烜氏》载，源于古代禁火俗；另说与春秋时晋国介子推有关。端午，又称端节、端五、端阳等，时间是农历五月初五。据南朝梁人吴均《续齐谐记》和宗懔《荆楚岁时记》载，认为端午源于纪念屈原。习俗为吃粽子、赛龙舟。赛龙舟战国晚期已形成，吃粽子形成于汉代。重阳，又称重九、上九、登高节、秋节等。时间为农历九月初九，古人以九为阳数，日月均逢九，两阳相重，故称“重阳”。从《楚辞》知战国晚期已形成登高远眺、饮菊花酒之风俗。社日，是祭祀土地神的日子，社神一般认为是共工之子后土。社日时间是在立春后第五个戊日，向土地神祈赐丰收，兼有乡邻聚会宴饮之习俗。祭灶日，为腊月二十三或二十四，以祈求灶神“上天言好事，下界保平安”。

衣食住行 衣食住行与人们生活休戚相关，但在春秋战国时代，它仍和社会等级制度密切相连，大都体现为礼的表现形式——仪，是尊卑贵贱等级的重要标志。

服饰。上古之时，“未有麻丝，衣其羽皮”。随麻、丝、纺织技术的出现，具有御寒、遮羞、审美功用的衣服逐渐形成。至周代并形成一套冠服制度，并延至战国基本没变。春秋战国时“衣”专指上衣。贴身上衣称“亵衣”，又称“私衣”“泽衣”。罩衣称为“裼”，有纹饰。裼衣外再加一层外衣，称为“正服”。衣服材料有帛等丝织品和毛麻等，前者主要为贵族所用，后者为民众所用，故“布衣”“褐夫”为庶人及贫困者代称。鞋有屦、履、蹝、靴等；袜子又称“足衣”，以熟牛皮制成。古人以跣足不着袜为至敬有礼，登席时必须脱袜。

饮食。春秋时期已将饮食分为两个基本部分。饮指喝的水和饮浆；食指用谷类做的各种饭食。主食以五谷或六谷构成，五谷一般指黍、稷、麦、稻、菽，六谷为五谷再加麻。五谷或六谷制成的食物主要为糗和饼。糗又称“糇粮”，是炒熟的米麦等谷物，类似今之炒米炒豆。此外主食还有粥。副食主要有五大类，即肉食、蔬菜、瓜果、油脂、调料。肉食为六牲——牛、羊、豕、犬、雁、鱼；烹调法有炙、脍、醢。牛为重要生产工具，无故不可杀。食肉当时大多限于统治者，故以“肉食者”喻之。蔬菜主要有葵、苴、荼、壶、芑、葑、菲、荠、薇、菭、韭菜、芹菜等。瓜果主要有梅、杏、桃、枣、梨、橘、柚、海棠、木瓜、桑葚、杝桃（猕猴桃）等。油脂主要为动物油脂。已能注意按时搭配调料，如《周礼·天官·食医》载：“春之时，多加酸味；夏之时，多加苦味；秋之时，多加辣味；冬之时，多加咸味。”此外还有饴、蜂蜜、葱、蒜、韭等。饮料有水、汤、浆、醴、醇、酱、酏。凉水称“水”，热水称“汤”；浆是淡酒；醴是甜酒；醇是加冰的清凉饮料；酱为梅浆，类似今酸梅汤；酏是用黍酿成的低度酒。器皿分青铜和陶器两大质类，前者为贵族及富有者使用，后者为平民百姓使用。类别可分炊器、食器、酒器。炊器主要有鼎、镬、鬲、甑；食器主要有簋、豆、俎、匕；酒器又可分为盛酒器和饮酒器。盛酒器主要有尊、壶、卣、彝、罍、斝等，饮酒器有爵、觯、觚、觥等。

宫室。先秦居室可统称为宫或室。宫的范围较大，室的范围较小。宫指整座住房，方向为坐北朝南，包括围墙及墙外建筑的一个整体；室则是宫的一个居住单位，又称住室。从文献记载及考古发掘中，可知宫室大致布局，从外到内结构是屏、大门、庭、堂、室。屏又称“树”“萧墙”，今所谓照壁，屏建于大门的正南方向，起对内的遮蔽作用。大门，一般为三开间，当中为明间，为正门，又称“应门”；大门左右各一间，类门房，称为“塾”。庭为门庭之内，即院内；略讲究者还设有一道二门，即“闺”，又称“寝门”。庭面积较大，可以植树；庭东西两排房分别称为“东序”和“西序”。堂与室一起建于高台之上，堂位于室前，北面有户与室相通；东西有墙，也称东序、西序；南面无墙，有两根柱子，叫东楹、西楹，通过东阶和西阶与庭相通。东阶为主人行走，西阶为客人行走。堂平时为主人活动、行礼、待客场所。室位于堂后，与堂有户相通，故有登堂入室之喻。户为一扇之门；两扇曰门。堂室之间有窗，称为“牖”。户偏东，牖偏西。室北墙有一个窗子，称为“向”。室中夹有灶，用于取暖和照明。室内有床，可卧可坐。坐姿为今跪姿，朝向有尊卑上下之别。古无桌椅，席地而坐，以席铺地。室内设有帷幕；烛与灯为照明之物，烛为火炬，大者以苇薪制成，称庭燎大烛；拿在手中者称小烛，用麻秆制成。灯又写作“镫”，因形似登（瓦豆）而得名，以膏作灯油，并加入香料，燃烧时可散发香气。

车马交通　车为春秋战国主要交通工具，车也用于战争，后为骑兵所替代；马是主要驾车工具，后发展为骑兵坐骑。从文献与考古发掘已知先秦时车的结构很完备，并且较结实而方便。车的主要构成部分有辕，又称为辀；有衡；连接辀与衡的锁子又称“輗”或“軏”；衡两旁为轭，轭首一般饰以銮；舆为车厢，舆左右木板或栏杆叫犄；前面的横木称为轼，也作“式”；舆后横板或栏杆称为軫，軫处缺口为登车之用，称为棨；车上绳子称为绥；舆上可以立盖，舆中可以铺席，车中之席称为茵，豪华车则铺以兽皮；轴是用以安车轮的圆木杠；轮多以坚木为之，一般轮径在1.4米左右，由毂、辋、辐等构成。

车在春秋战国用途广泛，按功能可分为平时用车和战时用车；前者又有栈车、辎车、安车、温车、传车、辇之分；后者又有轻车、軘车、戎路、巢车、楼车之分。先秦车一般用四马，称为“驷”，也有三马或二马、一马驾车；也有八马或十六马驾车。十六马驾车称为“重架”。四马驾车，驾辕用两马，称为“服”；服两旁马称为“骖”。马身上的饰物及马具主要有鞻、靷、鞅、靽、靳、勒、辔、軜、繁缨等。先秦时道路已分五等：径容牛马，畛容大车，涂（途）容乘车一轨，道容二轨，路容三轨。春秋战国时，道路已四通八达。此外，人们已能利用天然河道及开凿运河进行航运，并初步尝试了浅海航行。

第六章　秦帝国的建立和秦末农民战争

（前221～前207年）

第一节　秦帝国的建立

一　统一的封建专制主义中央集权国家的建立

公元前221年，秦国在统一六国后就着手建立和健全专制主义中央集权的国家机器，以巩固其对全国的统治。

强化中央集权的政治制度　首先确立了至高无上的皇权。战国时各国最高统治者都尊号为王。秦王政统一六国后，认为自己德高三皇，功过五帝，王的称号已不能显示他的至高无上的权势和地位，因此更改名号，把古代传说中神和人最尊贵的三皇五帝的称号合二为一，号称“皇帝”。自此，“皇帝”便成为封建国家的最高统治者的称号。此外，还规定皇帝自称“朕”，“命”称“制”，“令”称“诏”，印称“玺”，并废除子议父、臣议君的“谥法”等等，规定皇帝按照世代排列，第一代称始皇帝，后世以二世、三世计，“传之无穷”。所有这些规定，都表明皇帝在封建国家中享有神圣的地位和最高的权力。

在皇帝之下，设置一整套官僚系统。秦代的官制是以统一前秦国的官制为基础，并吸收关东各国官制融汇而成，具有相当明显的关中秦文化和关东文化碰撞的特点。

首先，在中枢机构中，主要官员是丞相、太尉和御史大夫。丞相是“百官之长”，为皇帝的助手，辅佐皇帝处理全国政务。太尉协助皇帝掌握军队，为全国武装部队之首脑。但实际上，自秦统一中国后，太尉一职并未任命任何人，只是虚设其位而已。这样就可由皇帝亲自控制军队，权力更加集中。御史大夫掌“监察”，主要是监察“百官”，又为“副丞相”，实际的作用是牵制丞相，以防其专权，但其职位却低于丞相。

这样，丞相、太尉、御史大夫三者形成相互分权，又相互牵制的形式，最后的大权则操在皇帝手中。在封建制官僚系统建立之初，皇权与相权之间的依赖和矛盾关系就在这里表现出来了。

低于上述三位官职的有诸卿，以前习惯称为“九卿”，实际其数不止于九，但主要还是下列各卿：奉常，掌管宗庙礼仪；郎中令，掌管宫廷警卫；太仆，管理宫廷车马；卫尉，掌管皇宫保卫；典客，处理少数民族事务及外交；廷尉，负责司法；治粟内史，掌全国财政税收；宗正，管理皇室亲族内部事务；少府，掌管全国山河湖海税收和手工业制造，以供皇室需要。此外，还有掌管宫廷修建工程的将作少府等。这些官僚都是由皇帝任免，概不世袭。秦始皇设立三公九卿制度，为建立专制主义中央集权的封建国家制度开创了新局面，对以后历代封建王朝的政治制度有深远的影响。

在地方行政机构上，秦始皇废除了古代的封国建藩制度，将战国后期已实行的郡县制推行到全国，把全国分为 36 郡，秦末增至 40 余郡（京畿不设郡，设内史以别于其他诸郡）。郡设郡守，为一郡的最高长官，掌管全郡，直接受中央政府管辖。郡守之下，设郡尉，辅佐郡守掌管全郡军事；又设监御史，负责监察。各郡每年必须定期向中央报告本地的租税收入、户口统计、治安情况——这是“上计”的主要内容。一郡之内辖若干县，万户以上的县设县令；不足万户的设县长，统治全县人民。县令、县长之下设县尉，管全县军事；设县丞，助理县令、县长，并负责司法裁判。一县之内分为若干乡，乡设三老，掌教化；啬夫，负责征收租税和征发徭役；游徼负责地方治安。乡之下有里，另有亭、邮等，构成了一套严密的地方机构。

秦始皇通过上述措施，在全国范围内建立起从中央到地方的封建统治网，从而强化了封建国家机器。这一制度基本上被后来的封建统治者继承下来。

扩大军队　秦王朝建立后，保留了一支庞大的军队，由中央常备军和地方武装构成。中央常备军由皇帝直接委派大将统帅戍守边疆，并驻守京师。地方军由郡尉掌管。秦王朝戍边的军队有 80 多万人，全国军队数目应当在百万人以上。

加强治安　为了巩固地主阶级政权，镇压农民的反抗，秦王朝制定了比较完整的封建法典——《秦律》。

战国时期，商鞅根据李悝的《法经》，“改法为律”①，成为秦国最早的成文法。自孝公时起，《秦律》经过多次补充、修改，到秦统一六国后，已形成一部较完整的封建法典。《秦律》早已佚失，它的具体内容，史书中只有零星记载。1975年12月，在湖北云梦县出土秦代竹简1000余支，内容大部分是秦的法律及文书，为我们了解和研究《秦律》提供了十分重要的资料。竹简上的《秦律》包括法律条文三种，治狱案例一种。法律条文第一种的内容大体与李悝的《法经》六篇相同，它不仅有一部分律文，而且有关于律文的解释；第二种是关于农田、粮仓、货币、贸易、徭役、刑徒、狩猎、度量衡等方面的律令，有《田律》《仓律》《置吏律》《军爵律》等近20个标题；第三种，包括《游士律》等，并且有具体的解释。治狱案例是对一些案例的审讯、调查等具体记录。

维护封建土地所有制，是《秦律》的主要内容之一。《盗律》中明确规定：严禁对私有土地的侵犯。在《法律答问》中，有一条律文：私自移动田界（“盗徙封”），要判处“耐”刑（剃去鬓发，表示犯罪）②。因为移动田界乃是对私有土地的侵犯，所以要处刑。

秦简律文也集中反映了秦王朝对农民的残酷剥削，秦简中的《田律》《仓律》就是有关田租剥削的法令，《徭律》《戍律》《传律》等就是征发徭役和兵役的法令，这些律文规定是十分严苛的。如征发徭役时，应役农民“不会”（不按期报到），要用荆条或竹板打脊背五十下，如果逃亡，还要加倍处罚。《中表律》还规定，服兵役期满（“日卫备”）归来的农民，若无文券证明，即罚戍边四个月。

《秦律》还规定：士伍偷盗110钱者，要被判4年徒刑（黥为城旦）。甚至“盗”采别人桑叶不满一钱者，都要判处劳役30天。不仅对盗窃者本人处以严刑，而且对共犯、知情者或偷盗者的家属也要同样处罪。这些法令，主要是为了防范和镇压农民的反抗，以保护地主阶级的政治特权和经济利益。而地主、官吏犯法时，可用种种手段逃避制裁，例如可以用钱赎罪免刑。

从秦简中可以看出，秦的刑法是极为残酷的。仅刑法的名称就有赀、笞、迁（流放）、耐、髡（剃去头发）、黥、劓、鋈（断足）、斩左趾（砍左脚）、宫或腐（男子阉割，女子幽闭）、戮、磔（分裂肢体）、弃市，等等。刑徒不仅名称多，数量也很大，如司寇、鬼薪、白粲、城旦舂等都是刑徒名称，《秦律》

---

① 《唐律疏议》卷一《名例》；《唐六典》卷六《尚书刑部》。

② 一说“耐”为二年刑。

中有不少条文是针对“隶臣妾”的，可见由犯罪而沦为奴隶的人是非常多的。

秦王朝的国家机器充分反映了统一的专制主义中央集权的特点。统一的中央集权国家的建立，比起封建割据状态，无疑是一种进步，但封建的国家机器是地主阶级对农民和其他劳动人民实行专政的工具。因此，秦王朝专制主义中央集权的建立，意味着对劳动人民的统治的加强。

二　巩固统一的措施

除建立和健全专制主义中央集权的国家机器外，秦始皇还采取了一系列巩固统一的措施。

在全国确认土地私有　封建土地私有制是地主阶级统治的经济基础。土地私有和土地买卖的现象，从春秋时期就在各地先后出现，有些诸侯国也陆续承认土地私有的合法存在，秦统一六国后，于秦始皇三十一年（前216年）“使黔首自实田”①，即命令土地私有者向政府呈报占有土地的数额，政府根据呈报的数额，征收田租。这就意味着私有土地受到统一的封建政权的保护，意味着封建土地所有制在全国范围内正式得到确认。这在当时是有积极作用的。但同时，这也使地主阶级利用土地剥削人民成为合法，压在农民身上的地租、赋税以及各种徭役也愈来愈重。

统一文字、货币、度量衡、车轨　秦始皇在统一六国后，针对当时社会上“车途异轨，律令异法，衣冠异制，言语异声，文字异形”② 的情况，采取了许多统一措施。

在秦统一之前，文字的形体非常紊乱，同一个字所采用的声符、形符都有很大的差异。“文字异形”给政令的推行和文化的交流造成了严重障碍。如秦统一后，诏书至桂林，一般人都不认识。可见统一文字，已成为当务之急。因此，秦始皇命令丞相李斯、中车府令赵高、太史令胡母敬等对文字进行整理。“罢其不与秦文合者”，制定出小篆，作为标准文字，通用于公文法令。后来程邈又根据当时民间流行的字体，整理出更为简便的新书体——隶书，作为日用文字在全国范围推广。湖北云梦出土的秦简，证明秦朝的官方文书已经使用隶书。先秦古字经过这次整理后，字体结构得到简化和定形，这对推行法令、传播文化具有重要的促进作用。

---

① 《史记》卷六《秦始皇本纪》集解。

② 许慎：《说文解字》卷十五上。

战国时期不仅各国自铸货币，而且在一个诸侯国内的各个地区也都自铸货币。其形状、大小、轻重各不相同，计算单位也不一致，特别是价值不等，换算困难。秦灭六国后，统一规定：货币分二等，以黄金为上币，以镒为单位；圆形方孔的铜钱为下币，以半两为单位。关中及其他地方出土了很多半两钱，其轻重、厚薄大略相等，证明统一货币的法令已付诸实施。这就克服了过去货币不统一的混乱状态，便利了各地商品交换和经济交流。

战国时期，度量衡制度相当混乱。以量来说，秦以升、斗、桶（斛）为单位，十进位。齐以升、豆、区、釜、钟为单位，前三量是四进位，最后是十进位。秦统一后，把商鞅变法时制定的度量衡制度推行到全国，并专门颁发了统一度量衡的诏书，把它铭刻在官定的度量衡器上，发到全国，作为标准器具。现存咸阳出土的“大良造商鞅量”底面，补刻有秦始皇二十六年统一度量衡的诏书，[1] 把商鞅所造的标准量器加刻一道诏书颁行出来，作为统一的度量衡标准。同时，还继续执行度量衡定期检定制度，每年二月对全国度量衡器进行鉴定，以保证计量器具的准确和统一。

秦王朝统一度量衡的目的在于保证封建王朝的赋税收入，这是地主阶级压榨农民的一种手段。但它对消除各地割据势力的影响，以及促进经济发展、文化交流也起了重要作用。

秦始皇统一六国后，立即下令拆毁战国时期各国在边境修筑的关塞、堡垒等障碍物。为了加强对全国的控制，于公元前 220 年（秦始皇二十七年）修建了以首都咸阳为中心的驰道。主要干线有两条：一条向东直通燕齐，一条向南直达吴楚。这些驰道宽五十步，道旁每隔三丈栽青松一株。公元前 212 年（秦始皇三十五年）秦始皇命令蒙恬修了一条由咸阳向北延伸的“直道”，经云阳、上郡直达九原，全长 900 余公里，这条“直道”的遗迹现在尚可辨识。并令常頞（àn，按）在今云南、贵州地区修“五尺道”（五尺宽的道路）。又在今湖南、江西、广东、广西之间修筑了攀越五岭的“新道”。这样，一个以咸阳为中心的四通八达的交通网，把全国各地联系在一起了。同时，规定车轨的宽度统一为六尺，保证车辆畅通无阻。

加强思想统治　秦始皇在政治、经济等方面所进行的改革并不是一帆风顺的，而是经过了激烈的斗争。早在公元前 221 年，秦统一六国的事业刚刚完成，就在建立什么样的国家体制的问题上发生了一场争论。以丞相王绾为首的一部分官吏，以为“诸侯初破，燕、齐、荆（楚）地远，不为置王，毋以填

---

① 见《小校经阁金文》卷一一。

（镇）之”[1]。主张在这些地区实行分封制。廷尉李斯坚决反对，他认为春秋战国时期诸侯纷争，完全是西周分封诸侯所造成的，只有废除分封制，才可免除祸乱。秦始皇也认为“天下共苦，战斗不休，以有侯王”[2]。于是采纳了李斯的意见，在全国确立了郡县制。

过了 8 年，到公元前 213 年，在一次宴会上，博士淳于越又提出了恢复分封制的主张。他向秦始皇提出：古代的殷周统治“千余岁”，是因为分封子弟功臣为枝辅，而今统一天下，不分封，使子弟为匹夫，如遇到齐之田常、晋之六卿等篡夺事件，谁来相救呢？他说：“事不师古而能长久者，非所闻也。”[3]针对这个问题，丞相李斯进行了反驳，他认为，时代不同，治理的方法也应该不同。李斯还进一步指出，儒生“不师今而学古”，“道古以害今”，如不加以禁止，则“主势降乎上，党与成乎下”[4]，统一就可能遭到破坏。因此他建议：一，除《秦纪》、医药、卜筮、农书以及国家博士所藏《诗》《书》、百家语外，凡私人所藏儒家经典、诸子和其他历史古籍，一律限期交官府销毁，逾期不交的，处以黥刑并罚作城旦；二，谈论《诗》《书》者处死，以古非今者灭族；三、严禁私学，欲求学者“以吏为师”。秦始皇支持了李斯的建议，这就是历史上的“焚书”事件。

不久以后，公元前 212 年，一些方士和儒生对秦始皇发表了不满的言论。始皇得知后大怒，于是以“为妖言以乱黔首”[5]的罪名，下令追查、捕捉方士和儒生 460 人，并全部坑杀于咸阳。这就是历史上的“坑儒”事件。

秦始皇焚书坑儒是“师古”与“师今”的两种历史观激化的表现。在当时的历史情况下，为了巩固统一，禁止“以古非今”的反动活动，采取统一思想的措施是必要的。但是，焚书坑儒的手段是愚蠢而又残暴的，特别是焚书毁灭了许多古代的文化典籍，造成了文化上的重大损失。

三　统一的多民族的封建国家的形成

春秋战国时期华夏族与其他各族杂居，互相影响，形成民族的大融合，为统一的多民族国家奠定了基础。秦灭六国后，在民族融合的基础上，开始建立一个统一的多民族的封建国家。

北征匈奴　匈奴族是居住在我国北方的游牧民族之一，对开发祖国的北方起了重大的作用。他们长期以来在蒙古高原上过着逐水草而居的游牧生活，活

---

①②③④⑤ 《史记》卷六《秦始皇本纪》。

动于南达阴山，北至贝加尔湖之间，成为北方一个强大的游牧民族。战国后期，匈奴已进入奴隶社会。奴隶主贵族利用骑兵行动迅速的优势，经常深入中原，对以农业为主的内地各族人民进行袭扰和掠夺。当时，秦、赵、燕同与匈奴为邻，经常发生战争。由于各国忙于兼并，一般对匈奴都采取守势，在北边修长城并派军队戍守。秦始皇统一六国之后，匈奴族对秦的威胁仍然很大。为了解除这一威胁，秦始皇于公元前 215 年派大将蒙恬率 30 万大军[①]向河套（即所谓“河南地”）征伐。战斗进行得很顺利，公元前 214 年收复了河套南北的广大地区，并在这个地区设置了 34 个县[②]，重设九原郡。为了进一步巩固在这些地区的统治，秦始皇于公元前 211 年迁 3 万户居民到北河、榆中，垦田生产，开拓边疆。当时人们把这一新开垦的地区叫做“新秦”。这次大规模的移民，在经济上、军事上均有重要意义。它不仅有力地制止了匈奴奴隶主贵族的抢掠，而且促进了这一地区的开发。在长期的劳动中，不少匈奴人迁移到中原，逐渐同秦人及其他各族人民融合在一起。

在同匈奴奴隶主贵族的斗争中，秦朝又修筑了举世闻名的伟大工程——长城。原来在战国时期，秦、赵、燕三国都曾在北边“筑长城以拒胡”。公元前 213 年，秦王朝把过去秦、赵、燕三国长城连接起来，修筑一条从临洮（甘肃岷县）一直到辽东郡碣石的万里长城。[③] 这条万里长城，对抵御匈奴的骚扰，保障内地人民生产和生活的安定，起了重要的作用。从今甘肃省岷县和山西大同所保留下来的长城遗迹来看，长城的工程十分浩大。它是世界历史上最伟大的建筑之一，充分体现了我国劳动人民的高度智慧和无限的创造力，成为中华民族文明悠久的象征。

征服越族，统一岭南　在我国南部和东南部是越族人民的居住地区。这些越族通称为“百越”，分布在今浙江、福建、江西、湖南南部及两广，各自独立，互不相属。

秦始皇在灭楚之后，很快降服了居住在浙江一带的越族，建置会稽郡。接着于公元前 221 年，分别征服了居住在今温州一带的东瓯和今福建境内的闽越，设置闽中郡。秦始皇命令尉屠睢指挥 50 万大军，分五路南下，对居住在今两广地区的南越和西瓯进行大规模的战争。秦军遭到越族的抵抗，并因运粮困难，不能获得胜利，相持达三年之久。秦始皇为了支援征服南越和西瓯的战

---

① 《史记》卷一一〇《匈奴列传》记载为 10 万，卷六《秦始皇本纪》记载为 30 万。《汉书·匈奴传》作“数十万”。

② 《史记》卷六《秦始皇本纪》记载为 34 个县。《史记》《汉书》中的《匈奴传》均作 44 个县。

③ 《水经注》卷三《河水注》载：秦长城“起始临洮，至于碣石”。

争，命令监御史禄在今广西兴安县开凿灵渠，沟通了湘江和桂江上游漓江之间的交通，解决了运输粮饷的困难，才将越族打败。越族被迫藏于山林之中，准备反攻。公元前 214 年越族乘秦军不备，半夜出击，大败秦军，杀死了尉屠睢。秦始皇又增派援军，终于征服了越族，建置了南海、桂林、象三郡。次年，又迁徙了 50 万人戍守五岭，与越人杂居，从而加速了民族融合和这一地区经济、文化的发展。

南方、东南方的少数民族同华夏族的融合，是符合人民的愿望和我国历史发展趋势的。中原人民同南方各族人民的交往早在殷周时期就已开始。1974 年 10 月在广东信宜发现的西周铜盉，其造型、纹饰和风格都与中原地区的同类器物无异。这表明至少在当时或此后不久，华夏文化同南方少数民族文化就已经开始交流。到春秋战国以后，这种联系更加密切。此后考古发掘的大批文物，如广东增城，以及其他遗址出土的铁器、铜器及陶器，都反映了当地文化发达的情况。秦始皇统一南方和东南，客观上有利于民族融合。如秦在统一过程中，派遣数十万内地人民到南方去戍守，把中原人民的先进生产技术和生产工具带到南方，促进了当地的开发。在南北劳动人民共同开发南方边地的过程中，也修通了道路，特别是修凿了灵渠，使长江水系同珠江水系连接起来，对中原地区同南方、西南的经济文化交流起了重要的作用。

经过对匈奴、越族的战争后，秦的疆域，“东至海暨朝鲜，西至临洮、羌中，南至北向户，北据河为塞，并阴山至辽东”①，成为当时世界上最大的国家。在这个广大地区内居住着各族人民，由于统一在一个国家政权之下，相互之间的经济、文化联系进一步增强了，并解除了各民族之间的战争所带来的灾难。统一的多民族国家的建立，是符合历史发展要求的。

秦王朝的建立，在我国古代历史上具有划时代的意义。它存在的时间虽然很短，但由此开始的政治、经济制度在以后 2000 多年的封建社会中，有着极为深远的影响。由秦代开创的各种制度以及辽阔的疆域、高度的物质和精神文明，对古代世界的影响也是巨大的。所以，“秦人”同后来的“汉人”“唐人”一样，成了世界各国对中国人民的代称，欧洲人到今天仍称中国为 China，日本人称中国为“支那”，就是由“秦”演变来的。作为秦王朝创始人的秦始皇，顺应历史潮流，完成统一事业，建立了中央集权制的封建国家。他在中国历史上的贡献，是不能抹杀的。从这点上说，他是当时新兴地主阶级的杰出政治家。

---

① 《史记》卷六《秦始皇本纪》。

第二节 秦代社会主要阶级构成

统一的秦王朝建立，促进封建制在全国的发展，由于封建制的发展和领土空前扩大，秦代社会阶级构成，与统一前的各封建诸侯国的情况也略有不同。

一 来源不同的两种地主

秦王朝建立以后，封建生产关系在全国范围内得到保护，地主阶级是封建生产关系的主导方面，是秦的统治阶级。

统一后的秦，除皇室外，在地主阶级中明显地分为两种类型，即军功地主和宗法性地主，前者主要来源于秦国，后者是秦以外的原六国地主、贵族。

军功地主 秦自商鞅变法时起，就以赐田的手段赏军功，“能得甲首一者，赏爵一级、益田一顷”[①] 成为鼓励人们为封建政权战斗的重要方法。这样，占有土地就与爵位相一致，爵位的高低，在一定程度上反映了阶级地位。秦爵共分二十级，其中二级“上造”至四级“不更”可拥有两顷至四顷土地，这种人的身份即与一般人不同。《商君书·境内》说：“故爵为大夫，爵吏而为县尉则赐虏六。”说明五级爵的大夫可转为县官，四级以下的则不行。五至八爵者为中等地主，八爵以上者为大地主。至秦王朝建立时，100余年中有记载的秦国杀人数目就超过了130万人。尽管实际赐地并不一定都能达到规定的数目，但由军功赏地而成为地主的则定不在少数。如秦国大将王翦，在秦始皇二十五年（前222年）率兵伐楚前就向秦始皇“请美田宅园池甚众”，而且据他自己对秦始皇说其目的是“多请田宅为子孙业以自坚”[②]，把要求占有田宅作为出征打仗的条件。那些屡建战功的将军们如王贲、蒙骜、蒙恬等无疑都是拥有“美田宅园池甚众”的大军功地主，这些地主在秦代拥有很高的社会地位，他们有封爵，受到朝廷的特别尊重，如秦始皇二十八年琅玡台刻石中，具有“列侯”“伦侯”等爵位的王离、王贲等，置于“丞相”隗状等前面，[③] 说明秦人尚军

---

① 《商君书》卷五《境内》。

② 《史记》卷七三《王翦列传》。

③ 《史记》卷六《秦始皇本纪》。

功，“将位在相位之上”，“武人在秦代”有“隆崇”的“位置”。[①] 大军功地主在秦代是统治阶级的上层。

军功地主中多数则为中、小地主。在《睡虎地秦墓竹简》中“百姓”大部应当属于地主阶级中下层，即中小地主，秦律中谈到“百姓”的律文相当多，说明这一类人广泛存在于秦代社会。这些地主积有多余的粮食，有的用来酿酒，有的还用来放债，有的还拥有奴隶。[②] 由于秦在统一前实行奖战功的政策，有军功者不仅赐爵，而且可以当官，具有官爵一致的特征，所以秦代的中小地主往往提任军队和地方政权的中下级官吏。云梦秦简《编年纪》的主人喜，就是秦的中小地主。从简文记载可知：他曾多次参战打仗，又做过安陆御史、安陆令史、鄢令史等小官吏。中小军功地主同大地主一样，属于地主阶级中的当权派。当然，他们的财富比权势较大的军功地主要差得多，而且秦的严密法网对他们也有过多的限制，如百姓不善养牛，仓库粮食受损失等，有关的基层官吏就要受到严厉的惩处。因此，中小地主同大地主之间也存在着矛盾。

大、中、小军功地主是秦代地主中的一种类型。

贵族地主　这部分地主与军功地主不同，他们是原六国贵族转化而来。这种类型的地主最大的特点就是依靠宗法家族血缘关系，即所谓“乡党”“乡曲”“闾里”，对地方、桑梓农民实行家长式统治。贵族地主当然也有大、中、小的区别。不过，因其土地的多寡与爵制无关，故不能像秦的军功地主一样，可根据其爵位大小来推断其土地多寡。从汉初迁徙山东豪族大姓的规定来看，资产是衡量这些地主大小的标准，如《汉书·武帝纪》“徙郡国豪杰及资三百万以上于茂陵”，《汉书·宣帝纪》“本始元年春正月，募郡国吏民，资百万以上徙平陵”，《汉书·伍被传》“家产五十万以上者，皆徙其家属朔方之郡”，由此可见，50万乃是迁徙豪强的下限，这大概就是大地主的标准。家资在50万以下者即为中、小地主。秦灭亡六国之后，曾对六国“豪富”即贵族地主进行迁徙，但这种迁徙并未改变其身份地位，在新居地区，他们依仗宗族血缘关系在地方仍有较大的势力，成为所谓“豪门”“豪猾”“豪强”。

但是贵族地主在秦王朝时期已失去当权的地位。除极个别人以外，绝大多数贵族地主均遭到秦王朝的打击，其中资50万以上的大地主和部分50万以下

① 郭沫若：《十批判书·吕不韦与秦王政的批判》。

② 参见《睡虎地秦墓竹简·司空律》。

而有一定影响的中小地主被迫迁徙，因此，不少大地主坚决与秦王朝为敌。如张良“弟死不葬，悉以家财求客刺秦王”，未成功“乃更名姓”之他乡；楚国贵族项伯也“从良匿”[①]；另一个楚国贵族项籍（即项羽）竟声称，秦始皇“可取而代之”[②]。这反映了破国的六国贵族地主与秦朝之间存在深刻的矛盾。正因如此，所以在秦末农民起义爆发之时，许多地主也举起反秦的旗帜，这不是偶然的。

不论是军功地主还是贵族地主，他们都属于“身份性地主”，即土地所有权的取得是由军功或世袭而来。此外，还有大工商业者，其中一部分使用奴隶劳动，当为奴隶主；有的则投资于土地，成为大地主；还有一些富裕的“庶民”通过购买土地而成为地主。他们与上述军功地主、贵族地主不同，属于“非身份性地主”。由于土地的买卖在秦代尚不甚发达，所以，由买卖土地而形成的非身份性地主，在地主阶级中尚不占主要地位。

二　农民阶级中的不同阶层

站在地主阶级对立面的一个主要阶级，就是农民阶级。统一后的秦王朝，农民阶级大致有两个阶层，即自耕农和依附农。

自耕农　自耕农是秦代农民中的主要成分。他们多数人被称为“士伍”，没有爵位，[③] 但有独立户籍，并非依附农，也不是奴隶，是自耕农。在《睡虎地秦墓竹简》中被称为“百姓”的，除中、小地主外，其余的也属于自耕农。

自耕农有属于自己所有的生产资料和“家室、妻、子”[④]。他们依靠自己的劳动维持水平极其低下的生活，负担着各种租赋徭役，故“百姓靡敝”，“皆不聊生”[⑤]。从《睡虎地秦墓竹简》中可以看到，有的“百姓”欠政府债，[⑥] 有的需向政府借器物使用，有的则沦为雇农、佃农等依附农民。当然也有个别自耕农可以上升为中、小地主，从《睡虎地秦墓竹简》中有的“士伍”拥有“臣妾、衣服、畜产”[⑦]，即可得到证明。

自耕农是国家各种赋税、徭役的主要承担者，他们既不像依附农民那样因

---

① 《史记》卷五五《留侯世家》。

② 《史记》卷七《项羽本纪》。

③ 《汉官旧仪》“无爵为士伍”。

④⑦ 《睡虎地秦墓竹简·封诊式》。

⑤ 《汉书》卷六四《严助传》。

⑥ 《睡虎地秦墓竹简·金布律》。

无独立户籍而不服役，又不可能像地主阶级那样，将所有负担转嫁给劳动人民。所以，秦王朝的各种徭役、赋税等沉重负担都落到自耕农身上。自耕农同依附农民——雇农和佃农的区别，主要是前者直接受封建国家剥削，不受个别地主剥削，后者则相反。

依附农　依附农民主要有两个来源：一是统一前秦国原有的依附农民，在《商君书·境内》中被称为“庶子”。这些“庶子”依附于某个地主，类似地主家中的奴仆，因此又称为“弟子”；[①] 二是统一以前秦国以外六国的依附农民。这些依附农民主要是以血缘为纽带而与地主阶级联系起来的贫苦农民，如项羽有“宾客及子弟”[②]，刘邦起事反秦时有“沛中子弟”[③] 参加。这些贫苦的“子弟”“弟子”“庶子”，对地主阶级的人身依附程度随着封建生产关系的发展而有所不同：若以“佣耕”[④] 的方式受雇于地主的则为雇农；若以租佃方式租种地主土地“或耕豪民之田，见税什五”则为佃农。不论是佃农还是雇农，都对地主阶级有着不同程度的依附关系。同自耕农相比较，依附农民不直接承担封建国家的赋税、徭役，但地主阶级对他们的压榨远甚于前者。因为前者所承担的赋税、徭役还有法令上的规定，而依附农民所受地主的剥削则是无任何限制的。由于这些贫苦农民居于闾左，所以也被称为“闾左”。他们是农民阶级中受压迫、剥削最重的阶层。

三　官、私奴隶

除地主和农民两大对立阶级外，秦代社会尚存在有一定数量的官、私奴隶。其中有的是奴隶社会遗留下来的，更多的则是从自由民重新沦为奴隶的。沦为奴隶的原因大致有三：一是犯法。如上所述，在秦朝严酷刑罚下，不少人因触犯刑律被罚为奴隶。二是战争中的俘虏。《秦律》规定，俘虏可以作为奴隶使用。[⑤]秦在灭六国时俘虏了大量敌兵，用来充当奴隶的必然为数不少。三是边境上的少数族人民，也往往被掳到中原充当奴隶。《秦律》中就有关于边境的政府机构输送奴隶的规定。[⑥] 由于上述几个原因，在秦代社会上还充斥着

①⑤ 《睡虎地秦墓竹简·秦律杂抄》。

② 《史记》卷七《项羽本纪》。

③ 《史记》卷八《高祖本纪》。

④ 《史记》卷四八《陈涉世家》。

⑥ 《睡虎地秦墓竹简·秦律十八种·属邦》。

大量的奴隶。

秦代的奴隶分官、私两种。官奴由封建政府奴役驱使，参加各种生产劳动。私奴一般都是地主阶级的家内奴隶，但有的也用于田间的生产劳动。[①]

秦代的奴隶已不准随意屠杀，同时也可能通过各种途径改变其身份。虽然如此，他们仍处于当时社会的最底层，是受剥削、受压迫最重的一个阶级。

四　商人、手工业者和游民

商人　在秦代还有为数不少的商人，这些“商贾之士”[②] 在城市中也有什伍的编制，列伍长即商贾伍人之长。在商人中有“用谷量牛马”的乌氏倮，和“礼抗万乘，名显天下”的巴寡妇清。他们受到秦王朝的保护和尊重。这些大商业者是商人中的上层。他们位“比封君，以时与列臣朝请”[③]，是秦代的统治阶级中享有特权的阶层。

手工业者　对于原六国中的工商业者，秦政府采取迁徙政策，以剥夺他们的财富及势力。但其中有些迁徙后由经商或冶铸反成为“富至巨万”的财主，如赵之卓氏，山东程郑，宛之孔氏，齐之曹邴氏等等皆“家致富数千金”，“富至僮千人”。[④]这些大工商业者虽无巴寡妇清显赫，也是秦代社会上层，属于当时的统治阶级。至于那些小商人和小手工业者则是被统治阶级，他们受着官府和地主的剥削和压榨。

游民　在秦代还有部分游民。这部分人的成分很复杂：有原来秦国的“游惰之民”[⑤]，其中有失掉土地，到处流浪的农民，也有失掉财产和地位的秦及六国贵族，如韩亡后的张良，魏亡后的张耳、陈余皆曾“变名姓”[⑥] 流亡各地。秦朝政府对“游士”采取严厉镇压的政策，法律规定“游士在，亡符，居县赀一甲，卒岁，责之”[⑦]。因此，游士也是被压迫者。

综合上述：秦王朝的阶级构成，重要的是地主阶级和农民阶级。这两大阶级对立，成为社会基本矛盾。这就决定了秦代的社会性质是封建社会。由于特

---

① 《睡虎地秦墓竹简·封诊式》：“丙，甲臣，桥（骄）悍，不田作，不听甲令，谒卖公……”这里可以看出“臣”是应当“田作”的。

② 《商君书》卷二《算地》。

③④ 《史记》卷一二九《货殖列传》。

⑤ 《商君书》卷一《垦令》。

⑥ 《史记》卷八九《张耳陈余列传》。

⑦ 《睡虎地秦墓竹简·游士律》。

殊的历史原因，在秦代地主阶级内部存在着大地主和中小地主间、军功地主和贵族地主间的矛盾。但这些矛盾均不能掩盖和代替地主阶级和农民之间的矛盾。同样秦代存在着一定数量的奴隶，也改变不了其封建社会的性质，在这个社会中，地主阶级是统治阶级，大工商业者是地主阶级的同盟，而当权的则是军功地主。农民、手工业者和小商人以及奴隶、依附农民都是被统治阶级。这种阶级构成，决定了秦王朝建立后的政权形式、阶级矛盾的特点以及秦代历史发展的特殊性。

第三节 秦末农民战争

一 秦王朝的残暴统治和阶级矛盾的激化

秦统一后，虽然采取了一些促进社会发展的措施，但是，秦王朝的残暴统治和对人民的无限制的搜刮，则给广大劳动人民带来新的灾难，使农民阶级同地主阶级之间的矛盾日益激化。

秦始皇的残暴统治 秦始皇对农民的统治和剥削是非常残酷的。田租、口赋、徭役和兵役是压在农民头上的沉重负担。

田租是按土地数量征收的土地税，不论耕种与否，都要征收地租。这实际上是使已经失掉土地和无力耕种土地的农民增加了负担，而使由于兼并土地而成为“田连阡陌”的大地主得以逃避国家的租税。口赋是按人头征收的人口税。徭役和兵役是造成人民痛苦和灾难的重要原因。秦始皇为了满足自己的奢侈生活，无休止地征发徭役，大兴土木，劳民伤财。在统一六国过程中，他派人将六国宫殿图样描绘下来，动用大批劳力在咸阳照样修建。统一的次年，即在渭水南岸修建信宫和甘泉前殿。秦始皇三十五年（前 212 年），又在渭南的上林苑建筑规模宏大的朝宫，其前殿称阿房宫。据记载，仅阿房宫的面积，东西就有五百步，南北五十丈，上面可容一万人，下面可竖立五丈的大旗。后来诗人曾形容这一工程的修建：“蜀山兀，阿房出”①，工程之大可想而知。当时兴建的离宫别馆达七百余所，遍布函谷关内外及渭水南北两岸。秦始皇不仅为

① 杜牧：《阿房宫赋》。

他生前修建了豪华的宫殿，而且还为其死后准备了同样豪华的陵墓，这便是与阿房宫齐名的骊山陵。在统一之前，他就在骊山北麓（今陕西临潼南）给自己修建坟墓。这座坟墓高五十余丈，周围五里多，内筑各式宫殿，陈列着各色珍奇珠宝、石质铠甲。[①] 用明珠做成日月星辰，用水银做成江湖河海。像这样大规模的工程，所消耗的人力物力是惊人的。据历史记载，仅修建骊山陵就动用刑徒及奴隶70万人，再加上防备匈奴的有30万，[②] 戍守五岭的有50万，如果再算上修驰道、搞运输的人，全国服役的人估计不下200万。当时全国约有2000万人口，其中有200万壮劳力脱离生产，问题的严重性是十分明显的。在这种无休止无归期的征发之下，人民的力役比以往多20倍，出现了“丁男被甲，丁女转输，苦不聊生，自经于道树，死者相望”[③] 的悲惨景象。大量劳力脱离生产，人民负担又如此沉重，这就加速了农民的破产，使社会经济遭到严重的破坏。

大兴土木也消耗了无数的财力物力。北山之石、巴蜀之木都运往关中修造阿房宫、骊山陵。如修骊山陵的大量石料，就是由今陕西淳化县境运去的。服役的劳动人民愤怒地指出：“运石甘泉口，渭水不敢流，千人唱，万人讴，金陵余石大如坻”[④]。在残酷的剥削和压迫下，“男子力耕不足粮饷，女子纺绩不足衣服，竭天下之资财以奉其政，犹未足以澹其欲也”[⑤]。人民陷于水深火热的苦难深渊。当时民谣说：“生男慎勿举，生女哺用脯。不见长城下，尸骸相支柱。”[⑥] 劳动人民稍有反抗，就遭到残酷的镇压。全国变成一个监狱，到处出现“赭衣塞路，囹圄成市”[⑦] 的恐怖景象，造成了“天下敖然若焦热，倾然若苦烈，上下不相宁，吏民不相憀”[⑧] 的紧张局势。

秦王朝的残酷压迫和剥削，激起了人民群众的愤怒反抗，“人与之为怨，家与之为仇”[⑨]。人们以各种形式进行反抗斗争。广大农民纷纷拿起木棍、锄头，逃入山林川泽，并且同刑徒和奴隶的斗争相汇合。例如骊山刑徒英布就同

---

① 《中国文物报》1999年10月10日报道：秦始皇陵有重大发现，其陵冢封土东南侧出土石质铠甲巨型陪葬坑。

② 《淮南子》卷一八《人间训》载“发卒五十万”。

③ 《汉书》卷六四《严安传》。

④ 辛氏：《三秦记》。

⑤ 《汉书》卷二四《食货志》。

⑥ 《水经注》卷三引。

⑦ 《汉书》卷二三《刑法志》。

⑧ 《淮南子》卷一五《兵略训》。

⑨ 《汉书》卷五一《贾山传》。

一些徒长、豪杰联合起来，带着一批刑徒逃亡到江中为“群盗”；彭越率领一批青年聚集到巨野泽中；沛县泗水亭长刘邦在押送刑徒的途中，和被押送者一起逃至芒砀山（今河南永城）准备起义。这些小股的农民起兵，揭开了反秦斗争的序幕，预示着一场农民战争的熊熊烈火即将燃遍全国。

秦二世的昏庸腐朽　秦始皇三十七年（前210年）秋，秦始皇巡行到沙丘（今河北平乡县东北），途中病死。宦官赵高拉拢李斯，伪造诏书，废公子扶苏，立胡亥为帝（即秦二世），控制了秦政权。

秦二世用阴谋手段取得帝位，为了巩固自己的统治，他不仅杀蒙恬、蒙毅、冯去疾等大臣，而且杀害了他的兄弟姐妹二十多人，以致“自君卿以下至于众庶，人怀自危之心”①。

秦二世是一个昏庸的君主，其残暴程度超过秦始皇。他在埋葬秦始皇时，竟下令把后宫无子女的宫女全部殉葬，又怕泄露陵墓内的秘密，把修陵的工匠也活埋了。为了防范农民的反抗，他又征发5万人屯戍咸阳，以加强关中的统治力量。他豢养了大量的狗马禽兽，供其游猎之用。咸阳粮草不够用，便令各郡县官吏逼迫人民交纳。运输粮草的人，要自带干粮，不能吃咸阳三百里以内的粮食，还“头会箕敛，以供军费”②。农民“力罢（疲）不能胜其役，财尽不能胜其求”③，生活陷入绝境。

秦始皇时的刑罚已经非常苛重，人民摇手触禁，动辄陷刑。一人犯法，罪及三族，一家犯法，邻里连坐。二世更变本加厉，以“杀人众者为忠臣”，各级官吏都是奉行这种刑法的刽子手。如范阳令“杀人之父，孤人之子，断人之足，黥人之首甚众”④。于是造成了“刑者相半于道，而死人日成积于市”⑤，“劓鼻盈蔂，断足盈车，举河以西不足以受天下之徒”⑥ 的惨状。在秦始皇时已经尖锐的阶级矛盾，此时更达到极点，酝酿已久的全国规模的农民战争，终于爆发了。

二　陈胜、吴广起义

大泽乡揭竿而起　秦二世元年（前209年）七月，秦二世下令征调淮河流

① 《史记》卷六《秦始皇本纪》引贾谊《过秦论》。
② 《史记》卷八九《张耳陈余列传》。
③ 《汉书》卷五一《贾山传》。
④ 《汉书》卷四五《蒯通传》。
⑤ 《史记》卷八七《李斯列传》。
⑥ 《盐铁论》卷一〇《诏圣》。

域一带贫苦农民900人到渔阳（今北京密云）戍守。陈胜、吴广也在被征之列，并指定为屯长①。

陈胜，字涉，阳城（今河南登封）人。吴广，字叔，阳夏（今河南太康）人，他们都是贫苦农民。陈胜年轻时曾为人佣耕，对地主阶级的残酷剥削和压迫怀有强烈的仇恨。

这900名戍卒，在秦尉的监督下，行至蕲县大泽乡（在今安徽宿州），适值大雨，道路不通，无法按期到达指定地点。按秦法，戍卒误期要处斩。在这生死存亡的关头，陈胜、吴广密谋起义。他们以"鱼腹丹书，篝火狐鸣"的方法，制造舆论，同时利用秦尉酒后行凶打人的时机，杀掉两个秦尉，发动戍卒起义，号称"大楚"，陈胜自立为将军，吴广为都尉。戍卒们"斩木为兵，揭竿为旗"，举起了中国历史上第一次大规模的农民战争的旗帜。

农民军的发展　大泽乡燃起的农民起义烽火，迅速形成了燎原之势。起义军很快地占领了大泽乡，接着攻克蕲县城。陈胜派葛婴率兵攻蕲县以东的地方，主力部队则向西进军，连克铚（今安徽睢溪临涣集）、酂（今河南永城酂城集）、谯（今安徽亳州）、苦（今河南鹿邑县东）、柘（今河南柘城北）等地之后，又集中力量向秦的交通要道——陈县（今河南淮阳）逼近。农民踊跃参加，起义队伍迅速扩大。当农民军到达陈县时，这支队伍已发展成为有兵车六七百乘，骑兵千余人，步兵数万人的大军。

攻下陈县之后，在大家拥戴下，陈胜自立为王，国号"张楚"。在全国范围内，"诸郡县苦秦吏者，皆刑其长吏，杀之以应陈涉"，② "方二千里，莫不响应"，"县杀其令丞，郡杀其守尉"。③ 人民群众纷纷加入了反秦斗争的行列。"天下云集响应，赢粮而景从"④，"天下为之麋沸蚁动，云彻席卷方数千里"⑤。项梁、项羽起义于吴县（今江苏苏州市），刘邦起兵于沛县（今江苏沛县东），其余"数千人为聚者，不可胜数"⑥。在农民反秦斗争的巨大浪潮推动下，六国旧贵族，中小官吏，也从各个角落里起兵反秦或投奔农民军，如魏国的名士张耳、陈余，在陈县加入了起义军；山东儒生、孔子八世孙孔鲋也"持孔氏之礼器，往归陈王"⑦，做了博士官。

---

①《商君书》卷五《境内》："伍人一屯长，百人一将。"

②⑥《史记》卷四八《陈涉世家》。

③《史记》卷八九《张耳陈余列传》。

④《史记》卷六《秦始皇本纪》引贾谊《过秦论》。

⑤《淮南子》卷一五《兵略训》。

⑦《史记》卷一二一《儒林列传》。

农民军以陈县为中心，向秦王朝发动总攻。当时兵分三路，目标是秦王朝的巢穴——咸阳：一路由假王（假是代理之意）吴广率领进攻荥阳，以便打开通往咸阳的大道；一路由宋留率领，迂回南阳叩武关；另一路由周文率领，进攻关中，直取咸阳。周文的大军，在西征的途中，得到广大农民的拥护和支持，群众争先恐后参加。当大军抵函谷关时，这支原本10万人的部队，已发展到兵车千辆、战士几十万人了。大军跃过函谷关，直插关中，“望屋而食，横行天下。秦人阻险不守，关梁不阖，长戟不刺，强弩不射”[①]，闻风溃逃，农民军一直打到距咸阳只有几十里的戏（今陕西临潼东），直接威胁着秦都咸阳。

周文大军至戏的消息，使秦二世恐慌万状。他采用章邯的建议，大赦天下，释放并武装骊山刑徒和奴产子，由章邯率领30万大军，向农民军猛扑过来。同时从北方调回防御匈奴的王离军队作为援军。周文大军由于孤军深入，后援不继，经过几次激战，不得不退出关中，转入河南。渑池一役，战斗失利，周文自杀。西路主力被击溃。

章邯击败周文后，率军向荥阳反扑。当时吴广率军在荥阳城下同李由的秦军主力相持不下。吴广部将田臧假借陈胜的命令，擅杀吴广；农民军内部混乱，在敌军进攻下失利。章邯连破周文、吴广两支农民军后，于二世元年（前209年）十二月，乘势向陈县进攻。这时，王离的边防军也奉令配合章邯进攻陈县。起义军只得放弃陈县，向东南退却。十二月，陈胜退到下城父（今安徽亳州东南城父集）被其车夫庄贾杀害。那时宋留大军已攻占南阳，陈胜死后，南阳又被秦军攻陷，不久宋留投降，被秦二世处死。

陈胜、吴广牺牲后，其部将吕臣率领着以奴隶为主力的苍头军，与项梁联合，继续开展反秦斗争。

陈胜、吴广起义的历史功绩 陈胜、吴广领导的农民战争，虽然前后只有六个月时间，但在中国历史上写下了壮丽的篇章。

陈胜、吴广在中国封建社会里首举义旗，领导了我国历史上第一次农民大起义，其“奋臂为天下倡始”的首义精神，“王侯将相宁有种乎”的造反思想，“削木为兵，揭竿为旗”的斗争气魄，鼓舞着后来的千千万万农民反抗封建统治的斗争。

陈胜、吴广领导的农民战争，虽由于时代和阶级的局限性而失败了，但它沉重地打击了秦王朝，为推翻秦王朝奠定了基础。正如司马迁所说：“陈胜虽

---

① 《史记》卷六《秦始皇本纪》引贾谊《过秦论》。

已死，其所置遣侯王将相竟亡秦，由涉首事也!”[1] 这是一个重大的历史贡献。

三　项羽、刘邦领导的反秦战争和秦王朝的灭亡

反秦斗争的新高潮　陈胜、吴广牺牲后，继续领导农民进行反秦斗争的是项羽和刘邦。

项梁、项羽出身于楚国旧贵族，项氏世代为楚将，封于项（河南项城东北），遂以项为氏。项梁的父亲就是楚国著名的大将项燕。项梁因犯罪，带着侄子项羽逃到吴县（今江苏苏州）。公元前 209 年九月，陈胜、吴广起义的消息传到吴县时，项梁、项羽二人杀死会稽郡守，得精兵 8000 人，项梁做了会稽郡守，项羽为裨将。

原来召平奉陈胜令攻广陵，久攻未下，听说陈胜败走，秦军又将南下，便渡江，假称陈胜命令，封项梁为上柱国，要项梁率领队伍向西进击秦军。于是项梁、项羽率领 8000 江东子弟兵渡江而西。

公元前 208 年二月，项梁军渡江后，陈婴领导的 2 万士兵前来会合。大军很快地渡过淮河。英布、蒲将军两支起义军也归附项梁。起义军的队伍迅速扩大到六七万人，扎营下邳（今江苏宿迁西北）。

刘邦做过泗水（今江苏沛县东）亭长。公元前 209 年，他在沛县县吏萧何、曹参等支持下，杀了沛令，聚众二三千人，在沛地起兵。次年六月，项梁得知陈胜遇害后，乃召集各路军到薛（今山东滕州东南）计议。这时，范增劝项梁等立楚国后代。项梁、项羽等采纳范增的建议，在民间找到为人牧羊的前楚怀王的孙子心，拥立为王，仍号楚怀王，都盱眙（在江苏），项梁自号武信君，陈婴为上柱国。

此时，章邯率领的秦军，在镇压了陈胜所领导的部分起义军后，移军东进，破魏，攻齐。同年七月，项梁与齐田荣军一起，在东阿（今山东阳谷县东阿镇）给章邯军以迎头痛击。项羽、刘邦率领的另一支起义军攻占城阳（今河南范县濮城东南）。接着项、刘又率军转攻雍丘（今河南杞县），大破秦军，杀三川郡守李由，给秦军以沉重的打击。这时，项梁被胜利冲昏了头脑，滋长了严重的骄傲情绪。九月，章邯指挥秦军，乘虚夜袭，在定陶大破项梁军，项梁战死。这时项羽、刘邦正在陈留与秦军战斗，听到项梁牺牲的消息后，从陈留前线撤回，与诸军集结于彭城。吕臣军驻彭城以东，项羽军驻彭城以西，刘邦

[1] 《史记》卷四八《陈涉世家》。

军驻砀郡。楚怀王也自盱眙迁至彭城。各支起义军互相呼应，等待时机，继续战斗。

巨鹿之战　章邯破项梁军后，乃渡河向张耳、陈余所率领的赵军进攻。章邯入邯郸，迁其民于河内。赵王歇、张耳退至巨鹿城（今河北平乡），又被秦军王离部围困，粮少兵单，危在旦夕，乃派使者向楚怀王求援。起义军首领在彭城召开紧急军事会议，决定分兵两路：一路以宋义为上将军，项羽为次将，范增为末将，率主力北上救赵。这路由宋义为统帅，号为“卿子冠军”。另一路则由刘邦率军向西挺进，直攻关中。会上决定两路大军先进关者，立为关中王。

救赵的大军至安阳（今山东曹县东南）后，宋义畏敌如虎，逗留 46 日，裹足不前。项羽主张急速过河，配合赵军内外夹攻。宋义却坚持：“秦攻赵，战胜，则兵罢，我承其敝；不胜，则我引兵鼓行而西，必举秦矣！故不如先斗秦、赵。”① 这时正值天寒大雨，士卒饥冻。项羽痛斥宋义“不恤士卒，而徇其私，非社稷之臣！”② 在盛怒之下，杀死了宋义。怀王封项羽为上将军，并令英布和蒲将军归项羽指挥。

秦二世二年（前 208 年），项羽遣英布和蒲将军率 2 万人渡漳河，援救巨鹿。这时巨鹿城中粮尽兵少，在秦将王离围困之下，异常危急。英布、蒲将军援军到达后，初战告捷，形势稍有好转，这时陈余又向项羽求援。于是项羽率领全军渡河。过河后即将渡船沉于水中，捣毁做饭用的锅灶，每个士兵仅带三日口粮，表示决心与秦军血战到底、义无反顾。这种“破釜沉舟”的英雄气概，一直为后人所传诵。

项羽军主力渡漳水后，以迅雷不及掩耳之势，直奔巨鹿，包围了王离的部队，断绝其粮道，与秦军接连激战，九战九捷。起义军“无不一以当十”，“呼声动天”，③ 终于大败秦军，杀苏角，俘王离，涉间自焚而死。巨鹿之战，是反秦战争中最激烈的一次战役，也是具有决定性的一次大战。由于项羽军的浴血奋战，击垮了秦王朝的主力部队，扭转了整个战争的形势，奠定了反秦斗争胜利的基础。

在巨鹿被围时，齐燕等地的旧贵族军队也前来援助，但他们到达后，“皆壁余（陈余）旁，未敢击秦”④，当项羽与秦军决战时，他们“皆从壁上观”。战斗激烈，“诸侯军无不人人惴恐”。项羽军打败秦军后，项羽召见诸侯将领，

---

①②③ 《史记》卷七《项羽本纪》。

④ 《史记》卷八九《张耳陈余列传》。

他们“入辕门，无不膝行而前，莫敢仰视”。[①] 于是，项羽被推举为“诸侯上将军”。从此，项羽成为反秦斗争中叱咤风云的英雄和领袖。

巨鹿解围后，章邯南退至棘原，项羽军驻漳水之南，两军对峙。章邯军屡次退却，不敢和项羽交锋。公元前207年七月，在洹水南殷墟（今河南安阳），秦军向项羽投降。逞凶一时的秦军主力被消灭了。至此，秦的灭亡已成定局。

刘邦入关与秦王朝的灭亡　与宋义、项羽北上救赵的同时，刘邦率领一支军队，于公元前208年秋天，从砀郡出发，向秦王朝的巢穴——咸阳进军。

次年三月，在白马（今河南滑县南）、曲遇（今河南中牟）以东，大破秦将杨熊军。接着攻洛阳失利，又转军向南，大败秦南阳郡守吕齮。吕齮败退坚守宛城（今河南南阳）。刘邦乘半夜偃旗息鼓，绕道回军，黎明，围宛城三匝，南阳郡守被迫投降。从此，刘邦军一路势如破竹，长驱直入武关，插入敌人心脏。所到之处，秦军望风披靡。

刘邦军队的胜利，使统治阶级内部矛盾加剧。赵高怕秦二世追究军事失败的罪责，派女婿阎乐（任咸阳令）、弟赵成（任郎中令）杀二世，立二世之侄子婴，去帝号，称秦王。子婴又杀赵高等，在峣关（今陕西蓝田东南）设防，企图阻止义军西进。刘邦用张良计，设疑兵，威胁秦军，又以重宝引诱守将投降，乘其不备，大破秦军，攻克扼守咸阳的要塞——峣关。接着乘胜夜攻蓝田，秦军一败涂地。公元前207年十月，刘邦率军至灞上（今陕西西安市东南）。刚刚当了46天秦王的子婴，只好以绳系颈，乘素车白马，捧着秦始皇传下来的御玺符节，在咸阳的轵道旁，向刘邦军投降。历史宣告了秦王朝的灭亡。统一的秦王朝从建立到灭亡，只有15年时间，是中国历史上最短命的封建王朝。

项羽、刘邦继续了陈胜、吴广所开创的反秦事业，经过两年奋战，终于推翻了秦王朝的反动统治，其历史功勋是应当肯定的。

---

① 《史记》卷七《项羽本纪》。

第七章　西汉统一多民族封建国家的发展

（前206～25年）

第一节　西汉专制主义中央集权的巩固发展

一　楚汉战争和西汉王朝的建立

刘邦“约法三章”　刘邦率军进入咸阳后，采纳了樊哙、张良的建议，退军灞上，封闭秦朝的珍宝府库，宣布废除秦的苛法，与关中父老“约法三章”，“杀人者死，伤人及盗抵罪”①，让秦的一些地方官留任原职，以维持社会秩序。刘邦的“约法三章”，一方面是重建封建法制的开始，是保护地主阶级生命财产不受侵犯的政治宣言，另一方面，它具有稳定社会秩序的积极作用，因此得到了关中各阶层人民的支持。“秦人大喜，争持牛羊酒食”慰劳刘邦的军队，“惟恐沛公不为秦王”。②刘邦的丞萧何把秦王朝的档案、律令、户籍控制在自己手里，因此掌握了秦的山川形势、关隘要塞及土地和户口数字，为以后支援刘邦的统一战争以及封建国家的重建工作，准备了条件。

项羽的分封　公元前207年，项羽在河北消灭秦军主力后，就率领大军，冲破函谷关，进驻鸿门（今陕西临潼东），准备与刘邦决一雌雄。当时，项羽拥兵40万，号称百万，刘邦有军队10万，号称20万，刘邦自知众寡不敌，采纳了张良的献策，亲至鸿门卑辞言好。项羽设宴招待刘邦，这就是历史上有名的“鸿门宴”。“鸿门宴”后数日，项羽率军入咸阳，杀秦王子婴，烧秦宫室，收财宝妇女，然后发号施令，分割天下。他尊怀王为义帝，都于郴（今湖

---

①②《史记》卷八《高祖本纪》。

南郴州），接着又暗杀了义帝。项羽自立为西楚霸王，占梁、楚九郡，都于彭城（今江苏徐州）。封刘邦为汉王，居巴蜀汉中，又三分关中，封秦降将章邯等三人为王，以牵制刘邦。另外又将自己的亲信以及趁农民起义而拥兵割据的旧贵族分封为王，共封十八个王。

楚汉战争 项羽的分封引起了一些握有重兵的将领的不满，那些被贬的或未封王的，更是怀恨在心。其中尤以刘邦、田荣、彭越、陈余四人最为突出。当初楚怀王与诸侯有约，先入关中者王之，刘邦先入关，但项羽凭借自己势大，把刘邦赶到巴蜀汉中去当汉王。刘邦对此心怀不平。分封不久，握有重兵而未得封王的田荣，首先在齐地起兵反抗项羽，接着刘邦乘机进兵关中，从此，刘邦与项羽展开了近四年的楚汉战争。

汉元年（前206年）五月，田荣在东方起兵赶走被项羽封为齐王的田都，追杀胶东王田市，自立为齐王，又杀死济北王田安，尽据三齐之地；同时又与彭越将军印，令其夺回梁地。陈余又向田荣献策，将被项羽封为常山王的张耳赶走，归其故地与赵王歇，田荣于是遣兵同陈余一起攻常山（今河北正定南），大破张耳军，又从代（今河北蔚县西南）迎回故赵王歇，使之王赵。赵王又立陈余为代王。于是项羽发兵攻田荣。刘邦以韩信为大将，乘机暗度陈仓，自汉中攻入关中，大破章邯，占领咸阳，又派兵向西北攻占陇西（治今甘肃临洮）、北地（今甘肃宁县西北）、上郡（今陕西榆林东南），在三个月之内消灭了为秦民所极力反对的三秦王，接着挥师东下出武关。

项羽此时率大军集中攻齐，无暇西顾。公元前205年冬，项羽在城阳大败田荣，田荣逃跑被杀。项羽兵至齐地后，毁城放火，掳掠妇女，坑田荣降卒。田荣弟田横，收集散兵，将数万人，与项羽争战，双方相持不下。刘邦乘齐、楚相争之际东进，降西魏王豹，掳殷王印，为义帝发丧，公开宣布同项羽决战。公元前205年夏，刘邦率军攻入项羽都城——彭城。正在齐地作战的项羽得此消息，立即率精兵3万回击。刘邦溃败，退出彭城，率数十骑逃到荥阳、成皋（今河南巩义市上街）一带。

公元前204年，项羽又进击刘邦，占领荥阳、成皋，刘邦节节败退。这时，刘邦虽然正面作战失利，但其部将韩信在北方抄项羽后路，连续获得胜利，占领了赵地。同时，刘邦派人劝说九江王英布降汉，共击项羽。萧何又从关中征发兵丁补充军队，使汉军重整旗鼓，继续战斗。

公元前203年，楚汉两军在成皋一带，互有胜负，战争进入相持阶段。韩信南下攻占齐地，彭越又为汉守魏地，时出游兵断楚粮道。项羽腹背受敌，形势对他极为不利。在长期相持之后，项羽退兵广武（今河南荥阳北），想与刘邦决一死战，而刘邦则按兵不动。项羽因后援不继，不敢与刘邦作持久战，只得与汉讲和，约定中分天下，划鸿沟为界，其东属楚，其西属汉；楚放回前所俘刘邦之父及妻吕雉。约定之后，项羽罢兵东归。

项羽撤兵，刘邦也欲引兵而西，张良、陈平力劝刘邦乘势灭楚，他们认为不趁此时灭楚，则“养虎自遗患”①。于是刘邦决定乘势进击，使项羽无喘息之机。公元前202年，刘邦会同诸军，约40万兵力，全力进击，将项羽紧紧包围。项羽连战失利，在力量悬殊的情况下，力战不敌，退至垓下（今安徽固镇界）。项羽在四面楚歌声中溃散而逃，最后在乌江（今安徽和县东北）自刎。

西汉的建立 楚汉战争以刘邦胜利而告结束。力量较小的刘邦之所以能取得胜利，是因为他能正确地运用战略战术，与项羽斗智不斗力，用计分化收买项羽的部下，抄项羽的后路，派游兵切断项羽的粮道；加之刘邦善于用人，能把各地反对项羽的力量联合起来，做到守有贤相，谋有良臣，战有猛将，力量由弱变强，终于战胜了项羽。而项羽自以为“力拔山兮气盖世”，迷信武力，缺乏远见，刚愎自用，不肯听从部下意见，妒贤嫉能，以致许多有才能的人如陈平、韩信、英布等都离楚归汉，贤士不附，将帅离心，甚至连他唯一的谋臣范增也被逼走。又因其残暴好杀，致使众叛亲离，日益孤立，落了个四面楚歌的可悲下场。此外，在战争过程中，刘邦有比较稳定的关中作后方，粮饷兵源比较充裕，可以专意东进而无后顾之忧。而项羽的后方，地盘虽大，但有十余个割据王国充塞其间，矛盾重重，貌合神离，明争暗斗，愈演愈烈。项羽孤军远征，供应不足，军力消耗无法补充，因此他东征西战，顾此失彼，穷于应付。这就给刘邦利用矛盾、分化瓦解、各个击破的策略创造了条件。

公元前202年二月，刘邦即皇帝位于定陶附近的汜水之北，是为汉高祖。先定都洛阳，五月迁都长安（今陕西西安市），重建地主阶级的统一政权。于是在秦亡之后的第五年，又出现了统一的西汉王朝。

二 汉初稳定社会秩序的措施

稳定社会秩序 公元前202年，刘邦称帝的时候，到处是一片荒凉残破的景象。由于秦王朝的残暴统治，加上连年战争的杀掠，社会生产遭受严重破坏，经济凋敝，人民大量逃亡。汉初的人口，较之秦代大大减少，大城市人口只剩下十分之二三。如汉初较大城市之一的曲逆（今河北顺平东南），原有3

---

① 《汉书》卷一《高帝纪》。

万多户，战后只剩下5000余户。在这种情况下，统治阶级也无法搜刮更多的财富。“自天子不能具钧驷，而将相或乘牛车，齐民无藏盖”①，可见当时社会经济残破到何等地步。在这种情况下如何恢复封建统治秩序，发展封建经济？这是关系到西汉地主政权能不能维持并巩固下去的首要问题。对西汉统治者来说，农民起义的风暴刚刚过去，氓隶亡秦的事实时刻萦绕在他们的脑际。这种情况使他们不能不采取一些比较现实的措施。

从公元前202年开始，汉高祖颁发了一系列诏令，主要内容有：

1. 组织军队复员。军队官兵复员为民，根据他们的功绩大小，按照军功爵位的高低，赐给数量不等的土地。同时还规定，这些复员的官兵，愿留在关中者，免除12年的徭役；回归原籍的，免除6年。这样，就使爵高位显的军官变成大地主，一般士兵也得到土地，成为自耕农，从事生产劳动。

2. 赐军吏卒以爵位。凡军吏卒爵在大夫以下或无爵者，皆赐爵为大夫(第五级爵)；位在大夫以上者，晋爵一级；爵在七大夫以下者，免除全家赋役；七大夫以上者，分给食邑，是为高爵，其地位与县令、丞相等，应先给予田宅。这一条诏令的作用，就是从政治上、经济上扶持一批因军功而获得土地的地主。

3. 招抚流亡。令战争期间流亡山泽不著户籍的人口，各归原籍，“复故爵田宅”。这使许多因秦末农民战争而丧失土地与爵位的地主和自耕农，重新获得土地和爵位。此举对安定人民生活，恢复和发展生产，具有一定的积极作用。

4. 释放奴婢。诏令规定：因饥饿而自卖为人奴婢者，“皆免为庶人（平民）”②。

以上是汉政府适应农民战争后阶级关系发生变化而采取的措施，它一方面扶植了一大批军功地主，扩大了汉王朝的统治基础，使封建统治秩序重新稳定下来，另一方面也在一定程度上承认了农民战争的胜利成果，使脱离生产的农民回到了土地上，占有少量土地，有了生产条件。这样，客观上缓和了阶级矛盾，安定了社会秩序，对生产的恢复起了促进作用。

重建封建国家机器　西汉初年，基本上沿袭了秦朝的政治制度。皇帝是全国最高的统治者。在皇帝之下，设丞相、太尉、御史大夫，分别掌管政务、军事和监察，称为“三公”。“三公”之下，设有掌管国家军政和宫廷事务的“九

---

① 《史记》卷三〇《平准书》。

② 以上均见《汉书》卷一《高帝纪》。

卿”。地方行政机构，除沿袭秦朝的郡县制外，汉初还分封诸侯王，形成郡国交错的局面。郡县官制承袭秦代，封国官职依照中央。县以下的基层组织仍为乡、里。这样，就恢复了从中央到地方的一套统治机构。

为了巩固封建统治，西汉建立了比秦朝更为完备的武装力量。在中央设立南、北军，分别由卫尉、中尉统领，作为守卫皇宫和京师的常备军。在地方，有经过训练的预备军，根据地区的具体条件，分别设材官（步兵）和骑士（骑兵），由郡守和郡尉（后改都尉）掌管。常备军和预备军的兵员，都由郡国征调来的“正卒”充任。这就加强了对付农民的军事镇压力量。

汉初除了建立军队外，又制定了法律。刘邦入关之初，约法三章，只是稳定社会秩序的临时措施。西汉政权建立后，刘邦认为“三章之法，不足以御奸”①，令萧何根据《秦律》制定《汉律》。萧何除去秦律夷三族及连坐法，在秦律的基础上，又增加《兴律》《户律》《厩律》三章，合为九章，故称《九章律》。后来，叔孙通作傍章18篇，以补《九章律》之不足。

除了法律之外，皇帝的命令也起法律的作用，必须无条件执行。这是封建专制主义政治制度的特征。

再建赋役制度 赋役即赋税和徭役。从刘邦入关之后就开始实行赋税徭役制度。西汉政权建立后，推广至全国各地。这一制度不是完全以生产资料的占有为条件，而是以国家的政治权力为前提的超经济剥削。

汉王朝建立之初，赋税主要是田赋、口赋、献费。田赋是土地所有者向国家交纳的地税。汉初，刘邦曾实行“什五税一”。其后，又行“什一之税”。惠帝元年（前194年）又恢复“什五税一”。这种轻田租的政策，对奖励垦荒、恢复农业生产有一定的积极作用。

口赋，即人头税。这是国家按丁、口索取的一种财政收入。按照纳税者的年龄不同，口赋可分为口钱和算赋。口钱是向儿童征收的人头税。汉初规定凡7岁到14岁，不论男女，每口每年交20钱。算赋是向成年人征收的人头税。由15岁至56岁，不论男女，每人每年向国家交纳120钱，称为一算。商人和奴婢加倍。汉惠帝时又规定女子年15岁以上到30岁尚未出嫁者要分五等加征，每等加一算。算赋是用来治库兵车马，是汉代军费开支的重要来源。

献费是诸侯王、通侯和地方官吏献给皇帝的赋税。汉初无定制，贪官污吏竞相搜刮，民不堪命。鉴于此，刘邦下诏规定，据所辖地区人口，每人每年出63钱，以此贡献于皇帝。

① 《汉书》卷二三《刑法志》。

服役，凡成年男子都必须应役。当时的役主要有更卒、正卒、戍卒三种。

更卒，即到各级官府服徭役。依照汉制，更卒的应役方式，既可以亲自赴役，亦可出钱雇人代役。亲身服役者称“践更”，出钱雇人代役者称“过更”。汉初役期不一，刘邦时几年一次，一次五个月，文帝时改为一年一次，为期一月。

更卒实际就是力役，此外还要承担“兵役”。汉初规定，成年男子需服兵役两年。一年任地方兵，称“正卒”；另一年任禁卫军或边防兵，称为“戍卒”或“卫士”。戍卒亦可出钱由官府雇人代役。这种兵役十分艰苦，遇有军事需要，还可延长。

剪灭异姓王　远在楚汉战争中，刘邦为了打败项羽，曾分封了韩信、英布、彭越等一些重要将领为王。汉初，被封的异姓王有七个，即楚王韩信、梁王彭越、淮南王英布、赵王张耳、燕王臧荼、韩王信、长沙王吴芮等。此外，还封了功臣萧何等140多人为列侯。这些异姓王领地广，握有重兵，刘邦意识到这是对中央集权的一个严重威胁。从公元前202年到公元前195年，7年之间，汉高祖借口他们谋反，先后将韩信、彭越、英布、臧荼等杀掉，把张敖（张耳子）废为列侯，韩王信逃入匈奴，仅留下一个势力最小的吴臣（吴芮子）。

刘邦在剪除异姓王的同时，又分封了一批刘姓子弟为王。汉高祖总结秦亡的原因时，认为秦朝没有封同姓子弟为王是其短命的关键所在。因此，他在剪除异姓王的同时，又陆续分封了九个刘姓子弟为王，想依靠刘氏宗族的力量，作为皇权的羽翼。这九个同姓王是：齐王刘肥、楚王刘交、吴王刘濞、代王刘恒、淮南王刘长、梁王刘恢、赵王刘如意、淮阳王刘友、燕王刘建。并杀白马盟誓：“非刘氏而王，天下共击之。”[①] 汉高祖以为有了这样的“磐石之宗”，刘家的天下就可以固若金汤。其实，封国的存在，对中央集权必然是个离心力。尽管汉高祖也曾规定王国的相、太傅、内史、中尉等官吏由中央委派，以限制诸侯王的权力，但未能起到应有的作用。

三　文景之治

轻徭薄赋　汉高祖总结秦亡的教训，采取“与民休息”的政策，到惠帝时进一步推行黄老无为政治。到了文帝、景帝时期，倡导以农为本，进一步推行

① 《史记》卷九《吕太后本纪》。

“轻徭薄赋”“约法省禁”的政策，使生产逐渐得到恢复和发展，史称“文景之治”。

文帝时，贾谊曾上书疾呼：“汉之为汉，几四十年矣，公私之积，犹可哀痛。”① 其原因在于赋税徭役太重，加之许多人弃农经商，致使农业生产没有得到恢复和发展，并出现了“法律贱商人，商人已富贵矣；尊农夫，农夫已贫贱矣”②的局面。针对这一状况，贾谊建议：“驱民而归之农，皆著于本。”③晁错亦呼吁“务民于农桑，薄赋敛，广畜（蓄）积以实仓廪，备水旱”④。文帝采纳了贾谊、晁错的建议，提倡以农为本，多次发布诏令劝农，以发展农业经济。文帝二年（前178年）、十二年（前168年），两次下诏“赐农民今年租税之半”⑤，十三年六月，又“除田之租税”⑥。景帝元年（前156年）五月，“令田半租”⑦，即三十税一，并成为汉朝定制。

文景时期又减少地方的徭役、卫卒，停止郡国岁贡，开放山泽禁苑给贫民耕种；并颁布了赈贷鳏寡孤独的法令。

以上这些措施的施行，减轻了农民的负担，使农民生活得到相对的安定，对恢复和发展农业生产起了一定的作用。所以文景之世，“流民既归，户口亦息”⑧。粮价大大降低，“谷至石数十钱，上下饶羡”⑨。这是社会经济恢复的具体体现。

约法省禁　文景时期，在恢复经济的同时，“惩恶亡秦之政，论议务在宽厚”⑩，施行“约法省禁”的政策，废除了一些严刑苛法，如诽谤妖言法、妻孥连坐法、断残肢体的肉刑等，并减轻笞刑，以缓和阶级矛盾和统治阶级内部的矛盾。

约法省禁是文景时期无为政治的一项重要内容，正是由于这一政策的施行，许多官吏断狱从轻，“刑罚大省”⑪，以至有“刑轻于它时而犯法者寡”⑫，“断狱数百，几致刑措”⑬之说。这和秦时“断狱岁以千万数”的惨景形成了鲜明的对比。

平定七国之乱　汉初汉高祖分封同姓王，旨在以血缘关系作为政治支柱。

①②③④ 《汉书》卷二四《食货志》上。
⑤⑥⑬ 《汉书》卷四《文帝纪》。
⑦ 《汉书》卷五《景帝纪》。
⑧ 《汉书》卷一六《高惠高后文功臣表序》。
⑨ 《太平御览》卷三五引桓谭《新论》。
⑩⑪ 《汉书》卷二三《刑法志》。
⑫ 《汉书》卷五一《贾山传》。

高祖之世，由于刘氏诸王年轻，权力多由王国之相、太傅执掌，其弊病尚未显露。随着社会经济的恢复和发展，诸王的势力日益膨胀，“夸州兼郡，连城数十，宫室百官，同制京师”[①]。诸王掌握着封国内的征收赋税、任免官吏、铸造钱币等政治、经济大权，形成了“尾大不掉”之势。这些诸侯王日益骄横，“出入拟于天子”，“不听天子诏”，甚至想举兵夺取皇位。文帝即位的第三年，即公元前177年，济北王刘兴居乘文帝去太原击匈奴之机，发动武装叛乱，开了王国武装反抗中央之端。三年之后，淮南王刘长又步刘兴居后尘。这两处叛乱虽然被消灭，但拥有53城的吴王刘濞又露出不臣的形迹。可见，此时统治阶级内部争权夺利的斗争是非常尖锐的。

面对中央集权与地方割据势力之间的尖锐矛盾，许多官吏都感到事态的严重，寻求解决矛盾的办法。当时，梁王太傅贾谊给文帝上了有名的《治安策》，认为当时形势有“可为痛哭者一”，便是诸侯王强大难制。对此他感到痛心疾首，提出了“众建诸侯而少其力”[②] 的主张。文帝按照这个建议把一些王国分小，又把自己的儿子封在梁国，作为屏障。景帝时，吴王刘濞叛乱的形迹更加明显。御史大夫晁错认为吴王不改过自新，“乃益骄恣，即山铸钱，煮海为盐，诱天下亡人，谋作乱逆。今削之亦反，不削之亦反。削之，其反亟，祸小；不削之，其反迟，祸大”[③]，建议削夺诸侯王的封地。景帝采纳了晁错“削藩”的建议，开始削夺王国的一部分土地，划归中央直接管辖，吴楚等七国遂于景帝前元三年（前154年）举兵叛乱。

吴王刘濞是这次叛乱的主谋和首领。他倚仗吴国冶铜、铸钱、煮盐等优越的条件，早已蓄谋夺取皇位。他联合了胶西王刘印、楚王刘戊、赵王刘遂、济南王刘僻光、菑川王刘贤、胶东王刘雄渠，借口“请诛晁错，以清君侧”，共同起兵。吴王刘濞把封国内14岁至62岁的男子20余万人编成军队，亲自率领，从广陵（今江苏扬州）起兵北上。他自恃兵强马壮，军粮充足，宣称：“敝国虽狭，地方三千里；人民虽少，精兵可具五十万。……吴国虽贫，寡人节衣食用，积金钱，修兵革，聚粮食，夜以继日，三十余年矣。凡皆为此。”[④]说明他发动叛乱，蓄谋已久。

吴楚七国之乱爆发后，景帝派太尉周亚夫等率大军反击，同时又杀掉晁错，命袁盎为太常去吴国劝刘濞退兵。但刘濞不仅不退兵，反而扬言：“我已

① 《汉书》卷一四《诸侯王表》。

② 《汉书》卷四八《贾谊传》。

③④ 《汉书》卷三五《荆燕吴传》。

为东帝。”于是景帝决心讨平叛乱。

周亚夫率领大军迎击吴楚军。他采用重兵坚守，用轻兵断绝吴楚粮道的策略，使吴楚军不能持久作战。下邑（今安徽砀山东）一战，“吴大败，士卒多饥死叛散”①。周亚夫率精兵追击，吴王刘濞仅率千人南逃，被东瓯杀死。其余诸国也被打败。七国之乱经过三个月就平定了，使诸侯王势力受到致命的打击。中元五年（前145年）景帝“抑损诸侯，减黜其官”②，改王国丞相为相，废除其御史大夫、廷尉、宗正、博士等官，对大夫以下的其他官吏也予以裁减。把王国的行政权和官吏的任免权收归中央，“令诸侯王不得复治国”③，不能掌握政权和军队。从此以后，王国实际上变成了和中央直接统辖的郡一样的地方政权。

四　汉武帝强化中央集权的措施

经过汉初70年的恢复和发展，到公元前140年汉武帝即位以后，西汉王朝达到了空前繁荣的阶段。汉武帝进一步采取了一系列加强中央集权的措施。

继续打击地方割据势力　汉武帝于元朔二年（前127年）采纳中大夫主父偃的建议，颁布“推恩令”。规定诸侯王除由嫡长子继承王位外，其他诸子都在王国范围内分到封地，作为侯国。“于是藩国始分，而子弟毕侯矣”④。把大的王国分为几个小侯国，西汉一代王子侯计408人，大都是在汉武帝行“推恩令”时分封的。从此，“大国不过十余城，小侯不过数十里”⑤。封国越分越小，势力大为削弱。后来，汉武帝又“作左官之律，设附益之法”⑥。“左官律”规定，凡在诸侯王国任官者，地位低于中央任命的官吏，并不得进入中央任职。以此限制诸侯王网罗人才，防止他们从事非法活动。“附益法”严禁封国的官吏与诸侯王串通一气，结党营私，以达到孤立诸侯王的目的。元鼎五年（前112年），汉武帝以诸侯王所献助祭的“酎金”成色不好或斤两不足为借口，夺爵者达106人，占当时列侯的半数。至此，王、侯虽然还存在，但只能“衣食税租”，不得过问封国的政事，封土而不治民。通过这些措施，进一步加强了中央集权，基本上结束了汉初以来诸侯王割据的局面。

---

① 《汉书》卷三五《荆燕吴传》。

②⑥ 《汉书》卷一四《诸侯王表》。

③ 《汉书》卷一九《百官公卿表》。

④ 《汉书》卷六《武帝纪》。

⑤ 《史记》卷一七《汉兴以来诸侯王年表》。

在削弱诸侯王势力的同时，汉武帝还采取了打击地方豪强的措施。西汉前期，随着封建经济的恢复和发展，各地豪强势力大为膨胀。他们利用封建宗法关系，结成强宗大姓，以强凌弱，以众暴寡，兼并土地，横行乡里，独霸一方。对于这种地方豪强势力，汉武帝采取了限制和打击的政策。一方面继续推行汉初以来迁徙豪强的办法，把他们迁到关中，置于中央政府控制之下，“内实京师，外销奸猾”，做到“不诛而害除”。[①] 另一方面利用以严酷著称的官吏诛杀豪强。例如王温舒为河内太守，“捕郡中豪猾，相连坐千余家……大者至族，小者乃死，家尽没入偿臧”[②]。元封五年（前106年），分全国为十三部（州），每部（州）派刺史一人，于每年秋天巡行郡国，按“六条问事”的职权，监督郡国，第一条就是对“强宗豪右”的限制。

通过上述措施，地方豪强势力受到了一定的打击，有的甚至倾家荡产。此后，中央政权对地方的控制加强了。

加强中央集权　汉武帝为了加强中央集权，提高皇权，采取了限制丞相权力的措施。他亲自过问一切政务，令九卿不通过丞相直接向他奏事。与此同时，还选拔了一批中下层官员，作为自己的高级侍从和助手，替他出谋划策，发号施令。这样，在朝官中有了“中朝”（或称内朝）和外朝之分。由尚书、中书、侍中等组成的“中朝”成为实际的决策机关，而以丞相为首的“外朝”官，逐渐成为执行政务的机关了。中外朝的形成，显示了统治权力的高度集中。

为了加强中央集权，扩大西汉王朝的统治基础，汉武帝颁行了一套新的选用官吏制度，注意选拔人才，充实官僚机构。汉初，官吏主要有两个来源：一是按军功爵位的高低，选任各级官吏，故景帝以前，有“吏多军功”[③] 之语；二是选自郎官，即郎中令属下的中郎、侍郎、郎中、议郎等。郎官的职责是守卫宫殿和做皇帝随从。经过一段时间，中央或地方官有缺额，即可由郎官中选用，所以董仲舒说“夫长吏多出于郎中、中郎”[④]。军功地主到武帝时已经没落。郎官多出自“任子”[⑤] 或“资选”[⑥]，难于选拔到真正的人才。因此，汉武帝即位后，除沿用上述制度外，又建立了新的选拔官吏的制度：其一为察举

① 《汉书》卷六四《主父偃传》。

② 《汉书》卷九〇《酷吏传》。

③ 《汉书》卷五《景帝纪》。

④ 《汉书》卷五六《董仲舒传》。

⑤ 二千石以上官任职满三年，可举子弟一人为郎，称“任子”。

⑥ 非有市籍的商人，家资满10万（文帝时减为4万）可任郎官或做一般官吏。

制。汉文帝时已有“贤良”“孝廉”之选，但未形成正式制度，汉武帝时始以明文规定下来，凡丞相、列侯、刺史、守、相等推举，经过考核，任以官职。不久又规定依人口的数量、按比例进行选举，取消了资产的限制。这样使察举制逐渐完善起来。其二为“征召”之制，征召那些有一定能力而又不肯出仕的人，由汉武帝召见，确有才能，即授予官职。与此相配合的还有“公车上书”之制，天下吏民上书言事，如有可取者，即以其所长，授以官职。其三，选用博士弟子，元朔五年（前124年），汉武帝采纳公孙弘的建议，为五经博士置弟子员，每年考试，凡能通一经以上者，可补文学掌故的官缺，成绩得甲等者可为郎官。汉武帝通过这些措施，选拔了一批有才能的人，史称“汉之得人，于兹为盛”①，从而进一步充实和加强了封建统治机构。

汉武帝在广开仕途的同时，又采取措施，加强了军队和法律。在中央的常备军中，增设八校尉，隶属北军；增设期门军、羽林军，隶属南军。此外，又增设楼船（水军）等军种。军队的加强，使中央集权有了更坚强的支柱，同时也加强了对外作战和对内镇压的力量。在汉武帝时期，法律更为严密烦苛，律令多至“三百五十九章，大辟四百九条，千八百八十二事，死罪决事比万三千四百七十二事。文书盈于几阁，典者不能遍睹”②。法律条文如此烦苛，表明封建专制主义对人民统治的残酷性。

新财经政策　汉武帝时期，在财政经济方面也采取了一些新的措施，加强中央对全国经济的控制，以解决由于战争和宫廷奢侈生活所造成的经济困难。其主要措施是：

1. 改革币制，把铸币权收归中央

汉初，听任郡国自由铸钱。文帝时“除盗铸钱令，使民放铸”，于是“盗铸如云而起，弃市之罪又不足以禁矣”。③ 这一方面造成币制混乱，物价上涨，阻碍了商品的正常交换；另一方面，一些贵族官僚、富商大贾操纵造币之权，富埒天子，威胁中央。据《盐铁论·错币》记载：“文帝之时，纵民得铸钱、冶铁、煮盐。吴王擅障海泽……山东奸猾，咸聚吴国”，成为威胁中央集权的一支力量。吴王在起兵叛乱时说：“寡人金钱在天下者往往而有，非必取于吴，诸王日夜用之不能尽。有当赐者告寡人，寡人且往遗之。”④ 可见，郡国诸侯王操持铸币权，势力膨胀，成为吴楚七国之乱的经济基础。

① 《汉书》卷五八《公孙弘传》。
② 《汉书》卷二三《刑法志》。
③ 《汉书》卷二四《食货志》。
④ 《汉书》卷三五《荆燕吴传》。

元鼎四年（前 113 年），汉武帝下令宣布禁止郡国铸钱，把全国各地私铸的钱币运到京师销毁，把钱币大权收归中央。成立了专门的铸币机构，即由水衡都尉的属官钟官、辨铜、技巧三官负责铸造五铢钱。钟官负责铸造，辨铜负责审查铜的质量成色，技巧负责刻范。[①] 这次新铸的五铢钱（也称上林钱或三官钱）重如其文，钱的质量很高，便于流通，成为当时唯一合法的货币。

2. 盐铁官营和均输平准政策

汉初，盐铁为私人经营，国家仅设官收税而已，特别是文帝时，对盐铁经营采取放任政策，于是富商大贾、豪强地主往往占有山海，或采矿冶铁，或煮海制盐，一家冶铁或煮盐使用的人，多至千余名。他们“专山泽之饶”[②]，垄断了对国计民生有重要影响的冶铁煮盐业，这不仅影响中央财政的收入，而且也助长了分裂割据势力。汉武帝为了增加中央政府的财政收入，采纳大商人孔仅和东郭咸阳的建议，决定把冶铁、煮盐、酿酒等私营权收归政府，由国家垄断经营，在全国产盐铁的地方设立盐铁专卖署，并任命当地的大盐铁商为盐官或铁官，管理煮盐、制造铁器和买卖盐铁等事务。不产铁的地方设小铁官，以熔化废铁作农具或用具。当时所设的盐官有 37 处，铁官 49 处。盐铁官营后，严禁私人铸铁和煮盐，“敢私铸铁器煮盐者，钛左趾，没入其器物”[③]。自从盐铁官营后，汉政府增加了收入。所以桑弘羊说：“当此之时，四方征暴乱，车甲之费，克获之赏，以亿万计，皆赡大司农。此者……盐、铁之福也。”[④] 但是管理盐铁的官吏多为盐铁商人，经营不善，往往产品质量低，价格昂贵，贫民购买不起。

汉武帝死后第六年，即公元前 81 年，郡国所举的贤良文学，曾议罢盐铁官营事，和桑弘羊等进行了争论。这次会议由桓宽做记录，整理成书，就是现存的《盐铁论》。会议的结果，取消了酒的专卖和关内铁官，对汉武帝官营政策做了限制和修改。

汉武帝在实行盐铁官营的同时，推行了均输平准政策。

元封元年（前 110 年），汉武帝采纳大农令桑弘羊的建议，在全国实行均输平准政策。所谓均输，就是调剂运输；平准即平稳物价。原先汉政府各部门常常抢购物资，引起物价上涨，地方上交中央的贡赋，“往来烦杂，物多苦恶，

① 旧说三官为钟官、辨铜、均输。陈直先生认为三官中无均输令，而是技巧令，见《汉书新证》（修订本），第 117 页。

② 《盐铁论》卷一《禁耕》。

③ 《史记》卷三〇《平准书》。

④ 《盐铁论》卷三《轻重》。

或不偿其费”[1]。而且富商大贾囤积居奇，操纵物价。于是由大农令统一在郡国设均输官，负责管理、调度、征发从郡国征收来的租赋财物，并负责向京师各地输送。又由大农令置平准官于京师，总管全国均输官运到京师的物资财货，除去皇帝贵戚所用外，其余由国家经营，“贵则卖之，贱则买之”，调剂物价，防止富商大贾从中谋取巨利。

实行盐铁官营、均输平准政策后，“民不益赋，而天下用饶”[2]。皇帝的赏赐、战争的费用“皆仰大农。大农以均输调盐铁助赋，故能澹之”[3]。

3. 算缗和告缗

为了打击富商大贾、高利贷者的经济势力，增加政府的财政收入，汉武帝于元狩四年（前119年），颁布了算缗、告缗令。算缗就是向大商人、高利贷者征收财产税。规定商人财产每2000钱，抽税一算；经营手工业者的财产，凡4000钱，抽一算；不是三老和北边骑士而有轺车者，每辆抽税一算，商人的车，则征收二算；船五丈以上者，每只船抽税一算。隐瞒不报或自报不实者，鼓励知情者揭发，叫做“告缗”。凡揭发属实，即没收被告者全部财产，并罚戍边一年，告发者奖给被没收财产的一半。同时重申，禁止商人占有土地，违者没收。此法一行，各地争相告缗。在杨可主管告缗事务时，告缗之风遍及全国。《汉书·食货志》记载：“中家以上大氐（抵）皆遇告。……得民财物以亿计，奴婢以千万数，田大县数百顷，小县百余顷；宅亦如之。于是商贾中家以上大氐（抵）破。”封建国家又发了一笔横财。

上述各项措施的实行，限制和打击了富商大贾、豪强、贵族的经济势力，增加了西汉政府的财政收入，暂时解决了由于战争和奢侈浪费所造成的困难，加强了中央集权的经济实力。

独尊儒术　汉武帝时期不仅在政治、经济方面采取措施，加强封建专制主义，而且在思想上也加强了统治。

汉初经过70年的休养生息，地主阶级的统治已经巩固，社会经济有了新的发展，无为而治的黄老思想，已不能适应地主阶级的要求。主张加强君主集权、实现大一统的儒家思想便起而代之。于是，汉武帝接受董仲舒的建议，“罢黜百家，独尊儒术”，即用经过董仲舒改造过的儒学思想，作为统治思想。

汉武帝所以要用董仲舒的儒家思想作为统治工具，首先是董仲舒非常强调

---

① 《盐铁论》卷一《本议》。

② 《史记》卷三〇《平准书》。

③ 《汉书》卷二四《食货志》。

“大一统”，他说：“《春秋》大一统者，天地之常经，古今之通谊也。”[①] 这种思想适合政治上大一统的需要，可以作为加强中央统一集权制的理论根据。其次，是由于董仲舒的儒家思想吸收了道、法、阴阳五行等学派中有利于地主阶级统治的学说，他说：“道之大原出于天，天不变，道亦不变。”[②] 这就是利用道家的天道观，为封建政权服务，把道家的道统，变成封建的法统。董仲舒还特别强调法治，把儒法两家糅合为一体，既主张“以教化为大务”[③]，又主张“正法度之宜”，其实质就是外儒内法，也就是汉宣帝所说的“汉家自有制度，本以霸王道杂之”[④]。这种统治思想一直为历代封建统治者所奉行。

自从汉武帝确定“独尊儒术”以后，以孔孟为正宗的儒学成了封建统治阶级的正统思想，攻读五经成了干禄仕进的敲门砖。

五　昭宣中兴

汉武帝末年，由于长时期的兴师动众和严刑峻法，阶级矛盾日益尖锐，农民起义不断。南阳有梅免、百政，楚有段中、杜少，齐有徐勃，燕赵之间有坚卢、范主等。在民怨沸腾的情况下，汉武帝不得不下轮台罪己之诏，宣布：“当今务在禁苛暴，止（废除）擅赋，力本农”[⑤]，表示与民更始，发展生产，与民休息。汉武帝死后，昭帝、宣帝相继当政，西汉历史进入昭、宣时期。这一时期，统治者采取了以下三个主要政策：

轻徭薄赋　汉武帝末年，民穷财尽，封建经济濒临崩溃。昭、宣二帝时期，“知时务之要，轻徭薄赋，与民休息”[⑥]，立本于农，七次颁布了减免田租、口赋及其他杂税的诏令，六次颁布赈贷种、食和“勿收责（债）”的诏令。凡遇郡国遭受地震、水旱之灾，当年租赋徭役皆免，减少农民破产、流亡。昭帝时还颁布了“令民得以律占租”的法令，废除了律外苛税。宣帝时还下令“勿行苛政”，减盐价，禁止官吏“擅兴徭役”，注意减轻农民的负担。

由于这些政策的实施，面临崩溃的西汉经济逐渐得到恢复，农业生产开始上升。到宣帝时，谷价降到每石 5 钱，边远的金城、湟中地区，每石不过 8 钱，创造西汉以来最低的谷价记录。沿边还设立常平仓，以调剂边地的需要，这是农业生产发展的佐证。

---

①②③ 《汉书》卷五六《董仲舒传》。

④ 《汉书》卷九《元帝纪》。

⑤ 《汉书》卷九六《西域传》。

⑥ 《汉书》卷七《昭帝纪》。

重视吏治　为了保证政令的贯彻，昭、宣时期，对吏治十分重视。霍光辅政，竭力恢复汉初的传统政策，“修孝文时政”。宣帝时也尽力改革弊政，澄清吏治。重视地方官吏的选举，补刺史、守、相，必由大臣推举，他亲自召见，询问治安之术。其政清者给予褒奖。如颍川太守黄霸，“养视鳏寡，赡助贫穷”[①]，于是下诏褒奖为“贤人君子”，赐爵关内侯，黄金百斤，秩中二千石。公卿大臣多从有政绩的地方官中选拔。如黄霸由郡太守，迁升为御史大夫。北海太守朱邑“以治行第一入为大司农”[②]。史称“是时黜陟有序，众职修理，公卿多称其位”[③]，“汉世良吏，于是为盛，称中兴焉”[④]。

平理刑狱　为了缓和阶级矛盾，昭帝于始元四年（前83年），颁布特赦令，“辞讼在后二年前，皆勿听治”[⑤]。宣帝亲政后，进一步废除了武帝时的许多酷法。如地节四年（前66年），诏减“首匿法”，宣布“自今子首匿父母，妻匿夫，孙匿大父母，皆勿坐”[⑥]，并设置了廷尉平一官，专助廷尉决疑案、平冤狱，把治狱的好坏作为考核官吏的一项重要内容。通过这些措施，改变了武帝末年人人自危，大臣“安危不可知”的恐怖局面，从而缓和了社会矛盾。

昭、宣时期这些政治、经济措施的实行，使一度风雨飘摇的西汉王朝又兴盛起来。刘向评论汉宣帝时称赞他“政教明，法令行，边境安，四夷亲，单于款塞，天下殷富，百姓康乐，其治过于太宗（文帝）之时”[⑦]。这一评论虽有溢美之处，但在一定程度上反映了当时的客观事实。

第二节　西汉社会经济的发展

从西汉初年以来，在封建生产关系有所调整的条件下，经过劳动人民的辛勤劳动，社会经济迅速地恢复和发展起来。到汉武帝时，“国家无事，非遇水旱之灾，民则人给家足，都鄙廪庾皆满，而府库余货财。京师之钱累巨万，贯朽而不可校。太仓之粟陈陈相因，充溢露积于外，至腐败不可食。众庶街巷有

①②④《汉书》卷八九《循吏传》。
③《汉书》卷七四《魏相传》。
⑤《汉书》卷七《昭帝纪》。
⑥《汉书》卷八《宣帝纪》。
⑦《风俗通》卷二《正失·孝文帝》。

马，阡陌之间成群，而乘字牝者摈而不得聚会"①。司马迁所描述的这种情况，说明封建王朝的财富有了增加，也反映了民间的生活有了一定的改善。出现了社会经济繁荣的局面。

一 农业生产的发展

推广铁器 西汉时期农业生产的发展，主要表现在牛耕更加普遍，铁农具更进一步推广，水利工程的大量兴建，耕作技术有了显著的改进。

汉初，牲畜比较缺乏，一般农民只得用人力耕作。为了促使耕畜繁殖，汉政府下令禁止宰杀耕牛，规定杀牛、盗牛者受重刑。到汉武帝时，在黄河流域牛耕逐渐盛行起来，也有用马耕地的。与此同时，铁制农具的制作与使用比较广泛，特别是在汉武帝时期，冶铁业归国家垄断，铁器的推广更为迅速。不但中原地区普遍使用铁器，而且推广到边疆少数民族地区，有的地区还建立了自己的冶铁业。适应农业发展的需要，铁制农具的种类也增多了。仅铁犁中，就有铁口犁铧、尖锋双翼犁铧、舌状梯形犁铧，还有大型的犁铧。特别是在山东安丘、河南中牟和陕西西安、咸阳、礼泉等地都有铁犁壁出土。犁壁的发明是耕犁改革中的一个重大发展。没有犁壁就起不到碎土、松土、起垄作亩的作用，有了犁壁就能翻土、碎土。欧洲的耕犁直到11世纪才有犁壁，比我国迟1000年。

治理黄河，开凿灌溉渠 铁农具的广泛使用，为兴建水利提供了有利的条件。西汉的水利事业比战国时期有了新的发展。突出的成就是治理黄河和在关中等地兴修了一些较大的水利工程。

治理黄河是西汉规模较大的水利工程。汉初，黄河屡次决堤，造成了严重的水灾。元光三年（前132年），黄河又在瓠子（今河南濮阳西南）决口，泛滥成灾，遍及16郡。元封二年（前109年），汉武帝征调几万民工前去修治，还巡视工地检查工程。经过这次治理，黄河在80年间没有发生大的水灾。

汉武帝时在关中开凿了几条较大的灌溉渠。元光六年（前129年），为了转输由关东西运的漕粮，在著名水工徐伯的领导下，征发几万民工开凿了与渭河平行的漕渠。漕渠在渭河南岸，傍渭东行，流经今临潼、渭南、华州、华阴直到潼关附近注入黄河，长达100多公里。渠成后，不仅使这一段的漕运时间缩短一半，而且使沿渠两岸万余顷土地受益。与修漕渠的同时，又征发万余民

① 《史记》卷三〇《平准书》。

工修龙首渠。这条渠是从今陕西澄城县状头村引洛水灌溉今陕西蒲城、大荔一带田地。渠道要经过商颜山（铁镰山）。这里土质疏松，渠岸易于崩毁，不能采用一般的施工方法。劳动人民发挥高度智慧，发明了“井下相通行水”的“井渠法”①，使龙首渠从地下穿过3.5公里宽的商颜山。这是我国历史上第一条地下水渠。元鼎六年（前111年）又在郑国渠上游修了六条辅助的小渠，称六辅渠。太始二年（前95年），劳动人民从仲山口（今陕西泾阳西北）引泾河至栎阳（今陕西临潼栎阳镇），这就是白渠。全渠长近100公里，灌溉农田4500余顷，水中泥土又可肥田。当地人民歌颂说：“田于何所？池阳、谷口。郑国在前，白渠起后。举臿为云，决渠为雨。泾水一石，其泥数斗。且溉且粪，长我禾黍。衣食京师，亿万之口。”② 正像班固在《西都赋》中所说的：“郑白之沃，衣食之源。”这两条渠对关中农业生产的发展起了相当大的作用。当时关中有名的渠道还有成国渠、灵轵渠和沣渠。成国渠从今陕西省眉县杜家村西南引渭河经扶风、武功、咸阳复入渭水，全长110余公里。灵轵渠引渭河在今周至县境。沣渠引渭河支流沣河水，在今扶风一带。此外，又在今陕西南部凿渠通褒水、斜水，以联络关中和汉中。在今山东泰山下引汶水灌溉农田。在甘肃境内引黄河水灌田。在今安徽境内引淮水灌溉。这些工程“皆穿渠为溉田，各万余顷，佗小渠披山通道者，不可胜言”③。

推广新技术 随着农业生产的发展，农业耕作技术也有提高。汉武帝末，搜粟都尉赵过总结了西北地区抗旱斗争的经验，推广了“代田法”。所谓“代田法”就是把一亩地分成三甽和三垄，年年互换位置，以休养地力。下种时把谷物种在甽里，幼苗长出后，把垄上的土推到甽里，这样作物入土深，抗风耐旱。代田法配合便巧的农具，实行精细的田间管理，每亩产量增加一斛到三斛。④ 赵过还发明了耧车。耧车是一种播种机，能同时播种三行，也叫三脚耧。一人一牛，一天可播种一顷地，大大提高了播种效率。这是我国古代农业机械方面的重大发明。1949年后在辽阳三道壕西汉晚期村落遗址中发现过一件铁制耧足，山西平陆枣园村王莽时壁画墓上的三足耧画像，证明当时已广泛采用耧车播种的技术。汉武帝曾下令在全国范围内推广这种先进技术、新式农具，命令工奴制造“耕耘下种皆有便巧”的农具，并组织农民学习使用新式农具和新的耕作技术，促进农业生产的发展。到成帝时，氾胜之又总结了一种新

---

①② 《汉书》卷二九《沟洫志》。

③ 《史记》卷二九《河渠书》。

④ 汉代一斛合今60公斤。

的耕作方法——“区种法”。这是一种园艺式的耕作技术，把土地划成许多小区，集中使用水肥，精耕细作，提高了单位面积产量。“区种法”说明西汉农业技术已达到较高的水平。

由于农业生产的发展，耕地面积也不断扩大，到西汉末年垦田面积已达8270500余顷，人口达5900余万，比战国时期增加两倍以上。

二　手工业的发展

西汉时期，农业的迅速发展，铁器的广泛使用，促进了手工业生产的进一步发展。

冶铁作坊　汉代的冶铁业作坊多，规模大。1949年后，在河南、山东、北京、江苏等地发现了许多汉代冶铁遗址，其中以河南巩义市铁生沟村和南阳北关瓦房庄等地遗址规模最大。从这些遗址中可以看出西汉冶炼工序集中，设备齐全。根据金相学的鉴定分析，在西汉的铁器中，出现了彻底柔化处理的铁素体基体的黑心可锻铸铁，欧洲在18世纪才使用这种技术；同时，出现了金属组织相当良好的高碳钢、中碳钢和锻铁制作的兵器。[①] 特别是河南巩义市铁生沟村出土了一件铁镬，经化验，有十分良好的球状石墨，有明显的石墨核心和放射性结构，与1978年球墨铸铁国家标准一类A级石墨相当。[②] 同时发现炒钢炉一座。炒钢这一崭新的高效率的先进技术的出现，说明西汉的冶铁技术，已达到了一个新的更高的发展阶段，改变了整个冶铁生产的面貌，在钢铁冶炼史上具有划时代的意义。它对我国封建社会的农业、手工业、水利、交通以及人们的物质文化生活都有重要的影响。只是由于封建生产关系和自然经济的限制，使炒钢这一发明未能像18世纪处于资产阶级革命中的欧洲那样，发展成为大规模的炼钢生产。

战国时期冶铁业一般只能冶铸农具和少数手工工具，锻制兵器尚属罕见，大多数只限于楚地。到了西汉，不仅能够生产铁制的长剑、长矛、环首大刀，而且生活器皿和杂用工具也广泛使用铁制，如灯、釜、炉、剪等都已在西汉中期的文化遗址中发现。这说明汉代铁器的使用已相当广泛。

丝织品　西汉时期丝织业也是比较发达的，纺织技术也有很大的提高。当时，长安和齐郡临淄（今山东临淄）是全国丝织业的中心，长安设有东西织

---

① 参见杨根等：《战国两汉铁器的金相学考察初步报告》，《考古学报》1960年第1期。

② 参见河南省博物馆：《河南汉代冶铁技术初探》，《考古学报》1978年第1期。

室，临淄和陈留襄邑（河南睢县）等地设立了大规模的官营手工业作坊，作坊的织工常常达数千人之多，并设工官专门管理。在丝织业发达的城市里，也有富商大贾经营的手工业作坊。农民家庭手工业则主要是纺织自己穿用和缴纳赋税的麻布、葛布和绢帛，有的也出售一小部分纺织品。

丝织品的种类很多，官营作坊以生产比较贵重的锦、绣、纱縠为主。1972年，长沙马王堆汉墓出土的文物中，有保存完好的绢、纱、绮、锦、起毛锦、刺绣、麻布等丝麻织品，这些绚丽多彩的高级丝织物，用织、绣、绘、印等技术制成各种动物、云纹、卷草及菱形等花纹，它说明西汉的纺织技术已经达到相当高的水平。特别是一件素纱禅衣，薄如蝉翼，轻若烟雾，总重量仅49克，充分显示了我国古代劳动人民的智慧和创造才能。据《西京杂记》所载，巨鹿人陈宝光的妻子善织花纹鲜丽的蒲桃锦和散花绫，是当时著名的织手，每织一匹，价值万钱。生产这些精湛的丝织品，除了高明的技术外，还要依靠纺织机械的不断革新。山东临沂银雀山出土的西汉帛画和汉画像石中已有单锭纺车的图像。特别是1956年在江苏铜山洪楼出土的画像石上面刻有几个人物在织布、纺纱和调丝操作的图像，展示了一幅汉代纺织生产的生动情景。从中还可以看出，纺车在汉代已成为普遍的纺织工具。西汉时不仅有纺纱的工具，而且出现了织布机。江苏泗洪曹庄出土的汉画像石上刻有“慈母投杼图”，图上有斜织机的形制。秦汉之际，斜织机在我国黄河流域和长江流域的广大地区已经比较普及，在农村广泛地采用了脚踏提综的织机。同时还出现了织造提花织物的机械——提花机。根据马王堆出土的绒圈锦的结构分析，当时织造工艺上已经使用分组的提花束综装置，以及使地经和绒经分开提花的双经轴机械。[①] 由此可知，西汉不仅已用提花机，而且提花技术已经达到了很高的水平。

汉锦是五色缤纷的多彩织物，是汉代纺织水平的代表。经对汉代丝织品进行化学分析，得知汉代是用茜草素和蓝靛做染料，可染成绿、褐、红等色。这比战国时期用温水湅帛的染色工艺提高了一步。

汉代漆器　西汉的漆器业也有很大的发展。在蜀郡（成都）和广汉等地设有工官监造漆器。当时官僚、贵族、富豪之家竞相使用漆器。《盐铁论·散不足》记载，“夫一文（纹）杯得铜杯十”，就是说，一件纹饰漆杯等于十件铜杯。可见，漆器是汉代统治阶级日常生活中的一种奢侈品。长沙马王堆汉墓中出土184件漆器和两具精美的彩绘大漆棺。这些漆器，造型优美，色彩鲜艳，纹饰富丽，制作精细，特别是耳杯盒和圆奁盒尤为精致，前者为椭圆形，两侧

① 参见自然科学史研究所：《中国古代科技成就》。

有半圆形的把手，盒内装有成套的耳杯 7 件；后者为圆形，双层，上层置手套等物，下层置 9 个小漆盒，分别盛放假发、梳篦、脂粉、铜镜等物。从出土的汉代漆器上，反映出官营漆工作坊里的劳动分工相当繁细，有素工（作内胎）、髹工、上工（漆工）、黄涂工（在铜制附饰品上鎏金）、画工（描绘油彩花纹）、汎工（刻铭文）、清工（最后修正）、造工（管全面的工师）等工种，管理漆工的官也有护工卒史、丞、掾、令史等。

漆器的种类很多，有耳杯、盘、壶、盒、盆、勺、枕、奁、屏风等。出土的西汉漆器，特别是马王堆的器物，大多色彩鲜艳，光泽照人，精致美观，彩绘技巧更高，画法潇洒生动，奔放有力，线条干净流利。这些杰出的成就，反映出我国劳动人民高度的聪明智慧。

西汉手工业的发展，还表现在高超的手工工艺水平上。1968 年，在河北满城西汉中山靖王刘胜夫妇墓中发掘出大量的精美器物。例如出土的“长信宫灯”，是一个宫女双手执灯的形象，造型十分生动，灯的设计更为精巧，可以拆卸，灯盘可以转动，灯罩可以开合，随意调整灯光的亮度和照射的角度；宫女头部可以拆卸，体内空虚，右臂与烟道相通；通过烟道而来的蜡炬的烟被容纳于体内，以保持室内的清洁。特别引人注目的是墓中两套完整的“金缕玉衣”。这两件金缕玉衣都是用两千多块玉片组成，每一块玉片四角穿孔，然后用黄金制成的丝缕编缀而成。玉片上的孔径仅一毫米左右。这些精美的手工艺品，是 2000 多年前劳动人民智慧和血汗的结晶。

西汉时期高超的手工工艺，从当时铸造的铜镜中，也可以看出来。现存上海博物馆的两面西汉时期的透光镜，其外形与通常汉镜一样，但当其光亮的镜面承受日光或灯光（聚光）时，墙上就反映出与镜背相对应的图像。[①] 这说明了当时劳动人民已在铸造铜镜中，发现了由于应力所产生的“透光”现象，并掌握了必要的研磨技术。

在西汉，官营手工作坊中，主要生产者是工奴和刑徒，私营作坊中的劳动者，主要是奴隶，只有家庭手工业的生产者是“编户齐民”。汉代的灿烂的手工业成果，就是由这些刑徒、奴隶和家庭手工业劳动者创造的。

三　商业和城市的发展

商业繁荣　农业和手工业的发展，促进了商业的繁荣。汉初虽然曾禁止商

① 参见陈佩芬：《西汉透光镜及其模拟试验》，《文物》1976 年第 2 期。

人衣丝乘车、当官为吏，但国家的统一，经济的恢复和发展，山泽禁令的放弛，给商业的繁荣创造了条件。当时的富商大贾“周流天下”，非常活跃，甚至“富埒天子”，“交通王侯”，[1] 势力很大。

西汉时商业经营的范围很广，据《史记》所载，当时市场中陈列着粮食、盐、油、酱、果类、菜类、牛、马、羊、布、帛、皮革、水产等几十种商品。

城市发展　由于商业的繁荣，出现了许多大都市。最大的都市是京师长安。当时长安是全国政治、经济、文化的中心。据考古发掘，长安城周围长22600多米，相当于汉代60多里长，面积约为同时期罗马城的四倍，在世界的城市史上占有非常重要的地位。城垣每面有三个城门，可容四辆大车并行。城内街道纵横交错，有八街（纵街）九陌（横街）之称。街道三道并列，与城门的三个门道相连接，中央特宽，是皇帝专用的“驰道”。全城中部和南部几乎全是宫殿区，占全城三分之二。城西北角的东、西九市，是商业活动区。从传世铜钟上“长安市造”的铭文可推断市内还有官府手工业作坊，可见东、西九市不仅仅是商业区，而且是手工业区。手工业同商业结合一起，正是这时工商业的历史特点。北边一部分是一般居民区，占全城的十分之一左右。根据文献记载，西汉末年长安人口有24万之多，长安商业很繁华，全城有九个市场，聚集着各种大小商店，出卖各地的货物。同类商店又集中在一处，成为许多市，如酒市、牛市、马市、羊市等。所谓“九市开场，货别隧分”[2]，“长安九市，其六在道西，三在道东”[3]。这些记载已被考古发掘所证实，并非夸大之辞。

除长安之外，洛阳、临淄、邯郸、宛（今河南南阳）、成都等都是当时著名的大都市。洛阳水陆交通方便。临淄丝织业发达，人口密集，是齐鲁的中心。邯郸是黄河以北的商业中心。宛是南北交通要道，冶铁业很发达。成都的手工业，特别是蜀锦，驰名全国。

西汉的城市，不仅在中原地区星罗棋布，就是在南方地区，也有很大的发展。如江陵（今湖北荆州）“西通巫、巴，东有云梦之饶”[4]；吴（今江苏苏州）“东有海盐之饶，章山之铜，三江、五湖之利，亦江东一都会也”[5]；番禺（今广东广州）是对外贸易的重要城市。这些都是南方的货物集散地。

交通发达　随着社会经济的不断发展和中小城市的兴起，西汉的交通运输

---

① 《汉书》卷二四《食货志》。

② 《后汉书》卷四〇《班固传》。

③ 《后汉书》卷四〇《班固传》注引《汉宫阁疏》。

④⑤ 《史记》卷一二九《货殖列传》。

业也发达起来。在长沙、广州等地的汉墓中曾多次发现木制、陶制船舶或木车明器。1974年广州秦汉造船工场遗址中发现有三个平行排列的造船台，还有木料工场，船台和滑道相结合，外形和铁路相似，由枕木、滑板和木墩组成。这些遗址，反映了当时水上交通的繁荣和海外贸易的活跃。广州、长沙等地出土玻璃、玉髓、琥珀、玛瑙、鸡血石和水晶等玉石佩饰。据考古工作者研究，这些东西一部分是国内的特种工艺品，另一部分系从南海输入。

第三节　西汉与周边各民族的关系

自秦统一后，中国就形成了一个统一的多民族的国家，以汉族为主体的各民族之间的联系有了进一步加强。西汉建立后，统一的多民族国家得到发展，当时中国境内的汉、匈奴、西域各族、越族以及西南、东南、东北各族人民之间的经济文化上的联系进一步加强了。虽然各族统治阶级之间存在矛盾或者有过战争，但在长期交往中，人民之间融合的趋势增长了，各族人民共同开发了祖国的边疆，构成了西汉时期丰富多彩的生动历史画面。

一　汉族的形成

汉族，是中国的主体民族，由先秦时代的华夏族和其他少数民族长期融合，逐渐形成。

华夏族是中国历史上首先出现的民族，她除了包含中原地区夏人、殷人、周人外，也包含当时一部分蛮夷、戎狄等少数民族，因此，华夏族是多民族融合的共同体。秦始皇灭六国，一统天下，建立郡县制，更为多民族的融合提供了有力的政治条件。北自蒙古草原，南到两广少数民族地区出土的秦文物，正是秦人与当地民族文化接触的结果。那时，西域诸族、匈奴称中原人为秦人。

公元前206年，汉朝继秦而兴，汉代主体民族始称汉族。汉武帝时北筑长城，西通西域，屯田湟中，设立乌桓校尉，降服匈奴；南征西南夷，设立郡县，平定赵氏南越及东瓯、闽越，于是扩建十三州，郡国一百零三，呈现出“万里一统，海内顿安”的局面。汉人和其他民族，既有相互交流、接近、融合与杂处，也有对峙、摩擦、隔阂乃至兵戎相向。汉王朝采取优待各民族上层的政策，对民族地区根据各种不同的经济、文化背景，进行和亲或互市，因俗而治，不破坏各民族固有的社会与文化，在统一国家中各自按本来的传统发展。正是这样的来来往往，分化聚合，形成了生活方式、礼仪、信仰等一系列民族间新的互动重构，一次又一次民族血脉遗产的积淀。许多考古资料证明，汉代，在东北地区，汉人与挹娄人杂居；在冀北地区汉人与乌桓人、鲜卑人杂居；在内蒙古，汉人与匈奴人杂居；在河套地区与河西走廊，汉人与小月氏人、羌戎等游牧民族杂居；在新疆，汉人与西域人杂居；在云南，汉人与滇人杂居。而各地少数民族首领，更接受了汉王朝的封号，《史记》《汉书》中有文献记载，近年出土的文物亦有佐证：东北吉林龙潭山发现了带“长”字的残瓦当；北方内蒙古召湾发现了“单于和亲”的瓦当；南方云南晋宁石寨山出土“滇王之印”的金印；新疆拜城喀拉达格山麓有“汉龟兹左将军刘平国作亭诵”刻铭，新疆沙雅遗址中出土的卧羊纽“汉归义羌长”印，青海大通上孙家寨一座汉代匈奴墓出土的一方铜印上阴刻篆文“汉匈奴归义亲汉长”。这种态势，充分证明了各民族接受了汉文化的洗礼，也证明了汉族在发展中，从各民族中获得了新族源，尽管汉族与各民族各有其起源、形成、发展的历史，他们的文化、生活方式也不尽相同，但在长期的发展中相互关联，相互补充、相互依存，有整体与不可分割的内在联系，逐渐形成共同的民族利益。因此，汉族是多元一体。汉代是我国多元民族融合的非常重要时期，也是中华民族发展史上一个重要的里程碑。所以，汉族形成于汉代，汉族不是一个单一血统的民族，而是包含了众多民族血脉的民族。[①]

二　汉与匈奴的关系

匈奴势力的强大　在秦汉之际，随着社会经济的发展，匈奴族已经建立了一个强大的奴隶制军事政权。匈奴冒顿单于乘楚汉相争之机，东破东胡，西攻月氏，北征丁零、坚昆等部（约在今蒙古至西伯利亚一带），南灭楼烦、白羊（约在今内蒙古南部），重新占领了河套地区，控制了中国北部、东北部和西北部广大地区，拥有骑兵30余万，势力十分强大。

随着奴隶制的形成和发展，匈奴的国家机构也日益完善。最高首领叫单于，单于之下设左、右屠耆王（即左、右贤王，匈奴习俗，以左为尊，左屠耆王由太子充任，并继承单于位），左、右谷蠡王，左、右大将，左、右大都尉，

---

① 参见佟柱臣：《从考古学上看中华民族的融合与统一》，载费孝通主编：《中华民族研究新探索》，中国社会科学出版社1991年版。

左、右大当户，左、右骨都侯，这些都是大贵族，凡二十四长，统率军队，多的万余骑，少的数千骑。大贵族之下还设有各级军官，有千长、百长和什长；处理政事的有裨小王、相、封都尉、当户、且渠等。这些职位都由贵族世袭。单于又将全国疆土分为三部分，左屠耆王统治东边，单于居中直接统治，右屠耆王统治西边。随着国家机构的形成，也出现了刑法和监狱等。

匈奴奴隶主贵族在战争中掠夺奴隶，供其役使。他们经常侵扰西汉的北边地区。汉六年（前 201 年），冒顿单于发兵围攻马邑，韩王信投降，次年又攻晋阳（今山西太原市）。汉高祖闻讯，亲率 30 万大军迎战，被匈奴围困于平城白登山（今山西大同东北），达七天七夜，和主力部队完全断绝联系。后来用陈平计，向单于阏氏行贿，才得脱险。这便是所谓“平城之围”。

和亲政策　汉初，由于战争破坏，经济亟待恢复，政权尚未巩固，无力对匈奴作战。汉高祖只好采纳娄敬“和亲”的建议，把汉室公主嫁给单于，每年送去大批的丝绸、粮食、酒等，与匈奴约为兄弟，以缓和匈奴的侵扰。但是和亲政策，并不能阻挡匈奴贵族的掠夺。文帝十四年（前 166 年），匈奴老上单于率骑兵 14 万从朝那（今甘肃平凉西北）萧关（今甘肃萧关）攻入，杀北地郡（郡治在固原附近）郡尉，前锋到了雍（今陕西凤翔）和甘泉（今陕西淳化县），火烧回中宫，汉政府惊慌失措，调 10 万大军保卫长安，发车骑抵御匈奴。过了 8 年，匈奴又从云中、上郡（今陕西榆林南鱼河堡附近）两郡各侵入 3 万骑，长安城警报频传，汉政府又陷入恐慌。景帝时，匈奴骑兵仍不断侵扰。

文景时期，虽然对匈奴采取和亲政策，但为抵御匈奴的侵扰，也做了些防备工作。如文帝采纳晁错建议，改革了边防军轮换制度，用免税、赐爵、赎罪等办法移民“实边”，增强了边防力量。还大力提倡养马，在西北及北部边境设立 30 个牧马所，用官奴婢 3 万人从事牧养。景帝时仍然执行这一政策，又“始造苑马以广用”①，训练众多而精强的军马以扩大骑兵，准备对匈奴进行反击。

反击匈奴战争　汉武帝即位后，由于中央集权大大加强，国家的经济实力空前雄厚，已无内顾之忧，反击匈奴贵族的条件完全成熟了。元光二年（前 133 年），匈奴贵族侵扰代郡、雁门一带。汉武帝采纳大行王恢的意见，对匈奴进行反击。其战略是诱敌深入，乘机歼灭。这次诱敌虽然失败，但从此揭开了西汉对匈奴大规模战争的序幕。

汉武帝时期，反击匈奴战争主要在元光二年至元狩四年（前 119 年）间进行，先后打了十几仗，其中带决定性的大规模战役有三次。第一次战役发生在

---

①《汉书》卷二四《食货志》。

元朔二年（前127年）。这一年匈奴侵入上谷、渔阳（今北京密云），“杀略吏民千余人”。汉武帝派车骑将军卫青、将军李息率兵出云中（今内蒙古托克托），沿黄河北岸西进，采取避实击虚的战略，迂回到陇西，对河套及其以南的匈奴军进行大包围，发起突然袭击，匈奴白羊王逃走。西汉完全收复了河南地区，解除了匈奴对长安的威胁。西汉在这里设置了朔方郡（今内蒙古杭锦旗）和五原郡（今内蒙古五原），又下诏募民屯边，建立了反击匈奴的基地。

第二次战役，在公元前121年。匈奴贵族虽然遭到失败，仍然凭借着河西（河西走廊）要地控制西域，并在前122年派骑兵万余人攻入上谷（今河北怀来县），进行骚扰。汉武帝派霍去病出陇西，越过焉支山（今甘肃山丹县东南胭脂山）西进，入匈奴境千余里，和匈奴军短兵肉搏，大获全胜，俘虏浑邪王的儿子及相国、都尉等。缴获休屠王的祭天金人。同年夏天，霍去病第二次西征，越居延泽（今内蒙古居延海），攻到祁连山，大破匈奴军，杀匈奴3万多人，河西的匈奴贵族损失惨重。

匈奴西部地区在一年之中，连受两次打击，浑邪王、休屠王在西方的统治无法维持，匈奴单于又怪罪其无能，要惩罚他们。匈奴贵族内部分裂，浑邪王率4万人降汉。汉政府把他们安置在陇西、北地、上郡、朔方、云中五郡，称为“五属国”。这次战役后，汉先后在这里置武威、酒泉、张掖、敦煌四郡，历史上称“河西四郡”。此后“金城、河西并南山（祁连山）至盐泽（罗布泊），空无匈奴”①，打开了汉通西域的道路，加强了中国与西域各国的文化、经济交流。

第三次战役发生在公元前119年。匈奴贵族并没有因前两次的失败而停止南下骚扰。元狩三年（前120年）又从右北平（今河北平泉一带）、定襄（今内蒙古和林格尔）二郡南下，掠去千余人。为了彻底击溃匈奴，汉武帝召集诸将商议，决定深入漠北反击匈奴。次年，汉武帝集中10万骑兵，由大将军卫青和骠骑将军霍去病率领，分东西两路进军。这是规模最大的一次远征。

这次战役，针对匈奴贵族认为汉军不能远征的错误判断，采取了奔袭追击的战术。卫青率领的西路军，从定襄，越沙漠，北进千余里，正遇匈奴伊稚斜单于的军队。卫青立即派兵出击。战至黄昏，突然狂风大作，飞沙扑面，卫青乘机对匈奴进行包围。激战至深夜，匈奴单于率数百名骑兵突围远逃，其主力全部被歼，汉军直追至赵信城（今蒙古杭爱山下）。霍去病的东路军从代郡（今河北蔚县一带）出兵，深入2000余里，跨过大沙漠，同匈奴左贤王接战，

① 《汉书》卷六一《张骞传》。

大胜而归。

经过这次战役，匈奴力量大大削弱，已无力大举南下，“是后匈奴远遁，而幕南无王庭”①。

汉武帝反击匈奴的战争取得了决定性的胜利，制止了匈奴贵族的残暴掠夺，保护了封建经济的发展，使北部边境地区得到进一步开发，便利了汉与西域的交通。

昭君出塞　随着匈奴贵族军事力量的削弱，匈奴族人民和其他被奴役的各族人民反抗匈奴贵族的斗争也日益激烈，许多被奴役的少数民族，也脱离匈奴贵族的统治。在此情况下，匈奴贵族统治集团发生内讧。昭帝时，发生了五单于争立事件，接着分裂为南北两部。甘露三年（前 51 年）南匈奴呼韩邪单于降汉，北匈奴的郅支单于被迫西迁，后被汉西域都护甘延寿和副校尉陈汤所杀。呼韩邪单于在汉朝的帮助下，重新统一了匈奴。竟宁元年（前 33 年），汉元帝以宫人王嫱（昭君）嫁给了呼韩邪单于，结束了百余年来汉、匈之间的武装冲突，恢复了旧日的和亲关系。此后约有半个世纪，在北部边境出现了“边城晏闭，牛马布野，三世无犬吠之警，黎庶亡干戈之役”②的和平景象。近年来在包头等地的汉末墓葬中，出土有“单于和亲”等文字的瓦当，是汉、匈关系和洽的有力证明。

尽管匈奴贵族和西汉中央政府之间经常发生大规模的军事冲突，但是汉匈两族人民之间却保持着友好往来和经济文化交流。秦末汉初，匈奴族居住阴山以南到黄河之间一带，同汉族人民杂居，在经常接触中，双方建立了亲密的关系，互通关市。匈奴的马匹、牲畜大量运往内地，先进的养马技术也传到中原；汉族人民穿井、筑城的先进经验和统计人口、牲畜的方法也传入匈奴。频繁的经济文化交流不仅丰富了以汉族为主体的内地各族人民的经济文化生活，同时也促进了匈奴族社会经济的发展，匈奴部分地区出现了农业和定居生活，有了城郭等。从匈奴族的文化遗址中发现的房屋、砖瓦以及各种丝织品，说明匈奴人在与汉人接触后，经济文化有了很大的进步。

三　汉与西域各族的经济文化联系

西域　西域有广义与狭义之分。狭义指玉门关以西，葱岭以东；广义则包括葱岭以西，亚洲西部和欧洲东部一带。

①② 《汉书》卷九四《匈奴传》。

西域同内地的联系开始于遥远的历史年代，据顾炎武《天下郡国利病书》卷一一七《西域土地内属略》载，唐虞、三代均有交往。《山海经·大荒西经》《穆天子传》对葱岭以东的山川形势和风土物产有较多的记载。

公元前2世纪左右，西域分为三十六国，“各有君长，兵众分弱，无所统一”①。这些国家大的只有几十万人，小的只有几千人。在阿尔泰山以南，天山以北的准噶尔盆地的有乌孙、且弥、蒲类等，这里水草丰美，人们多半从事游牧业。在天山之南，昆仑山以北的塔里木盆地区域，又分为南道诸国和北道诸国。在塔里木河之北有疏勒、龟兹（今新疆库车）、焉耆（今新疆焉耆）、车师（今新疆吐鲁番）等较大的国家，称为北道诸国，在昆仑山北边大沙漠的南沿有莎车（今新疆莎车）、于阗（今新疆和田）、楼兰（今新疆罗布泊西）等国，称为南道诸国。

公元前2世纪初，匈奴冒顿单于征服了西域，设立僮仆都尉，掠夺人口，索取贡税，并以此为据点，向西汉进攻，西域遂成为匈奴军事上的据点和经济上的后盾。

张骞通西域　建元三年（前138年），从匈奴降人的口供中获悉：在今甘肃敦煌一带原来居住着一个大月氏部落，遭受匈奴的攻击，被迫西迁，对匈奴恨之入骨，时刻想回来报仇雪恨，只因势单力薄，其愿望尚未实现。汉武帝为反击匈奴，截断匈奴的右臂，乃募人出使大月氏，准备联合大月氏夹击匈奴。汉中（今陕西城固）人张骞应募出使。他在途中被匈奴抓去，拘禁十余年。后来，乘机逃走，越过葱岭，经大宛、康居，到达大月氏。但大月氏已占有大夏故地，土地肥沃，户口殷盛，安居乐业，不愿东归。张骞没有达到目的，只好东返。在途中又被匈奴扣留一年多，后趁匈奴内乱，于元朔三年（前126年）返回长安。他出使时率领一百多人，回来时，只有他和奴隶出身的堂邑父二人。张骞的任务虽未完成，可是他沿途了解到西域各国地形、物产和风俗，为第二次出使西域打下了基础。张骞是西汉开辟西域交通的第一个使者，他的勇敢、坚忍的优秀品质为后人所传诵。

公元前119年，汉进军漠北，匈奴向西北退却，依靠阿尔泰山以南各国的人力、物力，和汉朝对抗。因此，彻底割去匈奴右臂的问题，便被提到议事日程上来。这一年，张骞建议再次出使西域联络乌孙。于是汉武帝任命张骞为中郎将，率领三百多随员，携带金币丝帛巨万，牛羊万头向西域进发，张骞到达乌孙时，正遇上其国内乱，乌孙无意东归。原定目的虽未达到，但他派副使分

① 《汉书》卷九六《西域传》。

别访问了中亚的大宛、康居、大月氏、大夏等国，扩大了政治影响，最后顺利返回长安。乌孙还派了数十名使者携带礼物到长安答谢。张骞两次出使西域，促进了中西经济文化的交流。此后中西交通畅通，贸易大盛，往西域去的“使者相望于道。诸使外国一辈大者数百，少者百余人……汉率一岁中使多者十余，少者五六辈，远者八九岁，近者数岁而反”[①]，往东来的“商胡贩客，日款于塞下”[②]。从此，天山南北成为中西交通的桥梁，西域各地和中原的政治、经济联系日趋密切。

但是，当时匈奴贵族还控制着楼兰、车师等国；经常出兵截断汉和西域各地的交通，攻杀汉使，掠取财物。元封三年（前108年）汉武帝命赵破奴率军进攻楼兰、车师，并在酒泉（甘肃酒泉）至玉门关一带设立亭障，作为供应粮草的驿站和防守的哨所。太初元年（前104年）汉武帝派将军李广利出征大宛，击败大宛后，西域的交通更加畅通，西域各国和西汉的政治经济来往更加频繁。于是西汉把亭障延至盐泽（新疆罗布泊）一带，又在楼兰、渠犁（新疆塔里木河北）、轮台（新疆库车东）等地设校尉管理屯田，这是汉在西域最早设置的军事和行政机构，为后来设西域都护创造了条件。神爵二年（前60年），匈奴内乱，日逐王降汉，匈奴失去右臂，故《汉书·西域传》记载：匈奴在西域的“僮仆都尉由此罢，匈奴益弱，不得近西域”。汉宣帝乃任命郑吉为西域都护，都护府在乌垒城（今轮台）。都护是西汉王朝驻西域的最高长官，都护以下，设有属官，“有副校尉，秩比二千石，丞一人，司马、侯、千人各二人”[③]。从此，西汉在西域的统治始完全确立，汉对西域有权册封国王，颁赐官吏印绶，调遣军队，征发粮草。这说明，远在2000年前，原来包括巴尔喀什湖以东、以南的新疆地区已成为我国不可分割的一部分。

张骞通西域后，汉族人民与西域各族人民的经济文化联系日益密切，中原地区的先进技术不断地传入西域，如中原的井渠法和穿井技术对西域的影响很广泛。井渠法对土质多沙的西域非常适应，后来流行于西北地区，称为坎儿井。此外丝织品、漆器等精美手工艺品大量向西域行销，对西域的经济发展有着重要意义。西域劳动人民也把繁殖和饲养牲畜的方法、种植瓜果蔬菜和豆类的技术传到了汉族人民居住地区，丰富了汉族人民的经济文化生活。

---

① 《史记》卷一二三《大宛列传》。

② 《后汉书》卷八八《西域传》。

③ 《汉书》卷一九《百官公卿表》。

四　汉与西南、东南各族的关系

西南夷　西汉时期，在今云南、贵州和四川西南部一带，居住着许多语言、风俗不同的少数民族，当时统称之为“西南夷”。在今贵州境内的以夜郎（今贵州遵义、桐梓一带）为最大。在今云南东部也有几十个部落，以滇（今昆明一带）为最大。自滇以北，到今四川凉山一带，以邛都（今四川西昌附近）为最大。他们过着以农业为主的定居生活。再往西去，有巂、昆明（今云南大理一带）等部落，以游牧为主。在巂的东北还有很多少数族，其中以徙（今四川天全一带）、筰都（今四川汉源一带）、冉駹（今四川茂县、汶川一带）为最大。他们有的过着游牧生活，有的过着定居生活。在冉駹的东北散居着氐族的许多部落，其中以白马（今甘肃成县一带）为最大。这些少数民族的发展是不平衡的，有的还处在原始社会的末期，有的则已进入阶级社会。如夜郎已建立了国家。从这些地方出土的文物中，可以知道当时有些地区如滇族，已创造了独具民族风格的高度文化，如尊、瓶、笙、喇叭等古铜制品已具有很高的工艺水平。

巴蜀地区的汉族人民，和西南地区的少数族很早就有频繁的交往。秦始皇统一六国后，在西南少数族聚居地区建立了行政机构。此后，经济文化的联系更为密切。巴蜀商人常去那里进行贸易，贩回筰马和牦牛，巴蜀的枸酱等常由夜郎人泛舟牂柯江贩运于南越。蜀布、邛竹杖，也由滇西各部落的商人运往身毒。西蜀的丹（丹砂）、青（曾青）也运到咸阳。

汉武帝时，西南各族人民与内地的联系与日俱增。汉武帝曾派唐蒙为中郎将，率千人，经筰关（今四川汉源），进入夜郎。夜郎及其附近的许多城邑相约归附汉朝。汉朝在那里设置犍为郡（治今四川宜宾）。不久，汉武帝又派司马相如出使西南，在那里“置一都尉，十余县，属蜀”①。张骞从西域归来后，汉武帝想打开由西南地区通往身毒的道路，前后派出使者十多批，到了昆明以西，无法前进，才停止。元鼎六年（前111年），西汉破南越之后，在西南设郡，以邛都为越巂郡（治今四川西昌东南），筰都为沈黎郡（治今四川雅安南），冉駹为汶山郡（治今四川茂县北），白马为武都郡（治今甘肃成县）。元封二年（前109年），汉武帝发巴蜀兵至滇，降滇王，以其地为益州郡（治今云南晋宁），并赐“滇王王印，复长其民”②。这颗“滇王之印”，已在晋宁石

①② 《史记》卷一一六《西南夷列传》。

寨山滇族贵族墓中发现。此后，西南大部分地区都归入西汉的直接管辖之下，西南各族和汉族人民之间的联系更加紧密了。

东瓯、闽越与南越 秦始皇开发岭南，设置郡县，越汉两族人民的政治、经济、文化联系进一步加强。秦末农民战争期间，闽越首领无诸及东瓯首领摇曾率领越族人民参加了反秦战争，楚汉战争中又随刘邦打败项羽。西汉建立后，封无诸为闽越王，都东冶（今福建福州）。惠帝三年（前 192 年）立摇为东海王，都东瓯（今浙江温州），号东瓯王。在南越地区，原秦南海郡尉赵佗，乘秦亡之机，割据南海、桂林、象郡，自立为南越武王。西汉建立后，汉高祖于公元前 196 年，遣陆贾为使者，立赵佗为南越王。从此越族人民和西汉建立了密切的联系，中原地区的铁制农具和生产技术继续传入南越。吕后时，“禁南越关市铁器”[①]，赵佗乘机断绝和西汉的臣属关系，“自尊号为南越武帝，发兵攻长沙边邑”[②]。文帝即位后，“为佗亲冢在真定，置守邑，岁时奉祀。召其从昆弟，尊官厚赐宠之”[③]。并派陆贾劝说赵佗取消帝号，赵佗乃“愿长为藩臣”，废帝号称王。

吴楚七国之乱时，东瓯曾追随吴国反对汉中央政府。吴王刘濞兵败，逃到东瓯，被杀于丹徒。吴王的儿子子驹逃到闽越，劝闽越击东瓯，为其父报仇。建元三年（前 138 年），闽越发兵围东瓯，东瓯向西汉求援，汉兵未至，闽越引兵而去。为了避免闽越的威胁，东瓯王便向汉中央请求举国内徙，迁居江淮之间，和汉族人民杂居。

建元六年（前 135 年），闽越又发兵攻南越，南越向西汉求救，汉武帝派大行王恢、大农令韩安国率兵增援。闽越王郢据险抗击，其弟余善与其相杀郢，投降汉朝。汉武帝乃封原闽越王无诸之孙丑为越繇王。不久，又封余善为东越王，共同统治闽越。元鼎五年（前 112 年）南越丞相吕嘉举兵反汉，东越王一面上书汉武帝，表示愿意出兵助攻南越，但暗中却和南越勾结。公元前 111 年，余善自立为武帝，任命将军驺力等为“吞汉将军”，攻入白沙、武林，杀汉三校尉。汉武帝派遣横海将军韩说、楼船将军杨仆等分四道攻入闽越。越繇王居股等杀余善降汉。汉武帝把闽越人迁徙到江、淮一带，与汉族人民杂居。

南越人民与江淮地区的人民，关系日益密切。元鼎四年（前 113 年），汉武帝派使者宣谕南越王赵兴和王太后入朝，南越王兴及王太后也愿意“内属”，惟丞相吕嘉不同意，并起兵杀赵兴、王太后及汉使，立建德为王。公元前 112 年，汉武帝派卫尉路博德为伏波将军、主爵都尉杨仆为楼船将军，分路进击，

---

①②③ 《史记》卷一一三《南越列传》。

会师番禺（今广东广州）。次年攻破番禺，灭南越，并将南越故地分设为九郡，即南海（治番禺，广东省大部分地区）、郁林（治今广西桂平西）、苍梧（治今广西梧州市）、合浦（治今广西合浦）、珠崖（治今广东琼山东南）、儋耳（治今海南省儋州市西北）、交趾、九真、日南。

从此后，东南沿海地区与内地之间的联系更加密切，特别是汉族地区人民的不断南迁和许多越族人民迁居内地，更促进了南方地区经济文化的发展和汉族、越族人民的进一步融合。

五 汉与东北各族的关系

西汉时期，居住在东北地区的少数民族，主要有夫余、肃慎、挹娄、高句丽、乌桓、鲜卑、沃沮、涉貊等。

夫余 是居住在今吉林松花江伊通河流域的古老民族。在春秋战国时期就与中原地区进行经济交流。夫余居住地区，地势平敞；盛产貂、豽等皮毛，也产良马、赤玉。西汉时出现了阶级分化，有了军队、牢狱、宫室等。

肃慎 是我国东北的古老民族，也称“息慎”“稷慎”等。从殷周至汉武帝时期，与中原地区经常有文化、经济上的交流。

挹娄 与肃慎是同一民族的两部分，挹娄在肃慎北，大致在今张广才岭和牡丹江以东、松花江以南一带。西汉时期，还处在原始社会。

乌桓 是东胡族的分支。西汉初，东胡被匈奴打败，其中一支退居乌丸山（今内蒙古阿鲁科尔沁旗西北 40 里，兴安岭南行正干大山）以自保，遂称乌桓。那时，乌桓还处于原始社会阶段，以畜牧业为主，随水草迁徙。人人都会骑马射箭，强健勇敢。妇女能刺绣、织毛毯，男子能制造弓、矢等兵器。当时乌桓人正受匈奴贵族奴役，每年要进贡大量财物。汉武帝时，霍去病打败匈奴，乌桓人请求内属，于是迁入上谷、渔阳、右北平、辽东等郡塞外，设护乌桓校尉进行管理。

鲜卑 也是东胡的一支。西汉初，被匈奴打败后，逃至鲜卑山（今内蒙古洮儿河与西拉木伦河之间），因此得名。鲜卑与乌桓为邻，其社会风俗、习惯、语言均与乌桓相似。

高句丽 是我国东北的古老民族，属于涉貊族系。周秦之际，为“高夷”。居于夫余南，今鸭绿江以西。分为消奴、绝奴、顺奴、灌奴、桂娄等五部。汉武帝时以高句丽为县，属玄菟郡。西汉后期，夫余人朱蒙（或云邹平），从夫余来到卒本川（又名沸流水，今吉林省通化附近浑江支流富尔江），于元帝建昭二年（前37年）建纥升骨城（今吉林集安西北高句丽王城遗址）为国都，建立高句丽国。高句丽人与夫余人语言相似，主要从事农业，善酿酒，能歌善舞，与汉族来往密切。

此外还有沃沮、涉貊等，都是我国东北地区的民族。

第四节　王莽改制与绿林、赤眉的农民战争

一　西汉末年的社会危机

西汉王朝的繁苛征敛和地主阶级的疯狂兼并造成的自耕农日益破产，到汉武帝时已相当严重。如元封四年（前107年）关东流民200万，无户籍的40万。宣帝时，因天灾人祸，胶东“流民自占八万余口”[①]。自耕农的破产流亡，使西汉王朝的统治出现危机。

社会危机　到了西汉末年，皇族、贵戚、官僚和豪强地主依仗政治、经济特权，疯狂地兼并土地，强占民田，更加速了农民的破产流亡。如成帝时丞相张禹在渭水、泾水边，买沃田四百顷，每亩值一金（一万钱）。另一丞相翟方进以势欺压贫民，强占民田未遂，竟将汝南郡的鸿隙陂废去，使得田地枯旱，禾苗不长，农民流离失所。成帝舅父红阳侯王立侵占南阳草田数百顷。哀帝一次赏赐宠臣董贤土地2000顷。此时，不仅官僚、豪强地主兼并土地，富商大贾也以其经济力量助长兼并之风。成、哀时期，在长安附近的杜陵樊嘉、茂陵挚纲、平陵如氏和苴氏，都以其雄厚的经济力量并吞农民的土地，“其余郡国富民，兼业颛（专）利，以货赂自行，取重于乡里者，不可胜数”[②]。官僚、豪强地主和富商大贾三种兼并势力合为一体，加速了农民的贫困破产，使阶级矛盾日益尖锐。

这时，统治集团更加荒淫腐朽。关东11个郡国闹水灾，人民相食，元帝却只知打猎取乐，“日日撞亡秦之钟，听郑、卫之乐，驰骋干戈，纵恣于野”[③]。

① 《汉书》卷八《宣帝纪》。

② 《汉书》卷九一《货殖传》。

③ 荀悦：《汉纪》卷二二。

而皇室、贵族也是极度奢侈。据《汉书·贡禹传》记载：当时“齐三服官作工各数千人，一岁费数巨万。蜀、广汉主金银器，岁各用五百万。三工官官费五千万，东、西织室亦然”。另外，“诸官奴婢十万余人戏游亡事，税良民以给之，岁费五六巨万”。[①] 一般官僚地主也“贪财贱义，好声色，上侈靡，廉耻之节薄，淫辟之意纵”[②]，“缘奸作邪，侵削细民”[③]。成帝更是一个荒淫无道的昏君，用大量金钱营造“霄游宫”“飞行殿”“云雷宫”供自己享乐，又“命右扶风发民入南山，西自褒斜，东至弘农，南驱汉中”[④]，大捕禽兽，广开猎场。他还大修陵寝，“大兴徭役，重增赋敛，征发如雨，役百乾溪，费疑骊山，靡敝天下……百姓财竭力尽……流散冗食，馁死于道，以百万数”[⑤]，“取土东山，与谷同价”[⑥]，弄得国库空虚，民穷财尽，“公家无一年之畜，百姓无旬日之储，上下俱匮，无以相救”[⑦]。成帝荒淫嬉游，把政权交他的舅舅们。王氏得势，更“争为奢侈。赂遗珍宝，四面而至；后庭姬妾各数十人，僮奴以千百数，罗钟磬，舞郑女，作倡优，狗马驰逐，大治第室，起土山渐台，洞门高廊，阁道连属弥望”[⑧]。其他的公卿、列侯、亲属、近臣，也是“奢侈逸豫，务广第宅，治园池，多畜奴婢，被服绮縠，设钟鼓，备女乐”[⑨]。哀帝刘欣更是昏庸透顶，对他的幸臣董贤尊宠备至，“赏赐累巨万”。哀帝死后，董贤被迫自杀，官府变卖其家产，竟达43亿之多。统治集团已经极端腐朽。另一方面，广大劳动人民在封建压迫、剥削下，终年劳苦，不得温饱，不得不依附豪强地主，忍受着“收太半之赋”的残酷剥削；或者沦为奴婢，过着“与牛马同栏”的悲惨生活；或者四处流亡，饥饿至死。死后无力安葬，尸体往往被猪狗所食，惨不忍睹。这种情况，甚至引起了统治阶级的注意。如哀帝时谏大夫龚胜说：当时的社会情况是“百姓贫，盗贼多，吏不良……制度太奢，刑罚太深，赋敛太重”[⑩]。另一个谏大夫鲍宣曾经上书说：当时“有七亡而无一得”，“有七死而无一生”，“豪强大姓蚕食亡厌”；“酷吏殴杀”，“冤陷亡辜”，“岁恶饥饿”，“时气疾疫”。[⑪] 情况之严重可见一斑。劳动人民生活陷入绝境，不能不

---

① 《汉书》卷七二《贡禹传》。

② 《汉书》卷八一《匡衡传》。

③ 《汉书》卷九《元帝纪》。

④⑥ 《汉书》卷八七《扬雄传》。

⑤⑦ 《汉书》卷八五《谷永传》。

⑧ 《汉书》卷九八《元后传》。

⑨ 《汉书》卷一〇《成帝纪》。

⑩ 《汉书》卷七二《龚胜传》。

⑪ 《汉书》卷七二《鲍宣传》。

起而反抗。于是各地纷纷爆发了反抗西汉封建统治的武装斗争。

阳朔三年（前22年），颍川（今河南禹州市）铁官徒申屠圣等180人起义。他们“杀长吏，盗库兵，自称将军，经历九郡”①。鸿嘉三年（前18年），广汉（今四川梓潼）郑躬等60余人，“攻官寺，篡囚徒，盗库兵，自称山君”②。起义曾经扩展到四个县，坚持斗争达一年之久。永始三年（前14年）十一月，尉氏（今河南尉氏县）樊并等13人起义，杀陈留太守，自称将军。同年十二月，山阳（今山东金乡）铁官徒苏令等228人起义，“攻杀长吏，盗库兵，自称将军，经历郡国十九”③，并“杀东郡太守、汝南都尉”④。

限田限奴之议　在人民的反抗斗争面前，统治集团慌了手脚。哀帝时，以大司马师丹为代表的官僚，为了缓和土地兼并和大批农民沦为奴隶的严重情况，提出了一个“限田限奴”的主张。结果被搁置起来，成了一纸空文。

限田限奴方案破产了，社会危机越来越严重，大规模农民起义已迫在眉睫。面对这种情况，在统治阶级中有人提出了“易姓受命”的主张，妄图用谶纬迷信来欺骗劳动人民。早在昭宣之世，就有人提出汉运将终，应该改朝换代。成帝时，方士甘忠可造了一部《天官历包元太平经》，言“汉家逢天地之大终，当更受命于天”⑤。甘忠可把这些说法传给夏贺良等。哀帝即位后，听信夏贺良的说教，以为“汉家历运中衰”，乃下诏改元，将建平二年（前5年）改为太初元将元年。他改称为“陈圣刘太平皇帝”⑥，以为这样就符合了更受天命之意。但是，改号以后，社会危机依然如故，农民起义不断爆发，“更受命”丑剧，也就草草收场。哀帝死后，西汉王朝统治的危机加剧，出身于外戚世家的王莽，便趁机夺取权力，充当了统治集团内部易姓受命的主角。

二　王莽改制及其失败

王莽称帝　王莽是元帝皇后王政君的侄子。成帝时，王政君的兄弟王凤、王音、王商、王根等四人相继为大司马大将军，王氏封侯者前后达九人之多，朝廷中重要官吏和许多刺史、郡守，都出于王氏门下。王家势力的显赫，为王莽代汉奠定了政治基础。

成帝时期，贵族官僚骄奢淫逸，胡作非为，而王莽却“折节”向学，疏散

①②④《汉书》卷一〇《成帝纪》。

③《汉书》卷二七上《五行志》称四十余郡国。

⑤《汉书》卷七五《李寻传》。

⑥《汉书》卷一一《哀帝纪》韦昭注：意为“敷陈圣刘之德”。

家财，赡养儒生，博得了官吏的称赞，赢得了声誉。绥和元年（前 8 年），王根告退，王莽继任大司马大将军，辅政一年多。哀帝即位后，王莽失势，回到封国。元寿二年（前 1 年）哀帝死，王莽复任大司马，并录尚书事，操纵了汉政权。

王莽执政后，一方面排斥异己，穷治与平帝外家卫氏有关的吕宽之狱；另一方面又采取了一些笼络人心的措施，如：封汉宗室和功臣的后裔，前后达 200 人左右；对于二千石以上的官吏，年老退休者，终身食原俸的三分之一；扩充太学，增加博士人数和太学生名额，给太学建万间房舍；把通晓仪礼、古书、天文、历算、乐律、兵法、医药、方技的人，邀请至京师，记述所学；又在郡、县、乡、聚设立学校。这样就取得了一部分贵族、官僚、地主及其知识分子的拥护。

与此同时，王莽也采取了一些社会措施。如元始二年（2 年），郡国发生灾害时，他献田 30 顷、钱百万，付给大司农以分配给贫民。王莽又废呼池苑，改设安民县（今甘肃华亭），募民迁居新县。又在长安城中造五个里，建住宅 200 区，让贫民居住。这些措施得到了好评。如因王莽不受新野田而上书颂其功德者竟达 48.7 万人，各地方官吏也不断地向王莽献祥瑞，为其制造代汉的舆论。这样王莽就在地主官僚的拥护下，由“安汉公”到“假皇帝”，到公元 8 年，他自立为皇帝，改国号为“新”。

王莽改制及其失败 王莽掌权后，为了缓和尖锐的阶级矛盾，颁发诏令，进行改制。其主要内容是：

1. 实行“王田”“私属”制

为了解决长期存在的土地和奴婢问题，公元 9 年，王莽根据《周礼》的井田制度，实行“王田”“私属”制。规定：更名天下田为“王田”，私人不得买卖；男丁八口以下之家占田超过一井（九百亩）者，分余田与宗族邻里乡党；原无田者，按制度受田，即一夫一妇受田百亩；奴婢称为“私属”，不得买卖。

2. 实行五均、赊贷及六管

始建国二年（10 年），王莽下令实行五均、赊贷和六管制度。

五均是在长安及全国五大城市洛阳、邯郸、临淄、宛、成都设立五均官。长安分东西市，设令，各市有长，令、长皆兼五均司市官，称为“五均司市师”，下设交易丞五人、钱府丞一人。五均官的任务是管理市场的物价，收工商业税。各地五均官在每一季度的中月，规定出各种货物的标准价格，称作“市平”。物价高于“市平”，则把库存物资平价出售；价格低于“市平”，则任其自售。

赊贷是由政府办理贷款。规定贫民遇有丧葬、祭祀或欲经营工商业而无资金的，可向钱府丞贷款。祭祀贷款限十天归还，丧事贷款限三个月归还，不收利息；工商贷款每年要交十分之一的利息。

五均赊贷，加上政府经营的盐、铁、酒、铸钱和收山泽税，合称为“六管”。

3. 改革币制

从公元7年到14年，王莽进行了三次币制改革。第一次是在王莽即位前的居摄二年（7年），他下令“于五铢钱外更铸大钱，重十二铢，文曰大钱五十。又造契刀、错刀。契刀值五百，错刀值五千，四品并行”。王莽当皇帝以后，在始建国元年（9年），又进行第二次改革，废除错刀及五铢钱，另外发行“宝货”，计有五物（金、银、龟、贝、铜）六名（钱货、黄金、银货、龟货、贝货、布货）共二十八品。由于货币种类太多，换算困难，流通不便，仅一年就被迫废除，只留小钱值一、大钱五十两种继续使用。在天凤元年（14年），王莽又废大、小钱，另作货布、货泉，两种并行。货泉重五铢，货布重25铢，但一个货布却值25个货泉。货币价值的比例仍不合理。王莽还没来得及进行第四次货币改革，就被推翻了。

4. 统一度量衡

王莽公元9年实行统一度量衡制度，制造标准的度量衡器颁行天下，令“万国永遵”，作为统一全国的度量衡标准。新莽的度量器物，传世较多，尤以原藏故宫现存台湾的王莽铜斛为珍宝，它已具备斛、斗、升、合、龠五量，构成了完整的度量衡总体。东汉以后各代，多承袭莽制。

此外，王莽对中央和地方的官名、官制、郡县地名、行政区划，也屡加改变；甚至连新朝的国号也多次变更，有“新家”“新室”“黄室”“新成”“薪世”或单称为“薪”[①]，数易其名，毫无意义。

王莽改制，有些措施触到了当时社会重大问题，如针对土地高度集中和奴婢问题而实行“王田”“私属”制，以缓和土地兼并和农民奴隶化的过程；施行五均、赊贷、六管，以限制豪民富商的高利贷盘剥。然而这些政策并没有使其成为维系新莽政权的纽带，反而被淹没在愤怒的声浪中。其原因首先是，改制或多或少地触及了大地主、大商人的利益。如“王田”制施行后，地主官僚因“买卖田宅”，获罪者不可胜数。这样，原来拥护王莽的人，也转而反对改制。刘汉贵族更是如此，南阳大地主刘縯“自王莽篡汉，常愤愤，怀复社稷之

① 陈直：《汉书新证》，第473页。

虑……倾身破产，交结天下雄俊”[1]，待机起兵反莽。统治阶级内部矛盾日益尖锐。其次，制度本身就有弊病。如改革币制，用小钱换大钱，违反经济规律，给社会经济造成很大的混乱，“每一易钱，民用破业”，“富者不得自保，贫者无以自存”，“农商失业，食货俱废”，[2] 给劳动人民也带来了巨大的灾难。加之吏治腐败，贪官污吏借机鱼肉人民。王莽任用富商大贾如洛阳薛子仲、张长叔、临淄姓伟等执掌五均六管的大权。“临淄姓伟资五千万”，薛子仲和张长叔也都是家资千万的富商。他们“乘传求利，交错天下。因与郡县通奸，多张空簿，府藏不实，百姓俞病”[3]。结果是社会经济日益恶化，阶级矛盾更加尖锐。

王莽在改制的同时，还对周边少数民族发动了战争。王莽执政后，为显示自己的威德，特派五威将王奇等向边疆少数民族颁发新室印绶，收回汉印绶，把原来汉朝所封的王尽改为侯，结果引起周边各族的反抗。在东方，高句丽人反对王莽，王莽派严尤征服了高句丽，并把高句丽改为“下句丽”，但高句丽并没有停止反抗；在西方，西域各国纷纷反抗，断绝和王莽的往来；在西南，句町王起兵反抗，王莽于公元 14 年派冯茂等发巴蜀兵击句町，前后三年，“士卒疾疫，死者什六七；赋敛民财，什取五，益州虚耗”[4]，始终未能征服句町。

历时最久、规模最大的是对匈奴的战争。匈奴从宣帝时起和汉保持着友好的关系。王莽辅政后，命令匈奴囊知牙斯单于改名为“知”，以表示景慕他辅政时的“太平圣制”。他称帝后，派专使收回单于的“玺”，重新颁发“新匈奴单于章”。接着王莽又下令分匈奴为十五单于，并派人到边境招降呼韩邪单于诸子封为单于。始建国二年（10 年），王莽下令把匈奴单于改为“降奴服于”，此后又在国内广征兵士及乌桓、鲜卑十二部兵，准备进攻匈奴。

天凤五年（18 年），王莽又发兵击匈奴，“募天下丁男及死罪囚、吏民奴”，称之为“猪突豨勇”，命全国吏民捐献资产三十分之一助军费。

这些战争不仅加重了国内人民的负担，而且破坏了自汉武帝以来中原与周边各族人民之间的友好关系。

王莽改制没有挽救社会危机，相反，频繁的战争、沉重的赋役征发、残酷的刑法，使得百姓“力作所得，不足以给贡税。闭门自守，又坐邻伍铸钱挟铜，奸吏因以愁民。民穷，悉起为盗贼”[5]。人民已无法生活，被迫起而反抗，

① 《后汉书》卷一四《齐武王縯传》。

②③ 《汉书》卷二四《食货志》。

④ 《汉书》卷九九《王莽传》。

⑤ 《汉书》卷九九《王莽传》。

一场酝酿已久的全国性的农民大起义，终于爆发了。

三　绿林、赤眉起义

在王莽当政时期，形成了以绿林、赤眉为首的农民战争。

绿林、赤眉等义兵　天凤四年（17年），荆州一带发生饥荒，新市（今湖北京山）人王匡、王凤兄弟，深得饥民爱戴，被推为领袖，聚众数百人起义。他们劫富济贫，除霸安民，深受群众拥护，数日之间便发展到七八千人。他们的根据地在绿林山（今湖北大洪山）中，故称为“绿林军”。不久，农民军分化成下江、新市、平林三支军队，势力扩大到江汉流域。

另一支农民军是樊崇领导的军队。天凤五年（18年），琅玡（今山东诸城）人樊崇率领一百多人，在莒县（今山东莒县）起兵。他们以泰山为根据地，转战黄河南北，发展到数万人。作风淳朴，纪律严明。他们没有文书、旌旗、部曲、号令，以言语相约束，共同遵守“杀人者死，伤人者偿创”① 的纪律。

地皇三年（22年）四月，王莽派心腹更始将军廉丹和太师王匡，搜罗了10万人，向樊崇军反扑，为了同官军相区别，樊崇的军队每人都用赤色涂眉，因此这支军队被称为“赤眉军”。农民军在成昌（今山东东平）和王莽军展开激烈战斗。结果官军大败，廉丹被杀，王匡逃命。

与绿林、赤眉等起兵的同时，北方各地农民纷纷起兵。当时在河北一带农民军大小数十部，众达百万人，其中著名的有铜马、大彤、高湖、重连等，他们到处捕杀官吏，镇压豪强，给王莽政权以沉重打击。

正当王莽政权分崩离析之时，一些对王莽政权不满的地主豪强，也以各种形式，从事反莽活动，如西汉宗室刘玄参加了平林兵，有的则直接起兵反抗王莽，如南阳大地主刘縯、刘秀兄弟，抱着“复高祖之业”② 的目的，联络附近各县地主豪强，纠集宗族、宾客，组成一支七八千人的军队，称为春陵军，并与新市、平林兵联合，把队伍归并入绿林军。

绿林军入长安和王莽政权的灭亡　地皇三年正月，绿林军的新市兵、平林兵、下江兵各路大军会合一起，在沘水（今河南泌阳）西大破官军，并包围了南阳。绿军队伍迅速扩大，发展到十多万人。

---

① 《后汉书》卷一一《刘盆子传》。

② 《后汉书》卷一四《齐武王縯传》。

公元23年二月，刘玄在淯阳称帝，改元更始，以王匡为定国上公，王凤为成国上公，朱鲔为大司马，刘缜为大司徒，陈牧为大司空。

刘玄称帝后，派刘缜率领主力进攻南阳，又派王凤、王常、刘秀北上占领昆阳（今河南叶县）、定陵（今河南舞阳）和郾（今河南郾城）等地。

起义军的节节胜利使王莽恐惧万分。他派大司徒王寻、大司空王邑率领各州郡精兵42万，号称百万，向宛城进发。公元23年五月到达颍川，与严尤、陈茂的军队会合，然后直逼昆阳，把昆阳城包围起来。城内士兵仅八九千人。王凤、王常一面坚守阵地，一面派刘秀、宗佻、李轶等十三轻骑乘夜出城，到定陵、郾等地搬请救兵。各地支援昆阳的军队，人数虽少，但斗志旺盛。趁王邑骄傲轻敌之机，刘秀用3000人冲乱官军的中坚布阵，向城里增援，王凤、王常则从内向外冲杀，里应外合，内外夹攻，杀声震天动地，把莽军打得落花流水，王寻被杀，“莽兵大溃，走者相腾践，奔殪百余里间。会大雷风，屋瓦皆飞，雨下如注，滍川盛溢……士卒争赴，溺死者以万数，水为不流。王邑、严尤、陈茂轻骑乘死人度水逃去”，起义军“尽获其军实辎重，车甲珍宝，不可胜算，举之连月不尽”。① 这就是历史上有名的新汉昆阳大战。昆阳大捷从根本上摧毁了王莽的主力，取得了西汉末年农民战争的决定性胜利。

地皇四年（23年），绿林军乘胜向王莽展开强大的攻势：一路由王匡率领北上直攻洛阳，一路由申屠建、李松率领西攻武关，直捣长安。两路大军进展神速。九月，王匡等很快就攻下洛阳，刘玄也移都洛阳。与此同时，西路大军很快逼近武关。这时候，析人邓晔、于匡等起兵，攻下析、丹水，武关都尉朱萌投降，邓晔开武关，迎接西路大军。于是关中大震，王莽忧惧，不知所措。十月一日农民军攻入长安宣平门。二日，长安市民朱弟、张鱼等响应起义军，火烧宫门，王莽狼狈逃入渐台。次日，王莽被杀。经过六年的浴血奋战，绿林军终于推翻了王莽的统治，取得了反莽斗争的胜利。

绿林、赤眉的火并与农民战争的失败　公元24年春，刘玄由洛阳迁都长安。刘玄一入长安，就大封汉宗室，日夜饮酒作乐。当刘玄移都洛阳时，赤眉军正在濮阳一带活动。樊崇曾亲去洛阳，表示愿与更始政权合作，而刘玄却采取冷淡应付的态度。刘玄的行为引起赤眉军的不满，他们分兵两路对刘玄进行讨伐：樊崇、逄安为一路，进攻武关；徐宣、谢禄、杨音为一路，进攻陆浑关。公元25年春，两路军于弘农（今河南灵宝）会师，连败刘玄军，队伍迅

① 《后汉书》卷一《光武帝纪》。

速扩大到30万人，继续西进。当队伍到达华阴（今陕西华阴）时，他们拥立一个汉宗室后裔、15岁的牧童刘盆子做皇帝，建年号为建世，以故县狱吏徐宣为丞相，樊崇为御史大夫，逄安为左大司马，谢禄为右大司马。赤眉军继续西进，至高陵（今陕西高陵），绿林军王匡、张印等部投靠了赤眉军。公元25年九月赤眉军攻入长安，刘玄投降，不久被绞死。

赤眉军进入长安后，关中豪强地主隐匿粮食，组织武装，坚壁顽抗，使粮食供应断绝。赤眉军只得退出长安，转移到安定（今宁夏固原）、北地（今甘肃环县）一带。赤眉军在西进中，逢大雪，又遭隗嚣的袭击，只得重返长安。这时“三辅大饥，人相食，城郭皆空，白骨蔽野”[①]，20万赤眉军粮食无着，终于被迫离开长安东归。建武三年（27年）闰正月，赤眉军在崤山（今河南渑池）底版被冯异打败，又在宜阳（今河南宜阳）陷入刘秀设置的重围，最后不幸失败，樊崇、逄安等惨遭杀害，河北、河南、荆州地区的农民军，也先后被扑灭下去。

历时十年的绿林、赤眉大起义，席卷黄河、长江流域。起义军所到之处，封建地方政权被摧毁，豪强地主受到惩罚，广大农民夺得了一部分土地，在豪强地主羁绊下的大量奴婢得到解放。

第五节　西汉时期的文化和社会生活

一　哲　　学

汉初的黄老思想　汉初吸取秦末农民战争的教训，采取在黄老思想指导下的“无为而治”的统治政策。所谓“黄老学说”，实际上是道家学说中的两派。“黄”指“黄帝之学”，“老”指老子的学说。黄帝之学是在战国时期形成的一个学派。《汉书·艺文志》记载有关黄帝书5种，计有：《黄帝四经》4篇，《黄帝铭》6篇，《黄帝君臣》10篇，《杂黄帝》58篇，《力牧》22篇。但是，由于“黄帝之学”的著作均已佚失，所以“黄帝之学”是否在历史上作为一种独立的学派存在过，后世不太清楚。自从1973年在长沙马王堆三号墓发现了

① 《后汉书》卷一一《刘盆子传》。

帛书《十大经》《经法》《称》《道原》等珍贵文献之后，这个问题就比较清楚了。可以肯定，上述帛书就属于"黄帝之学"的著作，黄帝学说是道家中的一派。它与老子学说的根本区别是：黄帝之学不仅讲道，而且讲法。汉初把黄老糅合在一起，成为当时统治阶级的政治指导思想。

黄老学说的特点是：在政治上肯定新的封建一统王朝的统治秩序，承认君臣关系不可改变的前提下，极力主张"无为而治"，认为统治者用无所作为的办法，就能缓和社会矛盾，稳定统治秩序。相反，统治阶级愈"有为"，民就愈"难治"；统治者的法令太多，反而使"盗贼多有"。① 这和原来老子主张的小国寡民的政治理想不同，它是一种维护统一的封建制度的政治思想。在这种思想指导下，汉初统治者采取"顺民之情与之休息"② 的政策，以适应恢复生产、稳定封建秩序的需要。汉初的几任丞相，大都"治黄老之术"，实行"无为而治"。如萧何死后，曹参为相，举事皆循旧例，无所变更。对于"言文刻深，欲务声名"③ 的人，斥而不用；对于"谨厚长者"，给予提拔，以保持政治上的稳定。所以当时老百姓歌颂道："萧何为法，讲若画一；曹参代之，守而勿失。载其清靖，民以宁一。"④

西汉初年黄老思想的代表作是陆贾的《新语》。陆贾总结了秦王朝覆灭的教训后，提出了无为的政治主张。他认为："道莫大于无为，行莫大于谨敬。"⑤ 他理想的政治是："君子之为治也，块然若无事，寂然若无声，官府若无吏，亭落若无民。闾里不讼于巷，老幼不愁于庭。近者无所议，远者无所听。邮驿无夜行之吏，乡闾无夜名之征。犬不夜吠，乌不夜鸣。老者息于堂，丁男者耕耘于野。"⑥ 也就是主张统治者对人民少干扰，使其安居乐业，这样就可以缓和矛盾。

汉初"无为而治"的思想，促进了封建统治秩序的巩固，为社会生产的恢复创造了条件。但是，随着汉政权的逐渐巩固，出现了新的问题。"和亲"不能从根本上消除匈奴的骚扰，"分封"潜伏着割据分裂的危机。因此，文帝时，贾谊上《治安策》尖锐地指出："可为长太息者此也。"⑦ 这样，到文景时期，逐渐由无为变成有为，儒家思想逐渐抬头，为汉武帝独尊儒术提供了有利

① 《道德经》第五七章。
② 《汉书》卷三〇《艺文志》。
③④ 《汉书》卷三九《萧何曹参传》。
⑤ 《新语》卷上《无为篇》。
⑥ 《新语》卷下《至德篇》。
⑦ 《汉书》卷四八《贾谊传》。

条件。

董仲舒的儒学思想 董仲舒（前179～前104年）广川（河北枣强县东广川镇）人。为了适应汉中期统治者的需要，他不但首倡儒学独尊，而且把孔子的学说宗教化，把封建专制制度的理论系统化，形成了一套完整的思想体系。他给汉武帝上《天人三策》就是这一思想体系的具体说明，《春秋繁露》是其代表著作。

为了维护封建统治，董仲舒提出了“天人合一”说和“天人感应”说。他把自然界的“天”塑造成为有意志的人格神，把人间的一切都说成是上天有目的的安排。自然和社会的一切变化，国家的兴亡，都是上天意志的表现。天意与人事紧密相连，天以祥瑞灾异影响人，人的活动也能感动天。这为两汉谶纬迷信思想的进一步泛滥提供了理论依据。董仲舒还认为天给人类社会设立了一个最高权力的“君主”，人间的皇帝就是代天意进行赏罚的权威。他说：“受命之君，天意之所予也。”① 人民服从皇帝，也就是服从天道，谁反对皇帝就是反对上天，以此来论证皇权的神圣性，为加强皇权提供了理论根据。董仲舒在宣扬君权神授说的同时，也企图假天之威，对皇帝的过分残暴加以限制。他说天不是为皇帝而生人民，而是为人民而立皇帝，皇帝对人民有好处，就能继续做下去，否则天就要削夺他的皇位。这种学说当然是为封建统治者服务的，但它也可以被利用来反对皇权。

董仲舒还大力宣扬孔孟“君君、臣臣、父父、子子”的等级观念，并提出了“三纲”“五常”的伦理规范。他说：“王道之三纲，可求于天”②，“三纲”“五常”是“天”的安排，是天的意志。“三纲”，加上有意志的天，就构成了封建政权、族权、神权、夫权四种统治权力。这种封建宗法思想，成为封建伦理关系的准则，束缚人民的精神枷锁。

董仲舒还提出了“性三品”说。他认为人性是有等级的；圣人生来性善，小人生来性恶，中人之性，可善可恶。上等的圣人，则是天生的统治者；中人经过“教化”可以变善；惟有下等的小人是命中注定低微卑贱，只能永远当牛马和奴隶。他以这种地主阶级的人性论来论证封建等级制和封建统治的合理性。

从上述董仲舒的学说中，我们可以看出，它的思想核心，是从维护统一的封建中央集权的立场出发，神化专制皇权，并力图把封建政权、神权、族权、

① 《春秋繁露》卷十《深察名号》。

② 《春秋繁露》卷一二《基义》。

夫权结合起来，为地主阶级服务，所以长期以来为封建统治阶级所信奉。

经今古文之争　汉武帝接受董仲舒的建议，罢黜百家，独尊儒术，立五经博士，儒学取得了独尊的地位。不仅在都城设立太学，教授五经，而且在郡、县设立学校，设置经师。凡博士教弟子的经书，都是用当时通行的隶书写成的，故称“今文经”。汉武帝所尊崇的儒术，就是儒学的今文经学派。当时太学里的五经博士都是传授今文经学的，因此，这时今文经学盛行。

汉武帝末年，鲁恭王刘余坏孔子宅，得《尚书》《礼》《论语》《孝经》等凡数十篇，都是用汉以前的古文字写的，这些经书称之为“古文经”，传授古文经的学说叫古文经学。

在儒学发展的同时，掀起了搜集、整理图书的热潮。汉武帝时广开献书之路。河平三年（前26年），成帝命谒者陈农到各地搜求遗书，并派刘向等将藏书分别门类整理校订，刘向的儿子刘歆也帮助校理。刘歆在协助他父亲校书时，发现了一部用古代文字书写的《春秋左氏传》。刘歆“以为左丘明好恶与圣人同，亲见夫子，而公羊、穀梁在七十子后，传闻之与亲见之，其详略不同”①，遂认定《左氏传》是解释《春秋》最可靠的书。其后又发现了《毛诗》《逸礼》《古文尚书》等。刘向死后，哀帝命刘歆代替父职，刘歆便请朝廷将这些书列于学官，遭到博士们的反对。刘歆便写信指责博士们“专己守残，党同门，妒道真，违明诏，失圣意，以陷于文吏之议”②。刘歆的书信公布后，反对的声浪更加激烈，光禄大夫龚胜以辞职表示反对，大司空师丹向哀帝控告刘歆“改乱旧章”③。执政大臣也卷了进去，刘歆只好离开京师。

经今古文之争，不仅仅是书写文字与读法的问题，而是随着经师源流不同，传授的方法和对经义的解释也不同，因而形成了两种不同的思想体系和政治派别。其区别大致有下列几点：

1. 今文经学家以六经皆孔子所作，系托古改制之书；古文经则以六经皆史；

2. 今文经学家崇奉孔子，认为孔子为政治家、哲学家；而古文经崇奉周公，认孔子为史学家；

3. 今文经学家信纬书，讲微言大义；古文经学家斥纬书妄诞，谓六经皆史；

4. 今文经学家斥古文经为刘歆所伪造；古文经学家斥今文经为秦火残缺之余。

---

①②③ 《汉书》卷三六《刘歆传》。

哀帝死后，平帝继位，王莽为大司马，执掌政权。这时王莽又将他的好友刘歆召回朝中，历任右曹太中大夫、中垒校尉、羲和（大司农）、京兆尹，不久又封他为红休侯，掌儒林史卜之官。刘歆成了文化学术事业的领导人，他大力提倡古文经学，为王莽代汉制造理论根据。王莽就以古文经中的《周礼》作为托古改制的依据。因此，古文经得到王莽的大力支持，《春秋左氏传》《古文尚书》《逸礼》《毛诗》等都立为学官，每经博士也增为5人，每一博士领弟子360人。这样，古文经学就在王莽、刘歆的扶植下取得了合法的地位。

西汉时期经今古文之争，是儒家内部争夺“禄利之路”的斗争，是统治阶级争权夺利的一种表现形式。虽然他们两家各立门户，争论不休，但在歌颂先王先圣、美化古代政治制度、为封建统治阶级政治服务等问题上还是一致的。不过，经今古文之争，由于双方互相辩难，对学术发展也起了一定的促进作用。

二　史学、文学和艺术

史学　西汉时期，史学有了卓越的成就，出现了著名的史学家、文学家司马迁和他的著作《史记》。

司马迁，字子长，左冯翊夏阳（今陕西韩城）龙门人。生于建元六年（前135年），卒于太始四年（前93年）。[①] 他父亲司马谈是汉朝专管文史星历的太史令，熟悉历史，通晓先秦诸子学术。司马迁10岁后随父亲到长安学习经史，曾听过经学大师孔安国、董仲舒等讲经。20岁旅行全国，足迹遍及长江、黄河流域，不久又以天子的近臣“郎中”奉使到过今四川、云南一带。还随汉武帝巡视各地，游览名山大川，考察风俗，访问古迹，采集传说。元封三年（前108年）他继父职任太史令。在此期间，他饱览皇家的藏书与档案，即所谓“紬史记石室金匮之书”。太初元年（前104年），他与唐都、落下闳等共订太初历。就在这一年，他开始撰写《史记》。过了五年，他替李陵兵败之事作辩解，触怒了汉武帝，被处以腐刑，他在狱中怀着悲愤继续写作。太始元年（前96年），被赦出狱，任中书令。他倾注了全部心血，完成了这部史学巨著，人称其书为《太史公书》，后称《史记》。

---

① 关于司马迁的生卒年意见不统一。王国维《太史公行年考》认为司马迁生于前145年，卒于前86年；郭沫若等认为生于前135年，可能卒于前93年（参看《历史研究》1955年第6期）。今从郭说。

《史记》记事始于传说的黄帝，止于汉武帝太初年间，包括上下3000年的历史，尤详于战国、秦、汉。全书分为十二本纪（以帝王为中心的历代大事记)、十表（帝王将相年表)、八书（记述政治、经济、天文、地理等方面制度)、三十世家（诸侯、王的事迹)、七十列传（官僚、士大夫、名人的传记)，共130篇，52.65万字。这五种不同的体例互相配合，广阔地反映了3000年社会历史面貌。本纪、世家、列传是全书的中心，也是思想性和艺术性最强的部分。就社会阶层来说，从帝王将相，至游侠医卜；从疆域来说，近至祖国山川，远至朝鲜、大宛；对汉以前的典章、文物、政治、经济以及天文、地理、民情、风俗等都有详细的记载。

《史记》是中国第一部纪传体通史，它继承了以往历史著作的传统，把几千年间零碎散乱的历史资料，加以整理、审核、排比，“协六经异传，整齐百家杂语”①，分别归类于一百多个历史人物传记中，又于八书中总述其历史背景，最后在年表中排比年代，从时间上加以补充。这样，全书体系完整，疏而不漏。“究天人之际，通古今之变，成一家之言”，创造了纪传体的形式，成为一部不朽的史学著作。

司马迁在整理历史材料时，“采经摭传”，“涉猎者广博”，② 有书本的，有档案的，有自己采访的，对这些丰富的史料，他尽可能地进行选择和考订。如《殷本纪》中所叙之殷代先公先王，经近代发现的甲骨文对勘，差错甚少，③可见《史记》中引用材料基本可靠。更重要的是叙述历史事件和人物，“其文直，其事核，不虚美，不隐恶”④，有褒有贬，爱憎分明。而且叙事简明，文笔生动。在书中，不仅写了帝王将相、世袭王侯、贵族公子、大小官员，而且以饱含热情的文笔，记叙了农民起义领袖陈胜、吴广和项羽的事迹。“桀、纣失其道而汤、武作，周失其道而《春秋》作。秦失其政，而陈涉发迹，诸侯作难，风起云蒸，卒亡秦族。天下之端，自涉发难。”⑤这里，司马迁将陈胜领导的农民战争同商汤灭夏、周武伐纣、孔子作《春秋》相提并论，给予很高的评价。这和历代统治者对陈胜的诬蔑大不相同，说明司马迁的进步观点是难能可贵的。在《封禅书》《货殖列传》中敢于揭露统治阶级的暴虐、奢侈、愚昧，连汉武帝求神仙、信方士等事都给予冷嘲热讽，表现了分明的是非和强烈的爱憎。鲁迅先生在《汉文学史纲要》中称赞：《史记》“不失为史家之绝唱，无韵

①⑤ 《史记》卷一三〇《太史公自序》。

②④ 《汉书》卷六二《司马迁传》。

③ 王国维：《观堂集林》九《殷卜辞中所见先公先王考》。

之《离骚》”。由于司马迁晚年生活的特殊条件，《史记》成书时未经认真修改，书中也有不少缺失和错误之处，[①] 但不失为一部伟大的史学专著。它对中国和世界都有广泛影响。

西汉史学上的成就除了《史记》外，还有我国第一部目录学著作《七略》。《七略》是刘歆继承他父亲刘向的业绩，在刘向《别录》的基础上写成的。它综合了西周以来，特别是战国时期的文化遗产，经过选择、校勘、分类，编成目录。《七略》包括《辑略》（总论）和《六艺略》《诸子略》《诗赋略》《兵书略》《术数略》《方技略》。《七略》不仅是中国目录学的开端，而且是一部宝贵的古代学术史。班固的《汉书·艺文志》就以此书为蓝本。

文学 西汉的文学，主要是汉赋和乐府诗。

汉赋是从楚辞发展来的一种长篇的韵文。西汉的赋主要有两种：一种是骚体赋，汉初较盛行；一种是散体大赋，形成于汉初，兴盛于武、昭、宣之世，并取代了骚体赋地位。是汉赋的代表。

汉初的骚体赋，主要作家以贾谊、枚乘为代表。贾谊的主要作品有《吊屈原赋》《鹏鸟赋》等。贾谊主张“定官名，兴礼乐”，遭到周勃等人的谗毁，被谪为长沙王太傅。当其渡湘水时作《吊屈原赋》，借凭吊屈原来抒发自己心中的愤懑，表达出“横江湖之鳣鲸兮，固将制于蝼蚁”[②] 的不平，是一篇很好的抒情赋。《鹏鸟赋》是一篇抒发作者悲伤情感的作品，开了西汉散体赋的先河。景帝时枚乘所作的《七发》对后世也很有影响。

汉武帝至成帝间，是散体大赋全盛期。有名的赋家有司马相如、扬雄、东方朔等，其中以司马相如最负盛名。他的作品有《子虚赋》《上林赋》等。这些赋都以游猎为题材，描写宫廷的生活，皇帝宫殿的雄伟壮丽，林木的茂盛，禽兽的众多，游猎队伍的浩大壮观，以及音乐、美女等，篇末说一些讽谏的话，作为点缀。

汉赋是典型的宫廷文学。它用华丽的辞藻，铺张的手法，堆砌了丰富的词汇，描写西汉上层社会的繁华景象，反映汉代的统一与强大，显示了汉天子的尊严，是地主阶级自我赞美心情的流露。但形式呆板，词句艰深。不过在形式和技巧上对后世的文学作品有一定影响。

“乐府”作为掌管音乐的官署，始于秦。到了汉武帝时，为了宫廷娱乐和庙堂祭祀，开始大规模地采集各地民歌。据《汉书·艺文志》记载，西汉时期

---

① 参见梁玉绳：《史记志疑》。

② 《汉书》卷四八《贾谊传》。

乐府采集的各地民歌有138首。其中包括鼓吹曲辞、相和歌辞、杂曲歌辞等，既有汉族歌曲，又有少数民族和边疆地区的歌曲。这些民歌虽然经过了文人的加工、润色，但总还保存着民歌的特色，从而在西汉的诗坛上留下了人民的呼声。因此，民歌是西汉文学中的瑰宝。如《战城南》，用苍茫、悲凉的调子描写了人民厌恶战争的沉痛心情。诗中开头就说："战城南，死郭北，野死不葬乌可食。"几句话把战场上悲惨凄凉的状况描绘出来，控诉了战争带来的深重灾难。又如《陌上桑》，用夸张铺叙和烘托的笔法塑造了一个坚毅不屈、有高度智慧又有反抗精神的农家少女——罗敷。这首民歌语言朴实，形象鲜明，战斗性强，是汉代社会生活的一面镜子，在中国文学史上占有重要的地位。历来有成就的诗人，都受过汉代民歌的影响。

汉代民歌的体裁多种多样，有三言、四言、五言、七言，形式生动灵活，其中以五言最多，是东汉以后的五言诗的先声。

西汉还留下许多很好的散文，贾谊的《过秦论》《治安策》，晁错的《贤良对策》《言兵事疏》，刘向的《说苑》等都是西汉的散文名篇。贾谊的政论文议论明白，慷慨激昂，气势磅礴。特别是《过秦论》，语言生动，层层深入，把秦的兴亡说得淋漓尽致，有声有色。晁错的政论文语言精练，富有节奏，有很大的说服力。

艺术 在西汉的艺术领域里，有成就的是绘画、雕刻、音乐等。

西汉时期，随着经济的发展，国库的充裕，作为封建帝王、地主、官僚的宫殿、邸宅、坟墓的装饰品之一的壁画也发展起来了。汉武帝时期的鲁灵光殿就有西汉最著名的大幅壁画，内容极为丰富，可惜没有保存下来。当时地主阶级不仅在建筑物上作画，而且在生活用的缣帛锦绢、漆器、陶器等工艺品上作画，有彩绘，有素墨画，有刻缕画，内容有神话传说、历史故事，也有渔猎、农事、宴会、乐舞等生活场景，题材广泛，画艺高超。1972年长沙马王堆汉墓出土的彩绘帛画，就是帛画中最有代表性的杰作，反映了西汉初绘画艺术的高度成就。这幅帛画全长205厘米，上部宽92厘米，下部宽47.7厘米，全体呈T字形，画面内容十分丰富，有人物，有日月，有人身蛇尾的神像，有龙、蛇、龟、虎、马和各种奇禽异兽，线条流畅，刻画生动，色彩鲜艳，布局和谐，是古代劳动人民高度智慧的结晶，是世界文化艺术史上一件罕见的珍品。1979年江苏邗江西湖乡汉墓中，出土了两幅木板彩画和一件彩绘漆器。有一幅木板彩画，人物形象逼真，仪态生动，衣着华美，各具情态。整个画面主题突出，疏密有致，体现了作者精心的构思，反映了当时贵族家庭生活的情况。彩绘漆器制作更为精巧，在器身和器盖上绘上各种动物31只，走兽飞禽跃然于画面之上，通过富于变化的卷云纹组成为一幅优美的画图。

汉代雕刻艺术与绘画也是相辅而行的。统治阶级用石刻来装饰宫室、陵墓，以夸耀豪华，显示威严。陕西兴平霍去病墓前的石人、石马、石牛、石虎等，造型生动，神态逼真。这些巨大的雕像虽经两千多年的风剥雨蚀，依然神态生动，栩栩如生。这是祖国极珍贵的文化遗产之一。

三　科学技术

天文历法　西汉时期天文学是非常发达的，对星象的观测和认识，有重大成就。当时的天象记录相当丰富。早在《淮南子》一书中，就有“日中有踆乌”的记载。踆乌，也就是黑子的形象。《汉书·五行志》中还有“汉元帝永光元年（前43年）四月……日黑居仄，大如弹丸”，这说明太阳边侧有黑子呈倾斜线状，大小和弹丸差不多。《汉书·五行志》还有更精确的一次记载：“河平元年（前28年）……三月乙未（十八日），日出黄，有黑气大如钱，居日中央。”这里把黑子的位置、时间都记述得十分详细，这是现今世界公认的最早的黑子记录。欧洲直到公元807年8月19日才有黑子记录，比我国晚了800多年，伽利略在公元1610年方看到黑子。马王堆汉墓出土帛书《五星占》中有五大行星运行的记载，是我国现存最早的天文学原著。西汉时不仅有详细的天象记录，而且对天文学的研究，盛极一时，汉武帝时，落下闳造浑天仪，太初三年立日晷仪下漏刻（水钟），以求二十八宿的位置。宣帝时耿寿昌铸铜为像，以测天象。由此可见，我国是世界上天文学发达最早的国家之一。

天文学的发展给历法的进步提供了很好的条件。汉初，沿用秦的《颛顼历》，以十月为岁首。1972年山东临沂银雀山汉墓中发现元光元年（前134年）的历谱，这是我国发现最早的完整历谱。根据它推算，这个历谱与秦历法相同，证明武帝太初以前依然采用《颛顼历》。但《颛顼历》并不精确，到汉武帝时已出现了“朔晦月见，弦望满亏”[①] 的错乱现象。于是汉武帝令司马迁、落下闳、邓平等改《颛顼历》而作《太初历》，以正月为岁首，采用有利于农时的二十四节气，在无中气的月份，插入闰月，调整了太阳周天与阴历纪月不相合的矛盾，使朔望晦弦较为正确，是我国历法上一个划时代的进步。随着天文学的不断发展，人们在历法上也日求精密。成帝时，刘歆又依据《太初

① 《汉书》卷二一《律历志》上。

历》作《三统历》，规定一年是 $365\frac{835}{1539}$日，一月是 $29\frac{43}{81}$日，19 年有 7 个闰月，这是当时最精密的历法。

数学　在西汉时期，数学也有杰出的成就，约在公元前 1 世纪成书的《周髀算经》是我国现存较早的数学和天文学著作，《九章算术》是西汉以来许多数学家研究的结晶。[①] 西汉前期的著名数学家张苍、耿寿昌等人曾对它进行增删。全书共分九章，搜集了 246 个数学问题的解法。其中记载了当时世界上最先进的分数四则和比例算法。还有各种面积、体积的算法和利用勾股定理进行测量的问题，以及开平方、开立方的方法，特别是在世界数学史上第一次记载了负数概念和正负数的加减法运算法则，这部书对中国古代数学的发展所产生的影响是很大的。它不仅在中国数学史上占有重要地位，而且影响到朝鲜、日本，被译成许多种外文出版。

医学　医学在西汉时期也得到了进一步发展。当时主要是以阴阳五行来解释人的生理现象、病理现象，并用这种理论进行辨证施治。西汉的名医淳于意，“为人治病，决死生多验”，“意治病人，必先切其脉，乃治之”。[②] 可见当时医疗技术已很高，脉学也很精通。我国劳动人民创造的针灸疗法，到这时已有发展。1962 年河北满城发现的西汉中山靖王刘胜夫妇墓中，不仅发现了“医工”专用的铜盆、铜药匙等医疗专用器械，而且有四根金针、五根银针，保存完好。这时期还出现了《黄帝明堂经》等比较有系统的针灸学专著。这表明针灸术的发展水平很高。特别是长沙马王堆女尸和湖北江陵男尸，在地下保存两千多年，尸体基本完好。这雄辩地证明了西汉防腐技术的巨大成就。

地理学　西汉地理学也有很大发展。《史记》《汉书》中详细记载了西汉山川地理、都市等。当时作为表达和传播地理知识的手段——地图，测绘的水平很高。长沙马王堆三号汉墓中出土的三幅地图就是很好的佐证。这三幅绘在帛上的地形图、驻军图、城邑图，是以实测为基础的地图。地形图绘有山脉、河流、居民点和道路等，对峰峦起伏的九嶷山和南北走向的都庞岭以及整个区域，都表现得十分出色，大部分已接近现在该地区地形图的水平。同时，这些地图已有统一的图例：地形图的居民点采用两种符号，县治用方框，乡、里用圆框；水道用上游细、下游粗的曲线，道路用细直线；对九嶷山的表示更有独创之处，除用比较粗的闭合曲线勾出山体外，又用细线画成鱼鳞状层层重叠，

---

① 《九章算术》正式成书约在公元 1 世纪，因此有的中国古代史著作把它放在东汉。

② 《史记》卷一〇五《扁鹊仓公列传》。

表示峰峦起伏的特征，很像现在等高线画法。这充分表明了2100多年前地图科学和地理学以及测绘技术的高度水平。它不仅是了解西汉时代地理科学和长沙国的地理环境的珍贵资料，在科学研究上也具有重要意义。

造纸术　西汉在科学技术上的一个很大贡献，就是发明了造纸术。据《汉书·孝成赵皇后传》记载："箧中有裹药二枚，赫蹄书"，应劭注曰："赫蹄，薄小纸也。"这是西汉有纸的最早文献记载。1933年新疆罗布泊汉代烽燧遗址中发现了一片麻纸残片。[①] 1957年陕西出土的霸桥纸，1973年甘肃出土的金关纸，1978年陕西出土的中颜纸，均出土于西汉古墓和遗址，这些纸经过分析化验，均确定为植物纤维纸，其中霸桥纸最原始。1986年在甘肃天水放马滩西汉墓出土了一张纸地图，[②] 据此可以证明，西汉制造的纸，已能用于书写。由此可见，在西汉时期，我国劳动人民已经发明了造纸技术，但西汉时期纸的使用还不普遍，帛绢竹木简还是主要书写工具。

四　社会生活

服饰　汉代，不同民族、不同阶级的服饰各异，界限森严，使服饰的时代性、社会性、民族性有机组合，融为一体。

头衣和发饰。西汉时称帽子为"头衣"或"元服"。贵族的头衣为冠、冕，平民的头衣为巾、帻。贵族男子20岁左右要举行冠礼，表示已经成人，同时戴冠也是贵族身份的标志。贵族的冠，是用冠圈套在发髻上，将头发束住，冠圈两旁有两根丝绳称作缨，用于在下巴下打结，把冠稳固在头顶上。汉代皇帝、诸侯所戴的礼冠称冕旒，沿用周制，此不赘述。官吏所戴的冠，因职务、级别的不同而不同。文官戴进贤冠，执法官戴法冠，谒者、仆射、使者戴高山冠，侍卫武官如虎贲、武骑等则戴武冠或称大冠，卫士戴却敌冠。在这名目繁多的礼冠中，以法冠最为奇特。冠上有角饰，状如铁柱，高五寸，象征"獬豸"之角，传说这种动物生性正直，其角专触行为不正者，执法戴此冠，意为秉公执法，铁面无私。

官僚贵族的头衣除冠外还有弁。弁分武官的皮弁和文官的爵弁。皮弁是用几块白鹿皮拼接而成，类似近代的瓜皮帽。职位低者，弁上无装饰，虎贲之弁上插黑鹖毛，鹖为勇猛、强劲的鸷鸟，插鹖毛以示威武，气概不凡。至于侍

① 参见黄文弼：《罗布淖尔考古记》。

② 《新华文摘》1989年第7、8期。

中、中常侍等皇帝高级侍从，在武弁上特加黄金珰、附蝉文，插貂尾，以示其职位的显要。

汉时的平民的头衣称帩头，又称络头、帕头，为男子束发的头巾，与今陕北农民用羊肚手巾包头相类似。

发饰。汉代男子一律束发，而女子发饰则多种多样，异彩纷呈。妇女发饰有三角髻、三鬟髻、双鬟髻、分髾髻。当时妇女还在发髻上施以兰草浸渍而成的膏，其芳香清冽之气，经久不散。

衣裳。古时上曰衣，下曰裳。衣有长衣、短衣之分。长衣即长袍，下层民众多穿短衣。汉代妇女服装多为上衣下裙，歌舞伎人多穿长袖衣，腰间无裙腰，在汉画或汉俑中屡见不鲜。裳即下衣，但与今裤子不同。当时裳有裆者称裈，无裆者称裤，或曰胫衣。贫民多穿短裤，称牛犊裈，以其形似犊鼻而得名。用三尺布即可做成，类似楚之围裙。

先秦妇女之下衣皆无裆，用上衣以遮下体。汉昭帝时，上官皇后下令宫人“皆穿穷裤”，此后妇女才穿有裆裤。但少数民族“萝貉”中女子则习惯不穿裤，只穿状如襜褕的缚衣，是一种长袍式的衣服。衣料，富人以丝绢锦绣，穷人则以麻葛。

鞋。有皮鞋、木鞋、草鞋、丝鞋。鞜是生革做的皮鞋，靸是头深而底平的皮鞋，平民多穿草鞋和木鞋。

足衣。即袜子，用革、丝、布帛做成。袜高有一尺多，上端有带，也称絑，穿时要将袜紧束，谓之“结袜”。

饮食 西汉的饮食较先秦有明显变化，不仅贵族仕宦之家能够烹牛宰羊，歌舞宴饮，一般中等人家也可以吃肉喝酒了。街头肉铺挂满鲜肉，田野小路上也有人打酒、买肉。汉人饮酒风很盛，政府不得不下令禁止“群饮”。只有遇到喜庆大事，才能解禁。

主食。湖南马王堆汉墓出土的随葬粮食有稻、籼、粟、麦、粢、葵、麻等，结合历史文献分析，知北方人以粟、麦为主食，也兼食稻。南方人以食稻为主，也兼食麦。麦在主食中的地位提高了，平民主要吃以麦粒煮成的麦饭，高贵一点的吃法是以羹浇饭，还有把麦磨成面，做蒸饼或煮粥，稻的吃法与后世相似。但边郡的人民则以杂粮为主，如粟、麦、黍、稷、粳麦、穬麦（青稞）、糜（穄）、䅟、秫、豆等皆有，汉简所记可为实证。

副食。据长沙马王堆汉墓出土的随葬清册所载，肉类食品有牛、马、羊、狗、豕、鹿、兔、鸡、雉、雁、凫、鹤、斑鸠、雀、鲤、鲂、鲫、鰸、鳠等，可以说天上、地下、水中的动物应有尽有，但从汉画像石、画像砖的庖厨图来看，主要的肉食还是猪、狗、牛、羊。从马王堆出土的肉食标本分析。汉人喜食幼畜、壮畜，不喜老畜，其中有豢养一年的小狗和两个月的小猪，这当然是贵族、豪富的生活享受。烹饪的方法也很多，煎、炒、炙、炮、熬、蒸、炸、氽，脍样样俱全，而一般平民主要吃葱、韭、冬葵、芋头等蔬菜，肉是很少能吃到的。

婚姻　在中国封建社会里，妇女总是受男人的压迫，但在各个时代表现程度不同。西汉时期妇女地位稍高，《说文》云："妻者，齐也。"足以能说明问题，有的妇女甚至可以自立门户。《乐府·陇西行》中说："健妇持门户，亦胜一丈夫。"就是对健妇的赞颂。

汉代妇女结婚离婚都有一定的自由。《汉书·张耳传》云：外黄富家女，与丈夫离异后，自愿嫁给张耳；《朱买臣传》记载，买臣妻嫌其家贫，主动提出离婚。汉代寡妇改嫁，不受限制，也不受歧视，上自皇室，下至百姓，皆有寡妇改嫁之例，如富人张负孙女，五次嫁人，死了五个丈夫，第六次才嫁给陈平，汉武帝姐平阳公主，守寡后又嫁给卫青，得到了武帝的支持。

汉代婚姻有表亲婚，称"重亲"，即亲上加亲，有姑表亲、姑舅亲。在"重亲"中有平辈婚，也有非同辈婚，如汉惠帝就是娶胞姐鲁元公主的女儿为皇后，还有吕后将其侄孙女嫁给刘邦之子赵王恢为妻。汉代的"重亲"很多是从政治上考虑的，不论怎么说，这种近亲繁殖是有害的，不利于人类的健康发展。

汉代还有交互婚，即两姓子女互为夫妇，对贫者来说是不得已而为之，对有财有势者来说，是巩固其财势的一种手段，还有一种"逆缘婚"，即"妻姐妹""夫兄弟"，这是原始社会对偶婚的残留。

汉代的婚礼，沿用《仪礼·士婚礼》的规定，即有纳采、问名、纳吉、纳征、请期、亲迎六种程序，包含父母做主、媒人说合、选择婚期、新郎迎亲、妇方家长向新娘告诫等内容。六礼具备，婚姻关系始告成立。

节庆日　历代都根据社会风俗和政治、经济形势等因素建立节庆日，西汉的节庆日有以下几种：

除夕。是一年的最后一天，有除旧迎新之意，也是为了庆祝一年的丰收。除夕还有一项任务，就是驱疫疠、除恶鬼。要削桃木梗制成神荼、郁垒两人形象，立于门上，这便是门神的雏形。《风俗通义·祀典》引《黄帝书》说：上古有神仙兄弟二人，名神荼、郁垒，居于度朔山下，把祸害人间的恶鬼都捆缚起来让老虎吃，据此传说，人们就把神荼、郁垒立于门上"以御凶"。

除夕之夜，还要举行击鼓驱鬼除瘟疫的舞蹈仪式，称为逐傩、傩、大傩。

它起源于原始的巫舞，从西周到秦汉，在民间一直盛行不衰。

元旦。为一岁之首，是一年中最重要的良辰佳节。元旦要举行朝贺礼、祭祖、拜年等活动。

朝贺礼始于西汉。刘邦初登皇位，每逢宴会，群臣乱成一团，自叔孙通制定朝仪之礼后，再无人敢喧哗失礼，刘邦高兴地说："吾乃今日知为天子之贵也。"而元旦的朝贺礼尤为隆重，此后历代习以为常。朝贺之后互相拜年，京城更是车水马龙，热闹非常。

人日。正月初七，是庆祝人丁兴旺的吉日。东方朔《占书》："岁正月一日占鸡，二日占狗，三日占羊，四日占猪，五日占牛，六日占马，七日占人，八日占谷。皆晴明温和，为蕃息安泰之候。"

元宵节。正月十五日是元宵节，又称上元节。《岁时杂记》说这是道教遗规，其实它的起源在道教之前、源于汉武帝祭祀太一神。

汉武帝是相信神仙的皇帝，他接受谬忌的意见，认为泰一（又称泰乙、太一）是天神中最尊贵者，并在长安东南建泰一庙，每遇有大事必祭泰一，以求保佑。而以正月十五日，全年第一个月圆之夜的祭祀最为隆重，从黄昏开始，通宵达旦用盛大的灯火来做祭祀，从此就形成张灯结彩的习俗。

清明节。清明本是我国特有的二十四个节气之一，由于注入了祭墓、扫墓一系列活动，于是形成了清明节日。

据《周礼·春官·冢人》记载："凡祭墓为尸（神主）。"《礼记·檀弓》记载颜渊与子路的对话中，曾提到"哭墓""展墓""式墓"，前两者就是祭墓、扫墓，而"式"即"轼"，轼墓就是凭借车前的横木向坟墓行礼，这是经过别人墓地时的礼仪。《汉官仪》云："古不墓祭，秦始皇起寝于墓侧，汉因而不改，诸陵寝皆以晦、望、二十四气、三伏、社、腊及四时上饭。"这是皇家祭墓的礼制，老百姓不可能遵行，而只能选择春光明媚的清明节气来祭墓、扫墓，于是清明也就成了鬼节。

第六节　西汉时期的中外关系

我国与亚洲各国人民很早就有密切的关系。战国以来，随着经济文化的迅速发展和统一局面的出现，中外之间友好往来也更加密切。在频繁的友好交往中，我国较高的封建文化，不断传播到世界各地，各国人民的优秀文化，也丰富了我国人民的生活内容，从而促进我国和邻国经济文化的进一步发展。

一　西汉与中亚各国的密切往来

汉与中亚西亚各国关系　我国新疆地区各族人民很早就和中亚各国人民有着密切的友好往来。张骞出使西域，使我国和中亚、西亚各国的经济文化交流日益频繁。张骞曾经到达大宛（费尔干纳盆地锡尔河上游东面）、大月氏（阿姆河中部，主要地区在今阿富汗境内）、康居（锡尔河下游及其以北的地区）等国。张骞的副使还到达过大夏（今阿富汗）、安息（今伊朗）等国。以后汉武帝的使者还到达奄蔡（黑海以北）、条支（今叙利亚）、犛靬①等国。中亚、西亚等国也派遣使者东来访问和通商。

为了适应中西交通往来和经济文化交流日益频繁的需要，西汉政府在西边设立亭障，便利各国使节和商旅往来。据《史记·大宛列传》记载："西至盐水，往往有亭。而仑头有田卒数百人，因置使者护田积粟，以给使外国者。"从此，西汉和葱岭以西各国之间的使节和商旅往来络绎不绝。随着他们的到达，"殊方异物，四面而至"②，汉政府给以隆重的招待，"设酒池肉林，以飨四夷之客"③。有时皇帝出巡时，还让他们随从去各地游历。

自张骞通西域后，中西交通日见发达，除了外交活动外，商业贸易也日益频繁。商人们除了将中国的丝织品运往西方外，我国的冶铁技术、漆器、井渠法等也传入大宛、安息等国。《史记·大宛列传》记载："自大宛以西至安息……其地皆无丝漆，不知铸钱（铁）器。"他们的漆器和冶铸技术都是从中国传去的，而且通过大宛等国，往西传至更远的罗马等地。这是我国对人类文明的一大贡献。与此同时，我国的穿井术也传入大宛。而中亚、西亚等地的特产如毛布、毛毡、汗血马以及大夏的石榴，大宛的葡萄、苜蓿、芝麻，安息的胡桃等植物也相继传入中国。此外中亚的箜篌、琵琶、胡笳、胡角、胡笛等乐器和乐曲、舞蹈也传入中国，给中国的古典音乐注入了新的声律，古典歌舞场面为之一新。还有犛靬人的幻术（眩人）也在这时传入中国，丰富了中国人民的文化生活。中西文化交流，互通有无，有利于社会发展。

丝绸之路的开辟　西汉时，通过新疆的中西陆路交通有南北两条大道：南

① 犛靬，有些人认为是条支的一个港口庇特拉，也有些人认为是埃及的亚历山大城。不过它属于罗马帝国范围是无疑的。

②③《汉书》卷九六《西域传》。

路从长安出发，经敦煌、鄯善（今新疆罗布泊南面的石城镇）、于阗（今新疆和田）、莎车等地，越葱岭（帕米尔）到大月氏、安息等国。北路经敦煌、车师前王庭（高昌，今吐鲁番附近）、龟兹（今库车）、疏勒（今喀什噶尔）等地，越葱岭到大宛、康居、奄蔡，由奄蔡南下，可达安息，由安息向西到达大秦（罗马）。这两条大路成为当时经济交流的两大动脉。那时，中国的丝织品在国际上享有盛誉，通过这两条通道输出的商品主要是丝织品，所以被称为“丝绸之路”。“丝绸之路”是古代中国同中亚、西亚各国经济文化交流的友谊之路。

二　汉与东亚、南亚各国的经济文化交流

汉与朝鲜的关系　朝鲜和中国历来是唇齿相依的友好邻邦。早在公元前1000多年，中朝两国人民之间在经济上、文化上就有了频繁的交往。战国时邻近朝鲜的燕、齐两地人民，为了反抗封建统治的压迫，曾成批地迁徙到朝鲜去，带去了不少先进的生产技术和生产工具。西汉初，燕人卫满乘燕王卢绾逃入匈奴之机，率千余人，渡浿水（鸭绿江），奔朝鲜，后来被立为朝鲜王，建都王险城（今朝鲜平壤），统治朝鲜半岛西北部。惠帝、吕后时，辽东太守“约满为外臣”①。到卫满孙右渠时，汉武帝因右渠“所诱汉亡人滋多，又未尝入见，真番旁众国欲上书见天子，又拥阏不通”②，派使臣涉何到朝鲜责备右渠，右渠不服。元封二年（前109年）秋，武帝派楼船将军杨仆、左将军荀彘分两路进攻朝鲜。右渠率众抵抗，汉军屡败。最后由于朝鲜统治集团内部分裂，右渠被臣下杀死，卫氏朝鲜亡。汉武帝在卫氏朝鲜设置真番、临屯、乐浪、玄菟四郡。设郡后，朝鲜人民不断反抗汉朝的统治。但两国人民仍保持着密切的经济文化联系。在朝鲜出土了不少中国汉代的文物，说明汉文化对朝鲜有明显的影响。

汉与越南的关系　自古以来，中国和越南在经济文化上就有着密切联系。战国末期，越南北部已有瓯骆国。秦统一六国后，进军南越时，曾侵及瓯骆国。秦汉之际，真定（今河北正定）人赵佗，占据南海、桂林等郡称王，灭瓯骆国，并通过瓯骆的骆侯、骆将和蒲政进行统治。汉武帝灭赵氏政权后，在越南北部设置交趾、九真、日南三郡，沿用赵氏统治方式。在此期间，中国人民同越南人民之间的经济文化交流很频繁。中国的铁制农具和越南的土特产互相

①② 《史记》卷一一五《朝鲜列传》。

交换，丰富了彼此间的经济文化生活。

汉与印度的关系　印度在中国古书上称为“身毒”或“天竺”。早在公元前2世纪，中国和印度就有经济往来。张骞第一次出使西域，在大夏曾看到中国的邛竹杖和蜀布，询问大夏人得知是从身毒国贩运去的。后来，张骞的副使也到过身毒和罽宾（克什米尔）。

汉与缅甸、印尼、日本、马来西亚等国的关系　缅甸是中国西南的友好邻邦。公元前2世纪或更早的时候，两国人民之间就有往来，从四川经云南可到缅甸。当时中国的蜀布、邛竹杖就是由这条道路运往身毒、大夏等国的。同时从交州合浦郡徐闻县乘船去缅甸的海上航路已经开通，使两国经济文化联系更加密切。

我国在西汉时已与东南亚的印尼、马来西亚以及东亚的日本等国有了友好往来关系。汉武帝时，日本有三十余国派遣使者和汉朝往来。这是中日两国使节往来最早的记录。

汉对外的水路交通　秦汉时期，我国到东南亚各国的通道，除陆路经由中亚、缅甸外，还有海道。据《汉书·地理志》记载：船舶从合浦郡的徐闻县（广东徐闻县西）出发，行五个月可到都元国（在马来半岛），又继续航行四个月，抵邑卢没国（在缅甸沿岸），再航行二十余日到谌离国（在缅甸沿岸），然后弃舟步行十余日到夫甘都卢国（缅甸蒲甘城附近）。从此处再乘船航行，最后抵达黄支国（在印度建志补罗）。回程从黄支国开始，先到南边的已程不国（今斯里兰卡），从此继续航行，经过八个月抵中途的皮宗（在马来半岛）。过皮宗后转向东北航行回国。西汉的官营海外贸易，从汉武帝时期开始。私营的海外贸易则早已存在，并不断发展。

第八章 东汉中央集权国家由统一走向分裂

（25～220 年）

第一节 东汉前期政治

一 东汉王朝的建立与政府职能的调整

刘秀的统一战争 刘秀从地皇三年（22 年）联络南阳附近各县地主豪强以“复高祖之业”起兵加入反王莽战争起，经过三年的征战，在取得河北地区控制权以后，于更始三年（25 年）六月在鄗（今河北高邑）称帝，建立东汉，改元建武。十月，刘秀招降更始政权留守洛阳的大将朱鲔，建都洛阳。

东汉初，所辖地域只限于河北一地。当时全国尚处在农民军与地方豪强割据势力犬牙交错的形势，为恢复全国的统一局面，刘秀从建武元年至十六年（25～40 年），进行了为期 15 年的战争。

对刘秀称帝后最具威胁的一支农民军是活跃在关中的赤眉军。刘秀早在称帝前就派邓禹率领 2 万精兵，尾随赤眉军从黄河以北的箕关（今山西垣曲县境内）进入河东郡。刘秀称帝时，邓禹在安邑（今山西夏县西北）击败王匡、张卬，并渡汾阴河入夏阳（今陕西韩城），击破更始中郎将左辅都尉公乘歙的 10 万大军。建武二年（26 年）一月，赤眉军因“城中粮食尽，遂收载珍宝，因大纵火烧宫室，引兵而西”。随即，邓禹率军进入长安，在追击赤眉军时，反被赤眉军击败而撤至云阳（今陕西淳化西北）。十一月，刘秀派偏将冯异代替邓禹进攻赤眉军。几经交战，赤眉军首领樊崇、刘盆子及丞相徐宣等向刘秀投降。冯异于建武三年三月又击败更始余部延岑于上林（今西安市西），重新占领长安。与此同时，刘秀还派遣多路人马分别出击荆州、郯和山东等地的农民军。至建武五年（29 年），基本消灭荆州、郯和山东境内的农民军，“东方悉定”。

随着王莽新朝的覆灭，地方豪强地主、王莽政权官吏纷纷拥兵自重，很快在全国范围内形成诸多武装割据势力。在刘秀称帝前后，这些武装割据势力的首领亦自立为天子或称帝，或称大将军，成为刘秀王朝继续存在的重大威胁，刘秀政权也成了武装割据群雄的众矢之的，一场铲灭割据势力的战争不可避免。

刘秀面临的武装割据形势十分严峻：梁王刘永擅命睢阳（今河南商丘），公孙述称王巴蜀，李宪自立为淮南王，秦丰自号楚黎王，张步起琅邪，董宪起东海（今山东郯城），田戎起夷陵（治所在今湖北宜昌东南）。后来，刘永立董宪为海西王、张步为齐王。与镇压农民军相比，刘秀需要投入更大的精力与力量，来对待这些称王称帝的割据群雄。建武三年，刘秀首先平定山东，先后诛灭刘永、张步、李宪、董宪。于是，东方归一。与此同时，又南灭秦丰，西击田戎。建武十二年，灭公孙述，益州平。建武十六年，最后一个割据势力卢芳投降。刘秀最终取得了统一战争的胜利。

借农民战争之势，又在镇压农民军的刀光血影中建立起来的东汉王朝，一依西汉政府建制，但毕竟前朝的机制不尽完善，没有封建统治者所企盼的中央集权与君主集权的高度。为此，建立之初的东汉王朝对中央三公与地方郡国的政府机构设置与职能进行了调整。

加强尚书台，削弱三公权力　尚书在秦和西汉初年，仅是九卿少府的属官，“掌通章奏”而已，“秩六百石”，地位待遇较低。东汉建立后，刘秀加大尚书权力，正式成立尚书台，尚书由事务官渐变为政务官，其下设尚书郎专掌文书。尚书台设尚书令一人，秩千石；尚书仆射一人，秩六百石。分三公曹、吏曹、民曹、客曹、二千石曹、中都曹，凡六曹。每曹设尚书一人，秩六百石；左右丞各一人、侍郎六人、令史三人。三公曹主断狱、典天下岁尽集课事、三公文书，吏曹典选举斋祀，民曹掌管修缮营建，客曹掌管少数民族事务，二千石曹主郡国二千石事，中都曹掌管水、火、盗贼等治安。

在东汉，尚书台实际上成了皇帝真正决策和发号施令的权力机构，三公和九卿只是受命办事，形成“虽置三公，事归台阁”“三公之职，备员而已”[①]的局面。三公或大将军只有经过皇帝恩准，加“录尚书事”头衔，方可参与中枢决策。六曹尚书的职掌涉及行政、民事、外交、司法诸多与三公九卿所掌相

---

① 仲长统：《昌言·法诫篇》。

重的事务，并凌驾于三公九卿之上，大大地削弱了三公的权力。

加强监察机构 为了实行对政府官员行政的有效监督，刘秀在继承秦、西汉监察制的基础上，组建了从中央到地方的监察机构，包括御史中丞、司隶校尉和州刺史。

东汉改西汉御史大夫为司空，不负监察之责，而将御史大夫属下的御史中丞改任御史台长官，负责监察百官，权位与司隶校尉、尚书令并重。据《后汉书·宣秉传》云："光武特诏御史中丞与司隶校尉、尚书令会同，并专席而坐，故京师号曰'三独坐'。"御史中丞，秩千石。御史中丞下有治书侍御史2人，掌法律条文解释；侍御史15人，掌察举官吏违法，接受公卿群吏奏事。官吏朝见皇帝或国家举行祭天祭庙，封王侯、拜将相等大典时，由御史中丞或侍御史监察威仪，有违失则劾奏。东汉王朝在中央政府中取消地位较高的御史大夫，而改任地位较低的御史中丞，更便于皇帝的控制。

西汉武帝时开始置司隶校尉，掌察举百官以下，及京师近郡犯法者，东汉复置司隶校尉，并扩大职权。司隶校尉不仅内察京师百官犯法者，并领一州，权力很大，封侯、外戚、三公以下，不论尊卑，无所不纠。刘秀时，"（鲍永）为司隶校尉，帝叔父赵王良尊戚贵重，永以事劾良大不敬。由是朝廷肃然，莫不戒慎"。① 刘秀重用司隶校尉有别于御史中丞，重在抑制贵戚、权臣，以提高皇权。

东汉全国共分十三州（部），每州设刺史一人，秩六百石，其职权在西汉的基础上，将地方选举劾奏之权也转归刺史。刺史职权的扩大是皇权加强的表现，到东汉中后期，刺史逐渐获得地方行政权和领兵权，便发展成为分裂王朝的地方割据势力。

司隶校尉兼领一州，又为中央要职，有监察公卿的权力，再加上中央总监察机构御史台、地方的州刺史，就形成从中央到地方完整的强有力的监察系统，大大地稳固了东汉前期的皇权。

确定州郡县地方行政机构 秦、西汉以来，地方政权机构为郡（国）县两级制，西汉末，共设郡国103个，县邑道侯国1587个。对众多的郡县，如何加强中央的统一管理，是刘秀重建国家的一个重要问题。西汉时刺史无固定治所，刘秀改革使刺史有固定治所，并逐渐异化为比郡高一级的行政长官，可以处理地方政务，不通过三公，可直接上奏皇帝，这就将地方行政管理直接置于皇帝的控制之下，并逐渐形成州、郡、县三级管理制度。

① 《后汉书》卷二九《鲍永传》。

废除内地郡国都尉　东汉王朝建立之初，仍沿袭西汉制度，每郡置都尉一人，“典兵禁，备盗贼”，负责地方部队和治安。但是，郡尉的设置曾在西汉末年带来了地方的变乱。刘秀本人也曾借“都试”起事。为了防止地方官员发动武装叛乱，刘秀在建武六年（30 年）下诏罢郡国都尉官，取消地方专门统帅军队的武官，并职太守，同时取消每年一度的“都试”之制。

刘秀所罢都尉仅限于内郡，边郡因多事仍置都尉，以佐太守，分部领兵。其后内地有紧急军情，亦往往复置都尉。郡都尉的废除是东汉地方行政制度的重大变化，虽然减少地方官员拥兵自重的隐患，有利于中央集权，但在整体上却削弱了国家的军事力量。

东汉初年对政府机构与职能进行调整的目的是维系专制主义的皇权，通过加强尚书台的权力和强化监察机构，完成了中央政府的重建和调整工作；通过固定州刺史治所和废除郡国都尉，完成了地方政府的建制。

二　巩固王朝的措施

东汉王朝是在一场农民战争的硝烟中建立的，战争的阴影和前朝覆灭的历史教训时时缠绕着开国皇帝刘秀，他清醒地意识到要“偃干戈，修文德”，需要对新建的王朝采取巩固性的政治措施，迅速将社会引向一个稳定的发展道路。

退功臣进文吏　东汉王朝的建立是武装战争的胜利，是武将大臣的功劳。随着战争的结束，社会进入政治与经济的发展时期，对人才的需求发生了重大的改变，从对军事人才的需求改变为对治世人才的需求。为了削夺中兴将帅的军权，刘秀适时地提出了“退功臣进文吏”的人才战略。正如《后汉书·贾复传》所载：“（贾）复知帝欲偃干戈，修文德，不欲功臣拥众京师，乃与高密侯邓禹并剽甲兵，敦儒学。”

刘秀“退功臣进文吏”之策的关键是“退功臣”。其做法，一是封侯褒扬，就是给功臣以尊崇的地位和优厚的经济待遇，褒赞建朝之功。建武元年，刘秀便封功臣三十余人为列侯，赐给食邑。如将有“谋谟帏幄，决胜千里”“斩将破军，平定山西”之功的邓禹封为酂侯，食邑万户。建武二年，封二十余人为列侯。建武十三年，又大封功臣多达 365 人。经过多次封侯，开国功臣“云台二十八将”及王常、李通、窦融、卓茂等人，不仅个个封侯，而且备受褒扬。明帝时继续执行褒扬功臣之策，永平中，明帝追感前世功臣，图画二十八将于南宫云台。二是奉朝请，就是让功臣居家静养，朝廷有事即奉请入朝参与议事，日常不任官职。东汉初年大多数功臣都以列侯奉朝请，但大多空有其名，能真正参与政治的极少。当时开国功臣二三十人，“侯者百余”，能够奉诏参议国事的，仅有邓禹、李通、贾复三人而已，多数功臣则“委而勿用”，优游享乐以度天年。

刘秀的退功臣政策巧妙地解决了皇帝任功臣吏职不能胜任，而“直绳则亏丧恩旧，桡情则违废禁典”的难题。相比较西汉初期刘邦以诛杀解决功臣胁主之举，显然高胜一筹。东汉的功臣没有一个像西汉韩信、彭越等人的下场，而都“优以宽科，完其封禄，莫不终以功名延庆于后”。[①] 对功臣的妥善安置，是东汉王朝重建过程中的成功之举。

刘秀在退功臣的同时，多次征召“天下俊贤”，收罗天下文士充任吏职。特别对于那些不仕王莽新朝的儒学名士，更是不遗余力。对于应征的士人，则亲自下问，授官任职，恩宠隆异。为广进文吏，刘秀完善了自西汉以来的察举制。建武六年（30年），诏“举贤良方正各一人”。建武十三年，诏三公举茂才各一人，监察御史司隶州牧岁举茂才一人。将每年一度的选举固定成为制度。尽管东汉后来的察举制度流弊丛生，但刘秀的察举求得了许多求上进、勤吏政的好官吏，对东汉初年社会政治的稳定和经济的恢复起到了重要作用。

以柔道治国　刘秀曾经引用道家著作言论阐发过他崇尚柔道的治国思想：“《黄石公记》曰：‘柔能制刚，弱能制强’。柔者德也，刚者贼也，弱者仁之助也，强者怨之归也。故曰有德之君，以所乐乐人；无德之君，以所乐乐身。乐人者其乐长，乐身者不久而亡。舍近谋远者，劳而无功；舍远谋近者，逸而有终。逸政多忠臣，劳政多乱人。故曰务广地者荒，务广德者强。有其有者安，贪人有者残。残灭之政，虽成必败。”[②] 刘秀崇尚柔道，并将之作为治国的思想，源于他对西汉末年政治黑暗、经济凋敝以及东汉初年国家残破等严酷社会现实的慎重思虑。对此，《后汉书·循吏传》记载：“光武长于民间，颇达情伪。见稼穑艰难，百姓病害，至天下已定，务用安静，解王莽之繁密，还汉世之轻法。”东汉初年所面临的社会形势与西汉初年大体相似，要恢复经过长期战乱的社会安宁，采用道家休养生息的主张仍是最好的选择。

倡导儒学，宣布图谶于天下　刘秀在王莽天凤年间，曾在长安向中大夫许子威学习《尚书》，略通大义。“及光武中兴，爱好经术，未及下车，而先访儒雅。”“宫室未饰，干戈未休”，而先修太学，立五经博士十四家。刘秀

① 《后汉书》卷二二《马武传》。

② 《后汉书》卷十八《臧宫传》。

还亲自参加学术活动，“每旦视朝，日仄乃罢，数引公卿郎将讲论经理，夜分乃寐”。[①] 刘秀倡导儒学，使东汉王朝初期朝野上下讲经诘义蔚然成风。刘秀之后的明、章两帝也颇崇儒学，明帝“十岁能通《春秋》”，章帝更是“少宽容，好儒术”，在建初四年（79 年）在洛阳北宫白虎观大集儒生，“讲论五经异同”，并由班固将会议记录整理成书，名为《白虎通德论》，或简称《白虎通义》《白虎通》，儒学正式成为王朝钦定的正统思想。

图谶对刘秀建立东汉王朝起到不可低估的蛊惑作用。刘秀在宛起兵正是在李通等人假造的“刘氏复起，李氏为辅”图谶推动下发起的。刘秀即皇帝位时，又得到强华从关中送来的赤伏符，符曰：“刘秀发兵捕不道，四夷云集龙斗野，四七之际火为主。”所以，东汉建立后，刘秀“尤信谶言”，“多以决定嫌疑”。曾对桓谭说：“吾欲以谶决之，何如?”桓谭不以为然，回答说：“臣不读谶。”激起刘秀大怒：“桓谭非圣无法，将下斩之。”后经人劝解，桓谭叩头流血，才由死刑改为贬谪。从此，朝野再没有人公开反对谶学。建武中元元年（56 年）刘秀“宣布图谶于天下”，使一种近乎于神幻的预言获得了法典的意义，其用意显然带有强化思想统治的企图。

释放囚奴，减轻刑法　东汉的建立，由于西汉后期王莽黑暗政治的原因，社会上存在相当数量的囚徒与奴隶，已成为王朝亟待解决的重大社会问题。

在王莽时代，有数以万计的百姓因触禁被投入牢狱。据可信的史籍记载，仅因改币一项，就有“抵罪者不可胜数”，修太初祖庙又有“卒徒死者数万”。刘秀称帝后，于建武二年（26 年）三月下诏：“顷狱多冤人，用刑深刻，朕甚愍之。”紧接着在建武五年，下诏“其令中都官、三辅、郡、国出系囚，罪非犯殊死一切勿案，见徒免为庶人”。这道释放囚徒的诏令涉及全国，除了“犯殊死”的特重案犯外，一切都免为庶人。在建武七年，刘秀又再次下发建武五年诏，另加上“耐罪亡命，吏以文除之”，再次扩大赦免范围。刘秀大量赦免囚犯，无疑缓和了东汉初年的社会矛盾，同时也给社会增加了大批劳动力，有利于东汉初年社会经济的恢复。

刘秀从建武二年至建武十四年的十二年中有计划、有步骤地七次下诏释放奴婢。每次释免的奴婢都有严格的限定，或限为“民有嫁妻卖子欲归父母者”，或限为“王莽时吏人没入为奴婢不应旧法者”，或限为“吏人遭饥乱及为青、徐贼所略为奴婢下妻，欲去留者”等等。对释免奴婢的地域也有限定，如限定为“陇、蜀民被略为奴婢自讼者”“益州民自八年以来被略为奴婢者”。可见，

① 《后汉书》卷一《光武帝纪》。

刘秀释免奴婢之策有其局限性，其用意也显而易见。刘秀释免原为政敌统治区域的青、徐、益、凉四州奴婢，有安定收复区的用意。从释免奴婢的诏书也能看得出，刘秀承认王莽时代的“旧法”，并非释放全部奴婢。但相比王莽的改制而言，刘秀释放奴婢之举却取得了巨大的成功，缓和了阶级矛盾，增加了社会劳动力，促进了社会生产的发展。刘秀在诏书中不断重申“卖人法”“略人法”等禁令，在一定程度上阻止了自耕农沦为奴婢。随着奴婢问题的基本解决，豪强地主田庄就成为东汉自耕农破产后的基本去向，沦为田庄的徒附、宾客与部曲。

与释放囚奴相联系，刘秀还“与中二千石、诸大夫、博士、议郎议省刑法”，留下了很好的口碑：“大汉初兴，详览失得，故破矩为圆，斫雕为朴，蠲除苛政，更立疏网，海内欢欣，人怀宽德。”①

刘秀释囚奴轻刑法，符合东汉初年社会安定的需要，是刘秀以柔道治国思想的具体实践，安定了人心，有利于社会的进步。

削弱诸侯王势力　东汉初期的分封诸侯可分为两个阶段，从建武元年（25年）至建武十一年为第一阶段，主要分封刘秀宗室叔侄兄弟为王：刘茂为中山王、刘玄为淮阳王、刘良为广阳王（后徙封为赵王）、刘章为太原王（后徙封为齐王）、刘兴为鲁王、刘祉为城阳王、刘歙为泗水王、刘得（一作德）为真定王、刘终为淄川王。另封前河间王刘邵为河间王。建武十五年为第二阶段，分封的主要对象是刘秀之子，共封皇子十人为公：刘辅为右翊公、刘英为楚公、刘阳为东海公、刘康为济南公、刘苍为东平公、刘延为淮阳公、刘荆为山阳公、刘衡为临淮公、刘焉为左翊公、刘京为琅玡公。

刘秀在两个阶段分封对象的条理有明显的不同。对第一阶段分封对象是先封为王，后由王降为侯，由王降为公。建武十三年（37年），刘秀下诏：长沙王兴、真定王得、河间王邵、中山王茂，皆袭爵为王不应经义，改以兴为临湘侯、得为真定侯、邵为乐成侯、茂为单父侯。淄川王刘终、泗水王刘歙、城阳王刘祉在此之前相继死去，其子皆改封为侯。建武十五年，对未降为侯的赵王、齐王和鲁王，刘秀也接受朱祐的建议，降赵王为赵公、齐王为齐公、鲁王为鲁公。而对于第二阶段皇子的分封，在分封两年后的建武十七年，皆由公晋爵为王。进右翊公刘辅为中山王，并食常山郡。其余九国公，除临淮公刘衡未及晋爵为王而薨，无子国除外，八国公皆由旧封晋爵为王。其次，封地大小不同，诸皇子的封国一般都为两郡，而非皇子的封国一般为一郡。刘秀在分封诸

① 《后汉书》卷二七《杜林传》。

侯上的不同，体现出宗室内部的亲疏远近之别。

东汉诸侯王的处境基本与西汉武帝以后相同，政治上无治民权，王国的傅与相由皇帝任命。即便如此，刘秀以及明帝、章帝仍对诸侯王的政治行为进行限制。建武二十四年（48年），刘秀诏有司申明旧制阿附蕃王法。建武二十八年，与沛王刘辅交好的更始子刘鲤结客杀刘盆子兄故式侯刘恭，刘秀下诏郡县收捕诸王宾客，更相牵引，死者以千数。沛王刘辅也坐系诏狱，三日乃得出。从此以后，刘秀对诸王的限制更严。东吴的诸葛恪说道："自光武以来，诸王有制，惟得自娱于宫内，不得临民，干与政事，其与交通，皆有重禁。"①

随着诸侯王政治势力的削弱，从明帝开始，诸侯王的食封也予以减少。永平十五年（72年），"（明）帝案地图，将封皇子，悉半诸国。（皇）后见而言曰：'诸子裁食数县，于制不已俭乎？'帝曰：'我子岂宜与先帝子等乎？岁给二千万足矣。'"② 从永平十五年起，明帝所封诸子的食封都较刘秀时减半。如广平国八县，减半后为四县；乐成国九县，减半后为四至五县。章帝时诸侯王的租入因户口总数的增加有所提高，但总的都没有达到刘秀初封的水准。光武帝之后的数十年，诸侯王食封的多少，全凭皇帝的恩赐，中央对诸侯王拥有绝对的控制权。故而，东汉尽管有的诸侯王"少贵娇，颇不遵法度"，也有对帝位怀野心的诸侯王，但始终都未能酿成与朝廷抗争的事件。

东汉初年，经过军事上的统一，对政府机构与职能的调整，对功臣的妥善安置，以及在以柔道治国思想下，采取的倡导儒学、释放囚奴、减轻刑法、削弱诸侯王势力等措施，东汉王朝取得了政治上的稳固，为王朝经济的恢复和发展提供了坚实的基础。

第二节　东汉社会经济

东汉王朝前期政治调整的成功，为在经济上推行恢复生产的措施，迅速推动整个社会经济的发展，提供了前提和基础。

---

① 《三国志·吴书·孙奋传》。

② 《后汉书》卷一〇《皇后纪》。

一　恢复社会生产的措施

中国古代社会经济的主体是传统的农业经济，这种经济得以运作的两大基本要素是土地和劳动力，两大要素的有机结合，便能使社会经济从恢复到发展。

从西汉中期开始愈演愈烈的土地兼并，以及西汉后期的灾荒和战争，造成了土地与劳动力状况的严重恶化和社会经济的崩溃。这就迫使东汉王朝不得不将恢复社会生产的主要措施，集中在调整劳动力与土地的关系上，使其恢复到农业生产所需的良好状态。

安置流民，赈济贫民　流民的大量存在，在两个方面造成对东汉王朝统治的影响，一是减少赋税和徭役，二是增加社会不安定的因素。为此，东汉王朝采取了很多措施来安置流民。比如，要求地方郡县官员赈济流民，使重新为农耕者得到救助。建初元年（76 年），章帝诏令："流人欲归本者，郡县其实禀，令足还到，听过止官亭，无雇舍宿。长吏亲躬，无使贫弱遗脱，小吏豪右得容奸妄。"东汉还采用赐民爵位的办法，来巩固自耕农的社会地位。建武三十年（54 年），遭水灾，刘秀下诏："赐天下男子爵，人二级。"流民向政府重新登记户口，也赐爵一级。

轻徭薄赋　东汉开国之初，"百姓虚耗，十有二存"。国家的极度衰弱，使刘秀不得不把赋税由十一之税降到三十税一。建武六年（30 年）十二月，刘秀下诏对此进行说明："顷者师旅未解，用度不足，故行什一之税。今军士屯田，粮储差积。其令郡国收见田租三十税一，如旧制。"[①] 至于徭役，建武七年刘秀"罢轻车骑士、材官、楼船及军假吏，令还复民伍"。同时废除的郡都试制度，减轻了人民的兵役负担。

以后章帝与和帝基本上都遵行光武帝的轻徭薄赋之策。章帝素知人民厌明帝苛切，事从宽厚，平徭简赋，而人赖其庆。和帝多次下诏减免租赋，如永元四年（92 年）十二月诏："今年郡国秋稼为旱蝗所伤，其什四以上勿收田租、刍稿；有不满者，以实除之。"永元十三年九月诏："令天下半入今年田租、刍稿，有宜以实除者，如故事，贫民假种食，皆勿收责。"东汉初期实施轻徭薄赋之策，尽管受惠最大者是地主，但使整个社会增加了积累，为东汉中后期的发展打下了基础。

---

① 《后汉书》卷一《光武帝纪》。

赋民和假民公田　东汉初期，由于人口的锐减，为王朝缓和社会矛盾与恢复社会生产提供了大片荒芜无主的“公田”。东汉朝廷除了将这些“公田”的一部分赐给功臣贵族外，主要用于“赋民”或“假民”耕种。

“赋”与“赐”同义，即给予。赋民公田，就是将国家所有土地给予贫民耕种。接受赋田的农民，也就获得了土地的所有权，成为按法令独立向国家缴纳租税的自耕农。“假，犹租赁。”接受假田的贫民，在性质上变成了国家的佃农，向国家缴纳假税。两种耕种公田的形式，朝廷有时都可以给予粮种、耕牛加以扶植。东汉初期实行赋民公田或假民公田之策，目的都在于解决破产农民无地耕种的问题，“勿令游手”或“无令豪右得固其利。”

东汉在明帝、章帝时期多为赋民公田，和帝、安帝时期多行假民公田。据记载，东汉从明帝永平九年（66年）至安帝永初三年（109年）的44年的时间里，共颁发赋民公田和假民公田的诏令达20多次。如明帝永平九年夏四月诏：“郡国以公田赐贫人各有差。”永平十三年夏四月诏：“滨渠下田，赋与贫人。无令豪右得固其利。”建初元年（76年）秋七月，章帝诏：“以上林池籞田赋与贫人”。元和三年（86年）二月，章帝令常山等郡太守：“今肥田尚多，未有垦辟。其悉以赋贫民，给与粮种，务尽地力，勿令游手。所过县邑，听半入今年田租，可劝农夫之劳。”和帝永元五年（93年）二月诏：“有司省减内外厩及凉州诸苑马。自京师离宫果园上林、广成囿，悉以假贫民，恣得采捕，不收其税。”永初元年（107年），安帝诏“以广成游猎地及被灾郡国公田，假与贫民”。永初三年，京师大饥，民相食，“诏以鸿池假与贫民”。据史载，东汉初期赋民或假民的公田还不完全只是荒芜之地，还包括有肥田，甚至有皇家的园林之地，说明东汉王朝对此的重视，将之看成是安定社会和恢复社会生产的重要措施。这些措施使贫民在一定程度上得到进行正常生产和生活的条件，同时增加大司农和少府掌管部分的皇室收入和国家收入。尽管在实施赋民公田和假民公田的过程中，豪强地主常常依势侵夺，或垄断或兼并“赋田”和“假田”，但对社会的进步仍具有意义。

选用循吏，教民耕植　东汉初年，创痍满目，田园荒芜，恢复与发展生产自然也就成为这一时期官吏的重要政务。在光武、明帝、章帝、和帝各朝也确实选拔任用了一批擅长农耕、体恤民情的循吏。

在光武时期，樊晔、张堪、茨充、任延、邓晨等人为郡守时，都以“教民耕田种树理家之术”而功载史册。如张堪为渔阳太守，开狐奴稻田8000余顷，劝民耕种，以致殷富。百姓歌曰：“桑无附枝，麦穗两岐。张君为政，乐不可支。”杜诗为南阳太守，不仅造水排、铸农器，还修治陂池，广拓土田，郡内比室殷足。九真郡远处岭南，民不知牛耕，俗以射猎为业，太守任延推广中原生产技术，“铸作田器，教之垦辟”，使田畴广开，百姓充给。后调任武威太守，察河西旧少雨泽，乃置水官吏，修理沟渠，百姓皆蒙其利。

明帝时的鲍昱、钟离意，章帝时的秦彭、王景，和帝时的鲁丕等，都以教民耕植而名噪一时。如鲍昱出任汝南太守，郡多陂池，岁岁决坏，年费常3000余万，鲍昱造作方梁石洫，水常饶足，溉田倍多，人以殷富。秦彭为山阳太守，兴起稻田数千顷，每于农月，亲度顷田。王景为庐江太守，亲率吏民“修起芜废，教用犁耕，由是垦辟倍多，境内丰给”。鲁丕为东郡太守，修通溉灌，百姓殷富。这些循吏在各地推广先进的农耕技术，使农业得到治理和发展，对东汉社会经济的恢复起到了推动作用。

度田和屯田　东汉初年，人口与田地状况十分混乱，“天下垦田多不以实，又户口年纪互有增减”，直接影响了国家赋税的征收。刘秀于建武十五年（39年）下诏州郡“度田”，即检核垦田户口。度田对象涉及自耕农和豪强地主。由于度田触及了豪强地主的既得利益，一开始就存在度田不实、优饶豪右、侵刻羸弱等问题。由于度田官员惧怕或偏护豪右，没有据实检核豪强的田亩与户口数，而对于贫民则“以度田为名，聚人田中，并度庐屋里落”，将豪强隐瞒的田亩数与人口数转嫁给贫民，就激起“百姓嗟怨，遮道号呼”。

一时诸郡各遣使奏事，刘秀见陈留吏牍上有书云：“颍川、弘农可问，河南、南阳不可问。”刘秀不解。当时，明帝尚为东海公，在幄后言曰：“河南帝城多近臣，南阳帝乡多近亲，田宅逾制，不可为准。”刘秀派人核实果如明帝所言。于是，在建武十六年（40年），河南尹张伋及诸郡守十余人，坐度田不实，皆下狱死。同时坐死的还有大司徒欧阳歙等人。刘秀严惩度田不实的官员，直接危及先前得到庇护的豪强地主，在他们的煽动下，“郡国大姓及兵长群盗处处并起，攻劫在所，害杀长吏。郡县追讨，到则解散，去复屯结。青、徐、幽、冀四州尤甚”[①]。对于度田引起的民变和叛乱，刘秀并没有进行强硬的武力讨伐，而是“遣使者下郡国，听群盗自相纠擿，五人共斩一人者，除其罪”。对于肇事者，也只是“徙其魁帅于它郡，赋田受禀，使安生业”。度田就此不了了之。可见，刘秀不想激化中央与日益强大的豪强地主的矛盾。

东汉以度田为措施，整顿田亩、户籍及赋税管理，有利于中央集权的加强。但自西汉中期以来的土地私有制发展已成为不可阻挡的社会趋势，王莽的“王田”制失败了，刘秀的度田也不可能成功。一个新建王朝所采取的检核土

---

① 《后汉书》卷一《光武帝纪》。

地与人口的正常政府行为的失败，就等于放弃对土地的管制，使东汉土地私有化进程不再受任何限制地发展，地主田庄开始成为社会经济发展的主要模式，并成为古代中国从此以后地主管理农耕生产的主要形式。

作为恢复社会生产的措施，光武帝时期还在边郡和内地广泛实行屯田，沿用西汉屯田制的分配制度。

东汉初期所采取的各项恢复社会生产的措施，总体上达到了将土地与劳动力重新组合的目的，使中国古代社会重新步入了一个平稳的发展时期。

二　农　业

在中国传统的经济思想中，农业是“本业”，发展社会经济就是发展农业。农业是备受社会重视的第一产业。东汉是中国农业技术和农业经济得到重大发展的时期。

水利技术的进步　水利是农业发展的根本，东汉水利技术的进步突出表现在水利工程技术、水利灌溉技术和水力运用技术三方面。

水利工程技术。东汉在水利工程技术上的进步与创造，突出表现在王景治河与马臻治镜湖上。黄河自西汉后期以来长期失修，“日月侵毁，济渠所漂数十许县”。永平十二年（69 年），明帝令著名水利工程专家王景、王吴修治黄河。王景、王吴在修治黄河中成功地创造了水门控制法。从河南荥阳至山东千乘开凿渠道，将黄河与汴河分流，并在这千余里的渠道上，每隔十里立一水门，对黄河与汴河的水量进行调节，使黄河水涨注入汴河，汴河水涨流入黄河，防止了黄河的决堤之患。王景的水门法成功地使黄河在以后的 800 年间没有改道，大大减少了水灾。

在顺帝永和五年（140 年），会稽太守马臻治理山阴（今浙江绍兴）镜湖，筑大堤 350 里，会合东南诸山泉 36 源，贮蓄在湖内。湖高于田，田高于海，沿堤设斗门堤闸，水少则泻湖水溉田，水多则闭湖而泻田水入海。溉田九千余顷，以后千余年不受水旱影响。此外，东汉下邳徐县北的蒲阳陂、庐江的芍陂等水利工程都体现了较高的水利工程技术。

水利灌溉技术。东汉除了对原有的堤防沟渠进行“通利壅塞”，加以有效利用外，还注意水井的挖掘和稻田与池塘的合理配置。东汉的水井，除了陶井外，还有砖井，并能“掘地九仞以取水”。在河南泌阳板桥和洛阳汉河南县城发现的东汉砖井旁还附有陶管和砖砌的下水道，体现了东汉的水井利用技术。

在四川、广东、陕西等地出土的东汉实物模型中，经常可以看到有水田和池塘组合的模型。如在汉中出土的一个长方形稻田池塘组合的模型，中间横隔一坝，一边为陂池，一边为稻田，中间安装闸门，出水口为拱形洞，装有提升式的平板闸门，可以控制水量。在水利灌溉技术上，汉灵帝时的掖庭令毕岚利用齿轮转动传带的原理发明了翻车，以最省力的方式，有效地解决了从低河渠向高田灌水的问题。另外，利用引水在压力下喷洒的原理，发明了渴乌，“施于桥西，用洒南北郊路，以省百姓洒道之费”[①]。这些发明与创造，都反映了东汉先进的灌溉技术水平。

水力运用技术。在东汉，人们开始认识了水流动产生力的原理，并将这种认识付诸生活与生产实践，发明了水碓，解决了粮食加工问题。东汉末年雍州刺史张既曾令陇西、天水、安南三郡富人造屋宅“水碓”，“役水而舂，其利乃且百倍”。这种运用水力冲动木轮，带动石碓舂米，比用杵臼和脚踏石碓舂米省力，而且效率高。东汉运用水力的另一项成就，就是在冶铁时运用水排拉动风箱，由南阳太守杜诗创制。

耕作技术的进步　东汉时期，中国古代的农业耕作技术也得到了发展，其突出表现是耕犁改进、牛耕推广和田间管理的加强。

耕犁改进。考古发掘证明，东汉已大量使用全铁制犁铧，且分为大中小三种。战国以来沿用的V形犁，刃端角度已逐渐缩小，而且坚固耐用。广东佛山澜石水田模型中，塑了两个分别在犁田的陶俑，陶俑一手作扶犁状，一手作赶牛状。犁铧呈“V”字形。犁架由犁梢、犁床、犁辕、犁衡、犁箭组成。在宁夏还发现了犁镜（犁壁）。中国传统农耕用犁的主体构件在东汉已经完备。使用上，东汉犁分为两大类型，第一是与西汉相同的大铁犁。如山东滕州出土的大铁犁斜长48厘米，后宽45厘米，高13厘米，犁面和蹬部均作等腰三角形，犁锋较钝。大型铁犁由二牛牵引，一般用来开沟修渠，在土质松软的地区，也用于窜垡、活地。中小型铁犁为第二类型，由短辕挽引。短辕一牛挽犁是西汉以前长辕二牛抬杠式挽犁的改进，操作灵活方便，多用于小块农田的耕作。由于对犁铧的改进，特别是短辕一牛挽犁的出现，有利于个体自耕农的沟渠开挖和深耕种植，促进了农业的发展。

牛耕推广。牛耕技术在东汉得到普遍的推广。建武初，任延为边远荒僻的九真郡太守，九真俗以射猎为业，不知牛耕。任延铸作田器，教以垦辟，田畴岁岁开广，百姓充给。建初八年（83年），王景迁任庐江太守时，百姓不知牛耕，致地力有余而食常不足。王景到任教用犁耕，于是“垦辟倍多，境内丰

① 《后汉书》卷七八《宦者列传》。

给”。马援在任陇西太守时，也“开导水田，劝以耕牧，郡中乐业”。

由于牛耕技术给农业生产带来极大的效益，加上地方官员的重视与推广，牛耕成为东汉农业生产的一个主要形式。在江苏、山东、陕西、内蒙古等地都出土很多东汉的牛耕画像图。如江苏睢宁双沟出土的二牛一人一犁耕作图、山东滕州出土的一人一犁一马一牛耕作图、陕西绥德王得元墓出土的一牛一犁一人耕作图、陕西米脂官庄村四号墓出土的二牛抬杠一人扶犁耕作图、内蒙古和林格尔和伊盟杭锦旗霍洛柴登壁画墓的牛耕图等，都生动说明牛耕在东汉普遍使用的事实。在广西、新疆、甘肃出土的 V 形犁铧，证明西南和西北的边远地区此时已得到了开发。目前，全国已有 13 个省区出土了汉代的铁犁铧、犁壁和犁范，说明牛耕在东汉应用的广泛性。

田间管理。东汉农业田间管理的成就集中反映在豪强地主田庄之中。根据崔寔的《四民月令》记述，田庄十分注意时令节气，重视杀草施肥，并能根据不同性质的土壤种植不同的作物，采取不同的种植密度，还及时翻土晒田，进行双季轮作，强调地力的应用。西汉后期发明的精耕细作的区田法，东汉时继续推广。明帝时，刘般奏请“通使区种增耕”。广东佛山澜石出土的水田模型，田埂将水田分为六块，六块水田里分别有农民犁田、插秧、收割和脱粒，在收割后的田块里还堆放着肥料。这正符合史籍对东汉区田法的记载。东汉推广区田法不择地势，“区田以粪气为美，非必须良田也”。在区田里，还使用“骨汁、粪汁溲种”。这是我国农业史上最早开始运用的浸种施肥法。

耕地面积与产量。由于东汉政府对农业的重视和牛耕技术的推广，耕地面积大大增加。和帝永元元年（89 年），垦田数达到了东汉的最高数 7320170 顷 80 亩 140 步。这个数字不包括被豪强地主兼并而隐瞒的土地。因此，东汉的耕地数应达到或超过西汉的垦田总数（8270536 顷）。由于水利技术和田间管理技术的进步，东汉的农田单位面积产量有了提高。据《东观汉纪·张禹传》记载，章帝时，张禹在徐县（今江苏泗洪南）开蒲阳旧陂，垦田 4000 余顷，得谷百万斛，每亩产量在两三斛之间。仲长统也说：“通肥饶之率，计稼穑之入，令亩收三斛。”与西汉初期晁错所说的“百亩之收不过百石”相比，增产了三倍。

三　豪强地主田庄

豪强地主的形成　东汉王朝的建立，从某种意义上说，是从西汉中期以来不断积累、发展、壮大起来的豪强地主的胜利。豪强地主的形成，不同于西汉中前期贵族地主、官僚地主、军功地主。后者依靠官爵世袭特权、立军功或以显赫的政绩而获得名分和土地，而前者是通过土地的买卖，同时又经营“货殖”，不断的资产积累发展的。从西汉中期以来愈演愈烈的土地兼并，正是豪强地主形成对社会政治与经济的巨大冲击的反映。在豪强地主支持下建立起来的东汉王朝，使豪强地主在东汉一代几乎不受限制地发展起来，形成了对社会政治与经济具有重大影响的豪强地主田庄。

豪强地主田庄特点　东汉社会土地占有分私有与公有两部分，私有土地由自耕农与地主占有，其中私有土地最大的占有者是豪强地主，他们对私有土地的经营大多采取田庄的管理模式。豪强地主田庄在经济、政治、军事上具有显著特点：

规模大，多种经营。经过数十年，甚至近百年的土地兼并，东汉的豪强地主田庄的规模都十分庞大。仲长统说：“豪人之室，连栋数百，膏田满野，奴婢千群，徒附万计。船车贾贩，周于四方；废居积贮，满于都城。琦赂宝货，巨室不能容；马牛羊豕，山谷不能受。”据仲长统估计，“百夫之豪，州以千计”。[①] 最为典型的例子，是湖阳（今河南唐河西南）樊宏经营的“樊氏田庄”：“开广田土三百余顷”[②]，“广起庐舍，高楼连阁，波陂灌注，竹木成林，六畜放牧，鱼嬴梨果，檀棘桑麻，闭门成市。兵弩器械，赀至百万。其兴工造作，为无穷之功，巧不可言，富拟封君”。[③] 以樊氏田庄为例，在规模巨大的田庄中，一般以农业为主，兼营林、牧、渔各业，还从事某些手工业，或进行一定的商业和高利贷活动。从崔寔《四民月令》的记述中可知，这种进行多种经营的地主田庄，生产生活资料都能自给自足，可以“闭门为市”，不需要外界供给。

聚族而居，宾客相附。东汉地主田庄往往以宗族为核心聚族而居，这里有宗族聚居的因素和社会动乱宗族互保的原因。樊氏田庄就是“三世共财”聚居，“子孙朝夕礼敬，常若公家”，战乱起，又“与宗家亲属作营堑自守，老弱归之者千余家”。每一个田庄，在若干作坊、宅院、庭院之外，多修有高墙，在高墙的四周建有瞭望谯楼，战乱时每一个田庄就是一个坞堡。这样，在地主田庄里，就往往聚有宗族、宾客、徒附、部曲和奴婢数百人或数千人，田庄主既是占有整个庄园的大地主，又是宗族长。宗族、宾客、徒附、部曲、奴婢，虽然在庄园里所处的地位不同，但都对庄园主有极强的依附关系，有严格的长

① 《后汉书》卷四九《仲长统传》。
② 《后汉书》卷三二《樊宏传》。
③ 《水经注》卷二九《比水注》。

幼尊卑之序。

东汉豪强地主田庄带有浓厚的宗族宗法色彩，田庄主常常以宗主的名义对族人进行安抚慰问。每年春耕前，田庄主“赈赡穷乏，务施九族，自亲者始”；秋收前后，“存问九族孤寡老病不能自存者”；冬月腊日，“请召宗族、婚姻、宾旅，讲好和礼，以笃恩纪”。在宗法笼罩下的地主田庄里，阶级矛盾与对抗相对比较缓和，显示了较强的凝聚力。

拥有私人武装。东汉豪强地主武装的形成，与刘秀削弱地方军权有关。随着郡国都尉的废除和轻车、骑士、材官、楼船士及军假吏等地方军队的省罢，豪强为了田庄的治安，组建了田庄武装。这支田庄内的地主私人武装，多由徒附和宾客组成，平日“葺治墙屋，修门户，警设守备，以御春饥草窃之寇”，秋谷入仓后“缮五兵，习战射，以备寒冻穷厄之寇”。田庄的私人武装，最初只是为了看家护院，随着东汉中后期政治动荡和地方治安的恶化，逐渐扩大规模，按军队的编制组织“部曲”，“起坞壁，缮甲兵”，拥兵自重，形成独霸一方的分裂割据势力。

豪强地主田庄与自耕农经济相比较，具有很强的生存与发展能力。遇到社会动乱或自然灾害，经济脆弱的自耕农只能背井离乡成为流民，或出卖土地成为佃户、佣工，或携带田产依附豪门成为宾客；而豪强田庄则可以“财赂自营，犯法不坐，刺客死士，为之投命”，可以开仓“赈赡宗族，恩加乡闾”。考古发现的陶风车、陶水井、短辕一牛挽犁画像石、曲柄锄石刻、水利灌溉模型等都出土于东汉豪强地主的墓中，说明地主田庄具有兴修水利、制造推广新农具、实施耕作新技术等等的能力，而这些对于自耕农则是不可想象的。以宗法关系聚族而居的地主田庄可以组织大规模农业生产，这也是个体自耕农不可能做到的。田庄经济比自耕农经济具有明显的进步性。

随着地主庄园经济的形成，上古时期的宗族组织和宗法制度也有了发展。战国秦汉时代的宗法制度，是在西周春秋时代的原始宗法制度瓦解后形成的个体家长制家庭基础上发展起来的。周代以贵贱来划分社会等级，到了汉代，则以财富和权力来划分社会等级。正是战国秦汉时形成在权力、财富基础上的贫富分化，使新兴富人、地主、豪绅、官僚得以利用同姓、同宗、同族、同门的血缘宗法关系，作为役使和剥削同宗族人的工具。到了西汉后期，地方宗族势力强大起来。刘秀是南阳豪族宗法势力的代表，东汉政权从一开始就建立在豪强宗法势力统治的基础之上，这也是东汉一代地方宗族势力不断发展，以至控制了地方政治、经济、军事力量，造成严重封建割据，形成军阀混战、三国分立的重要原因。

东汉的宗法制度与周代不同，表现为：首先，宗法组织是在封建个体家长制家庭的基础上繁衍分化发展形成的，这是和商周时代原始宗法制的重大不同。其次，帝王和地方统治者之间、帝王和地方上的宗族长之间，不存在血缘宗法关系，宗族与君统不再合一，帝王的宗庙和地方族长的祖庙互不相干。第三，地方宗族组织的势力，战国秦汉时期较为弱小，依靠皇权并支持皇权，发展到东汉拥有独立的政治经济军事力量，常常衍变成为与皇权相抗的地方分裂割据势力。第四，周代的宗法伦理是以孝悌治天下，到了秦汉时代，忠君思想有了发展，孝成了从属于忠的第二位的封建宗法伦理，忠、孝、节、义等封建宗法思想逐渐构成为一个完整的封建宗法思想体系。

四　工商业

随着农业的恢复和发展，东汉的手工业、商业和城市也逐渐发展和繁荣起来。

手工业的发展　冶铁业。东汉农业生产中铁制农具的普及，使对钢铁的需求量大增，从而推动了冶铁技术的进步和生产规模的扩大。考古工作者在郑州市郊古荥镇发掘了属于西汉中晚期和东汉时期的冶铁遗址，发现了两座大型高炉，炉体呈椭圆形，炉缸长轴约 4 米，短轴约 2.8 米，面积约 8.5 平方米。在 1 号高炉坑内，发掘出属于同一时代的 20 余吨积铁。据估计，古荥 1 号高炉的日产量可能在 1 吨左右。这在两千年前是很杰出的技术成就。椭圆形炉腔是冶铁工匠为扩大高炉面积和加大风量发明的。

随着高炉容积加大，对鼓风技术提出了新要求。东汉初年，南阳太守杜诗发明了水排，即利用河水的冲力转动机械轮轴，使鼓风皮囊张缩，不断给高炉加氧，“用力少，见功多”。水力鼓风的发明是冶炼技术的一大进步，欧洲直到 12 世纪才开始应用。

我国冶铁叠铸技术发明于战国时期，为双孔浇铸，东汉发展为一孔浇铸。1974 年 9 月，在河南温县招贤村发现一座东汉前期的烘范窑，出土了 500 多套铸造马车零件的叠铸泥范，范块采用对开式垂直分型面，两堆铸范共用一个直浇道，使浇注时间减少，这是叠铸技术的进一步发展。

在制钢技术上，东汉发明的铸铁脱碳成钢技术和“百炼钢”技术，在世界冶金史上占有领先地位。在河南南阳市北关瓦房庄出土的两把东汉铁凿，一把含碳约 0.6%，另一把含碳 1%。两把铁凿先用生铁铸造，然后经脱碳成为钢件。这种工艺，实际上已从铸铁脱碳处理演变为一种新颖的制钢方法。在西汉炒钢技术的基础上，东汉发明了“百炼钢”技术，即将炒钢反复锻打，每加热锻打一次称为一“炼”，以炼成含碳量高、杂质少而组织均匀的优质钢。“百炼钢”代表了东汉炼钢工艺的最高水平。

纺织业。随着农业生产区域的变化，东汉的纺织业在全国范围内得到发展。建武中，桂阳（治今湖南郴州）太守茨充教人种桑养蚕，人得其利，至今江南颇知桑蚕织履。陈晔任巫（今重庆巫山）令时，提倡种桑养蚕，植“二万余株，民以为给”①。在今内蒙古和林格尔东汉墓的壁画中有采桑图，证明桑蚕之业也传到当地。桑蚕种养的推广，带动了纺织业的发展。崔寔任五原太守，从雁门迎织师，使巧手作机，乃纺以教民织。不仅皇室“宫女积于房掖，国用尽于罗纨”②，豪强地主田庄也能完成种桑、养蚕、缫丝、织缣、擘丝、治絮、染色等纺织生产的全过程。不仅“齐部（治今山东临淄）世刺绣，恒女无不能；襄邑（今河南睢县）俗织锦，钝妇无不巧”③，而且蜀地“女工之业覆衣天下”④。1959 年在新疆民丰尼雅古城遗址和内蒙古扎赉诺尔的东汉墓群中出土的东汉万世如意锦、延年益寿大宜子孙锦、菱纹锦，都说明东汉纺织业在边疆地区的发展。此外，西北地区的毛纺织业和南方的麻纺织都得到发展。新疆民丰东汉居住遗址中出土的织花毛织品，颜色鲜丽。会稽郡的越布，“光武见而好之”⑤。

纺织业的普遍发展，推动了纺织机的进步，东汉末年杰出的科学家马钧发明了高效率的织绫机，把原旧绫机五十综者五十蹑（蹑即踏具），六十综者六十蹑，都改成十二蹑，使生产效率大大提高。

制瓷业。在浙江、河南、安徽、江苏、湖南、湖北等省，都发现有东汉的瓷器和瓷窑。东汉瓷器有青釉瓷、黑釉和白釉瓷等。在浙江上虞、宁波的东汉窑址中发现青釉瓷和黑釉瓷，在湖北、江苏、安徽等地东汉墓中都出土过黑釉瓷。多种色釉的出现，表明东汉已能较好地控制釉料的配制方法，施釉技术已由刷釉改为浸釉，掌握胎料和釉料配制、胎釉膨胀收缩趋向一致的技术。在瓷器铺首等处仍采用旧的弦纹、水波纹和贴印技术，说明刚从原始瓷脱胎而来。

造纸业。东汉造纸业的突出成就是蔡伦造纸法的发明。东汉和帝时，中常侍蔡伦总结前人的造纸经验，用“树肤、麻头及敝布、鱼网”为原料，创造了

① 《册府元龟》卷七〇三《令长部》。
② 《后汉书》卷六四《陈蕃传》。
③ 《论衡》卷一二四《程材篇》。
④ 《后汉书》卷一五《公孙述传》。
⑤ 《后汉书》卷八一《陆续传》。

“蔡侯纸”。蔡伦造纸法的发明，推动了东汉造纸业的发展。东汉末年，左伯又创造了“左伯纸”。《后汉书补注》：“汉人能为纸者，蔡伦之外，又有左伯。”1974年在甘肃武威县旱滩坡东汉墓中发现了公元2世纪后半叶的文书用纸，是蔡伦之后不久流传到西北的，说明东汉造纸业的发展，使纸张迅速代替竹、木简和缣帛制成为主要的书写材料，大大便利了科学文化的传播。中国的造纸术传到了世界各国，推动了人类文化的发展。

商业的发展　随着农业和手工业生产的恢复和发展，以及东汉初期对商人活动采取放任的政策，商人活跃，商业十分兴盛。王符论道：“今举世舍农桑，趋商贾，牛马车舆，填塞道路，游手为巧，充盈都邑，治本者少，浮食者众。”[①] 商人的急剧增多，推动了东汉商品经济的发展。

商品种类。农业，特别是手工业的发展，丰富了商品市场。冶铁业的发展，使市场上不仅有锅、灯、顶针、剪子、菜刀、铁钉、铁镜出售，而且还有犁铧、曲柄锄、大镰刀和百炼钢的宝刀。造纸业的发展，使纸成了价格低廉的商品，相关的笔、墨、砚、手抄书籍也有大量出售。市场上发售的日常生活品还有丝绸、粮食、药物、熟食、儿童玩具。如朱儁“少孤，母尝贩缯为业”。韩康“常采药名山，卖于长安市”。赵岐“卖饼北海市中”。还有人“或作泥车瓦狗诸戏弄之具，以巧诈小儿”。除了日常生活用品，制作精巧的奢侈品也充盈市场。王符《潜夫论·务本篇》写道：“今工好造雕琢之器，巧伪饬之，以欺民取贿。……物以任用为要，以坚牢为资。今商竞鬻无用之货，淫侈之弊，以惑民取产。”

高利贷。高利贷的经营从东汉一开始就十分活跃。建武时，桓谭就指出：“今富商大贾，多放钱贷，中家子弟，为之保役，趋走与臣仆等勤，收税与封君比入，是以众人慕效，不耕而食。”高利贷的盘剥，可使息钱高达数十万。《后汉书·陈重列传》记述了“负息钱数十万”的事例，由于高利贷的丰厚回报，致使一些政府官员以公款私贷而遭惩处。高利贷在东汉已严重侵蚀了国家政府机体，危害了社会。

辜榷。“辜榷”是商业交易中的一种包揽政府买卖的独占行为，出现于西汉末年，在东汉很有市场。据《后汉书·许杨传》记载，光武帝时，许杨主持修鸿隙陂，“豪右大姓因缘陂役，竞欲辜较（同榷）在所，杨一无听”，因为这种向官府包揽式买卖，从中可以获得垄断性的高额利润。如灵帝时，“豪右辜榷，马一匹至二百万”。一般从事辜榷商业活动的，都是与豪门贵戚高级官僚

① 《潜夫论·浮侈》。

有勾结的富商大贾。

民族互市。东汉朝廷与周边少数民族有商贸往来，交易的地点一般设在边郡，以“合市”为贸易形式。周边少数民族用自产的牛、马及皮毛换取汉人生产的粮食和日用品。内蒙古和林格尔东汉墓出土有“宁城图”画像，城中广场有四周围以墙垣的“市”，并标识“宁市中”三字。考古工作者认为画面所体现的，就是文献中所记载的东汉王朝与乌桓、鲜卑进行合市交易的“上谷胡市”。

海外贸易。东汉海外贸易的市场主要在今日的塔里木盆地和中亚地区。东汉在恢复对西域诸国的控制后，中国的商人又走上西北的国际商路。这条商路由洛阳或长安出发，经武威、张掖、酒泉到达敦煌后，分南道和北道进入塔里木盆地。有的商人还越过帕米尔高原，远贾中亚细亚，前锋到达今日的波斯湾头。中国商人运到西方市场的商品，大半是手工业制造品，特别是西方人喜好的丝织品。在西北商路断绝后，中国商人又在南方沿海开辟“海上丝绸之路”，获得与罗马、印度直接贸易的机会，而且对南洋群岛的贸易也因之更加发展起来。在东北方面，中国商人除了与朝鲜半岛诸国有密切的商业关系外，与倭国（日本）也有频繁的贸易往来。会稽郡成为了中国与东海诸小岛贸易的中心城市。

城市的繁荣 东汉商业贸易的发展，促进了城市的繁荣，中国的都市进入了新的发展时期。

洛阳。东汉建都洛阳，随着政治中心的迁移，商业的中心也由长安转到了洛阳，使洛阳发展成为全国最大的商业都市。王符说：“今察洛阳，资末业者什于农夫，虚伪游手什于末业……天下百郡千县，市邑万数，类皆如此。”东汉王朝在迁都洛阳后，“增周旧，修洛邑，扇巍巍，显翼翼，光汉京于诸夏，总八方而为之极。是以皇城之内，宫室光明，阙庭神丽，奢不可逾”。① 洛阳城按行业分为三市，宫西大城中为“金市”，城东有一个马市，城南有一个阳市。班固的《东都赋》和张衡的《东京赋》，都是描写帝都洛阳壮观雄伟的诗篇。

长安。长安虽非都城，但仍作为西北贸易的集散地，“瑰货方至，鸟集鳞萃。鬻者兼赢，求者不匮。尔乃商贾百族，裨贩夫妇。鬻良杂苦，蚩眩边鄙。何必昏于作劳，邪赢优而足恃。彼肆人之男女，丽美奢乎许史”。② 长安还是

① 班固：《两都赋》。

② 张衡：《二京赋·西京赋》。

手工业和商业繁荣的城市："街衢洞达，闾阎且千。九市开场，货别隧分。人不得顾，车不得旋。阗城溢郭，旁流百廛。红尘四合，烟云相连。于是既庶且富，娱乐无疆。"[①]

地方都市。东汉时期的成都、邯郸、南阳等地方都市仍保持往日的繁荣，成为当地商业贸易的中心。成都以盛产纺织品、竹木器、盐和铜、银等制品著称，也是西南贸易的中心。临淄和邯郸在东汉是山东、河北两大区域的商品聚散中心。南阳一带，因为是皇帝的故乡，宛县、汝南都发展为繁荣殷富的城市。长江流域的丹阳、豫章、江夏、荆襄等地，在京师东迁后，因与中原贸易，发展成了商业口岸。东南沿海的东冶（今福州）、番禺（今广州）、徐闻、合浦，都是海洋贸易的口岸。甘肃西北的武威、张掖、酒泉、敦煌等河西四郡，在东汉中叶再次成为西北国际商路上的重要城市，顺帝以后，因羌族"叛乱"，商路断绝，才趋向萧条。

经济区域的变化　随着东汉社会经济的恢复和发展，古代中国经济区域发生了变化。在东汉以前，经济发展区域主要在淮河以北，特别是包括关中在内的黄河中下游地区。当时的人口分布，也主要集中在黄河中下游的司隶、豫、兖、冀、青、徐等六州。到了东汉后期，这种情况有了较大的变化。黄河流域的某些经济发展地区人口减少，出现了衰落的迹象。而南方出现了新的经济发展地区，人口在急剧上升。西汉时，长安附近的三辅（京兆、左冯翊、右扶风）一带，人口特别稠密，共有 240 多万。到东汉时，富饶的关中战乱频仍，残破不堪，人口锐减至 50 余万，关中经济趋向衰落。北方诸州中，凉州由原有人口 128 万减至 40 万左右；并州由 330 多万减到不足 70 万；幽州由 390 多万减到 200 多万；兖州也由 780 多万减至 400 万左右。相反，南方诸州人口都有不同程度的增长。扬州人口从 320 多万增到 430 多万；荆州人口从 350 多万增到 620 多万；益州人口也从 470 多万增到 720 多万。

随着人口的增加，南方某些地区的开发速度加快。如太湖和钱塘江流域，西汉时统由会稽郡管辖，东汉时分为吴、会稽二郡，这正是经济发展的直接结果。其他如鄱阳湖、洞庭湖周围地区及成都平原一带都在不断发展，成为新的经济发展区域。不过，东汉时期，大部分人口仍集中在黄河中下游一带。崔寔《政论》谈到，青、徐、兖、冀四州，人稠土狭，耕地不够使用，与关中及幽、凉二州土旷人稀的情况，形成鲜明的对比。因此，黄河流域仍是当时社会政治和经济的中心，东汉时最大的商业城市洛阳和南阳也都在北方。

---

① 班固：《两都赋》。

第三节　东汉民族关系与对外关系

一　匈奴的分裂和班超出使西域

匈奴族的分裂　东汉初年，匈奴族利用中原混乱之际，扩大势力，控制了东自乌桓、鲜卑，西至西域各族所居住的广大地区，并南下骚扰北边长达二十余年。

匈奴自呼韩邪单于以后，王位实行不十分严格的兄终弟及式“诸子以次立”的继承制。匈奴族的分裂源于后来成为南匈奴的醢落尸逐鞮单于比。在匈奴单于舆时，比被封为右薁鞬日逐王，部领南边及乌桓。建武二十二年（46年），单于舆死，其子乌达鞮侯立，乌达鞮侯死，其弟蒲奴立。作为“部领南边及乌桓”的右薁鞬日逐王比不得立，“即怀愤怒”。正在这时，匈奴族所居住的地区连年旱蝗，赤地千里，草木尽枯，人畜饥疫，死耗太半。新立的蒲奴单于恐怕东汉王朝趁其疲敝出兵进击，就遣使到渔阳请求与东汉朝廷和亲。而比则密遣汉人郭衡奉匈奴地图到河西太守处求“内附”。蒲奴单于派往监视比的两位骨都侯察觉比有降汉活动，报告了单于，并建议诛比。比得到弟弟的密报，决定公开与蒲奴单于分裂。建武二十四年春，由比部领南边的八部大人共议立比为单于，“以其大父尝依汉得安，故欲袭其号”，亦称“呼韩邪单于”。同时遣使至五原塞（今内蒙古河套北），表示“愿永为藩蔽，捍御北虏”。从此，匈奴分裂为南北两部。建武二十五年，南匈奴遣使至洛阳，奉藩称臣。刘秀接受了比的归附，从而解除了匈奴对北部边郡的骚扰，获得了发展生产的安定环境。南匈奴入居塞内和南移，接触了先进的中原农耕经济与文化，也有利于民族的发展。

东汉对北匈奴的战争　南匈奴归附朝廷后，留在蒙古草原上的北匈奴，势力大大削弱，在南北交战中，数次被南匈奴击败，“却地千里”，故多次遣使请求与汉和亲。刘秀认为，南匈奴新立，若答应与北匈奴和亲，恐有害于南匈奴单于亲汉之意，会引起新的纷争。于是要武威太守“勿受其使”。建武二十八年，北单于遣使至京城贡马及裘，后又远驱牛马至边境与汉合市，重遣名王，多有贡献。东汉朝廷仍采取羁縻政策，颇加赏赐，但不遣使者。在永平七年，东汉朝廷开始答应北匈奴的合市要求，并遣使回聘。此举果然引起南匈奴部分上层的猜疑，妄图趁机叛乱。永平八年（65年），北匈奴遣骑兵入朔方接应南匈奴的部分叛众，并进攻河西诸郡。永平十六年，再扰云中及渔阳。

北匈奴的存在始终是东汉朝廷之患，随着中原政局的稳定和社会经济的发展，东汉朝廷对北匈奴的政策，开始由羁縻转向军事进攻。从永平十六年至永元二年（90年），前后进行了长达17年的战争。

永平十六年（73年），东汉大发缘边兵，命窦固与耿秉等会同南匈奴、鲜卑、乌桓等骑兵数万人，四道出塞北征。窦固在天山击败呼衍王部，追至蒲类海（今巴里坤湖），占据了伊吾卢城（今哈密）。其他三路因北匈奴闻风而逃，无功而返。第二年，汉军由敦煌再出昆仑塞，进击匈奴于蒲类海。击退匈奴后，沿天山北麓以西，进攻车师后部，车师前王后王先后投降。至此，匈奴的势力开始退出天山东麓，西域与汉朝断绝关系65载后又复沟通。东汉政府在西域设置都护及戊己校尉，镇抚西域，抵御北匈奴。永平十八年三月，北匈奴出动两万以上的骑兵，反攻车师，占领其地，西域通道再次断绝。

建初八年（83年），北匈奴三木楼訾部落3.8万人至五原塞附汉。元和二年（85年），北匈奴有73批先后入塞归汉，这就大大削弱了北匈奴的力量。章和元年（87年），鲜卑从左地猛攻北匈奴，大破之，斩优留单于，北庭大乱，又有58部20余万人南下到云中、五原、朔方等地附汉。

永元元年（89年），车骑将军窦宪、征西将军耿秉领北军五校、雍营、沿边十二郡骑兵及南单于众3万骑出塞击北匈奴。六月，大破北匈奴，登燕然山（今杭爱山），刻石纪功而还。次年五月，窦宪再遣耿夔出居延塞，围北单于于金微山（今阿尔泰山），大破之，俘其母阏氏及名王以下4000余人，出塞五千里。北匈奴主力被迫西迁，由里海、黑海之北与西汉时西徙的匈奴合流，逐渐西移，大约到了4世纪初出现于欧洲。从公元前209年冒顿单于建立政权起算，至公元91年北匈奴远徙，整整300年，匈奴在中国北边界对中原王朝的威胁最终解除。

班超出使西域　班超出使西域是东汉朝廷武力征服北匈奴战略的一个组成部分。

班超，字仲升，扶风平陵人，著名历史学家班彪之子、班固之弟。自幼有大志，不修细节。内孝谨，居家常执勤苦，不耻劳辱。有口辩，广涉书传。永平五年（62年），班固被召进京任校书郎，班超与母随同前往。因家贫，班超为官府抄写文书以供养母亲，曾投笔叹曰："大丈夫无它志略，犹当效傅介子、张骞立功异域，以取封侯。安能久事笔研间乎？"永平十六年（73年），在窦固奉命第一次出击匈奴时，班超被任命为假司马，将兵别击伊吾，战于蒲类海，多有战功。窦固见班超很有才能，就派遣他与从事郭恂一同出使西域。

班超出使西域的使命，是联络西域各地的君长，脱离匈奴，亲附东汉。他没有统帅军队，只带随从吏士 36 人。班超出使西域的第一站是鄯善。当时鄯善因刚失去匈奴的依靠，又慑于东汉的军威，故对班超的到来“礼敬甚备”。但不久鄯善王的态度突然冷淡下来，班超立刻就判断出是匈奴的使者也到了，便诈问侍者：“匈奴使来数日，今安在乎?”侍者不知所措，据实以告。班超便与随行人员商议道：“不入虎穴，不得虎子。”遂于晚间用火攻杀匈奴使者，并将匈奴使者之首掷于鄯善王之前。班超的智慧与勇敢，迫使动摇不定的鄯善王归附东汉，纳子为质，向东汉称臣。

明帝因鄯善王归附，提升班超为军司马，继续出使西域。班超乃率领随行人员沿昆仑山北麓由南道到达于阗。当时，于阗王广德新攻破莎车，遂雄张南道，而匈奴遣使监护其国。班超至于阗，于阗王礼义甚疏，并听信妖巫之言，强索班超之马祀神。班超佯许之，令巫自来取马，及巫至，班超斩其首以送于阗王。于阗王慑于班超在鄯善的威名，乃杀匈奴使者，归附东汉。班超从于阗继续西进，先后降服了疏勒、莎车。永元三年（91 年），汉军大败北匈奴，北匈奴主力西迁，班超被任命为西域都护。之后，班超又降服焉耆、尉犁和危须，最终再度将西域隶属于东汉的统治之下。班超功封定远侯。班超于永元十四年（102 年）因年老返回洛阳，同年病卒，享年 71 岁。

班超出使西域 30 年，恢复了东汉朝廷对西域的统治和中西交通，使东汉和西域的经济文化交流得以继续发展。班超在西域依靠东汉王朝强大的军事力量和西域人民希望摆脱匈奴的苛重剥削而对他的支持，凭着个人在外交、军事、政治上的卓越才能以及坚强的意志，善于利用有利条件和时机，取得了出使西域的成功。班超在出使西域期间，于永元九年（97 年），派甘英出使大秦（今罗马帝国）。甘英西经条支（今伊拉克）诸国，至安息西界（波斯湾），未过海而还。甘英是我国古代继张骞的副使之后到达西亚的使节，为打通欧亚交通做出了贡献。

东汉政府对西域的管辖，是在保留其原有社会组织和政权的形式下实现的。采取“宽小过，总大纲”[①] 的政策，允许西域各族保持较大的自主权。使西域各族能够摆脱匈奴贵族的奴役和残酷剥削，中原和西域地区的经济文化得以顺利交流，对西域开发和内地的发展都是有利的。

① 《后汉书》卷四七《班超传》。

二 东北各族

乌桓 乌桓族与汉王朝的关系是时敌时友。东汉初，乌桓曾与匈奴连兵侵扰代郡以东。建武二十二年（46 年），匈奴国乱，乌桓趁弱击破之。光武因以币帛赂乌桓。建武二十五年，辽西乌桓大人郝旦等 922 人诣京师，献纳奴婢、牛马及弓、虎豹、貂皮，表示臣服。光武封其酋长为侯王君长者 81 人，皆居塞内。安帝永初三年（109 年），乌桓与鲜卑、南匈奴连兵内侵。顺帝阳嘉四年（135 年），乌桓侵扰云中，截略汉商贾牛车千余辆，与汉军战于云中郡的兰池城。灵帝以后，汉室衰微，乌桓又以东汉为敌。

鲜卑 东汉初，鲜卑受到匈奴的控制，匈奴常率鲜卑、乌桓入侵北边，“杀略吏”。和帝永元年间（89～104 年），东汉破匈奴，北单于远徙，鲜卑徙据匈奴故地，与匈奴残余十余万人相融合，逐渐强盛起来，此后便不断内侵掠夺。桓灵时期（147～189 年），鲜卑大人檀石槐统一内部，南抄缘边，北拒丁零，东却夫余，西击乌孙，尽据匈奴故地，东西一万四千余里，南北七千余里。网罗山川、水泽、盐池。桓帝曾欲以封王与之和亲，遭檀石槐拒绝。于是，东汉缘边诸郡，无岁不被鲜卑寇抄，杀略不可胜数。

鲜卑与乌桓相比，更显原始性。乌桓重视劳动生产，而鲜卑却崇尚武力掳夺，生产经验远远落后于乌桓。鲜卑人众日益增多，田畜射猎不足供给食物。檀石槐察知乌侯秦水有鱼，却不知如何捕捞，听说倭人善于捕鱼，就东击倭国，夺取一千余家，徙置乌侯秦水为其捕鱼。灵帝光和四年（181 年），檀石槐死，子和连即位。各部大人也都改行世袭制。和连才能不及其父，又贪暴不公，各部大人纷纷独立，互相攻击，鲜卑力量逐渐衰落。

夫余 夫余南与高句丽为邻，东与挹娄相通，西与鲜卑相接，北有弱水，据地方圆二千里。在东夷各族中土地最为平敞，土宜五谷，出名马、赤玉、貂、豽，大珠如酸枣。东汉时所建立的夫余国，以圆栅为城，有宫室、仓库、牢狱，以弓、刀、矛为兵，以六畜名官，有马加、牛加、狗加，其邑落皆主属诸加。夫余俗好祭天，不仅拜爵、洗爵、揖让、升降等要祭天，断刑狱、解囚徒、议战事亦祭天。执行严法，“被诛者，皆没其家人为奴婢，盗一责十二，男女淫皆杀之”。“行人无昼夜，好歌吟，音声不绝”。婚姻丧葬习俗保留着较多的原始性，“兄死妻嫂，死则有椁无棺。杀人殉葬，多者以百数”。夫余王的安葬用汉廷赠送的玉匣，“汉朝常豫以玉匣付玄菟郡，王死则迎取以葬焉”。①

① 《后汉书》卷八五《东夷传》。

建武二十五年（49 年），夫余国遣使奉贡，开始与东汉通往。永宁元年（120 年），夫余王遣嗣子（太子）尉仇台到洛阳朝贡，安帝“赐尉仇台印绶金彩”。永和元年（136 年），夫余王亲自来朝，顺帝“作黄门鼓吹、角抵戏以遣之”。夫余与东汉从光武帝到献帝期间，除了在永初五年（111 年）和永康元年（167 年）两次率兵侵扰乐浪和玄菟外，都保持着友好往来。

挹娄　位于夫余东北，东濒大海。地广山险，种植五谷，织麻布，出产赤玉、好貂。东汉时期，挹娄臣服于夫余，社会发展相对落后，部族无君长，邑落分布在山林之间，以“大人”为首领。土气极寒，常年穴居，以穴深为贵，富家穴深接九梯。挹娄人好养猪，食肉衣皮，冬天还用猪油涂身御寒。夏天裸袒，仅用尺布掩蔽下体。挹娄人虽少，但勇猛有力，善射。在用青石做成的箭头上施毒，中人即死。还善乘船，常出寇盗，邻国畏患。

高句丽　高句丽居地方圆二千余里，南与涉貊、东与沃沮、北与夫余相邻。地多大山深谷，因田少力作不足，饮食十分节省。东汉时，高句丽分为消奴、绝奴、顺奴、灌奴、桂娄等五部。最初是消奴部为王，后由桂娄部取代。高句丽的国家制度已很完备，设置有相加、对卢、沛者、古邹大加、主簿、优台、使者、帛衣先人等职官。但不设牢狱，罪犯经过诸加评议后便杀，将妻子没入为奴婢。高句丽俗好修宫室，喜聚欢，祠鬼神，每年十月举行祭天“东盟”大会。婚姻男就女家，生子长大后才返回男家。汉武帝时置玄菟郡，以高句丽为县。王莽时更名高句丽王为下句丽侯。建武八年（32 年），高句丽遣使朝贡，刘秀恢复高句丽王号。东汉时期，高句丽人虽曾与涉貊攻掠过汉朝边郡，但基本上与汉朝保持友好关系。

涉貊　涉与貊都是高句丽的别种。涉没有统帅各部的大君长，置有侯、邑君、三老等。各部有部界，不得妄相干涉。邑落有相侵犯的，则罚生口牛马，称为“责祸”。杀人偿命。男女衣饰皆曲领，同姓不婚。十分忌讳疾病，死亡就捐弃旧宅，更造新居。涉以农耕为主，知种麻、养蚕、制作绵布，并能观天象预知年景丰歉。每年十月祭天，昼夜饮酒歌舞，称为“舞天”。祠虎为神。涉地产文豹、果下马和班鱼。“其人终不相盗，无门户之闭。妇人贞信。”① 在西汉武帝时，涉地曾属苍海郡，昭帝时置乐浪东部都尉，建武六年（30 年）省都尉官，改封涉渠帅为县侯，岁时朝贡。

① 《后汉书》卷八五《东夷传》。

三 南方各族

在我国南方的湖北、湖南、广东、广西和四川地区，居住着许多少数民族，史称“南蛮”。在东汉主要有槃瓠部、廩君部、板楯蛮等。

槃瓠部 槃瓠部居于湖南境内，因居地又分为武陵蛮、零陵蛮、澧中蛮、溇中蛮、长沙蛮等，首领都称“精夫”。槃瓠蛮的由来有一个神狗取犬戎吴将军首级而配高辛氏小女的神话传说。在夏商之时，槃瓠蛮就逐渐成为中原王朝的边患。秦昭王时，在此地置黔中郡，汉兴改为武陵郡，向武陵蛮征赋，“岁令大人输布一匹，小口二丈，是为賨布”。以后，槃瓠部诸蛮与汉的战事不断。建武二十三年（47 年），武陵蛮精夫相单程等占据险隘，大寇县郡。和帝永元四年（92 年）冬，溇中、澧中蛮潭戎等反，“燔烧邮亭，杀略吏民”。安帝元初二年（115 年），澧中蛮以郡县徭税失平，纠结二千余人，攻城杀长吏。桓帝元嘉元年（151 年）秋，武陵蛮詹山等四千余人反叛，“拘执县令，屯结深山”。槃瓠部诸蛮对东汉朝廷的战事，多因赋税过重而起。

廩君部 廩君蛮又称巴郡南郡蛮，散居于四川东部和湖北地区。廩君蛮本有巴氏、樊氏、瞫氏、相氏、郑氏五姓，后共立巴氏子务相为王，是为廩君。秦惠王兼并巴中，以巴氏为君长，规定“君长岁出赋二千一十六钱，三岁一出义赋千八百钱。其民户出幏布八丈二尺，鸡羽三十鍭”。这一赋制，在两汉一直沿用。从建武中后期开始，引起廩君蛮的反抗。建武二十三年（47 年），南郡潳山蛮雷迁等“寇略百姓”；和帝永元十三年（101 年），巫蛮许圣等“以郡收税不均，怀怨恨，遂屯聚反叛”；灵帝光和三年（180 年），江夏蛮复反，与庐江蛮黄穰相联结十余万人，“攻没四县”。

板楯蛮 板楯蛮居住在陕西汉中和四川北部地区。传说板楯蛮曾与秦昭襄王刻石为盟：“复夷人顷田不租，十妻不算，伤人者论，杀人者得以倓钱赎死。盟曰：‘秦犯夷，输黄龙一双；夷犯秦，输清酒一钟。’”在刘邦为汉王时，曾发板楯蛮伐三秦，胜利后允许板楯蛮七姓“不输租赋”。从此以后，板楯蛮多成为西汉军队征伐的前锋。在东汉时期，郡守常率其征伐。到了东汉后期，频繁的征战，终于引起了板楯蛮的不满。“桓帝之世数反”；灵帝光和二年（179 年），巴郡蛮复叛，寇略三蜀及汉中诸郡；中平五年（188 年），巴郡黄巾军起义，板楯蛮“复叛，寇略城邑”。

四　西羌与西南各族

在我国的西部地区生活着一个古老的羌族，史称“西羌”。在西南地区居住着以农业和畜牧业为主的滇、邛都、筰都、冉駹、白马等多个民族，史称“西南夷”。

西羌　西羌是一个“所居无常，依随水草，地少五谷，以产牧为业”的游牧民族。氏族名号不定，“或以父名母姓为种号”。实行族内婚制，但族内通婚要求相隔十二世以上，父没则妻后母，兄亡则纳嫠嫂，故国无鳏寡，种类繁炽。社会尚处在原始时代，“不立君臣，无相长一”，部族“强则分种为酋豪，弱则为人附落”，部落间互相攻夺。以战死为吉利，病死为不祥。据史所载，羌与中原王朝的关系，自夏以来均是“王政修则宾服，德教失则寇乱”。秦孝公威服羌戎，汉武帝北却匈奴，西逐诸羌，置河西四郡，又置护羌校尉。东汉恢复西汉旧制。从西汉起，羌人开始东迁，到东汉和帝时，陇西、汉阳、三辅等郡多羌人。羌人被发左衽，而与汉人杂处，习俗既异，言语不通，“数为小吏黠人所见侵夺，穷恚无聊，故致反叛”。终东汉一代，羌人反叛不断。特别是在安帝永初元年（107 年）、顺帝永和五年（140 年）、桓帝延熹三年（160 年），发起了三次大规模的起义。至建宁二年（169 年），东部羌人失败，前后持续了 60 余年之久。对于羌人起义给东汉朝廷造成的影响，《后汉书》作者范晔论道：“羌虽外患，实深内疾，若攻之不根，是养疾疴于心腹也。惜哉寇敌略定矣，而汉祚亦衰焉。呜呼！”

滇人　滇人生活在云南滇池一带。滇池“周回二百余里，水源深广”，河土平敞，多出鹦鹉、孔雀，有盐池、田渔之饶，金银、畜产之富。“人俗豪忲（奢侈），居官者皆富及累世。”武帝元封二年（前 109 年），以其地为益州郡。王莽政乱，滇人栋蚕、若豆等起兵杀郡守，直至建武二十一年（45 年），才由武威将军刘尚率兵平定。章帝时，蜀郡王追为太守，兴建学校，移风易俗，促进了滇人的进步。到了东汉后期的灵帝时，滇人又反，直至东汉灭亡。

哀牢人　哀牢人居于云南西部山区，东汉以前因“散在溪谷，绝域荒外，山川阻深”，未能与中原交往。首领自称“王”。风俗上，哀牢人皆穿鼻儋耳，“王者耳皆下肩三寸，庶人则至肩而已”。“皆刻画其身，象龙文，衣皆著尾”。哀牢土地沃美，宜五谷蚕桑，出产铜、铁、铅、锡、金、银等金属，光珠、琥珀、水晶、琉璃、轲虫、翡翠、蚌珠等珍宝，孔雀、犀、象、猩猩、貊等动物。哀牢人不仅善农耕，还知染彩文绣，织成文章如绫锦。还能用梧桐木花纺纱织成幅宽五尺、洁白不受垢污的布，此布“先以覆亡人，然后服之”。建武二十七年（51 年），哀牢王贤栗等率种人 2770 户，17659 人，向越巂太守郑鸿要求内属，刘秀封贤栗为君长。从此以后，哀牢人岁来朝贡。郑纯为永昌太守时，与哀牢人约：“邑豪岁输布贯头衣二领，盐一斛，以为常赋。”

邛都人　邛都是四川南部的少数民族，“俗多游荡，而喜讴歌”。汉武帝时，在此地建邛都县，后地陷为洼池，因名为邛池。后邛都反，元鼎六年（前 111 年）平定后改为越巂郡。王莽时，郡守枚根调邛人长贵为军候。后长贵自立为邛谷王，并投降公孙述。公孙述败后，刘秀封长贵为邛谷王。建武十九年（43 年），武威将军刘尚路经越巂击益州夷，长贵疑惧叛乱被诛。以后的郡守，如张翕、冯颢等都“政化清平，得夷人和”。[①]

筰都人　筰都人散居于四川中部偏南地区，分为百余部落，“其人皆被发左衽”。汉武帝始建筰都县。元鼎六年（前 111 年），为沈黎郡。天汉四年（前 97 年），并蜀为西部，置两都尉，一居旄牛，主徼外夷，一居青衣，主汉人。东汉永平年间，朱辅任益州刺史，“慷慨有大略。在州数岁，宣示汉德，威怀远夷”，使前代所不至的白狼、槃木等百余个部落“户百三十余万，口六百万以上，举种奉贡，称为臣仆”。和帝永元十二年（100 年），“旄牛徼外白狼、楼薄蛮夷王唐缯等，遂率种人十七万口，归义内属。诏赐金印紫绶，小豪钱帛各有差”。[②]

冉駹人　冉駹人居住在今四川岷江中上游一带，文明程度较高，部落“王侯颇知文书，而法严重。贵妇人，党母族。死则烧其尸”。所居地“土气多寒，在盛夏冰犹不释”。冉駹人多是“冬则避寒，入蜀为佣，夏则违暑，反（返）其［聚］邑”。依山而居，累石为室，可高达十余丈，称“邛笼”。土地刚卤不生谷、粟、麻、菽，惟以麦为资。但宜畜牧，盛产牦毛、羚羊、鹿、五角羊和麝香。冉駹地为武帝所开，元鼎六年为汶山郡。灵帝时，又分蜀郡北部为汶山郡。

白马氐　白马氐人散居在四川北部甘陕川交界一带。土地险阻，有麻田，出名马、牛、羊、漆、蜜。汉武帝元鼎六年，分广汉西部合为武都郡。“氐人勇戆抵冒，贪货死利”，经常侵扰郡县，发兵讨伐，则依固自守。建武初，氐人悉附公孙述，隗嚣败后，才脱离公孙述归汉。东汉封氐人首领为王侯君长，赐以印绶。

东汉时期，加强了对周边各民族的管理，也发展了与周边各民族的关系，但过重的赋税负担和频繁兵役，又不时地激化民族矛盾，触发民族起义。尽管

---

①② 《后汉书》卷八六《南蛮西南夷列传》。

如此，中原文化对于周边民族仍有巨大吸引力。所以，筰都归服汉后，有人用本族语言作有《远夷乐德歌》《远夷慕德歌》《远夷怀德歌》三首诗，表示对汉人的仰慕。[①] 这三首诗现在成为研究少数民族言语、风俗及民族融合的可贵资料。

五 对外关系

东汉时期，随着社会政治的稳定和经济的恢复与发展，对外的交通与国际往来也有新的发展。

中外交通 东汉时期中外交通的发展主要在西部、南海、东北部和东海，其中最为重要的是西部交通和南海交通。

西部交通是张骞开辟、班超恢复的陆路交通——丝绸之路。西汉时期，丝绸之路东起长安，至敦煌分为南北两道，再西至西亚、大秦。东汉明帝夺取伊吾卢（今新疆哈密），开辟了一条新北道，由敦煌向北至伊吾卢，然后西经柳中、高昌壁、车师前部交河城（今吐鲁番），史称“大海道”，再经焉耆越天山至龟兹，循原北道西至疏勒。这条新北道即《魏略》中所记的“中道”，以别于南北朝以后天山以北的“北新道”。

南海交通是汉代中国与东南亚、印度的海上通道。相比较，南海交通并不发达，中西经济、文化的交流主要通过陆路的丝绸之路。

与朝鲜、日本的交往 在东部，有与朝鲜的陆路交通和与日本的海上交通。在朝鲜半岛的南部有马韩、辰韩、弁韩三部，以马韩最大，统领三韩。《后汉书·东夷列传》记载：马韩人会养蚕、制绵布；住土室，形如冢，上开窗；邑落杂居，而无城郭；不行跪拜礼仪，不贵金宝丝锦，不知骑乘牛马，惟重珠玉首饰。辰韩自称秦时为躲避苦役而流亡韩国，又称“秦韩”，称行酒为“行觞”，有似秦语。弁韩与辰韩杂居，城郭衣服皆同，言语风俗有异，其人身材高大，美发，衣服洁清，刑法严峻，流行文身。朝鲜王准被卫满击败后，率其众数千人攻破马韩，自立为韩王。准灭绝后，马韩人自立为辰王。建武二十年，韩人苏马提等到乐浪贡献，刘秀封苏马提为汉廉斯邑君，属乐浪郡，四时朝谒。

日本，在我国古文献中称“倭”，有百余国。在武帝时，与汉相通有三十余国。倭地宜禾稻麻纻蚕桑，知织绩为缣帛。出白珠青玉。倭人习俗，男子皆

① 《后汉书》卷八六《南蛮西南夷列传》。

黥面文身，以其文左右大小以别尊卑。有城栅屋室，父母兄弟异处，惟会同男女无别。饮食以手而用笾豆。俗皆徒跣，以蹲踞为恭敬。人性嗜酒，多寿考，很多人都能活到百余岁。国多女子，大人皆有四五妻，其余或两三女。人不淫不妒，风俗不盗窃，少争讼。犯法者，没其妻子，重者灭其门族。灼骨以卜，以决吉凶。东汉建武中元二年（57年），倭人来使朝贡，刘秀赐以金印绶，文为“汉委奴国王”。这枚金印于日本天明四年（1784年）春，在日本福冈县贺岛叶崎村出土。安帝永初元年（107年），倭国王帅升等，献生口160人，愿请见。东汉末年的桓灵年间，倭国大乱，互相攻击。当时日本与中国的交通，大抵浮海至朝鲜，然后由陆路到中国。

与越南、印度、缅甸的关系　东汉时期，沿袭西汉地方建制，在今越南的北部和中部设置交趾、日南、九真三郡。西汉常“徙中国罪人，使杂居其间”，到东汉时才由“言语各异，重译乃通”，变为“稍知言语”。东汉初，锡光为交趾太守，任延为九真太守，在越地“教其耕稼，制为冠履，初设媒娉，始知姻娶，建立学校，导之礼义”，推动了当地文明的进步。建武十二年（36年），九真徼外蛮张游，率种人慕化内属，封为归汉里君。建武十六年，交趾郡征侧、征贰姐妹因不满交趾太守苏定法律的约束而反叛，九真、日南、合浦蛮里皆应之，凡略六十五城，自立为王。后由伏波将军马援率兵平定。马援“所过辄为郡县治城郭，穿渠灌溉，以利其民。条奏越律与汉律驳者十余事，与越人申明旧制以约束之。自后骆越奉行马将军故事”。①

东汉时期，缅甸、印度与中国的关系也很密切。由于东汉势力在西南一带的伸张，中、缅、印之道得以贯通。和帝永元九年（97年），缅甸北部的掸国王雍由调派遣使臣向汉朝赠送珍宝。东汉朝廷则以金印回赠。安帝永宁元年（120年），“掸国王雍由调复遣使者诣阙朝贡，献乐及幻人”。缅甸的音乐和杂技，很受东汉人的欢迎。东汉时，印度商人是由孟加拉湾经缅甸直接进入中国。据《华阳国志》记载，永昌曾住有“身毒之民”，身毒即印度。“身毒有别城数百，城置长。别国数十，国置王。虽各小异，而俱以身毒为名，其时皆属月氏。”汉明帝时，曾遣使到印度去问佛法。和帝时，印度曾多次遣使贡献。

东汉时期中国对外一直保持着较好的关系，中国先进的经济和文明影响着亚洲邻国，特别是朝鲜和日本；中国也注意向邻国学习，特别是向印度学习佛教，这种学习促进了中国文化的多元发展。

① 《后汉书》卷二四《马援传》。

第四节　东汉中后期的腐朽统治和黄巾军起义

一　外戚宦官擅权

东汉的皇帝除明帝、章帝外，几乎都在幼年继位。因而每一代开始时，总是由皇太后临朝称制。这些年轻的皇太后，要掌握封建国家的专制权力，只能依靠两种人，一种是她的父兄，即外戚；另一种是她身边的奴才，即宦官。皇帝长大后，有时也会跟外戚、宦官发生冲突，甚至相互残杀。但是，一般说他们是三位一体的，在本质上并无区别。外戚与宦官，是专制主义皇权的左右手，是寄生在皇权肌体上的一对毒瘤。

章帝死后，和帝即位，年仅 10 岁，窦太后临朝，其兄弟窦宪、窦景等，并居机要，掌握实权。当时，窦氏一门富贵，其子弟亲戚，飞黄腾达，所受赏赐，使东汉政府"仓帑为虚"。窦氏兄弟都骄纵不法，其"奴客缇骑……侵陵小人，强夺财货，篡取罪人，妻略妇女。商贾闭塞，如避寇仇"①。在击破北匈奴后，窦宪任大将军，权势更盛，"刺史守令，多出其门"②。窦氏的熏灼权势，和日益长大的皇帝发生了矛盾。永元四年（92 年），汉和帝在宦官郑众等人的帮助下，诛灭了窦氏势力。郑众因功封侯，参与政事，宦官势力开始增长起来。

和帝死，邓太后为了长期把持政权，废和帝长子，立生下仅百日的婴儿为帝，即殇帝。殇帝死后，她又迎立年仅 13 岁的安帝，继续由自己掌握大权，她的哥哥邓骘辅政。从窦氏的失败中，邓太后吸取了教训，她比较注意抑制其兄弟子侄的过分骄横，在控制政权方面，则更多地依靠宦官。《后汉书·宦者列传》载："邓后以女主临政……朝臣国议，无由参断帷幄，称制下令，不出房闱之间，不得不委用刑人，寄之国命。手握王爵，口含天宪"，宦官掌握了专制权力，有的宦官还"兼领卿署之职"。邓太后死后，因为争权夺利，安帝乳母王圣、宦官李闰等，诬告邓骘兄弟及宦官蔡伦图谋废立，铲除了邓氏势力。安帝亲政后，阎皇后兄弟阎显等及帝舅耿宝，并为卿校，典掌禁兵；宦官

①② 《后汉书》卷二三《窦宪传》。

李闰、江京、樊丰等，并掌机要，形成了外戚、宦官共同把持政权的局面。

安帝统治时期，政治败坏。外戚宦官更相勾结，“属托州郡，倾动大臣。宰司辟召，承望旨意，招来海内贪污之人，受其货赂”[①]，甚至随意假作诏书，胡作非为。安帝死后，阎显又依恃其妹皇太后的声势掌握大权。不久，另一派宦官孙程等19人，又消灭了阎氏势力，迎立被废的皇太子刘保，是为顺帝。在外戚宦官的互相争斗中，皇帝已完全成了傀儡。

永建七年（132年），梁商的女儿立为顺帝皇后，从此政权逐渐落入外戚梁商、梁冀父子手中。建康元年（144年），顺帝病逝，年幼的冲帝（2岁）、质帝（8岁）相继即位，梁太后临朝，梁冀为大将军、录尚书事主持朝政，外戚势力达到登峰造极的地步。质帝只说了他是“跋扈将军”，就被毒死。太尉李固等主张建立长君，以安定帝位，触犯了他的忌讳，都被诬陷下狱处死。梁冀与宦官曹腾合谋，扶立尚未成年而又昏庸无能的桓帝。从此“威行内外，百僚侧目，莫敢违命，天子恭己而不得有所亲豫”[②]。当时，朝廷的大小政事，都由他决定；百官的升迁任免，都要先到他家里谢恩，才能到尚书台办手续；地方郡县每年进献的贡品，要先把上等的送给梁冀，然后才把次一等的献给皇帝。专横暴虐，达到了极点。

梁冀和他的妻子孙寿，都穷奢极侈，大肆搜刮财富。携带财物请求升官或免罪的人，道路相望。梁冀在洛阳周围，霸占了很多园苑，“西至弘农，东界荥阳，南极鲁阳，北达河、淇，包含山薮，远带丘荒，周旋封域，殆将千里”[③]。他又在河南城西起造了一个周围数十里的兔苑，一个西域商人不知禁忌，误杀一兔，结果连累而死的就有十多人。他还掠取人民做奴隶，多到数千人，称为“自卖人”。梁冀一家的残忍贪暴，引起了公愤，民间到处流传着“梁氏灭门驱驰”的咒骂声。梁冀的两个妹妹——皇太后和皇后死后，他失去了靠山。在一群宦官的策划下，桓帝消灭了梁氏势力，自公卿大臣至故吏宾客，因牵连而死、免者数百人，一时“朝廷为空”。没收梁冀的家财，拍卖后值钱三十多亿，等于当时东汉王朝半年的租税收入。

宦官单超、左悺、徐璜、具瑗、唐衡等五人，因讨灭梁冀之功，同日封侯，世称“五侯”。单超任车骑将军，位等三公。宦官的淫威，使得“中外服从，上下屏气”。顺从他们的，“光宠三族”；背逆他们的，就会“参夷五宗”。单超早死，四侯专横，民间称他们是“左回天，具独坐，徐卧虎，唐两堕”。

---

① 《后汉书》卷五四《杨震传》。

②③ 《后汉书》卷三四《梁冀传》。

他们作威作福，残害人民，“金银罽毦，施于犬马。多取良人美女以为姬妾，皆珍饰华侈，拟则宫人。其仆从皆乘牛车而从列骑”①。中常侍侯览，大肆聚敛，贪赃以巨万计，前后夺取民田118顷，住宅381所，模仿皇宫修建大规模住宅16区，都有楼阁、池塘、苑园。宦官的兄弟姻戚，宰州临郡，残害群众，“虐遍天下，民不堪命”，东汉王朝变成了一座人间地狱。

桓帝死，窦太后临朝，其父窦武任大将军辅政，立12岁的刘宏为帝（灵帝）。在宦官势力猖獗的情形下，窦武与官僚陈蕃等密议，图谋驱除宦官势力，但窦太后不肯。不久，机密泄露，宦官曹节等发动政变，窦武自杀，幽太后于南宫，处死陈蕃，独霸朝政。当时，灵帝刘宏常称“张常侍（张让）是我公，赵常侍（赵忠）是我母”。宦官成了皇帝的衣食父母，他们更为所欲为，肆无忌惮了。

二　党锢之祸

外戚宦官的腐朽黑暗统治，使东汉王朝面临崩溃的边缘。在此深重的社会危机面前，统治阶级中有一部分人，开始对东汉政权的前途感到忧虑。他们反对外戚宦官专权，要求改革政治，维系东汉王朝摇摇欲坠的统治。

反对外戚宦官擅权的营垒，以一部分开明的官僚为主体，还有一些太学生和郡国生徒。他们反对外戚宦官，除了为挽救东汉政权危机的共同出发点外，一个直接的原因是外戚宦官专权堵塞了他们的政治出路。外戚的党羽，宦官的爪牙，控制了从中央到地方的政权机构，选举不实的情况更加严重。权门请托，贿赂公行，时谚说：“举秀才，不知书。察孝廉，父别居。寒素清白浊如泥，高第良将怯如鸡。”② 选举制度混乱，太学生和郡国生徒不能按正常途径进入政治舞台，引起了他们的强烈不满，遂议论政治，品评人物，对外戚宦官进行猛烈的攻击。

官僚、太学生与外戚宦官的斗争，大体上分为两个阶段。第一阶段在顺帝以前，第二阶段为桓灵时期。

在第一阶段，反对外戚宦官的斗争，一般只是个别或少数人的行动，还没有形成一股势力。早在和帝初年，窦太后临朝，窦宪兄弟专权，骄纵不法，朋比为奸，激起了司徒袁安、司空任隗等人的反对，他们采取措施，打击窦氏的党羽爪牙，罢免亲附于窦氏的州郡官吏四十余人。和帝死后，司空周章因反对

① 《后汉书》卷七八《单超传》。

② 《抱朴子外篇》卷一五《审举》。

邓太后废嫡立庶，反对外戚（邓骘兄弟）宦官（郑众、蔡伦等）专权，企图发动政变，事泄后自杀。安帝末年，宦官与外戚阎显、耿宝相勾结，“属托州郡，倾动大臣”，虚耗国库，竭民资财。太尉杨震等人反复上书，抗议外戚宦官浊乱朝政。结果杨震被罢官，愤而自杀。阳嘉二年（133年），李固对策，要求“权去外戚，政归国家”，“罢退宦官，去其权重”，禁绝宦官子弟“为吏察孝廉”。[①] 汉安元年（142年），东汉政府派遣杜乔等八人分行州县，监察地方吏治，侍御史张纲，埋其车轮于洛阳都亭，公开宣言：“豺狼当路，安问狐狸！”并劾奏梁冀兄弟专权纳贿、结党营私，“无君之心十五事”。张纲的行动，震动了整个洛阳。

桓灵以后，朝政完全为外戚宦官势力所把持，连皇帝的废立，都操纵在他们手里。政治更加败坏，人民的苦难也越发深重，面对这种黑暗的现实，有更多的官僚和知识分子联合起来投入反对外戚宦官腐朽势力的斗争。这场斗争后来遭到镇压，造成了历史上有名的“党锢之祸”。这是斗争的第二阶段。

桓帝在位时，前期是梁冀专制，后期则五侯横暴，官僚和太学生与外戚宦官的斗争，从一开始就非常激烈。顺帝死后，围绕立帝问题，进行了多次较量，最后梁冀杀了反对派首领李固、杜乔，拥立桓帝。梁冀失败后，桓帝又被宦官所挟制，这就进一步引起了一部分官僚、太学生的愤怒。白马令李云露布上书，揭露宦官专权乱政，触犯了宦官的忌讳，被逮捕下狱。弘农郡五官掾杜众对李云以忠谏获罪，表示同情，又上书说愿与李云同日死。李固、杜乔和李云、杜众的斗争，得到了社会上的普遍同情，前后李杜之名，声满天下。

桓帝后期，宦官集团独霸政权，在这种背景下，涌现出一大批以清高自守、敢于抨击宦官势力的反对派人物。杜密为北海相，刘祐为河东太守，都翦除了一批所属县令长中的宦官党羽。其他如汝南太守刘瓆、南阳太守成瑨、山阳太守翟超、东海相黄浮等，都因与宦官势力斗争而名闻一时。在反对宦官集团的斗争中，李膺成为著名领袖。李膺出身于衣冠望族，他任河南尹时，因打击宦党而下狱，不久复为司隶校尉。宦官张让的弟弟张朔为野王令，贪残无道，畏罪躲在张让家中。李膺派人到张让家中搜出处死。许多宦官害怕李膺，不敢走出宫门。李膺敢于打击当权的宦官，名声越来越大，士大夫如能得到他的接待，就被认为是莫大的荣誉，称之为“登龙门”。他与太尉陈蕃、南阳太守王畅都受到士大夫阶层的敬重，在太学诸生中，流传说：“天下楷模李元礼，不畏强御陈仲举，天下俊秀王叔茂。”以李膺、陈蕃等为首的反宦官斗争引起

① 《后汉书》卷六三《李固传》。

了宦官集团的嫉恨。延熹九年（166 年），宦官派人诬告李膺与太学生及郡国生徒朋比为奸，“诽讪朝廷，疑乱风俗”①。桓帝遂诏令全国，逮捕“党人”，收执李膺、陈寔等二百余人。第二年，把“党人”赦归田里，禁锢终身。这就是第一次“党锢”。

永康元年（167 年），桓帝死，灵帝继位，太后父窦武为大将军辅政。窦武嫉恶宦官专宠，遂与陈蕃合作，起用被禁锢的“党人”，打算消灭宦官的势力。但因事机泄漏，宦官曹节、王甫发动政变，窦武兵败自杀，陈蕃等被害。建宁二年（169 年），宦官侯览使人诬告张俭结党谋反，曹节又乘机奏捕“党人”。李膺、杜密、虞放、范滂等百余人，皆死狱中；其他因仇怨相牵连，以至于死、徙、废、禁者六七百人。在搜捕“党人”时，有人劝李膺逃走，但他以“事不避难”的坚毅精神，挺身殉节。范滂的母亲勉励儿子说：“汝今得与李、杜（李膺、杜密）齐名，死亦何恨!”人民群众同情和支持被宦官集团迫害的所谓党人，某些党人逃亡时，“望门投止”。许多人“破家相容”。这说明，反对宦官专权，客观上反映了人民群众的利益和愿望。熹平元年（172 年），窦太后死，有人在洛阳朱雀阙上书写反对宦官专权的文字。宦官集团又一次四出搜捕“党人”及太学诸生千余人。熹平五年，又下诏规定，凡是“党人”的门生、故吏、父兄子弟及五服以内的亲属，一律免官禁锢。这就是第二次“党锢”。这次党锢持续了十几年，直到黄巾大起义后，东汉政府才宣布赦免“党人”，起用他们去镇压农民军。

三　阶级矛盾的进一步激化

东汉中期以后，各种社会矛盾日趋激化。随着豪强地主势力壮大，封建大土地所有制不断发展，土地兼并激烈进行，大批农民失掉土地，沦为农奴或流民。由于外戚宦官专权，政治黑暗，官吏贪残，横征暴敛，敲诈勒索，人民负担沉重，苦难日深。加上因多次镇压羌族人民的起义，造成了“弃农桑，疲苦徭役”②，“兵役连年，死亡流离”③ 的恶果，社会生产遭到严重破坏。

到了桓帝、灵帝统治时期，统治阶级更加腐朽。后宫彩女都有数千人，衣食之资日费数百金。国家财政枯竭，经常减百官俸禄，借王侯租税，以应付军

① 《后汉书》卷六七《党锢列传》。
② 《后汉书》卷八七《西羌传》。
③ 《后汉书》卷六《质帝纪》。

国急需；桓帝还公开地卖官鬻爵，大肆聚敛。延熹四年（161年），“占卖关内侯、虎贲、羽林、缇骑营士、五大夫，钱各有差”[1]。到了灵帝时期，更变本加厉，拼命搜刮。他公布卖官的价格，二千石二千万，四百石四百万。[2]卖官时既收现钱，还可赊欠，规定“其富者则先入钱，贫者到官而后倍输”[3]。不同的对象也可以有不同的价格。既然可以用钱买官，贪污就成了合法行为，官吏一到任，就尽量搜刮。政府为了多卖官，就经常调换官吏，甚至一个地方官，一个月内就调换几个人。这个刚搜刮走了，那个又来搜刮。为了刮钱，灵帝还规定，郡国向大司农、少府上交各种租税贡献时，都要先抽一分交入宫中，谓之“导行钱”。又在西园造万金堂，调发司农金钱、缯帛充积其中，作为他的私藏。他还把钱寄存在小黄门、中常侍那里，各有数千万。他老嫌钱不多，还巧立名目，任意科派。因为南宫失火，他就下令天下田每亩纳税十钱，作为“修宫钱”。官吏的升迁都要缴纳“助军钱”“修宫钱”，大郡数至二三千万。

东汉王朝的腐朽统治，以及统治者对人民敲骨吸髓的压榨，严重地破坏了社会生产力，水旱蝗灾连年不断，人民更无法生活。永兴元年（153年），全国有三分之一的郡县遭受水灾、蝗灾。延熹九年（166年），司隶、豫州发生大饥荒，饥饿而死者十有四五，“至有灭户者”[4]。到灵帝时，“河内（治今河南武陟）人妇食夫，河南（治今河南洛阳）人夫食妇”[5]。人民在毫无生活出路的时候，只有起来反抗，争取生存。

东汉后期的七八十年间，阶级矛盾尖锐，社会动荡不安，小规模的农民起义此伏彼起，连绵不断。据不完全统计，从永初三年（109年）至熹平元年（172年），中小规模农民暴动多达43次。特别在桓帝时期，几乎年年都有暴动。这些起义虽然都被镇压下去了，但是人民并没有屈服。当时有一首民谣说：“小民发如韭，剪复生；头如鸡，割复鸣。吏不必可畏，小民从来不可轻。”[6]它生动地表现了农民阶级誓死和东汉统治者血战到底的决心。最终在中平元年（184年），酿成“遐迩摇荡”，“八州并发，烟炎绛天”的有36方之众参与的黄巾大起义。

---

[1][4]《后汉书》卷七《桓帝纪》。

[2]《后汉书》卷八《灵帝纪》注“山阳公载记”。

[3]《后汉书》卷五二《崔骃传》附《崔寔传》。

[5]《后汉书》卷八《灵帝纪》。

[6]《太平御览》卷九七六引崔寔《政论》。严可均《全后汉文》卷四六引《太平御览》作：“小民发如韭，剪复生，头如鸡，割复鸣，吏不必可畏，从来必可轻”。其文字显然有脱误。兹据邱汉生先生说校改。

四　黄巾大起义

太平道与张角　黄巾大起义与道教有密切关系。在东汉初年，道学的“柔道”思想虽一时成为治国的思想，但作为整个社会主体思想的仍是儒学，道学的流传主要还是在民间。约在东汉中期，形成了带有宗教性质的原始道教。

东汉民间原始道教重要的有两支，一为太平道。太平道以尊奉《太平清领书》而得名。《太平清领书》后来被称为《太平经》，是道教最早的经典。这部书以天干为序分为10部，每部17卷。这部巨著所包含的思想内容极为复杂，既有辟谷食气、符诀神咒、鬼魂邪怪、求神成仙之类的迷信思想，也有改造社会的主张，其中包括主张财富平均的言论，如提出“此财物乃天地中和之财”，“以共养人也”；“积财亿万，不肯救穷周急，使人饥寒而死”是人生六大罪之一，是“与天为怨，与地为咎，与人为大仇”。还提出“人无贵贱，皆天所生”的主张。东汉末年，这些教义在民间流传，对衣食无靠、濒于绝境的广大农民来说，具有很大的吸引力和煽动性。

在顺、桓帝时，曾有人将《太平清领书》献给朝廷，被以“不合明听”拒绝。其后是巨鹿（今河北平乡）人张角得到此书，并将之奉为经典，创立太平道。张角宣称太平道为黄帝、老子所创，故又称黄老道。灵帝时期，曾发生三次全国性的大疫，张角自称“大贤良师”，“奉事黄老道，畜养弟子，跪拜首过，符水咒说以疗病，病者颇愈，百姓信向之”。太平道的广泛传播，为张角最后举行起义做了思想与理论准备。

五斗米道与张陵　与太平道传播的同时，在巴蜀地区也流行着另一支由张陵领导的原始道教——五斗米道。凡入道者皆“出五斗米”，故名。其教义也主张平均、平等，主要活动于雍、益二州，根据地在汉中。

利用道教组织动员群众，是东汉末年农民起义的突出特点。

黄巾起义与失败　经过张角的努力，十余年间，徒众数十万，联结郡国，青、徐、幽、冀、荆、扬、兖、豫八州之人“莫不毕应”。张角将这数十万之众按地区分编为36方，大方万余人，小方六七千人，每方各立“渠帅”，宣扬“苍天已死，黄天当立，岁在甲子，天下大吉”的口号，并用白土在京城寺门及州郡官府门上写上“甲子”二字，表明太平道的意向、起事时间和斗争所指。

可是，在预定起义的前一个月，张角弟子济南人唐周上书告密，荆、扬渠帅马元义被捕车裂于洛阳，另有一千多徒众遭杀害。东汉政府连夜下令到冀州搜捕张角。于是，张角毅然决定提前起义，“晨夜驰敕诸方”。经过长期酝酿准备的各地太平道，“旬日之间，天下响应”，头裹黄巾，称黄巾军。张角自称“天公将军”，他的弟弟张宝称“地公将军”、张梁称“人公将军”。兄弟三人代表天、地、人三元，是黄巾军的最高统帅。

起义以后，黄巾的主力主要集中在三个地区：冀州黄巾军由张角兄弟率领，颍川黄巾军由波才领导，南阳黄巾军由张曼成领导，进攻矛头指向洛阳。东汉政府也主要围剿这三个地区。东汉朝廷派何进为大将军，调集大军防守洛阳周围的函谷、大谷、广城、伊阙、轘辕、旋门、孟津、小平津等八个要塞，同时，任命皇甫嵩、朱俊为左、右中郎将，率主力对付威胁洛阳最大的颍川黄巾；卢植、董卓对付冀州黄巾军。

起义军在最初三个月，取得了非常可喜的战绩：南阳黄巾一举攻克郡城，杀死太守褚贡；颍川黄巾军打败朱俊官军，并将之包围在长社（今河南长葛东北）；汝南黄巾大败太守赵谦于邵陵（今河南郾城东）；广阳黄巾击杀幽州刺史郭勋和太守刘卫。黄巾军初战的胜利，扩大了起义的声势。但是，由于黄巾军提前仓促起义，打乱了原定的部署，特别是京师洛阳起义计划没有实现，加上黄巾军缺乏作战经验和军事训练，不能坚持长久的战争。不久，波才领导的颍川黄巾军被皇甫嵩、朱俊、曹操所败；冀州黄巾军由于张角的不幸病逝，张梁、张宝先后阵亡，也失败；已取得宛城的南阳黄巾军由于领袖张曼成、赵弘相继战死，宛城陷落。黄巾军主力经过九个月的激烈战斗先后失败，但青州、徐州、益州、汝南、扬州各地的太平道仍不断举行起义。汉中的张鲁率领的五斗米道也举旗起义，一直坚持斗争到公元 215 年。

黄巾大起义失败后，摇摇欲坠的东汉王朝维持了二十余年，于建安二十五年（220 年）灭亡。一个统一的中央集权国家走向了分裂。

第五节　东汉文化和社会生活

东汉时期是我国古代文化发展的重要阶段，200 年的创造，在中国文明史上留下了不可磨灭的辉煌。

一　经学与学校教育

经今古文之争与综合　自西汉中期以来经学内部今文经与古文经两大学派

的争论，随着东汉的建立又重开战火，争论的焦点仍集中在立学官上。东汉建立，今文经的十四博士很快都立于学官。为了反对王莽的倡古行为，取消了古文经学官的资格。但是这时候的古文经学在朝野已有相当的势力，迫切要求将古文经立为学官，取得与今文经同等的地位。建武初年，《左氏春秋》暂时得立学官，因今文经师的极力反对，不久又废。章帝时，古文经师贾逵与今文经师李育以《左氏传》为对象反复辩难。东汉政府为统一经今古文两派意见，于建初四年（79年），召集经今古文大师在白虎观开会讨论五经异同，章帝亲临裁决。会后由班固整理记录写出《白虎通义》，内容虽以董仲舒思想为主，但也吸收了古文学派的意见。熹平四年（175年）由蔡邕等人写的“熹平石经”，就是据白虎观会议写的五经正定本。

汉章帝对古文经学非常重视，虽没立为学官，但下诏让“高才生受《古文尚书》《毛诗》《穀梁》《左氏春秋》”并“皆擢高第为讲郎，给事近署”。召开白虎观会议也有打破经今古文家法师承的含意。在会上古文经大师贾逵也以谶纬解经，从《左传》中找出刘姓为尧后，汉应为火德的证据，以诘责今文学派。白虎观会议之后，经今古文之争继续存在，并且出现一次大的争论。今文学家何休作《公羊墨守》《左氏膏肓》《穀梁废疾》，以责难古文经学。古文大师郑玄针锋相对，“发《墨守》，针《膏肓》，起《废疾》”，将何休驳得心服口服，叹曰：“康成入吾室，操吾矛，以伐我乎！”尽管有此争议，但经今古文学的综合趋势也是明显的。如贾逵撰“《齐诗》《鲁诗》《韩诗》《毛诗》异同”等，目的是在探讨经今古文学的共同成果。马融注经也是兼采众家之长。而集综合今古文经学之大成者，却是古文大师郑玄，故范晔在《后汉书·郑玄传论》中说：“郑玄囊括大典，网罗众家，删裁繁诬，刊改漏失，自是学者略知所归。”由于郑玄能择善而从，兼采今古文经学之长，他的著作才能流传至今，说明经今古文之争最终还是推动了中国古代的学术发展。

太学、郡学与私学 东汉的学校教育大体与西汉相同，分为太学、郡学与私学三个层次。

东汉太学，建立于建武五年（29年），当年就“诸生横巷”，学习人数空前。就学的不仅有太子和诸侯功臣子弟，甚至匈奴也遣子弟入学。和帝、安帝时，由于政治黑暗，太学一度很不景气。永建六年（131年），顺帝扩建太学校舍240房，1850室。同时扩大生源，除太常所择及郡国选送外，又增加公卿子弟及明经下第两种，并增加太学生的俸禄。本初元年（146年），质帝进一步扩大太学生名额，下诏令大将军以下至六百石的官吏，都要送子入太学。此后直至东汉末年，太学生经常维持在3万人左右。太学生学习的主要内容是

《诗》《书》《易》《礼》《春秋》等五经。教学是开大班上课和以高足弟子传授低年级学生，允许学生通过自学和向校外硕儒求教提高水平。每年考试一次，叫“岁试”，方式是“设科射策”，即抽签考试。七年考试合格者称“小成”，九年考试合格者称“大成”。朝廷根据考试情况授以不同官职。

灵帝光和元年（178年），宦官为了对付反对自己的太学生，在洛阳创建鸿都门学，这是一所专门教授辞赋、小说、尺牍、字画的学校，对于突破“独尊儒术”的教育政策有一定贡献。此外，东汉政府还创办了专门招收外戚子弟的“四姓小侯学”和对宫人教育的宫廷学校。

东汉时期的郡学和私学都很发达，班固在《东都赋》中说，“四海之内，学校如林，庠序盈门”，反映了当时地方教育发展的盛况。东汉私学教育模式同于西汉，由经师大儒自立的“精舍”“精庐”相当于太学，“学馆”“书馆”“书舍”“蒙学”等相当于小学。私学的学生分及门受业和著录弟子两种，及门受业指亲身受业听讲的弟子和高业相传授的弟子，著录弟子指在名儒、学者门下挂名，但不必亲来受业的弟子。私学教育的第一阶段是蒙学，称“书馆”，教师称“书师”，学生主要是通过学习字书认字。第二阶段是学习《孝经》和《论语》。经过《孝经》和《论语》的学习后，就可以进入太学或私学的精舍深造。东汉教育的繁盛对东汉经学的发展与文化的进步起了巨大的推动作用。

二　哲学和宗教

东汉是我国哲学发展和宗教形成的重要时期，一方面是谶纬神学的极端泛滥、道教的形成和佛教的传入，另一方面是桓谭和王充对谶纬神学、佛教灵魂不灭观念的猛烈抨击。东汉时期唯物主义对唯心主义的论战，推动了中国哲学的发展。

谶纬神学的泛滥　谶纬是一种庸俗的经学和迷信的混合物。谶是用诡秘的隐语、预言作为神的启示，向人们昭示吉凶祸福和治乱兴衰。这类东西往往有图有文，故称图谶。为了显示其神秘性，图谶又往往做一些特殊的装饰，或染成一种特殊的颜色，所以又称符命或符箓。纬是相对儒家的“经”来说的，即是假托神意来解释儒家经典的纬书。当时有《诗》《书》《礼》《乐》《易》《春秋》《孝》等纬书，总称七纬。

谶作为一种预言出现于春秋时期的秦国。史载，秦穆公梦中会见上帝，上帝告知“晋国将大乱，五世不安，其后将霸”。“秦谶于是出矣”。到了秦代，如“亡秦者胡也”“今年祖龙死”等，都是当时人们假借上帝之名制造的谶语。谶语的制造到汉代达到了全盛。在王莽摄政时，上帝几乎每天都有为王莽准备做皇帝的预示。到了东汉刘秀要做皇帝时，又出现了《赤伏符》42篇。公孙述要做皇帝，也找到了许多上帝规定他应做皇帝的谶语。古文经出现后，有人利用这些上帝的言语来神化儒经，这些编辑起来的谶语，便叫纬书。

东汉是谶纬的泛滥时代，刘秀用人施政都要以谶纬作为根据，对经典的解释也都以谶纬为最后结论。“初，光武善谶，及显宗、肃宗因祖述焉。自中兴之后，儒者争学图纬，兼复附以妖言。”① 谶纬被奉为官方“内学”，儒学生徒均需记诵。朝政和学术都渗透着谶纬之气。

桓谭《新论》和王充《论衡》　在社会上谶纬盛行之际，东汉出现了两位在中国哲学史上具有划时代意义的人物——桓谭与王充。

桓谭（约前40～公元32年），字君山，沛国相（今安徽淮北）人，生活于西汉末东汉初年。在西汉末年成、哀、平三代，一直做位卑禄薄的郎官，王莽时任掌乐大夫。东汉建立后任议郎给事中。后来，因在刘秀面前公开批评图谶怪诞非经，几乎被下狱处死，后死于贬谪途中。

桓谭的主要著作是《新论》，共29篇，至宋代已散佚，现流行的是后人的辑本。桓谭是反对谶纬神学的不屈战士，多次上书刘秀，批判谶纬：“今诸巧慧小才伎数之人，增益图书（指谶纬符命），矫称谶记，以欺惑贪邪，诖误人主，焉可不抑远之哉！”在《新论》中指出王莽虽终日抱图谶符命，也没有逃脱灭亡的命运，因为“为政不善，见叛天下”。批判天人感应，认为万物有生，“天非故为作”，而“灾异变怪者，天下所常有，无世而不然”。反对灵魂不灭的观念，用烛火比喻阐发形神关系：“精神居形体，犹火之然（燃）烛”，“烛无，火亦不能独行于虚空”。反对长生不老的神仙方术，认为：“生之有长，长之有老，老之有死，若四时之代谢矣。而欲变易其性，求为异道，惑之不解者也”。桓谭的这些思想，对我国哲学的发展具有划时代的意义。

王充（27～约97年），字仲任，会稽上虞（今浙江上虞）人，出身“细族孤门”。自幼聪颖好学，被保送入读太学，因家贫买不起书，“常游洛阳市肆，阅所卖书，一见辄能诵忆，遂博通众流百家之言”。王充仕途不顺，后去职还乡，以教书维持清贫生活。王充好论说，始若诡异，终有理实。以为俗儒守文，多失其真，乃闭门潜思，绝庆吊之礼，户牖墙壁各置刀笔，著《论衡》85篇，20余万言，“释物类同异，正时俗嫌疑”。《论衡》全书贯穿着反儒、反谶

① 《后汉书》卷五九《张衡传》。

纬、反迷信的精神，以唯物观为哲学的出发点，是一部中国古典唯物论的不朽之作。

《论衡》的内容十分丰富，论及天地自然、家居、圣人、吏治、富贵、谶纬、卜筮、鬼神等诸多当时社会的热点问题。在《书虚》《验符》《指瑞》《讲瑞》等篇中，反对谶纬符瑞有征。认为“世信虚妄之书，以为载于竹帛上者，皆贤圣所传，无不然之事，故信而是之，讽而读之。睹真是之传，与虚妄之书相违，则并谓短书不可信用”。符瑞的实质是天人感应说，王充在《明雩》和《变动》中，肯定“夫人不能以行感天，天亦不随行而应人”，“人不能动地，而亦不能动天”。人间社会的一切根本就不是上天的有意安排。

王充对谶纬符瑞的非议，触动了整个社会。王充的这种大无畏的勇气还体现在《问孔》《刺孟》篇中，公开反对把儒学经典当作圣经。认为“贤圣下笔造文，用意详审，尚未可谓尽得实，况仓卒吐言，安能皆是？……案贤圣之言，上下多相违；其文，前后多相伐者。世之学者，不能知也。”王充在文中列举了贤圣之言自相矛盾的诸多例子，揭开了谶纬的神秘面纱，冲淡了儒家学说的神圣性。

《谈天》《自然》两篇是王充唯物哲学思想的基石，王充在此提出了“气”是世界万物根本的理论。认为“气”是客观世界最基本的元素，它“广大无垠，无边无际，不生不灭”，“夫天覆于上，地偃于下，下气蒸上，上气降下，万物自生其中间矣”。人与万物都是“因气而生，种类相产”。

由气是万物基础的原理出发，王充在《论死》篇中论及了长生不老的神仙方术和人死为鬼的迷信。认为“凡有生者必有死”，“阴阳之气，凝而为人，年终寿尽，死还为气”。“人之所以生者，精气也，死而精气灭。能为精气者，血脉也，人死血脉竭。竭而精气灭，灭而形体朽，朽而成灰土，何用为鬼？”他继承桓谭的烛火之喻，把人的形体、精神和知觉的关系比作蜡烛、烛火与烛光的关系：“人之死，犹火之灭也。火灭而耀不照，人死而知不惠，二者宜同一实。……火灭光消而烛在，人死精亡而形存。谓人死有知，是谓火灭复有光也。”深刻的理论与形象的比喻，生动而有力地说明了人的生死原因，特别是人死与鬼的关系，肯定人死后不为鬼，不能说话，更不能害人。

《实知》篇是王充关于认识论的总述，他认为“不学自知，不问自晓，古今行事，未之有也”。要认识事物，“须任耳目以定情实”。同时要通过“心意”“案兆察迹，推原事类”“原始见终”“由微而见较”“方比物类”，方可避免“失实”。同时强调实践对人的知识与技能的作用。王充已经认识到实践与知识、技能的关系，但未能在认识论上达到完满，错误地把知识分为难知之事和不可知之事，“故夫难知之事，学问所能及也；不可知之事，问之学之，不能晓也”，陷入了不可知论。

王充的哲学毕竟是处在一个传统农业社会里的哲学，不可能将唯物论原则贯彻到底。即使王充构建了一个唯物的气说理论，在论及人间社会的富贵论题时，仍走不出命定论的藩篱。尽管如此，仍不损王充对中国古代哲学的建树，他对于科学的大无畏气概仍受到人们称颂。

《论衡》一书在当时被视为“诡异”禁止流行，埋没将近百年。直到灵帝时，才由蔡邕发现，带至洛阳。蔡邕仍不敢公开献之世人，而密藏于书库。王充也被认为是离经叛道的异端，始终做小官，结果“裁节嗜欲”，老死家园。

道教的形成与佛教的传入 道教是中国的本土宗教，形成于东汉时期。古代中国是一个多神信仰的社会，随着专制主义中央集权国家的建立，在秦汉时期出现了以天帝为首、四方诸神拱护的神权等级系列，经方术士对诸神的筛选与改造，逐渐推出黄帝与老子作为道教的教主。

道教崇信神仙之说，并认为通过吃不死药，或经过修炼，都可以成仙。神仙说出现于战国末期。在秦至西汉中期，东海神仙的传说在方士的推演下，引起了人们的向往。在秦始皇的派遣下，方士徐福往东海寻求不死之药。汉武帝也曾在方士的蛊说下赶到东莱山会神人，甚至相信方士所说，封泰山即可白日飞升。由于汉武帝的迷惘，一时方士众多，有的浮海求神仙，有的入山采奇药，有的候神、辟鬼、望气、炼丹、祠灶等等。成帝时曾大罢郡国候神方士使者所祠祀的神庙475所。随着图谶神学的兴起，一些方士便以图谶求得了青睐。图谶在东汉布于天下，方术之士的名目繁多。自东汉桓帝起，随着社会危机的加深，一些方士开始编造经典，形成自己的宗教。如五斗米道创始人张陵，“客蜀，学道鹄鸣山中，造作道书以惑百姓”。[①] 从此以后，方士变成了道士，神仙之说形成为一种宗教。

东汉末年民间形成的道教有多支，以对张角的太平道和张陵的五斗米道的记载为详。《典略》：“太平道者，师持九节杖，为符祝，教病人叩头思过，因以符水饮之。得病或日浅而愈者，则云此人信道，其或不愈，则为不信道。”“（张）修法略与角同，加施静室，使病者处其中思过，又使人为奸令祭酒。祭酒主以《老子》五千文，使都习，号为奸令。为鬼吏，主为病者请祷。请祷之法，书病人姓名，说服罪之意。作三通，其一上之天，著山上，其一埋之地，其一沉之水，谓之三官手书。使病者家出五斗米，以为常，故号曰五斗米师。”

① 《三国志》卷八《张鲁传》。

“及鲁在汉中，因其民信行修业，遂增饰之。教使作义舍，以米内置其中，以止行人。又教使自隐，有小过者，当治道百步，则罪除。又依月令，春夏禁杀。又禁酒。流移寄在其地者，不敢不奉。”从这些记载，可以看出原始道教的组织形式、信奉主神、经典内容、传教方式、信徒约束和宗教禁忌。东汉以后，道教就正式成为我国流行的重要宗教之一，对历史与文化产生重要的影响。

佛教产生于公元前 6 世纪的印度，大约到了东汉初年开始传入我国。史载，中国人信仰佛教的第一人是光武帝之子楚王刘英。“（刘）英少时好游侠，交通宾客，晚节更喜黄老，学为浮屠斋戒祭祀。”[①] 佛教传入中国后，先在宫廷，后在民间逐渐得到传播。

首先传入中国的，不是佛经，而是佛像，后来才有佛经的传译。汉桓帝时，西域安息人安世高和月氏人支娄迦谶是最早来到中国内地译经的两人。安世高相传是安息国王子，于桓帝建和元年（147 年）来到洛阳，翻译佛经 35 部、41 卷；支娄迦谶于桓帝延熹十年（167 年）来到洛阳，翻译佛经 3 部、14 卷。佛经的翻译和流传标志着佛教正式在中国传播。

佛教在中国初期流行的是上座部教。佛教宣扬的教义可归纳为：宣扬“人死精神不灭”；宣扬“因果”报应；认为要“行善”“修道”为来世造福；不杀生，专务清静。上座部的教义，重点是讲“禅数”，提出戒、定、慧三学。戒是根本，定指“禅”，慧是了解“数”即“数法”。“禅”也有各种方法，一种叫“安般守意”（也译作“持息念”），“安”即吸气，“般”即出气，“持息”是控制呼吸，“念”是思念专一、专注一心。这种禅法要求有意识地控制呼吸，集中思想。中国道家的吐纳、食气等养生之术与之相近。所以，上座部教介绍到中国之后就很快被接受并流传起来。佛教传入中国，对中国古代的思想、文化、艺术都产生了极大的影响。

三　史学、文学、文字学和艺术

东汉的史学、文学、文字学和艺术在继承西汉的基础上，又出现了辉煌。

史学　《汉书》《东观汉记》是东汉时期重要的历史著作。《汉书》，班固撰，创造性地将《史记》体例运用于断代史的著述。《汉书》全书由十二本纪、八表、十志、七十列传组成，共 100 篇，80 万字。基本沿袭《史记》体例而

---

① 《后汉书》卷四二《光武十王传》。

稍作变更，改“书”为“志”，把“世家”并入“列传”。《汉书》在编纂学上的成就很大，它包举一代，自成一书，创造了纪传体断代史的体例；它在《史记》的基础上进一步整理了纪传体，使体例更加统一，历史资料和历史知识更加丰富。在《汉书》十志中，首创了刑法、五行、地理、艺文等四志，系统地整理了中国自西汉以来在刑法、哲学、地理、典籍等方面的资料和研究成果。《汉书》的不足就是失去了对社会的大胆批判精神。

《东观汉记》是我国第一部官修的纪传体本朝史书，参加撰述的史家可考者近 20 人，历时一百多年，因最后的编撰者蔡邕被王允杀害，而没有最后完书。据《隋书·经籍志》记载，共有 143 卷，记事起于光武帝刘秀，迄灵帝刘宏。该书在三国两晋南北朝时期很流行，与《史记》《汉书》并称“三史”。因承朝廷授意，书中充满对东汉皇帝的溢美之辞和大量的祥瑞灾异、图谶的记载。

文学艺术　西汉汉赋的极盛发展和城市建设的突飞猛进，极大影响了东汉汉赋的创作。班固的《两都赋》和张衡的《二京赋》都是以长安、洛阳为对象而创作的汉赋杰作。描述了长安与洛阳城市的雄伟、市井的繁华、宫室的壮美、杂技歌舞的盛况，反映了一代京都的繁荣景象和非凡气势。

《古诗十九首》是一组东汉晚期五言古诗的统称，梁代昭明太子萧统编撰《文选》时，把这些诗选在一起，题为《古诗十九首》。每首诗都是以诗的首句为题目。诗的内容分为两类，一类是抒发失意忧伤的苦闷，一类是抒发久别亲人的忧思。《古诗十九首》都是五言抒情诗，在艺术上有乐府民歌朴素自然的优点，表现手法细腻，语言精练，结构严谨，标志着我国文人五言诗的成熟。

《说文解字》，许慎（约 58～约 147 年）撰。成书于永元十二年（100 年），上说先秦之文，下解秦汉之字。全书 14 篇，分 540 部，收录 9353 字，其中重 1163 字，解说 133441 字。这是我国第一部字典，首创部首之例，将 9000 多字分别统摄于 540 部，第一次对中国文字进行大分类。以“六书”作为整理文字的条例，对每个字的形、声、义加以说明，在中国文字学史上具有不可磨灭的功绩，对于研究先秦两汉的语言文字、音韵训诂、文物典章制度具有重要意义。

绘画石刻　在汉代，皇帝的宫殿、贵族的邸第、官僚的府舍和地主的住宅，多用壁画装饰。东汉一代特别重视礼仪教化，曾于宫室中画大量古代圣帝贤后的图像。永平中，在南宫云台画邓禹等二十八功臣像；桓帝立老子庙于苦县，画孔子像于壁。灵帝光和元年（178 年），置鸿都门学，其中画孔子及七十二弟子像。地方郡守郡尉府舍中和陵墓中都绘有壁画。据《后汉书·南蛮西南夷列传》:“是时郡尉府舍皆有雕饰，画山神海灵、奇禽异兽，以眩耀之。”陵墓绘画，如画家赵岐先自为寿藏，图季札、子产、晏婴、叔向四像居宾位，又自画像居主位，皆为赞颂。乡庙也绘壁画，如延笃于元康元年卒于家，乡里图其形于屈原之庙。绘画的发展，涌现了张衡、蔡邕、刘旦、杨鲁、赵岐、刘褒等有名的画家。张衡图骇神，蔡邕图烈女，刘旦、杨鲁图圣贤，赵岐画墓阙，皆传神入妙。刘褒画云汉图，人见之觉热，画北风图，人见之觉冷，可见绘画技巧之绝。

随着绘画的发展，东汉的石刻也繁盛一时，著名的有山东嘉祥县的武梁祠石刻、肥城县的孝堂山祠石刻、沂南县的东汉墓石刻等。内容有攻伐、出游、狩猎、乐舞、宴会、庖厨、神怪等，十分丰富。东汉的石刻，线条流畅，刀法娴熟，有极高的艺术价值。

四 科学和技术

东汉是我国古代科学和技术发展的一个重要时期，在天文、历法、化学和医学上都取得了划时代的成就。

天文历法 随着我国古代科学家对天体认识的深入，在两汉形成天体理论的三大学说，即盖天说、浑天说和宣夜说。成书于公元前1世纪的《周髀算经》是盖天说的代表作，认为天为半圆形，地成拱形，日月星辰附着于天地平转。这一学说建立在人们感性视觉的基础上，在汉代已为越来越多的天文观测所否定。东汉前期的郄萌是宣夜说的代表，他认为“天了无质，仰而瞻之，高远无极”，根本不存在一个固体的天体，日月众星在充满气的物质的无限宇宙空间运动。东汉杰出的科学家张衡是浑天说的代表。

张衡（公元78～139年），字平子，南阳西鄂（今河南南阳石桥镇）人。是著名的科学家、文学家和画家，先后担任太史令达14年之久，其《二京赋》曾传诵一时。他的《浑天仪》一文全面总结和论述了浑天说的理论，认为“浑天如鸡子，天体圆如弹丸，地如鸡中黄，孤居于内。天大而地小，天表里有水，天之包地，犹壳之裹黄。天地各乘气而立，载水而浮”。这是以地球为中心的宇宙理论。张衡的《灵宪》一文，还系统完整地描述了天地万物生成变化发展过程，探索了五大行星运动快慢及其与地球运动的关系。他依据浑天说理论，制造的水运浑天仪，以漏水为原动力，通过转轮系统的转动，近似正确地把天象演示出来。他还于132年首创世界第一架地震仪——地动仪，并准确地记录了138年在甘肃发生的强震。

在西汉历法研究的基础上，东汉晚期的刘洪创立了乾象历，将东汉早期天文学家李梵、苏统等人发现的月亮视运动不均匀性的成果运用于交食的推算，提高了日月食推算的准确性。他还使用较前准确的回归年和朔望月长度的新数据，对后世产生了积极的影响。

化学　中国早期的化学与炼丹术有密切联系。在秦与西汉方士的探索和经验积累的基础上，东汉末期的魏伯阳著成了《周易参同契》一书，被认为是世界所存最早的炼金专著。书中总结了当时炼金炼丹的技术和知识，介绍了水银与铅、硫磺等的化学反应，记载了汞、硫、铅、丹砂等炼丹、炼金的药物，提到胆矾、云母、氯化铵、铜、金等物质，说明当时已经获得了不少元素的知识。但该书还不能将化学同迷信分开。西方学者认为，《周易参同契》是“目前所知最早的炼金术专著。该书载有许多带有迷信色彩的资料，并用一些异想天开的名称隐喻所用的许多制法和试剂，这和西方的情况并无两样。不过，它仍可表明作者是一位实用化学家”。[①]

医学　张仲景和华佗两位名医为东汉的医学发展做出了贡献。在西汉病理学与治疗学的基础上，张仲景的《伤寒杂病论》奠定了我国中医治疗学的基础。张仲景（约150～219年），名机，南阳郡（治在今河南南阳）人。他“勤求古训，博采众方”，“精究方术”，继承前人成果，总结医疗实践，写成了光耀千古的《伤寒杂病论》。这部书后来被西晋医学家王叔和整理成《伤寒论》和《金匮要略》二书。《伤寒杂病论》已具备八纲：阴、阳、表、里、虚、实、寒、热等对疾病诊断的认识方法。他从对伤寒和杂病的各类病症中，总结出许多治疗方法，后人将其归纳为“八法”：邪在肌表用汗法，邪壅于上用吐法，邪在半表半里用和法，寒症用温法，热症用清法，虚症用补法，积滞、肿块用消法。该书还记述了许多行之有效的医疗方法、药方和药剂制作工艺，直至今日仍有实用价值。《伤寒杂病论》从辨症、立法、拟方、用药等各个环节，建立了一整套辨证治疗的医疗原则，奠定了我国中医治疗学的基础，标志着我国中医理论走向成熟。

华佗（约2世纪中叶至3世纪初），字元化，沛国谯（今安徽亳州）人，以精到的外科手术和麻醉术著名。史载，华佗对于“若疾发结于内，针药所不能及者，乃令先以酒服麻沸散，既醉无所觉，因刳破腹背，抽割积聚。若在肠胃，则断截湔洗，除去疾秽，既而缝合，傅（敷）以神膏，四五日创愈，一月

① 亨利·M·莱斯特：《化学的历史背景》，第59页。

之间皆平复”。[1] 华佗还编创了一套模仿禽兽动作的体育健身操——“五禽之戏”。其弟子吴普常操五禽之戏，年过九十仍“耳目聪明，齿牙完坚”。华佗还“精于方药”，精于针灸。华佗对中医学的发展有多方面的重要贡献。

药物学　成书于东汉的《神农本草经》，是我国现存最早的药物学专著。书中共收药物365种，其中植物药252种，动物药67种，矿物药46种。根据药物的性能和使用目的的不同，又分为上、中、下三品。上品120种，“无毒，多服久服不伤人”；中品120种，“无毒有毒，斟酌其宜”；下品125种，“多毒不可久服”。这是我国药物学的最早分类法，以后历代本草著作均相沿引用此法。书中对每一味药的记载都较详细，包括药物的主治、性味、产地、采集时间、入药部分和异名等，经过长期临床实践和现代科学研究，证明所载药物的药效绝大部分是正确的。

五　社会生活

随着社会经济的恢复和发展，国家政治的稳定与豪强地主田庄空前的壮大，中原与周边民族的交往，以及图谶的盛行、道教的形成和佛教的传入，东汉时期的饮食、起居、娱乐、信仰等方面的社会生活，在继承前代的同时亦带有某些特殊的内容。

饮食习俗　东汉的饮食习俗大体与秦、西汉相似，不同身份地位的人有不同的饮食习惯，一日或分二餐、三餐、四餐不等。如皇帝一日在平旦、昼、晡、莫（暮）四次进餐。《白虎通》：“平旦食，少阳（东方日出）之始也；昼食，太阳之始也；晡食，少阴（西方日入）之始也；暮食，太阴（夜晚）之始也。”

东汉时期的菜肴，除了肉食以外，蔬菜的食用也增多。据《四民月令》的记载，东汉时期的黄河流域种植的蔬菜多达20种，在瓜、瓠、芥、葵、冬葵、苜蓿、芜菁、芋、生姜、蘘荷、大葱、小葱、胡葱、大蒜、小蒜、杂麻、韭、薤、蓼、苏等20种蔬菜中，有8种是葱蒜类，又有生姜、蘘荷、蓼、苏四种调味品，说明东汉的餐饮已注意到了烹饪的去腥调味。山东诸城东汉孙琮墓壁画中有一个庖厨的宏大场面，共有42个厨子在劳作，宰杀、清洗、切割、劈柴、烧火、煮、烤、打火、端盆等分工有序。所见宰杀的家畜、禽、水产有牛、猪、狗、羊、兔、鸡、鸭、鹅、鱼、龟10种，反映了当时贵族富有的饮

① 《后汉书》卷八二《华佗传》。

食生活。东汉沿袭西汉饮酒之风，男女多有嗜酒者。《后汉书·马武传》："（马）武为人嗜酒。"经学大师郑玄能"饮酒一斛"。

饮茶也开始在东汉流行。王褒的《僮约》中就有"武阳买茶"之句，是将茶作为饮料的最早文字记载。正史中关于饮茶的最早记载见于《三国志·吴书·韦曜传》，但《汉书·地理志》中长沙国下有"荼陵"，可以推断西汉时期在南方个别地区有茶叶种植，并已成为人们的饮料，至东汉饮茶当较普遍。华佗曾说："苦荼久食益意思。"说明当时对茶的作用已有较多的认识。

庄园楼阁 在东汉，作为民居的一般状况，关中与陇上的普通人家多以板筑为房，黄河中下游普遍为茅庐，在长江流域和岭南普遍用竹作屋，北方的游牧民族以"穹庐"为居，而南方各族多为干栏或井干式建筑或"累石为室"。

作为东汉民居突出性发展的代表，是官僚宫殿式住宅和豪强地主的田庄。官僚宫殿式住宅以梁冀的豪宅为典型。《后汉书·梁统传》描绘梁宅"堂寝皆有阴阳奥室，连房洞户。柱壁雕镂，加以铜漆；窗牖皆有绮疏青琐，图以云气仙灵。台阁周通，更相临望；飞梁石蹬，陵跨水道"。与梁宅的建筑相比，其妻孙寿于街对面筑阴阳殿，"连阁通属，鱼池钓台，梁柱门户，铜沓纻漆，青琐丹墀，刻镂为青龙白虎，画以丹青云气。"豪强地主田庄一般都有墙院相围，建筑都是庭院式布局，有回廊环绕，东南西北四面有门，有的作为瞭望高楼，有的正门建有双阙，还有前后院。田庄的楼宇风格已成为东汉一朝住宅的象征。田庄的住宅可以分为干栏式住宅、日字形平面住宅、三合式住宅、曲尺形住宅等四大类型。此外，还修有楼和廊庑相连的建筑。在建筑结构艺术上，已大量采用"屋栏叠宇"支架起斗栱的抬梁式木结构。殿宇的斗栱有实板栱、一斗二升栱、一斗三升栱。斗栱中的栌斗、散斗形状也基本定型。壁柱上已能解决外转角处的复杂结构。柱形除方、圆两种外，又出现三角形等多种形式的柱，表现了建筑的精美和建筑艺术的高超。

娱乐习俗 喜歌好舞是中国古代社会自古以来的习尚，此风在东汉仍盛行，是人们表达喜悦心情和爱憎情感的普遍形式。上自官僚士大夫，下至平民百姓都能即席而歌，即兴而舞。马融"外戚豪家，多列女倡歌舞于前"。太原太守王智为蔡邕饯行，"起舞属邕"。张奂为武威太守时，"其妻怀孕，梦带奂印绶登楼而歌"。军队将士得胜，经常"歌呼而还"。成都天回山东汉崖墓出土的击鼓说唱陶俑，造型夸张，人物面部的幽默表情刻画得极为生动传神，表明东汉时期的说唱艺术已日臻成熟并广泛流传于民间。

音乐是东汉官僚士大夫上层社会中的又一种娱乐形式。在大量的东汉画像石上，都可以看到一旁三五人奏乐，一旁二三人舞蹈的图画。光武帝刘秀"每宴，辄令鼓琴，好其繁声”。《后汉书·桓帝纪》载：“前史称桓帝好音乐，善琴笙。”《后汉书·齐武王縯传》载，“永平中，法宪颇峻，（北海敬王）睦乃谢绝宾客，放心音乐”。说明音乐在东汉的上层已相当流行。琵琶等乐器在东汉后期自西亚传入中国后，迅速普及。

杂技百戏是自秦以来就为人们喜闻乐见的文娱形式，在东汉的画像石上有大量的杂技百戏的描绘。如山东诸城画像石上的百戏图，绘有给杂技百戏伴奏的乐队，有倒立、抛剑、甩带、跳碗、单手高台支立等杂技功夫表演，场面热烈，生动感人。

在东汉的社会上，还流行蹴鞠（踢球）、格五、弹棋、六博、斗鸡、走狗等娱乐活动，梁冀就曾以好此娱乐而闻名。《后汉书·梁统传》记载，梁冀“性嗜酒，能挽满、弹棋、格五、六博、蹴鞠、意钱之戏，又好臂鹰走狗，骋马斗鸡”。东汉上层社会最浩大的娱乐形式是车马出行。山东肥城孝堂山石祠的车马出行图描绘了一个壮观的场面，出行队伍中有单马驾车 4 辆、二马驾车 4 辆、单骑 60 人、大象 1 匹、骆驼 1 匹、步行者 27 人、骑象者 3 人、骑骆驼者 2 人、乘车者 15 人、驾车者 8 人，整个队伍总计为 115 人。在济南、睢宁、徐州、邳州等地的东汉墓画像中都可以见到规模不等的车马出行图。

信仰禁忌　东汉王朝的信仰禁忌，大体沿袭秦和西汉之俗，崇信“皇天上帝后土神祇”，郊祀五帝，封禅泰山。作为东汉一个突出的时代信仰，就是从天子至群儒对图谶的痴迷，甚至刘秀即位建元祭告天地时所依据的就是一个图谶：“刘秀发兵捕不道，卯金修德为天子。”与图谶信仰盛行相随的，是在民间形成的系统的祥瑞图。这些祥瑞图可以分为三类，一类是植物，如嘉禾、嘉莲、灵芝等；一类是动物，如奔马、朱雀、天鹿、凤凰、白虎、翼龙等；一类是羽人神仙和日月星辰，反映了民间追求吉祥的美好愿望和对生活的祝福。

周边各民族在与中原的经济和文化交往中，风俗也得到某种程度的改易。例如，在河西之地，“其俗多妖忌，凡二月、五月产子及与父母同月生者，悉杀之”。在张奂任武威太守时，“示以义方，严加赏罚，风俗遂改”。

第九章　三国两晋南北朝的社会进步和民族融合

（220～581 年）

第一节　三国鼎立

一　从军阀混战到三国鼎立

汉末军阀混战　黄巾起义沉重地打击了封建地主阶级及其政权，东汉王朝日趋衰落，接着出现的便是军阀割据、混战的局面。

黄巾军主力被镇压之后，东汉统治阶级内部的暂时联合很快就破裂了。少帝光熹元年（189 年），外戚、大将军何进谋诛宦官。他一方面拉拢大族袁绍兄弟，一方面密召并州牧董卓率军入京。不料谋泄，宦官先发制人，杀掉何进。接着袁绍入宫，又大杀宦官两千多人。这一事件结束了东汉长期以来的外戚宦官专权，但同时也使东汉中央权力出现了真空。董卓乘机率兵进入洛阳。

董卓入京后，废掉少帝刘辩，另立九岁的刘协为帝（献帝），自封相国，独揽朝政大权。董卓“性残忍不仁，遂以严刑胁众，睚眦之隙必报”，移都长安后为政“法令苛酷”,① 又打击异己，纵兵杀掠百姓，引起天下不满。

东汉的豪强势力，从建国以来就比较强大。在镇压黄巾起义过程中，州郡官吏和地方豪强又都壮大了力量，他们拥有武装，成了半割据势力。到中平五年（188 年），东汉政府又接受太常刘焉建议，把一些重要地区的州刺史改为州牧，选择有名望的官吏担任，总揽一州军政大权，从而使地方势力进一步加强，有了对抗中央的力量。初平元年（190 年），关东（潼关以东）的一些军

① 《三国志》卷六《董卓传》。

阀、豪强不满董卓专政，又企图乘乱争权夺地，以讨伐董卓为名，纷纷起兵。他们结成联盟军队，推举世家大族代表人物渤海太守袁绍为盟主，史称“关东军”。此时各地“名豪大侠，富室强族，飘扬云会，万里相赴”[①]，形成了对董卓的强大压力。董卓为保存实力，便挟持汉献帝西迁长安。初平三年（192年），董卓被部下吕布与司徒王允合谋杀死。接着他的部下李傕（jué，决）、郭汜等先杀王允，随即相互混战，关中大乱。

董卓死后，关东豪强地主的军事联盟便宣告瓦解，各自割据，相互混战；其他地方的一些地主集团也各霸一方，“大者连郡国，中者婴城邑，小者聚阡陌，以还相吞灭”[②]。经过近十年的混战与兼并，到建安四年（199年）时，全国大的割据势力便剩下孙策（据江东）、刘表（占荆州）、刘璋（据益州）、韩遂与马腾（占有凉州）、公孙度（盘踞辽东）等六七股，其中势力最大的是中原地区的袁绍和曹操。

官渡之战与曹操统一北方　在军阀混战初期，袁绍的势力发展较快，而曹操势力的发展则更令人注目。

曹操（155～220年），字孟德，小字阿瞒，沛国谯（今安徽亳州）人。父曹嵩，是宦官曹腾的养子，买官至太尉。史称曹操“少机警，有权数”，[③] 并有“不戚年往，忧世不治”[④] 的志向。因此，他虽然出身宦官家庭，却与腐朽宦官势力决裂，投向新兴世家大族一边，以敢于同宦官斗争知名，受到士大夫的好评。名士、太尉桥玄赞许他为“命世之才”，说能安天下者即曹操；[⑤] 另一大名士许劭称他为“治世之能臣，乱世之奸雄”[⑥]。

黄巾起义时，曹操以镇压起义有功升任济南（今济南市东）相、典军校尉。董卓入洛阳，曹操纠集家兵部曲五千人参加了讨伐董卓的联军。董卓被杀后，初平三年（192年），曹操被兖州地方官迎为兖州牧，他极力拉拢地方豪强武装。豪强任峻、李典、许褚等都率几百、几千家兵、部曲投靠他。同年，曹操在济北（今山东长清）打败了青州黄巾军，“受降卒三十余万，男女百余万口，收其精锐者，号为青州兵”[⑦]。军事力量得到了较大的扩充。

建安元年（196年），曹操势力扩展到了豫州，这时他采纳谋士毛玠、荀彧的建议，采取了两个大的措施：一是将此时东奔西窜，被军阀弃若敝屣的汉献帝迎到他的辖区许昌，使他在政治上取得了“挟天子以令诸侯”的优越地

①② 《三国志》卷二《文帝纪》注引《典论·自叙》。

③⑦ 《三国志》卷一《武帝纪》。

④⑤ 郭茂倩：《乐府诗集》卷三六。《宋书》卷二一《乐志三》作“不戚年往，世忧不治”。

⑥ 《三国志》卷一《武帝纪》注引孙盛：《异同杂语》。

位。二是募民屯田。当时，军阀混战，加之天灾，正常生产无法进行，所以军队的粮草供应一直是一个极大的问题。《三国志·武帝纪》注引《魏书》说："自遭荒乱，率乏粮谷。诸军并起，无终岁之计。饥则寇略，饱则弃余，瓦解流离，无敌自破者不可胜数。"甚至有的军阀部队以桑椹、蒲蠃充饥。曹操自己也常为军粮苦恼；他讨董卓无粮而新兵叛逃；征陶谦无粮而退兵；战吕布粮尽，其部下东阿（今山东东阿西南）令程昱倾县所有，只能凑三日军粮，其中还杂以大量人肉干。[①] 因此曹操曾感慨地说："夫定国之术，在于强兵足食。"[②]于是，在迎汉献帝都许昌的同年，他又开始在许下募民屯田，得谷百余万斛，初步解决了军粮问题。

曹操迎天子，行屯田，政治、经济双管齐下，抓住了建立霸业的关键。这样，他的势力逐渐强大。从建安二年（197年）开始，他先后大败袁术、攻杀吕布，打败刘表、张绣，击溃刘备，成为可问鼎中原的铁腕人物之一。

在曹操势力迅速发展之时，袁绍力量也更强大了。他本出身于"四世三公""门生故吏遍于天下"的世家大族，"汝南袁氏"在士大夫中有极强的号召力，又在消灭宦官势力中出了大力。在军阀混战中，他利用自己的地位和势力，先后占有了青、冀、幽、并四州之地，成为当时最大的军阀。在汉运将尽之际，他很想由自己统一中国，称帝天下，于是与曹操势力发生冲突。建安五年（200年），这种冲突终于演变成为一场大战——官渡（今河南中牟东北）之战。

官渡之战时，袁绍方面是兵多粮足，有大军十万，战马万匹；曹操则粮少兵寡，可用来作战的，大约只有一两万人。因此，从曹操到孔融等许多人都对战胜袁绍信心不足。曹操谋士荀彧、郭嘉等为曹操分析形势，指出袁绍有政治腐败、用人不当、治军不严、性格外宽而内忌、遇事优柔寡断等弱点，而曹军方面则与之相反，这些正是曹操的长处，从而给了曹操信心。他激励军队将士说："吾知（袁）绍之为人，志大而智小，色厉而胆薄，忌克而少威，兵多而分画不明，将骄而政令不一。土地虽广，粮食虽丰，适足以为吾奉也。"[③] 决心同袁绍一决胜负。

在战争中，曹操充分发挥了他杰出的军事才能，采取了声东击西、诱敌深入、后发制人的战术。他先佯渡延津（今河南卫辉东），似欲抄袁军后路，待

① 《三国志》卷一四《程昱传》注引《世语》。

② 《三国志》卷一《武帝纪》注引《魏书》。

③ 《三国志》卷一《武帝纪》。

袁绍分兵应敌，即迅速袭白马（今河南滑县东），斩袁绍大将颜良。然后循河向西，诱袁军渡河追击，又斩袁军大将文丑。然后主动后撤至官渡，阻扼袁绍十万大军达半年之久。最后，他采纳来降的袁绍谋士许攸的建议，偷袭袁军屯粮要地乌巢（今河南延津东南），杀守将淳于琼，焚掉粮食万余车。大将张郃等又在前线投降曹操，袁军军心动摇，全线崩溃，袁绍仅带八百亲兵逃回河北，余下七万多袁军士兵被曹操坑杀。袁军主力在此战中消灭殆尽。

官渡之战，是中国历史上著名的以少胜多的战例之一。[①] 此战奠定了曹操统一北方的基础。

战后第二年，袁绍忧愤而死。在以后几年中，曹操率军先后攻杀袁绍儿子袁谭、袁尚、外甥高幹，全部占有了原来袁绍的地盘。建安十二年（207 年），曹操又亲率大军远征乌桓，基本上统一了北方。

赤壁之战与三国鼎立的初步形成 曹操统一北方后，开始把进攻矛头指向南方长江流域，准备乘胜统一全国。建安十三年（208 年），他亲率大军南下，兵锋首先指向荆州的刘表和依附于刘表的刘备。

此时中国南方主要有四大军阀，即孙权、刘备、刘表、刘璋。

孙权字仲谋，富春（今浙江富阳）人。当时拥有江东六郡。但他继承父兄基业未久，万事待举，因此主要政策是“鼎足江东，以观天下之衅”[②]。先图自保，然后徐图天下。

刘备字玄德，涿郡涿县（今河北涿州）人，是汉朝的远支宗室（汉景帝子中山靖王刘胜之后）。在军阀中，他堪称为杰出人物，曹操曾对他说：“今天下英雄，惟使君与操耳。”[③] 但时运不济，在军阀混战中，他先后依附公孙瓒、陶谦、吕布、曹操等，却始终未能崛起。官渡之战时，他依附袁绍，袁军败后，又到荆州投靠刘表，至此已达八年，仍基本无所作为。但他致力于争取地主士大夫的工作取得了一些成绩，特别是三顾茅庐，请出了诸葛亮。诸葛亮为刘备分析天下大势，主张东结孙吴，内修政理，西和诸戎，南抚夷越，以荆州、益州为根据地，遇到时机，可兵分两路钳击中原，夺取天下。刘备感到如鱼得水，喜不自胜。但他此时终究寄人篱下，身孤力薄，不足单独与曹操抗衡。

刘表字景升，荆州牧；刘璋字季玉，拥有益州。史称荆州“北据汉、沔，

---

① 近来有学者对此结论有质疑。参见沈祖祥：《官渡之战是以少胜多的战役吗？——曹操官渡之战兵力考》，《江汉论坛》1991 年 4 月号。

② 《三国志》卷五四《鲁肃传》。

③ 《三国志》卷三二《先主传》。

利尽南海，东连吴会、西通巴蜀”，是极为富庶而又具有战略意义的“用武之国”。而“益州险塞，沃野千里”，号称“天府之土”，[①] 战略地位也十分重要。刘表、刘璋二人均较平庸，故荆、益二州便被其余军阀所觊觎。其中荆州扼长江咽喉，为兵家必争之地，尤为重要。所以，刘备军师诸葛亮、孙权谋臣鲁肃都曾力劝其主早日将荆州据为己有，而就在刘、孙犹豫不决之时，曹操已捷足先登了。

曹操军队还没有到荆州，刘表病死，少子刘琮代立。刘琮不敢与曹操对抗，于是向曹操请降。时刘备屯驻樊城（今湖北襄阳市汉水北），闻讯大惊，急忙率军退往江陵。曹操亲自率军昼夜追赶，将刘备军击溃于长坂（今湖北当阳），刘备只得又退往夏口（今湖北汉口）。同时派诸葛亮去柴桑（今江西九江市西南）见孙权，准备联合孙权共同抗曹。

曹操占领荆州之后，立即准备顺江而下，扫平东吴，并写信给孙权，进行恫吓，说他将率 80 万大军与孙权“会猎于吴”。

局势的急剧变化使孙权“坐江东，观成败”的政策无法继续实行，于是他召集群臣商议对策，会上主降、主战两派争论不休。诸葛亮到柴桑后，与周瑜、鲁肃一起为孙权分析双方形势，指出曹军有四大弱点：第一，后方不稳，“马超、韩遂尚在关西，为操后患”；第二，“北方之人不习水战”，而曹操“舍鞍马，仗舟楫”，以短击长；第三，“远来疲敝”，且荆州人心不服；第四，北方人“不习水土，必生疾病”。加之曹操的实际兵力，并非他所吹嘘的那么强大，他从北方带来十五六万，刘表降众有七八万，“尚怀狐疑”。因此，只要孙、刘联合，同心同德，是可以战胜曹军的。这些话，坚定了孙权联刘抗曹的决心。最后，孙权派周瑜领军三万，与刘备一万军队联合迎击曹操，双方在赤壁（今湖北赤壁市西北）[②] 相遇，于是爆发了著名的赤壁之战。

战争开始是双方打了一个小遭遇战，曹军失利，于是曹军北撤至乌林，孙、刘联军屯南岸，两军夹江而阵。曹军不习水性，便将船舰首尾相连，以减少颠簸。东吴乘机用计，派将领黄盖诈降。至时，东南风起，黄盖率蒙冲斗舰数十艘，上载浇注膏油的干柴，行至距曹军船舰二里余处时，黄盖点燃干柴“同时发火，火烈风猛，往船如箭，飞埃绝烂”[③]，曹操连环的船舰立即着

---

① 《三国志》卷三五《诸葛亮传》。

② 关于赤壁大战爆发的具体地点，历来有不同说法，先后有蒲圻赤壁、黄州赤壁、汉阳赤壁、江夏赤壁、嘉鱼赤壁、汉川赤壁、天门赤壁、钟祥赤壁、新洲赤壁之说。其中蒲圻说影响较大、证据最多，1998 年蒲圻市最终更名赤壁市。可参阅《赤壁有九何处是》（毛欣，《文史知识》1992 年 10 月)、《古战场蒲圻赤壁论文集》(湖北人民出版社 1991 年版)、《赤壁战地考》(武汉出版社 1990 年版）等论著。

③ 《三国志》卷五四《周瑜传》注引《江表传》。

火，同时延及岸边的曹军大营，一时烧得“烟炎张天”，曹军“人马烧溺死者甚众”[1]。孙刘联军水陆并进，曹操不敢再战，烧掉余下船只和物资，率残兵逃回江陵。以后曹操命曹仁守江陵，乐进守襄阳，自己便退回北方去了。

赤壁之战是继官渡之战后又一次以少胜多的光辉战例。曹操在赤壁之战的失败，使他统一全国的希望化为泡影。从此形成了天下三分的初步格局。

三国鼎立局面的确立　赤壁之战，对当时的形势产生了重大影响。

曹操战后深感一时无力征服南方，于是改变方针，转为着眼于对内经营。之后几年，他先后平定了凉州马腾、韩遂（211 年），汉中张鲁（215 年），取得了关中、凉州和汉中地区。军事上则对南方采取防御方针，西面固守汉中（后退守长安），南面力保襄阳、樊城，东南则死守合肥、寿春一线。这种局面，一直持续到曹魏初年。

战后刘备的势力得到了迅速发展。他战前一无所有，战后则先取得了荆州大部，从 211 年至 214 年，他又西攻刘璋，占有了益州。219 年，他两线出击，北面从曹操手中夺得汉中；东线镇守荆州的关羽进攻襄樊，掳于禁，斩庞德，威镇北方。这时，刘备真正成为了三足鼎立的一极，势力发展到顶峰。

孙权战后也颇有所得，他一方面同曹操争夺荆州和江淮地区，另一方面又派步骘招抚了占据广、交（两广及越南北部）的士燮兄弟，将岭南收归版图。但刘备势力的日益强大，特别是荆州关羽的发展，使孙权总感觉到上游门户大开，十分不安。于是他同曹操暗中联合，乘关羽集中兵力在襄樊一线进攻曹军之际，派吕蒙袭杀关羽，夺回荆州。这一行动，将刘备彻底封锁于三峡之内，使刘备两面钳击中原的计划流产，三国鼎立的趋势更加明朗。

建安二十五年（220 年），曹操病死。其子曹丕在是年十月废掉汉献帝，自立为帝（魏文帝），国号魏，都洛阳。第二年，刘备也在成都称帝，国号汉，史称蜀或蜀汉。222 年，刘备企图重新夺回荆州，以实施两面钳击中原战略。于是以替关羽报仇为名，调集所有兵力，亲征东吴，结果被东吴大败于猇（xiāo，消）亭（今湖北宜都北），狼狈退回蜀中。至此，曹、刘、孙三个集团的疆域基本固定。同年，孙权称王（229 年正式称帝），国号吴，都建业（今南京）。三国鼎立局面完全形成。

东汉末年的军阀混战，其结果并没有出现一个如秦、汉一样的大一统封建王朝，而是形成了三个割据政权鼎立的局面，这是由各方面条件造成的。

从客观条件上看，在地理上，蜀有剑阁、三峡之险，进可攻，退可守；吴

[1] 《三国志》卷五四《周瑜传》。

有长江天险，易守难攻。在经济上，蜀汉占有的益州“沃野千里”，素有“天府”之称；吴国占据的长江中下游，东汉以来经济也有一定的发展，足以立国。这两方面因素，为三国鼎立的出现提供了客观物质基础。

从主观因素上看，三大集团的领袖、谋臣、武将在水平上势均力敌，并各自在自己周围形成了人才群体。曹操用人不拘一格，惟才是举，故手下“猛将如云，谋臣如雨”。刘备、诸葛亮以诚待人，知人善任，“能尽时人之器用”①。孙权用人，与臣下同舟济水，忘短贵长，也使吴国“异人辐辏，猛士如林”②。这种人才智力因素上的均衡，使得当时三大集团在政治、军事、外交斗争中虽是波澜起伏，时有消长，但却能维持一种基本的均势，“力侔分社稷”③。再加上孙刘联盟，攻虽不足，守则有余。能动的主观因素与客观条件结合，便出现了三国鼎立的局面。

三国鼎立的形成，是局部的统一。它较之东汉末年军阀混战的局面，是一个较大的进步。它在推动三个相对独立地区内社会生产力的恢复和发展，开发少数民族地区等方面，都起了一定的积极作用。

二　魏国对北方地区的重建

恢复社会生产　东汉末年以来的军阀混战及封建兼并战争，给社会生产，特别是给黄河中下游地区的社会生产造成了极大破坏。时人称“百姓死亡，暴骨如莽”④；“名都空而不居，百里绝而无民者，不可胜数”⑤。曹操的《蒿里行》也说：“白骨露于野，千里无鸡鸣。生民百遗一，念之断人肠。”描绘出战后的一片凄凉景象。

面对这种情况，曹魏统治者采取了一系列恢复生产、发展经济的措施。

首先是大力解决土地同劳动力的结合问题，使农业生产能够正常进行。自东汉末年以来，流民问题一直很严重，桓、灵时就已达到数十万。军阀混战以后，由于大死丧和大流徙，政府能够控制的人口更少，“户口减耗，十裁一在”⑥，

---

① 《三国志》卷四一《杨洪传》。

② 《晋书》卷五四《陆机传》。

③ 杜甫：《谒先主庙》。

④ 《三国志》卷二《文帝纪》注引《典论·自序》。

⑤ 《后汉书》卷四九《仲长统传》。

⑥ 《三国志》卷八《张绣传》。

“至于民数，不过汉时一大郡”[1]。而与此同时，便是抛荒无主的土地日多，时人司马朗说：“今承大乱之后，民人分散，土业无主，皆为公田。”[2] 这种情况的出现，是恢复和发展生产的一大障碍，曹魏对此主要采取了两方面的措施。

一是国家采取半强制性手段使土地与劳动力相结合，这就是所谓“屯田”。其形式有民屯、军屯。

民屯始于建安元年（196 年）的许下屯田，之后第二年，曹操便下令“州郡例置田官”，把民屯推广到其他地区。当时在首都洛阳一带和黄河中游南北水利条件较好、土地肥沃或有战略意义的地区，大多设有这种民屯组织。民屯采用了军事组织的方式进行管理，将招募或强制迁移的流民（被称为“屯田客”或“典农部民”）“各五十人为一屯，屯置司马”[3]。司马之上逐级为屯田都尉、典农中郎将或典农校尉，中央则是大司农总领，自成一系统，不属郡县。政府对屯田民收取百分之五十至六十的田租。

军屯土地上的生产者，则是士兵和他们的家属（即所谓“士家”）。剥削率大致与民屯相同。军屯正式建立在建安二十三年（218 年）左右，黄初年间（220～226 年）大规模推行。大多设在有军队驻扎和“士家”聚集的地区，特别在与吴蜀对抗的地区，因有重兵和战略需要，规模尤大。典型者如淮河南北的军屯，“十二分休，常有四万人且耕且守”[4]，后来发展到十余万人[5]。基本单位是营（60 人），之上有度支都尉、度支中郎将或度支校尉等官职。

把屯田客和士家用军事编制组织起来，剥削率又重，这是他们不乐意的。加之“士家”的社会地位极低，饱受统治者的压迫歧视，所以屯田客、士兵逃亡或武装反抗的事件多有发生，劳动积极性也不高。但屯田制的实施，使那些处于战争环境下的地区的社会生产能基本进行下去，有一定的积极作用。

二是在屯田以外的地区大力招徕流民，劝课农耕，安定自耕农生产。曹魏对地方官的考核，不以浮言虚誉为准，而是以户口、垦田增减、盗贼多少为升降。因此地方官大都注意采取各种方式招抚流民，劝课农桑，如关中由政府出面买牛，“归者以供给之”，“流人果还”。[6]金城太守苏则“与民分粮而食，旬月之间，流民皆归，得数千家”[7]。扬州刺史刘馥为政以恩化为主，“流民越江

① 《三国志》卷一四《蒋济传》。

② 《三国志》卷一五《司马朗传》。

③⑥ 《晋书》卷二六《食货志》。

④ 《通典》卷二《屯田》。

⑤ 《三国志》卷二八《诸葛诞传》。

⑦ 《三国志》卷一六《苏则传》。

山而归者以万数”[①]。许多地方官为督促农民从事生产，采取各种手段，或令民养牛、马、鸡、豚、犬，“整阡陌、树桑果”；或教民“作耧犁”，“教衍溉”[②]，为恢复生产创造基本条件。为了使自耕农能安心生产，不再逃亡，曹魏在建安九年（204年）还颁布了较轻的田租户调令，“其收田租亩四升，户出绢二匹、绵二斤”。同时强调：第一，除此之外，地方官“不得擅兴发”，即不得再乱收苛捐杂税；第二，“郡国守相明检察之，无令强民有所隐藏，而弱民兼赋”[③]，即不准豪强向贫苦百姓转嫁负担。特别在户调上，曹操废弃了西汉以来的人口税均摊这种有利于豪强的方式，而是在户均绢二匹、绵二斤的基础上采取了按民户财产多寡定出户等，然后再按户等高低，富则多收、穷则少征的方法，这对广大自耕农是有利的。

在颁布田租调令的同时，曹操还下令“重豪强兼并之法”[④]，禁止豪强兼并土地，否认其有免役免税特权，曹操本人带头向国家缴税；重用能“抑强扶弱”、打击横行不法豪强的官员。豪强“各自检敕”[⑤]，“百姓喜悦”[⑥]，有利于调动自耕农的生产积极性。

除此之外，曹魏政权还十分注意兴修水利工程，如合肥一带的芍陂、茹陂、七门、吴塘诸堰，淮颍地区的广淮阳、百尺二渠，关中的成国渠、临晋陂，河北的戾陵遏、车箱渠，都是当时有名的水利工程。这些水利工程，少则灌田千余顷、数千顷，多则溉田万余顷、数万顷，对恢复北方的农业生产起了重要的作用。

通过以上一系列措施，到曹操后期，北方的农业生产已基本得到恢复，甚至有所发展。史称是时“关中丰实”，扬州“公私有蓄”、京兆“丰沃”，“编户皆有车牛”，沛郡“比年大收，顷亩岁增”，凉州“家家丰足，仓库盈溢”。[⑦]黄淮流域一带更是“农官兵田，鸡犬之声，阡陌相属”[⑧]。这种情形，与前述汉末之凄凉，形成了强烈的对比。

随着农业的好转，北方的手工业、商业也有所恢复，如被董卓烧毁的洛阳，文帝曹丕时尚“树木成林”，至齐王曹芳时，已成为“其民异方杂居，多豪门大族，商贾胡貊，天下四方会，利之所聚”[⑨]的繁华都市。在纺织业方

① 《三国志》卷一五《刘馥传》。

② 《三国志》卷一六《仓慈传》注引《魏书》。

③ 《三国志》卷一《武帝纪》注引《魏书》。

④⑥ 《三国志》卷一《武帝纪》。

⑤ 《三国志》卷一五《贾逵传》注引《魏略·杨沛传》。

⑦⑧ 《晋书》卷二六《食货志》。

⑨ 《三国志》卷二一《傅嘏传》注引《傅子》。

面，襄邑的锦绣，上党、代郡的麻布，都恢复了生产，并成为当时有名的产品。又如冶铁手工业，监冶谒者韩暨改良了冶铁技术，把既费工又低效的马排和人排改为水排，使生产效率提高了三倍。

曹魏农业、手工业、商业经济的恢复和发展，保证了它在三国竞争中立于不败之地，也为后来西晋统一全国奠定了物质基础。

统治机构与职能的调整　为了适应战争和重建北方地区的需要，曹魏在政治制度上也实行了一些改革和调整，首先从人才选拔制度上开始。

曹操崛起于东汉末年群雄角逐、胜者王败者寇的时代，并以统一天下为自己的奋斗目标，因此，能否得人才成为其事业成败的关键因素之一。但东汉以来的以经术、"德行"、门第为主要内容的察举制度，一方面已流于形式，充满着弄虚作假的现象，另一方面由于天下大乱，人才流移，也使这种察举不能正常进行。因此曹操果断地提出"唯才是举""任天下之智力"的选拔人才方针。从建安八年（203 年）至二十三年（218 年），他连续五次下令求贤，指出不论身份贵贱，品德如何，只要有"治国用兵之术"，便可选拔为官。在这一方针指导下，他"拔于禁、乐进于行陈之间，取张辽、徐晃于亡虏之内，皆佐命立功，列为名将。其余拔出细微，登为牧守者，不可胜数"①。大批有才能之士被不拘一格地吸收入曹魏集团，为曹操由弱至强、统一北方奠定了人才基础。

"唯才是举"是曹操改革旧人才制度的核心，但他并未完全摒弃旧制度中的合理部分。在《论吏士行能令》中，他提出了"治平尚德行，有事赏功能"的人才方针。特别是在赤壁之战后，其政策由对外征讨转为对内经营，其用人政策也开始向德才并举转化，史载此期他任用毛玠、崔琰主持选举，"拔贞实，斥华伪，进逊行，抑阿党。诸宰官治民功绩不著而私财丰足者，皆免黜停废，久不选用"②。这一方针，是适合当时巩固统治、整顿吏治、建立清平政治需要的。但由于在实行中矫枉过正，实际上形成了"其所举用皆清正之士，虽于时有盛名，而行不由本者，终莫得进"③ 的局面。这一结果，违背了前期"唯才是举"的精神，也为后来九品中正制的产生开了先河。

曹操死后，其子曹丕为争取世家大族的支持，接受了颍川士族陈群的建议，开始推行九品中正制度。

---

① 《三国志》卷一《武帝纪》注引《魏书》。

② 《三国志》卷一二《毛玠传》注引《先贤行状》。

③ 《三国志》卷一二《毛玠传》。

九品中正制度，又称九品官人法。其办法是：选择“贤有识鉴”的中央官吏兼任本州、郡、县的大小中正官，负责察访本州、郡、县散处在各地的士人，作出“品”“状”，供吏部选官参考。所谓“品”，是综合士人德才、门第（家世官位高低）评定的等级，共分九品，大致二至三品为高品（一品为虚设，无人能达到），四至五品为中品，五至九品为下品。在德才、门第中，定品时一般依据后者，叫“计资定品”。“状”是中正官对士人德才的评语，一般都只有一两句话（如“天才英博、亮拔不群”；“德优能少”等），是东汉后期名士品评人物的制度化。九品中正制度在最初既包括了“唯才是举”的精神，也含有照顾世家大族利益的意思，因此还能做到品、状并重。后来，由于中正官全由士族控制，则形成了定品全凭门第，状可有可无的情况。九品中正制成了士族地主垄断选举的工具，为门阀制度的形成铺平了道路。

魏文帝后，对中央和地方官制也进行了一番改革。中央官制的重要改变是设了中书监、令。东汉以来尚书权重，录尚书省权力尤大，实际上掌管机要，为宰相之任。曹魏置中书监、令，“掌赞诏命，记会时事，典作文书”①，“遂掌机衡之任，而尚书之权渐减矣”②。新设中书以分尚书之权，是曹魏在加强中央集权方面的新措施，为后来隋唐时期三省六部制的萌芽。

在地方官制上，曹魏将东汉末州牧制度固定化，正式形成州、郡、县三级制度。州刺史（或州牧）成为管辖地方的行政官。不仅如此，自魏开始，州刺史多带将军号，“任重者为使持节都督，轻者为持节”③，再次者为假节。不带将军号的刺史称为“单车刺史”。曹魏这种将州级军政大权集于一人的做法，对以后的影响相当深远，助长了地方割据趋势。

曹操末年，在立嗣问题上犹豫不定。故曹丕为帝后，猜忌兄弟曹植、曹彰等，极力削弱王国势力，“封建侯王，皆使寄地空名，而无其实。王国使有老兵百余人，以卫其国，虽有王侯之号，而乃侪为匹夫”。又设监国之官以监察诸王行迹，“王侯皆思为布衣而不能得”④。这种制度一直沿袭到魏末。

三　诸葛亮治蜀与蜀国的后期政局

蜀以今四川及云南、贵州的部分地区建国。四川虽号称“天府”，十分富

① 《通典》卷二一《职官典》三。

② 《通典》卷二二《职官典》四。

③ 《通典》卷三二《职官典》一四。

④ 《三国志》卷二〇《武文世王公传》注引《袁子》。

庶，但与曹魏占据的黄河流域相比，毕竟狭小得多。且自刘备兵败猇亭又病死之后，蜀国元气大伤，人才凋零，后主刘禅才智平庸，故时称蜀国“主幼国危”，政权有倾覆的危险。因此，诸葛亮在受刘备托孤辅佐后主之后，着重考虑的是如何使弱小的蜀国能迅速恢复元气，以对抗强大的魏国，维持三国之间的均势，进而“恢复汉室”。为此，他认真地实行了他在《隆中对》中提出的“西和诸戎，南抚夷越，外结好孙权，内修政理”，进而北伐以成霸业、兴汉室的治国方针。[1]

重建吴蜀联盟　猇亭之战后，蜀、吴联盟一度破裂。时孙吴乘战胜之威，封锁长江；又支持蜀南中夷帅叛乱，任命夷帅雍闿为永昌太守，同时任命原益州统治者刘璋之子刘阐为益州刺史，“处交、益界首”，以招降纳叛。这种局面的出现，对蜀国十分不利。因此，为了外成二弱（吴、蜀）以抗一强（魏）之势，内绝南中叛乱之外援，诸葛亮于223年十月派尚书邓芝出使东吴，重修盟好。邓芝见孙权，深入剖析联蜀抗魏之利，孙权乃下决心“绝魏，与蜀连和”[2]。自后双方聘问不绝，重归于好。这一举措，为蜀立国争取到了良好的外部环境。

内修政理　内修政理，发展经济，是蜀国在元气大伤之后重新崛起的关键，也是联吴抗曹的基础。诸葛亮对此十分重视，为此，他采取了两方面措施。

在政治上，诸葛亮针对益州自东汉以来“德政不举，威刑不肃”[3]的弊病，严格实行法治。当时，诸葛亮在统治阶级中行法，主要是为了打击、控制“专权自恣”的益州地主。但如果只对益州地主严厉，对外来地主宽松，也不能使人心服，所以他还强调执法公允。马谡、李严、廖立原来皆为诸葛亮所敬重，后马谡违背军令而被斩，李严、廖立皆以罪过免官。蜀人杨洪、何祗资历虽浅，因有政绩，皆被提拔重用。当时蜀人张裔称赞诸葛亮说：“赏不遗远，罚不阿近，爵不可以无功取，刑不可以贵势免”[4]。因此，在他执政期间，蜀国政治在三国中是最好的。陈寿说诸葛亮治蜀：“科教严明，赏罚必信，无恶不惩，无善不显。至于吏不容奸，人怀自厉，道不拾遗，强不侵弱，风化肃然也。”[5]在三国的政治家中，这个评价是独一无二的，说明诸葛亮通过法治，的确收到了使政治比较清明，社会风气逐渐好转的效果。

在经济上，诸葛亮充分利用了益州原有的有利条件，花了大约五年左右时

①⑤《三国志》卷三五《诸葛亮传》。

②《三国志》卷四五《邓芝传》。

③《三国志》卷三五《诸葛亮传》注引郭冲一事。

④《三国志》卷四一《张裔传》。

间，全力“务农殖谷，闭关息民”[①]。并大力发展水利事业。史载诸葛亮派1200丁对都安大堰（都江堰）进行护理，保障了成都平原的农业灌溉，“沟洫脉散，疆理绮错，黍稷油油，粳稻莫莫”[②]。当时的农业产量很高，绵竹、广汉一带的水田，能亩产三十斛以上。手工业方面，以盐、铁、织锦业最为发达。益州的许多地方都产井盐，成都“家有盐泉之井”，临邛的盐井工人已发明用天然气熬盐，即所谓火井煮盐。蜀设有司金中郎将，“典作农战之器”[③]。蜀还设有司盐校尉，王连任此职时，“较盐铁之利，利入甚多，有裨国用”[④]。织锦业尤为繁荣，在蜀锦产地成都，“阛阓之里，伎巧之家，百室离房，机杼相和”[⑤]。所产蜀锦驰名全国，远销吴、魏，是军费的一大来源。直到蜀亡，国库尚有锦、绮、彩、绢各20万匹，织锦业之盛可见一斑。

和戎抚夷　在蜀汉的南部，即今之云南、贵州和川南地区，当时称为“南中”，生活着许多少数民族，总称为“西南夷”。东汉以来，政府对他们压迫十分残暴，所以反抗也十分频繁，刘备定蜀，置庲降都督控制南中，并用南中夷汉豪强任地方官。但仍只是一个大体控制，统治并不巩固。在223年刘备死、蜀国“主幼国危”的形势下，南中又发起了反叛。先是越嶲（今四川西昌）夷帅高定杀郡将，举兵称王，既而牂牂柯（今贵州凯里）郡丞、大姓朱褒和益州（今云南晋宁）大姓雍闿也相继起兵，东吴趁火打劫，在外呼应，蜀汉面临着丧失南中的危险。

对南中叛乱，诸葛亮最初因新遭大丧，国内不稳，不欲用兵。但在绥抚失败以后，诸葛亮被迫用兵。建兴三年（225年）春，诸葛亮亲自率军南征，同时派马忠、李恢分进牂柯、益州。在战争中，诸葛亮采纳了马谡“心战为上”的建议，军事进攻与心理攻击并用，七擒七纵孟获的故事便发生在此时。战后，他又任用当地夷帅，蜀汉在南中地区“不留兵，不运粮”，也使南中人民心服，在南中造成一个“纲纪初定，夷汉粗安”[⑥]局面。

诸葛亮的南征，是一场成功的心理战。蜀汉确立在南中的统治，一方面使蜀国能利用南中的人力、物力支援北伐，减除后顾之忧；另一方面也打破了这一地区的闭塞状态，带去了先进的汉族生产技术和文化方式，加强了南中人民同汉族人民的友好联系，这对南中的开发是有积极意义的。他在少数民族中留下了

---

① 《三国志》卷三三《后主传》。

②⑤ 左思：《蜀都赋》。

③ 《三国志》卷四一《张裔传》。

④ 《三国志》卷四一《王连传》。

⑥ 《三国志》卷三五《诸葛亮传》引注《汉晋春秋》。

良好的印象，直到今天，云南和四川的一些少数民族中还流传着诸葛亮的故事。

北伐中原　搞好了内政，稳定了后方，又有了盟友，诸葛亮便开始北伐。北伐就是对魏进攻，因当时甘肃、陕西均属魏国，在蜀之北，为蜀攻魏的必经之道，故称北伐。诸葛亮北伐的最终目的是“兴复汉室”，直接目的是以攻为守，争取战略上的主动。

228年，诸葛亮第一次北伐，他统率十万大军出祁山（今甘肃西和祁山堡），天水、南安、安定三郡响应，关中震动；但因前锋马谡违反诸葛亮的调度，失去战略要地街亭（今甘肃秦安），蜀被迫退军。同年冬，诸葛亮又率众出散关（今陕西宝鸡市西南），围陈仓（今宝鸡），粮尽退兵。229年，诸葛亮第三次北伐，攻占武都、阴平二郡（今甘肃成县和文县）。231年，诸葛亮再出祁山，魏将司马懿坚壁防御，蜀粮尽退兵。234年，诸葛亮第五次北伐，进军五丈原（在陕西岐山），屯田于渭水南岸，与司马懿相持。不久，诸葛亮积劳成疾，卒于军中，蜀汉退军。

诸葛亮北伐虽然取得一些胜利，但就全局来说是失败了。失败的原因，主要是由于蜀、魏两国的力量悬殊。蜀只占有西南一隅之地，官府领有的人口仅94万，比魏少300多万；蜀有军队10万，而魏用来对付它的第一线军队就有20万。蜀的力量这样弱小，当然就不易取胜。但诸葛亮善于治军，他的军队训练有素，纪律严明，在蜀魏战争中一直处于主动。所以诸葛亮不但是我国历史上一个著名的政治家，也是一个有才能的军事家。

蜀国后期政局　在魏蜀吴三国中，蜀国力量最弱，赖诸葛亮苦心经营，方使蜀能与魏、吴并立。诸葛亮死后，蒋琬、费祎相继执政，“蒋琬方整有威重，费祎宽济而博爱，咸承诸葛之成规，因循而不革，是以边境无虞，邦家和一”①。此时后主渐长，宠信宦官黄皓，沉溺声色，但董允为侍中，“上则正色匡主，下则数责于皓”②，故朝政亦称清平。但自费祎死后，蜀国政局逐渐暴露出严重问题。在内政上，陈祗为侍中，守尚书令。陈祗上讨好后主，下与黄皓勾结，蜀国政局日坏。景耀元年（258年），陈祗死，黄皓专权，“窃弄机柄”，“众皆附之”。不从皓者，上自皇室成员，下至一般大臣，均被贬黜。大将军姜维在外，“志立功名”，不断兴师北伐，进一步削弱了蜀的国力。加之黄皓又欲夺姜维之权，姜维害怕，持兵于外，不复还成都。蜀国军政各成一统，不再协调。时吴人薛珝入蜀，回吴后评论蜀国时政说：“主暗而不知其过，臣下

---

① 《三国志》卷四四《蒋琬费祎传》。

② 《三国志》卷三九《董允传》。

容身以求免罪，入其朝，不闻正言；经其野，民皆菜色。”① 蜀国已危在旦夕。

四　吴国对江南的进一步开发

东汉时期，江南地区已有了一定的发展。庐江太守王景教人民牛耕之法，从此“垦辟倍多，境内丰给”②。中原的水利灌溉事业也推广到江南，王景在庐江整治芍陂，溉田万顷；会稽太守马臻经营镜湖，周围310里，“溉田九千余顷”③。此期江南人口也有了较大幅度的增加。东汉时，荆、扬二州人口从西汉的679万余增至1053万余。汉末中原大乱，北方人民由于各种原因南下的更多，据不完全统计，即达一百四五十万口之多。④ 他们不仅给江南增加了劳动力，还带来了先进工具和先进技术，这些均为吴的立国、江南的进一步开发提供了有利条件。但在当时，从全国总的经济发展看，江南的发展仍远远落后于黄河中下游地区，其开发地区仅限于平川和交通发达之地，半数以上人口是山越和蛮夷，刀耕火种，氏族组织仍是其生产和生活的主要方式。这就对以江东立国的吴国提出了进一步开发江南，建立起足以与割据政权相适应的经济基础的任务。

征山越与屯田　吴国境内的山越人，是古代越人的后裔，他们散居在今江苏、浙江、安徽、江西、福建等省的山岭地区。由于长期与汉民族杂居，此期他们同汉人的区别已经很小。吴国政权建立前后，从200年开始，曾多次向山越进攻，一直到237年，前后共达38年之久。其中仅234年至237年诸葛恪围攻丹阳郡（今安徽宣城）的山越，便使十万山越人被迫出山。在孙吴政权“强者为兵，羸者补户”⑤ 的政策下，出山的山越人或被补充进军队，或充作屯田上的隶属农民，或被分给豪强、功臣作为部曲佃客。孙吴对山越的征服是一种残酷的掠夺。但山越出山与汉人杂居，共同劳动，客观上对江南的开发起到了积极作用。

同曹魏一样，吴国也推行了屯田制度，并分为民屯、军屯。民屯主要集中于吴郡、会稽、丹阳地区，设典农校尉、典农都尉管理。毗陵（今江苏武进）是规模较大的民屯之一，有数万人在此耕作。军屯设置则更为广泛，凡有军队

---

① 《三国志》卷五三《薛珝传》注引《汉晋春秋》。

② 《后汉书》卷七六《王景传》。

③ 《太平御览》卷六六引《会稽记》。

④ 张大可：《略论孙吴政权对江南的开发》，《兰州学刊》1988年3月号。

⑤ 《三国志》卷五八《陆逊传》。

驻扎之地，均有军屯的设置，重点集中于长江南北，最大规模的军屯在庐江（今安徽潜山），有佃兵数千家。吴国的屯田制同曹魏相比，有其自身的特点：一是时间长，从203年一直延续至280年，与吴国政权相始终；二是屯田与水利开发并举，如在太湖屯田区建东南海塘、修太湖东缘湖堤、开凿塘河、整治江南运河；在丹阳屯田区建圩田；长江地区的屯田，北岸有引巴（水）灌区，南岸有阳新（引富水）灌区，等等。三是无论屯田还是水利建设，大多是开拓性而非恢复性的。因此，虽然总的来说吴国在屯田规模上不及曹魏，但这些开创性的工作，奠定了江南农业和水利发展的基础，对江南经济进一步发展的作用，不容低估。

工商业与海上交通的发展　吴国的官营手工业主要是冶铁、制瓷和造船业。冶铸业以武昌为最发达，225年，孙权曾在这里采铜铁，造千口剑、万口刀。会稽郡的铜镜制造也十分有名。制瓷业的中心在浙江地区。吴国瓷器制作水平在汉代彩陶的基础上有显著提高，瓷器的胎质、釉色、纹饰以及烧制技术都臻于完善，尤其是青瓷制造技术更为成熟。近年来江苏镇江孙吴墓、浙江衢州市孙吴墓出土了近百件精美的青瓷器，为吴国制瓷业的进步提供了实物证据。

造船业是吴国最发达的手工业，它在建安郡侯官（今福建福州市）设典船校尉，强迫刑徒造船。所造之船有的上下五层，有的可容纳士兵三千人。孙吴曾多次派遣万人船队北到辽东半岛、高句丽，南到海南岛、台湾等地活动。

台湾，汉魏时被称为夷洲。三国时，台湾高山族还处在原始部落阶段，“各号为王，分划土地人民，各自别异”①。他们已有农业，能种五谷，会织“细布”和“斑文布”，但所用生产工具和武器还全是用骨、石制成。高山族人民经常到吴国的会稽出售他们织的布，滨海的会稽人也多有到台湾去的。黄龙二年（230年），孙权派将军卫温、诸葛直率甲士万人，航海到达夷洲。这是大陆人民大规模到达台湾的第一次明确的记录。

公元226年，大秦商人秦论经交趾，转道武昌见孙权，问对远西诸国情形。是年，吴大将吕岱遣朱应、康泰出使南海。243年，扶南王范旃遣使来吴，带来乐人及地方特产，林邑、堂明等国王也遣使来吴聘问，从此开始了中国和南海诸国的正式往来。当时吴国舟帆四出，与海外交往频繁，远近如波斯（今伊朗）、天竺（今印度）、狮子国（今斯里兰卡）、林邑（今越南南部），都有贸易关系，和扶南国（又名真腊，即柬埔寨）尤其友好。这种航海活动，对后来海上丝绸之路的进一步发展起着重要的推动作用。

---

① 《太平御览》卷七八〇引《临海水土志》。

江南世家豪族势力的发展　东吴政权是在流寓到江南的江北大族和江南土著大族的联合支持下建立起来的，到了吴后期，以吴郡顾、陆、朱、张为首的江南大族开始压倒江北大族，在政权机构中居于主导地位。陆氏一门出二相、五侯、十几个将军，四姓子弟及孙氏宗室担任郡县官吏“常以千数”。时人陆凯说：孙权“外仗顾、陆、朱、张”①。江南大族成了东吴政权的主要支柱。

东吴政权推行复客制和世袭领兵制来保障世家豪族的利益。所谓复客制，即国家允许官僚大族所占有的佃客免除赋役。他们的佃客多由国家赐予，如东吴政府曾赐给潘璋寡妻“复客五十家”②；赐吕蒙“寻阳屯田六百人”，吕蒙死后又赐其子“守冢三百家，复田五十顷”③；陈武死，其子表“受赐复人得二百家”④。他们的佃客也有自行招募的，但也不向国家服役纳税，如孙权曾下令说：“故将军周瑜、程普，其有人客，皆不得问。”⑤ 所谓世袭领兵制，即东吴政权允许大族将领率领的士兵可以世袭。如凌操死，子统摄父兵，统死，子烈袭兵，后烈有罪免，弟封继领故兵。吴国的士兵还得为将领种地，服各种杂役，实际上是将领的农奴。

由于东吴政府的培植，江南世家豪族的势力迅速发展起来了，在政治上，他们“势利倾于邦郡”，经济上“储积富乎公室”，“牛羊掩原隰，田池布千里”，“粱肉余于犬马，积珍陷于帑藏”⑥。军事上则是“名宗大族，皆有部曲，阻兵仗势，足以建命”⑦。后来他们形成了吴姓门阀，是东晋南朝立国的政治支柱之一。

第二节　西晋的短期统一及其崩溃

一　西晋的建立和统一全国

司马氏在魏国专权　魏明帝时，曹魏政治日坏，之后政局发生重大变化，

---

① 《三国志》卷六一《陆凯传》。
② 《三国志》卷五五《潘璋传》。
③ 《三国志》卷五四《吕蒙传》。
④ 《三国志》卷五五《陈武传》。
⑤ 《三国志》卷五四《周瑜传》。
⑥ 葛洪：《抱朴子·吴失篇》。
⑦ 《三国志》卷二八《邓艾传》。

世家大族的代表司马懿和他的儿子司马师、司马昭逐渐控制了军政大权。

司马懿，河内温县（今河南温县）著名的士族。始被起用于曹操，至曹丕时，地位逐渐显要。明帝时，他是指挥对蜀作战的主将。238年，他又率兵平定割据辽东的公孙渊，成为魏国有声望的大臣。明帝死，年幼的曹芳继位，司马懿为太尉，与宗室大臣曹爽受遗诏共同辅政。曹爽上表推举司马懿为太傅，实际上是把他架空。司马懿表面称病，不预朝政，暗中却在布置力量，伺机消灭曹爽集团。嘉平元年（249年），曹爽等陪同曹芳出洛阳城南拜谒明帝高平陵，司马懿乘机在洛阳发动政变，把曹爽集团一网打尽，夺取了朝中大权，史称“高平陵事变”。

司马氏专权引起了一部分亲曹军事将领的不满，在淮南地区先后出现了三次反司马氏的兵变：251年，太尉王凌首先在扬州起兵，以曹操子楚王彪为帝，“以兴曹氏”；255年，魏镇东将军毌（guàn，贯）丘俭和扬州刺史文钦又借魏太后名义，指责司马师“篡弑”，起兵讨伐；257年，魏征东大将军诸葛诞再次起兵，率军十余万据寿春，并联合东吴，共同反对司马昭。

这三次反叛，声势浩大，史称“淮南三叛”，对司马氏也有威胁。司马懿、司马师分别在第一、第二次反叛时带病出征，得胜回师后即都病死。但最后，通过镇压兵变，以酷刑镇压党附曹魏的大臣，司马氏的势力反而更为强大。260年，曹髦“见威权日去，不胜其忿”，对臣下说：“司马昭之心，路人所知也！吾不能坐受废辱，今日当与卿自出讨之。”[①] 于是率僮仆数百向司马昭进攻，结果被杀。司马昭另立曹奂为帝（魏元帝），政权完全为司马氏所控制。

灭蜀和西晋建国　对蜀国后期的衰败，司马昭看得十分清楚。263年司马昭以蜀“民夷骚动”，认为“大举图蜀”的时机已到。于是派邓艾、诸葛绪、钟会率18万大军分三路攻蜀。时蜀姜维驻军陇上沓中（今甘肃临潭县南），闻钟会军已至汉中，诸葛绪至武街桥头（今甘肃成县西）切断他的后路，乃率军退回剑阁，抵抗钟会军。西路邓艾军从陇上轻装出阴平道（从今甘肃文县经四川平武），行无人之地七百余里，接连攻下江油、涪城（今四川绵阳）、绵竹（今四川德阳北），进逼成都。后主刘禅出降，蜀亡。

司马昭灭蜀后，没来得及做皇帝就病死了。265年底，司马昭的儿子司马炎逼魏元帝禅位，266年初自己称帝（晋武帝），国号晋，都洛阳，史称西晋。

西晋灭吴统一全国　252年，孙权病死，孙吴的政局动荡不安。至263年，暴君孙皓继位，政治极端腐败。吴国对人民的剥削，有调赋、酤籴、算缗

① 《三国志》卷四《高贵乡公髦传》注引《汉晋春秋》。

等多种名目。人民交不上税，财物便被没收，逼得许多人家卖儿卖女。孙晧又广营宫室，滥用民力。蜀亡后，吴国在长江上游失去屏障，便把都城从建业迁到武昌（今湖北鄂城），长江下游人民溯江供应，疲惫不堪，引起普遍不满和反对，孙晧只好又迁都回建业。沉重的赋调徭役使人民过着“老幼饥寒，家户菜色”的贫困生活。士兵打仗、种田、交税、服役，却“衣不全裋褐，食不赡朝夕”①，处境更悲惨。孙晧信用群小，用剥面、挖眼、锯头、枭首等酷刑来屠杀大臣，弄得上下离心，人人自危。在社会矛盾尖锐的情况下，人民纷纷起来反抗。海盐、庐陵、豫章等地，都有农民起义发生。

司马氏灭蜀以后，便在益州大造舟舰，准备伐吴，而孙晧却漠然处之。咸宁五年（279 年）十一月，晋大举伐吴，步骑二十余万分五路直指建业、夏口、江陵等地。王濬率水军自巴蜀顺江而下，直逼吴都建业。太康元年（280 年）三月，吴主孙晧向晋将王濬投降，吴亡。自 190 年关东军讨董卓，经过 90 年的分裂混战，至此，中国又重新统一了。

二 晋武帝与“太康之治”

晋武帝司马炎在位期间（266～290 年），是西晋历史上最好的时期，西晋的许多重大政治、经济措施，均在此期颁行，也收到了一些效果，但同时也埋下了一些隐患。

占田制的颁行与社会经济的恢复 晋武帝早在致力于统一全国之时，便力革曹魏积弊，泰始四年（268 年），颁五条诏书于郡国：“一曰正身，二曰勤百姓，三曰抚孤寡，四曰敦本息末，五曰去人事。”② 之后，又下诏郡国守相“劝务农功”“务尽地利”，大力发展农业生产，收到了初步效果。灭吴之后，改元“太康”，以示天下从此太平康乐之意。为了实现这一目标，他采取了三条重大措施。一是对原吴国地区仍示以宽厚，尽快安定社会秩序，“其牧守已下皆因吴所置，除其苛政，示之简易，吴人大悦”③。二是对军队进行整编和复员。“诏天下罢军役，示海内大安，州郡悉去兵，大郡置武吏百人，小郡五十人。”④ 三是颁布和推行占田制。曹魏的屯田制到后期已渐遭破坏；屯田客被大量赐给各级官吏或被征调服役，使屯田上的劳动人手减少，政府的重额田

① 《三国志》卷六五《贺邵传》。

②③ 《晋书》卷三《武帝纪》。

④ 《晋书》卷四三《山涛传》。

租和强迫农民扩大耕种面积的政策，使屯田农民积极性降低，耕作流于粗放，产量锐减，屯田制对统治者已无利可图。因此，到264年，魏元帝下诏“罢屯田官”。次年，司马炎称帝后又重申前令，民屯制度正式废除。

屯田制废除后，在农业发展上，仍有一系列问题急需解决：“地有余羡而不农者众”① 的情形依然存在；原屯田民所获屯田土地及自耕农所开垦土地没有得到法律承认，不利于调动生产积极性；如何既保护作为西晋政权支柱的士族地主的利益，又限制其占有土地的规模，也是一大难题。这些问题不解决，社会秩序难以稳定，生产难以进行，国家财政收入也得不到保证。为此，西晋在借鉴西周井田制、汉代限田说以及曹魏、孙吴屯田制中合理成分的基础上，改革土地、田赋管理体制，颁行了占田制。占田制包括以下内容：

（一）农民的占田和课田。占田，是指农民向政府登记所占有的土地；课田指农民向政府交课税（田租）之田，亩收谷八升。占田制规定：“男子一人占田七十亩，女子三十亩；其外丁男（男、女十六岁以上至六十岁为正丁）课田五十亩，丁女二十亩，次丁男（男、女十三至十五，或六十一至六十五岁为次丁）半之，女则不课。”②

（二）户调式。凡是丁男立户的，每年户纳调绢三匹，绵三斤；丁女及次丁男立户者，纳半数。边郡民户，纳正额三分之二，更远者纳三分之一。少数民族交纳“賨布”，户一匹，边远地区纳一丈。

（三）士族地主占田、荫客和荫亲属等特权。一品官有权占田五十顷，以下每品递减五顷，至九品占田十顷。贵族官僚和宗室、国宾、先贤之后及士人子孙还可以荫亲属，多者九族，少者三世。从一品官到九品官还可以荫佃客十五户到一户，荫衣食客三人到一人。

从占田制的内容看，它试图以新形式将土地同劳动力相结合，将保护和限制地主利益相结合，以保证封建政府财政收入，并对土地和田租实行有效管理。在这种制度下，政府并不是将土地授给农民，只是承认其占有土地的限额，将其占有合法化。它的积极作用在于解除了屯田制下军事管制的强迫劳动；占田数高于课田数，可以鼓励人民去占田开荒；对士族地主占田在法律上给予了一定限制。这些都有利于提高农民的生产积极性。但占田制中自耕农的户调和田租负担比曹魏分别增加二分之一到一倍；按官品占田，巩固和扩大了地主特权；对超限占田和土地买卖没有处置措施，为地主兼并土地留下了法律

① 《晋书》卷三八《齐王攸传》。
② 《晋书》卷二六《食货志》。

漏洞，这些问题暴露了占田制维护封建地主阶级利益的本质。

但无论如何，占田制对当时农业发展、社会繁荣是有着积极推动作用的。据载，280年西晋有户246万，282年即激增至377万，两三年间，增加130多万户，这与占田制实行后，大量流民垦占荒土，重新向国家呈报户口有密切关系。干宝《晋纪·总论》盛赞此期繁荣，说："太康之中，天下书同文、车同轨，牛马被野，余粮栖亩，行旅草舍，外闾不闭，民相遇如亲，其匮乏取资于道路，故于是有天下无穷人之谚。"《晋书·食货志》也说："是时天下无事，赋税平均，人咸安其业而乐其事。"这些描述显然有溢美之处，但多少反映出占田制实行后，太康年间的繁荣情况。

诸侯王权力的加强　在曹爽当政时，曹冏曾上《六代论》，从历史上论述分封之必要，并指出曹魏不分封宗室诸王，政权可能转入他人之手。过了六年，司马氏果然轻易地夺取了曹魏的政权。这件事在统治阶级中造成很大的影响，错误地认为曹魏之亡主要是由于没有分封宗室。

司马炎建国后，一面放纵门阀士族，一面又担心司马氏政权被异姓所篡夺。因此，西晋建国不久便分封了27个同姓王，并不断扩大宗室诸王的权力。开始是允许诸王自选国中长吏，继而又以户数多少把诸王分为三等，并开始置军。大国2万户，置上、中、下三军，5000人；次国万户，置上、下二军，3000人；小国5000户，置一军，1500人。以后，"更制户邑"，增加封国户数，又逐步地使诸王都督各州军事，假节，得斩违军令者。这样，诸王不仅掌握了封国中的军政大权，而且控制了相当多的军队。西晋分封宗室的目的是藩卫皇室，但后来随着统治阶级内部矛盾的发展，诸王大都卷入了争夺中央统治权力的斗争，反而削弱了中央皇权的统治。

门阀政治的初步形成　门阀士族是地主阶级中的一个特权阶层。它萌生于东汉，发展于三国，初步形成于西晋时期。

门阀政治之所以在西晋时初步形成，与西晋建国的社会基础分不开。西晋司马氏是在一批士族官僚的支持下，通过政变而取得政权的。因此，建国后所制定的政治、经济措施，自然是保护士族地主利益的。

五等爵制的制定和九品中正制的蜕变是门阀形成的政治条件。五等爵位制是司马师委托裴秀制定的。史载："（裴）秀议五等之爵，自骑督已上六百余人皆封。"[①] 受封者均是实力雄厚的士族，最大的是贾、裴、王三家。五等爵制制定以后，便成了西晋九品中正制选人的依据。这时，曹丕制定的"九品中正

---

① 《晋书》卷三五《裴秀传》。

制”已发生了相当大的变化。主要是由于中正官一职逐渐被世家大族出身的官僚所把持，使这一制度成为他们培植门阀家族势力的重要工具。此时“台阁选举，涂塞耳目，九品访人，唯问中正”①。而中正官则“计资定品”②，只重门第，不再注重乡议（德行）。这样，九品中正制已不再是真正选拔人才的途径，而出现了“上品无寒门，下品无势族”③，“公门有公，卿门有卿”④ 的局面。对此一些直臣曾给予严厉抨击，司隶校尉刘毅上书论九品中正之“八损”，建议“罢中正，除九品”；司徒卫瓘等也上疏要求废除九品，“复古乡议里选”⑤，但晋武帝借口“法宽有由，积之在素”⑥，继续实行这一制度，使门阀士族垄断政治的现象愈来愈严重。

经济上士族不仅享有依品占田和荫客、荫亲属的特权，而且有的门阀多占土地、劳动力也被默许。如王戎“广收八方园田水碓，周遍天下”⑦；幽州刺史王浚及其部下，“并广占山泽”。⑧ 又县令刘友、前尚书山涛、中山王司马睦、故尚书仆射武陔等“各占官三更稻田”，被弹劾后，只处罚了小官刘友，其余“皆勿有所问”，⑨ 在法定特权之外还有特权，门阀士族的政治统治有了可靠的经济保障。

西晋建国之初，沿用汉魏旧制设置太学，太学生中既有高门大族子弟，也有寒门庶族子弟。晋武帝泰始八年（272 年），因高门子弟耻与寒门为伍，不入太学，下诏遣散部分太学生，令“大臣子弟堪受教者”入学。咸宁二年（276 年）便建立了专门教育“国之贵游子弟”的贵族学校“国子学”⑩。在教育上给世家大族提供特殊的有利条件。到惠帝时，仍嫌国子学招收太滥，更具体地规定只准“官品第五以上得入国（子）学”。这是西晋在教育上“殊其士庶，异其贵贱”⑪ 的重要举措。至此，士族的教育特权也在制度上以法律形式固定下来了。

西晋以法律、制度的形式，在政治、经济、文化各方面将世家大族的特权

① 《晋书》卷四八《段灼传》。
② 《晋书》卷三六《卫瓘传》。
③⑤ 《晋书》卷四五《刘毅传》。
④ 《晋书》卷九二《王沈传》。
⑥ 《晋书》卷四六《刘颂传》。
⑦ 《晋书》卷四三《王戎传》。
⑧ 《晋书》卷三九《王浚传》。
⑨ 《晋书》卷四一《李憙传》。
⑩ 《宋书》卷一四《礼志》一。
⑪ 《南齐书》卷九《礼志》上。

固定下来，使西晋初步形成了门阀政治的格局，但门阀的形成，不仅没有能够解决三国时期存在的统治阶级与被统治阶级之间的矛盾，反而在统治阶级内部制造了一系列新的矛盾：门阀为了保障自己的特权，在政治上进行垄断，压抑排斥庶族寒门地主，导致了寒门地主与门阀的矛盾和政治黑暗；门阀以家族利益为出发点，只要能保证家族累世为公卿，就无所不用其极，各个门户之间为此勾心斗角，尔虞我诈，导致了士族内部的矛盾斗争；门阀地位的世袭化，对权力的更高追求，对国家土地和劳动力的分割，又导致了皇室与士族之间的矛盾斗争。而与生俱来的阶级特权，又使门阀子弟养成享乐腐化、游手好闲的恶习，导致了政治、社会风气的恶化。这些矛盾和斗争，决定和影响着以后历史的发展，形成了两晋南北朝政治演变的主要内容。

三　“八王之乱”和西晋的灭亡

西晋统治者的腐化　晋武帝的“太康之治”，在经济上取得了较大成就，也使得社会比较安定。但在经济上发展的同时，一些隐患已显现了出来。晋武帝在平吴之后，开始滋长了“骄泰之心”，“遂怠于政术，耽于游宴”[①]，以至其后宫嫔妃“殆将万人”。皇帝带头，加之其“临朝宽裕”，对臣下多加姑息，故西晋一朝奢侈成风。何曾日食万钱，还说“无下箸处”。其子何劭日食二万钱，任恺则每餐万钱。大族王恺、石崇互比奢侈，王恺用干米糖洗锅，石崇用白蜡当柴；王恺作紫丝布障四十里，石崇用锦作步障五十里；王恺涂墙用赤石脂，石崇就用香椒泥。司马炎暗中支持王恺，赐他一株两尺多高的珊瑚树，王恺拿到石崇面前夸耀，石崇用铁如意顺手把它打碎，然后叫人拿出三四尺高的珊瑚树六七株，任王恺挑选。刘毅曾上疏弹劾何曾“侈忲无度”，但晋武帝“以其重臣，一无所问”[②]。大臣傅咸上疏说：“奢侈之费，甚于天灾”[③]，请求制止，司马炎仍无动于衷。

他们不仅奢侈成性，而且公开抢劫、杀人。石崇做荆州刺史，“劫远使商客，致富不赀”[④]。王恺举行宴会，客饮酒不尽，他就杀死劝酒的侍婢。

政治上的腐败也与生活上的腐朽相偕而行。特别是惠帝（290～306年在位）即位后，“政出群下，纲纪大坏，货赂公行。势位之家，以贵陵物。忠贤

① 《晋书》卷三《武帝纪》。
② 《晋书》卷三三《何曾传》。
③ 《晋书》卷四七《傅玄传》附《傅咸传》。
④ 《晋书》卷三三《石苞传》附《石崇传》。

路绝，谗邪得志”[①]。当时人鲁褒作《钱神论》、王沈作《释时论》、杜嵩作《任子春秋》，对这种现象进行揭露和讽刺，但士族官僚们依然如故。

贾后专政和八王之乱　290年，晋武帝死，太子司马衷继位，是为惠帝。由于惠帝毫无执政能力，西晋中央立即爆发了争夺实际控制权的斗争。先是惠帝继母杨皇后安排武帝作遗诏，使其父杨骏辅政，将另一辅政大臣汝南王司马亮赶到许昌。“凡有诏命，帝省讫，入呈太后（杨皇后），然后乃出。”杨骏“为政严碎，愎谏自用，不允众心”，又“多树亲党，皆领禁兵”，由是引起“公室怨望，天下愤然”[②]。惠帝皇后贾氏亦想干预朝政，对杨骏专权十分不满，乃密召都督荆州诸军事的楚王玮入京，杀杨骏及其党羽，用司马亮和卫瓘；接着，又使惠帝发密诏，令楚王玮杀司马亮和卫瓘；然后又说楚王玮矫诏杀人，把他杀掉。从此，贾后专权，囚杀杨太后，引起朝臣的普遍不满。296年，赵王伦应诏入京，取得贾后信任，掌握禁军和朝政。299年，贾后废太子司马遹（yù，域），宗室诸王更加不满。赵王伦为了做皇帝，用计使贾后杀太子，然后以替太子报仇为名，杀贾后及其党羽。301年，赵王伦自称皇帝，齐王冏（镇许昌）、成都王颖（镇邺）、河间王颙（镇关中）等起兵讨伐赵王伦。他们之间大战六十余日，死亡近十万人。赵王伦被杀后，惠帝复位。此后，齐王冏、长沙王乂、成都王颖、河间王颙、东海王越等，同杨氏、贾氏一样，亦为争夺中央实际统治权反复冲突，战争规模越来越大。战场从洛阳、长安延展到黄河南北，破坏性随之增大。诸王军队到处烧杀抢掠；幽州刺史王浚率乌桓、鲜卑军队先后攻进邺城和洛阳，抢劫妇女和财物，屠杀人民。306年，东海王越入朝专政，杀司马颖和司马颙，以后又毒死惠帝，诸王力量消耗殆尽，“八王之乱”才宣告结束。这场内乱给西晋统治带来的危机是巨大的，在这16年（291～306年）间，正常生产无法进行，人民死于战乱者无数，阶级和民族矛盾迅速激化；统治者忙于内战，削弱了自身的力量，无力去对付流民及少数民族起义，西晋统治分崩离析。

流民起义　晋末的“八王之乱”给人民带来了深重的灾难，而此期全国各地又几乎都发生了旱、涝、虫、霜等严重的自然灾害。随之而来的即是大饥馑、大瘟疫。这三大灾难造成了西晋末年人民的大流徙。开始政府试图略加控制，如指定流向区域、限定归期等。后随着灾害日益严重，官僚腐败，便完全失控了。

---

① 《晋书》卷四《惠帝纪》。

② 《晋书》卷四〇《杨骏传》。

流民总数，见于正史记载的，有三十余万户，占当时全国户口的十二分之一强。这些流民怀着求生的希望离乡背井，但到达目的地以后，或仍是满目疮痍，无法安身立命，或被当地官府和豪强倍加欺凌，被迫起来反抗。这样，从301年开始，全国各地相继爆发了流民起义。几次大的起义有：李特、李雄起义，张昌起义、王如起义、杜弢起义。

李特、李雄起义。秦雍六郡流民，入蜀后受益州地主欺压，官府又下令限期还乡，阴谋杀害流民领袖，抢劫流民财物。301年，李特等被迫率众起义。起义军转战益、梁地区，304年在成都建立政权，306年李雄称帝，338年，李寿改称汉，史称“成汉”。在李雄统治的30年中，徭役租调较轻，“其赋民：男丁一岁谷三斛，女丁一斛五斗，疾病半之。户调绢不过数丈，绵不过数两。事少役稀，民多富实”①，成为当时战乱中的一方乐土。李寿、李势时期，大起宫殿，奢侈荒淫，政治日坏。347年被东晋桓温所灭。

张昌起义。当秦雍六郡流民在益州起义时，西晋命荆州刺史征发“武勇”前往镇压，荆土人民不乐远征，纷纷逃避。303年，义阳蛮张昌因此以道教为号召，在江夏（今湖北安陆）发动起义，“旬月之间，众至三万”②。起义军控制了荆、江、扬、徐、豫五州大部分地区，并建立了政权。同年，在晋将陶侃镇压下失败。

王如起义。“八王之乱”时，关中人民大量流入宛城（今河南南阳）等地避难。西晋政府逼遣流民还乡，流民“以关中荒残”，都不愿回去。晋征南将军山简等派兵押送，并限令短期内启程。310年，曾任过武吏的京兆人王如，暗中聚结流民，夜袭晋军取得了胜利。接着攻下襄城，关中流民响应王如，队伍很快就扩大到四五万人。他们转战汉沔，进逼襄阳，一再挫败晋军。312年，义军内部分裂，王如降晋，起义失败。

杜弢起义。杜弢为蜀郡大姓，曾被举为州秀才，随益、梁人民流入荆、湘。由于生活无着，备受当地豪强地主欺压，晋湘州刺史荀眺甚至扬言要杀尽流民。流民被迫起来反抗，推杜弢为主，有众十余万，转战于两湖地区。最后在晋将王敦、陶侃镇压下失败。

在此前后爆发的流民起义，共计有二三十次（包括少数民族起义）。这一现象反映出在政治腐败、战乱天灾面前，小农经济完全遭到破坏，人民再也生活不下去了。西晋的上层统治和下层人民生活都同时出现了深刻的危机。

---

① 《华阳国志》卷九《李雄志》。

② 《晋书》卷一〇〇《张昌传》。

“五胡乱华”与西晋的灭亡　东汉以来，特别是汉末三国以来，汉族统治者为了强化对各少数民族的控制，补充内地劳动力和加强军事实力等，经常招引和强制原居住于西北、东北边疆的少数民族入居内地；此外，东汉以后，我国天气有渐趋寒冷的趋势，[①] 少数民族逐水草而居，也逐渐南下。因此，魏晋时期，出现了少数民族内迁的高潮。

当时内迁的种族很多，主要的有五个民族，即匈奴、鲜卑、羯、氐、羌，在旧史中，他们被称为“五胡”。其中匈奴大致分布于今之晋、陕、甘地区；鲜卑散居于今辽东、辽西、内蒙古、山西、甘陇一带；羯居于山西南部太行山；氐先居于川、陕、甘交界处，后南入川、东入关中；羌则由甘、青进入陕西。内迁总数，《晋书·文帝纪》称有870万口，虽未必全部进入中原地区，但入居中原地区的也不在少数。所谓“西北诸郡，皆为戎居”[②]，“关中之人，百余万口，率其少多，戎狄居半”[③]，都是实际情况。

各族内迁以后，与汉人杂处，过着定居的农业生活。同时也受到魏晋统治者的歧视、压迫与奴役。魏晋统治者或强迫各族人民纳租调，服力役，“服事供职，同于编户”；或编为军队，驱之参加内战，卖命疆场；或进入地主庄园充当佃客沦为奴婢。太原一带“以匈奴胡人为田客，多者数千”[④]。羯人石勒曾在上党为大地主郭敬、宁驱“力耕”，后又被掠卖为奴。

残酷的民族压迫，使各少数民族人民对汉族统治者“怨恨之气，毒于骨髓”[⑤]，“怨怒思乱”，因而反抗不断地发生。早在泰始六年（270年），河西鲜卑秃发树机能就在万斛堆（在今宁夏固原）发动反晋斗争，树机能率领凉州各族人民二十余万，坚持斗争近十年，攻陷凉州，先后杀死西晋秦、凉二州刺史胡烈、牵弘等，对西晋震动很大。元康四年（294年），匈奴人郝散举兵反晋，不久被杀。第三年，郝散弟郝度元又与陕、甘交界地区的芦水胡、马兰羌等举兵反晋，杀北地太守张损。陕、甘境内的氐、羌族人民纷纷响应，推氐帅齐万年为帝。齐万年有众七万多，连败晋军，杀晋将周处，直到元康九年（299年）才失败。

各少数民族的内迁和反抗，使统治阶级感到忧虑和恐惧。因此，江统等提出“徙戎”主张，要求把内迁各族迁出塞外。这种主张根本不可能实行。首先，已经改变为农业定居的各族人民，决不肯离开内地；其次，汉族地主阶级

---

① 竺可桢：《中国近五千年来气候变迁的初步研究》，《考古学报》1972年第1期。

② 《晋书》卷九七《匈奴传》。

③⑤ 《晋书》卷五六《江统传》。

④ 《晋书》卷九三《王恂传》。

需要劳动力，也不愿让各族人民迁走。问题得不到解决，民族矛盾就不可避免地趋于激化。

西晋的内乱使统治者自顾不暇，无力再控制内迁各族。因此，在各地流民起义的同时，各族上层分子也抓住时机，起兵反晋，其中刘渊、石勒起兵最早。

刘渊字元海，为匈奴五部之左部帅刘豹之子。幼年随上党崔游学习经史百家和孙吴兵法，后又以“任子”身份留居洛阳，汉化程度很深。刘豹死后，他代为左部帅，惠帝时升为五部大都督，当李特、张昌先后举兵反晋，宗室诸王混战于北方之际，匈奴贵族认为“兴邦复业”的时机已到，于是共推刘渊为大单于，准备起事。永兴元年（304 年），刘渊回到了左国城（今山西离石北），开始起兵。不到 20 天，发展到 5 万人，定都于离石（今山西离石）。

刘渊想做中原的帝王，他认为鲜卑、乌桓可以作为同盟者。他又担心“晋人未必同我”，所以打起“尊汉”的旗帜，建国号曰汉，自称汉王，以争取汉人的支持。他把推翻西晋作为目标，曾说：“吾所欲除者，司马氏耳。”① 他的这种战略思想，对他的发展带来很大影响，胡汉各族很多人归附他，队伍不断壮大。军事上也取得了一系列的胜利，打败了司马腾的几次军事进攻，攻占了太原、泫氏、屯留、长子、平阳（今山西临汾）等地，向南迁都于蒲子（今山西隰县）。

石勒是羯族，居上党武乡。八王混战时，并州刺史司马腾掳掠各少数民族人民，两人一枷，押到山东出卖。石勒也在其中，被卖到茌平师懽家为奴，与马牧率汲桑为邻。刘渊称汉王时，他与汲桑带领百余骑投靠司马颖故将公师藩。公师藩失败后，他们在河北攻打郡县，释放囚徒，招集逃亡山泽的人民。他们攻下邺城，杀司马腾和晋军万余人。后来与司马越部将苟晞作战，数月间大小三十余战，汲桑战死，石勒投奔了刘渊。

在刘渊起兵的第三年，惤县（今山东龙口）令刘伯根以宗教作号召，举兵反晋。东莱（今山东莱州）士族王弥率家僮起兵响应。不久，刘伯根战死。王弥打败晋将苟晞之后，转战于青、徐、兖、豫各州，一度攻下许昌，开府库，取器仗，众至数万。后来他在进攻洛阳的战斗中失败，也投奔了刘渊。

石勒、王弥投奔刘渊以后，刘渊势力迅速壮大，发展到山东、河北等地。永嘉二年（308 年），刘渊称帝，迁都平阳。接着派王弥、刘曜等率大军两次进攻洛阳，都没有成功。310 年，刘渊死，子刘聪杀兄自立为帝。次年四月，

① 《资治通鉴》卷八七。

石勒在苦县（今河南鹿邑）宁平城消灭太尉王衍率领的晋军十余万人，晋军元气大伤。六月，王弥、刘曜等攻下洛阳，杀王公以下3万余人，俘获晋怀帝。八月，刘粲又攻下长安，杀晋太尉司马模。后来，晋将贾匹等在关中汉人的支持下夺回长安，迎司马邺为帝，是为愍帝。建兴四年（316年），刘曜围长安，愍帝出降，西晋亡。

西晋曾完成了统一，前期也有过短暂的繁荣，有过创新改革，但在成功面前，西晋统治者没能进一步进取，而是开始懈怠、腐化，在处理统治阶级内部矛盾、阶级矛盾、民族矛盾方面留下了一系列隐患，终于导致了它的速亡。这个历史教训，是极为深刻的。

第三节　东晋十六国和南北对峙局面的形成

西晋灭亡以后，司马氏在江南重建政权，史称东晋（317～420年）。在北方，从刘渊建国到北魏统一北方（304～439年）的130多年时间内，各少数民族的上层分子和汉族官僚地主，在混战割据中纷纷建立政权，历史上叫做十六国时期[①]。十六国时期的历史，以秦、晋淝水之战（383年）为界，可划分为前后两个时期。

一　十六国前期的少数民族政权

汉、前赵、后赵　刘聪灭西晋以后，汉国（304～319年）控制了黄河中下游的广大地区。他们把各族人民大批地迁到平阳，加强控制。并对各族人民采取了胡、汉分治的办法，设左右司隶、内史、令长，统治四十几万户汉人；设单于左右辅、都尉，统治包括匈奴族在内的二十几万落的少数民族人民。

① “十六国”由北魏崔鸿著《十六国春秋》得名。这十六国是：汉（前赵）、后赵、前燕、前凉、前秦、成（汉）、后燕、南燕、北燕、后秦、夏、西秦、后凉、南凉、北凉、西凉。因十六国政权多是匈奴、羯、鲜卑、氐、羌五个少数民族上层分子所建，故历史上称为“五胡十六国”。实际上建国的不都是“五胡”，还有汉人建立的，如前凉、北燕、西凉；所建政权也不止上述的十六国，汉、前赵本是两个政权，还有代（北魏的前身）、冉魏、西燕以及丁令人翟钊建立的魏，氐族杨氏建的仇池，慕容鲜卑分支建立的吐谷浑等。

汉国在建立政权时，不仅仅是想恢复匈奴旧业，同时也想效法古代圣王，建立中原正朔形象，为此，他们在官制上仿效汉魏官制进行改革；又仿中原礼制大修城池宫观，以示天子气象；为了争取各族支持，他们还广泛吸收汉族和其他民族上层分子进入政权，在政权形式上实行胡汉联合专政，但为了确保匈奴贵族的支配地位，他们在职能分配和权力分配上采取了胡武汉文、重胡轻汉的做法。

但是汉国在学习汉文化时，没有真正从爱民、发展生产等基本方面入手，反而因迅速的胜利而刚愎自用，骄奢淫逸，政由群小的现象十分严重。刘聪做皇帝，专事享乐，让儿子刘粲做大单于，总掌朝政。刘粲害怕他的叔父刘乂夺他的权力，用收买、恐吓等手段叫人诬告刘乂谋反。又用严刑逼迫氐、羌首领自诬与刘乂共同谋反，结果引起氐、羌十余万落的反叛。刘聪等残酷地掠夺和压迫各族人民，加上连年的自然灾害，阶级矛盾日益尖锐。都城平阳“流叛死亡，十有五六”①，司隶部所属汉人，20万户逃到河北，3万人逃到河南。汉国处于土崩瓦解之中。

刘聪死后，大臣靳准发动政变，刘聪的子孙全被杀死。一些大臣逃出平阳，拥立坐镇长安的刘曜为帝。318年，刘曜遣兵至平阳，族灭靳氏，迁都长安，改国号为赵，史称前赵（319～329年）。319年，石勒在河北称赵王，都襄国（今河北邢台），史称后赵（319～351年）。

前赵建国后，氐、羌反叛还未平息，又因刘曜杀氐族首领徐库彭等，引起氐、羌、巴、羯三十多万人的反抗，“关中大乱，城门昼闭”②。刘曜赦剿兼施，镇压了这些反抗，又降服了南安（今甘肃陇西）的杨韬、仇池（今甘肃成县）的杨难敌和陇右的陈安。刘曜在这些战争中把大量人口迁到关中，被迁到长安及其附近的汉、氐、羌、巴、羯等各族人民多达三十余万。前赵沿用汉国胡、汉分治的办法，特别注意利用各族的上层分子统治他们原来的部落。还选拔汉族地主做官，采用封建租赋制度，并在长安设立学校，传习汉族的封建文化。通过这些措施，前赵的统治才勉强稳定下来。但后来刘曜急于统一北方，不顾国力，与东方的石勒进行了频繁的战争，结果在328年成皋地区的一次会战中，被石勒所俘，第二年，关中也失陷于石勒，前赵遂灭。

建立后赵的石勒是羯族部落小率的儿子。由于他受过汉族官僚的残酷压迫，所以在起兵的初期，捉到晋二千石以上的官吏往往全部杀掉。他在战争中

① 《晋书》卷一〇二《刘聪载记》。

② 《晋书》卷一〇三《刘曜载记》。

还大量屠杀汉族的降卒和百姓。但汉人的抵抗给石勒造成了极大的困难，同时他也逐渐知道了拉拢汉族地主的重要性，所以，在以后的发展中，石勒滥肆杀掠的政策有所转变。政治上，他依靠羯人和其他少数民族，由他们组成禁卫军，作为后赵政权的支柱。又提高羯人的地位，称之为“国人”，不准汉人称他们为胡，违者处刑。胡人的诉讼设专官管理，他人不得干涉。对汉族地主，逐渐由屠杀转向笼络和利用。他用汉族士大夫张宾为谋主，委以重任，呼曰“右侯”。在攻陷冀州后，他搜罗当地的“衣冠人物，集为君子营”[①]，加以保护。定都襄国后，又设“崇仁里”，供汉族士族居住；下令胡人不得“侮易衣冠华族”。石勒还恢复了九品中正制，并通过察举、考经等办法，为汉族地主参政广开门路。通过上述措施，取得许多汉族地主的支持，对后赵的发展起了不小的作用。经济上，石勒起兵之初，靠掠夺和强迫坞主输粮维持军政开支。后来仿效魏晋租调制，下令各州郡核实户口，规定每户每年出帛二匹、谷二斛，对各族人民普遍实行封建剥削。为保证租赋收入，后赵比较重视农业生产，经常派官吏巡行郡县，督劝农桑，赏赐“力田”者，使北方的农业生产有了恢复。当时京师仓中储粮百万斛，河流两岸的郡国仓库里储粮更多。

文化思想上，后赵设专官主管经学、律学和史学。在襄国设太学、四门小学，郡国也普遍设学官，立博士，使贵族子弟入学，学习汉族文化。石勒本人原先没有文化，但他勤于学习，并亲自到太学考试学生经义，选拔成绩优异者做官。同时，他还崇信天竺僧人佛图澄，宣扬佛教，作为思想统治的工具。

通过以上政策的实施，加上采取了正确的斗争策略，石勒势力得到了迅速的发展，他先后打败了西晋留在北方的将领王浚、刘琨、曹嶷等人，控制了幽、冀、并、青诸州。祖逖死后，他夺回了河南地区，攻占了南阳和寿春。又灭掉了前赵。330 年，石勒称帝。后赵全盛时，占有南过淮河，北到燕代，西起河西，东到大海的广大区域，成为与东晋对抗的大国。它的声威远及西域和辽东塞外。河西鲜卑，凉州的张骏，西域的高昌、于阗、鄯善、大宛，以及东北的高句丽、肃慎等，都遣使进贡。

333 年，石勒死，子石弘继位。335 年，石勒的侄子石虎杀石弘，自立为帝，迁都于邺。石虎是一个极端残暴的统治者，在他统治的 15 年中，各族人民惨遭屠杀和折磨，社会生产也受到严重破坏。各族人民的反抗事件时有发生。其中 349 年，梁犊领导的起义，给了后赵以沉重的打击。

349 年，石虎死，他的几个儿子为争夺皇权互相残杀。最后，石虎养孙汉

① 《晋书》卷一〇四《石勒载记》。

人冉闵和大将李农控制了后赵政权。冉闵下令禁止“六夷”[①] 携带武器，违者处斩。“六夷”恐慌，纷纷斩关逾城而出，无法禁止。冉闵又下令说：“与官同心者住，不同心者各任所之。”[②] 于是邺城百里内的汉人纷纷进城，“六夷”则纷纷逃出城外。冉闵看到胡人与自己不同心，便下令大杀胡人，不分贵贱、男女、少长，共杀二十多万人。350 年，冉闵杀傀儡皇帝石鉴和石虎五子，自立为帝，改国号曰魏，史称冉魏。

冉闵大杀胡人，激起了各少数民族人民的强烈反抗。后赵的石祗在襄国称帝，“六夷”纷纷响应。冉闵打败石祗十余万人的进攻，进而围攻襄国。石祗与前燕慕容儁、羌族姚弋仲联合，打败冉闵，杀冉魏大臣和将士十余万人。永和七年（351 年），后赵的刘显杀石祗，投降冉魏，后赵亡。次年，从幽州南下的前燕慕容儁，与冉闵大战于魏昌城（今河北无极），俘冉闵，送斩于龙城（今辽宁朝阳）。冉魏政权灭亡。

与汉、前赵、后赵大致同时存在的政权，还有前凉（301～376 年）。

前凉为汉人张轨所建。他原是西晋凉州刺史。晋末大乱，“避难之国，唯凉土耳”，因此有大量汉人逃向那里，“中州避难来者，日月相继”[③]。张轨及其后继者对流民采取招抚政策，“课农桑，拔贤才，置崇文祭酒，征九郡胄子五百人，立学校以教之”[④]。故凉州成为当时少有的安定地区之一。它的存在，使当时中国同中亚各国，同西域的关系不因中国动乱而中断，也使中原文化在凉州地区得以保存和继续发展。前凉一共存在了 76 年，376 年被前秦苻坚所灭。

前燕和前秦的对立　建立前燕的是鲜卑族的慕容氏。晋武帝时，慕容廆（wěi，委）率部移居辽西，遣使与晋通好，晋任命他为鲜卑都督。以后，他活动于徒河（今辽宁锦州）和棘城（今辽宁义县）一带，开始经营农业，仿照魏晋建立政治、法律制度。晋末中原大乱，一批汉族官僚地主和人民投奔慕容廆。他设立侨郡县安置流民，用士族地主河东裴嶷、渤海高瞻、封奕等为官，并令鲜卑贵族子弟学习汉族文化。慕容廆死后，第三子皝即位。晋咸康三年（337 年），慕容皝自称燕王，建立前燕，迁都龙城。当时前燕境内比较安定，流亡来的人口比原有的增加十余倍，十分之四的人没有土地耕种。慕容皝采纳封裕的建议，撤销苑囿，把土地分给贫民，按照魏晋屯田制度，实行屯田。他

① “六夷”指匈奴、羯、羌、鲜卑、氐、巴氐。

② 《晋书》卷一〇七《石季龙载记》附《子鉴载记》。

③ 《晋书》卷八六《张轨传》。

④ 《太平御览》卷一二四《前凉张轨》。

注意发展文化教育，亲自编写《太上章》和《典诫》十五篇，作为贵族子弟的汉字识字课本。还亲临学校讲课、考试，提拔成绩优异者做侍从。这些措施大大加速了鲜卑族的汉化。

慕容皝死后，第二子儁即燕王位，慕容部开始进入中原。慕容儁乘石虎死后河北大乱之际攻下蓟城（今天津市蓟州）。晋永和八年（352年），他称帝于中山（今河北定州），后迁都邺。慕容儁死后，第三子暐继位，政治日益腐败。尚书左丞申绍上疏批评时政，说当时用人不以才，官吏无考课之制，有罪不罚，有功不赏；对人民掠夺没有止境。这时，前燕的社会矛盾已经很尖锐了。

当前燕进入中原的时候，氐族首领苻健也建立了前秦。苻健的父亲苻洪是临渭（今甘肃秦安）的氐族豪强。他投归石虎，被迁到枋头（今河南浚县西南）。石虎死后，他有众十万，自称三秦王。苻洪死，苻健继位，西入关中，进据长安。351年，苻健自称天王，国号秦，都长安，史称前秦。苻健在关中减轻赋税，发展生产，优待士族，尊崇儒学，各方面都有了一些起色。苻健死后，子苻生即位。苻生极端残暴，不久，苻健的侄子苻坚在汉、氐大臣的支持下，杀了苻生，做了大秦天王。

史称苻坚是一个“博学多才艺，有经济大志”① 的君主。但他得以大展宏图，却是在王猛辅佐下，通过改革而实现的。

王猛，字景略，北海剧县（今山东寿光）人。少贫贱，贩畚为业，但他肯学习，十分博学，才华横溢。苻坚听到他的名声，便派人请他谈话，“一见便若平生，语及废兴大事，异符同契，若玄德之遇孔明也”②，非常器重他。“岁中五迁”，官至丞相、中书监、尚书令、太子太傅、都督中外诸军事、领司隶校尉，“权倾内外”③。苻坚的改革，实际上是王猛主持的。这些改革主要有：

思想上，提倡儒学，禁止老庄玄学和图谶神学。广立学校，以精通儒学者为学官，文武百官子弟及宿卫战士、宫中后妃均要入学受业。苻坚每月一临太学，亲自考问学生经义，提拔成绩优异者为官。

政治上，“复魏晋士籍”，维护士族地主特权，重用其中有才能者，争取汉族地主的支持。对其他上层分子也采取笼络政策，并通过他们加强对各族人民的控制。

经济上，重视农业生产。前秦常派官吏巡行郡国，劝课农桑。又开放山泽，允许百姓渔采。针对关中少雨易旱的情况，苻坚下令在关中推广汉代的区

① 《晋书》卷一一三《苻坚载记》。

②③ 《晋书》卷一一四《王猛传》。

种法，后来又征发王公富室奴隶3万人开泾水，建人工渠，以灌溉冈卤之田。在发展农业的同时，又注意发展交通事业，长安通往各州的大道整修一新，路旁栽上杨柳、槐树，二十里一亭，四十里一驿，方便行旅及驿使。

这些改革，是在与氐族贵族斗争中实现的。改革之初，许多氐豪对汉化、封建化不满意。有一个叫樊世的氐豪，“有大勋于苻氏”，又是先朝老臣，反对得最厉害，扬言若不杀王猛就不活在世上。苻坚听了大怒，说：“必须杀此老氐，然后百僚可整！”[①] 断然把樊世处死。苻健的妻弟强德，“昏酒豪横，为百姓之患”。王猛“捕而杀之，陈尸于市”。王猛乘势打击了不法氐豪，“数旬之间，贵戚强豪诛死者二十有余人”。于是“百僚震肃，豪右屏气”[②]，改革得以顺利进行。

前秦统一北方　前秦通过以上改革，基本上完成了封建化的过程，社会经济也有了进步，出现了“人思劝励，号称多士，盗贼止息，请托路绝，田畴修辟，帑藏充盈，典章法物，靡不悉备”[③] 的局面。这样，就为前秦统一北方准备了政治和物质条件。

370年，前秦灭掉了前燕，俘慕容暐，占有关东六州，并对新附地区采取安抚政策，让鲜卑贵族继续领军。不久，前秦又降服了仇池的杨纂，于其地置南秦州。373年，前秦从东晋手中夺得了西线重要的战略基地汉中、益州，拥有了对东晋顺江而下的战略优势，南中的邛、莋、夜郎皆降。376年，又攻灭了张氏的前凉和鲜卑拓跋部在代北建立的代国，统一了北方。

但是，总的来看，前秦改革的时间不长，成果还不巩固，再加上新降服了许多地区，这些地区并没有完全稳定，其上层分子还时刻企图复辟。因此，前秦除了军事力量外，此时的整体实力并非十分强大，主要任务仍然是整顿内政，发展生产。所以王猛临死前，告诫苻坚不要攻打东晋，要先治理好北方。但苻坚此时已经骄傲，自恃强大，听不进不同意见了，他开始积极部署对东晋的进攻。

二　东晋的建立与门阀制度的确立及发展

东晋建国　在晋末大乱之际，西晋统治者中的许多人都考虑在江南预留退路。永嘉元年（307年），东海王司马越安排司马睿为安东将军，都督扬州江南诸军事，王导为谋主，镇建业。之后，在战乱影响下，北方的大族

---

①②③《晋书》卷一一三《苻坚载记》。

与流民纷纷南下，据史书记载：311 年，“洛京倾覆，中州士女避乱江左者十六七”[①]，“中原冠带，随晋渡江者百余家”[②]。后来东晋政权的主要大臣，如郗鉴、温峤、应詹、刘隗、刁协、庾亮、祖逖、荀崧等，都大致在此前后渡江。王导劝司马睿“收其贤人君子，与之图事”[③]。司马睿采纳了这一建议，以勃海刁协、颍川庾亮等百余人为掾属，称为“百六掾”，获得了北方侨姓门阀的支持。

在西晋时期，南方士族一直被西晋当作“亡国之余”加以排斥，司马睿到江南后，南方士族最初也不太合作，史称司马睿初至建业，“吴人不附，居月余，士庶莫有至者”[④]。王导建议司马睿拉拢江南士族，又与王敦在上巳节禊会时，带领诸名流，骑马扈从着司马睿的肩舆，显示其对司马睿的拥戴，这才惊动了江南士族顾荣、贺循等，使他们渐来归附。后来王导又通过任命江南士族为官，和他们联姻等形式，进一步拉拢他们。“由是吴会风靡，百姓归心焉。自此之后，渐相崇奉，君臣之礼始定”[⑤]。司马睿方才站定了脚跟。

317 年三月，晋愍帝投降的消息传到建业，司马睿称晋王，第二年称帝（晋元帝），都建康（即建业，因避晋愍帝司马邺讳改），史称东晋。

由于东晋政权是在南北士族支持下建立起来的偏安政权，因此，东晋政权是西晋门阀士族统治的继续和发展。但与此同时，由于东晋政权的基础是两个不同地域的门阀集团，而北方士族是主流，“多居显位，驾御吴人”，因此“吴人颇怨”，南北士族之间的斗争一直比较激烈。而在北方士族中，又有渡江早晚之分。渡江晚的北方士族往往受到歧视，政治地位、社会地位都比较低，再加上门阀制度的发展与皇权的矛盾，因此，东晋一朝统治阶级的内部矛盾斗争始终十分严重，造成政治不稳定，无法全力北伐等严重后果。

东晋门阀政治的确立与发展　司马睿得以称帝，王导及其族兄王敦功劳最大，史称“（元）帝初镇江东，威名未著，敦与从弟导等同心翼戴，以隆中兴”[⑥]，故东晋诸帝，一直待王导以殊礼。在权力上，元帝任王导为丞相，掌大权；以王敦任镇东大将军，都督江、扬、荆、湘、交、广六州（几乎包括当时东晋全境）诸军事、江州刺史。所以当时有“王与马，共天下”[⑦]之说，反映出琅玡王氏在晋初的特殊地位，从此开创了东晋时期祭则司马，政在士族的政治格局，使门阀士族政治在东晋发展到了最高峰。

---

①③④⑤ 《晋书》卷六五《王导传》。

② 颜之推：《观我生赋·自注》。

⑥⑦ 《晋书》卷九八《王敦传》。

在政治上，门阀士族几乎把持了全部朝政，故终东晋一代，一直是琅玡王氏（王导等）、颍川庾氏（庾亮、庾冰等）、谯国桓氏（桓温等）、陈郡谢氏（谢安等）等几个大族轮流执政，皇帝几乎没有什么权力，史称“晋主虽有南面之尊，无总御之实，宰辅执政，政出多门，权去公家，遂成习俗”[①]。言简意赅地说明了当时的实际情况。

在经济上，东晋门阀士族的特权也大大超过西晋，仅以荫佃客为例，西晋一品官荫 15 户，东晋荫 40 户；西晋第九品官荫 1 户，东晋荫 5 户，[②] 其余则可想而知。这些士族还拥有许多田宅别墅，如谢安“于土山营墅，楼馆林竹甚盛”[③]，带家人吃一顿饭，就要花费百金。谢安之孙混，“一门两封，田业十余处，僮役千人”[④]。又如渤海刁逵为广州刺史，“兄弟子侄并不拘名行，以货殖为务，有田万顷，奴婢数千人，余资称是”[⑤]，被时人称作“京口之蠹”。

东晋进一步确立了“举贤不出世族，用法不及权贵”[⑥] 的政治、法律准则。连他们自己都承认，“大较江东政，以伛儛豪强，以为民蠹，时有行法，辄施之寒劣”[⑦]。如果有人敢触犯豪强门阀，只有自己倒霉。如山遐为余姚令，依法清查大族户口，80 天便查清大族隐占的民户万余口，还准备惩办首恶、会稽大族虞喜。结果大族告到王导处，山遐竟被免官。[⑧]

士族内部的等级、士族与寒门的界限也进一步森严，平时士族交友、婚宦都不能逾越这些界限。在当时，修“谱牒”之风盛行，私人修谱者比比皆是，其目的就是防“假冒”，以保证士族的特权。

门阀势力的迅速扩张，导致了皇权同士族的矛盾。个别大族的专权，也导致了其他大族的不满。因此东晋初年，曾发生过两次较大的内乱。

一次是元帝、明帝时期的“王敦之乱”。东晋之初，由于琅玡王氏的特殊贡献，形成了“王与马，共天下”的格局，但对此，司马睿并非心甘情愿。东晋初要与北方胡族政权争正统，有重兴儒学加强皇权的要求。故司马睿在建国后不久，开始疏远王导，重用南方大族戴渊、周顗与北方二流大族刘隗、刁协等，并令刘隗、戴渊征发扬州大户奴隶为兵，以制约拥兵坐镇武昌的王敦。对

---

① 《晋书》卷一一七《姚兴载记》。

② 《隋书》卷二四《食货志》。

③ 《晋书》卷七九《谢安传》。

④ 《南史》卷二〇《谢弘微传》。

⑤ 《晋书》卷六九《刁协传》附《刁逵传》。

⑥ 《资治通鉴》卷九〇。

⑦ 《晋书》卷七三《庾翼传》。

⑧ 《晋书》卷四三《山涛传》附《孙山遐传》。

此，王导、王敦等甚为不平。元帝永昌元年（322年），王敦利用大族对政府发奴为兵的不满情绪，联合南方大族吴兴沈氏，以诛刘隗、刁协以“清君侧”为借口，在武昌起兵叛乱。叛军迅速攻占建康，刁协战死，刘隗逃奔石勒，戴渊、周顗被杀。王敦随之退兵。不久，元帝死，明帝即位，王敦不臣之心更著。324年，明帝下诏讨伐王敦，王敦再次叛乱，不料突然病死，叛军遂瓦解。王敦的失败，使王氏权势稍受抑制。

另一次是苏峻之乱。326年，明帝死，成帝立，以外戚庾亮为辅政大臣。庾亮为了加强中央力量，派温峤为江州刺史以防范荆州势力，又征调驻在历阳（今安徽和县）的“锐卒万人”，并召不太遵守中央命令的将领苏峻入京为大司农，以便加以控制。苏峻不甘受制于人，又怕庾亮害他，于是联合驻扎寿春的祖约，于327年起兵叛乱，攻下建康。苏峻纵兵大肆抢掠，又“改易官司，置其亲党，朝廷政事，一皆由之”[①]，欲效法王敦专制朝廷。329年，逃在外地的庾亮联合温峤及荆州刺史陶侃，打败苏峻，收复建康，才又重新稳定了东晋统治。

东晋初年的这两次士族与皇权对抗的内乱，说明士族门阀的势力是强大的，在这两场斗争中，中央虽然险胜，但并非全凭己力，而是依靠其他士族的力量，这种形势，使东晋皇室一直难以摆脱门阀的控制，而皇权同门阀的斗争，门阀内部的斗争，也一直没有停止过。东晋一朝在士族的倾轧、妥协中苟存，在北伐、统一的问题上很难有所作为。

三　东晋的北伐与淝水之战

东晋的北伐　司马睿渡江后，主要忙于巩固在江南的统治和协调统治阶级内部矛盾。但南北汉族人民，特别是北方人民都希望东晋能挥师北伐，解除胡族统治者对北方人民残暴的统治；一些过江士族或有兴复故土的热情，或有利用北伐扩张自己势力的打算，也要求北伐。因此，东晋建国前后，对北方进行了几次军事行动。

最早提出并进行北伐的是祖逖。

祖逖，范阳遒县（今河北涞水北）大族，晋末率亲党流移至京口。他看到江山沦落，十分气愤，“常怀振复之志”[②]，后来便向司马睿建议并请求自己北

① 《晋书》卷一〇〇《苏峻传》。

② 《晋书》卷六二《祖逖传》。

伐。当时司马睿正忙于建立政权，财政也较困难，国库中只有几千匹布。[1] 于是就任命他为豫州刺史，给他一千人的粮饷，三千匹布，让他自己招募军队，自制兵器进行北伐。

建兴元年（313 年），祖逖率领他原来的部曲百余家渡江。在渡江时，发誓说："祖逖不能清中原而复济者，有如大江！"[2]

渡江后，祖逖在淮阴冶铸兵器，募得两千人向前进发，进驻谯城（今安徽亳州），在打败石虎的进攻后，又进屯雍丘（今河南杞县）。原来在河南一带屯聚的坞主赵固、上官巳、李矩、郭默等互相攻击，祖逖从中调解，使他们归附自己。祖逖待人热情，不蓄私产，与将士同甘共苦，虽宗族子弟亦皆耕地、担柴。因此，祖逖北伐取得一定的成就，收复了黄河以南的土地，使"石勒不敢窥兵河南"。祖逖劝课农桑，练兵积谷，努力为进军河北做准备。但就在这时，王敦之乱行将爆发，当时晋元帝手中无兵，只好依靠祖逖军队，于是任吴人戴渊为征西将军，坐镇合肥，以防御王敦，祖逖也要受戴渊的节制。祖逖知内乱将兴，北伐事业必将无成，忧愤成疾，321 年病死于雍丘。祖逖死后，王敦之乱随即爆发，石勒又攻占河南，晋军被迫退到淮南，祖逖北伐的成果化为乌有。

之后，南北双方又进行几次较量。

北方南下主要在 328 年。是时后赵石勒已统一北方，于是率军进攻淮南，一度占领寿春（今安徽寿县）。但由于晋军抵抗，石勒无力再进，只有退兵。之后，东晋统治基本稳固，又反过来进行了几次北伐。其中以桓温北伐最著名。

桓温，谯郡龙亢（今安徽怀远西北）大族。东晋穆帝时，任荆州刺史，永和三年（347 年），他率军灭蜀，在朝廷声望大增。此后他多次上书请求北伐，想通过北伐攫取更大的政治军事权力。东晋中央为了压制桓温，在 349 年令褚裒进行北伐，353 年又令殷浩进行北伐，结果都损兵折将，遭到惨败。桓温在殷浩北伐失败后，上表弹劾殷浩，殷浩被废为庶人。在这种情况下，桓温要求北伐就没人能阻挡了。

桓温北伐共有三次，永和十年（354 年），桓温第一次北伐。他率步骑 4 万，一直打到关中，在蓝田大败前秦军队，进军长安附近的灞上。关中人民听说晋军到来，争持牛酒欢迎，有的老年人流着泪说：没想到今天又能见到官军！后来，前秦苻雄战败桓温，晋军死者万余；前秦又采取坚壁清野战术，晋

① 《晋书》卷二六《食货志》。

② 《晋书》卷六二《祖逖传》。

军乏食，被迫退兵。356 年，桓温第二次北伐，攻占了洛阳。后来，洛阳又被前燕攻占，这次北伐也毫无成果。369 年，桓温率袁真等 5 万人进行第三次北伐，出徐、兖，连战皆捷。后以粮运不继退军，途中被前燕打败，死者 3 万余，第三次北伐也以失败而告终。

这样，南北双方，谁也消灭不了谁，呈现出一种均势。373 年，晋孝武帝即位，不久桓温病死，谢安开始执政。他实行“镇以和靖，御以长算”① 的政策，弘大纲，去小察，深得朝野拥护。当时，执掌军政大权的桓冲（桓温弟）比较顾全大局，谢安后来让桓冲率重兵镇守荆州，负责西线防守，又用兄子谢玄为兖州刺史，让他招募在京口的北方流民和江淮民兵，训练一支精锐的新军，号为“北府兵”②。由此，东晋进入了相对稳定的时期。

淝水之战　前秦苻坚经过一年艰苦战斗，夺取了东晋的军事重镇襄阳、彭城以后，错误估计了形势，认为东晋已是“垂亡之国”，企图一举统一中国。于是，不顾众人的反对，发动对东晋的进攻。

太元八年（383 年）七月，苻坚下诏大举伐晋，在全国征兵，选 20 岁以下的富家子弟 3 万人组成骑兵卫队。八月，苻坚从长安启程，秦军步兵 60 万，骑兵 27 万，“旗鼓相望，前后千里”，从各地一齐向南进发。前锋苻融率 25 万人沿颍水前进，很快就到达颍口（今安徽颍上东南）。苻坚至项城，凉州的军队才到达咸阳，巴蜀的军队顺江东下，河北的军队挺进彭城。那时，苻坚非常骄傲，说：“今有劲卒百万，文武如林，鼓行而摧遗晋，若商风之陨秋箨。”③出发前，连东晋皇帝、宰相俘虏后的官号、公馆都准备好了。

晋廷听说苻坚率大军南下，多惶恐不安。宰相谢安沉着冷静，派遣其弟谢石为大都督，统帅 8 万军队迎战，以兄子谢玄为前锋；另派胡彬率水军五千增援寿春。十月，寿春被苻融攻占，胡彬只好退据地势险要的硖石（今安徽凤台西南）。苻融占领寿春后，一面攻打硖石，一面派梁成等 5 万人进驻洛涧（今安徽定远西），封锁淮水，阻挡晋军前进，晋军被阻，在距洛涧 25 里的地方停下来。这时，屯驻在硖石的胡彬因粮尽派人送信给谢石，说“贼盛粮尽，恐不见大军”，不料送信人被秦军截获。苻坚得知这一情况后，便把大军丢在项城，亲率精骑八千，兼程赶往寿春。他认为晋军处境困难，便派朱序到晋营要谢石投降。朱序原为东晋襄阳守将，城破降秦，他不忘故国，见到谢石后，把秦军

① 《晋书》卷七九《谢安传》。

② 《通鉴》胡三省注：“晋人谓京口为北府。”后谢玄为徐州刺史，治京口，故称他所组织的这支新军为北府兵。

③ 《晋书》卷一一四《苻坚载记》。

的虚实全讲了，并劝谢石乘前秦大军未到，攻其前锋，挫其锐气，争取全胜。谢石采纳朱序的建议，派北府兵名将刘牢之率精兵五千渡河夜袭洛涧成功，斩梁成等十将，歼灭秦军1.5万人。谢石等便率大军沿淮水水陆并进，到淝水东岸与秦军隔河对峙。苻坚与苻融登寿春城观看形势，见晋军部伍严整，又望八公山（在寿春北）上的草木，以为皆是晋兵，不觉面有惧色。秦军逼淝水立阵，晋军不能渡河。谢玄使人告知苻融，要求秦军把阵地后移，让晋军渡河决战。苻坚企图在晋军半渡时发动突然袭击，便挥军后撤。不料队伍因此大乱，朱序又在阵后大呼苻坚败了，于是秦军一退不可复止。苻融想重新整顿阵列，结果马倒被杀。晋军乘胜追击，一直追到寿春西北30里的青冈，秦军死者相枕于路，苻坚为流矢所中，单骑逃回淮北，及到洛阳，检点余众，只剩十多万人。

淝水之战是前秦企图统一全国的一次战争。综合当时各个方面的情况看，统一的时机和条件显然不成熟。在这种情况下，苻坚倾全国兵力，想一举吞灭东晋，从战略上说是错误的。苻坚对形势和双方力量的错误估计，以及指挥上的失误，造成了晋胜秦败的结局。

淝水之战进一步确定了早已存在的南北对峙的局面。东晋的胜利，使南方避免了一场大的混乱和破坏，经济文化得以继续发展；前秦的失败，使一个主要靠政治、军事强力维持的北方统一政权迅速瓦解，在统一政权掩盖下的各种矛盾又充分展开。

四　十六国后期的少数民族政权

苻坚准备攻打东晋时，曾受到前燕贵族慕容垂、羌族首领姚苌的怂恿。当时苻融洞悉他们的意图，警告说，“鲜卑、羌、羯布诸畿甸”[1]，而倾师南下，一旦战败，国家前途则难以预测。淝水战后，苻融的预言不幸成为现实。384年，前燕贵族慕容垂首先建立后燕，羌族姚苌自称秦王。次年苻坚为姚苌所杀。从这之后的半个多世纪（384～439年）里，各族上层分子先后在北方建立了13个政权，北方再度陷入分裂和混乱之中。

这些国家建立情况大致如下：

关东地区先后出现的国家有六，他们是：鲜卑慕容垂建立的后燕（384～407年），都中山（今河北定州）；鲜卑慕容泓建西燕（385～394年），都长子（今山西长治）；鲜卑拓跋珪重建代国，后称魏（北魏，386～534年），都盛乐

① 《晋书》卷一一四《苻坚载记》。

(今内蒙古和林格尔)；鲜卑慕容德建南燕（398～410年），都广固（今山东青州）；汉人冯跋建立北燕（409～436年），都龙城。还有丁零翟氏据滑台（今河南滑县），建立的翟魏（388～392年）。关中地区则有羌族姚苌建立的后秦（384～417年），都长安。匈奴铁弗部赫连勃勃建立的夏（407～431年），都统万（今陕西横山）。河西走廊民族复杂，先后出现了五个国家，即：鲜卑乞伏国仁建立的西秦（385～431年），都苑川（今甘肃榆中）；氐人吕光建立的后凉（385～403年），都姑臧（今甘肃武威）；卢水胡沮渠蒙逊建立的北凉（397～439年），都张掖；鲜卑秃发乌孤建立的南凉（397～414年），都廉川堡（今青海乐都）；汉人李暠建立的西凉（400～421年），先后都敦煌、酒泉。

总的来说，十六国后期的少数民族政权，有这样一些特点：

第一，同前期一样，此期的政权多是以胡人贵族为主的胡、汉族上层分子的联合统治，但其内部矛盾更复杂，各种势力对它的态度完全视其军事力量的消长而定，强则依附，弱则离叛，基础十分薄弱。

第二，后期政权除北魏外，基本没有什么突出政绩，相反，残暴性更明显。如后燕皇帝慕容垂率军围攻前秦苻丕占据的邺城，久攻不下，竟决漳水灌城，城外百姓尽死，城墙“不没者尺余”，危害十分严重。又如夏国王赫连勃勃不但在战争中大批地掳掠和坑杀人民，平时也常无故杀人，他强征十万民夫，筑国都统万城，“视民如草芥，蒸土以筑都城，铁锥刺入一寸，即杀作人而并筑之”。又使人造弓矢、铠甲，“射甲不入，即斩弓人；如其入也，便斩铠匠，凡杀工匠数千人”①。故人民反抗也很激烈。

第三，为争夺土地、人民和财富，各政权之间争战不休，给各族人民带来了极大灾难，社会生产受到严重破坏。“人力凋残，百姓愁悴”②，“上下离德，百姓思乱”③，是各国存在的普遍现象。

因此，这些政权的寿命都不长。一般的只有二三十年，最短的仅有四年（翟魏）。

但十六国时期的各少数民族政权，在中国历史上却留下了深深的印记：他们开创了少数民族入主中原的先例，给中华民族的物质生活和精神文明增添了新的内容，其不同程度的汉化措施加速了民族融合的步伐，其消极失败的东西，也给后来入主中原的少数民族政权提供了经验教训。

---

① 《魏书》卷九五《铁弗刘虎传》附《卫辰子屈孑传》。

② 《晋书》卷八七《凉后主歆传》。

③ 《晋书》一二四《慕容宝载记》。

五　东晋的衰亡

东晋后期社会矛盾的激化　淝水战后，北方重新分裂，东晋的外部威胁解除了。东晋统治阶级没有利用这个有利时机改革内政，收复中原，而是加紧了争权夺利和对人民的压迫与剥削，使社会矛盾进一步激化。

淝水战后，谢安的威望、权力进一步增大，引起了孝武帝的猜疑，谢安被迫请求出镇广陵，把中央权力交给了孝武帝的弟弟会稽王司马道子。385 年，谢安病死后，司马道子独揽军政大权，引起孝武帝的忧虑。孝武帝以王恭为兖州刺史，镇北府；殷仲堪为荆州刺史，镇江陵，以牵制司马道子。太元二十一年（396 年），孝武帝死，子司马德宗继位，是为安帝。安帝是个白痴，大权更落到司马道子手中，东晋朝政日坏。司马道子后来把权力交给年仅 17 岁的儿子司马元显，又引用太原大族王国宝等参掌朝权，与王恭、殷仲堪对抗，引起北方军阀的不服和反抗。次年，王恭、殷仲堪以诛王国宝为名起兵反抗司马道子。司马道子无力抵御，便杀王国宝等，请王恭退兵。又次年，王恭第二次起兵，殷仲堪与雍州刺史杨佺期、广州刺史桓玄（桓温之子）起兵响应。司马道子派子司马元显率兵征讨。后来，因为王恭的部将刘牢之倒戈，王恭被杀；桓玄吞灭了殷仲堪、杨佺期，这次联合叛乱也就失败了。这时，桓玄占据着长江中游，刘牢之控制着长江下游北岸，高雅之控制淮南。司马元显直接控制的地区只有会稽（今浙江绍兴）、临海、永嘉（今温州）、东阳（今金华）、新安（今淳安）、吴兴、吴（今江苏苏州）、义兴（今宜兴南）等八郡，东晋政府便把一切负担都加在这八郡人民身上。同时，司马元显为了建立一支自己控制的军队，以与上游的桓玄、下游的刘牢之对抗，于 399 年下令强征江南八郡“免奴为客”的农民当兵。这一举动，不仅引起拥有奴客的世族对政府的不满，从而使东晋政府失去部分士族地主的支持，而且对“免奴为客”者本身也是一种迫害。所以，命令一下，顿时“东土嚣然，人不堪命”①，人民纷纷起来反抗，这一事件成为孙恩、卢循起义的直接导火线。

这次起义还有更深刻的原因。东晋政权偏安一隅，南北大地主聚于一地，因此对农民的压迫相当沉重。如田租，西晋是丁男课田五十亩，共四石谷，到东晋中期以后，便加为口税米三石，后来又改为口税米五石，约合谷十石左右。徭役负担更为惊人，晋穆帝时，丹阳尹庾和曾上表要求废除杂役六十多

① 《晋书》卷六四《会稽王司马道子传》。

项，没有废除的当还有不少。晋孝武帝时范宁上表说：“古者使人，岁不过三日；今之劳扰，殆无三日休停。”人民为了逃避徭役，“至有残刑剪发，要求复除；生儿不复举养，鳏寡不敢妻娶”。[①] 对这种压迫，人民早就忍无可忍。因此一旦统治者更要将他们征为“兵户”，世代为兵，便只得揭竿而起，奋力反抗了。

孙恩、卢循起义 孙恩，琅玡人，五斗米道世家。他叔父孙泰是著名的五斗米道首领，原在东晋政府中有较大影响，曾任东晋新安太守、郁林（广西桂平）太守。后因密谋起兵反晋，被司马道子诛杀。孙恩逃到海岛（可能为今舟山群岛），聚众百余人，准备起事报仇。399年，就在司马元显征发江南八郡免奴为客者当兵时，孙恩认为时机已到，立即率领部下百余人登陆，在浙东发动起义。攻下上虞（今浙江上虞）、会稽（今浙江绍兴）等地，江南八郡农民、佃客和奴婢纷纷响应，“旬日之中，众数十万”[②]。并四处攻城池，杀官吏，声势浩大。后被谢琰、刘牢之率北府兵击败，孙恩率众退回海岛。

从400年到402年，孙恩又曾多次率起义军登陆，前后数十战。先后杀死卫将军谢琰、吴国内史袁山松等东晋重要将领。但在最后一次登陆中失利，孙恩投水自杀，余众数千人推孙恩妹夫范阳大族卢循为领袖。

卢循率起义军余部，先后转战浙江、福建、广东、广西一带，又坚持斗争十年。其间，卢循也曾遣使向东晋王朝进贡，还接受过东晋的广州刺史、征虏将军等封职。410年，卢循、徐道覆乘刘裕北伐南燕之机，分两路北上，直抵建康，东晋朝廷乱作一团。由于卢循没有及时抓住战机，及闻刘裕灭燕回师，又惶惶失措，进攻受挫，便借故撤军。徐道覆退至始兴，始兴已被晋军占领，徐道覆进攻失利，兵败被杀。卢循率军退至番禺（今广州），这时番禺也早就被刘裕派兵由海道袭据，卢循攻城未克。411年卢循率兵向交州转移，与交州刺史杜慧度战于龙编，卢循兵败，赴水死。

孙恩、卢循起义，参加的群众有数十万人，坚持斗争达12年（399～411年）之久，转战于长江中下游以南的广大地区。他们利用江南河湖港汊的方便条件，开展大规模水战，这是我国农民战争史上的创举。这次起义虽然失败了，但它沉重打击了东晋门阀士族势力，如北方大族王、谢、袁，南方大族张、顾、孔、虞都受到农民军的镇压，王凝之全家被杀，谢邈家“合门遇祸，资产无遗”[③]。此后，随着东晋政权的垮台，门阀士族也开始走下坡路了。

---

① 《晋书》卷七五《范宁传》。

② 《晋书》卷一〇〇《孙恩传》。

③ 《宋书》卷五三《谢方明传》。

刘裕专政与东晋衰亡 就在镇压孙恩、卢循起义期间，东晋统治集团仍未中断他们的权力之争。402年，盘踞长江上游的荆州都督桓玄，兴兵叛乱，攻入建康，杀司马道子父子及北府兵将领刘牢之等。403年，桓玄逼晋安帝退位，自己做了皇帝，国号楚。

桓玄作乱称帝之初，靠的是北府兵的支持，东晋的大多数士族也对此持默许态度，但桓玄称帝之后，企图剪除北府兵将领，夺取北府军权，这就引起了北府兵的反抗，北府兵将领刘裕团结北府兵中上级军官，密谋推翻桓玄。

刘裕，字德舆，彭城（今江苏徐州）人，当时属低级士族。刘裕幼年家贫，曾以耕地捕鱼为生，后投入北府兵刘牢之部下，累积军功。桓玄称帝后，他表面顺从，获取了桓玄信任。404年，刘裕在京口起兵，声讨桓玄，桓玄兵败，逃到江陵，不久被杀。刘裕恢复了东晋统治，迎回安帝，改元义熙（405～418年）。刘裕辅政，掌握了东晋的全部军政大权。刘裕掌权后，对内整顿吏治，重用寒人；实行“土断”，抑制兼并，整顿赋税制度。对外，于410年灭南燕，413年平定了在益州割据的谯纵。417年又灭后秦。这样，刘裕在地主阶级中树立了威望，取代东晋的条件日益成熟。420年，刘裕废东晋恭帝司马德文，自立为帝（宋武帝），国号宋。东晋亡，凡立国103年。

第四节 南朝政治制度的变化和南方经济的发展

一 南朝政权的更替

南朝包括四个连续的封建政权：宋（420～479年）、齐（479～502年）、梁（502～557年）、陈（557～589年）。它们都建都于建康。

刘宋政局与“元嘉之战” 宋的建国者是宋武帝刘裕，但他当皇帝不到三年就病死了。之后是少帝刘义符，也仅在位一年。刘宋时在位时间较长的是文帝刘义隆（424～453年）。

史书称刘义隆“幼而宽仁”[1]，比较了解下情。因此，在文帝统治时期，

① 《宋书》卷九二《良吏传序》。

继续实行了武帝时整饬吏治、抑制豪强、奖励耕织、减轻赋税等措施。刘宋前期的国势和社会经济都有所发展，特别是文帝元嘉后期，南方出现了东晋以来少有的兴旺，史称当时“内清外晏，四海谧如”①，“役宽务简，氓庶繁息，至余粮栖亩，户不夜扃”②，号为“元嘉之治”。

这时北方正是北魏太武帝拓跋焘在位。他于439年统一北方，国势蒸蒸日上。在这种情况下，双方均有攻灭对方、统一中国的意图，于是爆发了450年的“元嘉之战”。

宋文帝元嘉二十七年（450年）二月，魏先派十万大军攻宋之悬瓠（今河南汝南），同时给宋文帝写了一封侮辱性的信，此事成为元嘉之战的序幕。七月，宋文帝派两路大军北伐。西路军主帅是当时名将柳元景，经湖北北部熊耳山打到了弘农、潼关，进展顺利；东路军由王玄谟率领，也渡过了黄河，围攻滑台（今河南滑县），但他军纪败坏，又虐待部下，大失人心，最后失利，被迫撤退。由于东路主力受挫，西路也只好撤军。于是魏军随之南下，一直打到长江北岸之瓜步（今江苏六合），声言要攻下建康。宋朝大惊，急调各地军民在沿江六百里布防。魏见无隙可乘，加之天寒地冻，粮草不济，于次年正月被迫退军。魏退军时烧杀抢掠，“徐、豫、青、冀、二兖（南兖州、北兖州）六州杀略不可胜算，所过州郡，赤地无余”③。刘宋由此受到很大打击，国力削弱，防线也渐次由河北而淮北，最后退守淮南。从此，南北对峙局面开始向北强南弱转化。

宋文帝于元嘉战后第三年被太子刘劭所杀。之后刘宋政治日坏，“征赋有增于往，天府尤贫于昔。兼军警屡兴，伤夷不复，戍役残丁，储无半菽，小民嗷嗷，无乐生之色”④，阶级矛盾越来越尖锐。小规模农民起义不断发生。与此同时，统治阶级为了争权夺利，相互残杀。自孝武帝起，凡新皇帝继位，都对掌握州镇兵权的兄弟叔侄们心怀猜忌而大开杀戒。这种大规模的自相残杀，极大地削弱了刘宋的统治力量。这时，一个叫萧道成的禁军将领登上了政治舞台，他后来建立了齐朝。

萧齐的内争与检籍　萧道成原籍兰陵（今山东枣庄），兰陵萧氏是晋末渡江的北方士族之一，但萧道成是该族远支，后来累积军功才升上了高官。宋末内乱，他乘机发展实力。479年，他逼宋顺帝“禅让”皇位，建立了齐朝，史

① 《宋书》卷五《文帝纪论》。

② 《宋书》卷五四《孔季恭传论》。

③ 《南史》卷二《宋本纪》中。

④ 《南齐书》卷五四《顾欢传》。

称萧齐或南齐，萧道成即是齐高帝。

萧齐时南北通好，基本上无战争，萧道成当皇帝后，也想有所作为，改革宋末弊政，使萧齐长治久安。但它却是一个短命王朝，共历七帝，23 年。究其原因，一是仍由于内部骨肉相残，二是“检籍”的失误。

萧道成称帝后四年死去，临终前遗令太子萧赜（齐武帝）以“敦穆亲戚，委任贤才，崇尚节俭，弘宣简惠”[①] 为政。其中“敦穆亲戚”就是教导他不要像宋那样骨肉相残。武帝萧赜遵照了父亲的遗命。但武帝死后，他的堂弟萧鸾（明帝）用阴谋夺得帝位，便又大开杀戒。之后历帝继位，都是如此，并涉及大臣，最终走上了刘宋的老路。

所谓“委任贤才，崇尚节俭，弘宣简惠”，萧齐的皇帝们也未做到，即使是在齐武帝时，亦是“政令苛碎，赋役繁重，朝无肱股之臣，野有愁怨之民”[②]。终于以“检籍”为导火线，爆发了人民起义。

所谓“检籍”，主要是清检士籍。东晋以后，士族渐衰，但他们仍然保留有许多特权。当时士族均有“籍状”，籍上有名者即为士族，可“百役不及”。于是自宋以来，许多人便通过贿赂官员、假造士籍的方法把自己变为士族。也有冒充为僧侣、绝户、死亡、废疾以逃避赋役的。这样就使政府的役源短缺，租调收入减少。所以萧齐建国以后，大力推行检籍工作，规定以宋元嘉二十七年户籍为准，凡不合者，一律改正，叫“却籍”。但由于检籍官贪污作弊，结果是“前检未穷，后巧复滋”[③]，“应却而不却，不须却而却”[④]，使却籍户不满，纷纷到官府申述，政府却不理，终于激起了唐寓之起义（485～486 年）。起义军纵横于今浙江东部，江南一带却籍户纷纷响应，众至 3 万，还在钱塘建立了政权，国号吴。这次起义虽被南齐镇压了下去，但却籍户的反抗仍然不断，直到 490 年齐武帝被迫下令停止却籍才停息。

由于这些原因，萧齐的统治一直比较虚弱，后来在齐东昏侯萧宝卷时，统治阶级危机加剧，“内难九兴，外寇三作”。501 年，萧道成的族侄萧衍以报兄仇为名，在襄阳起兵，攻进建康，502 年称帝（梁武帝），建立了梁朝。

梁武帝与“侯景之乱”　梁朝历 55 年，4 帝。但梁武帝一人就做了 47 年皇帝（502～549 年）。在梁武帝在位期间，北朝已经衰落，无力大举南下，所以是个粗安时期。梁武帝本人在历史上以博学多通、勤于政务而著称，在发展

① 《南齐书》卷二《高帝纪》下。

② 《资治通鉴》卷一三七。

③ 《南齐书》卷四六《顾宪之传》。

④ 《通典》卷三《食货典》三引沈约上书。

教育上也有贡献，史称自东晋以来，儒学“文物之盛，独美于兹”[①]。但梁朝在他的统治下，情况并不是很好。

梁武帝认为宋、齐皇室的内部争权夺利，士庶之间倾轧，是其短祚的主要原因。因此，他即位后，即把治国重点放在调整统治阶级内部利益上，想方设法把皇室内部、士族与寒门关系摆平，不搞骨肉相残。为此，他任用能干的寒人典掌机要，又下令推荐东晋以来湮没无闻的士族做官，还提高宗室诸王的实权，宗室成员只要不造反，犯罪甚至投敌都不过问。在梁武帝的纵容下，梁朝的政治相当腐败。贵族子弟在京城胡作非为，各级官吏可以公开贪污。当时贺琛上疏说，“天下守宰”“竞为剥削”，之后就尽情挥霍；挥霍净尽，又后悔当初搜刮得太少。由此造成农民破产，户口逃亡，帑藏空虚，国家衰弱。因此他建议禁止贪污奢侈。梁武帝听了大怒，指责贺琛说这些话是沽名钓誉，欺罔朝廷，诋毁百官；并说勇怯贪残各有它的用处，吓得贺琛赶快“谢过”，“不敢复有指斥”。[②] 为了巩固统治，萧衍还大力提倡佛教，遍造佛寺，并三次舍身同泰寺，诡称要当和尚，群臣赎他用钱达 4 亿之多。梁武帝佞佛使大量的社会财富、户口流入佛寺。

与优待上层相反，梁武帝对百姓的统治却相当严酷。南朝注籍的人口只有500 多万，梁每年判处两年以上徒刑的就达 5000 人之多，国家监狱里总是塞得满满的。梁朝的地方官“收缚无罪，逼迫善人”，迫害无辜。史载萧衍举行南郊祭礼时，曾有秣陵老人当面批评他行法“急于黎庶，缓于权贵”[③]。南朝的史学家也批评萧衍“罔恤民之不存，而忧士之不禄”[④]，这是切中要害的。

梁武帝前期，梁朝国势尚强，统治地域“南超万里，西拓五千”，在南朝中以此“三四十年，斯为盛矣”。[⑤] 但这也助长了他一直就有的“好人佞己”[⑥]的毛病。加之他后期怠于为政，梁朝统治开始走下坡路。而 548 年的侯景之乱，则给了梁朝统治最后一击。

梁武帝太清元年（547 年），东魏大将侯景因与掌权的高澄发生矛盾，表示愿献所据河南十三州之地降梁。梁朝臣因其反复无常，桀骜难制，多不赞成，但梁武帝欲借此实现统一梦想，遂接受侯景投降，封以河南王、大将军等

---

① 《南史》卷七《梁本纪》中。

② 《梁书》卷三八《贺琛传》。

③ 《隋书》卷二五《刑法志》。

④ 《文苑英华》卷七五四引何之元《梁典·高祖事论》。

⑤ 《梁书》卷三《武帝》下。

⑥ 《魏书》卷九八《萧衍传》。

重职，并派宗室萧渊明率兵接应。不料萧渊明被东魏军击败于彭城，他本人也做了俘虏。这时东魏乘机挑拨侯景与梁的关系，表示愿用萧渊明交换侯景，与梁重新修好。昏庸的梁武帝竟然答应了这一要求，结果侯景走投无路，于548年八月反于寿阳，然后渡江，很快攻下建康的石头城和东府城。次年三月，侯景攻下了久围中的建康台城，萧衍被软禁，不久饿死。死前叹曰："自我得之，自我失之，亦复何恨!"①

萧衍死后，侯景先拥立萧纲为帝（简文帝），旋即废萧纲而立萧栋为帝，不久又废萧栋自立，改国号汉，大杀萧衍子孙，萧梁统治至此已实际解体。552年，王僧辨、陈霸先攻下建康，侯景企图逃跑，被部下砍死于船中，侯景之乱结束。

侯景乱梁，是南方的又一次空前大浩劫，也是南朝历史的一个转折点。乱后，南朝在长江下游以北的土地，尽为东魏、北齐所占；汉中及长江中游以北的土地，尽归西魏所有。残暴的侯景军在江东地区烧杀抢掠，社会经济遭到大破坏，"千里绝烟，人迹罕见，白骨成聚，如丘陇焉"。门阀势力也在这次内乱中受到沉重打击。侯景入建康前，曾求婚于侨姓士族王、谢而受挫，心怀怨怒。及陷建康，对"富室豪家，恣意裒剥，子女妻妾，悉入军营"②。在战乱中死亡的门阀士族，更是不知其数。北齐颜之推说，两晋之际南下的百家士族在建康者，经过侯景之乱已"覆灭略尽"。从此，南朝力量更加衰落了，南弱北强的局面正式形成。

侯景乱后，梁武帝子孙为争夺皇位，纷纷自立，萧绎称帝（梁元帝）于江陵，武陵王萧纪称帝于蜀，后来西魏又立了个傀儡皇帝萧詧（chá，察）。在中央，武将陈霸先控制梁元帝以为正统，555年，元帝死，陈霸先立敬帝萧方智，557年，他废敬帝而自立（陈武帝），国号陈，梁亡，共立国55年。

陈时南方的衰落　陈朝的建立者陈霸先，吴兴郡长城（今浙江长兴）人，出身寒微。他初在梁朝做小官吏，后因镇压交州农民暴动，累官至西江督护、高要太守。侯景之乱爆发后，陈霸先在岭南起兵讨伐侯景，逐步取得了权位。

陈建国时，萧詧继续占有江陵，萧勃占据岭南。另外在陈的统治区内，一些新兴起的土豪还各据一方。豫章（今江西南昌）有熊昙朗，临川有周迪，巴山（今江西乐安）有黄法氍（qú，瞿），东阳（今浙江金华）有留异，新安（今浙江淳安）有程灵洗，晋安（今福建福州）有陈宝应，始兴（今广东韶关

---

① 《资治通鉴》卷一六二。

② 《南史》卷八〇《侯景传》。

西）有侯安都，长沙有欧阳頠。此外，还有盘踞湘、郢二州的萧梁残余势力王琳。陈初，王琳由湘州东下，占据武昌，夺下江州（治溢城，今江西九江），并联合北齐进犯建康。陈霸先侄儿陈蒨（陈文帝）打败了他们的进犯，王琳逃入北齐。王琳东下时，北周军队曾过江占领湘州。陈文帝截断江路，周军被迫退回江北。以后，陈文帝用笼络和征剿兼用的办法，相继消灭了熊昙朗、周迪、留异、陈宝应等势力；程灵洗、黄法氍、侯安都、欧阳頠等则成了陈朝的支柱。

陈朝在武帝及文帝、宣帝时期，政治情况较梁末有所改善，遭破坏的江南经济也逐渐得到了恢复。但陈在对北方的战争中，却是先胜后败，陈宣帝太建五年（573年），陈将吴明彻乘北齐大乱之机北伐，攻占了吕梁（今江苏徐州东南）和寿阳，一度占有淮、泗之地。北周灭北齐后，吴明彻再次北伐，在进攻彭城的战斗中失败被俘，陈军主力覆灭，淮南得而复失，陈的国力愈弱。

583年，陈后主叔宝继位，荒淫无道，不理政务，并且大修宫室，耗费了大量钱财。陈朝“税江税市，征取百端”[①]，人民苦不堪言。“百姓流离，僵尸蔽野。货贿公行，帑藏损耗。神怒民怨，众叛亲离。”[②] 陈朝统治已面临末日。这时北方的隋朝已经强大起来，589年，隋军大举南下，攻入建康，俘后主，陈亡。

二　南朝中央集权的逐渐强化和门阀制度的渐衰

中央集权的强化　从东晋孝武帝时期开始，衰弱的皇权有了逐渐恢复的趋势，到刘裕建宋，他以军权而夺取天下，不像司马睿那样完全靠士族支持，所以皇权又有所加强。刘裕时士族仍享有高官、特权，但并没实权，特别是丧失了军权，虽然富贵如故，但已无法像东晋时那样能够专擅朝政。刘裕死后，受遗诏辅政的士族傅亮、徐羡之、谢晦等掌握大权，曾先后废掉可能继立为皇帝的庐陵王刘义真及少帝刘义符，而立刘义隆为帝，是为宋文帝。谢晦以荆州刺史、都督荆湘等七州军事身份出镇荆州，“精兵旧将，悉以配之”，以“居外为援”[③]，企图重温士族专政旧梦。但文帝一旦羽翼丰满，做好准备后，便立即

① 《南史》卷一〇《陈本纪》下。
② 《陈书》卷三〇《傅縡传》。
③ 《资治通鉴》卷一二〇。

反击，于元嘉三年（426年）诛杀诸人，重夺大权。由此以后，南朝皇帝为加强皇权，在制度和用人方面，都采取了一些措施。制度方面最主要的变化，即是把魏晋以来尚书、中书等中央官制进一步确定，并有所发展。至梁武帝时，中央的中枢权力机构大致有以下五个：

尚书省，自曹魏时始设，东晋南朝沿之。掌“出纳王命，敷奏万机”[1]。长官为令、左右仆射，下设诸曹尚书，分领具体事务。但至南朝，其职能已渐转化为一般的办事机构。

中书省，曹魏时为分尚书省之权而设，东晋南朝沿之。且权日重，掌出纳帝命，即起草诏书、政令，接受尚书奏事等机要大事。长官监、令。

门下省，西晋时始设，南朝沿用，置侍中、给事黄门侍郎各四人，其职责主要是在皇帝身边服侍、保卫、顾问应对，拾遗补阙，检举非法。门下之设，原为分中书省之权，故权位极重，有“宰相便坐”之称。

秘书省，南朝设，掌典籍图书，设监、丞各一人，郎四人。

集书省，南朝设，置散骑常侍、通直散骑常侍各四人，掌侍从左右，献纳得失，省阅奏书，并有驳回权，又与中书侍郎对掌禁令，纠察违失，权亦极重。

以上机构，在职能上或有重复交叉，其设置也并无定准，还处于游移发展中，但从中可以看到一个趋势，即至南朝时，国家的中枢权力机构已被划分为若干个，再无某一个机构能独掌大权。这对加强皇帝权力是极端有利的，也为后来隋唐时期三省六部制的确立打下了基础。

这一时期中央集权加强的另一个表现，则是寒人势力的兴起。

寒人，或称庶族，在当时主要指没有特权的地主或商人。他们不甘心受士族的排挤，皇帝也企图利用他们来限制士族，所以刘宋以后，寒人势力发展得特别快。

寒人势力上升的第一条途径是充任掌握军权的将帅。南朝的开国皇帝，都是通过领兵打仗、控制军权而上升起来的庶族地主。南朝的将帅，也多是庶族寒门出身。宋沈庆之亲自耕田，不识文字，后以军功累官至太尉。沈攸之，少孤贫，后以军功累官至征西大将军、荆州刺史。齐将帅王敬则，屠狗商贩出身，后累官至大司马。陈显达也出身微贱，后累官至征南大将军、江州刺史。太尉、大司马官属一品，诸大将军属二品，都是上品高官。

寒人势力上升的第二条途径，便是掌管机要。由于士族缺乏办事能力，皇

① 《隋书》卷二六《百官》上。

帝又怕他们难以控制，所以南朝时全以寒人典掌机要、处理政务。南朝时中央权力实际上集中在中书省下的一个小官中书通事舍人手中。中书通事舍人原是九品小官，南朝时进为八品，掌起草诏令，参与机密，甚至专断政务，成为煊赫一时的职位。南朝的通事舍人多由寒人担任。如宋中书舍人巢尚之是“人士之末”，戴法兴商贩出身。凡是官吏的选拔、升降、赏罚，宋孝武帝都与他们商量决定。南齐时的刘系宗、吕文度、茹法亮，梁代的周捨、朱异等，皆“势倾天下”[①]。皇帝对他们特别赏识，齐武帝曾说：“学士辈不堪经国，惟大读书耳。经国一刘系宗足矣。沈约、王融数百人，于事何用!”[②] 王俭为太尉，曾对人说：“我虽有大位，权寄岂及茹公（茹法亮）!”[③] 通事舍人权力极大，以至当时甚至有“宁拒至尊敕，不可违舍人命”的说法。[④]

南朝时，寒人担任的另一要职是典签。南朝君主鉴于东晋方镇势力的强大，威胁到中央皇权的教训，多以宗室子弟为州镇军政长官，以寒人为典签进行控制。典签职微权重，“一方之事，悉以委之”。州镇要事，须典签签署方能实行。典签每年数次回京向皇帝报告情况，“刺史行事之美恶，系于典签之口”。因此，诸王刺史都非常害怕典签，恭敬备至，惟恐得罪他们。故时人云“诸州惟闻有签帅，不闻有刺史”[⑤]。

庶族地主的上升，反映了皇权的加强和门阀士族的衰落。

门阀制度的渐衰 南朝时的门阀士族，仍是一个特权阶层，但已经在走下坡路了。

衰落的原因首先是在于门阀士族的腐朽。由于士族能凭借门资而“平流进取，坐致公卿”，故越来越不思进取，在政治上不求振作，享受高官厚禄而庸碌无能，“居承平之世，不知有长乱之祸；处庙堂之下，不知有战阵之急”[⑥]。在军事上，他们也逐渐抛弃了两晋以来以武功进取的传统。许多大族“不乐武位”，“鄙薄武事”，士族掌军权者越来越少。在生活方式上，他们除了奢侈享受外，更转而形成了矫揉造作的“名士”之风。梁朝全盛时，士大夫“无不熏衣剃面，傅粉施朱”[⑦]，“出则车舆，入则扶侍”，“肤脆骨柔，不堪行步，体羸气弱，不耐寒暑”[⑧]，完全成了一堆娇生惯养的废物。就连他们一贯保持的文

---

① 《南史》卷七七《吕文显传》。

② 《南史》卷七七《刘系宗传》。

③④ 《南史》卷七七《茹法亮传》。

⑤ 《南史》卷四四《巴陵王子伦传》。

⑥⑧ 《颜氏家训·涉务篇第十一》。

⑦ 《颜氏家训·勉学篇第八》。

化优势，到南朝后也逐渐丧失，以至身为士族，却“明经求第，则顾人答策；三九公宴，则假手赋诗”[①]。江南侨姓士族就此衰微下去，但江南的土著士族及北方士族还有一定势力。

南朝士族面对寒人势力的兴起，既不甘心又无可奈何，于是更加强调士庶界限，士庶壁垒森严的现象更加严重。齐士族王源把女儿嫁给寒门满璋之的儿子，沈约上书弹劾，说“王满联姻，实骇物听”，请求将王源免官，“禁锢终身”。[②] 寒门王弘[③]很得皇帝的赏识重用，他想做士族。皇帝让他到士族王球家“称旨就席”，先做试探，他到王球家刚刚坐定，王球便举起扇子说：你不得如此！他回去向皇帝报告，皇帝说：我也无可奈何！刘宋末权重一时的寒人王道隆到士族蔡兴宗家，也遭到了同样冷遇。[④]

为严格区分士、庶，谱学盛行。东晋南朝时，贾弼之祖孙三代专精谱学。贾弼之所撰《十八州士族谱》700余卷，最为时人所重。宋刘湛、齐王俭、梁王僧孺也都有谱学专著。谱学成为专门之学。士族若不精谱学，便不能到吏部为官，谱学既是吏部选官的依据，也是南朝矫正伪冒士族的庶族寒人之凭依。南朝士族如此敏感地强调自己的士族身份，实际上正是其心理脆弱、社会地位渐衰的反映。

三　东晋南朝时南方经济的发展

东晋南朝的经济结构　东晋南朝的江南经济，仍然是一个以农业为主导，农、工、商依次发展的基本格局，农业在经济中占有首要地位。其土地占有、经营形式，主要有三种：国有的公田（山林川泽、无主荒地、官吏的菜田和职田、屯田等），地主的园墅（田庄），小农的耕地。农业的各种经济成分从户口数量上说，独立的个体小农居于多数，但就地位而言，地主的园墅经济又占首要地位，而国有公田的经营只是前两者的补充。手工业则主要仍以官营为主，但私营手工业发展较快。这一期间，商业仍相当活跃。海外贸易和国内的南北贸易有了进一步的发展，商品市场也有相当的规模。市场管理开始正规化。但战乱和货币经济的萎缩，对商业的发展有一定的消极影响。

就社会结构和阶级关系而言，此期社会身份呈现出复杂化的特点：统治阶

① 《颜氏家训·勉学篇第八》。

② 《文选》卷四〇沈休文（约）《弹奏王源文》。

③ 《宋书》卷五七作“王弘”，《南史》卷二九作“弘兴宗”。

④ 《南史》卷二九《蔡廓传》附《蔡兴宗传》。

级中有皇室、士族、庶族地主及商人等；劳动者阶级中有自耕农，地主控制的部曲、佃客、奴隶，官户控制的兵户、吏户、百工户等。劳动人民对江南的发展做出了主要贡献。

农业的发展　东晋南朝的历代统治者都比较重视农业，以农业是否发展作为考课官吏的标准，还特别注意流民的安置和小农因破产而再流亡的问题。如东晋南朝对北方流民最初采取了侨立郡县，给予减免租役的优待；徙贫民垦起湖田；开放苑囿，租与贫民；把没收罪犯人家的土地分赐贫民；农民垦荒，给予若干年的租调优待；减免受灾地区农民拖欠的租调、贷与种粮，赈灾救济等。这些措施，有宣扬帝王德政，关心赋税来源的一面，但对农业发展也含有一些积极影响。

东晋南朝时，铁犁、牛耕已逐渐普及。梁武帝为放水以淹驻于寿山的北魏军，作浮山堰，曾将几万斤铁器倾入河中，其中有不少的“铧（huá，铧）锄”一类的铁农具。[①] 齐时徐孝嗣建议于淮南屯田，由政府解决“田器耕牛”[②]，南朝皇帝在春耕前下诏禁止杀牛，这些都表明牛耕在农业中的地位。南方江河湖泊纵横交错，水资源丰富，地方官多能注意兴修水利工程灌溉农田，水利工程星罗棋布。如寿春的龙泉陂，吴兴乌程的荻塘、吴兴塘，襄阳的六门堰、石堰、马人陂，均是灌田数千顷、数万顷的著名水利工程。

与汉魏比较，此期农业经济的又一变化是作物种类的增多。如以前江南的主要粮食作物是水稻，而此时则有稻、麦、黍（黏谷）、粟、菽、麻以及其他各种杂谷，这些作物许多来自北方，在种植上可与水稻交错进行，这就大大提高了土地的利用率和亩产量。北方的区种法大概也在此期传入南方。

由于以上原因，粮食单位面积产量在南朝有了较大幅度的提高。宋雷次宗说豫章郡的良田可达“一亩二十斛”[③]。梁时夏侯夔的苍陵堰灌区，平均亩产也达到了十斛。[④] 宋明帝时，曾因战争屡起，财政困难，许民上米、钱、杂谷得官，[⑤] 这次卖官，主要是针对庶族地主的。说明当时庶族地主中许多人都有大量的粮食。储存量多，这是农业发展的标志之一。

南朝时期，各地农业普遍都有所发展，典型的如扬州三吴地区“地广野

---

① 《梁书》卷一八《康绚传》。
② 《南齐书》卷四四《徐孝嗣传》。
③ 《太平御览》卷八二一引《豫章记》。
④ 《梁书》卷二八《夏侯夔传》。
⑤ 《宋书》卷八四《邓琬传》。

丰，民勤本业，一岁或稔，则数郡忘饥”[1]；荆州“田土肥美”，地跨“南楚之富”[2]，侨雍州（襄阳地区）“田土肥良，桑梓野泽，处处而有”[3]；益州一直号称“天府”，南朝时仍是“土境丰富”[4]，广州粮食交易“多万箱之咏”[5]；交州一年二熟，“恒为丰国”[6]。可见农业在东晋南朝的确有了长足的进步。

在南朝时期，农民的负担仍然很重。宋、齐田租沿用东晋制度，梁时虽废除计口输米之制，但丁男负担增加了“禄米”二石，又增加了“亩税米二升”[7] 的田税。户调则大体在西晋的基础上上下波动。此外，东晋南朝政府还立了许多名目，在正常税制外，对人民进行巧取豪夺。主要有口钱、塘丁税、杂物调、关津税、牛埭税、酒租、盐赋、鱼税等等。这些杂税有的重得惊人，如齐建元初曾向浙东五郡收“丁税一千”，这一千钱当时能买十石米，是一个丁男向国家交纳田租的两倍！至于徭役，虽然官方规定为丁男每年仅服 20 天，但实际执行中却是“公获二旬，私累数朔”[8]，且随意征发的各种杂役甚多，甚至征调幼童和妇女。由于徭役沉重，当时甚至有农民斩断手足以求避役的惨烈景象。

封建政府的沉重剥削，影响了南方农业的进一步发展。

东晋南朝的手工业　人口的增加，农业的发展，战争的需要，使东晋南朝的手工业也有了进一步的发展，较为突出的是纺织、冶铸、造船、制瓷和造纸业。

在东晋南朝时期，养蚕技术已经相当可观，豫章等地一年蚕四五熟，永嘉等地甚至还有一年八熟的记载。[9] 丝、绵、绢、布等是南朝政府调税的主要项目，因此纺织是民间普遍的副业。豫章一带的妇女，有“夜浣纱而旦成布者，俗呼为鸡鸣布”[10]。荆、扬二州的纺织业尤为发达，“丝、绵、布、帛之饶，覆衣天下”[11]。速度快，产量高，都反映纺织业之兴盛。织锦业在益州早负盛名。刘裕灭后秦，把关中的织锦户迁到江南。南朝后期，织锦业也发达起来。富豪人家穿绣裙，着锦履，以彩帛作杂花，绫作服饰，锦作屏障，甚至用锦缘席边

---

①②⑪ 《宋书》卷五四《孔季恭羊玄保沈昙庆传论》。

③ 《南齐书》卷一五《州郡志》下。

④ 《宋书》卷八一《刘秀之传》。

⑤ 《广东通志·金石略》。

⑥ 《水经注·温水注》。

⑦ 《通典》卷五《食货五·赋税中》。

⑧ 《南齐书》卷五《海陵王纪》。

⑨ 《太平御览》卷八二五引《永嘉郡记》。

⑩ 《隋书》卷三一《地理志》。

也是常见的事。

矿冶为铸造货币、农具和武器所必需，因此南朝政府都设有专官管理。另外还有不少私家冶铸作坊。在冶铸技术上，使用水排鼓风。炼钢技术也有很大进步，陶弘景说那时发明一种“杂炼生（生铁）鍒（熟铁）”[①]的灌钢法，反复锻炼，就成为优质钢，用来制造刀、镰。这实际上是近代的“渗碳”技术。此外，“别有横法钢，公家（梁官冶）自作百炼钢”。上虞谢平冶炼技术最高，善做刚朴，号称“中国绝手”[②]。

造船业在吴国的基础上又有较大发展。运输、作战用的船舰很多，往来于东海、南海和内地河道的船只频繁，大者载重两万斛。[③]

制瓷业是魏晋南北朝的新兴手工业。南方的瓷器以青瓷为代表，其胎质灰白细密，釉呈青色或缥色（淡青），或杂有深浅不一的绿或微黄。东晋以后的器物上又往往加有酱色釉彩斑。但是，它的主要特点是釉呈青色，故曰青瓷。

青瓷的烧制，大致在三国、西晋时达到成熟阶段。江苏宜兴周处墓中的西晋瓷熏炉，造型精巧，其胎、釉已与南宋官窑瓷器的化学成分接近。东晋南朝时，青瓷产地比较集中于会稽郡（今浙江绍兴）一带，此外，江苏宜兴的丁蜀镇、江西丰城等也是重要产地。已发现的青瓷品类繁多，既有各种生活用品，也有随葬品，反映出瓷器在人们生活中已得到广泛应用。此外据考古发掘，江南许多地区的制瓷技术逐渐成熟，并各有自己的特点。从釉色上看，武昌的翠碧，福州的深腻，广东的闪黄，都和浙江的青莹一样有特色。

造纸业有了新的发展。压光和染色是这一时期造纸技术的新成就。当时纸的名目很多，有赤纸、缥红纸、麻纸、敕纸、法纸、藤角纸等。其中用藤皮造的藤角纸是一种质地优良的纸张。剡溪（今浙江嵊州）和余杭的由拳村是藤纸的著名产地。当时纸的产量很高，王羲之为会稽内史，一次就给谢安 9 万多张。因产量提高，桓玄曾下令“诸用简者，皆以黄纸代之”[④]。造纸业的发达对文化的发展起了积极作用。

东晋南朝的商业 农业和手工业的发展，加上江南河流纵横，水上交通方便，为商业发达提供了基础。士族豪强兼并土地，官府赋税徭役繁重，许多中小地主和农民被迫从事商贩活动。贵族官僚有免关津税特权，在任期届满

---

① 《重修政和经史证类本草》卷四，铁精条。

② 《太平御览》卷六六五引陶弘景语。

③ 《颜氏家训·归心篇第十六》。

④ 《太平御览》卷六〇五引《桓玄伪事》。

时带着大批货物作为“还资”，然后转贩各地。官府征收租调要农民折钱交纳，农民被迫出卖自己仅有的农副产品。这些因素，使此期南方的商业相当活跃。

当时南方的重要城市有建康、江陵、成都、番禺（广州）等。这些城市都有非常繁荣的商业。首都建康中“贡使商旅，方舟万计”，“小人率多商贩，君子资于官禄，市廛列肆，埒于二京（长安、洛阳）”。① 城内有四个市，秦淮河北有大市和小市十余处。会稽、吴郡、余杭等地也是“商贾并凑”。番禺是当时的海外贸易中心，江陵“当雍、岷、交、梁之会”。益州“水陆所凑，货殖所萃”②，都是号称一方之大商业都会。

东晋南朝商品交易的主要场所是市场。当时的市场，除了大小城市中列肆贩卖，摆摊设点的正规“市”之外，还有农民的临时集市的“草市”，有军队设的“军市”，与少数民族交易的“夷市”，与“敌国”进行边境贸易的“互市”，等等，星罗棋布，遍及全国。市场上的商品种类也很丰富，南朝历代政府都十分重视对市场的管理。一般各地市场都由地方官主管，还有具体管理市场的官员，正规“大市”设有“大（又作太）市令”“刺奸”，甚至草市也有“草市尉”③。这些官员的任务，主要是征税，整顿市场秩序，防止违法和欺诈、垄断行为等等。商税主要包括有市税（场地税）、估税（商品交易税），以及与商品流通相关的关津税、航埭税等。商品交易税是其中的大宗，当时，“凡货卖奴婢、马牛、田宅，有文券，率钱一万，输估四百入官，卖者三百，买者一百。无文券者，随物所堪，亦百分收四，名为散估”④。其余荻、炭、鱼、薪之类过津者，并十分税一。

与东晋南朝商业活跃形成强烈反差的是货币的衰落，史称“梁初，惟京师及三吴、荆、郢、江、湘、梁、益用钱。其余州郡，则杂以谷帛交易”⑤。交、广地区由于对外贸易，则“全以金银为货”⑥。可见此期货币的最大特点是金属货币与实物货币并行，而且实物货币还占主要地位。但以谷帛做货币，给商品交易带来许多不便，也造成了许多浪费，使此期商业呈现出畸形发展的特点。

---

① 《隋书》卷三一《地理志》下。

② 《隋书》卷二九《地理志》上。

③ 参见《全晋文》卷二一王彪之《整市教》，《北齐书》卷三二《陆法和传》。

④⑤⑥ 《隋书》卷二四《食货志》。

第五节　北朝经济的缓慢发展和民族大融合

一　拓跋族的兴起和北魏统一北方

拓跋魏的早期历史　建立北魏的鲜卑拓跋部，最初活动于大兴安岭北端东麓一带，过着游牧生活。拓跋鲜卑先祖旧墟石室（嘎仙洞）已于1980年在内蒙古呼伦贝尔盟鄂伦春自治县发现。传说到拓跋部的祖先拓跋毛时，“统国三十六，大姓九十九”，大概还处在氏族部落联盟阶段。大约在东汉末年，他们经过“九难八阻”，走出高山深谷，到达了匈奴故地。258年，力微迁居盛乐（今内蒙古和林格尔），举行祭天大会，统一了各部，又与曹魏通好，派长子沙漠汗住在洛阳，从此与曹魏“聘问交市，往来不绝”。西晋代魏后，力微与晋继续通好。晋卫瓘看到拓跋部逐渐强大，以金锦收买各部大人，进行离间，致使力微死后，“诸部离叛，国内纷扰”①。

西晋末年，拓跋部再度崛起。猗卢总摄拓跋三部，控弦骑士四十余万，并与晋并州刺史刘琨结盟，多次出兵帮助抗击刘聪、石勒，晋封他为代王。猗卢时，拓跋社会在政治、经济上都进了一步。但他不断进行战争，征发频繁，又采取严刑峻法维持统治，遭到部民抵制。316年，猗卢被其子六脩杀死。从此，“部落四散”，拓跋部又陷于纷扰之中。

经过一段动乱之后，338年什翼犍即代王位。什翼犍曾作为“质子”，在后赵襄国（河北邢台）住了十年，受汉文化影响较深。这时拓跋部“始置百官，分掌众职”②，国家机构逐步完备。什翼犍频繁地进行大规模战争，掳掠了以百万计的牲畜和人口。史载此时什翼犍在政治上模仿魏晋制度设置官吏，任用汉人燕凤为长史、许谦为郎中令。法律上强调君主权威，制定了关于赎罪、大逆、婚姻、私斗和保护公私财产的法令。规定：“盗官物一备五，私则备十。”③ 这些都说明什翼犍时拓跋部已有了私有制，进入了阶级社会。

正当拓跋部在国家形成的道路上迅速发展的时候，晋太元元年（376年），

①② 《魏书》卷一《序纪》。

③ 《魏书》卷一一一《刑罚志》。

苻坚征服了拓跋部。什翼犍为其子寔君所杀，部落离散，余众被分为东西二部。苻坚任用匈奴铁弗部卫辰和刘库仁代为统治。

北魏的建立和统一北方　公元383年的淝水之战使前秦土崩瓦解。386年，什翼犍的嫡孙拓跋珪（道武帝）在各部酋长的拥戴下，在盛乐称王，重建代国。同年，改国号为魏，史称北魏。这时中国北方割据政权林立，是一个弱肉强食的时代，因此，北魏在其初期（道武帝、明元帝、太武帝），为生存和发展做了种种努力。

拓跋珪即位之初，北魏还较弱小，后来拓跋珪在盛乐和河套地区屯田，发展农业；任用汉人为谋士；对外称臣于后燕以获取援助，使北魏在大漠争雄中处于有利地位。拓跋珪联合后燕，先后攻降匈奴刘显、贺兰部、独孤部、契丹莫溪部、纥突部等部落，击败高车、匈奴刘卫辰，获得了草原霸主地位。不久，北魏因后燕强迫其献良马而与后燕反目。395年，北魏军在参合陂（山西大同市西）尽歼后燕军主力。397年，攻占后燕都城中山。398年，拓跋珪正式称帝，北魏一跃而成为北方最强大的国家。

北魏在征服中原过程中，开始注意吸收汉族地主进入政权。上谷张衮、清河崔玄伯等著名汉族豪强成了拓跋珪的得力谋士。崔玄伯的儿子崔浩，更是受宠一时。明元帝拓跋嗣（409～423年在位）即位之初，到处网罗“豪门强族”和“先贤世胄”，给他们高官要职。山东、河北的著名士族豪强也都归附了北魏。他们帮助出谋划策，制定政治、礼仪、法律制度，使北魏逐渐巩固和强盛起来。424年，太武帝拓跋焘即位（424～451年在位），他在汉人地主官僚崔浩和道教首领寇谦之支持下，制定了“后文先武，以成太平真君”① 的治国大纲，并进行了一些汉化的初步改革。北魏国力进一步增强，在对夏、柔然的战争中多次取得胜利。太武帝神䴥四年（431年），夏灭西秦；同年，吐谷浑灭夏。太延二年（436年），魏灭北燕。太延五年，魏灭北凉，统一了北方。

二　北魏前期的封建化

随着进军中原，拓跋族越来越多地接触到了中原的封建文化；拓跋族进入中原，迁汉人到平城，造成更大范围的民族间错居杂处，原有部落组织已不能适应这种新局面；一部分汉人地主入仕北魏后，力图按封建方式改造拓跋族政权。这些因素，使北魏开始了封建化的进程。

① 《魏书》卷一一四《释老志》。

北魏封建化的正式开始，是在天兴元年（398年）。拓跋珪在这一年正式称“皇帝”，表明北魏此时已开始以中原之主自视。为了适应新形势，北魏采取了几项重大措施。在政治方面的有：（一）把都城从盛乐迁往平城；（二）参照汉制立官职、制礼仪、定律令、考天象；（三）令朝野人士皆束发加帽；（四）命令州县大量收集儒家经典，置五经博士，设太学。① 北魏企图通过这些措施，去掉“胡气”，建立中原“正朔”的新形象。

经济方面的措施则是开始定居和农业化。大致在破燕以后，拓跋珪下令“离散诸部，分土定居，不听迁徙，其君长大人，皆同编户”②。开始解散部落组织并按地域定居。为了便于管理，拓跋珪设立了“八部帅”（又称“八部大人”）。其职责是“劝课农耕，量校收入”③。与此同时，为了加强农业生产，加强平城经济力量，拓跋珪在灭燕以后，还将“山东六州”的四十余万吏民、百工伎巧迁往平城，接着又下诏“给内徙新民耕牛，计口授田”。在京畿地区（今内蒙古凉城、山西大同市及代县之间的三角地带）建立了北魏历史上的第一个大型农业区。明元帝拓跋嗣即位后，在遵循拓跋珪既定政策的基础上，又进一步采取了弛禁罢苑、改牧为农、检括人口、计口授田政策。因此，北魏的农业经济初具规模。

太武帝拓跋焘时，在北方士族崔浩、道士寇谦之的支持下，加快了封建化、汉化的进程。

政治方面：大量任用汉人，相对提高汉人地位。太武帝以崔浩为司徒，掌选举。431年，崔浩将北方大族名士如范阳卢玄、博陵崔绰、渤海高允、广平游雅等数百人全部“差次叙用”，创造了北魏一次任用汉人最多的纪录。北魏统一北方后，443年，太武帝以“阴阳有往复，四时有代谢”为由，下诏让鲜卑功臣“以爵归第”，并“更举贤俊，以备百官”④。崔浩又“荐冀、定、相、幽、并五州之士数十人，各起家郡守”⑤。这样，北魏政权中鲜卑贵族势力有所削弱，汉族地主势力有所增长。

经济方面：与民休息，不断减轻农民负担。太武帝下诏“蠲除烦苛，更定科制，务从轻约，除故革新，以正一统”。大败柔然后，又下诏“宜宽徭役，与民休息”。要求收税时“不得纵富督贫，避强侵弱”⑥。这些诏书总的精神，

① 《魏书》卷二《太祖纪》，卷三三《李先传》。
② 《魏书》卷八三上《贺讷传》。
③ 《魏书》卷一一〇《食货志》。
④⑥ 《魏书》卷四《世祖本纪》。
⑤ 《魏书》卷四八《高允传》。

是适当减轻农民负担，尽可能做到公平合理，以保护封建农业的发展。这对于一个刚征服中原的游牧民族来说，是有其特殊意义的。

文化方面：太武帝下诏以道教为国教，寇谦之为天师，并接受寇谦之代表老君授给他的“太平真君皇帝”称号，登坛接受道教符箓。按道教建立太平真君盛世，“专以礼度为首”的要求，太武帝又提倡儒学，425 年，北魏建立了太学并祭祀孔子。449 年，更下诏“宣文教”，要求王公以下百官，其子弟都要到太学学习儒经。在祭祀上，以祀黄帝、尧、舜、五岳、天地等为正祀，禁止“淫伪杂祀”。与此同时，极力削弱被拓跋族奉为“戎神”的佛教，并逐渐升级，由勒令部分和尚还俗，禁止王公以下至于庶人私养沙门，到 446 年的全国范围灭佛。

对崔浩、寇谦之用这些较激进手段进行封建化，鲜卑贵族十分不满，并一直与崔、寇作对。终于在 450 年利用“国史案”，给崔浩加以“尽述国事，备而不典”[1] 和受贿的罪名，引起太武帝愤怒，将崔浩杀死（时寇谦之已死），同时受到株连而死的汉人贵族达两千多人。改革以失败告终。

崔浩、寇谦之汉化改革失败的根本原因，是当时民族矛盾还没有达到基本消解的程度，而反对派力量过于强大，参与改革的力量比较弱小，改革成败系于皇帝一念之间。改革派的策略过于激进等，也是导致了这次汉化改革失败的直接原因。尽管如此，他们的活动代表了当时历史发展的方向和民族融合的趋势，并留给后人许多启示，也为后来孝文帝的汉化改革提供了基础。

三　北魏孝文帝改革

改革的历史背景　北魏自建国以后，经过整整一个世纪的努力，对北方的统治逐渐巩固，但是仍然有着许多严重的问题，影响着北魏的发展。

当时北魏存在的主要问题是经济落后，政令不举，阶级矛盾和民族矛盾尖锐。

在经济方面，自拓跋珪以后，北魏统治者虽已开始重视农业，并已初见成效，但受到鲜卑拓跋部长期塞外生活的影响，畜牧生产在经济生活中仍占有较大比重。无数农田被圈占为牧场，这时的农业，还很难满足不断扩大的北魏统治机构和其他方面对粮食的要求。

从行政上看，北魏在征服中原时，遇到了许多汉族豪强地主建立的“坞

① 《魏书》卷三五《崔浩传》。

堡”。这些坞堡，占有大量依附人口，“或百室合户，或千丁共籍”①，并拥有武装，当时北魏无力一一削平，只好承认既成事实，任命这些坞堡主为“宗主督护”，让他们代表政府去行使基层政权职能——向农民征发租调力役，维护统治秩序。这样，北魏统治在大的方面巩固了，但在境内却出现了大大小小的独立王国，政令难以推行。坞堡主占有大量隐户，也影响了政府的财政收入。加之战争的需要，北魏时对所能控制的民户的剥削是相当惊人的。建国初规定，“天下户以九品混通。户调帛二匹、絮二斤、丝一斤、粟二十石；又入帛一匹二丈委之州库，以供调外之费”②。实际上农民的负担远不止此。由于征收户调是“九品混通”，宗主督护在评定户等时，“纵富督贫，避强侵弱”，抬高一般人民的户等，压低豪强大族的户等，从而把大部分租赋负担转嫁到一般人民身上。加之北魏初期，官吏没有俸禄，其奢侈生活全靠向人民搜刮。于是有的用大斗、长尺、重秤变相加重剥削，有的放高利贷，强迫人民借贷。腐败的吏治，弄得人民苦不堪言。

北魏统治者对各族人民的民族压迫则更为残酷。在征服过程中，它把大量的汉族和其他民族人民变为奴隶和杂户。在战争中，往往驱使汉族和其他民族人民为步兵在阵前冲锋，鲜卑骑兵在后面督阵；步兵如不前进，往往被骑兵踏死。其残暴可见一斑。

在统治阶级内部，鲜卑贵族和汉族地主之间也存在着矛盾。这一方面是因为政治经济利益的冲突，一方面是民族差异，拓跋贵族对汉族地主存有戒心。特别是崔浩等汉族地主被杀以后，这种民族矛盾又尖锐了起来。

社会矛盾的激化导致了北魏政权的不稳定，也使各族人民的反抗斗争不断发生，据统计，自道武帝到献文帝，仅史书所载的各族人民反抗斗争就有54次。其中445年在杏城（今陕西黄陵）爆发的盖吴起义，人数曾达10万，使“关内大震”，拓跋焘被迫御驾亲征，才把起义镇压下去。孝文帝即位以后，471年到487年的16年中，就发生农民起义29次，③ 甚至在首都平城也发生了反抗北魏统治者的斗争。

以上情况说明，北魏统治者如继续使用原有的制度和办法进行统治是很困难的。于是北魏政府中的一些有识之士深感必须改弦更张，设法缓和当时的阶级矛盾和民族矛盾。而大量荒地的存在和皇权的增强，也为改革提供了条件。

---

① 《晋书》卷一二七《慕容德载记》。

② 《魏书》一一〇《食货志》。

③ 据张泽咸、朱大渭：《魏晋南北朝农民战争史料汇编》统计。

魏孝文帝的一系列改革，就是在这种背景下进行的。

改革的主要内容　北魏孝文帝改革，在前期主要是在冯太后的主持下进行的。孝文帝即位时只有 5 岁，开始改革时（484 年），他 18 岁。从他即位，到 490 年冯太后死，一直由冯太后临朝称制。冯太后是魏文成帝的皇后（孝文帝祖母）。她是从 466 年开始掌权的，有较丰富的政治经验，是个很有作为的女政治家。冯太后死后，孝文帝亲政，继续进行改革。

改革大体分两期进行。第一期在 484～486 年间，主要改革政治、经济制度；第二期在 494 年迁都洛阳以后，着重改革鲜卑人的生活习惯，实行汉化。

北魏在政治方面的改革，主要是整顿吏治和实行三长制。首先是整顿吏治。在 484 年规定：守宰任期按治绩好坏决定，不固定年限。又制定俸禄制度，官吏俸禄由国家统一筹集（户调外每户增收帛三匹、粟二石九斗），定期按官品发放，不许官吏自筹。同时加大反贪力度，树立御史台权威，宗室王拓跋天赐、拓跋桢、元干、元提、元郁均因贪污，或被削去官爵，或被判刑发配，甚至被赐死。[①] 并规定：百官凡贪污帛一匹以上及枉法者，一律处死。[②]是年秋，即派人到各地视察，处死贪赃枉法守宰四十余人，使“食禄者局蹐，赇谒之路殆绝”[③]。吏治变得比较清明，也为后来改革提供了保证。

486 年，北魏又下令废宗主督护制，实行三长制。规定五家立一邻长，五邻立一里长，五里立一党长。三长要求挑选乡里中能办事而又谨守法令者担任。其职责是掌握乡里人家的田地，检查户口，管理农民，征收租调，征发兵役徭役。通过实行三长制，废除宗主督护制，政府政令能较好地贯彻到基层，北魏的基层统治机构更趋完善。

经济上的改革，主要是制定和推行均田制及新户调制。

太和九年（485 年），任魏主客给事中的李安世首先上书，建议实行均田。当时中央集权已得到强化，政府手中掌握了大量无主荒地，北魏又有“计口授田”的传统，实施这一政策有较大的可能性。当年十月北魏发布均田诏令，其主要内容是：

（一）男子年 15 岁以上受露田（只种谷物）40 亩，妇人 20 亩。为了轮种，露田加倍或加两倍授给。露田不准买卖，年老免课，身死还田。

（二）百姓原有土地为桑田，桑田是世业，不在还授之列。按制度每人可拥有 20 亩。初受田时，原无桑田者，依制受田；桑田不足者依制补足，多余

---

① 参见《魏书》以上诸王传。

②③ 《魏书》卷一一一《刑罚志》。

者将多余部分充做倍田；再有多余的也不充做露田来还授。随着人口的增减，多余部分可以卖出，不足部分可以买进，但买卖都不能超过应得份额。在桑田上，除种谷物外，还必须依制种上一定数量的桑、榆、枣树。非桑之乡给麻田，男子10亩，妇人5亩，还授法和露田一样。

（三）奴婢受田与良人相同。耕牛1头受田30亩，限4牛[①]。还授依奴、牛有无而定。

（四）土广民稀之处，如果民有余力，政府可暂借土地任民超额耕种；以后人口增加或有新户迁来，再依制受田。土狭民稠之处，增丁应受田又无田可授，民又不愿徙至宽乡者，以其家桑田抵充新丁应受之正田；如不能授足，则举家不给倍田；再不足，全家正田减额。愿迁者，任到空荒之地，但不得逃避赋役。地足之处，不得无故迁移。

（五）官吏给公田，刺史15顷，太守10顷，治中、别驾8顷，县令、郡丞6顷。离职时移交下任，不得转卖。

紧接着，李冲在太和十年（486年）的奏疏中，提出了新租调法，其内容为：

一夫一妇每年出帛1匹、粟2石；15岁以上未婚的男丁4人、从事耕织的奴婢8人、耕牛20头，分别出一夫一妇的租调；在调帛中，每10匹以5匹为公调（入国库），2匹为调外费，3匹为内外百官俸禄；平民年龄80岁以上，允许一子不服役；乡中老弱病残及特困户，由三长内居民轮流赡养。新制实行后，旧的“九品混通”制便废除了。

以上政治、经济改革是一个有机的整体，北魏推行这些制度的基本精神是：一方面保持统治的稳定和政治的清明，一方面尽量不触动地主阶级的基本利益。在这个前提下，通过授田和新租调制，把更多的农民束缚在土地上，成为国家的编户，以保证政府的租调收入和力役征发。在这些制度下，北魏吏治得到改善，岁收入“计省昔十有余倍”，使“海内安之”，[②]国家政治财政状况均有好转。对地主阶级而言，除了部分隐户被括出，因而利益受到一些限制外，他们的基本利益并没有受触动。相反，均田、租调制中关于原有桑田的不还不受，无限量的奴婢和丁牛的依法受田，奴、牛租调的轻微，荒地的任意垦辟，多余的桑田可以买卖等项规定，都使他们得到了实际好处。后来地主所有制的膨胀，成了破坏均田制的主要原因，这是北魏统治者所始料不及的。

---

① 《魏书·食货志》有牛受田“限四牛”的记载，但与下文牛20头出一夫一妇租调的规定不合，故有人考证“四牛”乃“四年”之误。“牛”“年”之辨长期未决。

② 《魏书》卷一一〇《食货志》。

至于农民，实际上是被牢牢地束缚于政令和土地之中，成了国家的佃农。但这些制度的推行，有利于招徕流民、开垦荒地；农民有了一定数量的可耕土地，租调相对固定和减轻，生产条件有所改善，有利于生产力的发展；许多少数民族成为均田户，对巩固他们的定居农业生活和进一步封建化也有积极作用。

公元490年，冯太后死，孝文帝亲政。继续进行改革，他主要办了两件大事。

第一件是把都城从平城迁到洛阳。

北魏自天兴元年（398年）定都平城以后，经过近百年的时间，形势发生了很大的变化，平城作为都城已不适应。经济上，平城寒瘠，而交通运输不便，在人口日益增加的情况下，粮食供给常发生困难。军事上，平城地处边境，北受柔然的威胁，经略南方又显得悬远。政治上，由于各族人民不断地反抗，北魏统治者迫切要求同汉族地主进一步合作。为此，他们需要进一步消除已经缩小了的民族界限，实行汉化政策，但在鲜卑贵族集中的旧都平城，保守势力比较顽固，推行汉化政策阻力很大。由于这些原因，孝文帝决心把都城迁到洛阳。太和十七年（493年），孝文帝以南伐名义，率20万大军南下。到洛阳后，天下霖雨，他假装欲继续南下，群臣跪在马前劝阻。他利用群臣不愿南伐的心理，宣布迁都洛阳。

第二件是改官制、禁胡服、断北语、改姓氏、定族姓。

改官制。魏初，鲜、汉官号杂用。迁都后，用王肃改定官制，一依魏晋南朝制度。

禁胡服。鲜卑旧俗披发左衽；妇人冠帽著夹领小袖短袄。迁都之同年，下令禁胡服，服装一依汉制。

断北语。规定汉语为“正音”，鲜卑语为“北语”，下令“断北语，一从正音”①，朝廷上有说北语者免官。在具体实行上，因为30岁以上的不能一下改变，尚不强求；30岁以下的，在朝廷上必须用汉语讲话。

改姓氏。鲜卑人多是二三字的复姓，如拓跋、独孤、步六孤等，姓氏与汉人不同，标志着民族的差异，影响胡、汉贵族合作。因此，迁都的第三年，孝文帝下令把鲜卑族的复姓改为音近的单音汉姓，如拓跋氏改为元氏，独孤氏改为刘氏，步六孤氏改为陆氏，丘穆陵氏改为穆氏等。“其余所改，不可胜纪”。② 同时规定随迁洛阳的鲜卑人一律以河南洛阳为原籍，死后不得还葬代北。

---

① 《北史》卷一九《咸阳王禧传》。

② 《资治通鉴》卷一四〇。

定族姓。即仿汉族门阀制度定鲜卑族姓。拓跋氏改为元氏，因是皇室，门望最高。其余的自拓跋珪以来“勋著当世”的八家：穆、陆、贺（贺赖氏）、刘、楼（贺楼氏）、于（勿忸于氏）、嵇（纥嵇氏）、尉（尉迟氏）为鲜卑族姓之首，与汉族的著姓清河崔氏、范阳卢氏、荥阳郑氏、太原王氏、赵郡李氏相当。此外，关中著姓以韦、裴、柳、薛、杨、杜、皇甫等族为首。门阀著姓又以父祖做官等级之大小、多少，分为甲、乙、丙、丁四等。即或同为甲族，尚有“膏粱”（三世为三公）、“华腴”（三世为令仆）之别。凡是士族著姓，世为清官，不充猥任。这样，“以贵承贵，以贱袭贱”[①] 的门阀制度确立了，胡、汉贵族进一步合流，民族矛盾下降，阶级矛盾上升了。

孝文帝改制遭到了一部分保守的拓跋贵族的反对。他们不仅在改制前进行抵制，在改制中和改制后也不断反抗。太和二十年（496 年），太子拓跋恂企图逃回平城发动叛乱，被孝文帝处死。同年冬，鲜卑贵族穆泰、陆叡勾结镇北大将军元思誉、代郡太守元珍等在平城发动兵叛。孝文帝派元澄前往镇压，杀了许多人，平服了叛乱，保证了改制的顺利进行。

孝文帝改制是西、北各族陆续进入中原后民族斗争、融合的一次总结。它以法律的形式肯定了各族融合的成果，反过来又促进了以鲜卑族为中心的北方各族的封建化和以汉族为主体的民族大融合的发展。孝文帝顺应历史发展的趋势，放弃自己民族的旧俗，冲破重重阻碍，毅然地进行改革，对我国历史的发展做出了重要的贡献，不愧是我国历史上一位杰出的政治家。但是，孝文帝在汉化改革中将已腐朽了的门阀制度引入北朝，并加以强化，则带来了以后北魏统治者的腐败和阶级矛盾的尖锐化。

四　北方经济的恢复和发展

北魏后期农业的进一步发展　北魏后期战争较少，为其社会经济的发展提供了较好的外部环境；孝文帝改革，则为社会经济发展提供了内在动力。孝文帝时，北魏政府中已较牢固地树立了“农为政首”“务农重谷、王政所先”[②] 的农本思想；立长校户，使政府的编户增多，到孝明帝神龟年间（518～520年），户口数目比西晋太康元年增加了一倍多，[③] 大约有 500 多万户，3000 多

① 《魏书》卷六〇《韩显宗传》。
② 《魏书》卷七下《高祖纪》下。
③ 《魏书》卷一〇六《地形志》。

万口，为农业的发展提供了劳动力；吏治的改善，负担的调整，使农民有了一定的生产积极性。农民在长期的生产实践中，在整地、播种、中耕除草、抗旱保墒，以及肥料使用、作物轮栽和选种育种等方面都积累了丰富的经验。在许多地方推广汉代以来的区种法，取得了较好的效果。由于农民的辛勤劳动，北魏的农业有较大的发展。到太和十四年时，关中大旱，而高闾上疏说："一岁不收，未为大损"[①]，可见已有一定的储备。到孝文帝末年，已经是"公私丰赡，虽时有水旱，不为灾也"[②]。此后，直到神龟末年，政治虽然逐渐腐败，阶级矛盾日益尖锐，但"府藏盈溢"，官府的仓库还是装得满满的。

水利灌溉事业在后期发展最快。据《魏书·地形志》载，除新修灌溉水渠外，还修复了大批旧水利工程，如元陂、戾陵堰、郑白渠等溉田万顷以上的大型水利工程都得到修复。"为利十倍，百姓赖之"[③]。在洛阳还修建了汴、蔡二渠，既能航运，又能灌溉。[④] 这些对北魏农业的发展，对一个原本缺乏农耕传统的游牧民族，意义是巨大的。

此期畜牧业仍在社会经济中占有较重要地位。北魏境内有许多官、私牧场，早期的河西官方牧场，有马 200 多万匹，骆驼 100 多万峰，牛羊不计其数。孝文帝迁都前又在今河南境内设牧场，养战马 10 万匹。[⑤] 民间如契胡尔朱荣的父亲尔朱新兴号称"牛羊驼马，色别为群，谷量而已"[⑥]，规模也非常巨大。

工商业的恢复和进步　北魏初期，沿用"工商在官"的传统，政府对工商业控制很严，民间若私养、私藏工匠，将受到灭族的严惩。[⑦] 孝文帝改制前后，逐渐对以上制度进行改革，"工匠杂伎，尽听赴农"[⑧]，结束官商制度，允许民间纺织、冶炼、煮盐。与此同时，工商的地位，也由原来与"皂隶"并称，不准与自由民通婚，不准衣绣、不准做官，上升为与"吏民"同列，可上书言事甚至做官。这一系列变化，对北魏后期工商业的发展是有利的。

北魏的手工业，主要是纺织业、矿冶业和煮盐，此外还有酿酒、制瓷、军工、造纸、制革、粮食加工等行业。

纺织业是北魏手工业中最发达的一个部门，主要有丝织业和毛纺织业。河

---

① 《魏书》卷五四《高闾传》。

② 《魏书》卷一一〇《食货志》。

③ 《北史》卷三八《裴延儁传》。

④ 《北史》卷四四《崔亮传》。

⑤ 见《魏书》卷四四《宇文福传》及卷一一〇《食货志》。

⑥ 《魏书》卷七四《尔朱荣传》。

⑦ 《魏书》卷四下《世祖纪》下。

⑧ 《魏书》卷七《高祖纪》上。

北、山东是久负盛名的丝绸之乡，民间丝织品不仅数量大，而且也十分精美。山东的大文绫、连珠孔雀罗，河北的缟，都远近闻名。由于民间丝织业的发展，绢价一降再降，魏初匹值千钱，到孝文帝时，骤降至二百钱。[①] 毛纺织业是北魏独特的手工业部门，其产品有“织成”（有彩色图案的混纺织品）、毡等。北魏人以毡做襦（短衣）、裤（套裤）、鞋垫，更多是以之作毡帐（帐篷），有的毡帐很大，甚至能容纳千人。[②]

冶铸业包括冶铁、冶银、冶铜，以冶铁业最为发达。冶铁铸造农器、武器，到处都有，其中以相州（今河南安阳市北）牵口冶（今河南浚县北）铸的质量最好，所产钢刀皆送武库。东魏时匈奴人綦毋怀文会造宿铁钢刀，“烧生铁精以重柔铤，数宿则成钢。以柔铁为刀脊，浴以五牲之溺，淬以五牲之脂，斩甲过三十札”[③]。这虽是较晚的情况，但它反映北魏后期冶炼技术有了较大的提高。

北魏境内生产海盐，还有大大小小的盐池，故制盐业也较发达。盐的品种有海、白、黑、胡、戎、赤、臭、马齿等九种，[④] 分别作食用或药用。产盐地中最著名的是安邑（今山西运城东南）盐池，其盐自然形成，“朝取夕复，终无减损”[⑤]。官府从盐业经营中获得了巨大利润。

北魏后期，商业也有发展，前后京师平城、洛阳及东西重镇邺城、长安，是当时的商业中心。这些商业城市十分繁华。如首都洛阳就有“大市”“小市”“四通市”三个市城。其中大市“周回八里”，内设通商、达货、调音、乐律、退酤、治觞、慈孝、奉终、准财、金肆“十里”，里内“千金比屋，层楼对出，重门启扇，阁道交通，迭相临望”[⑥]。住的几乎都是家藏千金的工商大户。大商人刘宝最富，他在全国各州郡治都设有分号，并采取统一价格；“舟车所通，足迹所履，莫不商贩”[⑦]。有人说：四海之内的任何货物，他家都有；他富埒王侯，“产匹铜山，家藏金穴”！

当时还有许多贵族、官僚也经商。郑云为安州（今北京密云）刺史，赴任前先向别人打听：“彼土治生，何事为便?”[⑧] 大官僚李崇，“贩肆聚敛，家资

① 《魏书》卷一一〇《食货志》。
② 《颜氏家训·归心篇第十六》。
③ 《北齐书》卷四九《綦毋怀文传》。
④ 《北史》卷三三《李孝伯传》。
⑤ 《水经注》卷六《涑水注》。
⑥⑦ 《洛阳伽蓝记》卷四《法云寺》。
⑧ 《魏书》卷三二《封回传》。

巨万”[①]。大宦官刘腾，“剥削六镇，交通互市，岁入利息，以巨万计”[②]。北方贵族为获得他们喜欢的“南货”，甚至甘冒被治罪的危险而渡淮互市。西域、中亚、朝鲜、日本的商人也到北魏进行贸易。仅京师洛阳的胡商，就有万余家之多。[③] 但同南朝一样，北魏的货币十分不发达，较长时间仍是以绢布谷物作为交换媒介。直至516年，钱币仍“专贸于京邑，不行于天下”[④]。总之，北魏的商业，显示出低水平的货币流通，以及官商的逐渐衰落与民间商业的兴起的特点，这是与当时的北方经济发展和拓跋族封建化的大趋势一致的。

五　北魏的分裂和北齐北周的对峙

北魏后期的腐朽统治　北魏后期，经济有了进步，同时也隐伏着危机。皇帝和鲜卑贵族们的生活日益腐化。公元499年，孝文帝死，其子元恪（宣武帝）即位，他一反孝文帝严格的做法，实行“宽以摄下”的政策，使政治日趋腐败。北魏统治者又走上了历史上大多数没落王朝的老路。

北魏后期统治者的生活腐化在历史上是有名的，如高阳王元雍有僮仆六千、妓女五百，吃一顿饭要花费数万钱。河间王元琛比元雍更奢侈，他家有十几匹骏马都用银槽来喂养，请客用的器皿如水晶钵、玛瑙碗、赤玉卮等，都是外国买来的异物。元琛曾自负地说：“不恨我不见石崇，恨石崇不见我。”他奢侈的理论是：石崇为“庶姓”，尚能那般奢华，“况我大魏天王，不为华侈?”[⑤] 肆意挥霍，攀比斗富，成为当时的贵族时尚。

北魏后期的政治十分腐败，卖官鬻爵，贿赂公行。元晖为吏部尚书时，“纳货用官，皆有定价：大郡二千匹，次郡一千匹，下郡五百匹。其余官职各有差”[⑥]。由于吏部专以卖官为职务，故被称为“市曹”。北魏的地方官吏都极尽搜刮剥削之能事，以富著称的元琛，其贪名更著，为定州刺史时，“多所受纳，贪婪之极”[⑦]，灵太后为此专门下诏，说他只差没把中山宫搬回家了。地方官“聚敛无极”，豪强横行乡里，肆意掠夺土地，放高利贷，结果便是人民

① 《魏书》卷六六《李崇传》。

② 《魏书》卷九四《刘腾传》。

③ 《洛阳伽蓝记》卷三《龙华寺》。

④ 《魏书》卷一一〇《食货志》。

⑤ 《洛阳伽蓝记》卷四《开善寺》。

⑥ 《魏书》卷一五《常山王遵传》附《元晖传》。

⑦ 《魏书》卷二〇《河间王若传》附《嗣子琛传》。

破产流亡，均田制也濒于崩溃。

佛教在太武帝死后重新抬头，并发展迅速。到北魏后期，从皇帝到后妃、公卿多崇尚佛教，寺院遍及各地。迁都后20多年中，全国寺院增至13700多所，魏末达到3万多所，全国僧尼人数200多万。造寺建塔，都极尽华丽。僧侣地主同世俗地主一样到处“侵夺细民，广占田宅”，仅洛阳就“寺夺民居，三分且一”。并大放高利贷，在追债时“不计水旱，或偿利过本，或翻改券契，侵蠹贫下，莫知纪极”。寺院还拥有所谓佛图户和僧祇户。佛图户专为寺院服杂役和种田输粟，身份相当于奴隶，僧祇户每年每户必须向僧曹纳六十斛粟，身份相当于依附农民。凉州赵苟子等200家僧祇户因为不堪僧侣地主的剥削压迫，“弃子伤生，自缢溺死五十余人”①。

孝文帝改制后，重视门阀，卑薄武人。同为拓跋族人，到洛阳者已做到“上品通官”，留在代北者仍为“清途所隔”。特别是为边镇镇兵者，与降户、刑徒为伍，地位大大下降，甚至“役同厮养”。因此，拓跋族下层人民亦对统治者十分不满，民族矛盾已被阶级矛盾所代替。

在这些因素的作用下，北魏后期的阶级矛盾愈来愈尖锐，终于燃起了各族大起义的烈火。

北魏末年各族人民大起义　这时期的起义遍布北方各地，名号繁多，主要有四个部分：北方边镇起义、河北起义、山东起义和关陇起义。

北方边镇起义。魏初，为了防止柔然的进攻，在北部边境建立了许多军镇，重要的有沃野镇（今内蒙古乌拉特前旗黄河南岸）、怀朔镇（今内蒙古固阳北）、武川镇（今内蒙古武川西）、抚冥镇（今武川东北）、柔玄镇（今河北尚义西）、怀荒镇（今河北张北）等六镇。

最初，这些军镇，特别是北边军镇，因为是拱卫首都平城的军事要地，所以受到特别的重视。但随着柔然的衰落和北魏的迁都，军镇地位逐渐衰落，镇兵和下层军官地位下降，早有不满情绪。

522年，柔然兴兵犯魏，进攻六镇。时怀荒镇兵民饥饿，要求镇将开仓发粮，镇将于景不许，镇民便杀了于景。523年，沃野镇高阙戍主虐待部下，匈奴人破六韩拔陵率众杀了戍主，北方边镇起义爆发了。起义军不久攻破沃野镇，“诸镇华夷之民，往往响应”②。至次年，六镇尽为起义军所占领。北魏派兵镇压，先败于五原，继而大败于白道（今内蒙古呼和浩特东北），几乎全军

---

① 《魏书》卷一一四《释老志》。

② 《资治通鉴》卷一四九。

覆没。北魏政府束手无策，竟然求助于宿敌柔然。525 年六月，起义军在北魏军和柔然军夹击下失败。破六韩拔陵下落不明。六镇兵民 20 多万人被强迫迁到河北，分散就食。

河北大起义。被迁往河北的 20 多万六镇兵民一路饥饿困苦，而此时河北亦“饥馑连年，户口流散”，他们生活无着，于是在河北又发动起义。

525 年八月，柔玄镇兵杜洛周首先在上谷（今河北怀来）举起义旗，“攻没郡县，南围燕州”。四个月后，怀朔镇兵鲜于修礼也率众起义于左人城（今河北唐县），与杜洛周相呼应，北魏派来镇压的军队，都被他们打得大败。义军在攻打定州时，魏定州守将杨津收买义军叛徒元洪业杀鲜于修礼，鲜于修礼部将葛荣又杀元洪业，领导部众继续战斗。之后，葛荣四败北魏军队，连杀魏军统帅广阳王元渊、副统帅章武王元融等，声势大振。葛荣自称天子，国号齐，建元广安。不久，他吞并杜洛周，拥众数十万，号称百万，准备攻打京师洛阳。528 年八月，葛荣大军包围邺县（今河北临漳），前锋已过汲郡（今河南卫辉）。此时，北魏政权已落入契胡族酋长尔朱荣手中。九月，尔朱荣亲率 7 万精锐骑兵，[①] 奇袭葛荣所在地滏口（今河北邯郸西）。葛荣骄傲轻敌，被尔朱荣得手，葛荣被俘，义军“数十万众，一朝散尽”[②]，起义失败。

山东起义。当杜洛周、鲜于修礼起义于河北时，河北冀、瀛诸州 20 余万户汉人流移到青州。528 年，魏幽州北平府主簿、河间大族邢杲聚众起事，河北流民到青州后，一直受当地豪强欺侮，加上生活无着，于是纷纷响应，邢杲队伍很快就发展到 10 余万人。起义军一度攻入青州外城，接着转攻光州（今山东莱州），直到海边，又大破李叔仁军。后因众寡悬殊，被魏将元天穆镇压。

关陇起义。六镇起义后不久，关陇地区也发生了各族人民大起义。524 年六月，秦州（今甘肃天水）人薛珍、刘庆等杀刺史李彦，推羌人莫折大提为主，揭开关陇起义序幕。莫折大提自称秦王，攻破高平镇，不久病死。其子念生率众连败魏军，曾占据潼关，进逼洛阳，527 年九月，念生被叛徒杜粲所杀。余众并入另一起义领袖万俟（mò qí，末其）丑奴部下继续战斗。530 年，丑奴为尔朱天光击败被俘，在洛阳就义。余部又坚持战斗一年多。

北魏末年各族人民大起义前后延续了八年之久，席卷了今河北、山东、内蒙古、宁夏和甘肃的广大地区。起义军在战斗中杀死了北魏许多王公贵族和州

---

① 关于尔朱荣的骑兵人数，《魏书·尔朱荣传》说是“七千”，《孝庄帝纪》说是“七万”。按葛荣当时有军队数十万，号称百万，尔朱荣只用 7000 骑兵恐难取胜，故从 7 万之说。

② 《魏书》卷七四《尔朱荣传》。

郡牧守，诛戮地主，摧毁坞堡，有力地打击了北魏的统治。起义军包括了汉、鲜卑、匈奴、氐、羌、敕勒等各族人民，在共同战斗中增进了彼此的联系和了解，对民族融合也有积极影响。

北魏的分裂　阶级斗争的发展使统治阶级内部矛盾激化。在北方边镇起义爆发的第三年，孝明帝母胡太后杀了在中央掌权的元叉，重新控制了中央政权。永安元年（528年），胡太后毒死孝明帝，立三岁的元钊为傀儡皇帝。三月，秀容川（今山西忻州）契胡酋长尔朱荣以此为借口，进军洛阳。四月，尔朱荣立元子攸为帝（孝庄帝），入洛阳，沉胡太后和元钊于黄河，在河阴之陶渚（今河南孟州）围杀北魏的王公大臣两千余人，史称“河阴之变”。汉化的鲜卑代北士族在这次事变中遭到了毁灭性的打击。

尔朱荣专横跋扈，并阴谋攫夺北魏政权，因此与孝庄帝之间的矛盾日益尖锐。530年，孝庄帝乘尔朱荣朝见的机会，亲手将其杀死。尔朱荣的侄子尔朱兆由并州出兵洛阳，杀孝庄帝及左右大臣，立元恭为节闵帝。

尔朱兆擅权后，各地的地方势力纷纷割据，其中最强大的，在东方是高欢，在关中是宇文泰。

高欢自称勃海蓨县（今河北吴桥）人。祖父因犯法配徙怀朔镇，世居北边，“习其俗，遂同鲜卑”[①]。他参加过边镇起义，后来投靠尔朱荣，并取得了尔朱荣的信任。尔朱荣死后，高欢收纳葛荣旧部流散到并州的20余万人，得尔朱兆的允许进占冀州。接着，他进兵洛阳，杀节闵帝，立元修为傀儡皇帝（孝武帝）。

宇文泰，曾在葛荣部下任职，葛荣失败后又归尔朱荣，并被收编为贺拔岳的部下。当孝武帝以贺拔岳为雍州刺史、镇压关中人民起义时，宇文泰随贺拔岳入关。534年，贺拔岳被其将领侯莫陈悦杀死，宇文泰攻杀侯莫陈悦，遂据有关陇。

534年，元修由于和高欢的矛盾尖锐化，逃奔关中依宇文泰。高欢又立元善见为帝（孝静帝），迁都邺，史称东魏（534～550年）。元修逃到关中后，不久被杀。535年，宇文泰立元宝炬为帝（文帝），都长安，史称西魏（535～557年）。

东、西魏没有维持多久。550年，高欢的儿子高洋废掉东魏，建立北齐（550～577年）。557年，宇文泰的儿子宇文觉也废掉西魏，建立北周（557～581年）。形成了周、齐对立的局面。

---

① 《北齐书》卷一《神武纪》上。

大致说来，东魏北齐所据有的地区，北至沙漠，南至江淮，东至海，西部以黄河及河南洛阳一线与西魏北周为邻。西魏北周所据有的地区，东与东魏北齐为界，西至流沙，北至河套，南至巴蜀、云、贵和汉水流域。

东魏北齐的政治和经济　东魏建立后，政权一直掌握在高欢、高澄父子手中。

东魏、北齐统治集团主要是由六镇鲜卑和河北汉族地主组成。边镇鲜卑歧视汉人，民族矛盾比较严重。高欢想调和这个矛盾，他在起事之初就与边镇鲜卑约定："不得欺汉儿，不得犯军令，生死任吾，则可。"[①] 掌握政权后，"其语鲜卑则曰：汉民是汝奴，夫为汝耕，妇为汝织，输汝粟帛，令汝温饱，汝何为陵之？其语华人则曰：鲜卑是汝作客，得汝一斛粟，一匹绢，为汝击贼，令汝安宁，汝何为疾之？"[②] 实际上，胡、汉矛盾并没有解决，胡、汉上层分子的斗争在北齐也一直没有断过。

东魏和北齐前期，土地兼并一直严重，"强弱相凌，恃势侵夺，富有连畛亘陌，贫无立锥之地"[③]。河清三年（564年）北齐重颁均田令：男子受露田80亩，妇人40亩，不再给倍田。又每丁给20亩桑田为永业田，不宜种桑的地方给麻田，亦为永业田。奴婢依照良人受田，受田人数按官品高低，限制在300人至60人之间。丁牛一头受田60亩，限4牛。受田农民从18岁到65岁要输租调：一床（一夫一妇）调绢1匹、绵8两，垦租2石，义租5斗。未婚者交纳半床租调。奴婢交纳平民的一半。牛调2尺，租粟1斗5升。北齐的均田、租调制与北魏比较，奴隶受田有些限制，奴婢的租调有所增加，意图对王公贵族和地主豪强稍加限制。但北齐的均田制收效甚微。

东魏北齐政治一直昏暗，贪污风气极盛。齐后主高纬荒淫残暴，大修宫殿、寺院，穷极富丽，浪费了大量财富，无数工匠在极度的苦役中死亡。统治者为满足其奢欲，不断加重剥削，"所在征税，百端俱起"[④]，给人民造成了更大的苦难。在这种情况下，农民起义此伏彼起，统治阶级内部斗争也接连不断，导致了北齐政权愈来愈虚弱。

西魏北周的政治和经济　西魏北周的统治集团是以宇文氏为首的武川军人集团和关陇汉族地主组成的。由于地盘狭小、经济薄弱，所以宇文氏父子大力进行改革，主要措施有：

---

① 《北齐书》卷一《神武纪》上。
② 《资治通鉴》卷一五七。
③ 《通志》卷六一《田制》。
④ 《北史》卷八《齐后主纪》。

（一）改革内政。宇文泰采用苏绰的建议，建立计帐（租赋预算）和户籍制度，以保证政府收入。又颁布“先治心、敦教化、尽地利、擢贤良、恤狱讼、均赋役”六条诏书，让地方官遵照执行。牧守令长不通六条诏书者不能为官。他反对“州郡大吏，但取门资”而“不择贤良”，并开始用人“不限资荫，惟在得人”[①]，对门阀势力进行限制。

（二）改革北魏均田制度。北周的均田制规定：有室者（已婚的丁男）授田 140 亩，未婚丁男授田 100 亩。租调是：有室者每年纳绢 1 匹、绵 8 两；植麻地区纳布 1 匹、麻 10 斤。未婚丁男纳半数。徭役的规定是：丰年 30 天，中年 20 天，歉年 10 天。北周地区门阀士族的力量较弱，加以吏治比较清明，所以均田制得以推行。

（三）建立府兵制度。府兵制为 550 年宇文泰所创，其制度是：(1) 仿鲜卑八部大人之制，全国设八个柱国大将军，实为六个（宇文泰都督中外军事，是最高统帅，另一西魏宗室挂虚名不领兵），合周礼六军之制。六个柱国的权力很大。(2) 六个柱国各督两个大将军，每个大将军督两个开府，每个开府各领一军，共二十四军。周武帝时，改称兵士为侍官，使他们具有皇帝卫队的性质。作战时，临时命将配兵，二十四个开府将军的权力有所削弱。(3) 士兵初由豪强部曲充任，以后又扩充到富家多丁子弟，最后一般贫下户均可为兵。府兵不入民籍，另立军籍。当府兵者，自备弓、刀，甲、槊、戈、弩由官府供给；如资装全部自备，则不负担其他课役。由于不断征募农民当兵，战时打仗，农隙讲武教战，有向兵农合一发展的趋势。

府兵制的建立，是北周军制上的重大改革，它使中央集权在军事上有了大的进展，同时使政府在编户外又控制了一些农民。这是自东汉以来的两个重大变化，对北周实力的加强及以后的统一有重大作用，也对隋唐的府兵制有直接影响。

（四）灭佛和释放奴婢。北周初有僧侣 100 万，寺院万余所，严重影响政府的兵源、财源。为了消灭北齐，周武帝决心“求兵于僧众之间，取地于塔庙之下”。[②] 建德三年（574 年），他下诏禁断佛、道二教，把僧侣地主的寺宇、土地、铜像、资产全部没收，以充军国之用。近百万的僧尼和寺院所属的僧祇户、佛图户编入民籍，强者编入府兵。

由于实行了上述改革措施，西魏、北周一天天强大起来。553 年攻占了益

---

① 《周书》卷二三《苏绰传》。

② 《广弘明集》卷二四。

州，次年，于谨、宇文护率兵攻占了江陵，消灭了梁朝萧绎。周武帝灭佛后，“民役稍希，租调年增，兵师日盛”[①]。577 年便灭北齐，统一了北方。

周武帝灭齐后，又把灭佛政策推行到了北齐境内。同时，还采取释放奴婢的措施。577 年，武帝下诏说：“自永熙三年（534 年）七月以来，去年十月以前，东土（指北齐）之民被抄略在化内为奴婢者，及平江陵之后良人没为奴婢者，并宜放免，所在附籍，一同民伍。若旧主人犹须共居，听留为部曲及客女。”[②] 平齐后他还下令放免杂户：“凡诸杂户，悉放为百姓。”[③] 此后北方的奴隶和杂户就显著地减少了。

北周武帝是历史上一个很有作为的君主，可惜在灭齐后的第二年（578 年）便病死了。但他实施的一系列政策和制度，已为灭陈并统一全国打下了基础。

周武帝死后，子宇文赟立，是为宣帝。周宣帝荒淫无度，政治败坏，即位后两年病死。此后北周的大权就落在外戚杨坚的手里了。

六　北方各族的大融合

北方各族的大融合　汉族是在与周边各族人民长时期的融合过程中，不断吸收新的成分而发展壮大的。魏晋时期进入中原的各少数民族，经过 200 年左右，到北魏统一北方时已基本汉化。鲜卑拓跋部进入中原时，又带进一批新的部落，开始了新的融合过程。

魏孝文帝改制，总结和肯定了以前的民族融合的成果，又促进了这一融合进程的迅速发展。魏末，由于受汉族文化影响较少的边镇鲜卑和受它控制的各少数民族又进入中原，并且成为东、西两方政权的支柱，因而一度出现鲜卑化的趋势，但它只是以汉族为主体的民族大融合洪流中一些小的漩涡。到南北朝末期，各族人民在经济生活、文化语言、风俗习惯等方面，都已和汉族基本上一样了。高欢的部下包括鲜卑、汉人和其他各族人，他对军士讲话，时而用鲜卑语，时而又用汉语，说明当时各族人民都懂得这两种语言。[④] 当时鲜卑族没有文字，诏令文书都用汉字，因此各级官吏都必须识汉字。北齐武将厍（shè，赦）狄干不会写字，签名写干字的一竖从下向上写，被人嘲笑为“穿

① 《广弘明集》卷一〇。

② 《周书》卷六《武帝纪》下。

③ 《隋书》卷二五《刑法志》。

④ 《北史》卷三一《高昂传》。

锤”。因此，他的子孙也开始学习汉族文化。至于拓跋贵族的上层人物，汉化程度更深。鲜卑八大贵族之一的陆俟，他的第二代陆丽“好学爱士”；第三代陆琇“雅好读书”，陆凯“谨重好学”；第四代陆恭写文章诗赋一千多篇，陆旭于太和中为“中书博士”；到第六代陆印“博览群书”，“在席赋诗，印必先成”；印子乂“于五经最精熟，（文林）馆中谓之石经。人为之语曰：五经无对，有陆乂”[1]，许多汉族士大夫也不及他。

这一时期的民族融合，从方式上看，既有各族人民在友好交往中的相互影响，也有统治者的主动政策，还有在血与火的民族斗争中的附带同化。在内容上，汉族影响少数民族是主流。但各族人民在与汉族融合的同时，也带来了他们的优秀思想文化，如胡乐、胡舞、胡床、胡饼、尊重妇女的意识、夷汉之别观念的淡化等，给汉族文化输入了新鲜血液。

魏晋南北朝时期各族人民的大融合，为隋唐时期经济文化的发展奠定了基础，在中国的民族史上占有重要的地位。

柔然、高车与突厥　当汉、匈奴、鲜卑、羯、氐、羌等民族日益完成民族大融合之际，北朝的西、北面还生活着另外一些少数民族，主要有柔然、高车、突厥。

柔然（又称芮芮、蠕蠕）据载为“东胡之苗裔”[2]，其汗阿那瑰曾自称“先世源由，出自大魏”[3]。可能亦属鲜卑族别支。至猗卢时代，柔然汗始祖木骨闾开始脱离拓跋氏。至其子郁久闾车鹿会“始有部众”，但仍役属于拓跋氏。他们活动于大漠南北，“岁贡马畜、貂豽皮”。5世纪初，车鹿会五世孙社仑为了避免北魏侵袭，转向漠北发展。他们征服了许多部落，建立起了一个东起大兴安岭、西逾阿尔泰山、南至大戈壁、北达贝加尔湖以南的强盛的游牧汗国。这时，他们还处在奴隶制的初创时期。

强盛起来的柔然汗国一度是北魏的强敌。当时，柔然骑兵几乎每年都出来侵扰北魏的北部边境。424年，柔然汗大檀曾将魏太武帝困于云中，并一度攻破了北魏故都盛乐。所以北魏视柔然为大敌，在平城周围设军镇拱卫，太武帝还多次亲征柔然。在北魏打击下，柔然损失惨重，转而经营西域。西域诸国一度受到柔然控制或威胁。

487年，高车副伏罗部酋长阿伏至罗率众10余万落发动独立运动，柔然

---

① 《北史》卷二八《陆俟传》及各附传。

② 《魏书》卷一〇三《蠕蠕传》。

③ 《北史》卷九八《蠕蠕传》。

便被赶出塔里木盆地，势力渐衰。后来，柔然内部又出现争权夺利斗争。尽管在6世纪初柔然还有过阿那瑰的一度强盛，但只是昙花一现。552年，新兴的突厥袭击阿那瑰于怀荒镇之北，阿那瑰兵败自杀。残部先投北齐，后奔西魏。554年，在突厥可汗逼迫下，西魏丞相宇文泰“收缚蠕蠕主已下三千余人，付突厥使。于（长安）青门外斩之，中男以下免，并配王公家”[①]。柔然汗国就此灭亡。

高车和匈奴是近属，在汉代被称为丁零，南北朝时称为高车或敕勒。

两汉以来进入中原的丁零族人，经十六国南北朝，最后全部汉化。而此期漠北的高车人，有高车六氏和十二姓之别，他们散居于色楞格河以西至阿尔泰山以东地区，是漠北人口最多的一个部族，仅东部高车就有人口“数十万落”。

高车人过着游牧生活，“俗无谷，不作酒”，似乎还没有农业。但从“其畜产自有记识，虽阑纵在野，终无妄取”[②] 的记载看，他们已进入了私有制社会。各部落各有君长，但还没有“都统大帅”，即没有部落联盟的领袖。

高车人勇猛粗豪，但作战缺乏统一指挥，故始被拓跋部侵掠役使，后又臣服于柔然。但高车人不甘屈服，阿伏至罗与从弟穷奇趁柔然与北魏作战之机发起独立运动，各称“侯娄匐勒”（意为“大天子”）和“侯培”（意为“储王”），“分部而立”。在车师前部的西北（今新疆吐鲁番西北），建立起了独立的高昌国。不久，中亚嚈哒汗国向塔里木盆地发展势力，助穷奇之子弥俄突为高昌王。弥俄突立后，分别臣服于北魏和嚈哒，同时频频与柔然交战。战争最终使高车、柔然两败俱伤。546年，突厥土门可汗击溃高车，把高车5万多落并入突厥汗国统治之下，从此高车又成为突厥的附属国家。

高车在与内地的接触中，农业和经济都有了发展。高车地处中西交通要道，中原与中、西亚及吐谷浑的交往“皆路由高昌”[③]，在当时中外交流中发挥了重要作用。

突厥亦“匈奴之别种”，姓阿史那氏。史称突厥风俗“被发左衽，穹庐毡帐，随水草迁徙，以畜牧射猎为务”，[④] 是一个以游牧为主要生产方式的民族。他们原来游牧于中亚的叶尼塞河上游，后来迁徙到高昌的北山（博格达山），以从事锻铁而著名。5世纪中叶，柔然征服了突厥，把他们迁徙到金山（阿尔泰山）南麓，强迫他们成为柔然汗国的锻奴。因金山形似兜鍪，突厥俗谓兜鍪

① 《北史》卷九八《蠕蠕传》。

②③ 《北史》卷九八《高车传》。

④ 《周书》卷五〇《突厥传》。

为“突厥”，遂因以自号。6世纪以后，突厥在反抗柔然的斗争中，势力逐渐壮大。552年，突厥人在其首领阿史那土门的率领下大败柔然，土门称伊利可汗，建立起突厥汗国。木杆可汗统治时（553～572年），又不断向东西扩张，“西破嚈哒，东走契丹，北并契骨，威服塞外诸国”，同时还灭掉柔然残部，大破吐谷浑，使突厥汗国的领土急剧扩大：“东自辽海（辽河）以西，西至西海（里海）万里，南自沙漠以北，北至北海（贝加尔湖）五六千里，皆属焉。”[①] 木杆在于都斤山（鄂尔浑河上游杭爱山之北山）建牙，以统治整个汗国。

这时突厥已进入奴隶社会。在可汗下面，建置有叶护、设、特勤等大小官吏。这些官吏和各部落中的“伯克”（又称“匐”，牧主），是奴隶主阶级。

突厥人和中原人民有密切的联系，他们经常在塞上进行贸易。但突厥贵族为了掠夺奴隶和财富，在北齐、北周时经常带兵向内地袭扰。而北齐、北周的统治者都企图利用突厥力量打击对方，因此对突厥贵族的骚扰不仅不抵御，反倒竞相用财帛贿赂突厥。故佗钵可汗曾大言道：“但使我在南两个儿（指周、齐）孝顺，何忧无物邪！”[②] 强盛的突厥，对中原王朝形成了严重的威胁。

第六节 魏晋南北朝文化和社会生活

一 哲学和宗教

玄学的兴起及其影响 两汉以儒家学说作为统治思想。黄巾起义以后，东汉政权瓦解，儒家独尊的地位也随之动摇。

魏晋南北朝时期，士大夫把道家的《老子》《庄子》和儒家的《易》称为“三玄”。他们谈论的主要内容，从表面上看，是本与末、有与无、名教与自然、才与性、言尽意与言不尽意等抽象的哲理问题，实际上与政治的联系非常紧密。

玄学最早的代表人物是曹魏正始年间（240～249年）的何晏与王弼。何晏著《论语集解》和《道德论》，王弼注《易》和《老子》。他们通过这些书的注解，继承和发挥老子的哲学，主张虚无的“道”或“无”是产生万物的“宗

①② 《周书》卷五〇《突厥传》。

主”。认为自然是本，名教是末，名教出于自然。他们就这样把道家和儒家糅合在一起，为名教的存在找到了新的理论根据。他们把这种理论应用到政治上，便是认为“圣人体无”，效法自然，所以人君应该拱默无为，委政臣下。正始年间，曹芳幼年为帝，实际掌权的是宗室大臣曹爽等人。曹爽同司马懿斗争，何晏党附曹爽；而王弼又依附于何晏。何、王的理论，实质上是为曹爽一党垄断政权服务。

稍晚的嵇康和阮籍，在曹氏与司马氏斗争中党附曹氏。曹氏失败后，他们对司马氏诛除异己，杀害“名士”，杀君篡权，标榜名教，很是蔑视和不满。但他们又不敢正面反抗，于是谈说玄虚，用猛烈抨击名教和蔑视礼法的行为，对司马氏假奉名教表示抗议。阮籍说名教是“乱危死亡之术”。一些所谓礼法之士，不过像裤中的虱子一样，“行不敢离缝隙，动不敢出裈裆”，“上欲图三公，下不失为九州牧”，实际上是一群利禄之徒。嵇康公开“非汤武而薄周孔”，进一步提出“越名教而任自然”的观点，主张“崇简易之教，御无为之治”。

西晋时期玄学的代表人物是向秀和郭象。向秀注有《庄子注》，后来郭象又加以补充、发挥，这部书可以说代表了他们两个人的思想。在玄学理论上，向、郭认为万物不待“无”而生，“有”（万物）是由本身的“独化”而成。他们认为唯一不变的真实存在是“所以迹”，它是使万物“独化”的生机之神。他们在政治上仍然主张“无为”，认为礼法名教、君臣上下、富贵贫贱等，都是“天理自然”，人们应该任其发展，不应干涉或强求。他们说：“以小求大，理终不得。各安其分，则大小俱足。”这完全是维护门阀士族统治秩序的理论。

东晋以后，玄学开始同佛教结合。当时，许多清谈名士都竞谈佛理，而许多僧侣也都长于清谈。

玄学的盛行，对魏晋南北朝的社会产生了极大的影响。两晋时，“学者以庄老为宗，而黜六经”①。社会上“崇饰华竞，祖述虚玄，摈阙里之典经，习正始之余论”。② 直至梁代，仍是“人士竞谈玄理”。③ 谈玄成为一种社会风气。士族通过谈玄，甚至可以“累居显职”④，而不善谈玄者，则往往被人瞧不起。玄学在提倡人性解放，反对封建礼教上有进步的方面。但它的虚无浮夸和其提倡的放荡生活作风，造成了不良的社会风气。

---

① 干宝：《晋纪·总论》。

② 《晋书》卷九一《儒林传序》。

③ 《南史》卷七六《陶弘景传》。

④ 《晋书》卷四三《王衍传》。

在哲学方面与玄学“贵无”思想对立的，是与王弼、何晏同时的裴頠的“崇有”思想。他看到了“贵无”给统治阶级带来的危害，写出了《崇有论》。他首先指出：说“无”产生万物与事实不符，因为“无”不能产生“有”。他还用实际生活来论证“无”和“无为”于事无益。他举例说：“欲收重泉之鳞，非偃息之所能获也，陨高墉之禽，非静拱之所能捷也。”捕鱼、猎鸟都不是坐卧不动就能得到的，做其他事情就更不用说了。所以他认为主张虚无、强调“无为”是没有什么益处的。

玄学家一面宣扬“贵无”，一面又肯定礼教，对专制统治从未提出异议。在这方面，两晋之际的思想家鲍敬言却大大前进了一步。他发表《无君论》，认为天地是物质的自然存在，万物是阴阳二气化生而成。天在上，地在下，乃是自然现象，无所谓尊卑之分。他认为，“古者无君胜今世”，君臣等级的产生，乃是强凌弱、智诈愚的结果。他还进一步指出，由于有了国家，才产生战争，“推无仇之民，攻无罪之国”；由于有了国家，才产生剥削和压迫，“有司设，则百姓困，奉上厚，则下民贫”；由于赋役繁重，“下不堪命，且饥且冻”，人民才起来反抗。因此，他主张不要国君，不要国家。他幻想一个没有压迫、没有剥削的社会：“身无在公之役，家无输调之费。安土乐业，顺天分地。内足衣食之用，外无势利之争。”鲍敬言对自然和社会的观点，既是对玄学的批判，也是对门阀士族的黑暗统治的抗议，在当时的历史条件下是难能可贵的。

儒学传统地位的继续 由于此期玄学兴起，佛、道二教迅速发展，儒学已远不如两汉时期兴盛。但是，官方正统统治思想仍然是儒学。

东晋十六国以来，胡族统治者为争正统，“儒本道末”思想的提出和玄学向儒学的靠拢，使儒学在一定程度上重新受到统治者的重视。南北政权都采取了许多措施加强儒学，使儒学在此期得到了继续发展。其高峰，大致南方在梁武帝统治时期，北方在孝文帝改制以后。

在发展中，儒学开始分为南学和北学。南学指东晋南朝的儒学，北学指北朝的儒学。南学、北学在治学趋向、所奉经典、治学方法上均有较大差异。总的说来，“南人约简，得其英华；北学深芜，穷其枝叶”[①]。南学更着重从综合、抽象义理上去探求儒学精神，而北学注重兼通博考。故当时有“北人看书，如显处视月，南人学问，如牖中窥日”[②] 之说。

此期南北双方都出现了一些著名的经学家或经学世家。南方如刘宋时的雷

① 《北史》卷八一《儒林传·序》。

② 《世说新语·文学第四》。

次宗、傅昭，萧梁时的崔灵恩、严植之，何佟之及伏曼容、伏晅父子，北朝如崔浩、高允、卢玄、刘献之、徐遵明、张吾贵、苏绰等，均是闻名于时，甚至传名后世的大儒。

魏晋南北朝儒学是在与玄学、佛教和道教的较量中发展起来的。它作为以伦理、政治为轴心的人文之学，在哲学思辨方面或不如玄学和佛道二教，但它与国家的制度、法律和公私生活关系密切，因而儒学在儒、玄、释、道中仍然居于首位，在国家政治生活中发挥着重大作用。时人认为儒学在政治上有利于加强皇权，重振封建纲常，也有利于建立中原正朔形象，感召四夷，建立大一统。[①] 这些均是玄、释、道所不能取代的功能。特别是北方，在运用儒学“以夏变夷”，用中原制度改造北魏鲜卑政权，加速拓跋族封建化进程方面发挥了更大的作用。

佛教的流行与神灭论思想　两汉时期，佛教刚刚传入，羽翼未丰，还只是道教的附庸。魏晋南北朝时期的长期战乱，各族统治者的有意识提倡，意识形态上佛教与玄学、儒学的结合，使佛教的发展在这一时期超过了土生土长的中国道教，成为最有影响的宗教。后赵重用佛图澄，前秦苻坚重用释道安，后秦姚兴重用鸠摩罗什，南燕慕容德重用僧朗，这些名僧都可以参决国家大事。北朝时，除魏太武帝拓跋焘和周武帝宇文邕两度毁佛外，其他皇帝都大力提倡佛教，佛寺遍布各地，僧尼多到惊人的地步。北魏时，寺院有 3 万所，僧尼有 200 多万。在南方，佛教发展也很快。梁武帝时，一度定佛教为“国教”，仅建康城就有寺院 500 多所，僧尼 10 余万。与此同时，西行求经的人很多，大量佛经也被翻译过来。据后来统计，这一时期共译出佛经 1000 多部，3437 卷。外国僧侣也纷纷来华，仅洛阳的西域僧人就多达 3000 余人，朝廷特别为之立永明寺，僧舍千余间，使其有所安置。印度高僧菩提流支、昙摩流支、佛陀扇多、勒拿摩提等在永宁寺、白马寺翻译佛经，为中西文化交流留下了宝贵的经籍。

当时的佛教，大多是各种不同的佛学学派，但也有早期的宗门。前者如般若学派的“六家七宗”、成实学派（以信奉《成实论》得名）、三论宗（以信奉《中论》《十二门论》《百论》得名）等。后者有南朝陈时智𫖮创建的天台宗，东魏昙鸾创建的净土宗。大致说来，此期佛教学说主要有两派：一为般若学，重修持而成佛，为渐悟学派，主要流行于南方；一为禅宗学，重“顿悟”，并主张“一阐提”皆可成佛。顿悟学说首创于东晋僧侣竺道生，一阐提皆可成佛

① 《晋书》卷六五《王导传》。

之论，起初南方未信，后传入为北方昙无谶所译之《大般涅槃经》，顿时信徒如云。佛教之盛，实赖禅宗学之兴起。

佛教的广泛传播，也给当时社会带来严重的危害。统治者大修寺塔，施舍钱财，所耗的都是人民血汗。宋明帝修湘宫寺说是积一大功德，大臣虞愿说这都是百姓卖儿贴妇钱，何功德之有！寺院侵夺百姓大量土地、房产；百姓受骗，向寺院施舍，往往倾家荡产，大量人口被迫出家为僧尼。寺院地主又剥削下层僧尼和寺户，积累私产，再用高利贷盘剥人民。这些都使社会生产力遭到破坏。那时早就有人进行过反佛斗争，但真正击中要害，从理论上给佛学以致命打击的是范缜。

范缜（约450～515年），南阳舞阴（今河南泌阳县）人，少年从名儒刘瓛读书。他“性质直，好危言高论”。齐、梁之际，王公贵族大力提倡佛教，范缜目睹“浮屠害政，桑门蠹俗”，坚持反佛斗争。那时，齐竟陵王萧子良笃信佛教，范缜在他府中为学士，“盛称无佛”。萧子良问他：你不信因果，为何人有富贵贫贱？他回答说：就像树花一样，随风飘落，有的落在茵席之上，有的堕入溷厕之中；落在茵席上的是殿下，落在溷厕里的是我，贵贱虽不一样，因果竟在哪里？萧子良召集众僧、“学士”来批驳他，仍不能使他屈服。萧子良又派王融对他进行威吓利诱，说他坚持神灭论，是损伤名教，若能放弃，可作“中书郎”。范缜大笑答道：“使范缜卖论取官，已至令仆矣，何但中书郎邪！”①

梁建国后，于天监三年（504年）定佛教为国教。不久，梁武帝萧衍对范缜发动了一次更大规模的围攻，企图逼迫范缜放弃真理。范缜不仅不屈服，而且勇敢地接受了挑战，写出了著名的《神灭论》。《神灭论》全文凡30余条，其主要论点是：

首先，范缜针对佛教宣传人死后灵魂离开肉体独立存在的谬论，提出了“形神相即”的观点：“神即形也，形即神也。是以形存则神存，形谢则神灭也。”“形者，神之质；神者，形之用。”这就是说，形体和精神的关系是不可分离的。范缜举例说，形体和精神，就像刀刃和锋利的关系一样，没有刀刃就没有锋利，形体死亡，精神作用也就不存在了。

其次，精神是活人的“质”所特有的，只有活人的形体才有精神作用。他说：“木之质无知，人之质有知。”“死者如木，而无异木之知。”“心病则思乖。”范缜强调死人的质与木的质一样无知，这样，佛教的形神分离、形亡神不灭的观点便站不住脚了。

---

① 《南史》卷五七《范缜传》。

范缜的《神灭论》一出，统治阶级大为震动。梁武帝发动王公大臣六十余人写了75篇文章围攻范缜，但范缜坚持自己的观点，始终没有退却。

道教的改革及官方化　在东汉中后期形成的原始道教，曾多次被民众利用来组织反抗，从而被统治阶级视为“妖妄不经”① 的异端。魏晋以后，为了使原始道教获得官方承认，一部分道教领袖开始改革原始道教，使道教向成熟化、定型化、官方化发展。这方面的主要代表人物，在南方有葛洪、陶弘景，北方有寇谦之。

葛洪，两晋时人，著有《抱朴子》一书。《抱朴子》内篇20卷，论神仙方药、鬼怪变化、养生延年、禳邪却祸之事，是道教的理论；外篇50卷，论人间得失、世事臧否，是政论性著作。在内篇里，葛洪认为宇宙万物是由神秘的“玄”（即“道”）产生的，有仙骨的人得到“玄一”或“真一”，就能成仙。达到神仙的手段是服食金丹。在外篇里，他说明君臣上下、设官分职是天理自然，是不能更易的。他主张用严刑峻法，“以杀止杀”，称原始道教为“妖道”“鬼道”，把利用道教进行斗争的农民称为“奸党”“群愚”，应“犯无轻重，致之大辟”。由于葛洪的道教很适合统治阶级的要求，因此《抱朴子》一书被历代的统治者奉为道教的经典。

陶弘景，字通明，出身士族，是齐、梁时著名的道士。此时南方道教经葛洪、刘宋道士陆修静的改造后，已为官方所接受。陶弘景在此基础上进一步改造道教。他擅长炼丹，并收集整理许多道教上清派经典，撰成《真诰》《登真隐诀》等，将道教炼丹、养生、成仙理论发展了一大步。他又以道教阴阳相生的宇宙生成模式和生死二元对立观念，建立了道教史上的第一个成熟的神仙系统。这不仅使道教的神仙谱系向哲理化发展了一大步，而且神谱中诸神等级森严，与世俗等级制度奇迹般地吻合，进而使道教具备了维护世俗秩序的功能。他还将儒学中“中庸”“至忠”“至孝”等观念和佛教中“生死轮回”“地狱”“顿悟”等学说，略加变化，充实到道教理论中去，强调遵行礼教为修道成仙的重要途径，从而形成了他的“三教并重”“三教合一”的新道教理论。通过他的改造，道教不但可以把古代中国社会的政治、文化、伦理的基本规范全部囊括，也能满足上层统治者的精神需要。陶弘景被后世道徒尊为“道家之尼父”。②

在中国北方，对道教进一步改造的是北魏的寇谦之。他自称太上老君亲授

---

① 《后汉书》卷三〇下《襄楷传》。

② 《全唐文》卷七六二。

他“天师”之位，要他来“清整道教”。他宣布“废除三张（张陵、张衡、张鲁）伪法”，使道教“与世礼相准”。改造后的新天师道“专以礼度为首，而加之以服食闭练”，以“辅佐北方泰平真君”①，道教因此同时满足了统治阶级维护统治和企图长生不老的两方面需要。由此，他得到了北魏太武帝拓跋焘的信任和支持，道教被宣布为“国教”，地位在佛教之上。与此同时，道官制度和道教戒律、斋仪制度也被确立。

通过以上改造，在政治上，原始道教中的一点朴素平等思想已被抽掉，道教开始真正迎合统治阶级需要。在理论、神仙谱系、斋仪上，道教也开始脱下了巫觋粗陋破敝的外衣，逐渐演进成一个具有哲理、神谱、仪式、方法等完整体系、影响中国文化至深的宗教。

二　史学、地理学、文学和艺术

史学　这一时期，私家修史盛行，出现了许多史学名著。晋陈寿的《三国志》和宋范晔的《后汉书》就是这一时期的代表作。

《后汉书》共120卷，包括本纪10卷，列传80卷，志30卷，主要记载了东汉自光武帝刘秀到献帝刘协近两百年的历史。纪、传的作者是南朝刘宋的范晔，志的作者是晋司马彪。在范晔作《后汉书》之前，已出现了许多家的后汉史。范晔在诸家后汉史，特别是在刘珍等人《东观汉记》的基础上，博采众家，斟酌去取，写成了《后汉书》。由于他死得过早，“志”没有写成。《后汉书》简明周详，文字流畅，叙事生动，故后来居上，淘汰了以前各家的后汉史。《后汉书》喜欢以类相从，不拘年代，如《党锢传》《文苑传》《列女传》等。纪、传史书专门记载妇女事迹，是他的首创。司马彪著有《续汉书》83卷。梁刘昭为《后汉书》作注，又把《续汉书》的志抽出来，加以注释，补入《后汉书》。后来，唐高宗的儿子李贤又为《后汉书》作注，除志的注以外，《后汉书》的刘昭注便为李贤注所代替。

《三国志》共65卷，包括《魏志》30卷，《蜀志》15卷，《吴志》20卷，主要记载魏、蜀、吴三国鼎立时期的历史。晋陈寿作《三国志》之前，魏、吴二国已有史书。陈寿吸取魏、吴史书的材料，又自编蜀国史书，编纂成为《三国志》。陈寿写书时，正当魏晋之际，天下乱离，资料不全，故内容显得不够充实，也没有表和志。但《三国志》善于叙事，文笔简洁，剪裁得当，当时就

---

① 《魏书》卷一一四《释老志》。

受到称赞。它与《史记》《汉书》《后汉书》合称前四史，是古代史书写得较好的几部。

陈寿死百余年后，三国史料大量出现，宋文帝以《三国志》过略，乃令裴松之作注。《史记》《汉书》注重训释文义，而裴注《三国志》则重在增补史实。据粗略统计，注中列举魏晋著作200多种，而且截取史料比较完整，注文条目多，文字总数也与正文大体相当，故注文价值不亚于《三国志》正文。

此外，南齐沈约的《宋书》、梁萧子显的《南齐书》、北齐魏收的《魏书》，是研究刘宋、南齐、北魏历史的主要史书，后来都收入"二十四史"。南齐臧荣绪的《晋书》是唐修《晋书》的蓝本。北魏崔鸿的《十六国春秋》等后来都亡佚了。

这一时期，人物传记和地方志的编撰也兴起了。梁释慧皎的《高僧传》为250多个和尚立了传，是研究佛教史的重要史料。晋常璩的《华阳国志》是研究汉中和川、云、贵地方史的重要材料。

地理学　这一时期地理学方面的成就，一是重要专著的出现，一是地图绘制的改进。

北魏郦道元著《水经注》，全书40卷。它以前人的《水经》为纲，通过搜集丰富的文献和一些实地调查，详细注录了全国1250多条大小河流的走向和经过。它的可贵之处在于不仅注录了水道，而且把水道经过的山陵、城邑的地理沿革、风土人情、建筑名胜、历史故事和民间传说等，都做了生动而详细的记录。所以它不仅是一部地理学名著，而且文学与史学的价值也很高。北魏杨衒之的《洛阳伽蓝记》共5卷，是一部城市地理专著。它以记录北魏末年洛阳的一些寺观庙塔建筑为主，同时详细地记述了洛阳内外的壮观景象，洛阳城里坊、衙司的布局，王公贵族的奢侈，佛教的祸国殃民等。它同《水经注》一样，是地理、历史、文学价值都很高的著作。

在地图绘制方面，西晋裴秀创制《禹贡地域图》（历代地理沿革图）18篇，并在《序文》里提出了制图六体：分率（比例缩尺）、准望（方位）、道里（里程）、高下、方邪、迂直。制图六体的提出，把制图技术提高了一大步。据《北堂书钞》记载，裴秀还绘制了《地形方丈图》（西晋地图），"备载名山都邑，王者可以不下堂而知四方"。

文学　这一时期的文学在两汉的基础上有很大的发展。究其原因，一是儒家独尊地位的动摇，思想有了新的解放；二是社会大变动，为文学的发展提供了丰富的现实基础。自曹操父子以后，魏晋南朝的君主和王公贵族多崇尚文学，招揽文士，为文学的发展提供了政治条件。北方各族进入中原，为文学的发展增添了新的血液。

这一时期，文学方面最有成就的是诗歌。五言诗在东汉已经趋向成熟。建安时的三曹父子（曹操、曹丕、曹植）和“建安七子”（孔融、王粲、刘桢、阮瑀、徐干、陈琳、应玚）在五言诗方面都有很高的成就。女诗人蔡琰（文姬）的五言《悲愤诗》，是建安文学的一篇杰作。全诗540字，主要是记述她自己在战乱中被匈奴所虏的悲惨遭遇和痛苦心情，反映了人民特别是妇女在战乱中所遭受的痛苦。

建安以后，在文学上有较大成就的是晋宋之际的陶潜。陶潜字渊明，浔阳柴桑（今江西九江）人。他出身没落官僚地主家庭，做过彭泽县令。后来因对门阀士族的腐朽统治不满，辞官归隐。他接触农民，写了许多反映当时农村生活和他参加劳动的诗篇。如《归园田居》第三首中写道：“晨兴理荒秽，带月荷锄归。道狭草木长，夕露沾我衣。”他的诗朴实、自然，使人感到亲切。他的著名散文《桃花源记》，虚构了一个没有压迫、没有剥削的世外桃源，反映了诗人对当时现实的不满。

七言的谣谚，在汉代已有一些发展。现存最早的七言诗是曹丕的《燕歌行》。刘宋的鲍照对七言诗的发展又有新的贡献。他变逐句用韵为隔句用韵，并可自由换韵，对七言诗的发展方向有很大的影响。

民歌是这一时期文学中的瑰宝。南方民歌以《清商曲辞》中的《吴声歌》（主要流行于太湖流域）和《西曲歌》（主要流行于江汉地区）为主。这些民歌有个共同特点，即几乎全是情歌。北朝的文人诗成就不大，而民歌则美不胜收。北朝民歌以《鼓角横吹曲》为主，多是北方游牧民族在马上奏的军乐曲辞，这些民歌雄壮豪放，尚武之风很浓。如《敕勒歌》：“敕勒川，阴山下。天似穹庐，笼盖四野。天苍苍，野茫茫，风吹草低见牛羊。”只27个字，便勾勒出了辽阔苍茫的草原景象，并反映了北方民族的生活和精神面貌。又如《木兰辞》，它用300多字，以五言为主的杂诗形式，描写了木兰女扮男装，替父从军，转战12年，最后奏凯归来，不受封官赏赐，回到故乡的动人故事。由于写作技巧的纯熟，语言的丰富多彩和运用上的别致，它成为北方民歌中的最好作品。木兰也成了千百年来人们尊敬和喜爱的巾帼英雄。

在南北朝时期，骈文盛行。骈文是从汉赋发展来的。最初的骈文主要是句法整齐，兼有疏散，偶有用典，对声律和对偶还不很讲究。后经晋末宋初颜延之等人的提倡，强调用典和对偶，于是俳（对偶）体逐渐形成。梁沈约提倡声律，诗文又逐渐向律体转变。到南朝末期，徐陵、庾信等人把骈文发展到高峰，他们专讲形式上的技巧，缺乏实际内容，时称“徐庾体”。骈文造成南朝一代靡丽的文风。

由于佛、道的广泛流传，神话和志怪小说也开始兴起。著名的有东晋葛洪的《神仙传》、干宝的《搜神记》和梁吴均的《续齐谐记》。宋刘义庆的《世说新语》，内容则属文人轶事小说，反映了东汉至东晋士族的生活面貌。

随着文学的发展，出现了文学批评、文学理论和文学选集专著。曹丕的《典论·论文》，首开文学批评之风。其后文学批评著作不断出现。梁刘勰的《文心雕龙》是一部文学批评和文学理论名著。全书共50篇，系统地论述了各种文章体裁和创作方法，体大思精，是前人文学批评的总结性著作。他反对以形式取胜的文风，认为过分的雕琢会失去自然美。他又提出“歌谣文理，与世推移”，文学的内容和形式，应该随着时代而发展。这部著作的出现，反映了文学理论的提高。齐、梁时钟嵘的《诗品》是一部诗歌批评名著。他论述了诗体的源流和历代诗人的风格和成就，对汉至梁122人的五言诗做了品评。这一时期著名的文学选集有梁昭明太子萧统的《文选》，选录了自先秦到梁的许多诗、文。徐陵的《玉台新咏》是一部诗歌选集，所收只限于“艳歌”。其中除《孔雀东南飞》等少数作品外，有价值的不多。

艺术　这一时期雕塑、绘画、书法都有突出的成就，代表了这一时期的艺术的最高水平。

这时期的雕塑继承两汉的传统，同时受印度犍陀罗艺术的重大影响，形成独特风格。那时，北方统治者到处开山凿窟，雕塑佛像，形成许多石窟艺术。其中著名的有山西大同西北的云冈石窟、河南洛阳的龙门石窟和甘肃敦煌的莫高窟——千佛洞。在这些石窟里布满了大大小小的佛像和其他艺术珍品。

云冈共有洞窟53个，造像10万多个，主要是5世纪末叶的作品。其中，昙曜五洞开凿得最早，有明显的犍陀罗艺术特征：鼻直而高，唇薄肩阔，衣服短瘦，衣纹左右对称。但佛像上的舟形佛光，阴刻花纹，都是中国传统的风格。龙门共有洞窟和壁龛数千个，造像的十分之三属于北朝，十分之六属于唐代。其中，古阳洞和宾阳洞是北魏后期的代表作品。其特点是面部秀润，表情温和，唇厚肩窄，衣服较为宽松，衣纹飘动流畅，使雕像更接近于现实生活。千佛洞绵亘于1.5公里长的崖壁上，至今还保存着480个石窟。这里石质松脆，不宜雕刻，所以石窟内的艺术品多是精美、细致的大型壁画和塑像。壁画内容为佛教的神话故事，丰富多彩。

这一时期的绘画，名家辈出，绘画理论也有了相应的成就。三国时吴国画家曹不兴善画佛像和龙。他的弟子卫协在西晋时与张墨并称画圣。宋宗炳善画山水。齐谢赫长于人物写真，并著《古画品录》，提出绘画六法，在绘画理论上做出了贡献。梁张僧繇善画寺壁，他运用晕染法，绘画时以色彩的渐浓渐淡来表现明暗，使画有立体感。在绘画艺术中成就最大的是东晋的顾恺之。他既善画人物，又善画山水，而人物画尤为突出。他画人物重在点睛传神，他常说："传神写照，正在阿堵（指眼睛）中。"[①] 他在建康瓦棺寺壁上画维摩诘像，让人参观施钱，几天内得钱数百万，施舍给寺院。现存顾恺之的《女史箴图卷》，相传是后人摹写的，但也保存了真迹的遗风。

书法从东汉起逐渐成为一种专门艺术。汉末，蔡邕用八分体写石经，刘德升首创行书体（草书兼真书）。曹魏时，钟繇、胡昭得刘德升传授，都擅长行书。钟繇又拓辟新境，创立真书（楷书），独享盛名于一时。东晋王羲之吸收汉魏诸家之精华，集书法之大成，兼善隶、草、真、行，被称为书圣。人们评论他写的字是"飘若浮云，矫若惊龙"[②]。他书法的另一重要成就是脱出钟繇真书中还多少保留的隶书遗迹，使真书成为完全独立的书体。所谓"右军书成而魏晋之风尽"，指的便是这一点。他儿子王献之的书法成就不减其父，人称之为小圣，父子合称"二王"。北朝的书法也有很大的成就，其特点是结构谨严，气势雄厚，现存魏碑多是这种字体。魏碑还保留有隶书的一些遗迹，与南方略有不同。南北统一后，在二王真书的基础上逐渐融合。

三　科学技术的新成就

这一时期的科学技术有显著的发展。数学、天文历法、机械制造、医学、农学等，都超过了以前的水平。

数学　魏晋之际，刘徽注《九章算术》，并著有《海岛算经》。他首创割圆求周的科学方法，把圆的内接正六边形依次分割到192边形，得到圆周率为3.14。他把这个数值化为分数$\frac{157}{50}$，后人称它为"徽率"。刘徽的圆周率值虽然只求到小数点以后第二位，但他知道可以用这个办法继续推算，直到与圆周合体，便确切无疑了。他说："割之弥细，所失弥小，割之又割，以至于不可割，则与圆周合体，而无所失矣。"[③]

宋、齐时的祖冲之（429～500年）是我国历史上一位伟大的科学家，在数学、天文历法、机械制造等方面都有突出的成就。数学方面，他在前人的基

① 《晋书》卷九二《顾恺之传》。
② 《晋书》卷八〇《王羲之传》。
③ 《九章算术·方田注》。

础上，求出圆周率在 3.1415926 和 3.1415927 之间，是世界上第一个把圆周率准确数值推算到小数点后第七位的人。祖冲之还用两个分数来表示圆周率，一个是$\frac{355}{113}$，叫密率；一个是$\frac{22}{7}$，叫约率。密率是分子分母都在 1000 以内的分数形式的圆周率最佳近似值，是当时最高成就。为了纪念他的贡献，人们把密率称为“祖率”。

天文历法　这一时期，天文历法方面最大的成就是东晋虞喜发现了“岁差”。以往天文学家不知分“天周”和“岁周”，以为太阳运行一周（天周）就是“岁周”。虞喜观察到太阳从第一年冬至运行到第二年冬至并没有回到原来的冬至点上，而是每 50 年（现代测定是 71 年又 8 个月）向西移动一度。这种“天周”与“岁周”的差就叫“岁差”。祖冲之“亲量圭尺，躬察仪漏，目尽毫厘，心穷筹策”①，证实了岁差的存在，并把它应用到他所制定的《大明历》中。根据计算，《大明历》规定一年为 365.24281481 天，与近代科学测量的日数相差不到 50 秒。《大明历》中另一重要改革是对闰法做了新的调整，将古法 19 年 7 闰改为 391 年 144 闰。《大明历》是当时最先进的历法，从梁天监九年（510 年）开始采用，到隋开皇九年（589 年）废止，共用了 80 年没有改动。

机械制造　三国时的马钧是一位“巧思绝世”的发明家。他发明和改进了许多机械。原来的织绫机，五六十综的各用五六十蹑，经他重新设计，把两种机械都改为十二蹑，提高功效五倍。他又改进了“翻车”，“令童儿转之，而灌水自覆，更入更出，其巧百倍于常”②。他还利用差动齿轮机械构造原理制造指南车，于双轮单辕车上立一木人，车初发时，使木人手指南方，由于齿轮作用，不论车行的方向怎样变动，木人始终手指南方。马钧制造的指南车后来失传，祖冲之又重新制造，“圆转不穷，而司方如一”③。晋时，有人发明计里鼓车。在一辆双轮车上，有两木人对坐，双手执鼓槌，中有一鼓；车行一里，击鼓一次，指示车行里数。

祖冲之创造了以机械发动的日行百里的“千里船”，还改造了诸葛亮发明的木牛流马，创造一架“不因风水，施机自运，不劳人力”的运输机械。西晋刘景宜创造牛转连磨，杜预发明连机碓和水转连磨。祖冲之在这个基础上前进一步，创造了水转连碓磨，把水碓和水磨结合起来，效率更加提高了。

1965 年在辽宁北票西官营子出土一件鸭形玻璃水注，在装水适量后才能

---

①③　《南齐书》卷五二《祖冲之传》。

②　《三国志》卷二九《杜夔传》注。

放稳，和史书记载的“虚则攲，中则正，满则覆”[①] 的“攲器”原理相同，表现了当时人对重心原理的认识和运用，是十六国时期科学实验成就之一。

农学　北魏末年贾思勰的《齐民要术》是一部农业生产技术的总结性著作。他在《齐民要术·序》中说：“采捃经传，爰及歌谣，询及老成，验之行事。”这是说他的书，是在搜集了丰富的文献资料和农谚、访问了老农并经过实地观察之后写成的。由于他具有这种科学态度，所以才写出这样一部不朽的农业科学巨著。

《齐民要术》全书10卷，共92篇，集周秦至北魏农业生产知识之大成。全书内容十分丰富，“起自耕农，终于醯醢（xī hǎi，希海，即醋酱），资生之业，靡不毕书”[②]。其中包括土壤整治、肥料施用、精耕细作、防旱保墒、选种育种、粮食和蔬菜作物的栽培、果树的培植和嫁接、畜禽的饲养和医治、食品的加工和储藏，以及野生植物的利用等，反映了当时我国北方的农业生产技术水平。其中许多技术直到现在还在应用，如果树的嫁接、果树熏烟防霜法、葡萄冬季埋蔓法等。

医学　这一时期的名医有晋代的王叔和、皇甫谧、葛洪和梁代的陶弘景。王叔和是晋太医令，他精通脉理，著《脉经》10卷，把脉象归纳为24种，奠定了脉学的理论基础。皇甫谧长于针灸，他著《针灸甲乙经》12卷，是我国第一部针灸学专著。东晋葛洪著《肘后救卒方》3卷，记录了当时许多用之有效的药方。梁陶弘景增补葛洪的《肘后救卒方》，著《肘后百一方》。他对汉代流传下来的《神农本草经》做了增补，整理成《本草经集注》，收集记录药物730种，比《神农本草经》多出一倍。他首创按药物的自然属性和医疗属性的分类法，把700多种药物分为七大类。这种分类法，后来成为我国古代药物的标准分类法，在1000多年的时间内，一直沿用和不断充实。

四　社会生活

魏晋南北朝的日常生活方式与秦汉一脉相承，但也带有相当浓厚的时代色彩。

饮食　这一时期的主食有饭、饼（蒸饼、汤饼、油饼、烧饼、胡饼等）、粥等。佐餐的菜肴副食，富贵人家以肉、鱼、禽、蛋等为主，穷人则以盐豉、燥蒜、蔬菜为主。一些菜的做法相当讲究，如南齐庾杲之的腌韭菜花，七月采

---

① 《荀子·宥坐》。

② 《齐民要术·序》。

集，加以姜、瓜捣烂为泥，渍以盐而封藏。入秋开瓮，馨香扑鼻。宋毛脩之降魏后做的“羊羹”，称为“绝味”，魏太武帝食之“大喜，以脩之为太官令（掌皇帝膳食）”。[①] 张华《博物志》记载的一种“秋鲭鲊”，也是美味异常。

饮茶在此期主要盛行于南方。孙吴时，就有韦曜以茶代酒的记载。当时的饮茶方式，是将茶叶碾成细末，加上油膏等，制成茶饼或茶团，饮时将其捣碎，放上葱、姜等煎煮。这种饮茶方式，还保留有将茶作为提神荡昏药物的特征。北方原不饮茶，后来一些南方士人归附北方，将饮茶习惯带到了北方。南齐王肃入魏后，“不食羊肉及酪浆等物，常饭鲫鱼羹，渴饮茗汁”。[②] 这样，北方饮茶也渐普及起来。

酒为这时饮食中须臾不可缺少之物，上至皇帝、达官显贵，下至屠夫走贩，几乎无人不好饮酒。“痛饮酒”更是名士的标志之一。故官方民间酿酒均十分普遍。荆楚的菊花酒、巴东的巴乡酒，驰名南方；而鹤觞酒、桑落酒等则享誉北国，均为上贡之佳品。当时的文人骚客以酒咏诗，借酒赋诗，留下了许多脍炙人口的名篇。政府有时因饮酒影响治安、耗费粮食而禁酒，且法令极严。但这时人们豪爽好饮，积习难改，一旦禁令松弛，则酿造、鲸饮如故。

服饰　一般说来，南朝多沿魏晋时的汉服，宽衣博带，高冠长袖，脚着木屐。王公贵族和高门华阀的服饰相当讲究，多玄冕素带，朱绂青纲，腰悬玉玦玉佩，饰以金银之珠。夏穿绮褥纨裤，积丝成彩，散茧腾花；冬服黑貂白裘，物华雉毳，名高燕羽。[③] 下层人民则较为单一，如“白衣”乃商贾所常服，草鞋（如芒跻、蒲履之类）为一般士人或贫者所常穿。北朝汉、胡服并行不悖，前期多为胡服：皆窄衣掐腰，毡帽短袖，用料多为皮革毛绒；衣襟从右掩向左面，即所谓“左衽”；穿靴，腰束革带，下着小口裤。自孝文帝汉化改革后，北朝衣着更进一步汉化。一些服装也有胡汉风格结合的特色。[④]

住所　南方较为突出的是园林式居宅的兴起。这是此期崇尚自然美在居室建筑上的反映。这类园林式居宅，多“林涧环周，备登临之美”[⑤]。其内部“桃李茂密，桐竹成阴……孤峰丛薄，不无纠纷之兴。渎中并饶菰蒋，湖里殊富芰莲”[⑥]。美不胜收，使人不出家门，便可领略自然风光。西晋石崇的金谷

① 《宋书》卷四八《毛脩之传》。

② 《洛阳伽蓝记》卷三《正觉寺》。

③ 参见《艺文类聚》卷六七。

④ 参见山东省文物考古研究所：《临淄北朝崔氏墓》，《考古学报》1984年第2期。

⑤ 《宋书》卷六六《王敬弘传》。

⑥ 《梁书》卷二五《徐勉传》。

园，东晋纪瞻乌衣巷中的馆宇、谢安的别墅，刘宋谢灵运的园墅，梁徐勉的小园，堪称这方面的代表性建筑。北方居室，则有向高层化发展的趋势。北魏洛阳的商业住宅区，“飞馆生风，重楼起雾，高台芳榭，家家而筑”。[①] 此外“千人毡帐”的出现，也是北方居室的一大特色。在家具方面，能折叠的轻便坐具“胡床”已广泛使用。豪华帷帐和步障的盛行，反映出此期的贵族奢侈之风。

婚丧　由于战争导致人口减少，政府规定男子15岁便可行冠礼，所以早婚现象非常明显和普遍。西晋曾有女子年十七不嫁则由政府指配丈夫的诏令。直至北周，政府公布的男女婚嫁的适宜年龄亦分别为15岁和13岁。在婚制习俗方面，由于门阀制度的影响，士庶不婚和身份内婚在上层婚姻中占据主要地位，门当户对的婚姻观念、从一而终的思想、指腹婚和冥婚等传统习俗仍有着较大影响。但由于思想解放和少数民族习俗的融入，这个时期的婚姻较之前代有所开放。如贾充之女贾午私交韩寿，被父母察觉后加以认可；西晋徐邈女可以自选丈夫。特别是北方，妇女可“持门户，争讼曲直，造请逢迎，车乘填街衢，绮罗盈府寺。代子求官，为夫诉屈”[②]，社会地位较高，故在婚配上更为自由，贞节观念较淡薄，寡妇与人交往、再嫁也被视为正常。

在丧葬方面，魏晋南北朝大体一遵秦汉礼制，但在谒陵、守墓及居丧期的礼节遵守上大为淡薄。其中较重要的是薄葬之风的兴起。曹操、曹丕、司马懿、司马师、司马昭等临死前均遗命薄葬，反映出时人观念的进步。墓地的选择仍重“望气”“相冢”之学。从南京地区发掘的南朝家族墓葬群来看，墓址多在山腰，要求顺风而逆水、“地势高敞，四通广大”、有龙虎之形等，以利家族子孙后代。人物埋葬采取以右或前为尊、依次排列的方式。

岁时节令与民间崇拜　岁时节令是人们在长期生活劳动中相沿积久而形成的一种社会习俗。魏晋南北朝时期，除了传统的“元正”（春节）、“正月十五”（灯节）、“五月五”（端午节）等节日外，比较重视的还有“三月三”“七月七”“七月十五”“九月九”。

“三月三”又名修禊节、上巳节。此俗先秦时已有。传统为三月上巳日，这一天人们至河洗濯，以除垢去邪，是古人祈福免灾的节日之一。魏晋以后改为三月三日，至此日官民同庆。文人亦多选择此日出外踏青春游或集会，又在河边或人工渠边浮杯取饮，称为“曲水流觞”，颇为浪漫。

“七月七”大致始于两汉，旧例至此日当曝晒经书或衣物。而牛郎织女七

① 《洛阳伽蓝记》卷四《寿丘里》。

② 《颜氏家训·治家篇第五》。

夕相会之说，虽可上溯至东汉，但正式记载却在西晋张华《博物志》中才出现。梁人刘孝威《咏织女诗》："金钿已照耀，白日未蹉跎。欲待黄昏至，含娇渡浅河。"将这种意境写得很美。时人至此日，白日沿例晒经和衣物，夜晚即"设酒脯时果，散香粉于筵上"[1]，然后祝福牛郎织女一年一度的佳时相会。

"七月十五"即盂兰盆节，俗又称鬼节，或孝亲节。其最早起源，可能与佛教中目连为救母而于七月十五备斋供诸僧之说有关。据《佛祖统纪》记载，南朝梁武帝首次在汉地创设盂兰盆会，用盂兰盆供养众僧。士民百姓效法遵行，相因成俗，成为一个重大节日。

九九重阳节的来历，众说不一。梁吴均《续齐谐记》引桓景九月九日登高、饮菊花酒以弭祸的故事后说："今世人每至九月九日，登高饮酒，妇人带茱萸囊。"可见其主要内容是饮菊花酒、佩茱萸和登高。

魏晋南北朝佛道盛行，反映在民风习俗上则是迷信仙灵神鬼，崇拜颇杂，其中在南方影响较大的为蒋神崇拜。蒋神传说是东汉人蒋子文，汉末为秣陵（今南京）尉，后被"贼"杀死，累累显灵。孙权时封他为中都侯，为立庙堂，改建康钟山为蒋山，是为蒋神崇拜之始。后来传说在前秦与东晋淝水之战、宋魏元嘉之战等南北战争中，他又屡屡显灵助南方汉军，故地位愈益崇高，以至被封"丞相""大都督中外诸军事钟山王"，成为土地神及战争保护神的综合代表，其影响遍及江南各地。

第七节 魏晋南北朝的中外经济文化交流

在中外交流史上，魏晋南北朝是上承秦汉、下启隋唐的重要历史阶段，也是一个开放的、传播与吸收并举的对外交流的活跃时期。这一时期中国与周边国家有着密切的关系，为以后隋唐时期中外文化的大交流打下了坚实的基础。

中国同朝鲜日本的关系 这一时期，朝鲜半岛分为三个国家：北边是高句丽，西边是百济，东边是新罗。三个国家同中国的南北政权都保持着经常性的来往，高句丽王、百济王曾多次受到南北政权的各种册封，派到中国的使节多达198次。[2] 由于往来密切，中国的五经、三史、《三国志》《晋阳秋》等书籍

① 崔寔：《四民月令》。

② 此统计数字引自韩昇：《"魏伐百济"与南北朝时期东亚国际关系》，载《历史研究》1995年第3期。

以及医药、历法等相继传入朝鲜。朝鲜的语言吸收了不少汉语词汇，很多人能用汉文写作。与此同时，朝鲜人民创造的《箜篌引》乐曲和新罗的伽倻琴等乐器也传入中国。百济等国在大量吸收中国文化的同时，又将自身和中国文化转向邻国输出，对东亚的文化也产生了深远的影响。

三国以后，日本与中国的经济文化交流逐渐频繁。魏景初二年（238 年），邪马台倭国女王卑弥呼遣难升米和朱市牛利来洛阳。从此到 248 年的 10 年间，两国使者往返达 6 次之多。南北朝时期，日本又多次派使者来中国，仅刘宋时期就有 8 次。

通过互相的往来和百济等国的转输，中国的文化传到了日本。据《日本书纪》卷十和《古事记》等记载，日本应神天皇十六年（285 年），百济人王仁带《论语》10 卷、《千字文》1 卷去日本，日本开始采用中国汉字。4 世纪时，不少中国的纺织工、养蚕和缫丝能手、裁缝师、陶工、厨师以及所谓“归化人”等移居日本，几乎带去全部的中国先进工艺技术。这一时期的许多日本古墓出土了与中国同样质地、造型、纹饰的铜镜、瓷器、陶器、金饰。经考证，这里面既有从中国直接输入的，也有东渡的中国工匠所造的。

中国的佛教文化也传入日本。梁武帝普通三年（522 年），中国人司马达笃信佛教，在日本大和国高市郡坂释田原地方结庵奉佛，宣扬佛教，是为佛教传入日本之始。后来佛教经典和佛像又陆续从百济传入，日本信佛者日增。日本出土的这一时期的铜镜佛像图纹与中国南朝的完全一样，说明日本从中国江南还引入了佛教艺术。

中国同南亚、东南亚的关系　三国以后，由于海上交通和南方丝绸之路的开辟，中国同南亚各国的联系加强了。

印度佛教的东来是引人注目的大事。据不完全统计，这一时期，印度等国的僧侣来中国传教、译经的有 70 多人。中国僧侣往印度等国取经的近 90 人，他们多是学问僧，对中国同印度等国的文化交流做出了贡献。其中贡献较大的是中国名僧法显。

法显三岁出家，虔诚信佛。隆安三年（399 年），他从后秦京师长安出发，先后约得同伴 9 人西行取经。他历经艰险，越葱岭，经今阿富汗到了印度。他游历了印度各地，到达释迦牟尼诞生地迦维罗卫城（尼泊尔境内），在回国途中又到过狮子国（斯里兰卡）和耶婆提国（印尼的苏门答腊）。他西行取经前后经历了 14 年，回国时只有他一人。回国后，与刚来中国的尼泊尔高僧佛驮跋陀罗一起翻译他带回的大量佛经。又著《佛国记》，记述了古代中亚、印度、南洋诸国的地理、历史、风土人情。他对促进中国同印度、尼泊尔等国的相互了解和文化交流做出了重大的贡献。

印度之邻锡兰岛上的狮子国，六朝时和中国也有往来。东晋时狮子国国王刹利柯摩遣使到江南赠送玉佛，刘宋时将其放在瓦棺寺，与寺里原先所存的戴逵手制佛像，顾恺之画的维摩诘同称为“三绝”。宋文帝元嘉五年（428 年）、十二年（435 年）及梁武帝大通元年（527 年），狮子国均遣使来建康赠送方物。法显在狮子国还曾见到过西晋时中国制的白绢扇。

佛教文化中的狮子、塔等也随之逐渐传入中国。

狮子，或称师子，是丝绸之路开通后，西域献给汉室的“舶来品”。后来佛教文化也带来了狮子。狮子在佛教中是神的化身，随着佛教传入中国，狮子的花纹图案造型也反映在各种文物上面。六朝时期在墓前神道石碑、石柱上的装饰，各种青瓷器的造型，一些名画家如嵇康、戴逵、顾恺之、宗炳等的作品，都有狮子。后来经过发展，狮子形象成为了中国传统文化艺术的一部分。

“塔”字原不见于中国早期文字，为六朝时翻译佛经所创。其梵语音为“塔婆”，义为“圆冢”“方坟”，是用来埋葬佛教徒的骨灰的。印度佛教塔传入中国后，其形式和作用逐渐发生变化：初以塔与庙结合，成为佛教象征；后来则慢慢与佛教脱离关系，成为点缀园林山川的建筑。其层数也渐由奇数变为偶数（当与中国古代宗教重偶数有关）。塔遍及各地，但已成了中国化的佛教建筑。

中国同东南亚各国的关系一直很密切。245～250 年间，孙吴曾派中郎康泰和宣化从事朱应出使林邑（越南南部）、扶南（柬埔寨）等国。康泰著《外国传》，朱应著《扶南传》，记叙了这些国家的情况。这些国家向往中国文明，不断派遣使者到中国来。据记载，这一时期，扶南遣使来中国就有三十来次。

这时，越南与中国的联系进一步加强。越南的交趾是中国和西方、南海诸国商使往来的常经之路。林邑与南朝也有密切联系。其国王多次接受南朝册封，前后二十余次遣使来华。

经过长期往来，中国的制酒、养蚕术传到老挝。中国的灌溉用水车、建筑、造纸、纺织等技术传到越南。越南的玻璃制造技术，这时也传入中国，使我国的玻璃制造技术，在原有的基础上有新的提高。

中国与中亚、西亚及欧洲关系　中亚、西亚与欧洲在两汉时期就同中国建立了联系。在魏晋南北朝时期，这些地区除了通过“丝路”与中国北方保持联系外，还通过海路与中国交往。南方的广州、建康，北方的长安、洛阳，是当时的对外交流中心。广州号称“四海流通，万国交会”。而洛阳作为当时北方政治、经济、文化中心，在对外交流中更是处于重要地位。据不完全统计，仅在北魏孝文帝到文宣帝时期，就有 70 多个国家派来使团 146 次（不包括东亚)，其中既有西域各国，也有嚈哒、大秦、波斯、拜占庭、天竺等欧亚国家；既有各国使者、僧侣，也有学者和商贾。当时北魏王朝对外实行开放和怀柔政策，在洛阳市内还专门设有四夷馆、四夷里，分别作为安置东、南、西、北四方外族外域来附人员和胡商贩客贸易之地。其中如大秦（罗马帝国）早在东吴黄武五年（226 年），就有商人秦论来到建业，受到孙权接见。“（孙）权问方土谣俗，（秦）论具以事对。”[1] 西晋太康二年（281 年），大秦又派使者来中国。在南京附近的东晋墓葬中发现七件罗马玻璃器皿，在辽宁北票西官营子的北燕冯素弗墓中也出土了有罗马造型和装饰技法的玻璃鸭形水注，类似的玻璃残片在新疆也有发现，证实了当时大秦与中国交往密切。

同一时期，波斯（伊朗）、康居、大宛、大月氏等国的商人、使者也不断到中国来。北魏太安元年（455 年），波斯萨珊王朝遣使来华。此后直至西魏，双方信使往来不断。波斯还多次派遣使者至梁。各地有关此期与中亚、西亚、欧洲贸易的出土文物极为丰富，其中有大量波斯萨珊银币。一枚银币边缘戳有一行嚈哒文字，说明有些银币是经嚈哒而流通至我国。还有拜占庭金币。墓中银币年代离其铸造年代最短的仅有 10 年左右，反映出当时交往的密切程度。

通过友好往来，大秦等国的火浣布（石棉布）、水银、玻璃、药材和汗血马等输入中国，中国的丝绸、铜器等输出到大秦、波斯等国。6 世纪末，中国的养蚕术也通过波斯传入大秦。

伴随着中外交流的发展，西域的杂技百戏，如魔术、角抵、假面戏等在洛阳大为流行。西胡歌舞已登宫廷大雅之堂，并风行于朝野。日常用品、奢侈品中亦多舶来品，北魏以奢侈著名的河间王元琛家中有水晶钵、玻璃碗、玛瑙杯、赤玉卮等奇珍，“中土所无，皆从西域而来”[2]。由此可见北魏在对外文化交流中不仅十分活跃，而且受影响甚深。

魏晋南北朝的对外经济文化交流，具有规模较大、次数频繁而且不受地域限制的特点。魏晋南北朝时期的对外交流丰富了中国文化的内涵，促进了世界文明的共同发展。

① 《梁书》卷五四《中天竺国传》。

② 《洛阳伽蓝记》卷四《寿丘里》。

第十章　隋朝统一帝国的再建和社会经济的发展

（581～618年）

第一节　隋朝前期的政治

一　隋朝的建立和统一

隋朝的建立　北周宣帝宇文赟是一个不恤政事、淫奢残暴的帝王，在位不到两年，于大象二年（580年）五月突然病倒，尚不及交代后事便一命呜呼。杨坚以宣帝岳父的身份，在典掌机密的近臣汉士族地主郑译、刘昉等人的支持下，假称受遗诏辅政。时宣帝子静帝宇文阐（原名衍）继立，年仅八岁。杨坚被授以假黄钺、左大丞相，都督内外诸军事，北周国家的最高权力，实际上已经落入杨坚之手。

杨坚的祖上杨元寿，曾与宇文泰的祖上同为北魏武川镇军人。杨坚父亲杨忠，是独孤信的部下，随魏孝武帝元修入关，帮助宇文泰建立政权，是北周的功臣，赐姓普六茹氏，位至柱国、大司空，晋爵隋国公。杨坚继承父爵，历任大司马、大后丞、大前疑等要职。妻子独孤氏，是鲜卑大贵族、柱国大将军独孤信之女，女儿杨丽华是周宣帝的皇后。因此，杨坚不仅是关、陇贵族集团上层的军事统帅，而且又是皇亲国戚，享有很高的政治地位。一些汉族官僚如刘昉、郑译、李德林、高颎、韦孝宽、柳裘、皇甫绩、卢贲等，以及一部分汉化鲜卑贵族都集结在他的周围，形成一个强有力的政治集团。杨坚矫诏夺权，入宫辅政，为了防备在封国的北周宗室反抗，便借口赵王宇文招将嫁女突厥，把他们都召到长安，以便控制。宇文泰外甥相州（今河南安阳）总管尉迟迥、益州总管王谦，以及静帝妻父郧州（今湖北郧阳）总管司马消难等北周在地方的势力相继起兵反抗，都被杨坚迅速平定。接着杨坚大杀北周宗室诸王，尽灭宇文氏之族，完全控制了北周政局。

周静帝大定元年（581 年）二月，杨坚代周称帝，改国号隋，建元开皇，仍都长安，他便是历史上有名的隋文帝。第二年，以长安旧城狭小，在长安城东南的龙首原筑大兴城，第三年遂迁入新长安城。

统一南北 隋文帝即位后，就积极准备统一南北的工作。但因政权尚未完全稳定，塞北突厥又频频侵扰边疆，所以伐陈之事暂且搁置。其后，随着统治的日臻巩固，对突厥采用了长孙晟提出的"远交而近攻，离强而合弱"的策略，利用突厥内部矛盾，进行分化瓦解，从而解除了北疆的后顾之忧。于是隋文帝就把统一南北这一历史任务提到议事日程上来。

早在西魏攻破江陵、杀梁元帝萧绎后，西魏曾立梁武帝孙萧詧为傀儡皇帝，据有江陵沿江之地三百里，成为西魏、北周的附庸，史称后梁。开皇七年（587 年），后梁主萧琮朝见文帝于长安，被扣留不归，文帝又派兵进驻江陵，后梁被废。开皇八年三月，隋朝既已做好灭陈准备，便下诏列数陈后主罪恶二十条。同年十月，文帝下令伐陈，任命晋王杨广、秦王杨俊及信州总管杨素三人为行军元帅。于是杨广出六合、杨俊出襄阳、杨素出信州、刘仁恩出江陵、王世积出蕲春、韩擒虎出庐江、贺若弼出广陵、燕荣率水军出东海，合计兵力51.8 万人，皆受晋王杨广节度，大举攻陈。陈后主叔宝是南朝有名的昏庸腐朽的帝王，他宠爱贵妃张丽华、孔贵嫔，大臣江总、孔范及文士十余人是后主的"狎客"。后主终日与妃嫔、狎客沉溺于歌舞酒色之中，又开关市之征，任情榨取人民，以满足他们奢侈糜烂的生活。当时陈军"量其甲士，不过十万"[①]，力量单薄，而陈朝统治集团又迷信长江天险，不认真设防。在隋军大举进攻下，守江诸军一再飞书告急，而陈朝君臣依然"奏伎纵酒、赋诗不辍"[②]。开皇九年（589 年）正月，韩擒虎率军夜渡采石，贺若弼从广陵渡江，两路并进，以钳形攻势，夹击建康。钟山一战，贺若弼击溃了陈朝主力军，韩擒虎直趋朱雀门，攻入台城，俘虏了陈后主，灭掉了陈朝。长江上游知金陵已破，都纷纷解甲投降，岭南诸州也都归附隋朝。开皇十年（590 年），杨素又平定了部分地方豪强势力的叛乱，击溃了陈朝的残余力量，沉重地打击了南朝

① 《隋书》卷五七《薛道衡传》。

② 《资治通鉴》卷一七六。

的士族势力。

隋的统一，结束了自东晋十六国以来270多年的分裂割据局面，再建统一的中央集权国家，有利于各民族的融合和经济文化的发展。

二　加强中央集权的政治措施

隋王朝是在魏晋南北朝长期分裂割据以后出现的一个统一的封建王朝。为了巩固统一，加强集权，文帝、炀帝父子在政治上进行了一系列的整顿和改革，这些整顿和改革，与隋朝地主阶级内部关系的变动情况密切相关。

隋王朝的统治基础是以关陇士族集团为核心的南北士族地主阶级，在南北朝后期门阀士族走向衰败的总趋势下，南朝的门阀士族已腐朽没落，山东的门阀士族也逐步衰弱。尽管如此，他们仍然是统一后隋王朝统治集团的一部分，他们在地方上握有很大权力，又有雄厚的经济力量，在政治上和经济上都妨碍着中央集权政策的实施。而庶族地主随着经济力量的增长，也要求相应的政治地位。为了适应这一形势的变化，吸收庶族地主参政，限制士族地主特权，加强对地方的控制，有必要在政治上做出相应的改弦更张。

改革官制　北周宇文氏为团结内部，假借关中本是姬周故土，实行托古改制。实际上北周改制也只是在中央机构中采用一些《周礼》六官名号而已。到北周后期，这套周礼官制早已名存实亡，实际上都还是依靠着魏晋以来所形成的三省制度在发挥封建地主阶级专政的作用。① 所以杨坚即位当天，立即宣布废除这套早已过时的周礼六官制度，恢复汉、魏旧制，设置三师、三公、五省等中央机构。三师“不主事，不置府僚”，三公“参议国之大事，依后齐置府僚，无其人则阙”②，实则只是给予大臣以荣誉的虚职。五省即尚书、内史、门下、秘书、内侍。秘书省掌国家图书典籍，位高职闲；内侍省管理宫廷内部事务，全是宦官；真正负责国家政务的是尚书、内史、门下三省。三省职同秦汉时代的丞相，历史上一般称为三省制度。三省互相牵制，内史省是决策机关，长官监、令；门下省是审议机关，长官纳言；尚书省是行政机构，长官令、左右仆射，下设吏部、礼部、兵部、度支（后改称民部）、都官（后改称刑部）、工部。三省六部制度，自隋定型。三省之名在魏晋时早已存在，而三省并立，各有分工，三省长官共同向皇帝负责则始于隋。三省六部制度是中国

① 见王仲荦：《北周六典·序言》。

② 《隋书》卷二八《百官志》下。

官制史上的重大变革，它将相权一分为三，把决策与执行机构分开，对于防止权臣篡位，稳定政局，维护统一，都起到积极的作用。五省之外，设有御史台掌监察，都水台掌水利（583 年废，593 年复置，601 年改名都水监）。隋炀帝大业三年（607 年），又新置谒者台和司隶台，掌巡察内外百官和军民活动，与御史台合称三台，以加强对内外官员的控制和纠察。另设太常、光禄、宗正、卫尉、太仆、大理、鸿胪、司农、太府、国子、将作等十一寺，为事务机构。又置上柱国至都督十一等勋官，特进至朝散大夫七等散官，作为荣誉名号，授给有功之臣。隋炀帝时，把三师、特进官，以及上柱国以下十一等勋官等勋爵虚职尽行废除，精简了机构，裁减了冗员，又抑制和削弱了周、齐显贵势力，切中时弊，无疑是大胆的改革措施。

地方官制，隋初沿齐、周时的州、郡、县三级制。但南北朝以来，郡县的设置既多又滥，极其紊乱。开皇三年（583 年），河南道行台兵部尚书杨尚希上表说："窃见当今郡县，倍多于古，或地无百里，数县并置；或户不满千，二郡分领……所谓民少官多，十羊九牧……今存要去闲，并小为大，国家则不亏粟帛，选举则易得贤才。"[①] 文帝采用此建议，罢去郡一级，改为州、县两级制。并且合并一些州县，裁汰一批冗员，节省了政府开支，提高了行政效率。大业三年，隋炀帝又改州为郡，以郡统县，虽然仍是二级制，但魏晋以来州比郡高，以州改郡，相应也就降低了地方官的品级。同时还并省诸郡，全国共存 190 郡，1255 县。

官吏任用方面，汉、魏时，州郡长官权力很大，可以自行选用僚佐。北周、北齐以来，州郡僚佐已多归吏部选授，隋更确立制度，地方大小之官，悉由吏部任命。[②] 而且县佐须用别郡人，使地方豪强不得把持本地政务。地方官每年年终到中央"上考课"（汇报工作），称为"朝集"。中央也经常派遣使者巡察地方政绩。这些措施有利于整顿吏治和加强中央集权的统治。

府兵制的发展 魏晋以来，兵和农是分离的。西魏、北周建立府兵制后，逐渐趋向"兵农合一"化，到了隋朝完成了这个发展趋势。开皇十年（590 年），隋文帝下诏说："兵士军人，权置坊府，南征北伐，居处无定。家无完堵，地罕苞桑，恒为流寓之人，竟无乡里之号。朕甚愍之，凡是军人，可悉属州县，垦田籍账，一与民同。"[③] 改变了过去兵民分治的现象，完成了"兵农

① 《隋书》卷四六《杨尚希传》。
② 《隋书》卷七五《刘炫传》。
③ 《隋书》卷二《高祖纪》下。

合一”的过程。

关于府兵统率方面，沿用“魏、周十二大将军之遗制”[1]，设置十二卫，每卫置大将军，总隶于皇帝。各卫所统兵府，即府兵的基本组织单位，到隋炀帝时改称鹰扬府，由郎将和副郎将统领。

隋朝在府兵制度上的改革，使府兵制进一步与均田制结合起来，从而巩固了府兵制。同时将府兵统率权集中在中央，进一步加强了中央集权的统治。

改定刑律 针对北周刑法繁杂苛酷的情况，隋文帝于开皇元年（581 年）夺位后，即令高颎、郑译、杨素、常明、韩濬、李谔、柳雄亮等，于北魏、北齐旧律的基础上改定新律。开皇三年，又命苏威、牛弘等进行修订，制成《开皇律》。《开皇律》计分《名例》《卫禁》《职制》《户婚》《厩库》《擅兴》《盗贼》《斗讼》《诈伪》《杂》《捕亡》《断狱》等十二篇。刑名分死、流、徒、杖、笞五等。死刑又分绞、斩二等；流刑分流一千里、一千五百里、二千里三等；徒刑分一年、一年半、二年、二年半、三年五等；杖刑分六十至一百五等；笞刑分笞十至五十五等。《开皇律》在改定过程中，曾废除了一些酷刑，如枭首、轘裂、孥戮、宫刑等，减省了一些刑律。苏威、牛弘修订时，又减去死罪 81 条，流罪 154 条，徒、杖等千余条，只留 500 条刑律。改定后的《开皇律》，法行宽平的原则适应了新王朝建立之初世望宽平、人心思稳的政治需要。

但制定《开皇律》的根本目的是维护封建统治的需要和地主阶级的利益，所以贵族官僚在法律上享有特权。凡是在议亲、议故、议贤、议能、议功、议贵、议勤、议宾等“八议”之科者和七品以上官吏，犯罪皆减一等；九品以上，听以铜赎罪。对于犯上作乱、不忠不孝等危及封建秩序的行为，《开皇律》发展北齐的重罪十条而制定“十恶”之条，即谋反、谋大逆、谋叛、恶逆、不道、大不敬、不孝、不睦、不义、内乱等，十恶不赦。

《开皇律》继承了中国封建法制的基本精神，所以也为历代封建法典所沿袭。《唐律》就是直接沿袭《开皇律》而来的。

科举制的创立 魏晋南北朝选官体制是以九品中正制为考核、品评机制，[2] 即在州郡设置中正、小中正，专司品评人才，向朝廷推荐。由于中正官均由本州郡的世家大族贵族官僚担任，九品中正制遂成了门阀士族把持选举的工具。南北朝后期，士族把持选举的局势开始发生变化。西魏时，苏绰替文帝元宝炬起草六条诏书，就提到：“今之选举者，当不限资荫，惟在得人。”[3] 此

---

① 《通典》卷二八《职官·将军总叙》。

② 详见汪征鲁：《魏晋南北朝选官体制研究》第六章《九品中正体制》，福建人民出版社 1996 年版。

③ 《周书》卷二三《苏绰传》。

后，“周氏以降，选无清浊”[①]。说明了此时的选举已不全凭门第，开始注意到才干。到了隋文帝开皇三年（583 年），正式下令停止那些“操人主之威福，夺天朝之权势”的州郡中正官品评人物之权，并令诸州每岁贡士三人。到开皇十八年，隋文帝又下诏：“京官五品以上、总管、刺史，以志行修谨（德）、清平干济（才）二科举人”[②]。但实际上操作起来流弊也不少，一是负责甄拔的官员不免主观徇私；二是标准抽象难以把握，由此常引起纠纷。到隋炀帝时，不得不再行改革，“始建进士科”[③]。进士科的创置，标志着科举制度的开始。进士、秀才等科，有的虽是沿袭前代故事发展而来，但至此已发生质的变化。

科举制度的创立，是中古史上选举制度的重大变革，它改变了以往门阀士族把持选举的弊端，重才学而轻门第，从而扩大了招揽人才的门路，使一批中小地主士人得以参加统治政权，适应了庶族地主在政治上的要求，削弱了门阀士族在政治上的垄断权。将选举权集中到封建中央政府的吏部，必然也削弱了地方上的士族势力。总之，科举制的创立显示了封建皇权的上升和魏晋南北朝以来门阀士族势力的削弱，同时，也是庶族地主势力发展的标志。它有利于选拔封建统治人才，提高行政效率，适应了大一统帝国的政治需要。

三　隋朝与周边各族的关系

突厥汗国与隋朝的关系　北朝末期，突厥势力逐渐强大，建立了汗国，对中原政权构成了不小的威胁。突厥汗国在它的统治区分设了许多可汗。到隋初，在汗国境内就形成了五六个大的割据势力，其中尤以占据西域地区的达头可汗势力最强。在木杆可汗时，曾派室点密率十大首领和军队 10 万人经略西域，攻占了大片地域。室点密自立为可汗，号称“十姓部落”，建牙于鹰娑川（今库车西北小裕勒都斯河），是为冬都（南牙）；后又在千泉（今中亚楚河西岸）建牙，是为夏都（北牙）。室点密死后，子玷厥继位，玷厥就是达头可汗。

隋初，突厥名义上的最高统治者是沙钵略可汗，北周曾把千金公主嫁给他。隋开皇二年（582 年），沙钵略打着为北周报仇的旗号，纠集诸可汗的兵力共 40 万大举南下攻隋，在武威、安定（今甘肃泾川北）、天水、金城（今甘肃兰州）、上郡（今陕西富县）、弘化（今甘肃庆阳）、延安等地大肆杀掠，弄得“六畜咸尽”[④]。在这种情况下，隋朝派河间王杨弘、上柱国豆卢勣、窦荣

① 《隋书》卷五六《卢恺传》。
② 《隋书》卷二《高祖纪》下。
③ 《通典》卷一四《选举·历代制》中。
④ 《隋书》卷八四《突厥传》。

定、左仆射高颎、右仆射虞庆则并为行军元帅，分道迎击突厥，沙钵略战败逃去。

军事上的失败，引起突厥内部的分裂。沙钵略可汗因为恼怒阿波可汗单独同隋讲和，率兵袭击阿波的牙帐，阿波西奔达头可汗。从582年起，阿波与达头联合起来，占有西域地区，称西突厥，与东面的沙钵略抗衡。这样，突厥就分裂为东、西两个汗国。

东突厥在沙钵略之子都蓝可汗时，曾和隋朝在缘边置市，开展贸易，双方经济交往相当频繁。后来，隋嫁安义公主与都蓝可汗的弟弟突利可汗，都蓝求婚，隋不应允，于是都蓝率兵攻突利。开皇十九年（599年），突利战败降隋，隋封他为启民可汗。不久，都蓝可汗为部下所杀，启民可汗完全占有突厥故地。此后，双方关系更加亲密，经济文化的交往也更为频繁。

仁寿三年（603年），西突厥内部发生了铁勒、思结等十余部落反对达头可汗的斗争，达头可汗西奔青海盆地，不知所终，代之而立者是处罗可汗。隋统治者指使达头可汗之孙袭击处罗可汗。处罗战败，于大业七年（611年）投降隋朝。

吐谷浑　吐谷浑是鲜卑慕容部的一支，原居于徒河之青山（辽宁义县境内）。在西晋末年鲜卑大迁徙时候，吐谷浑部迁徙到今青海地区。它逐渐征服了当地的羌族，建立起吐谷浑国。5世纪中叶，吐谷浑又扩张到今新疆东南部地区，辖境“东西三千里，南北千余里”[①]，成为西陲的一个强大势力。北周时，吐谷浑主慕容吕夸开始称可汗，建都于青海湖西45里的伏俟城。

吐谷浑人民主要是过着游牧生活，但已开始有了农业。出产大麦、芜菁、粟、豆等，而牦牛、马骡、铜、铁、朱砂等物尤多。马是特产，号称青海骢。风俗习惯多同于突厥，父兄死，则以后母或嫂为妻。已有文字，懂得历史，并有简单的法律，“杀人及盗马死，余则征物以赎罪，亦量事决杖刑”。剥削方式，是“国无常赋，须则税富室商人，以充用焉”。职官有王公、仆射、尚书、郎中、将军等。“衣服略同于华夏”[②]。可见吐谷浑和汉族联系之密切，汉族的制度、文化对吐谷浑影响是很大的。

南北朝时，吐谷浑和南北都曾通商往来。到了隋初，吐谷浑曾袭击隋边境弘州。581年，隋派上柱国元谐为行军元帅，在青海打败吐谷浑，其王吕夸逃

① 《周书》卷五〇《吐谷浑传》。

② 《北史》卷九六《吐谷浑传》。

走，“其名王十三人，各率部落而降”[①]。不久又袭击隋边境，开皇三年（583年），梁远再次击败吐谷浑。隋灭陈后，国力强大，吕夸不敢再来骚扰。到大业五年（609年），隋炀帝派裴矩经营西域，同时派观王杨雄、许公宇文述率兵打垮吐谷浑，在其地“置郡县镇戍，发天下轻罪徙居之”[②]。其王伏允（吕夸子）逃走，直至隋末，才恢复故地。

大陆和台湾联系的加强　隋时，台湾称流求。大业三年（607年），炀帝令羽骑尉朱宽“入海求访异俗”[③]，到达流求。四年，炀帝又令朱宽到流求去招降，流求不从。六年，派虎贲郎将陈稜、朝请大夫张镇州等率军攻流求。隋朝的政治和军事力量随着陈稜等军事活动达到台湾。早在陈稜等入台之前，大陆商人已常到流求贸易。故当隋军到达时，“流求人初见船舰，以为商旅，往往诣军中贸易”[④]。由于大陆商人常到流求贸易，所以大陆人民对流求也相当了解，据《隋书·流求国传》记载，当时台湾高山族在农业方面，生产水平较低，铁器只限于作武器之用，劳动人民用石制工具从事农业生产，刀耕火种，在肥沃的土地上种植稻、粱、黍、麻、豆、赤豆、胡豆、黑豆等农作物；手工业方面，主要以织斗镂皮、杂色纻掺以兽毛裁制衣服，也能织罗纹白布；社会组织方面，尚无明显的阶级分化，部落酋长由居民选举善战的人担任，“无君臣上下之节，拜伏之礼”，没有法律和赋税，公共费用由部落成员平均负担；文化方面，没有文字，但有独特的音乐、舞蹈等。总之，《隋书·流求国传》记载台湾的风土、气候、物产、习俗、经济组织和生活情况，都相当具体。从此以后，大陆人民移居台湾的日益增多，大陆和台湾的联系进一步加强了。

第二节　隋朝社会经济的发展

一　整顿发展经济的措施

均田令的颁布和实施情况　开皇元年（581年），杨坚称帝后，立即颁布

---

① 《隋书》卷八三《吐谷浑传》；卷四〇《元谐传》作“名王十七人，公侯十三人”。
② 《隋书》卷八三《吐谷浑传》。
③ 《隋书》卷八一《流求国传》。
④ 《隋书》卷六四《陈稜传》。

均田令。[①] 据《隋书·食货志》所载，隋均田令规定：自诸王以下至于都督，皆给永业田，多者百顷，少者40顷。[②] 京官又给职分田，一品5顷，以下每品以50亩递减，至九品为1顷。外官也各有职分田。官署给公廨田，以供公用。农民、奴婢、耕牛的授田皆依北齐制度，即一夫受露田80亩，妇人40亩，丁男另有桑田或麻田20亩，是为永业田。奴婢依良人办法受田。地主官僚的奴婢受田，按其地位高低限制在60人到300人之间。丁牛一头受田60亩，限4牛。

隋代推行均田制还是有一定的条件，文帝和炀帝也曾几次下令均田。但关于隋代均田的实施情况，史籍上记载不多。开皇初年，太常卿苏威“以为户口滋多，民田不赡”，建议“减功臣之地以给民”，而王谊则上奏反对，说：“百官者，历世勋贤，方蒙爵土，一旦削之，未见其可。”[③] 这说明隋初曾实行均田，但主要是解决官僚的永业田，此即所谓“方蒙爵土”。而农民受田问题尚未全面推开，故出现“民田不赡”的现象。开皇十二年（592年），曾进行一次隋代规模最大的均田行动。据《隋书·食货志》记载：“时天下户口岁增，京辅及三河，地少而人众，衣食不给，议者咸欲徙就宽乡。其年冬，帝命诸州考使议之，又令尚书以其事策问四方贡士，竟无长算。帝乃发使四出，均天下之田。其狭乡，每丁才至20亩，老小又少焉。”这次均田是由于“京辅及三河，地少而人众，衣食不给”引起的面向天下百姓的均田行动。其结果是狭乡百姓每丁才受田20亩，老人、小孩则更少。当然，在宽乡，百姓所受的田土应该会多些。

大业五年（609年）春正月，炀帝“诏天下均田”[④]。这次均田的情况，史无明文，无从查考。但隋炀帝免除妇人及奴婢部曲之课，很可能是这些人从此也不再受田了。这是涉及修改田令之事，所以大业年间的这次均田并非一纸空文。[⑤]

从田令上看，均田制本身就是不均的，因为按田令规定，官僚地主受田比农民多，官位越高受田越多。此外，官僚地主还可以利用拥有的奴婢占有大量土地。这样，隋代地位最高的官员按田令规定可受田多达315顷，计31500亩，是一对农民夫妇受田140亩的225倍。从实际情况看，隋代虽然实行均田

① 据《册府元龟》卷四八七《赋税一》载：“二年颁新令”。

② 《通典》作“三十顷”。

③ 《隋书》卷四〇《王谊传》。

④ 《隋书》卷三《炀帝纪》上。

⑤ 详见翁俊雄：《隋代均田制研究》，载《历史研究》1984年第4期。

制，但实施得很不彻底，一般农民是受不到额定数目的。因为，均田制不可能将所有土地都拿来分配，而是在不触动地主土地所有制的前提下，将政府所能支配的土地与一些无主荒地进行分配，官僚地主的大土地所有制并没有改变。如大贵族杨素在“诸方都会处，邸店、水硙并利，田宅以千百数”①。一些大贵族大官僚如王谊等为了维护既得的利益，也在阻挠、破坏均给农民田地。在这种情况下，均田制施行不可能彻底，农民少田缺田的情况必然存在，官僚地主大土地所有制仍在继续发展。尽管如此，实行均田制，农民多少得到一点土地，地主的土地兼并也多少受到一些限制，这就有利于提高农民生产积极性和扩大耕地面积。同时，推行均田制也可把农民固定在土地上，使之成为国家的佃农，增加了赋税收入。

改定赋役 隋朝赋役制度沿袭北朝以来的租、调、力役制度而有所改革，它与隋的均田制度相适应，在开皇新令中与均田制一起颁布。其规定：男女3岁以下为黄，4岁到10岁为小，11岁到17岁为中，18岁到60岁为丁，60岁以上为老。丁要负担赋役，老则免去赋役。租调负担，一般以床（一夫一妇）为单位来计算。丁男一床，每岁出租粟三石；桑田调绢一匹，绵三两；麻田调布一端（当时六丈为一端），麻三斤。未婚丁男和奴仆租调减半。力役负担，仍依北周制度，每岁服役一个月（即十二番）。

隋文帝于开皇三年（583年）下令，减调绢一匹（四丈）为二丈；军、人（民）以21岁成丁，比过去18岁成丁延迟了三年；又减岁役一个月为20天。到了开皇十年（590年），又下令“百姓年五十者，输庸停防”②，即允许50岁以上的百姓纳布或绢来代役。这是从西魏北周时的“丁庸”发展而来，到了唐代则更加制度化。隋炀帝即位，“是时户口益多，府库盈溢”③，于是又免除妇女及奴婢、部曲之赋，男子以22岁成丁。百姓的负担相对又有所减轻。与西魏北周相比，隋朝的赋税更薄、力役更轻。④

开皇年间还曾多次大规模临时性蠲免赋役。如平陈后，以江南初定，“陈人普给复十年，军人毕世免徭役”⑤，“自余诸州，并免当年租赋”⑥。开皇十二年（592年），因库府皆满，河北、河东当年“田租三分减一，兵减半功，调

① 《隋书》卷四八《杨素传》。

②③⑥ 《隋书》卷二四《食货志》。

④ 有学者将隋代和北周的租额折算比较，认为隋租额低于北周五分之二。见胡戟：《北周与隋代的租额——隋文帝“重租政策”论质疑》，载《兰州大学学报》1984年第3期。

⑤ 《北史》卷一一《隋本纪》。

全免”。开皇十七年（597年），又因中外仓库无不盈积，“遂停此年正赋，以赐黎元”[①]。

隋初“承西魏丧乱，周齐分据，暴君慢吏，赋重役勤，人不堪命”[②]之后，文帝接受了苏威的建议，推行轻徭薄赋政策。史载苏威父亲苏绰曾为宇文泰理财，“以国用不足，为征税之法”，所以税额较重，苏绰曾叹息说：“今所为者，正如张弓，非平世法也，后之君子，谁能弛乎?”隋统一后，苏威每以父言为鉴，于是“奏减赋役，务从轻典，上悉从之”[③]。隋初轻徭薄赋政策，使农民负担减轻了，农民从事生产的时间更多了，从而促进了农业生产的发展和社会经济的繁荣。

大索貌阅和输籍定样　户口不实会影响政府的收入和徭役的征派。南北朝时户口隐漏情况严重，要改变这种状况，必须严格检查户口。首先隋朝因袭并改革北魏施行均田制时所设立的三长制，在畿内（首都及直辖县）以五家为保，设有保长；五保为闾，设有闾正；四闾为族，设有族正。畿外保之上为里，设有里正；里以上为党，设有党长。这些就是封建政府在农村中推行均田、劝课农桑、催驱赋役和检查户口的基层组织。隋朝政府就是利用这个基层组织来大索貌阅和实行输籍定样的。

开皇五年（585年），文帝下令州县官吏“大索貌阅”，即根据户籍簿上登记的年龄，来核对本人体貌，以防诈老诈小逃避租役。一旦查出户口不实者，里正、党长流配远方，同时，还鼓励百姓互相检举，告发不实之户。又命令堂兄弟以下亲属析户分居，各立户头，以防包容隐庇。这次检括户口的结果，“计账进四十四万三千丁，新附一百六十四万一千五百口”[④]。隋炀帝大业五年（609年），又一次“貌阅”，结果“诸郡计账，进丁二十四万三千，新附口六十四万一千五百”[⑤]。通过这两次全国性大规模的检括户口，共检出隐漏人口228万余。

开皇五年（585年），文帝还采用高颎的建议，行“输籍定样”法（或称“输籍法”）。规定每年正月五日县令出查，令百姓五党三党为一团，根据标准定户等上下，从轻制定税额，并将各户应纳税额写成定簿。这样百姓不能逃避赋税，地方官也不致任情舞弊。而更为重要的是，由于所定税额比世家大族对其佃客（浮客）的剥削为轻，因此吸引佃客脱离世家大族的荫庇，成为

①④　《隋书》卷二四《食货志》。

②　《通典》卷七《食货·丁中》。

③　《隋书》卷四一《苏威传》。

⑤　《隋书》卷六七《裴蕴传》。

国家编户。史称“高颎设轻税之法，浮客悉自归于编户，隋代之盛，实由于斯”①。

大索貌阅和输籍定样，既有利于国家的赋税收入，又打击了豪强世族的势力，从而加强了中央集权，促进了社会生产的发展。

整顿钱币和度量衡　隋初钱币非常混乱，关东地区通行北齐旧钱常平五铢钱，关陇地区通行北周的五行大布和永通万国等钱，梁益地区还杂用古钱交易。这些钱币不但大小轻重不一，而且币质低劣，影响了商品的交换，不适应统一国家工商业发展的需要。杨坚称帝以后，就改铸五铢钱，“背面肉好，皆有周郭，文曰‘五铢’，而重如其文。每钱一千，重四斤二两”②。开皇三年（583 年），“诏四面诸关，各付百钱为样。从关外来，勘样相似，然后得过；样不同者，即坏以为铜，入官”③。开皇五年（585 年），“又严其制，自是钱货始一，所在流布，百姓便之”④。尽管如此，民间私铸钱币依然泛滥，于是“乃令有司检天下邸肆见钱，非官铸者皆毁之，其铜入官。而京师以恶钱贸易，为吏所执，有死者。数年之间，私铸颇息”⑤。隋炀帝大业以后，王纲弛紊，私铸又泛滥，“货贱物贵，以至于亡”⑥。

在整顿钱币的同时，也整顿度量衡。开皇时，规定以古尺一尺二寸为一尺（合今 29.51 厘米），以古斗三升为一升（合今 594.4 毫升），以古秤三斤为一斤（合今 668.19 克）。⑦ 于是，隋代的斗、秤三倍于古制，这一制度可能是援引北周，所以不可能比前代加大剥削量。⑧ 冀州刺史赵煚（jiǒng，炯），为了推行新度量衡制度，“为铜斗铁尺，置之于肆，百姓便之。上闻而嘉焉，颁告天下，以为常法”⑨。唐朝的度量衡制度，大体沿用开皇时的制度。隋大业三年（607 年），炀帝又更改度量衡，恢复古制，这种倒行逆施的做法，只能是事与愿违，重新造成混乱。

钱币和度量衡的统一，有利于商品交换，为隋朝工商业的发展提供了条件。

---

① 《通典》卷七《食货・丁中》。

②③④ 《隋书》卷二四《食货志》。

⑤⑥ 《通典》卷九《食货・钱币》下。

⑦ 《隋书》卷一六《律历志》上。

⑧ 详见胡戟：《北周与隋代的租额——隋文帝“重租政策”论质疑》，载《兰州大学学报》1984 年第 3 期。而有的人则认为，“开皇以古斗三升为一升”，说明杨坚实行重租政策。详见齐陈骏：《关于评价隋文帝杨坚和“开皇之治”的几个问题》，载《兰州大学学报》1984 年第 4 期。

⑨ 《隋书》卷四六《赵煚传》。

二　社会经济的短暂繁荣

隋朝在政治、经济上的整顿和改革，强化了中央集权，加强了封建国家对人力物力的控制，给予隋朝经济发展以有利条件。南北统一、再建统一的中央集权封建国家，也促进了当时封建经济的发展，出现了“人多殷富”的短暂繁荣景象。

农业的发展　农业的发展主要表现在农业人口的增长、垦田面积的扩大和水利工程的兴修等方面。

据《通典》记载，北周大定元年（581 年），隋夺取北周政权时，仅有 3599604 户。开皇九年（589 年）灭陈后得 50 万户。到了大业二年（606 年），达到 8907536 户、46019956 口。在二十六七年时间内，增长了 4807932 户。[①]虽然这一记载不完全可信[②]，但隋代户口增长迅速当属历史事实。户口的增长，一方面是由于国家检括出许多逃亡农民，并从地方豪强隐占下夺得许多荫庇的户口；另一方面是由于当时社会较为安定，经济日趋繁荣，人口自然增长率也高。

人口的增长为农业生产提供了大批劳动力。人们披荆斩棘，开垦了很多荒地，使垦田面积不断扩大。据《通典》记载，开皇九年（589 年），全国的垦田数 19404267 顷。至大业年间，增至 55854040 顷。[③] 20 来年增长了两倍多。这一记载虽不一定确切[④]，但垦田面积扩大这个事实，是可以肯定的。

隋代农业发展，与重视水利工程建设也是分不开的。隋以前有不少水利工程因战乱割据而年久失修，隋统一后，遂有条件进行修复改造。杨尚希任蒲州（今山西永济）刺史时，颇有惠政，督导人民“引瀵水，立堤防，开稻田数千顷，民赖其利”[⑤]。寿州（今安徽寿县）的“芍陂旧有五门堰，芜秽不修”，总管长史赵轨“劝课人吏，更开三十六门，灌田五千余顷，人赖其利”。[⑥] 有的

① 《通典》卷七《食货·历代盛衰户口》。

② 《通典》这一记载，与《隋书·地理志》《周书·武帝纪》以及《通典》本身有关记载均有较大的矛盾，以致今人普遍认为，隋夺北周政权时，户数绝不止 359 万余。

③ 《通典》卷二《食货·田制》下。

④ 杜佑本人就怀疑大业田亩数不实，他在原注中指出：“按其时有户八百九十万七千五百三十六，则每户合得垦田五顷余，恐本史非实。”汪籛认为，此垦田数非实际耕地面积，而是应受田数，并怀疑大业垦田数中“五”应是“田”字的误写。见《汪籛隋唐史论稿》。

⑤ 《隋书》卷四六《杨尚希传》。

⑥ 《隋书》卷七三《赵轨传》。

地区农民改造了盐碱地、沼泽地，如怀州（今河南沁阳）刺史卢贲引导农民决沁水东注，修筑“利民渠”和“温润渠”，“以溉舄卤，民赖其利”[1]。兖州地区因沂水、泗水泛滥成泽，刺史薛胄引导农民“积石堰之，使决令西注，陂泽尽为良田，又通转运，利尽淮海，百姓赖之，号为薛公丰兖渠”[2]。

仓储的丰实　国家编户增多，垦田面积扩大和生产发展，使社会积累了一定的财富，隋王朝的赋调收入也大为增加。为了转运和储藏粟帛，以及储粮备灾，构筑了许多库屋和粮仓。《隋书·食货志》记载说：“诸州调物，每岁河南自潼关，河北自蒲坂，达于京师，相属于路，昼夜不绝者数月。”到了开皇十二年（592年），“库藏皆满……于是乃更辟左藏之院，构屋以受之”。《大业杂记》也记载说：“东宫正门，门东二百步有泰和门，并重观，门内即左右藏。左藏有库屋六重，重二十五间，间一十七架，总一百五十间。右藏屋两重，总四十间，屋大小如左藏。左，丝、绵、布、绢；右，麸、曲、金、铜鼓、杂香、牙角。”开皇三年（583年），因京师仓储不足，下诏在蒲、陕、虢、熊、伊、洛、郑、怀、邵、卫、汴、许、汝等黄河沿岸十三州，募丁运米。并于卫州（河南卫辉）置黎阳仓，洛州置河阳仓，陕州置常平仓，华州置广通仓，“转相灌注，漕关东及汾、晋之粟，以给京师”[3]。开皇五年（585年）以后，关中连年大旱，文帝“命司农丞王亶，发广通之粟三百余万石，以拯关中”[4]。可见，华州广通仓的贮藏量至少在300万石以上。大业元年（605年），营建东都，于宫城东建含嘉仓，据考古发掘，含嘉仓已探出粮窖259个，大窖可储粮一万数千石，小窖也可储粮数千石。[5] 在宫城内右掖门有子罗仓，“仓有盐二十万石，子罗仓西有粳米六十余窖，窖别受八千石”[6]。第二年，于巩东南原上置洛口仓，“筑仓城，周回二十余里，穿三千窖，窖容八千石以还”。又在洛阳北七里置回洛仓，“仓城周回十里，穿三百窖”。[7] 文帝还于开皇五年（585年）下令诸州百姓及军人，共立义仓，“收获之日，随其所得，劝课出粟及麦，于当社造仓窖贮之”[8]，以作为地方上赈灾自救之用。到了文帝末年，“计天下储积，得供五六十年”[9]。直至唐贞观十一年（637年），马周对唐太宗

---

① 《隋书》卷三八《卢贲传》。

② 《隋书》卷五六《薛胄传》。

③④⑧ 《隋书》卷二四《食货志》。

⑤ 见河南省博物馆：《洛阳隋唐含嘉仓的发掘》，载《文物》1972年第3期。

⑥ 杜宝：《大业杂记》。

⑦ 《资治通鉴》卷一八〇。

⑨ 《贞观政要》卷八《辩兴亡》。

说："隋家贮洛口仓，而李密因之；东京积布帛，王世充据之；西京府库，亦为国家之用，至今未尽。"[①] 此时，唐朝已建国 20 年，隋朝的库藏尚未用尽。隋代仓储之丰实是前所未有的，它为后代封建史家所艳称。

手工业的进步　隋朝的纺织业、瓷器业、造船业和造桥技术都有显著的进步。

纺织业　隋朝仓储布帛动辄数千万匹，说明当时纺织业是相当发达的。河北、山东历来是纺织业中心。北齐曾在定州（河北定州）设置绸绫局。相州的丝织品"雕刻之工，特云精妙，士女被服，咸以奢丽相高"。相州刺史豆卢通贡绫纹布，隋文帝看了觉得太精致了，命焚之于朝堂，表示不提倡生产这类细绫。而青州自古就有"织作冰纨绮绣纯丽之物，号为冠带衣履天下"[②] 之称。隋代四川的织锦业，仍保持着全国先进水平，蜀郡"人多工巧，绫锦雕镂之妙，殆侔于上国"[③]。麻布的纺织方面，在豫章郡"亦有夜浣纱而旦成布者，俗呼为鸡鸣布"[④]。

瓷器业　隋代青瓷的烧造技术有了进一步提高，选料比较精细，捏练技术有所改进，使瓷土得到较好溶解，胶体物质增加，胎体较薄，烧造过程中变形和损坏率有所降低。安阳出土的开皇十四年（594 年）张盛墓和仁寿三年（603 年）卜仁墓中，有许多生活用具、俑群和明器等，是用青瓷烧造的，代表了当时青瓷的发展水平。白瓷的烧造技术在隋代也有突出的进步。隋代工匠在长期的生产实践中，掌握了提炼或控制胎料和釉料中铁的成分的方法，因此烧造出色调比较稳定的白瓷。在西安出土的大业四年（608 年）李静训墓、大业六年姬威墓以及张盛墓中就有近百件白釉瓷器，这批白瓷，胎质坚硬，色泽晶莹，造型生动美观。

造船业　杨素所督造的五牙大战船，船上有五层楼，高百余尺，左右前后设置六个拍竿，高 50 尺，可以拍击敌船。炀帝游江都时所乘的船，种类很多，有龙舟、翔螭、浮景、漾彩、朱鸟、苍螭、白虎等。其中尤以龙舟制作最精，高 45 尺，阔 50 尺，长 200 尺；船身分为四层，上层有正殿、内殿和东西朝堂，中间两层有 120 个房间。这些船都"饰以丹粉，装以金碧珠翠，雕刻奇丽"[⑤]，可见制作技术是很高的。

---

① 《贞观政要》卷六《奢纵》。

② 《隋书》卷三〇《地理志》中。

③ 《隋书》卷二九《地理志》上。

④ 《隋书》卷三一《地理志》下。

⑤ 《大业杂记》。

造桥技术　河北省赵县洨河上著名的安济桥（赵县古称赵州，故称赵州桥），是隋代杰出的工匠李春设计的。这是座单孔石桥，全长50.82米，宽9.62米。大桥洞上面左右各有两个小桥洞。大桥洞跨度37.45米，但桥洞的高度只有7.23米。桥身的坡度小，桥面平直，行人车马来往都很方便；桥洞的跨度大，水上船只来往也很方便。四个小桥洞也是一种独创，它既节约石料，又减少桥身的重量，使桥基部分的负担大大减轻，同时还可以起分洪缓冲的作用，减轻洪流对桥身的冲击力量。由于安济桥在结构上有很多优点，所以一直保留到现在，并成为后世建造石桥的典范。

商业的繁荣　由于政治上的统一，全国市场扩大，特别是农业和手工业生产的发展，商业贸易也出现了繁荣景象。东西两京是当时最大的商业都市，也是国际贸易的重要城市。西京长安有东西两市：东市名都会，西市名利人。因为是国都所在，所以城内“俗具五方，人物混淆，华戎杂错”。不少居民“去农从商，争朝夕之利；游手为事，竞锥刀之末”①。东都洛阳有三市：东市名丰都，南市名大同，北市名通远。通远市“二十门，分路入市，市东合漕渠。市周六里，其内郡国舟船，舳舻万计”②。丰都市“周八里，通门十二，其内一百二十行，三千余肆……市四壁有四百余店，重楼延阁，互相临映，招致商旅，珍奇山积”③。少数民族和外国商人纷纷要求入丰都市交易，得到炀帝的允许，于是“先命整饰店肆……胡客或过酒食店，悉令邀延就坐，醉饱而散，不取其直，绐之曰：中国丰饶，酒食例不取直。胡客皆惊叹。其黠者颇觉之，见以缯帛缠树，曰：中国亦有贫者，衣不盖形，何如以此物与之，缠树何为？市人惭不能答”④。这一记载反映了在商业繁荣背后的虚伪和社会的不公平。

此外，四川的蜀郡，江南的宣城、毗陵、吴郡、会稽、余杭、东阳等郡，以及南海、豫章、荆州、蔡州、岐州等都是当时著名的商业城市。

隋朝的对外贸易，主要有西北陆上和东南海上两路，而西北陆上贸易尤其发达。为了发展西北陆上的商业贸易，隋炀帝派裴矩驻于张掖，“监诸商胡互市，啖之以利，劝令入朝。自是，西域诸蕃，往来相继”⑤。当时以敦煌为总出发点的西北陆上交通贸易通道有三条：一是“北道”，在天山北路，从伊吾经蒲类海、铁勒部、突厥可汗庭，渡北流河水，到拂菻（叙利亚）；二是“中道”，即天山南路北道，从高昌、焉耆、龟兹、疏勒，过葱岭，又经𩨗汗、苏

---

① 《隋书》卷二九《地理志》上。

②③ 《大业杂记》。

④ 《资治通鉴》卷一八一。

⑤ 《隋书》卷二四《食货志》。

对沙那国、康国、曹国、何国、大小安国、穆国，到达波斯；三是“南道”，即天山南路南道，从鄯善、于阗、朱俱波、喝盘陀，越葱岭，又经护密、吐火罗、挹怛、忛延、漕国，到达北婆罗门（印度北部）。[①] 其中北道和中道到达拂菻、波斯等西亚、欧洲各国，是历史上著名的“丝绸之路”。东南海路，主要是与南洋诸国以及日本、朝鲜半岛的贸易往来。南海是海上贸易的重要城市，这里“多犀象、玳瑁、珠玑，奇异珍玮，故商贾至者多取富焉”[②]。不仅是进出南海诸国的最大口岸，也是通往西亚、欧洲海路上的主要港口。

三　营建东都和开通大运河

为了加强对地方以及边疆少数民族的控制，进一步巩固封建统治政权，隋王朝在社会经济发展的基础上，进行一系列大规模的工程建设。如数次修建长城、筑驰道，每次都征发数十万，乃至上百万的劳力。而营建东都和开通大运河则是规模最大、最有影响的两项工程。

营建东都　隋文帝即位的第二年（582 年），就大兴土木建筑大兴城，第三年迁入大兴城（新长安城）。隋炀帝即位（604 年）后，也立即下诏营建东都洛阳。为什么要营建东都？炀帝在营建东都的诏书中说得很明白，是因为洛阳地势险要，位置适中，交通方便，在政治上、经济上都有重要意义。从政治上看，洛阳便于对关东和江南地区的控制。开皇十年（590 年），平定不久的陈朝故境，地方豪强发动叛乱；仁寿四年（604 年），隋文帝刚刚病故，汉王杨谅在并州起兵造反。在平叛过程中，由于“南服遐远，东夏殷大”，炀帝深感“关河悬远，兵不赴急”[③]，所以应乘时营建东都。从经济上看，当时关中物资不足以供应统一后隋中央政府机构的需求，早在开皇年间，关中一遇荒年，文帝不得不率大小官员就食洛阳。而洛阳位置适中，“水陆通，贡赋等”[④]，便于转运物资。

大业元年（605 年），炀帝命尚书令杨素为营作大监，每月役使工匠 200 万人，开始了大规模营建工程，至大业二年初，建成了这座“东都大城，周回七十三里一百五十步，西拒王城，东越瀍涧，南跨洛川，北逾谷水”[⑤]。城分宫城、皇城和外郭城，宫城是宫殿区，皇城是官署所在地，外郭城又称罗城，

① 《隋书》卷六七《裴矩传》。
② 《隋书》卷三一《地理志》下。
③④ 《隋书》卷三《炀帝纪》上。
⑤ 《大业杂记》。

是住宅、工商业区。外郭城内“洛（水）南有九十六坊，洛（水）北有三十六坊，大街小陌，纵横相对”①。宫城内宫殿极其壮观，正殿乾阳殿，高达270尺，柱大24围，所用大柱“多自豫章采来，二千人拽一柱……略计一柱，已用数十万”②。同时，还营建显仁宫和西苑，“发大江之南，五岭以北奇材异石，输之洛阳。又求海内嘉木异草，珍禽奇兽，以实园苑”③。东都建成后，“徙洛州郭内人及天下诸州富商大贾数万家”于此，④又命“江南诸州，科上户分房入东都住，名为部京户，六千余家”，“河北诸郡送工艺户陪东都，三千余家”。⑤大批王侯世家、富商大贾、工艺户迁入东都，使东都洛阳的工商业迅速繁荣起来。尤其是运河开通后，洛阳成为南北经济文化交流的枢纽和隋炀帝时期全国的政治中心。

开通大运河　开凿运河与营建东都是同时进行的，其目的基本上也是一致的。从政治上看，开运河是为了巩固隋封建政权的需要，通过运河直达江淮，从而加强了东都洛阳与江南地区的联系，以进一步控制江南。从经济上看，江南地区经过六朝时人民的辛勤劳动，已经成为富庶地区，“鱼盐杞梓之利，充仞八方；丝绵布帛之饶，覆衣天下”⑥。关中和河洛地区的物资不足以供应隋中央政府的需要，必须转运南方的物资。通过陆路转运，运输量不大，费用又高，而利用旧河道开通运河，是最好的办法。从军事上看，由于发动了对高丽的战争，需要运输大量军队和物资，利用运河转运比较便捷。当然，开运河与隋炀帝本人巡游作乐，眷恋江南景色和物质繁华也有直接的关系。

隋朝开运河始于文帝时期，当时引渭水从大兴城到达潼关，长三百里，名广通渠，转运关中物资。隋炀帝即位后，利用天然河道和旧有渠道，开通了以东都洛阳为中心，北起涿郡（今北京），南到余杭（今杭州）的大运河。其工程共分四段：

一为通济渠，大业元年（605年）所开，征调河南、淮北民工一百多万。从西苑引谷、洛二水到达黄河，再从板渚（今河南荥阳东北）引黄河水入汴水，复自大梁（今开封）之东引汴水入泗水，最后达于淮水。

二为山阳渎，自山阳（今江苏淮安）引淮水，经江都至扬子（今仪征）入长江，这条水道原称邗沟，最早为春秋末吴王夫差时所开。开皇七年（587

---

①⑤ 《大业杂记》。

② 《贞观政要》卷二《纳谏》。

③ 《资治通鉴》卷一八〇。

④ 《隋书》卷二四《食货志》。

⑥ 《宋书》卷五四《传论》。

年)，隋文帝因要伐陈，下令对这条水道加以疏浚。大业元年（605 年)，隋炀帝对山阳渎又进行一番修整、扩大。

以上两段工程，于当年秋天就完成。“水面阔四十步，通龙舟，两岸为大道，种榆柳，自京师至江都，二千余里，树荫相交，每两驿置一宫，为停顿之所，自京师至江都，离宫四十余所”。[①]

三为永济渠，大业四年（608 年）所开，征调河北民工一百多万。因当时“将兴辽东之役，自洛口开渠达于涿郡，以通运漕”[②]。引沁水南通黄河，北至涿郡，全长二千余里。

四为江南河，大业六年（610 年）所开，从京口引长江水直达余杭。全长“八百余里，水面阔十余丈，又拟通龙舟，驿宫草顿并足”[③]。

大运河开通后，贯穿河南、河北、江苏、浙江等省，连接了海河、黄河、淮河、长江、钱塘江五大水系，全长 2500 多公里，是世界上最雄伟的工程之一。大运河的开通，加强了南北联系，成为南北交通大动脉，对加强我国统一，促进经济文化交流和发展，起着重大的作用。

第三节 隋朝的文化和对外文化交流

隋朝的建立，结束了长达 270 年国家分裂的历史，经历了传统文化与外来文化，北方文化与南方文化冲突和交融的过程，形成了大一统的多元文化体系。

一 宗教文化

佛教 北周武帝于建德三年（574 年）下令灭佛，四年后灭北齐，使佛教在大河南北遭到毁灭性打击。隋朝建立后，实行崇佛政策，大力扶植和提倡佛教。开皇元年（581 年)，隋文帝杨坚即普诏天下，听任出家，令百姓计口出钱，营造佛寺、佛像等。开皇五年（585 年)，文帝在大兴殿举行受戒仪式，召僧入宫讲经。[④] 开皇二十年（600 年)，又下诏，敢有毁坏、偷盗佛像及天尊

①③ 《大业杂记》。

② 《隋书》卷六八《阎毗传》。

④ 法琳：《辩证论》卷三。

像者，以大逆不道论处。[①] 仁寿年间，在全国范围内大搞送舍利、建舍利塔活动，前后于百余州立塔。《法苑珠林》称："有国兴塔无胜隋代，一化之内百有余所。"[②] 隋炀帝也倍加推崇佛教。他任扬州总管时，在江都营建佛寺和藏经馆，召集南方高僧至江都操办佛事。开皇十一年（591 年），杨广在大听寺举行隆重的接受天台宗创始人高僧智顗的授戒仪式，标志着"以天台宗为代表的南方佛教界与新朝合作的开端"[③]。隋朝译经活动颇为繁盛，文帝于京师大兴善寺，炀帝于东都上林园，请达摩笈多、彦琮等译经，[④] 这是自南北朝以来译经活动的再次兴盛。至于民间抄撰佛经，更是风行，遂使民间佛经"多于六经数十百倍"[⑤]。隋朝还对佛教的管理制度进行改革，将中央僧官纳入俗官系统，成为中央政府机构中的一个部门。故《大宋僧史略》称："隋兴佛道，变革周风，召僧猛住大兴善寺，为隋国大统。"隋炀帝即位后，还将"郡县佛寺改为道场，道观改为玄坛，各置监、丞"[⑥]，这是对地方僧官制度的改革。

由于文帝、炀帝父子的扶植和提倡，佛教在隋朝迅速得到振兴和发展。据唐僧道世统计："隋代二君四十七年，寺有三千九百八十五所，度僧尼二十三万六千二百人，译经八十二部。"[⑦] 同时，还创立天台宗、三论宗等宗派。佛教这一外来宗教，在中外文化的冲突与交融过程中，逐步演化成为更适合于中国国情的宗教文化。

道教　道教是我国土生土长的宗教，在魏晋南北朝得到充分的发展，成为与儒教、佛教并列的三大教之一。北周武帝时，道教与佛教同时遭到禁毁。隋朝在恢复和提倡佛教的同时，也恢复了道教的合法地位。隋朝统治者认为"佛法深妙，道教虚融，咸降大慈，济度群品"[⑧]，道教与佛教同样可以为隋王朝服务，因此都应该得到提倡和保护。隋文帝时，曾对道教圣地楼观台进行大规模修缮整理，在各地"建庙立祀，以时恭敬"[⑨]。对于敢毁坏天尊像者，同样以大逆不道论处。[⑩] 隋朝统治者还对学有专长的道士，加以重用，发挥其才能，第一部隋历就是由道士张宾制订的。[⑪] 但道教在隋朝的发展远不及佛教，至文

---

① 《隋书》卷二《高祖纪》下。

② 《法苑珠林》卷四〇。

③ 王光照：《隋炀帝与天台宗》，载《学术月刊》1994 年第 9 期。

④ 《续高僧传》卷二《达摩笈多传》《彦琮传》。

⑤ 《隋书》卷三五《经籍志》。

⑥ 《隋书》卷二八《百官志》。

⑦ 《法苑珠林》卷一〇〇。

⑧⑨⑩ 《隋书》卷二《高祖纪》下。

⑪ 《隋书》卷一七《律历志》。

帝末年，在京的佛寺有120所，而道观只有10所。

二　科学文化的发展

经学和音韵学　南北朝时期，南北经学有差别，《隋书·儒林传》称："南人约简，得其英华；北学深芜，穷其枝叶。"[①] 隋朝继承北朝的学风，知名学者，隋初有牛弘，后来有刘焯、刘炫（时人称"二刘"）、王通等。牛弘著有《五礼》，刘焯著有《五经述义》，刘炫著有《五经正名》。王通曾聚集弟子讲学于河汾之间，世人称他为"文中子"，著有《中说》。隋朝政治上的大一统需要思想上的统一，因此王通提出"三教归一"的口号，主张以儒为主，援引佛、道入儒，预言了三教融合和相互吸收的发展趋势。[②]

隋文帝开皇初年，颜之推、萧该、长孙纳言等八人和陆法言讨论音韵学，一致认为四方声调分歧很大，南北文士用韵各有不同，以前诸家韵书，定韵缺乏标准，都有错误。故商量古今的同异，南北的是非，多数由颜之推、萧该做决定。陆法言记录了诸人议论的要旨，经过他本人多年的斟酌，于仁寿元年（601年），写成《切韵》五卷，计一百九十三韵。这部书统一了书面的声韵，为音韵学奠定了基础。

音乐和绘画　隋朝的音乐，初期受北方少数民族音乐的影响，宫廷乐歌，也都杂有"胡声"。[③] 隋平陈后，得宋、齐的旧乐，设置清商署来管理。炀帝时，设置清乐、西凉、龟兹、天竺、康国、疏勒、安国、高丽、礼毕等九部乐。至于乐器如曲项琵琶、竖头箜篌、筚篥、答腊鼓和羯鼓等，都是从北方少数民族和西域流传过来的。

隋朝的音乐家有牛弘、郑译、万宝常等，而著名的是万宝常。他原是后梁人，跟父亲归降北齐，后来他的父亲想要逃回江南而被杀，他也被没入官府充当乐户，过着奴隶的生活。到隋朝时，他曾指出郑译所作音乐的缺点。他还写成《乐谱》64卷，"具论八音旋相为宫之法"[④]，这是一个很重要的创造。后来万宝常因受到大官僚苏威等人的排斥，得病饿死。临死时，由于气愤，遂烧去自己的著作，只被人抢出一小部分。

在隋朝的名画家中，最著名的有展子虔、董伯仁、郑法士、田僧亮、杨契

---

① 《隋书》卷七五《儒林传》。

② 参见赵文润主编：《隋唐文化史》，第171页，陕西师范大学出版社1992年版。

③ 《隋书》卷一四《音乐志》。

④ 《隋书》卷七八《万宝常传》。

丹、孙尚子、尉迟跋质那等人。当时绘画仍以道释人物故事为中心，但山水画已逐渐发展成独立的画科。

展子虔与董伯仁齐名，同时被召入朝，相互取长补短，形成了新的风格。他们除画寺院壁画外，还画卷轴画，专长于人物、车马、楼阁及山水配景。现存展子虔的唯一遗作《游春图》，是用勾勒刷法，着大青绿，注意远近关系和山树人物的比例，能够于咫尺之中，具备千里之趣。画中山水占了重要的地位，反映出山水画独立发展的趋向。元代汤垕所著的《画鉴》，指出《游春图》是山水画的始祖，这是有道理的。

郑法士、田僧亮、杨契丹都是隋朝的宗教画家。他们曾经同时在长安光明寺小塔作壁画，郑画东壁、北壁，田画西壁、南壁，杨画外面四壁，当时人称为“三绝”。有一次郑法士要求看杨契丹画稿，杨引郑至朝堂，指着宫殿、人物、车马说：“此是吾画本也。”可见他们的画反映现实生活的能力是很强的。

于阗（今新疆和田）画家尉迟跋质那，当时人称他为“大尉迟”，善画西域人物，画面上有阴影晕染，即所谓“凹凸法”。这种画法始于南朝的画家张僧繇，对后来的绘画影响很大。

天文历法和数学 历法的不断改进，要求计算方法更加精密，仁寿四年（604 年），刘焯（zhuō，卓）在制定《皇极历》时，最早提出了“等间距二次内插法”的公式。开皇二十年（600 年），刘焯测定岁差为 75 年差一度，已接近准确值。

隋朝的丹元子，按照晋人陈卓所定的星座，把周天各星的步位，编成一篇七字长歌，叫做《步天歌》，共七卷，文句非常浅近，便于传诵，当时成为初习天文学所必读的歌诀，非常流行，在天文知识的宣传和普及方面起了一定的作用。

以星历学知名的人，在隋朝还有庾季才、庾质 、卢太翼、萧吉和耿询等人。耿询原是南朝人，后被隋将王世积所俘，成为王世积的家奴。他曾向友人高智宝学习天文算术。他所造的浑天仪用水力转动，观察天象相当准确。隋文帝知道后，叫他充当官奴。他“作马上刻漏（计算时间的仪器），世称其妙”[①]。到炀帝时，才放免为民。

医学 隋政府设有医务行政机构太医署。当时医学相当发达，医学家有许智藏、许澄、甄权、巢元方等人，其中以巢元方最为著名。

巢元方，隋大业年间太医博士，撰有《诸病源候论》50 卷，于大业六年

---

① 《隋书》卷七八《耿询传》。

（610 年）成书，计分 67 门（实际有 71 门），1720 论。这是我国第一部详论疾病分类和病因、病理的著作。书中写明可用肠吻合手术治疗外伤断肠，是我国外科手术史上的重要成就。

三　对外文化交流

与朝鲜半岛各国的文化交流　高丽、百济和新罗是朝鲜半岛的三个国家，其中高丽最为强大，都城在平壤[①]，亦名长安城，其文化深受中原影响。高丽和中原朝贡通商文化交流历史悠久，隋朝建立后，继续有使节往来。但是，隋朝对高丽发动了几次战争，影响了正常的往来和文化交流。

百济在朝鲜半岛的西南部，南接新罗，北拒高丽，都城名居拔城。国内杂有新罗、高丽、日本和中国人，风俗尚骑射，读书史，信佛教，采用南朝刘宋的元嘉历法，婚娶之礼略同中国。隋开皇初年，百济王余昌曾遣使贡献方物，文帝封其为上开府、带方郡公、百济王。隋平陈时，有一战船漂至百济的附庸国毌牟罗（今济州岛），还航时经过百济，余昌资送甚厚，并遣使祝贺平陈胜利。此后每隔数年，必派遣使者入隋贡献方物，隋朝也厚礼回赠。隋进攻高丽时，曾与百济互相派人联络，百济虽声言助隋，实则严兵自卫。大业十年（614 年），百济还曾遣使朝贡。

新罗在朝鲜半岛的中部和东南部。国内杂有中国、高丽、百济人。其文字、甲兵同于中国。风俗、刑政、衣服，略同高丽、百济。隋开皇十四年（594 年），新罗即派遣使者来隋贡献方物，隋文帝封其国王金真平为上开府、乐浪郡公、新罗王。大业以后，每年都派遣使者入隋朝贡通商。

与日本的文化交流　日本，古称倭国，早在东汉光武帝时，就遣使入朝，与中国有着悠久的交往历史。日本的文化习俗颇受中国的影响，信仰佛教，从百济求得由中国传入的佛经，于是开始使用中国文字。每至正月一日，行射戏饮酒礼，其余节庆也略同中国。隋炀帝时，“赐其民锦线冠，饰以金玉，文布为衣，左右佩银花，长八寸，以多少明贵贱”[②]，从而采用汉人的衣冠制度。隋开皇二十年（600 年），日本国王多利思比孤遣使入隋，隋文帝令有司询访其风俗。大业三年（607 年），又派使臣小野妹子入隋朝贡，“兼沙门数十人来

---

①　前 37 年高句丽起于辽东，5 世纪改称高丽，427 年迁都平壤，668 年为唐和新罗所灭，人口内迁，与 10～14 世纪统一朝鲜半岛的王氏高丽无关。

②　《新唐书》卷二二〇《日本传》。

学佛法”[①]。次年，隋炀帝派文林郎裴清出使日本，日本举行了盛大的欢迎仪式。当裴清回国时，日本国王又派小野妹子随同来隋，并派高向玄理等四名留学生和四名“学问僧”到中国留学。有的留学生在中国住了二三十年之久，他们回国后，对当时日本的政治改革，以及经济、文化等方面的发展，都起了促进作用。

第四节 农民战争和隋朝灭亡

一 社会矛盾的积累、激化

隋王朝的建立和统一，结束了长达数百年的分裂割据状况，开创了一个相对稳定的社会新局面，为社会生产力的发展提供了有利条件。然而这种局面却很短暂，强盛一时的隋王朝建国仅37年，就在轰轰烈烈的农民战争中覆灭了。隋朝社会矛盾的激化，有一个积累过程。《隋书·高祖纪》评论说：“迹其衰怠之源，稽其乱亡之兆，起自高祖，成于炀帝，所由来远矣，非一朝一夕。”这个评论是比较公允的。

隋文帝时期社会矛盾的积累 隋文帝杨坚是一个励精图治的开国皇帝，他顺应历史发展的趋势，完成了统一大业，并从政治、经济、军事等方面推行一系列改革措施，巩固了统一，强化了中央集权，开创了一个繁荣安定的社会局面。他还总结了历代帝王“未有奢华而得长久者”的教训，[②] 倡导并力行节俭，凡“居处服玩，务存节俭”[③]，“乘舆御物，故弊者随宜补用，自非享宴，所食不过一肉”[④]。于是“令行禁止，上下化之。开皇、仁寿之间，丈夫不衣绫绮……常服率多布帛”[⑤]。节俭成为一种良好的社会风气。史称隋文帝“躬节俭，平徭赋，仓廪实，法令行，君子咸乐其生，小人各安其业，强无陵弱，众不暴寡，人物殷阜，朝野欢娱 。二十年间，天下无事，区宇之内晏如也”[⑥]。因此，他所统治的开皇年间，史称“开皇之治”。

---

① 《隋书》卷八一《倭国传》。

② 《隋书》卷四五《房陵王勇传》。

③⑤⑥ 《隋书》卷二《高祖纪》下。

④ 《资治通鉴》卷一八〇。

但是，隋王朝的建立是通过宫廷政变实现的，这次改朝换代仅仅是士族集团内部权力的转移，旧有的统治秩序没有被打乱，门阀士族垄断政权的格局并没有改变，杨坚集团本来就是关陇士族集团的主要成员，而各级政权的官僚成员大都仍是北周旧贵族官僚。因此，隋文帝的整顿和改革措施，不可能阻止社会矛盾的发展。杨坚集团在夺取政权后，首先是确保统治阶级在经济上的利益。隋代的均田令，扩大了品官授田数量，实质上就是利用法令强行扩大贵族官僚的地产。与此同时，文帝还以各种名义赏赐臣僚大量土地，如大官僚杨素两次得到文帝赐田 130 顷。[①] 至于贵族官僚非法侵占土地，更不受任何约束，如杨素占有“田宅以千百数”[②]。隋文帝的仓储政策也有错误之处。他广建仓库，储粮于官，遇到荒年，也曾开仓济民。但开皇十四年（594 年）关中大旱，竟不许开仓赈济，“乃令百姓逐粮”关东。后来，唐太宗曾针对此事说：“隋文不怜百姓而惜仓库”。[③]

还有一些矛盾是由隋文帝个人性格及晚年变化造成的。首先，他“天性沉猜……逮于暮年，持法尤峻，喜怒不常，过于杀戮”[④]。开皇中叶以后，法制逐渐受到破坏，用法“不复依准科律”[⑤]。对一般官吏任情杖杀，“每于殿庭打人，一日之中，或至数四。尝怒问事挥楚不甚，即命斩之”[⑥]。对元老功臣则猜忌诛灭，“其草创元勋及有功诸将，诛夷罪退，罕有存者”[⑦]。对平民百姓则滥施苛法，“命盗一钱以上皆弃市，或三人共盗一瓜，事发即死”。[⑧] 其次，隋文帝晚年刚愎自用，“不肯信任百司，每事皆自决断”[⑨]，于是言路堵塞，“议者以此少之”[⑩]。隋文帝个人天性所铸成的严重错误，结果使隋统治集团内部矛盾加剧，并促使各种社会矛盾进一步发展。

隋炀帝暴政和社会矛盾激化　隋炀帝杨广，是文帝次子，其兄杨勇为太子。因太子勇多纳内宠，处事轻率，逐渐引起文帝的不满和猜忌。在统一战争中赢得极高声誉的杨广终于在夺嫡斗争中取得胜利，夺得皇位。隋炀帝即位后，“地广三代，威振八纮，单于顿颡，越裳重译”[⑪]，隋朝的国力、武功达到极盛。他修建东都，开凿运河，在政治、经济和军事等方面都有深远的意义。

①② 《隋书》卷四八《杨素传》。

③ 《贞观政要》卷八《辩兴亡》。

④⑦⑩ 《隋书》卷二《高祖纪》下。

⑤⑧ 《资治通鉴》卷一七八。

⑥ 《隋书》卷二五《刑法志》。

⑨ 《贞观政要》卷一《政体》。

⑪ 《隋书》卷四《炀帝纪》下。

在政治改革方面，也曾有一定的建树。但是，炀帝刚愎自用，不恤下情，他即位后推行的一系列暴政，使得社会矛盾迅速发展和激化。

隋炀帝的暴政主要表现为役赋繁重和刑法苛暴两方面。虽然他所颁布的常规役赋，明文法典较其父隋文帝更为轻缓，但他无视常规法制，肆行非常之制。[①] 他自即位开始，对百姓劳役不息，征调不止。仁寿四年（604年）十一月，“发丁男数十万掘堑”[②]。大业元年（605年）三月，营建东都，“每月役丁二百万人”，由于“役使迫促，僵仆而毙者十四五焉”。[③] 同年又下令“发河南、淮北诸郡民，前后百余万，开通济渠”，“发淮南民十余万开邗沟”。[④] 大业四年（608年）正月，又“发河北诸郡男女百余万开永济渠”。[⑤] 大业元年八月，隋炀帝第一次巡游江都，所征民夫仅“挽船士”就用了8万余人。[⑥] 大业三年七月，“发丁男百余万筑长城”，由于役期急促，“一旬而罢，死者十五六”，次年七月，再“发丁男二十余万筑长城”。[⑦]

隋炀帝穷兵黩武，频繁发动对外战争。大业三年，派兵远征林邑，士卒死亡十之四五。其后又亲征吐谷浑，途中遇上大风雪，死者过半。而对高丽的战争，其用兵规模之大是空前的。炀帝即位后，凭借着国家的富强，威胁高丽王高元来朝，高元不理，炀帝即以此为借口，连续发动了三次对高丽的大规模战争。为了准备进攻高丽，下令在山东“增置军府，扫地为兵”[⑧]，同时征发各地兵丁不分远近集中涿郡。又征发江淮以南水手1万人、弩手3万人，岭南排镩手3万人，充当水军。河南、淮南、江南人民制造戎车5万乘，挽送河北高阳（定州），供载运衣甲帐幕之用。东莱海口造船300艘，工匠昼夜赶工立于水中，“自腰以下，无不生蛆，死者十三四”[⑨]。而转运粮食器械的民夫“往还在道，常数十万人，填咽于道，昼夜不绝，死者相枕，臭秽盈路”[⑩]。

大业八年（612年），隋炀帝做了充分准备后，下诏大举进攻高丽。陆路分24军，总兵力达1133800人，另有水军一支从东莱海口出发，以接应陆军。但来护儿率领的水军冒险轻进，在平壤城下被高丽军战败，4万精锐只剩数千人撤回海上。宇文述、于仲文统率九军30.5万人进至离平壤城30里地，因粮

① 参考黄惠贤：《略论隋炀帝之暴政》，载《武汉大学学报》1983第4期。

② 《隋书》卷三《炀帝纪》上。

③⑧ 《隋书》卷二四《食货志》。

④⑥ 《资治通鉴》卷一八〇。

⑤⑦ 《隋书》卷三《炀帝纪》上。

⑨ 《隋书》卷七四《元弘嗣传》。

⑩ 《资治通鉴》卷一八一。

尽引还，受到高丽军的四面抄击，退回辽东后仅剩2700人。此后，隋炀帝在大业九年、十年继续发动了两次对高丽的战争，终因国内农民起义而罢兵。为了发动对高丽的战争，隋炀帝共征发兵卒，役夫达三四百万人之多。

被征调服劳役、兵役的，主要是农村的丁壮，由于死亡众多，造成农村劳动力严重短缺，“耕稼失时，田畴多荒”[1]，农业生产遭到严重破坏。为了躲避徭役，农民不惜自残肢体，称做“福手福足”。

隋炀帝为了张扬国威而连年出巡，他曾三下江都，六巡北塞，从大业元年至十二年，大都在外巡游，通计居京之日，不足一年。“每出游幸，羽仪填街溢路，亘二十余里”[2]。“所经州县，并令供顿，献食丰办者加官爵，阙乏者谴至死”[3]。于是州县官吏“竞务刻剥，以充贡献”[4]，结果是“征税百端，猾吏侵渔，人不堪命”。[5]营建东都和显仁宫时，搜罗大江以南、五岭以北奇材异石，又下令诸州贡献草木花果、奇禽异兽。出兵高丽时，“所在皆以征敛供帐军旅所资为务，百姓虽困，而弗之恤也”。[6]此外，还命富人出钱买战马，马一匹价十万钱，又命关中富人出驴运粮，驴一头价一万多钱，中小地主也多破产。

大业七年（611年），山东、河南等地发生大水灾，漂没四十余郡。[7]次年，山东又大旱。此后，关中又发生时疫和大旱。人祸天灾交相逼迫，百姓废业无以自给。然而隋炀帝对官仓的控制却非常严格，“所在仓库，犹大充牣，吏皆惧法，莫肯赈救，由是益困”。百姓只得“剥树皮以食之，渐及于叶，皮叶皆尽，乃煮土或捣藁为末而食之。其后，人乃相食”。[8]

为了严防和镇压人民的反抗，隋炀帝置常规法典于不顾，大肆滥刑酷罚。他规定凡是反抗朝命者，“罪无轻重，不待闻奏，皆斩”[9]。后又规定反抗者籍没全家。杨玄感起兵后，又定诛九族之法，“其尤重者，行轘裂、枭首之刑，或磔而射之”[10]，开皇时期所废除的酷刑又恢复了。杨玄感起兵失败后，炀帝对裴蕴说：“玄感一呼，而从者十万，益知天下人不欲多，多即相聚为盗耳。不尽加诛，无以惩后。”于是裴蕴行严刑峻法，“所杀三万余人，皆籍没其家”，连接受过杨玄感开仓赈济的百姓，“皆坑之于都城之南”[11]。

---

① 《资治通鉴》卷一八一。

② 《资治通鉴》卷一八〇。

③⑥⑦⑧ 《隋书》卷二四《食货志》。

④ 《资治通鉴》卷一八三。

⑤ 《隋书》卷四《炀帝纪》下。

⑨⑩ 《隋书》卷二五《刑法志》。

⑪ 《资治通鉴》卷一八二。

隋炀帝残暴的统治，把人民推向死亡的边缘，“父母不保其赤子，夫妻相弃于匡床”①。“黄河之北，则千里无烟，江淮之间，则鞠为茂草”②。人民已无法生存，“于是始相聚为群盗”③，零星的反抗斗争不断发生。隋朝的社会矛盾在长期积累和发展之后，迅速激化，隋王朝的统治已危机四伏，隋炀帝陷入“普天之下，莫匪仇雠，左右之人，皆为敌国”④ 的境地。一场全国性的农民起义风暴即将来临。

二　农民战争和隋朝灭亡

农民大起义　大业七年（611年）十月，山东邹平王薄起义于长白山（今山东章丘）。他自称“知世郎”，意思是能预知天下局势将发生变化，隋朝行将灭亡。他还作一首《无向辽东浪死歌》，号召农民参加起义，于是“避征役者，多往归之”⑤。王薄起义具有明显的反徭役、反兵役性质。

星星之火，迅速演成燎原之势，黄河下游一带农民纷纷响应长白山起义。鄃县（今山东夏津）人张金称、蓨县（今河北景县）人高士达，相继起义。漳南人孙安祖起义于高鸡泊。平原县富豪刘霸道也起兵于豆子䴚（今山东惠民），部众十多万，号称阿舅军。

农民起义之所以在山东地区（指潼关以东地区）首先爆发，是因为山东地区是隋代最重要的经济区，占有全国40%以上的人口。同时，这里有许多“一宗近将万室，烟火连接，比屋而居”⑥ 的豪强世族大家，土地兼并比较严重。其次，这个地区是进攻高丽的基地，各项力役大部分都落在这个地区人民的身上。再有，大业七年（611年）秋天发生大水灾，山东、河南一带漂没四十余郡，农民大都缺衣少食，而兵役、力役又征调不止。因此，山东地区成了全国矛盾的焦点和起义的策源地。

大业九年（613年），隋炀帝发动第二次对高丽战争，农民起义的烈火急剧燃烧起来。杜彦冰、王润、李德逸、郝孝德等在平原郡一带起义；孟海公占据周桥（今山东定陶）起义；郭方预在北海（今山东青州）起义；韩进洛、甄宝车在济北（今山东茌平）起义；格谦、孙宣雅在阳信（今山东阳信）起义；

① 《旧唐书》卷五三《李密传》。

② 《隋书》卷七〇《杨玄感传》。

③⑤ 《资治通鉴》卷一八一。

④ 《隋书》卷四《炀帝纪》下。

⑥ 《通典》卷三《食货·乡党》。

孟让在齐郡（今济南）一带起义；白榆娑在灵武起义。这年六月，大贵族杨素之子礼部尚书杨玄感在黎阳起兵，促使农民起义更加波澜壮阔。

大业十年（614年）二月，已经遭受两次失败的隋炀帝，又进行了第三次征伐高丽的征调。“时天下已乱，所征兵多失期不至”①，农民起义巨浪席卷全国。次年，隋炀帝命令郡县、驿亭、村坞都修筑堡垒，强迫农民迁入居住，企图用坚壁清野方法扼杀农民起义。但事与愿违，迫使更多农民参加起义。上谷（今河北易县）人王须拔、魏刀儿各拥众十余万起义；东海人李子通率众渡淮进攻江都。在农民起义的沉重打击下，隋炀帝“每夜眠恒惊悸，云有贼，令数妇人摇抚，乃得眠”。为了挽救危局，隋炀帝于大业十二年（616年）第三次下江都，重新组织力量，“分遣使者十二道发兵讨捕盗贼”②，以屈突通为关内讨捕使，李渊为山西、河南抚慰大使，张须陀为河南道十二郡黜陟讨捕大使等，以加强对人民的镇压。同时又将最精锐的卫队如陈稜、杨义臣等部投入战斗。

隋末农民起义如星火燎原，燃遍了全国各地。据不完全统计，农民起义前后共爆发120余次之多。③各地义军逐渐汇合，终于在617年前后形成三支主要力量：一为翟让、李密领导的瓦岗军，二为窦建德领导的河北义军，三为杜伏威，辅公祏领导的江淮义军。

翟让，韦城（今河南滑县东南）人，大业七年（611年）前后起义于瓦岗寨。起初只是沿运河“剽行舟，掠商旅，足以自资”④。其后势力渐大，附近的小股义军如王当仁、王伯当、周文举、李公逸等，都加入了瓦岗军。

李密出身于功臣世家，曾参加杨玄感反隋军，大业十二年，由王伯当引荐，加入瓦岗军。用李密的计谋，瓦岗军在荥阳大海寺消灭隋在中原的主力军队，击毙张须陀。次年，在李密的谋划下，瓦岗军又攻克兴洛仓，于是开仓济民，“老弱襁负，道路不绝，众至数十万”⑤。并击败前来镇压的隋将刘长恭部2.5万人。由于李密的领导才能，翟让拱手将领导权让给他，李密称魏公，建元永平。接着，瓦岗军又先后攻取回洛仓、黎阳仓以及金墉城等地，直逼洛阳城下。这时，瓦岗军发布讨隋炀帝檄，列举其十大罪状，其中写到：“罄南山之竹，书罪未穷；决东海之波，流恶难尽。”⑥隋炀帝又派王世充率十余万大军会集东都，被打得龟缩在洛阳城中。大业十三年（617年），义军内部分裂，

① 《资治通鉴》卷一八二。

②④ 《资治通鉴》卷一八三。

③ 见胡如雷：《关于隋末农民起义的若干问题》，载《文史》第十一辑。

⑤⑥ 《旧唐书》卷五三《李密传》。

李密袭击翟让，造成损失。

河北义军首领窦建德，漳南县（今山东武城东北）人。大业七年（611年），聚众两百余人参加高士达领导的义军。由于他能“倾身接物，与士卒均劳逸”[①]，威信很高，高士达战死后，窦建德成了这支义军的领袖，队伍发展到十余万人。大业十三年（617年），窦建德在乐寿县（今河北献县）称长乐王，建立农民政权。这时隋炀帝方命涿郡留守薛世雄率幽冀精兵南下镇压瓦岗军，行至河间时，受到窦建德的阻击，败回涿郡。唐武德元年（618年），窦建德改国号为夏，称夏王，并迁都洺州（今河北永年）。

江淮义军领导者杜伏威、辅公祏，他们二人因受地方官的迫害，亡命在外，聚众起义。大业九年（613年），说合了下邳的义军苗海潮，势力渐盛。大业十三年（617年），隋炀帝派大将陈稜前来镇压，义军“大破之，稜仅以身免”[②]。于是义军乘胜占高邮、克历阳（今安徽和县），次年渡江进据丹阳（今南京）。江淮一带小股义军先后都加入这支农民军。

正当农民起义蓬勃兴起之时，一些地主官僚也乘时起兵。首先是礼部尚书杨玄感于大业九年起兵黎阳，进围东都。杨玄感率众誓师说：“我身为上柱国，家累巨万金，至于富贵，无所求也。今者，不顾破家灭族者，但为天下解倒悬之急，救黎元之命耳。”[③] 打起了救民的旗号，隋朝许多贵族官僚子弟，如观王杨雄子杨恭道、虞世基子虞柔、来护儿子来渊、裴蕴子裴爽、韩擒虎子韩世咢等四十多人，都参加了杨玄感的军队。一些朝臣也和杨玄感通谋。曾任民部尚书的李子雄也投奔杨玄感。蒲山公李宽子李密，成了杨玄感的谋主。这是统治集团的大分裂，也是地主起兵的第一个高潮。[④] 江浙一带的刘元进、朱燮和管崇，归德（今河南商丘）的韩相国等地主武装也纷起响应。这时，正在前线与高丽作战的隋炀帝，听到杨玄感起兵后，惊惶万状，急忙下令撤军，很快就把杨玄感镇压下去。这次起兵虽然很快失败，却给以隋炀帝为首的隋王朝一个沉重的打击。

在隋朝灭亡前夕，一些地主官僚纷纷组织武装起事，主要有占据涿郡的罗艺、朔方的梁师都、马邑（今山西朔州）的刘武周、金城（今甘肃兰州）的薛举、武威的李轨、太原的李渊、巴陵（今湖南岳阳）的萧铣、吴兴的沈法兴，以及岭南一带的冯盎等。形成了地主起兵的第二个高潮。

---

① 《资治通鉴》卷一八一。

② 《资治通鉴》卷一八三。

③ 《隋书》卷七〇《杨玄感传》。

④ 见胡如雷：《关于隋末农民起义的若干问题》，载《文史》第十一辑。

据不完全统计，隋末地主起兵遍及关中、岭南、江淮下游、两湖、河西陇右、河南、山东、河东、河北等地，约计六十起左右。[①] 他们的成分主要为：隋朝的高官显宦，如杨玄感、李渊、罗艺等；地方上的豪强官僚，如梁师都、李轨、薛举和刘武周等；南朝贵族孑遗及江南大族豪强，如萧铣、沈法兴等。他们在反隋的共同意愿下，还各怀有不同的目的，其中不乏有较大的政治野心者，也有割据自保或妄图恢复分裂割据局面的人。尽管如此，隋末地主起兵对推翻隋王朝的统治也同样起到了不可估量的作用。

隋朝的灭亡　隋炀帝第三次游江都，益发荒淫，命王世充选江淮美女送入宫中，共百余房，还修建迷楼、宫室，终日游乐，尽情享受。但他已预感到末日就要来临，有一天他照着镜子对萧后说："好头颈，谁当斫之?"[②] 此时，隋炀帝在江都，已陷入人民起义的汪洋大海中，回不了两京了。可是他的卫士，多为关中人，在卫士思归怨叛的情况下，虎贲郎将司马德戡、元礼等人，推宇文化及为首，于大业十四年（618 年）三月十日发动兵变，缢杀隋炀帝。宇文化及杀隋炀帝后，立隋炀帝侄秦王杨浩为帝，不久又杀掉他，率军北归。隋炀帝既死，李渊在长安称帝；留守洛阳的越王杨侗称皇泰帝，次年为王世充所杀，王世充自称帝。隋朝自开皇元年（581 年）建立，到大业十四年（618 年）灭亡，前后历时 37 年。

隋末农民战争的结局和影响　唐武德元年（618 年）秋，宇文化及率十余万隋军北返。这不仅给瓦岗军造成威胁，对驻守洛阳的杨侗、王世充也不利。杨侗和王世充设下圈套，诱使李密与宇文化及进行决战。经过童山大战，李密虽重创宇文化及的隋军，但瓦岗军的损失也很重，"劲卒良马多死"。此时，王世充趁机对瓦岗军发起突袭，李密战败，率残部降唐。轰轰烈烈的瓦岗军起义就这样失败了。李密降唐后，徐世勣也以黎阳降唐，以后李密欲图东山再起，结果为唐所杀。

窦建德具有浓厚的封建正统思想，宇文化及缢杀隋炀帝，他认为是"大逆不道"。唐武德二年（619 年）初，宇文化及败逃魏县（今河北大名），他为替隋报仇，出兵击杀宇文化及。他还派人到洛阳朝见皇泰帝杨侗。皇泰帝被杀后，他自称皇帝，表示是隋的继承者。唐武德三年（620 年），李渊集团出关进攻洛阳的王世充。窦建德在救援王世充时，拒绝凌敬攻取河东、威胁关中的战略，带兵直趋洛阳，战败被俘斩。部下刘黑闼继续率众反唐。

---

① 见胡如雷：《关于隋末农民起义的若干问题》，载《文史》第十一辑。

② 《资治通鉴》卷一八五。

隋亡后，江淮义军势力仍在发展，尽有江东、淮南之地。唐武德元年（618年），杜伏威向隋皇泰帝上表，受封为楚王。次年，又接受唐朝官爵。唐武德五年（622年），他亲赴长安，向唐投降。第二年，辅公祏不顾杜伏威余党的阻挠，在丹阳称帝，建国号为宋。但辅公祏的斗争仅坚持了七个月，即被唐朝镇压下去。

隋末农民战争一举粉碎了残暴腐朽的隋王朝，为社会经济的发展扫除了障碍，这是不可磨灭的历史功绩。

隋末农民大起义还冲击了整个地主阶级，尤其是对贵族、官僚、门阀士族等特权阶层的打击更为沉重。农民起义军“得隋官及士族子弟，皆杀之”[①]，消灭了大批的官僚、士族。同时，地主阶级的田庄经济也大为削弱，在农民起义冲击下，很多大田庄的命运是“通庄并溃”[②]。这使农民占有的土地有所增加，土地兼并也暂时得到缓和。总之，有利于改善农民的地位，提高农民劳动生产积极性。

在农民战争中，许多奴隶、部曲、佃客、杂户也得到了解放，对进一步扫除奴隶制残余有利。隋以后，比较进步的契约租佃关系、定额租制，也逐渐发展起来。所有这些变化，都有利于生产力的发展。

因苛暴的徭役、兵役而引起的隋末农民大起义，促使新兴的唐王朝在役法上进行调整，如对超期服役的折算和限制，输庸代役的制度化等，这些措施是隋唐之际役法的重大变化。

① 《资治通鉴》卷一八三。

② 《续高僧传》卷二三《释慧琎传》。

第十一章　唐代统一多民族国家的繁荣

（618～907年）

第一节　唐前期的政治和经济

一　唐王朝的建立与统一

从太原起兵到关中称帝　唐王朝的建立者李渊出身于关陇贵族。祖父李虎官至太尉，为西魏八柱国之一，死后追封为“唐国公”。父亲李昞（bǐng，丙），袭爵唐国公，北周时任安州（今湖北安陆）总管、柱国大将军。李渊生于北周武帝天和元年（566年），七岁时袭爵唐国公。隋代周后，文帝独孤皇后是李渊的姨母，李渊因而颇受重用，历任刺史、郡守、卫尉少卿等职。炀帝大业十三年（617年）初，李渊官至太原留守，据守北方重镇。

此时，被炀帝暴政所激起的农民起义遍地而起，汹涌澎湃，隋朝的灭亡已成定局，统治集团内部也开始离心离德。在这种情势下，李渊早有了取隋而代之的政治野心。当上太原留守后，他暗中加紧了改朝换代的各项准备。同年秋天，认为时机已经成熟的李渊打着废昏立明、安定隋室的旗号于太原起兵。李渊建立大将军府，自称大将军，任长子李建成为陇西公、左领军大都督，次子李世民为敦煌公、右领军大都督，裴寂为长史，刘文静为司马，唐俭、温大雅、武士彟（yuē，约）等人也各有任命，统率大军3万向关中进发。留守太原的任务由四子李元吉负责。

李渊率军沿汾水南下，于霍邑（今山西霍州）全歼隋将宋老生部，又连下临汾、绛郡（今山西新绛），成功渡过黄河，西进关中。在会合李神通、平阳公主、段伦等各路反隋力量后，军队迅速发展到二十余万人。同年十一月，李渊攻破隋都长安（今陕西西安），立据守长安的隋代王杨侑为傀儡皇帝，遥尊隋炀帝为太上皇，改大业十三年为义宁元年。李渊自己为大丞相，封唐王，都督内外诸军事，掌握实权。第二年三月，江都发生兵变，隋炀帝被杀。五月，李渊废掉杨侑，称帝建国，改义宁二年为武德元年，定国号为唐，都长安。李渊是为唐高祖。

经略北南，统一全国 唐王朝建立后，立即着手进行统一全国的战争。

唐立国之时，关中之地已尽为其所有。为巩固关中根据地，唐朝将统一战争的矛头首先对准了当时割据金城（今甘肃兰州）的薛举、薛仁杲，割据武威（今甘肃武威）的李轨和割据马邑（今山西朔州）的刘武周。武德元年（618年）十一月，李世民率军灭掉薛举的继承人薛仁杲，占领陇西之地。武德二年，唐朝运用分化瓦解的手段，利用李轨集团的内部矛盾，推翻其政权，不战而取河西五郡。李渊进军关中时，刘武周乘机勾结突厥贵族，攻取李元吉据守的太原，并长驱南下直至龙门（今山西河津），形势急迫。武德三年，李世民率军全力反击，消灭了刘武周，尽复河东之地。三大割据势力的被消灭，基本解除了西北、东北方向对关中根据地的威胁，并使秦、晋之地连为一片。接着，唐朝开始全力经略中原和江南等地。

早在武德元年（618年），占据幽州（今北京）的罗艺就归附了唐朝。武德三年七月，李世民受命统帅大军，进攻割据洛阳的王世充。武德四年五月，唐军击溃前来救援王世充的窦建德的军队后，王世充被迫出城投降。武德四年至六年（621～623年）期间，唐军还镇压了河北地区的刘黑闼起义军。割据鲁南的徐圆朗和割据冀北的高开道也相继败亡。这样，唐朝确立了它在中原地区的统治。

在决战中原的同时，唐朝开始经略江南。武德四年（621年）十月，做好充分准备的唐军在李孝恭、李靖等将领统帅下，自夔州（今重庆奉节）顺江东下，突袭萧铣割据的江陵城（今湖北荆州）。萧铣猝不及防，只好向唐军投降。武德五年，唐军消灭了林士弘在豫章（今江西南昌）建立的楚国。武德七年，唐军又镇压了辅公祏起义军。至此，长江中下游及岭南之地尽为唐朝所有。

朔方（今陕西靖边白城子）的梁师都，是依靠突厥贵族的庇护才得以存在的一个割据势力。贞观二年（628年），唐太宗乘突厥内乱，派兵击灭了这个割据政权。至此，除边境少数民族居住的地区外，唐朝基本上完成了全国的统一。

二　唐太宗与“贞观之治”

唐太宗登基　唐王朝建立后，随着改朝换代的成功，统治阶级内部的权力之争日益激化。太子李建成、齐王李元吉结成的太子集团，和在统一战争中实力迅速膨胀的秦王李世民集团之间，为夺取皇位继承权而进行的明争暗斗愈演愈烈。武德九年（626年）六月四日，李世民先发制人，率长孙无忌、尉迟敬德、侯君集、张公瑾等人设伏于宫城北门玄武门，将一同参加早朝的李建成、李元吉射杀，并挟持了唐高祖，发动了夺权政变，史称“玄武门之变”。六月七日，李世民被立为太子。同时，唐高祖下诏，“自今军国庶事，无大小悉委太子处决，然后闻奏”[①]，被迫交出实权。八月八日，高祖禅位于李世民，自己被尊为太上皇。九日，李世民登基于显德殿，是为唐太宗。次年改元为贞观元年。

为巩固王朝统治，唐太宗在他在位的23年（626～649年）期间，在高祖建制的基础上，在政治、法律、经济、军事、文化等方面进一步实施一系列措施，奠定和完善了各项治国制度。

政权机构建设　唐朝中央政权的主要机构仍然是三省六部制。

尚书、中书、门下三省中，尚书省的长官尚书令地位最高，权最重，常遭皇帝疑忌，故自南北朝后期以来，有时付诸阙如。唐太宗在即位前曾任尚书令，此后尚书令官名虽存但不实授，地位较低的左、右仆射成为尚书省的长官。唐初，中书省的长官中书令（二人）、门下省的长官侍中（二人）和尚书省的长官左、右仆射都是宰相，一起在门下省的政事堂共议国政。因三省长官地位显赫，朝廷不轻易授人，为弥补宰相的缺额或增加宰相的人数，皇帝往往指定自己信任的和品级较低的官员参加政事堂会议。这些官员要例加“参知政事”“同中书门下三品”“同中书门下平章事”等名号，说明他们也是宰相。高宗以后，尚书左、右仆射也要加“同三品”名号，才能参加政事堂会议，不加此名号就不再是宰相。皇帝挑选一些低级官员任宰相，进一步削弱尚书省的职权，都是为了便于控制，以防止大权旁落。

在君主专政时代，国家权力是通过皇帝颁发诏令执行的。大体说来，中书主起草诏令，门下主审议诏令，是决策机构。中书令或由皇帝处领旨，或将宰相议决之事，交其属下中书舍人起草诏令。中书舍人凡六员，在制作诏令过程

① 《资治通鉴》卷一九一。

中，可互相商量，并允许“各执所见，杂署其名，谓之五花判事”[①]。中书省拟好诏令后，转门下省。门下省发现中书所拟诏令有违失，可以驳正，封还中书重拟，即所谓“封驳”。门下省属官给事中甚至有权在中书所拟诏令上进行涂改，驳归中书重写，此称“涂归”。中书所拟诏令经门下省审议合格后，由侍中向皇帝进呈“画敕”，表示认可。后门下省将诏敕转尚书省。尚书省是执行机构，下辖吏、户、礼、兵、刑、工六部，负责贯彻各项诏敕和政策。

光宅元年（684年），裴炎为中书令时，迁政事堂于中书省。开元十一年（723年），张说又奏改政事堂之名为“中书门下”，作为宰相办事机构，堂后设吏房、枢机房、兵房、户房、刑礼房五房。这时“中书门下”不仅有决策权，还对尚书六部进行对口领导，掌握了一部分行政权力。

监察机构得到加强。御史台是唐中央最高监察机构，设长官御史大夫，下设台院、殿院、察院，“掌以刑法典章纠正百官之罪恶”[②]，负责中央和地方的监察工作。唐还在东都洛阳（今河南洛阳）设有御史台，称为东都留台，简称东台或留台。

在地方上，唐朝仍实行州、县两级制（唐玄宗时一度改州为郡）。州设刺史，县设县令。贞观十三年（639年）时，全国有州358个，县1511个。为了加强对地方的控制，唐太宗还根据山川形势，把全国分为10道。到唐玄宗时，重新划分为15道。道是监察机构，皇帝经常派巡察使、按察使等官员对地方官吏的工作进行检查和监督。

县以下的地方组织有乡，乡下有里。“以百户为里，五里为乡”。每里设里正一人，负责“按比户口，课植农桑，检察非违，催驱赋役”[③]。里是最基层的政权单位，对人民进行直接的统治。

《唐律》的修订 唐高祖时，命裴寂等人以隋《开皇律》为基础，于武德七年（624年）损益而成《武德律》。太宗即位后，命长孙无忌、房玄龄等人对《武德律》加以修订，于贞观十一年（637年）修成《贞观律》，并颁行全国。至此，《唐律》基本上形成。高宗时，又命长孙无忌、李勣等人以《武德律》《贞观律》为蓝本，修成《永徽律》，于永徽二年（651年）颁行全国。永徽三年，又对《永徽律》做了具体解释，撰成《疏议》30卷。永徽四年，《疏议》附于律文之后正式颁行，形成流传至今的《唐律疏议》。《唐律疏议》是我

---

① 《南部新书》乙篇。

② 《新唐书》卷四八《百官志三·御史台》。

③ 《通典》卷三《食货典·乡党》。

国现存最早的一部完备的法典。

《唐律》分为名例、卫禁、职制、户婚、厩库、擅兴、贼盗、斗讼、诈伪、杂律、捕亡、断狱12篇，共502条，有笞、杖、徒、流、死五种刑名，凡20等，分律、令、格、式四种体式。“律以正刑定罪，令以设范立制，格以禁违止邪，式以轨物程事。”[①]

《唐律》中贯串着维护统治阶级利益的基本精神。它宣称，皇帝是“居宸极之至尊”，“奉上天之大宝”而“作兆庶之父母”，[②] 神圣不可侵犯。谁要对以皇帝为首的统治阶级的统治进行反抗，就被加上“谋反”“谋大逆”的罪名，不仅本人要处斩，而且父子皆绞，母女、妻妾、祖孙、兄弟、姊妹没为官奴婢，其他近亲流三千里。《唐律》还保障统治阶级的特权，规定贵族、官僚以及他们的家族享受多方面的特权。他们犯了罪，有权通过议请、减刑、赎刑、官当（以官抵罪）等方法逃避惩治，逍遥法外。

《唐律》对劳动人民则极力压制。农民必须向国家交纳租调课税，服各种徭役，如户主不按期交纳，笞四十。为逃避赋役而脱漏户口、谎报年龄、私自出家的，也要科以轻重不等的刑罚。奴婢律比畜产，部曲和杂户被视为低人一等的贱民。他们和地主、官僚犯同样的罪时，量刑的轻重完全不同。所有这些，都反映了《唐律》的阶级实质。

为维护统治者的根本利益，《唐律》也制定了一些有利于社会经济发展、防止统治阶级过分迫害劳动人民的规定，如对地主官僚“占田过限”“妄认盗卖公私田”“在官侵夺私田”等不法行为，也定有惩治条例。在“职制”律中，也明确禁止政府官吏受人嘱托，接受贿赂。如监临主司受贿一尺绢帛，则判杖刑一百，若受贿十五匹以上，则处以绞刑。总体来说，《唐律》比隋《开皇律》有所宽简，有着稳定社会秩序、促进生产发展的积极一面。

均田制与租庸调制　武德七年（624年），唐高祖下令继续推行均田制和租庸调制。

均田制是唐前期基本的土地制度，它的主要内容是：

（1）对百姓授田的规定。18岁到20岁的中男和21岁到59岁的丁男，每人授田100亩，其中80亩为口分田，死后归还政府，20亩为永业田，可以传给子孙。60岁以上的老男、笃疾者、废疾者授口分田40亩，寡妻妾授口分田30亩（这些人如果为户主，每人授永业田20亩，口分田30亩）。杂户授田同

① 《唐六典》卷六《尚书刑部》。

② 《唐律疏议》卷一《名例》。

于百姓。官户只授口分田，减百姓之半，即 40 亩。道士、和尚授口分田 30 亩，女冠、尼姑授口分田 20 亩。工商业者，在地多人少的宽乡，永业田、口分田各减百姓一半授，即永业田 10 亩，口分田 40 亩；在地少人多的狭乡，则不授田。一般妇女、部曲、奴婢、耕牛不再列入授田范围。

(2) 对贵族官僚授田的规定。有封爵的贵族从亲王到公侯伯子男，授永业田自 100 顷递减至 5 顷。一至九品的职事官以及五品以上的散官，授永业田自 60 顷递减至 2 顷。勋官自上柱国到云骑尉、武骑尉，授永业田自 30 顷递减至 60 亩。职事官还授多少不等的职分田，租佃收租作为官员俸禄的补充，离任时须移交后任。各级官府也有多少不等的公廨田，租佃收租以充官府的办公费用。这两种土地的所有权归国家。

(3) 对土地买卖的规定。贵族官僚的永业田和赐田，可以自由出卖。百姓合法迁移和家贫无力丧葬者，准许出卖永业田。迁往宽乡和卖充住宅、邸店、碾硙的，并准许出卖口分田。买田的数量不得超过本人应受的法定数额。

和前代相比，唐代均田制有一些新特点：一是取消了对一般妇女、部曲、奴婢、耕牛的授田，反映了妇女地位的进一步下降，也反映了门阀士族势力在唐代的衰落；二是授田对象中增加了杂户、官户、工商业者和僧道，反映了他们身份地位的上升以及寺观经济的发展，对僧道授田是为了确定寺观对土地的所有权；三是对贵族官僚授田的规定更加完备，而且授田的数额很高，反映了地主土地所有制的进一步发展；四是对土地买卖的限制进一步放松，永业田和口分田在一定条件下均可买卖，这就给土地兼并和大土地所有制的发展提供了方便。

有关史籍以及 20 世纪以来在敦煌、吐鲁番地区出土的大批唐贞观至大历间推行均田时的档案文书，说明唐代的均田制确实在一定程度上实施过。由于各地区的具体情况不同，均田制在各地区实施的程度有所差别。唐代均田令有云："田多可以足其人者为宽乡，少者为狭乡。狭乡授田，减宽乡之半。"[①] 唐太宗时，狭乡灵口每丁授田仅有 30 亩。武则天时，狭乡彭泽每户授田不过 10 亩。造成农民授田不足的原因，在于唐代均田制同前代的一样，并不触动地主官僚的私有土地，仅是把国家掌握的无主荒地用于授田。于是，随着人口的滋长，农民授田只能越发不足。但均田制下，一般说来农民都能从政府手中获得一定数量的授田，这在一定程度上改变了隋末农民战争以前的不合理的土地占有状况，有利于提高农民生产的积极性，有利于社会经济的恢复和发展。

① 《新唐书》卷五一《食货志》。

租庸调制是以均田制的推行为基础的赋役制度。此制规定，凡是均田人户，不论其家授田多少，均按丁交纳定额的赋税并服一定的徭役。它的内容是：每丁每年向国家交纳粟二石，称作租；交纳绢二丈、绵三两或布二丈五尺、麻三斤，称作调；服徭役二十天，是为正役，国家若不需要其服役，则每丁可按照每天交纳绢三尺或布三尺七寸五分的标准，交足二十天的数额以代役，这称作庸，也叫“输庸代役”。国家若需要其服役，每丁服役二十天外，若加役十五天，免其调，加役三十天，则租调全免。若出现水旱虫霜等严重自然灾害，农作物损失十分之四以上免租，损失十分之六以上免调，损失十分之七以上，赋役全免。官僚贵族享有蠲免租庸调的特权。纳庸代役制度的推行，使得农民能有较多的时间进行生产，多少改善了农民的处境，对唐前期社会生产力的发展起到了推动作用，具有一定的积极意义。

为了推行均田制和租庸调制，唐政府每年一造计账（户籍的底稿），三年一造户籍，以作为推行的依据。由于唐代均田制为土地兼并提供了方便，高宗、武后之后，均田制和租庸调制逐渐走向废败。

府兵制度　唐王朝建立后，继续沿袭西魏北周时期形成的府兵制度，经唐太宗贞观十年（636年）的整顿健全，唐代的府兵制比前代更加完善。

唐代府兵的中央领导机构主要是左右卫、左右武卫等十二卫，东宫六率是其次要机构。府兵的基本单位是设在各地的折冲府（亦称兵府、军府），由折冲都尉和果毅都尉统领。折冲府下有团，每团200人，设有校尉；团下有旅，每旅100人，设有旅正；旅下有队，每队50人，设有队正；队下有火，每火10人，设有火长。折冲府有上、中、下三等之分，上府六团，领卫士1200人；中府五团，领卫士1000人；下府四团，领卫士800人。开元时全国设置的折冲府达到634个，总兵力68万人。

府兵的兵员，由军府所在地从“六品以下子孙及白丁无职役者”① 中挑选，每三年挑选一次。挑选的原则是，“财均者取强，力均者取富，财力又均，先取多丁”②。府兵从21岁服役，至60岁免役，服役期间免本身租调。府兵经常性的任务，是轮番到京城宿卫，叫做“番上”。每番皆为一个月，“番上”的次数按距离京师的远近而不同。有时也到其他地方出征和戍防。除外出执行任务，府兵不脱离自己的乡土和农业生产，只有冬季集中进行军事训练，实行兵农合一制。府兵的行装、戎具、军粮都要自备，因此府兵制度必须以均田制

① 《旧唐书》卷四三《职官》二。

② 《唐律疏议》卷一六《擅兴律》。

的推行为前提。如果农民没有土地或土地不足，就无力负担这种沉重的兵役。

唐代的府兵制贯串着加强中央集权的原则，以“内重外轻”作为设置折冲府的指导思想。当时，关中的兵力最集中，设置有折冲府261个，拥兵26万，约占军府总数和兵力总额的40%，而在其他地区，折冲府的设置稀疏得多，有些州县则根本不设。这样的兵力布置显然是为了拱卫京师。府兵的调遣权力由尚书省兵部牢牢掌握，调兵须有皇帝敕书和兵部符契，地方官乃至中央十二卫均无权调兵。战争发生时，中央从各折冲府调集军队，混合编制，临时任命高级将领统帅作战。战争结束后，“兵散于府，将归于朝”①，将帅和士兵只是暂时的结合，这有利于防止将帅拥兵跋扈，有利于加强中央集权和维护国家统一。

学校与科举　在经济发展的基础上，为统治阶级培养人才的学校教育，在唐代获得了很大发展，与学校教育相联系的科举制度也达到了成熟的阶段。

唐代的学校教育分为官学和私学两个系统，以官学为主。中央官学主要是“六学二馆”。六学指国子学、太学、四门学、律学、书学和算学，隶属国子监，置博士、助教以教授生徒。二馆指弘文馆和崇文馆。弘文馆隶属门下省，崇文馆隶属东宫，各置学士以教授生徒。属中央官学的还有东都国子监诸学、医学、乐学、崇玄学、历学等。中央官学大部分招收官僚子弟及外国留学生，庶族平民子弟仅占少数，以儒家经典和各科专门知识为学习内容。地方官学由京都学、都督府学、州学、县学、市镇学、里学组成，以经学和医学为主要教学内容。官学而外，唐政府“许百姓任立私学”②，多由未仕士人或退休的官僚招徒授业。唐代学校教育在组织体系、科目设置、学校管理等方面都比较健全。太宗朝学校教育一派昌盛，仅六学二馆的学生就多达3200人，③ 玄宗朝更趋发展，安史之乱后，学校教育渐趋破败。

唐代的科举分常举和制举两种。常举主要有秀才、明经、进士、明法、明书、明算、道举、童子等八科，其中以明经、进士两科最重要。明经考试的内容有帖经、经义和时务策，以帖经为主；进士考试的内容为帖经、诗赋和时务策，以诗赋为主。考帖经能死记硬背即可，考诗赋则需要独立思考，因而中明经易，中进士难。当时明经的录取率为十分之一二，进士的录取率为百分之一二，故时有“三十老明经，五十少进士”④ 之说。考中进士虽难，但及第后易

---

① 《新唐书》卷五〇《兵志》。

② 《唐会要》卷三五《学校》。

③ 《新唐书》卷一九八《儒学传序》。

④ 《唐摭言》卷一《散序进士》。

于飞黄腾达，因此被当时人视为“士林华选”，甚至“缙绅虽位极人臣，不由进士者，终不为美”[①]。常举初由吏部考功员外郎主持，玄宗开元二十四年（736年）后，改由礼部侍郎主持。

制举是由皇帝亲自主持的考试。制举科目多临时设置，较重要的有贤良方正科、直言极谏科、博通坟典达于教化科、军谋宏远堪任将帅科等。平民百姓和官吏均可应试。制举不常举行，取人极少，在科举中不占重要地位。

武周时，还创立了武举，专门选拔军事人才，由兵部主持。

参加科举考试的人，要经过“考核资叙郡县乡里名籍，父祖官名，内外族姻”，“刑家之子，工贾殊类”[②] 以及部曲、杂户、奴婢等，均无权参加科举考试。但是，科举选官的范围较之九品中正制要广泛得多，一般地主子弟均有资格参加科举，这对排除当时门阀士族的残余势力，提高官吏的素质和改善吏治，都有着一定的进步意义。

《氏族志》的修订　唐初的士族地主，主要分为四个地域集团，它们各有所尚：山东士族尚婚娅，江左士族尚人物，关中士族尚冠冕，代北士族尚贵戚。在关中士族中，实际上也包括一部分陇右士族，李唐皇室就自称为陇西李氏，所以，关中士族实应准确地称为关陇士族。关陇士族靠武功起家，在唐政权中实力最强，是左右当时政局的力量。江左士族和代北士族，入唐时已经全面没落，而以崔、卢、李、郑为首的山东士族虽然在隋末农民战争中受到沉重打击，但它根深蒂固，仍有一定的社会地位和影响。同时，士族门第观念在人们的意识中也广有市场，唐太宗的大臣魏征、房玄龄、李勣等人都争相与山东士族攀婚，当时三品以上高官“欲共衰代旧门（指山东士族）为亲，纵多输钱帛，犹被偃仰”[③]。山东士族靠标榜门第、买卖婚姻仍然有着一定的势力。

与山东士族相比，关陇士族在声望和历史传统上均有所不及，这当然不能为唐太宗所容忍。为了抬高皇权的地位，唐太宗令高士廉等人刊正姓氏，修订《氏族志》。贞观十二年（638年）书成，仍列山东士族崔民干为第一等。太宗看了大为不满，说：山东士族已“世代衰微，全无冠盖”，靠买卖婚姻过日子，“我不解人间何为重之”。因此，令高士廉等“不须论数世以前，止取今日官爵高下作等级”[④]，重修《氏族志》。新修成的《氏族志》，以李唐皇族为首，外戚次之，崔民干被降为第三等，“凡二百九十三姓，千六百五十一家，颁于天下”[⑤]。

---

① 《唐摭言》卷一《散序进士》。

② 《通典》卷一五《选举·历代制》下。

③④ 《旧唐书》卷六五《高士廉传》。

⑤ 《资治通鉴》卷一九五。

唐太宗修《氏族志》，表面上像是继承了魏晋南北朝时期谱学的传统，其实质则不然。魏晋南北朝时期，“有司选举，必稽谱籍，而考其真伪”[①]，谱籍成为选官的根据。唐太宗修《氏族志》则不是用来作为选官的根据，而是“止取今日官爵高下作等级”，以崇重当朝冠冕。通过这次修《氏族志》，一部分做官的庶族地主获得了士族名分，而山东士族则进一步受到打击。《氏族志》的修订以削弱山东士族为目的，对新兴的庶族地主有利，对皇权的加强有利。

贞观之治 唐太宗在位期间（626～649年），政治比较清明，社会较为安定，经济较快发展，史称“贞观之治”。

隋末农民起义推翻隋王朝的事实，给唐太宗留下了深刻的印象。他经常和臣下总结隋亡的历史教训，注重以隋亡为戒。唐太宗常说：人君好比是舟，人民好比是水；水能载舟，也能覆舟。为了避免“覆舟”之祸，他勤于政事，励精图治，务求处事允当，致力于王朝统治的长治久安。

唐太宗认为“致安之本，惟在得人”，十分重视选官用人。由于他的精心挑选，贞观年间掌权的大臣各有所长。房玄龄“孜孜奉国，知无不为”，魏征“每以谏诤为心，耻君不及尧舜”，李靖“才兼文武，出将入相”，温彦博“敷奏详明，出纳惟允”，戴胄“处繁理剧，众务必举”，王珪“激浊扬清，嫉恶好善”[②]，都是一时之俊杰。唐太宗还非常注意地方官的选任，认为都督、刺史是亲民之官，“实理（治）乱所系，尤须得人”[③]。他平时把各地的都督、刺史的名字写在屏风上，“得其在官善恶之迹，皆注于名下，以备黜陟”[④]。选官得人，这是贞观时期政治较好的一个重要原因。

唐太宗还注意纳谏。他曾问大臣魏征：“人主何为而明，何为而暗？”魏征答：“兼听则明，偏信则暗。”[⑤] 唐太宗很是同意，他还说：“以铜为镜，可以正衣冠；以古为镜，可以知兴替；以人为镜，可以明得失。”唐太宗虚心纳谏，大臣魏征、王珪、刘洎、马周等人，都敢于犯颜直谏。唐太宗想修洛阳乾元殿，又想到西域市名马，都因臣下进谏而止。他曾对人说：魏征“每犯颜切谏，不许我为非”[⑥]。唐太宗善于纳谏，所以能及时地纠正一些错误，有利于修明政治。

唐太宗还注意法制。他强调“法者非朕一人之法，乃天下之法”，要求臣

---

① 《新唐书》卷一九九《柳冲传》。

②⑥ 《贞观政要》卷二《任贤》。

③ 《贞观政要》卷三《择官》。

④ 《资治通鉴》卷一九三。

⑤ 《资治通鉴》卷一九二。

下按法律办事。魏征反对“法无定科，任情以轻重”，受到唐太宗的赞许。戴胄以“法者国家所以布大信于天下”为理由，反对唐太宗有时以私情己见断狱，唐太宗对此予以嘉纳。由于唐太宗的以身作则，贞观年间形成了执法严明公允的局面，“官吏多自清谨”，王公、妃主之家，大姓豪猾之伍，亦“皆畏威屏迹，无敢侵欺细人”。[①] 这对安定社会秩序起到了一定作用。

唐太宗即位之初，社会经济凋敝不堪，民不聊生。但经过几年的发展之后，“天下大稔，流散者咸归乡里，斗米不过三四钱，终岁断死刑才二十九人。东至于海，南极五岭，皆外户不闭，行旅不赍粮，取给于道路焉”[②]。虽然史书辞多溢美，却大致反映了贞观年间的“治世”局面。

必须指出，作为帝王，唐太宗同样对人民进行剥削和压迫。他自己就曾说：“吾居位已来，不善多矣，锦绣珠玉不绝于前，宫室台榭屡有兴作，犬马鹰隼无远不致，行游四方，供顿烦劳。”[③] 尤其是贞观二十二年（648 年），唐太宗想第二次征伐高丽，下令在四川造船，“州县督迫严急，民至卖田宅、鬻子女不能供，谷价踊贵，剑外骚然”[④]。“贞观之治”不会像古代史臣渲染的那样富足繁荣，阶级压迫和剥削仍然十分沉重。

三　武周政治

从高宗继位到武周代唐　贞观二十三年（649 年），唐太宗病逝，太子李治继位，是为唐高宗。

高宗是文德皇后长孙氏所生第三子。在太宗病重期间，他时常入侍药膳，从而认识并爱上了当时身为才人的武则天。

武则天名曌，生于武德七年（624 年）[⑤]，是李唐新贵武士彟的女儿。武士彟曾为木材商人，早年与唐高祖相识，太原起兵时被任命为中郎将兼司铠参军，武德年间累官至工部尚书。贞观十一年（637 年），武则天长到 14 岁的时候，唐太宗听说她十分美丽，遂选入宫中，立为才人，并赐号“武媚”，人称“武媚娘”。

太宗死后，武则天一度入感业寺为尼。永徽四年（653 年），高宗召其重

① 《贞观政要》卷一《政体》。
② 《资治通鉴》卷一九三。
③ 《资治通鉴》卷一九八。
④ 《资治通鉴》卷一九九。
⑤ 关于武则天的生年，尚有生于武德六年、八年、九年之说。

新入宫，立为昭仪。永徽六年，高宗废先前所立皇后王氏，改立武则天为皇后。

自显庆五年（660年），高宗身染重病，“风眩头重，目不能视”[①]，开始让武则天协助裁决政事，并逐渐形成了高宗与武则天共掌朝政的“二圣”格局。弘道元年（683年），高宗病死洛阳，太子李显（武则天所生第三子）即位，是为唐中宗。次年，武则天废中宗为庐陵王，另立四子李旦为皇帝，是为唐睿宗，但政事皆决于武则天，武则天开始临朝称制。载初元年（690年）九月，武则天再废睿宗为皇嗣，宣布改唐为周，自称皇帝，以洛阳为神都，改元天授。在中国历史上，武则天是仅有的一个女皇帝。

武则天时代的政治纷争　武则天所处的时代仍是庶族地主势力不断上升、士族地主势力趋向衰亡的时代，在武周代唐过程中及武周建立之后，统治集团内部的士庶之争接连不断，武则天正是借助于庶族势力的支持，才压制住士族势力的反抗，建立并巩固住武周政权的。

永徽六年（655年）初，高宗欲另立武则天为皇后，遭到以贞观老臣长孙无忌、褚遂良、于志宁等人为代表的关陇士族势力的坚决反对。他们认为武则天出身低微，又曾为太宗皇帝才人，不配当皇后。而以许敬宗、李义府、徐世勣（即李勣）等人为代表的庶族官僚则予以支持。两派斗争的结果是武则天依靠高宗和庶族官僚的力量，于同年十月被册立为皇后，并于显庆三年（658年）、四年先后将褚遂良、长孙无忌等人贬杀。弘道元年（683年）高宗病逝之后，武则天掌握实权，相继居帝位的中宗、睿宗，实际上是她手中的傀儡，这更引起了士族官僚，特别是李唐宗室的愤怒。光宅元年（684年），柳州司马徐敬业以匡复唐室、拥立庐陵王为号召，在扬州（今江苏扬州）起兵反抗武则天，人数曾发展到十余万。垂拱四年（688年），琅琊王李冲在博州（今山东聊城）、越王李贞在豫州（今河南汝南）又起兵反抗武则天。这两次起兵因力量单薄，很快被武则天派兵镇压了，和两次起兵有牵连的李唐宗室、大臣也被武则天除掉。

武周代唐后，武则天更是放手对她的政敌进行打击，欲“尽诛（李唐）皇室诸王及公卿中不附己者”[②]。神功元年（697年），武则天借箕州刺史刘思礼谋反案，诛杀李元素、孙元亨等“海内名士”36家，其亲党连坐流窜者达一千多人。武则天还奖励告密，在朝堂放置铜匦，以收受告密信件，制造恐怖。

① 《资治通鉴》卷二〇〇。

② 《旧唐书》卷一八三《武承嗣传》。

又重用周兴、索元礼、来俊臣、丘神勣等酷吏，专办所谓谋反大案。酷吏们为罗织罪名，制造了许多可怕的刑具，对被告人进行骇人听闻的摧残和折磨，使被告人惊恐战栗，望风自诬，并广加牵连，以构成大狱。周兴、索元礼所杀各数千人，来俊臣所破至千余家。李唐宗室贵戚被杀的达数百人，大臣被杀的达数百家。此外，刺史、郎将以下被杀者更是不可胜数。经过酷吏们的屠杀清洗，以李唐宗室为首的关陇士族元气大伤，拥护武则天的庶族官僚则得到扶植，实力迅速增长。

武则天的作为与武周政治的是非功过　除了以铁腕剥夺士族势力的政治权力外，武则天还从社会地位和社会影响上打击士族势力。显庆四年（659年），武则天通过高宗下诏改修《氏族志》为《姓氏录》。改修的原则是，“皇朝得五品官者，皆升士流”。于是，许多以军功起家官至五品的庶族官僚，皆被列入士族，后族武氏还被定为第一等，这进一步打破了士族与庶族的界限。《姓氏录》的修订引起了士族势力的愤怒，“皆号此书为‘勋格’”[①]。《姓氏录》对门阀制度的破坏，远远超过了唐太宗时所修的《氏族志》。

武则天执政期间，继续推行均田制度，重视发展农业生产。她经常发布诏令劝课农桑，规定以农业政绩的好坏作为对地方州县官员升降的标准。她还令人编了一本《兆人本业记》的农书，颁行天下，指导农业生产。在武则天统治期间，社会经济继续发展，粮食储备丰富。长安四年（704年）时，“神都帑藏储粟，积年充实，淮海漕运，日夕流衍”[②]。人口也有了迅速增长，永徽三年（652年）时，全国有户380万，到神龙元年（705年）时，增加到了615万户，3714万口。

武则天还进一步发展科举制度，广泛罗致人才。天授元年（690年），“策问贡人于洛城殿，数日方了，殿前试人自此始”，首创由皇帝亲自策问举人的殿试。长安二年（702年），又开武举，此后“每岁如明经、进士之法，行乡饮酒礼，送于兵部”[③]，如期进行考试。据清人徐松所著《登科记考》统计，在贞观23年中，录取的进士共205人，而在高宗和武则天统治的55年中达1000余人，平均每年录取人数较贞观时增加一倍以上。另外，武则天在辅佐高宗时已开“南选”，武周代唐后，“南选”更盛，并成为经常的制度，从而使岭南、福建等边远地区的人才，得到科举入仕的机会。

---

① 《旧唐书》卷八二《李义府传》。

② 《唐会要》卷二七《行幸》。

③ 《通典》卷一五《选举典·历代制》下。

为了广揽人才，武则天还创立了“自荐”和“试官”制度，鼓励官吏和百姓自荐以求进用。天授元年（690 年），武则天派出存抚使十人到各道搜荐人才，许多落选的士人和乡村教师都被荐举。武则天选官虽滥，但只要发现不称职的，就立刻废黜甚至诛杀，务取真才实贤。她所选用的宰相狄仁杰就是有名的贤相，后来玄宗开元年间的名臣姚崇、宋璟、张九龄等也都是在武周时被提拔起来的。

但是武则天也是一个具有很大消极面的人物。她用酷吏滥杀，其中错杀了许多好人。她放手招官，使官僚集团急剧膨胀，加重了人民的负担。她还大肆佞佛，到处筑寺造像，又建明堂“凡役数万人”[①]，修天枢“所费以万亿计，府藏为之耗竭”，铸九鼎“买铜铁不能足，赋民间农器以足之”[②]，浪费无度，进一步加深了社会矛盾。当时在关东、江淮，农民因饥馑而逃亡的情况十分严重，个别地区还爆发了小规模的农民起义。

武则天共做了 15 年皇帝。神龙元年（705 年），82 岁的武则天身染重病，宰相张柬之、崔玄暐联络右羽林卫大将军李多祚发动政变，拥兵入宫，强迫武则天传帝位于中宗李显，复唐国号，并把政治中心由洛阳移回长安。武周政权至此结束，武则天本人也在当年病逝。

四　唐玄宗与“开元之治”

唐玄宗登基　唐中宗复位后，昏庸懦弱，大权落入皇后韦氏及其女安乐公主手中。韦皇后与武则天的侄儿武三思勾结在一起，贬杀张柬之等人，驱逐直臣宋璟，欲谋取政权，效法武则天当女皇。景龙元年（707 年）七月，太子李重俊发动兵变，矫诏发羽林军杀武三思及其党羽十余人，企图消灭韦皇后一派。但中宗在韦皇后和安乐公主的胁迫下，不得不发兵杀死李重俊。李重俊兵变未果，韦皇后进一步控制了大权，并于景云元年（710 年）将中宗毒死，开始临朝掌政。这时，睿宗李旦之子李隆基与姑母太平公主合谋，引羽林军连夜攻入玄武门，杀死韦皇后和安乐公主及其党羽，扶睿宗复位。睿宗即位后，李隆基虽被立为太子，但大权掌握在太平公主手中。太平公主靠拥戴之功，大树私人势力，当时“宰相七人，五出公主门”[③]，与李隆基之间的矛盾愈演愈烈。景云三年（712 年），睿宗传位李隆基，改元先天。次年，李隆基在魏知古、

① 《资治通鉴》卷二〇四。

② 《资治通鉴》卷二〇五。

③ 《旧唐书》卷一八三《武承嗣传》附《太平公主传》。

王毛仲等人的支持下，先发制人，率禁军杀死太平公主门下宰相窦怀贞、萧至忠、岑羲等人，太平公主亦被赐死于家。李隆基巩固权位后，改元开元，是为唐玄宗，亦称唐明皇。至此，武则天下台之后的动荡局面才稳定下来。

开元年间的改革与“开元之治”　开元年间，唐玄宗先后任命正直干练的官员姚崇、宋璟、张嘉贞、张九龄、韩休等人为宰相，在他们的辅佐下，针对时弊，进行了一些改革。

（一）裁汰冗官，整顿吏治。武周时即选官滥杂，中宗复位后，韦皇后及安乐公主一伙把持政柄，大肆卖官，所置员外、同正、试、摄、检校、判、知等官泛滥，多达数千人，造成政府开支急剧增加。玄宗即位后，开始裁减冗官，“大革奸滥，十去其九”①，并停废闲散诸司、监、署十余所，精简了庞大的官僚机构。在此基础上，玄宗比较严格地控制官吏的铨选，尤其重视县令的选任。开元四年（716年），玄宗对吏部选用的县令亲自加以复试，结果有45人因不合格而被淘汰。玄宗还专门颁布了《整饬吏治诏》，规定每年十月各道按察使对地方官的政绩进行严格考核，以定升降黜陟。开元末年，还修订了《大唐六典》，作为行政法典，明确规定各级政府机构的组织建制、职权范围及人员编制，实行官员定额编制，从法律上杜绝冗官滥吏，保证行政效率。

（二）抑制食封贵族。唐初规定，凡食实封的贵族，封户的租调由封家征收。最初食实封者不过二三十家，封户多的仅千余户，到中宗时，食实封者增至140家以上，封户多的达万户。这样就使国家的一部分租调被私家侵吞。不仅如此，封家派官吏或奴仆征收租调，还对封户百般勒索，多取财物。有的还以租调做买卖，经营高利贷。因此，当时封户所受的剥削十分沉重，多破产逃亡。开元三年（715年），玄宗规定，封家的租调改归政府统一征收，由封家在京城或州治领取，封家亦不得再向封户催索或放高利贷。后来又规定，凡子孙承袭实封的，户数减十分之二。这些措施对食封贵族的势力起了一些抑制作用。

（三）压制佛教势力。武则天、中宗、睿宗时期，崇佛过度，佛教势力得到恶性发展，“贵戚争营佛寺，奏度人为僧，兼以伪妄；富户强丁多削发以避徭役，所在充满”②，全国的僧尼人数膨胀到数十万。僧尼不服役纳税，造成了政府税源的流失。广建佛寺，大造佛像，浪费巨大，给人民群众也造成了痛苦。开元二年（714年），玄宗接受姚崇的建议，下令淘汰天下僧尼，强制还俗者达1.2万余人。同年八月，玄宗还下令禁止新造佛寺，禁止民间铸造佛像

① 《通典》卷一九《职官》一。

② 《资治通鉴》卷二一一。

和抄写佛经，并禁止贵族官僚与僧尼交往。这些措施都抑制了佛教势力。

(四) 兴修水利，重视农业生产。开元年间，全国兴修了许多水利工程，著名者有蔡州新息县的玉梁渠，灌田三十余万亩，蓟州三河县的孤山陂，灌田二十余万亩。据统计，玄宗执政期间，全国共建56个农田水利工程，相当于唐朝所修工程总数的20%以上。[①] 玄宗还在各地大兴屯田，全国共有军屯992屯，垦田面积达500万亩左右。农业生产的发展使各地官府仓库里的粮食堆积如山。

(五) 检田括户，限制土地兼并。针对武周以来均田制日趋破坏，土地兼并和农户逃亡日益严重的情况，开元九年（721年），玄宗任命宇文融为劝农使，在各地大力检括逃户和籍外占田，经过几年的努力，共“括得客户凡八十余万，田亦称是”[②]。唐政府对括得的客户每丁税钱1500文，只交户税，免其租调徭役6年，使之重新回到均田土地上去。这一措施既增加了政府收入，也对改变占田不均的情况，缓和阶级矛盾，发挥了一定的积极作用。

(六) 重视教育文化的发展。开元年间，学校教育得到进一步发展。开元二十六年（738年），玄宗下令：“天下州县，每乡之内，各里置一学，仍择师资，令其教授。”[③] 据统计，开元时期，中央国子监所属学校各科生徒及州县学学生达6万余人。自开元五年（717年），玄宗还令马怀素、褚无量、元行冲等人负责，进行了大规模的图书整理和编纂工作。史载：“藏书之盛，莫盛于开元，其著录者，五万三千九百一十五卷，而唐之学者自为之书者，又二万八千四百六十九卷。呜呼，可谓盛矣！”[④] 唐玄宗本人还爱好音乐、诗歌和戏剧，征召李白、张遂等文士充当其学术顾问，给予优厚的待遇，对当时文化界产生了很大影响，也有力地促进了当时文化的发展。

因为上述各项改革，开元年间吏治清明，政局稳定，加速了社会经济的发展，推动了教育文化的繁荣，成为唐王朝的鼎盛时期，史称“开元之治”。

五 社会经济的发展和繁荣

经过一百多年的恢复发展，唐朝的社会经济在玄宗开元、天宝年间达到高峰，呈现出繁荣局面。

---

① 乌廷玉：《隋唐史话》，第117页，北京出版社1984年版。

② 《旧唐书》卷一〇五《宇文融传》。

③ 《唐会要》卷三五《学校》。

④ 《新唐书》卷五七《艺文志》。

农牧业的恢复与发展　唐政府很重视农田水利灌溉，在中央工部之下设有水部司，置郎中、员外郎各一人，“掌天下川渎陂池之政令，以导达沟洫，堰决河渠，凡舟楫灌溉之利，咸总而举之”[①]。又设有事务机关都水监，置都水使者二人，掌河渠修理和灌溉事宜。政府还制定了《水部式》，对河渠、灌溉、舟楫、桥梁以及水运等事做出法律规定。据史载，在唐前期130多年中，劳动人民兴修水利工程达160多项，分布于全国广大地区。如贞观年间，在莆田（福建莆田）筑诸泉塘、沥峙塘、永丰塘、横塘、颉洋塘、国清塘，总溉田1200顷。开元二年（714年），在文水（今山西文水）引文谷水开甘泉、荡沙、灵长、千亩四渠，溉田数千顷。开元年间，在新息（今河南息县）疏浚玉梁渠，溉田三千余顷；在彭山（今四川彭山）修筑通济大堰一、小堰十，自新津邛江口引渠南下，长120里，溉田1600顷。河渠陂塘等水利灌溉工程的修建对农业生产起了重要作用。

唐朝时的生产工具有了很大进步。在耕犁方面，唐朝农民在丰富的生产经验基础上，将旧式的直辕犁改进为曲辕犁，使犁辕的长度缩短，犁架变小变轻，便于控制，省时省力，只用一牛牵引即可，大大提高了耕作效率。在灌溉工具方面，除了前代已有的桔槔、辘轳、翻车还在普遍使用外，劳动人民又创造了连筒、桶车、筒车和水轮等新工具。连筒用粗竹相连，打通竹内的关节，用以引水，其优点是能够架越涧谷，把水引到对岸。桶车、筒车和水轮是形式不同的三种水车。桶车“以木桶相连汲于井中”[②]；筒车形状类似纺车，在其四周缚以竹筒或木筒，利用水力推动，把水汲至高处；水轮即水轮翻车，制作与人踏翻车相同，但改用水力做推动力。先进灌溉工具的广泛应用，提高了灌溉效率。

到玄宗开元年间（713～741年），农业生产发展到了高峰。杜甫的《忆昔》诗说：

忆昔开元全盛日，小邑犹藏万家室。
稻米流脂粟米白，公私仓廪俱丰实。
九州道路无豺虎，远行不劳吉日出。
齐纨鲁缟车班班，男耕女桑不相失。

这首诗尽管有些夸张，但官仓和地主的私廪里堆满了粮食则确属实情。1971年，考古工作者曾对唐代洛阳的含嘉仓进行发掘，探明全仓面积达42万平方

① 《唐六典》卷七《尚书工部》。
② 《太平广记》卷二五〇《邓玄挺》。

米，探出圆形窖穴295座。大的窖穴能储粮一万数千石，小的也能储数千石。其中有一个窖穴还存留着唐代储藏的现已变质炭化的谷子，据推算，这堆谷子在当时储放时约有50万斤。① 据文献记载，天宝八年（749年）官仓的存粮共有粟米9600万石。② 这在一定程度上反映了当时农业生产的发展水平。

生产发展的结果，使物价越来越便宜。开元十三年（725年），“东都斗米十五钱，青、齐五钱，粟三钱”③。以后直到天宝末年，物价长期稳定，“两京米斗不至二十文，面三十二文，绢一匹二百一十二文”④。社会经济运行健康平稳，人民生活较为安定富裕。

随着农业的恢复和发展，唐前期的户口数逐渐上升。武德年间，全国有户200余万，贞观初年增加到300万，永徽三年（652年）上升到380万。开元、天宝时期，人口上升的速度更快。天宝十四年（755年），全国户增至8914709，有人口52919309。这一数字是唐代最高的人口统计数。由于当时“簿籍不挂”的逃户很多，所以政府的户口统计数往往比实有的户口数要低。据杜佑估计，天宝年间全国的实有户数至少有一千三四百万⑤。如一户平均以五口计，那时全国的人口数大约为六七千万。

农业的迅速恢复和发展，主要是靠广大劳动人民的辛勤耕作。唐初，“自伊、洛以东，暨乎海岱，灌莽巨泽，苍茫千里，人烟断绝，鸡犬不闻”⑥，到处都有很多荒地。经过劳动人民一百多年的艰苦奋斗，到开元、天宝年间，出现了“耕者益力，四海之内，高山绝壑，耒耜亦满”⑦ 的大发展局面，甚至河湟、河套、桂州、天山南路等边远地带，农业生产也有了一定的发展。有学者估计，天宝时实有耕地面积约在800万顷至850万顷（依唐亩面积计）之间，超过西汉时的最高垦田面积⑧，这是符合事实的。

由于战马在当时战争中有突出地位，唐政府十分重视畜牧业，在京西北的草原地带，建立了不少国营牧场。唐初，在兰、渭、原、秦四州设陇右牧监，后来又在关中的岐、豳、泾、宁四州设八马坊。这两大牧区各辖48监，上监养马5000匹以上，中监3000匹以上，下监1000匹以上。发展到高宗麟德年

① 见河南省博物馆：《洛阳隋唐含嘉仓的发掘》，载《文物》1972年第3期。

② 《通典》卷一二《食货·轻重》。

③ 《资治通鉴》卷二一二。

④ 《通典》卷七《食货·历代盛衰户口》。

⑤ 《通典》卷七《食货·丁中》。

⑥ 《旧唐书》卷七一《魏征传》。

⑦ 《元次山集》卷七《问进士》。

⑧ 参见汪篯：《唐代实际耕地面积》，载《汪篯隋唐史论稿》，中国社会科学出版社1981年版。

间（664～665年），官马已达70.6万匹。由于社会上马的数量增多，故马价极为便宜，“天下以一缣易一马，秦汉之盛，未始闻也”[①]。后来，由于马政废失，官马潜耗大半。玄宗继位后，以太仆卿王毛仲为内外闲厩使，对马政加以整顿，国营畜牧业重新发展起来。天宝十三年（754年），仅陇右牧监所养马牛驼羊就达605600只，其中马占325700匹。监牧的兴盛发挥了重大作用，监牧与军镇、屯田一起构成了三位一体的边防体制。[②]玄宗朝还实行了奖励和保护民间养马的政策，不仅使得“王侯将相外戚牛驼羊马之牧布诸道，百倍于县官”[③]，一般百姓也纷纷养马，因此当时招募入伍的“步军皆有私马”[④]，民间养马数量大大超过了官方，形成了官私牧业蓬勃发展的局面。

国营牧场上的主要劳动者称“长户”，是父死子继的职业牧人。他们种植牧草饲料，为官府养殖牧畜，也通过租佃制从事农业生产，向政府交纳课税，其身份是低于均田户的杂户。国营牧场上的其他劳动者还有牵夫、识马小儿、兽医等服色役者。正是他们促成了国营畜牧业的发展。

手工业的发展 唐代的手工业，有官营和私营两类。

唐政府设立了不同层次的多种政府机构，直接管理经营着门类众多的手工业。这些政府机构，在中央有尚书省工部，“掌天下百工、屯田、山泽之政令”。工部之下又设有工部司，“掌经营兴造之众务，凡城池之修浚、土木之缮葺、工匠之程式，咸经度之”[⑤]。工部和工部司是官营手工业的最高政务部门，负责有关政令和计划的制定与下达。少府监（下辖中尚、左尚、右尚、织染、掌冶五署）、将作监（下辖左校、右校、中校、甄官四署及百工、就谷、斜谷等监）、军器监（下辖甲坊、弩坊二署）则是负责具体实施政令与计划的中央事务机构。其中，少府监在开元二十五年（737年）之前，除直辖十炉专门铸币外，还对设在各地的诸铸钱监有业务上的领导权。除此而外，在其他一些中央政府机构、内廷、东宫及各级地方政府部门中，也广泛设有官营手工业的管理经营机构，构成一个从中央到地方的庞大的官营手工业的行政管理体系，生产着几乎无所不有、巨细无遗的各类产品，主要用以供给宫廷、贵族、官僚、官府的消费和使用。

官营手工业的生产运作以封建专制统治为基础。在劳动力役使上，一是奴

① 《张说文集》卷一二《大唐开元十三年陇右监牧颂德碑》。

② 马俊民、王世平：《唐代马政》，西北大学出版社1995年版。

③ 《新唐书》卷五〇《兵志》。

④ 《旧唐书》卷一〇四《高仙芝传》。

⑤ 《唐六典》卷七《尚书工部》。

役官奴婢、番户、杂户及刑徒、流徒，二是主要通过徭役制度强行征调各地工匠和丁夫。依照唐律，凡犯谋反和谋大逆的人，其家庭男女老幼及奴婢一律籍没入官，统称官奴婢。遇有皇帝赦宥，官奴婢可一免为番户，再免为杂户。官奴婢、番户、杂户皆当色相婚，不得逾越。官奴婢常役无番，番户一年三番，杂户二年五番，番皆一月。政府还对官奴婢、番户、杂户立有专门的籍簿，由役使诸司和尚书省工部之都官司共同管理。刑徒是因犯罪被判徒刑之人，流徒是因犯罪被判流刑之人，他们也被发配在官府作坊中役使。由于人数较少，官奴婢、番户、杂户及刑徒、流徒不是官营手工业的主要劳动力。

官营手工业的主要劳动力是政府根据需要，自各地征调的各类工匠和丁夫。为了征调的方便，政府为各地工匠建立有匠籍，规定“工巧业作之子弟，一入工匠后，不得别入诸色”①，即工匠要世袭，不能随便改行。政府还按地区划分，对工匠实行类似于府兵的编制管理，即“凡工匠，以州县为团，五人为火，五火置长一人”②。丁夫的征调略同于工匠，为方便起见，政府以户为单位编制有专门的差科户籍。大致说来，工匠有短番匠与和雇匠两类。短番匠每年服役二十天，在政府“驱役不尽及别有和雇”的情况下，短番匠可“纳资代役”。和雇匠由政府出资招雇，又可分为明资匠和长上匠两种。明资匠是短期雇工，每年大约做工三个月，长上匠是长期雇工，终年被政府雇佣。和雇的工钱为日绢三尺，但由于政府往往不按规定付酬，所以当时的和雇匠实际上是强制性的。尽管如此，和雇制度的产生还是有进步意义的，因为它促使政府对工匠的束缚有所放松。

唐代的私营手工业，首先是大量个体农民所经营的家庭副业。他们生产的产品，在自用和纳税有剩余时，也拿到市场上出卖。当时私营手工业者所经营的作坊，诸如织锦坊、纸坊、染坊、冶成坊、铜坊等，比以前有了显著增加。其中少数规模较大，如定州富豪何明远“家有绫机五百张”③，但一般来说规模都比较小。私营手工业由于资金少，规模小，政府又常征调工匠服役，因而其发展受到很大限制，与规模庞大、体系完整的官营手工业相比，私营手工业处于次要地位。

唐朝前期手工业的一些主要部门，技术水平、产品种类和生产规模都超过了前代。

① 《唐六典》卷七《尚书工部》。

② 《新唐书》卷四六《百官志》。

③ 《朝野佥载》卷三。

纺织业是最发达的一个部门。北方善织绢，江南盛产布，唐前期大体上还是如此。宋州（今河南商丘）、亳州生产的绢帛质量最高，而定州的绫绢产量最多，每年要向皇帝进贡 1500 多匹。这时江南的丝纺织业也有了很大发展。江南东道的丝织物品类繁多，许多被列为贡品，在产量上已仅次于河南道、河北道而跃居全国的第三位。丝织物的品种花式都很多，可谓争奇斗艳，琳琅满目。就绫而言，有独窠文绫、两窠细绫、瑞绫、白编绫等。就锦而言，有大张锦、软瑞锦、大绸锦、透背锦、半臂锦、杂色锦等。至于绫锦的花式则更多，有盘龙、对凤、麒麟、狮子、天马、辟邪、孔雀、仙鹤、芝草、万字、双胜等多种。还有一种轻绢，长四丈，据说重才半两。在敦煌和吐鲁番等地考古所发现的许多唐前期的丝织实物，如其中的提花晕绸锦、斜纹纬锦，突出地反映了当时丝织工艺的高度水平。当时麻纺织品的产地主要是关陇和江南，而以黄州（今湖北黄冈）的赀布最为有名。棉纺织品主要产于岭南的桂州（今广西桂林）和西北的西州（今新疆吐鲁番）一带。唐玄宗时，长安城内有“卖白衫、白叠布（即棉布）行，邻比廛间”①。可见棉布产量增多，往内地运销的数量也越来越多了。

纺织业发达的另一标志是染色技术的提高。最著名的技术有三种：采用结扎缝引而染出图案花样的“绞缬”法，采用镂板印染的“夹缬”法以及涂蜡印染的“蜡缬”法。这几种印染方法，以前已经发明，但技术的提高和广泛流行则是在唐代。玄宗时采用夹缬法印染的织物，“遍于天下，乃为至贱所服”②。

陶瓷业发展到了新水平。邢州窑（今河北临城县境内）生产的白瓷“类银”“类雪”，质量很高。李肇《国史补》称：“内丘白瓷瓯，端溪紫石砚，天下无贵贱通用之。”可见邢州窑白瓷的产量是很多的。当时邛州大邑（今四川大邑）的白瓷也很有名，杜甫在《咏瓷》诗中称其“轻且坚”“胜霜雪”。南方饶州昌南镇（今江西景德镇）生产的白瓷和青瓷则有“假玉器”之称。唐代专烧青瓷的窑多在南方，以越州（今浙江绍兴）窑的产品为最佳，其釉色光亮纯青，又为帝王专用，故被誉为“秘色瓷”。陆龟蒙《秘色越瓷》诗云：“九秋风露越窑开，夺得千峰翠色来。”把越瓷釉色的青翠晶莹形象地描绘出来。1987 年陕西省扶风县法门寺地宫出土的十余件秘色青瓷，确证了唐代越州窑的烧制水平。唐代陶器的杰出代表是三彩陶器，它在白地陶胎上刷一层无色釉之后，以黄、绿、白、赭、蓝等颜色绘成花纹图案，再烧制而成，有各种人物和动物

---

① 陈鸿祖：《东城老父传》。

② 《唐语林》卷四《贤媛》。

等，色彩鲜丽，造型生动，是我国古代艺术中的珍品。近年考古还发现了五彩陶俑，技术水平比三彩陶器更高。

矿冶业也有了发展。唐王朝建立后，规定除西、北缘边诸州禁置铁冶及采矿外，在其余诸州出铜铁之所，实行“官未采者，听百姓私采”的政策，即在政府优先经营矿冶业的前提下也允许私人经营，但私营所铸得的铜及白镴（锡与铅的合金，即焊锡）等与铸币业相关的金属要由政府一手买断。玄宗开元年间，政府加强了对私营矿冶业的征税管理，也强化了官营矿冶业的经营管理。德宗时，官营银铜铁锡各类矿已达 170 处左右。宣宗时，一次就增开铁冶 71 处。同时，铸造技术有了很大提高，扬州铜镜和金银平脱器的制造，突出地反映了当时的铸造水平。

武德四年（621 年），唐朝开始铸造新币，名“开元通宝”，直径八分，每枚重一钱，十枚重一两。唐一斤等于古三斤，一枚“开元通宝”钱等于古七铢二累，比汉、隋五铢钱加重二铢二累，得轻重之宜。史载“新钱轻重大小最为折衷，远近甚便之”[①]，对经济的发展发挥了积极的推动作用。自唐以后，十枚重一两的钱开始流行，相沿至清代基本上不变。天宝末年，分散在全国的铸钱炉共 99 处，每年铸钱达 327000 贯左右。

造船业的发展也很显著，除了官营制造的御舟、漕船、战船外，民间私制的舟船也很多。唐时造船业的中心集中在江南的扬州、洪州、宣州、金陵等地，史载“东南郡邑无不通水，故天下货利，舟楫居多”[②]。造船业的发达，使得各地经济交流活跃，促进了社会的发展。唐时远航印度洋和红海的中国海船，有“海上霸王”之称。

茶叶贸易的兴起　我国是茶树原产地，是世界上最早饮茶、种茶的国家。蜀汉时期，文献上已有蜀地种茶、卖茶的记载。历经魏晋南北朝，茶树栽培扩展到长江流域，饮茶渐成风俗，茶叶贸易初具规模。入唐后，我国在茶树栽培、茶园管理及茶叶制作方面有了长足进步，达到了相当高的水平。据唐人封演所撰《封氏闻见记》记载，到玄宗开元年间，由于泰山灵岩寺禅师的提倡，饮茶风俗从南方长江流域蔓延到北方黄河流域，“自邹、齐、沧、棣，渐至京邑城市，多开店铺，煎茶卖之，不问道俗，投钱取饮。其茶自江淮而来，舟车相继，所在山积，色额甚多”。可见茶叶已迅速成为重要商品，南茶北运通畅繁忙，茶叶贸易热闹非凡。产茶各地还涌现出了众多名优茶叶，一些名茶作为

---

① 《旧唐书》卷四八《食货志》上。

② 《唐国史补》卷下。

商品，大量流入吐蕃和回纥地区。这表明到唐玄宗时，茶叶贸易已迅速兴起，并促进了社会经济的繁荣。

商业的繁荣和交通的发达　唐前期国家统一，政治稳定，农业、手工业有了很大发展，这一切都为商业的繁荣提供了条件。

城市的发展是商业繁荣的一个标志。西京长安是当时全国的政治中心，也是亚洲各国经济、文化交流的中心。长安城东西宽约 9500 多米，南北长约 8400 多米，分为宫城、皇城和外郭城三个部分。宫城是宫殿区，皇城是中央官署所在地，两者居于长安城的北部正中。外郭城是百姓和官员的住宅区，也是商业区。城内有东西大街 14 条，南北大街 11 条，把住宅区划分为 108 个坊。南北向最宽的朱雀大街位于城南部的正中，把全城分为东西两半。东城和西城各有一个专门的商业区，称为东市、西市，各占两坊之地。史载东市“街市内货财二百二十行，四面立邸，四方珍奇，皆所积集”①。西市的建置同于东市，其繁荣不亚于东市，许多西域胡商及波斯、大食等外国商人多聚居在这里。盛唐时，长安人口达百万，是全国最大的城市。东都洛阳是仅次于长安的第二大城市，设有南市、北市和西市。其中南市“东西南北居二坊之地，其内一百二十行，三千余肆，四壁有四百余店，货贿山积”②，商业活动亦十分繁荣。洛阳还是运河漕运的中心，唐政府有许多粮食、绢帛囤积于此，不少胡商也在此停留。天宝初年，洛阳的人口亦有数十万。长江北岸的扬州，当南北交通要冲，是长江下游的商业都会，是漕米、海盐、茶叶的集散地。天宝十年（751 年）八月的一场大风，翻覆扬州码头的大小船只数千艘，其商业繁忙可以想见。益州是西南地区的经济中心，广州、泉州、明州成为著名的对外贸易港口。唐政府还规定，在州县治所设置一处或几处市场，从京都到地方均有各级市场管理机构，一定程度上也促进了商业活动的发展。

除了京都及地方州县治所的市场设置外，农村集市贸易也有了发展。这种集市贸易当时称为草市、虚市、野市、蚕市等，多分布在水陆交通的要冲。因为交易量有限，多是每隔三、五日定期交易一次。中唐以后，农村集市发展更快，有些发展成为后来的重要市镇。

商业的发展，促使商人队伍越来越庞大。商人中既有贩卖各种物品的大小行商，也有经营邸店、客舍、行铺、车坊的坐贾。资财雄厚的大富商虽然人数不多，却是各地市场贸易的主宰人物。高宗时，富商邹凤炽，“邸店园宅，遍

① 《长安志》卷八《东市》。
② 《河南志》卷一。

满海内，四方物尽为所收”[①]。唐玄宗曾问巨豪王元宝有多少家私？回答说：“臣请以绢一匹，系陛下南山树，南山树尽，臣绢未穷。”[②]可见他们的商业资本是很雄厚的。当时的富商巨贾还多与贵族官僚相勾结。邹凤炽“常与朝贵游”，王元宝及杨崇义、郭万金等“各以延纳四方多士，竞于供送，朝之名僚，往往出于门下。每科场文士集于数家，时人目之为豪友”[③]。这种情况说明商人低贱的社会地位正在起着变化。

唐前期的商品经济虽然获得了较大发展，但整体水平还很低。当时从京都到地方州县治所的各级市场均由政府设置，也均由各级市场管理机构进行管理，执行着严格的坊市分离制度。市区不仅占地很小，而且交易活动也受着时间、价格等方面的限制，所以商品经济不可能得到充分发展。同时，社会上的货币流通量不足，在广大地区绢帛等实物还充当着交换媒介而与钱币并用。

为了巩固统治和适应商业发展的需要，唐政府很重视交通的畅达。

当时的陆路交通以长安为中心，重要的交通干线有以下几条：一是从长安往东经东都、汴州（河南开封）达山东半岛；又自汴州北上可到幽州（今北京），南下可达扬州。二是从长安往西北经兰州、出敦煌通西域；又自兰州经鄯州（今青海乐都）可到吐蕃。三是从长安往西南经汉中达成都，由成都可到南诏。四是从长安往东北经河东（今山西运城）到太原；又自太原经幽州可达营州（今辽宁朝阳）及东北地区；经云州（今山西大同）可到回纥。五是从长安往南经襄州（今湖北襄阳）、潭州（今湖南长沙）、衡州（今湖南衡阳）到广州；又自衡州能到邕州（今广西南宁）。

水路方面，大运河沟通了南北水道，全国的航运事业也空前发展起来。当时人说：“天下诸津，舟航所聚，旁通巴、汉，前指闽、越，七泽十薮，三江五湖，控引河洛，兼包淮海。弘舸巨舰，千舳万艘，交贸往还，昧旦永日。”[④]足见当时水运交通的发达。

水陆交通的发达还表现在政府陆驿、水驿的设置及私人邸店的普遍上。唐承前朝旧制，在水陆交通要道上大致凡30里置一驿站，全国有水驿260所，陆驿1297所，水陆兼驿86所。陆驿备有马，水驿备有船，以供官吏往还和官府文书的传递。在交通要道上除官府驿站外，还有许多私人开设的邸店，接待行商等各类行人。史载开元天宝时期，“东至宋、汴，西至岐州，夹路列店肆

①② 《太平广记》卷四九五《邹凤炽》。

③ 《开元天宝遗事》卷上《豪友》。

④ 《旧唐书》卷九四《崔融传》。

待客，酒馔丰溢。每店皆有驴赁客乘，倏忽数十里，谓之驿驴。南诣荆、襄，北至太原、范阳，西至蜀川、凉府，皆有店肆，以供商旅。远适数千里，不持寸刃”[1]。这虽然不免夸张溢美，但也可看出当时的交通大致是畅达无阻的。

第二节　唐后期的政治和经济

一　天宝形势与“安史之乱”

均田制的破坏与经济结构的变化　唐代均田制对贵族官僚授田的规定不仅更加详备，而且数额很高，对土地买卖的限制也进一步放松，这就给土地兼并的进行提供了方便，使得地主土地所有制迅速发展，并最终破坏了均田制。

土地兼并在唐初已露端倪。如曾为泽州（今山西晋城）刺史的张长贵、赵士达，“并占境内膏腴之田数十顷”[2]，他们的土地即远远超过了均田令所规定的限额。到高宗、武周时期，兼并之风全面抬头，贵族官僚、富商大贾、寺院地主竞相进行土地兼并。如永徽五年（654年），贾敦颐任洛州刺史时，“时豪富之室，皆籍外占田。敦颐都括获三千余顷，以给贫乏”[3]。又如武则天的女儿太平公主，“田园遍于近甸膏腴”[4]。到玄宗朝，土地兼并越发激烈。如刑部尚书卢从愿“盛殖产，占良田数百顷，帝……目为多田翁”[5]。又如大官僚李憕“丰于产业，伊川膏腴，水陆上田，修竹茂树，自城及阙口，别业相望，与吏部侍郎李彭年皆有地癖”[6]。又如权相李林甫，“京城邸第，田园水硙，利尽上腴”[7]。官僚富豪还通过“借荒”“置牧”肆意扩大他们占有的土地。史载天宝十一年（752年）时，“王公百官及富豪之家，比置庄田，恣行吞并，莫惧章程。借荒者皆有熟田，因之侵夺；置牧者惟指山谷，不限多少。爰及口分、

---

① 《通典》卷七《食货·历代盛衰户口》。
② 《旧唐书》卷五八《长孙顺德传》。
③ 《旧唐书》卷一八五上《贾敦颐传》。
④ 《旧唐书》卷一八三《太平公主传》。
⑤ 《新唐书》卷一二九《卢从愿传》。
⑥ 《旧唐书》卷一八七下《李憕传》。
⑦ 《旧唐书》卷一〇六《李林甫传》。

永业，违法卖买，或改籍书，或云典贴，致令百姓无处安置”[①]。土地兼并已相当恶化。唐人杜佑对此指出：“开元之季，天宝以来，法令弛坏，兼并之弊，有逾于汉成、哀之间。”[②]

唐朝用于均田的土地主要是国有无主荒地，并不触动所有权明确的地主土地所有制。随着土地兼并的日趋激烈，土地迅速向各类地主手中集聚，国家控制的土地越来越少，农民授田不足的情况进一步发展。武则天当政时，齐州人员半千仅“有田三十亩”[③]；在江西彭泽，“百姓所营之田，一户不过十亩、五亩”[④]。现存唐代敦煌户籍残卷也证明，从武周到玄宗时期，农民授田的数额愈来愈严重不足。久视元年（700 年），常智才一户实授田 18 亩，占应受田 131 亩的 13.9%；张玄均一户实授田 75 亩，占应授田 231 亩的 32.4%。开元九年（721 年），赵玄义一户实授田 11 亩，占应授田 52 亩的 21.1%；曹仁备一户实授田 63 亩，占应授田 3182 亩的 1.9%；董思勗一户实授田 28 亩，占应授田 131 亩的 21.3%；杨法子一户实授田 39 亩，占应授田 101 亩的 38.6%；余善意一户实授田 28 亩，占应授田 161 亩的 17.3%；杜客生一户实授田 40 亩，占应授田 201 亩的 19.7%。[⑤] 这说明，从武周以后，均田制度的破坏已经是十分严重了。

针对均田制日趋破坏的情况，唐王朝也曾多次下令禁止土地兼并。如高宗时下令禁止买卖永业田、口分田。玄宗也曾下诏不许买卖典贴土地，开元九年时还进行了大规模的检田括户，力图维持住均田制，但是土地兼并始终无法抑制，最后连皇室也参加了进来。疯狂的土地兼并夺走了广大均田农民原本就十分有限的土地，有的沦为贵族、官僚、地主、僧侣及富商巨贾的庄客（佃客）、雇农、雇工，有的成为无家可归、四处漂泊的流民。这样一来，国家掌握的均田农户逐渐减少，破坏了以均田制为基础的租庸调制，使国家租调收入不断减少。另一方面，开元、天宝时期，政府的官俸、军费开支却不断增加。贞观六年（632 年）时，政府文武官员仅有 642 人，到开元二十五年（737 年）时，发展到 18805 人，比以前增加近 30 倍。“开元之前，每岁供边兵衣粮，费不过二百万；天宝之后，边将奏益兵浸多，每岁用衣千二十万匹，粮百九十万

① 《册府元龟》卷四九五《邦计部·田制》。

② 《通典》卷二《食货二·田制》下。

③ 《新唐书》卷一一二《员半千传》。

④ 《全唐文》卷一六九《乞免民租疏》。

⑤ 参见中国社会科学院历史研究所资料室编：《敦煌资料》第一辑，第 8～26 页。

斛。"[①] 兼之统治集团的肆意挥霍，造成了日趋严重的财政危机。

均田制破坏瓦解的过程，也是地主土地所有制迅速发展的过程。当时，大地主的土地多阡陌相连。他们把相连在一块的土地组成一个生产单位，称作田庄，亦称作庄宅、庄田、庄园、田园、田业、别业、别墅等，名异而实同。高宗时，有的田庄已有相当大的规模。如王方翼的"凤泉别业"，"辟田数十顷，修饰馆宇，列植竹木"。[②] 到玄宗时，各类田庄更是蓬勃发展，迅速瓦解着均田制度，并使得各类地主自身的经济实力不断增强，而国家的财政收入不断减少。在各类田庄中，由破产均田农户而成的庄客、雇农忍受着田庄主的残酷剥削，向田庄主"贷其种食，赁其田庐，终年服劳，无日休息"[③]。田庄主对他们的剥削，上等田每亩收租一石，中等田收租五斗，租额占收获量的五成以上。此外，庄客、雇农还得听从田庄主的使唤，服多种杂役，被迫进行无偿劳动。沉重的剥削压迫，激化了当时的社会矛盾。

府兵制的终结与军事格局的变化 府兵制也以均田制的推行为前提。[④] 随着均田制的破坏，府兵制自武周时开始废坏，到玄宗时走到了尽头。在府兵制下，府兵虽然可以免除本身的租调，但是兵甲衣粮必须自备，所以服兵役同样是一项极其沉重的负担。均田制推行较好时，农民有一定数量的土地，有一定的经济基础，服兵役尚能勉强维持。随着均田制的日益废坏，农民占有的土地越来越少，或者根本丧失了土地，沉重的兵役就无力负担了，于是越来越多的农民想方设法逃避兵役，有的向未设军府的州县迁移，有的甚至自残手足。这样一来，府兵的兵源就渐渐枯竭了。与此同时，在役府兵所受的剥削压迫也日甚一日，纷纷逃亡。原先规定戍边和出征的府兵是三年一轮换的，但由于唐朝不断在边境用兵，边防线一再延伸，因此戍边和出征的兵额日趋庞大，士兵服役的年限也日益延长。边将们对待士兵极为残酷，他们侵吞士兵携带的财物，强迫士兵白天服苦役，夜间住地牢，许多士兵被折磨而死。到京师担任宿卫任务的府兵，境况也愈来愈差，他们不仅同样"番役更代，多不以时"[⑤]，甚至被卫佐借给豪家当奴僮，受人歧视。因此，人民视服兵役为畏途，谁也不愿当府兵，于是府兵制逐步废坏，到天宝八年（749 年）时，"折冲诸府至无兵可

---

① 《资治通鉴》卷二一五。

② 《旧唐书》卷一八五上《王方翼传》。

③ 《陆宣公集》卷二二《均节赋税恤百姓第六条》。

④ 另一种意见认为府兵制与均田制没有直接关系，也不是兵农合一的军制，而是一种世兵制。见吴枫、陈伯岩：《隋唐五代史》，第 119 页，辽宁人民出版社 1984 年版。

⑤ 《新唐书》卷五〇《兵志》。

交，李林甫遂请停上下鱼书"[1]。至此，唐政府不得不下令停止对府兵的征发，实际上宣布废除了府兵制度。

随着府兵制的逐渐破坏，为了弥补兵源的不足，募兵制日益发展起来。到玄宗开元年间，无论京师宿卫、边镇戍兵乃至地方武力，已基本上被募兵制所代替。开元十一年（723 年），根据张说的建议，京师宿卫一切募士承担，共募得 12 万，号称"长从宿卫"，次年，改称"彍骑"，第三年，将彍骑兵分隶中央十二卫，分为六番。自此，京师宿卫兵士率由招募而得。起初，彍骑多募选精壮，也注重军事训练，有一定的战斗力。但至天宝年间，彍骑多招募市井无赖充当，"六军宿卫皆市人，富者贩缯彩，食粱肉，壮者为角抵、拔河、翘木、扛铁之戏"[2]，很快堕落腐化。边镇戍兵也自开元二十五年（737 年）起正式实行招募制，因为要长期服役，招募的戍兵被称为"长从兵"或"长征健儿"。他们由边地将帅长期统率，逐步形成了将帅专兵的局面。地方武力主要是团结兵，亦称"团练"。大致说来，彍骑、健儿和团结兵的军器、衣粮均由唐政府发给，他们长期服兵役，是被政府雇佣的职业兵。

募兵制代替府兵制后，由于唐玄宗穷兵黩武，喜立边功，使得边防重镇的军事实力迅速增强，当时的精兵猛将都聚集在边镇之地。

掌握边镇武力的官员叫节度使。节度使势力在当时被称为藩镇或方镇。景云二年（711 年），睿宗始设节度使，以后逐渐推广。天宝初年，唐朝共设置了安西（治龟兹城，今新疆库车）、北庭（治北庭都护府，今新疆吉木萨尔北）、河西（治凉州，今甘肃武威）、朔方（治灵州，今宁夏灵武西南）、河东（治太原府，今山西太原）、范阳（治幽州，今北京）、平卢（治营州，今辽宁朝阳）、陇右（治鄯州，今青海乐都）、剑南（治益州，今四川成都）九个节度使和一个岭南五府经略使（治今广州）。以上十镇的兵力加上其他边地的小量驻军，共有 49 万人，而当时全国的总兵力约为 57 万人，也就是说，当时中央和内地所控制的兵力只有 8 万人，仅及边镇兵力的六分之一。这表明，先前府兵制下"内重外轻"的军事格局已被"内轻外重"所代替，唐王朝丧失了拥重兵居关中以驭天下的军事优势。

更有甚者，各地节度使的权力不断扩大，不仅领兵，而且把本地的民政、财赋等权力也抓到手里，他们"既有其土地，又有其人民，又有其甲兵，又有其财赋"[3]，很快发展成为强大的地方割据势力，成为唐中央统治的离心力量。

天宝年间的社会政治危机 开元、天宝年间，唐王朝的社会经济发展到了

①②③ 《新唐书》卷五〇《兵志》。

高峰，从表面上看呈现出一派繁荣的景象。然而实际上，社会上的腐朽力量迅速膨胀，各种社会矛盾也迅速激化，唐王朝的统治已是政治昏暗，危机四伏。

曾经励精图治、进行过一些改革的唐玄宗，到后期深居宫中，怠于政事，只想安逸享乐。天宝三年（744 年），玄宗纳姿色艳丽的杨太真为贵妃后，更是专以声色自娱。为了满足杨贵妃的挥霍，当时供贵妃院役使的织绣工达七百人，雕刻熔造工又数百人。杨贵妃的兄弟杨钊（杨国忠）、杨铦、杨琦及姊妹韩国、虢国、秦国三夫人，也都得到高官厚禄，还竞修华丽的第舍，一堂之费，动逾千万。皇亲贵戚向玄宗进献的精美肴馔，一盘值十户中等人家的财产。唐玄宗已转变为一个奢侈腐败的皇帝。

玄宗后期还不愿纳谏，任奸弃贤，相继以奸邪佞人李林甫和杨国忠为宰相，掌握实权。李林甫妒贤嫉能，擅权跋扈，“公卿不由其门而进，必被罪徙；附离者，虽小人且为引重”①。为了闭塞玄宗视听，固己大权，李林甫召集谏官说：“今明主在上，群臣将顺之不暇，乌用多言！诸君不见立仗马乎？食三品料，一鸣辄斥去，悔之何及！”② 补阙杜琎因上书言事，第二天就被黜为下邽令，从此谁也不敢再进谏。杨国忠是杨贵妃的本家哥哥，天宝十一年（752 年）接替李林甫为相后，依凭外戚之势，更加专权骄横，自己兼领四十余职，整天发号施令，“台省官有才行时名，不为己用者，皆出之”③。朝政在他们的把持下变得十分黑暗。

玄宗还任用王𫟹、韦坚、杨慎矜等聚敛能手大肆搜刮。王𫟹为户口色役使时，追征戍边死亡而官府没有除籍的丁男的租庸，有追征 30 年的。他每年向玄宗贡额外钱百亿万，对玄宗说：“此是常年额外物，非征税物。”④ 意思是可以放心挥霍。天宝年间，租税征收也十分繁重，“时钱谷之司，惟务割剥，回残剩利，名目万端，府藏虽丰，闾阎困矣”⑤。苛征暴敛加剧了广大人民的苦难，社会矛盾逐步激化。

安史之乱 天宝十四年（755 年）十一月，身兼范阳、河东、平卢三镇节度使的安禄山在范阳起兵叛乱，揭开了地方割据势力长期与唐中央政府争夺全国最高统治权的序幕。

安禄山出身营州（今辽宁朝阳）杂胡，曾为幽州节度使张守珪的捉生将。

---

① 《新唐书》卷二二三《李林甫传》。

② 《资治通鉴》卷二一四。

③ 《资治通鉴》卷二一六。

④ 《旧唐书》卷一〇五《王𫟹传》。

⑤ 《通典》卷六《食货六·赋税》下。

因为残酷地镇压奚、契丹人，得到了唐玄宗的赏识，天宝元年（742年）被提拔为平卢节度使，不久又兼领范阳、河东节度使。安禄山野心极大，他多次到京师长安，在宫廷和官场活动中，对唐政府的腐败、虚弱情况了解得很清楚，蓄下了起兵灭唐的异志。

安禄山的同伙史思明原名史窣干，也是杂胡出身，很早就是安禄山的密友。他到京师奏事，博得了玄宗的喜欢，赐名为思明。范阳起兵叛乱以前，史思明官至平卢兵马使。

安禄山为发动叛乱做了充分的准备。他用汉族士人高尚、严庄做谋主，以心腹蕃将32人代替手下汉将，又收养同罗、奚、契丹等部的降人八千余组成“曳落河”（壮士），作为叛乱的骨干力量。他还积极筹储战马、军械、米粮、绢帛以至珍宝，积聚了大量物资。经过长达十余年的秘密准备后，安禄山认为已具备了灭唐的力量，于天宝十四年（755年）冬以奉密旨讨杨国忠为名，拥三镇兵15万在范阳悍然起兵反叛。

叛军似一股浊流，迅速席卷河北之地，兵锋直指东都洛阳。腐朽的唐王朝军事上毫无准备，仓促应战，但招募而来的士兵根本阻挡不住叛军，一触即溃。十二月，叛军攻陷洛阳。次年（756年）正月，安禄山在洛阳自称大燕皇帝，建立起自己的政权。

安禄山虽然取得了军事上的成功，但是由于叛军所过到处烧杀抢掠，激起了人民的反抗。叛军刚过河北，常山（今河北正定）太守颜杲卿、平原（今山东德州）太守颜真卿等十七郡的地方官吏纷起倡义，结盟自保，合兵力达二十余万人，给安禄山的后方造成了极大威慑。安禄山派史思明引兵回击，破常山，杀颜杲卿，许多郡县重新陷落。不过，不久唐将李光弼、郭子仪先后率军由山西出井陉（今河北井陉西北），在河北大破史思明部。河北十余郡的地方官吏再次响应，纷纷杀叛将归唐，断绝了安史叛军返回范阳老巢的道路，使叛军陷入一片混乱。然而，如此有利的局面却被唐朝的昏庸腐败葬送殆尽。六月，叛军西陷潼关，整个战局的形势急转直下。

当时，防守潼关的唐将是哥舒翰，他虽拥兵近20万，但因是临时凑集招募组成，缺乏战斗力，能据守潼关不失就算不错了。但唐玄宗和杨国忠对拥有重兵的哥舒翰不放心，接连派宦官催逼哥舒翰出关收复失地。哥舒翰迫不得已，引兵出战，结果在灵宝（今河南灵宝）境内被叛军一举击溃，哥舒翰本人也做了俘虏。潼关陷落，叛军长驱进逼京师长安，形势危殆。郭子仪、李光弼听到消息后，收兵退入井陉，河北郡县复被史思明占领，全国战局迅速恶化。

潼关失陷，玄宗仓皇出逃四川，到马嵬驿（今陕西兴平西）时，随行将士发生哗变，杀奸臣杨国忠，并逼迫玄宗缢死杨贵妃。玄宗最后在七月逃至成都。太子李亨则在宦官李辅国等人的簇拥下北逃至灵武（今宁夏灵武），于乱中登基即皇位，并改元至德，是为唐肃宗。此时，京师长安陷入叛军之手。

在胜利面前，安史集团内部矛盾日益尖锐化。安禄山恣行暴虐，众叛亲离。至德二年（757年）初，安禄山被其子安庆绪杀死。安庆绪即帝位后，史思明屯驻范阳，坐拥重兵，不听调遣，安史集团分裂了。同年，唐朝从河西、陇右、安西、北庭等地陆续调集了十多万军队，又向回纥借到精兵四千，肃宗以其子李俶（后立为太子，改名李豫）为天下兵马元帅，以郭子仪为副元帅，率军一举收复长安。

在此前后，在南阳（今河南邓州）和睢阳（今河南商丘）的战斗也异常激烈。南阳是江、汉的屏障，睢阳是通向江淮的要道，而江淮一带是唐朝的重要财富来源地。叛军占据中原地区后，江淮财富不得不经由江、汉二水运抵洋川（今陕西洋县），再由洋川运到唐军的后防基地扶风（今陕西扶风）。安史集团为了切断唐朝廷的经济命脉，接连派大军猛攻南阳和睢阳。唐将鲁炅守南阳历时一年，南阳失陷后又退保襄阳（今湖北襄阳），抵挡住了叛军南下的道路。唐将张巡、许远苦守睢阳，和优势叛军前后进行大小四百余战，杀敌12万。睢阳最后陷落时，安史集团已丢失长安，无力再向江淮进扰。江汉和江淮地区的保全，使唐朝在经济上有所依赖，对战争的结局有重大影响。

唐军收复长安后，在河南境内与叛军展开了反复争夺，互有胜负。乾元二年（759年），史思明杀安庆绪，在范阳称大燕皇帝。肃宗上元二年（761年），史思明在邙山（今河南洛阳北）大败李光弼，并乘胜向长安进犯，但在途中被其子史朝义杀死。史朝义在洛阳称帝后，叛军内部更加分裂，从此再无力向唐军发动大规模的进攻。

宝应元年（762年），唐宫廷发生政变，宦官李辅国率禁军杀死张皇后，肃宗受惊而死。李辅国拥立太子李豫即帝位，是为唐代宗。

代宗调集各路兵马，再向回纥借到一部分军队，以其子雍王李适（kuò，扩）为天下兵马元帅，仆固怀恩为副元帅，率军相继收复了洛阳、河阳（今河南孟州）、郑州（今河南郑州）、汴州（今河南开封）等地。唐军视河南地区为“贼境”，大肆掳掠了三个月。回纥兵也在洛阳纵兵掠夺，杀人万计，大火延续几十天不灭。唐军的暴行进一步加剧了河南地区的灾难。

丢城失地的史朝义逃往河北。河北的叛将见他大势已去，多不听其指挥，纷纷向唐军投降。广德元年（763年）初，史朝义在唐军的追击下走投无路，穷途自杀。历时七年有余的安史之乱至此结束。

安史集团发动叛乱是不得人心的。叛军十分残暴，到处烧杀抢掠，激起了人民的无比愤怒。河北民众“所至屯结，多至二万人，少者万人，各为营以拒贼”[①]。关中人民“往往杀贼官吏，遥应官军，诛而复起，相继不绝”[②]。广大人民的坚决反抗，是促使安史集团失败的重要原因。

安史之乱给社会经济造成了极大破坏。乱前全国户数890多万，乱后仅剩190多万。北方黄河流域所受破坏最重，“东至郑汴，达于徐方，北自覃怀，经于相土，人烟断绝，千里萧条”[③]，锋镝余生的人民甚至“以纸为衣”[④]。为平定安史之乱，唐朝的边防军队多征调内地，造成了边防空虚，周边少数民族政权趁机对唐进攻，西域、河陇地区相继被吐蕃占领，南方也经常受到了南诏的侵扰。在民族斗争中，唐朝不得不由进攻转为防守。安史之乱还打破了唐王朝的统一局面，藩镇割据势力在乱后越来越强大，严重削弱了中央集权的力量。总而言之，安史之乱造成了极其严重的破坏，是唐朝由盛到衰的转折点。乱后，统一、繁荣、强盛的统治局面成为过去，唐王朝开始走向下坡路。

二　唐后期的政治斗争

唐中央与藩镇割据势力的斗争　在平定安史之乱过程中，为求得暂时苟安，唐代宗措置失当，“瓜分河北地，付授叛将”[⑤]，使安史降将摇身一变，成了由中央任命的地方节度使，保存了相当大的离心势力。在平叛过程中，朝廷还对内地掌握兵权的刺史多加节度使称号，造成了乱后“方镇相望于内地，大者连州十余，小者犹兼三四”[⑥] 的藩镇割据的严重局面。

《新唐书·方镇表》共列藩镇42个，实际上远不止此。藩镇中势力最大、为患最烈的，是成德、魏博、卢龙三镇，时称“河朔三镇”。成德镇治恒州（今河北正定），自宝应元年（762年）十一月李宝臣任节度使开始割据，占有恒、定、易、赵、深、冀等州（今河北中部和南部）。魏博镇治魏州（河北大名东），广德元年（763年）初田承嗣任节度使开始割据，占有魏、博、贝、相、澶、卫、洺等州（今河北、山东、河南交界地区）。卢龙镇治幽州（今北

① 《资治通鉴》卷二一七。
② 《资治通鉴》卷二一八。
③ 《旧唐书》卷一二〇《郭子仪传》。
④ 《旧唐书》卷一九五《回纥传》。
⑤ 《新唐书》卷二一〇《藩镇魏博传序》。
⑥ 《新唐书》卷五〇《兵志》。

京），也自广德元年初李怀仙任节度使开始割据，占有幽、涿、营、瀛、莫、平、蓟、妫、檀等州（今河北中北部及辽宁西部）。三人均是安史降将，各拥强兵，表面上尊奉朝廷，但法令、官爵都自搞一套，赋税不供中央。节度使的职位也父死子继，或由部下拥立，唐中央只能事后追认，不能更改。除河朔三镇外，重要的藩镇还有淄青镇（治青州，今山东青州）、淮西镇（治蔡州，今河南汝南）、宣武镇（治汴州，今河南开封）、沧景镇（治沧州，今河北沧州）、泽潞镇（治潞州，今山西长治）等。它们也多仿效河朔三镇，割据称雄，专横跋扈。

河朔型藩镇公开与唐中央对抗，被称为叛镇。除叛镇外，其他藩镇可分为三种类型：（1）中原型藩镇：主要有宣武、武宁、忠武、河阳、泽潞、义成、河东、陕虢、河中、山南东等镇。从地理位置来看，控扼河朔，屏障关中，对河朔叛镇起防范作用，所以在这里驻有重兵。河朔镇叛乱，唐政府主要从中原藩镇征调兵马进行讨伐。唐政府从东南地区剥削的财富，须经过武宁（治徐州）、汴宋、陕虢境内的漕运线运抵关中，所以中原型藩镇还负有保障唐中央财源的重要作用。（2）边疆型藩镇：西北主要有凤翔、邠宁、鄜坊、泾原、振武、天德、银夏、灵武等镇；西南主要有山南西、西川、东川、黔中、桂管、容管、邕管、安南、岭南等镇。主要是为防遏周边民族政权的入侵而设置的。（3）东南型藩镇：主要有浙东、浙西、宣歙、淮南、江西、鄂岳、福建、湖南、荆南等镇。东南地区养兵少，军费低，地方税收大部分上供中央，是唐王朝重要的财赋来源地。以上三类藩镇虽大体还服从唐中央的政令，割据性较弱，但有时也与唐中央兵戎相见，发生叛乱。

多数藩镇在其割据地区实行暴虐统治。如田承嗣在魏博“重加税率”，以“老弱事耕稼，丁壮从征役”[①]；李正己在淄青“为政严酷，所在不敢偶语”[②]；吴元济在淮西甚至禁止人民夜间点灯，而有以酒食相过从者判以死罪。藩镇节度使为了维护统治，都拼命扩充军队，还挑选精勇组成亲信“牙兵”。牙兵是节度使武装的核心，他们多“父子相袭，亲党胶固”，有着共同一致的利益。节度使对牙兵供给丰厚，往往能得到他们的死力，但这也使牙兵骄横异常，只要他们对节度使稍不如意，就或杀或逐，另立新帅，形成了“变易主帅，如同儿戏”[③] 的局面。牙兵的专横难制，说明藩镇割据势力是根深蒂固的。

---

① 《旧唐书》卷一四一《田承嗣传》。

② 《旧唐书》卷一二四《李正己传》。

③ 《旧唐书》卷一八一《罗弘信传》附《罗威传》。

藩镇和唐中央以及藩镇之间，都存在着矛盾。所以，它们经常“喜则连衡而叛上，怒则以力而相并”①，使唐后期的政局极为动荡不宁。唐中央和藩镇之间的斗争，在德宗朝有所谓“四镇之乱”。

建中二年（781年），成德节度使李宝臣死，其子李惟岳要求袭位，遭到决心削藩的唐德宗的反对。李惟岳便勾结魏博镇田悦（田承嗣之侄）、淄青镇李纳、山南东道（治湖北襄阳）节度使梁崇义共同起兵反抗中央。德宗调集军队，与四镇展开了战斗，不久，梁崇义和李惟岳兵败被杀，田悦和李纳也遭重创，削藩形势一片光明。然而，在胜利面前，德宗对有功藩臣封赏失当，卢龙镇节度使朱滔和成德镇降将王武俊联合田悦、李纳再行叛乱，朱滔称冀王、田悦称魏王、王武俊称赵王、李纳称齐王，史称“四王”。四王还共推也已反叛的淮西节度使李希烈为主，李希烈自称天下都元帅。叛藩南北呼应，气焰嚣张。建中四年（783年），德宗征调驻守京西地区的泾原兵出关平叛，但泾原兵经过长安时发生哗变，攻进长安。德宗狼狈北逃至奉天（今陕西乾县）。泾原变兵拥立废居长安的太尉朱泚为主。朱泚为朱滔之兄，不久在长安称帝，建国号秦（后改为汉）。朔方节度使李怀光率兵勤王靖难，但到长安附近后遭奸臣卢杞陷害，反而与朱泚勾结在一起。兴元元年（784年）初，德宗被迫从奉天南逃梁州（今陕西汉中）。后来，德宗依靠李晟率领的军队才收复长安，逐杀朱泚，又与朱滔、王武俊、田悦、李纳等相妥协，将事态平息下来，但削藩战争没有取得最后胜利。

到宪宗朝，唐中央和藩镇割据势力又进行了一番较量。

元和九年（814年），淮西镇吴少阳死，其子吴元济自领军务。吴元济更加飞扬跋扈，四出攻城掠地，“狂悍而不可遏”。在关东地区，“为其杀伤驱剽者千里”②。唐廷发诸道兵讨伐吴元济，但由于所命非人，指挥无力，出兵三年仍不能奏效。元和十二年（817年），宪宗任命宰相裴度为淮西宣慰处置使，进驻郾城（河南郾城），负责统帅全军。当时，各道军中均由宦官任监军使，经常干扰掣肘各军将领，影响了将领们的作战积极性。裴度到前线后，了解到宦官监军的弊端，奏请宪宗将监军取消，使将领们能独立处理军事，被动的战局逐渐得以扭转。唐将李愬，是一个智勇兼备的猛将，在这年冬天一个风雪弥漫的夜里，率领九千士兵突袭淮西镇老巢蔡州城（今河南汝南），一举活捉吴元济，平定了淮西之乱。

---

① 《新唐书》卷六四《方镇表序》。

② 《旧唐书》卷一四五《吴少诚传》附《吴元济传》。

淮西平定后，沧景、卢龙、成德等镇，相继归顺唐中央。独淄青镇李师道负隅顽抗，被宪宗发兵击败。到此时，唐朝算是恢复了表面上的统一，不过节度使握有重兵的局面并未改变，藩镇割据的基础也未消除，所以，表面上的统一当然不可能持久。元和十五年（820 年），宪宗被宦官杀死后，河朔三镇又相继叛乱。自此至唐灭亡，藩镇林立的割据局面一直延续下去。宣宗以后，唐中央已无力与藩镇较量，割据局势愈演愈烈。

中枢政制的演变　唐前期在中央掌握决策大计的是三省宰相班子，唐后期逐渐过渡到翰林学士和枢密使手中。

唐初在皇宫和政府部门，多设有学士机构。学士无品秩，地位不高，但得参与谋议，充作政府顾问，唐太宗亦间或请名儒学士起草诏书。武则天因为对旧官僚不信任，常令“北门学士”① 居中用事，参决百司表奏，以分宰相之权。女学士上官婉儿在武则天后期开始过问政事，中宗时更独当诏书之任，权力超过外朝宰相。开元二十六年（738 年），玄宗以中书省不能及时完成众多的诏令起草任务，成立了翰林学士院，“俾专内命”，负责一部分诏书的起草工作。德宗在泾原兵变时逃避外地，中枢机务委命翰林学士陆贽，一日诏书数百，皆由他斟酌起草，时称陆贽为“内相”。但大体说来，此时翰林院的组织机构尚不严密，决策权还不固定。永贞元年（805 年），唐宪宗继位后，开始对翰林院进行强化和改革：在诸学士之上置翰林学士承旨，时称“院长”“翰长”，为翰林院首脑。凡皇帝注意之大诰令、大废置和密谋策划，承旨得“专受专对”，实际上翰林学士承旨成为法定的“内相”。由于翰林学士与中书舍人都有草诏权，分工不明，宪宗乃分翰林学士和中书舍人为两制，各置六员。由于翰林院在宫禁之内，故称翰林学士为“内制”；唐后期中书省在皇城，故称中书舍人为“外制”。时内制重于外制，朝廷的制诰、诏令、赦文等都由翰林学士执笔，中书舍人只能起草一些不太重要的文书。这样，翰林学士的草诏权就被固定下来，翰林院成为设置于内廷的正式决策机构。

枢密使参知机务是与唐朝宦官势力的发展密切相关联的。唐初，宦官数量不多，地位也很低，无权过问军政大事。开元、天宝年间，宦官激增至三千人，其中五品以上的宦官达千余人，随着宦官集团的壮大，宦官干政的现象也产生了。玄宗常委派宦官监军，肃宗时用权阉李辅国掌禁兵，德宗设护军中尉二人、中护军二人，全以宦官充任，统率左右神策军、天威军等禁军。开元末年以后，玄宗重用宦官高力士，凡四方进奏文表，先让高力士审阅，小事由高

① 高宗、武后时期，宫廷学士常于皇宫北门出入，故时号“北门学士”。

力士处理，大事才由玄宗裁决。继高力士以后，宦官掌机密的现象不断发生。至元和初年，宪宗在强化翰林院职权的同时，又设枢密使一职，以宦官二人充任。宣宗时出现了枢密院，枢密使下设枢密承旨，再下有枢密院使，各级机构已相当完善。枢密使的任务是为皇帝传宣诏令，承受外朝表奏。如枢密使认为诏敕有不便之处，可以黄纸书写意见，贴于诏敕之后，称为“贴黄”，以这种形式来指挥政事。从枢密使职务来看，无疑为“内相”，枢密院亦为设于内廷的一个决策机构。二枢密使和二护军中尉合称“四贵”，从地位和权势来看，枢密使低于护军中尉，但在政治上的发言权枢密使则更大。中尉掌军和枢密掌政，为唐后期宦官专权提供了切实的保证。

随着翰林院和枢密院权力的上升，三省宰相的权力日益下降。唐前期，国家政务由宰相办公机构政事堂或中书门下决定；唐后期，翰林院逐渐掌握了大部分草诏权，中书门下所辖枢机房的职务又归枢密院，中书门下所剩下的决策职务就微乎其微了。唐中央为了提高行政效率，设置许多差遣使职，如户口使、租庸使、转运使、盐铁使、度支使等，分别负责一方面的政务。唐后期这类使职愈设愈多。在中书门下逐渐丧失决策权后，宰相为揽权自重，大多兼领一种使职或多种使职，成为行政长官。宪宗以后，国家的决策大计都由翰林院草诏，经枢密使宣付中书门下执行。由于差遣使职的发展，尚书六部的许多行政权被侵夺，而处于闲散的地位。唐前期那种中书草诏、门下封驳、尚书执行的三省制度，逐渐解体。

唐后期，三省宰相制逐渐被翰林院和枢密院所取代，固然是由于皇帝控制翰林学士和枢密使要比控制三省宰相容易一些，更适合君主专制的需要。更重要的是，由于唐后期政治、经济、阶级关系的变化和发展，三省宰相制已不能适应新的、复杂的情况，被新的机构所取代就成为难以避免的了。

南衙北司之争　宦官掌握了中央禁军军权后，地位愈加巩固，权势愈加膨胀，以至“藩镇节将，多出禁军，台省清要，时出其门”①，连皇帝的废立生杀也操纵在他们手中。唐后期的皇帝顺宗、宪宗、敬宗皆死于宦官之手，穆宗、文宗、武宗、宣宗、懿宗、僖宗、昭宗都是由宦官拥立的。宦官专权的局面形成了。

宦官专权威胁到了皇权，也引起了朝臣的反对。皇帝和朝臣不甘心受宦官支配，常常爆发反宦官的斗争。

顺宗时，发生了“二王八司马”事件。永贞元年（805 年）正月，顺宗即

① 《旧唐书》卷一八四《窦文场霍仙鸣传》。

皇位后，重用王叔文、王伾以及柳宗元、刘禹锡、韦执谊、韩泰、韩晔、陈谏、凌准、程异等十人，针对德宗贞元末年以来的弊政着手改革。

王叔文等首先取消了宦官借以掠夺百姓财物的“宫市”，罢去恶贯满盈的五坊（雕坊、鹘坊、鹞坊、鹰坊、狗坊）小使，禁止地方节度使向皇帝的“月进”“日进”等进奉，停征两税之外的诸色榷税。针对割据藩镇，王叔文等制定了抑制之策，一是罢免了浙西观察使李锜的转运盐铁使之职，将财政大权收归中央，二则坚决拒绝了剑南西川节度使韦皋欲兼领剑南三川（剑南西川、东川及山南西道合称三川）的要求。为了铲除宦官专权，王叔文以老将范希朝为左右神策、京西诸城镇行营节度使，以韩泰为其行军司马，试图接掌宦官手中的军权。但宦官集团并未让步，对范、韩进行了抵制。在宦官的反对下，这一关键性措施未能获得成功。

同年八月，以权阉俱文珍为首的宦官集团与韦皋、裴均（荆南节度使）、严绶（河东节度使）等内外呼应，迫使顺宗禅位于太子李纯。李纯即位，是为唐宪宗。宦官得势后，“二王”即被贬逐，王伾病死于贬所，王叔文被贬后又被赐死。柳宗元、刘禹锡等八人被贬为边州司马，时称“八司马”。整个事件也被称为“二王八司马”事件，它以反宦官专权的失败而告终。

文宗时，又发生了以李训、郑注为首的反宦官专权事件。

文宗的祖父宪宗、哥哥敬宗均死于宦官之手，他的父亲穆宗和他本人都是由于宦官的拥立才登上皇位。因此，文宗对宦官专权的危害深有认识，决心铲除宦官势力。当时，朝中大官僚分裂为牛、李两党，互相是非，残酷地相互倾轧。两党都与宦官集团有联系，对消灭宦官势力皆不感兴趣。于是，文宗不得不从地主阶级的中下层寻找支持。在这种情况下，李训和郑注得到了文宗的信用。

郑注本姓鱼，擅长医术，因出身低微，遭到大官僚们的蔑视，被称为“水族”。李训通经学，中过进士，曾因事被流放。李、郑二人先后走了权阉王守澄的门路，由王守澄把二人推荐给文宗。不过，李、郑二人并没有按照王守澄的意图办事。文宗和他们谈得很是投契，最后付以消灭宦官的重任。

李训、郑注首先向牛、李两党开刀。他们利用两党之间的矛盾，先后贬逐了李党首领李德裕、牛党首领李宗闵以及许多两党官员。与此同时，参与其事的舒元舆、郭行余、王璠、罗立言、韩约等人以及出身孤寒的贾竦、享有重望的裴度，都被重用。李训和郑注的这些处置既做了人事和组织上的准备，也赢得了人心，当时，“天下之人，有冀训以致太平者”[1]。

---

① 《旧唐书》卷一六九《李训传》。

太和九年（835年）秋，李训和郑注又利用宦官集团的内部矛盾，将反对王守澄的韦元素、杨承和、王践言三个权阉驱逐到地方当监军，不久都予处死。此后，他们又奏请文宗提升王守澄为左右神策军容使，解除其右神策中尉之职，用明升暗降之法把王守澄架空。王守澄丧失兵柄后，即被文宗赐死。他们又借追查宪宗被害之事，杖杀了在外地当监军的大宦官陈弘志。李训和郑注在消灭宦官势力的过程中，表现出十分干练的政治才能，有力地压制了宦官势力，“自中尉、枢密、禁卫诸将，见训皆震慑，迎拜叩首”①。

不久，李训、舒元舆做了宰相，郑注做了凤翔节度使，他们想用内外合势来消灭宦官。但是，李训被胜利冲昏了头脑，在条件不成熟的情况下，轻率地采取了冒险措施。太和九年年底的一天，经过一番布置，文宗登紫宸殿朝见百官。韩约奏称，金吾左仗院的石榴树上有天降甘露，文宗便令宰相和官员前去察看。过了很长时间，李训回来说，不太像是真甘露。文宗又令左、右神策中尉仇士良和鱼弘志带领众宦官去看。此时，李训早已在左仗院埋下伏兵，只等宦官一到便围而全歼。但仇士良看出了破绽，急忙劫持文宗回宫，并派出禁军大肆屠杀。李训、罗立言、王璠、舒元舆、贾悚、韩约等皆遭斩杀，郑注也在凤翔被监军杀害。此外被宦官滥杀者不计其数。这件事史称“甘露之变”。

甘露之变后，宦官一直掌握军政大权，成为唐王朝的实际统治者，直到昭宗天复三年（903年）被朱温一举消灭。

朋党之争　唐廷官僚按其出身而言，主要分为两类，一是门荫出身者，一是科举进士及第者。就其政治倾向来说，门荫出身者多倾向于没落的门阀士族，进士出身者多倾向于与士族有矛盾的庶族。唐朝每年中进士者平均不过30人，但在官僚阶层中居于主导地位。代宗朝宰相常衮当政时，甚至“非以辞赋登科者，莫得进用”②。当时同榜登第的进士称同年，进士称考官为座主，考官称被他录取的进士为门生。他们之间情趣相投，关系密切，在官场中互相援引，很容易结成帮派，形成一个势力圈子。士族地主一向以阀阅自矜，入唐以来他们的地位虽每况愈下，但自命清高，瞧不起庶族地主，更仇视进士及第者。两种不同出身官僚之间的明争暗斗由来已久，其中历时最久、斗争最烈的是所谓“牛李党争”。

牛党以牛僧孺、李宗闵为首领，多是进士及第者，代表庶族地主，李党以

---

① 《资治通鉴》卷二四五。

② 《旧唐书》卷一一九《崔祐甫传》。

李德裕为首领，多以门荫入仕，代表士族地主。两党结怨始于宪宗朝。元和三年（808年），制举策试贤良方正直言极谏科时，应试的牛僧孺、李宗闵、皇甫湜通过对策，“皆指陈时政之失，无所避”①，言词十分激烈。吏部侍郎杨于陵、吏部员外郎韦贯之为主考官，将三人录取。当时李德裕的父亲李吉甫为宰相，认为三人攻击的矛头是对准自己的，因而向宪宗哭诉，并指出考试存在舞弊现象。结果杨于陵等主考官遭贬，牛僧孺等人也长期不予升迁。这场被史家称之为元和三年策试案的争斗揭开了牛李党争的序幕。

牛李党争的高潮出现在文宗朝。先是牛党当政，排挤李党，后是李党当政，排挤牛党。甘露之变后，文宗逐渐起用一些被李训、郑注贬逐出朝的牛李两党官员，两党间的倾轧排摈也达于高潮，“每议政之际，是非锋起”②，相互攻讦，凡牛党所是者，李党必非之，凡李党所是者，牛党必非之。面对牛李两党的激烈争斗，文宗曾感叹地说：“去河北贼（指河朔三镇）非难，去此朋党实难！”③

武宗即位后，用李德裕为宰相，尽逐牛党。牛僧孺被贬为循州长史，李宗闵长流封州。宣宗即位后，牛党得势，牛党骨干白敏中被任为宰相，“凡德裕所薄者，必不次拔擢之”④。时李宗闵已死于贬所，牛僧孺被召还后，不久也死去。宣宗是个科举迷，“爱羡进士，每对朝臣问登第否？有以科名对者，必有喜”⑤，这使他与牛党情趣相合。在宣宗的偏爱支持下，牛党完全清除了李党。李德裕几经贬谪，大中二年（848年）时被贬为崖州司户，次年病死贬所。至此，牛李党争宣告结束，前后历时几近40年之久。

在斗争过程中，牛李两党相互是非，对许多政治问题持针锋相对的意见，就其主要者而言，表现在以下两个方面。

第一，通过什么途径来选拔官员？李党主张“经术孤立者进用”，牛党主张“地胄词彩者居先”。⑥ 魏晋以降的门阀士族多以经学传家，故重经术实即重门第；诗赋词彩是进士科考试的主要内容，故重词彩亦即重科举。李党成员郑覃长于经学，但不能为诗赋，“深嫉进士浮薄”⑦，曾屡次请求文宗废除进士

---

① 《资治通鉴》卷二三七。
② 《资治通鉴》卷二四六。
③ 《旧唐书》卷一七六《李宗闵传》。
④ 《旧唐书》卷一七六《马植传》。
⑤ 《唐语林》卷四《企羡》。
⑥ 《唐语林》卷三《识鉴》。
⑦ 《新唐书》卷四四《选举志》。

科。李德裕尤恶进士，曾向武宗鼓吹重用门荫子弟的主张，说："朝廷显官，须是公卿子弟。何者？自小便习举业，自熟朝廷间事，台阁仪范，班行准则，不教而自成。寒士纵有出人之才，登第之后，始得一班一级，固不能熟习也。"[①] 牛党则维护科举制度，注意拉拢进士，甚至"为举选人驰走取科第，占员阙"[②]，以壮大势力。在这个问题上，可以清楚地看出李党代表门阀士族的利益，而牛党代表庶族地主的利益。

第二，如何对待藩镇？李党主张摧抑藩镇，重振朝纲，牛党主张姑息妥协，息事宁人。宪宗元和初年，李吉甫任相，在他的参议下，削平剑南节度使刘辟和镇海节度使李锜。李吉甫任相岁余，"凡易三十六镇"[③]。李德裕在武宗朝为相，坚决地平定了昭义镇的叛乱。牛党则对朝廷用兵削藩多持消极或阻挠的态度。太和五年（831年），卢龙副兵马使杨志诚叛乱，驱逐节度使李载义，文宗问宰相牛僧孺应当如何处置？牛回答说，安史叛乱以来，范阳已不属中央，不必再为它操心，杨志诚占据范阳和李载义占据范阳没有什么不同，用不着和他们计较逆顺。文宗又问牛僧孺怎样才能使天下太平？牛回答说："（现今）虽未及至理（治），亦谓小康。陛下若别求太平，非臣等所及。"[④] 可见以牛党之见，藩镇割据是一种正常情况，根本不必去理它。

需要指出的是，从形式上看，牛李党争是历史上士族地主与庶族地主之间斗争的延续。但经过二百多年的科举制的推行，在唐后期，一部分庶族地主的政治地位已发生质的变化，他们已掌握了大权，早已压倒处在没落之中的士族地主，并已转化成社会上的腐朽势力，因此，这时期的士族与庶族的斗争，在性质上已与以前的有所不同。由于没落的士族地主和掌权的部分庶族大地主都是当时的腐朽势力，所以代表它们利益的牛党和李党，无论谁掌握大权，都不可能较大地改进当时的社会状况。就此点而言，牛李党争是没有积极意义的。另外，两党在勾心斗角中，都勾结宦官作为后台，与宦官同流合污，致使唐后期的政治更加腐败，在这点上也无积极意义可言。不过，在具体问题上，牛党主张科举取士，李党主张世袭做官，无疑牛优于李；李党主张削平藩镇，牛党主张姑息养奸，无疑李又优于牛。具体问题应该具体分析。

---

① 《旧唐书》卷一八上《武宗纪》。
② 《旧唐书》卷一七六《杨虞卿传》。
③ 《新唐书》卷一四六《李栖筠传》附《李吉甫传》。
④ 《旧唐书》卷一七二《牛僧孺传》。

三　安史之乱后的经济改革

第五琦与刘晏的理财措施　随着自高宗、武周时期以来均田制的破坏，以及府兵制向募兵制的转变和官僚机构的迅速膨胀，唐政府以租庸调为主的农业税收越来越不能保障官俸、军费等财政支出。天宝十四年（755年）十一月安史之乱的骤然爆发，不但打乱了唐王朝的正常统治秩序，而且愈益加剧了财政收支上的矛盾，国家财政基本上陷入崩溃境地，于是增辟农业税收之外的其他财源，以保障平定叛乱和挽救危机中的王朝统治，成为一件十分紧迫的大事。肃宗乾元元年（758年），左拾遗刘彤在开元九年[①]提出的由政府垄断经营盐铁木等山泽之利的建议，终于由盐铁转运使第五琦付诸实施。这一年，第五琦借鉴平原太守颜真卿“以钱收景城郡（沧州）盐，沿河置场，令诸郡略定一价，节级相输，而军用遂赡”[②] 的笼取盐利赡军以抗叛逆的成功做法，奏请肃宗，“创立盐法，就山海井灶收榷其盐，官置吏出粜。其旧业户并浮人愿为业者，免其杂徭，隶盐铁使，盗煮私市罪有差”[③]，将食盐的产销环节全部控制在政府手里，对食盐实行了辜榷制度，并把盐价由每斗10文一下子提高到110文。结果，政府从中获益，榷盐之利年入在40万贯左右，史称“人不益税而国用以饶”[④]，缓和了当时政府财政极度紧张的状况。

第五琦的榷盐法虽取得了一定成效，但其法也非尽善尽美，最大的弊端在于全面垄断食盐的产销环节，使得政府不得不广置专卖机构并增派官吏管理，致使机构臃肿，奸蠹滋生，经营管理的费用及损耗增多，从而直接影响了榷利的纯收入。代宗大历元年（766年）至德宗建中元年（780年），理财专家刘晏主管东部海盐专卖事务期间，对第五琦盐法进行了系统改革，一方面大事精简原先臃肿的盐政机构和冗官冗吏，另一方面把政府统购统销食盐，改为政府在产地统购食盐，以榷价批发给商人，再由商人运往各地零售，将政府从繁琐的食盐运销事务中解脱出来。这样，不仅避免了多设盐官扰民的流弊，也使政府的收入大增。刘晏初主盐政时，每年盐利约60万贯，到大历末年增加到600万贯，占当时国家财政总收入的一半以上，成为皇室及军费、官俸等开支的重

---

① 刘彤上表论盐铁的时间，史籍多作开元元年。据岑仲勉先生考证，上表时间应为开元九年。今从之。见岑仲勉：《隋唐史》下册，第400～401页注文，中华书局1982年版。

② 《全唐文》卷五一四，殷亮：《颜鲁公行状》。

③ 《旧唐书》卷一二三《第五琦传》。

④ 《唐会要》卷八七《转运盐铁总叙》。

要财源。

除对盐法进行改革外，刘晏还对漕运进行了整顿，并大力推行了常平法。

当时，由江淮向关中运粮的漕运是唐王朝的生命线。刘晏疏浚河道，训练漕卒，在扬州制造坚牢的运船，以船十艘为一纲，分几段路程节级向关中运输粮食。过去因为河流湍急，运输不得法，一斛粮食运至关中时能有八斗就算不错了。自刘晏整顿漕运后，“每岁运谷或至百余万斛，无斗升沉覆者”[①]。刘晏还在各道设巡院，选择精干廉洁的人做知院官。知院官每旬每月都要把本道各州县的雨雪、丰歉情况向中央申报，政府在丰收地区用较高的价钱籴进粮食，在歉收地区则用较低的价钱粜出，不仅利用粮食差价获利，而且保持各地物价大体稳定。刘晏的这些改革，发挥了一些好作用。如榷盐新法在运作较为正常时，榷盐之利在国家财政中一直占据着举足轻重的地位。

两税法的实施　均田制度的瓦解，农民的大量逃亡，使唐政府系之于丁身的租庸调剥削制度愈来愈难以维持了。安史之乱后，为了弥补财政的亏空，唐政府先后出台了许多新的税收项目，使赋税制度越来越混乱，造成了“科敛之名凡数百，废者不削，重者不去，新旧仍积，不知其涯”[②] 的严重局面。为了整顿赋税制度的这种混乱局面，保障中央政府获取足够的税收以应付安史之乱后的新形势，唐德宗建中元年（780年），在宰相杨炎的建议和推动下，唐王朝对国家税收体制做出重大调整——在继承先前地税和户税征收精神的前提下，废止已陷入困境中的租庸调制，改行统一按每户的实有田亩和资产征税，每年分夏秋两次交纳，是为两税法。

户税是按资产多寡分天下户为九等，按户等税钱。这一税制，在唐初已实行。大历四年（769年），代宗下敕对户税征收做了改订，规定上上户税四千文，每低一等减五百文，第八等下中户税七百文，下下户五百文。现任官亦得纳税，一品准上上户，九品准下下户。如一户数处做官或数处有田庄，须按官品、资产所应定的户等在各处纳税。百姓有邸店、行铺及炉冶，按本户等加二等纳税。寄居在异乡的卸任官吏，寄庄户从七等户税，寄住户从八等户税。其他诸色浮客及暂时寄住户等，一概在居住地依八、九等户纳税。[③] 自此，户税在政府收入中日益重要。

地税由唐初的义仓税发展而来。贞观二年（628年），唐政府令天下州县建置义仓，规定自王公以下皆亩税二升，以备凶年。唐中宗以后，国家财政日

---

①《资治通鉴》卷二二六。

②③《唐会要》卷八三《租税》上。

益掯据，义仓存粮不再用来救荒，而全部用作填补政府的亏空。这样，义仓粮就成了国家的一项正式税收，连义仓粮的名称也改称为地税了。天宝八年(749年)，全国义仓贮粮达6317万余石，比正仓贮粮还要多三分之一，可见地税在国家总收支中所占的重要地位。地税额亩收二升一直持续到广德元年(763年)，尔后即不断增加，并开始一年两征。如大历五年（770年）三月，唐政府下令："定京兆府百姓税，夏税上田亩税六升，下田亩税四升，秋税上田亩税五升，下田亩税三升，荒田开佃者亩率二升"[①]。随着地税额的增加，唐政府的收入当更多。

杨炎建议推行的两税法，实质上是以户税和地税来代替租庸调的新税制。它的主要内容是：

（1）取消租庸调及各项杂税的征收，保留户税和地税。

（2）"量出以制入"，政府先预算开支以确定赋税总额。实际上，唐王朝以大历十四年（779年）各项税收所得钱谷数，作为户税、地税的征收总额分摊于各州；各州则以大历年间某年所收最多钱谷总数，作为征收总额分摊于各地。因此，两税征收在全国没有统一的标准。

（3）户税依据每户资产的多寡分九等征钱，户等高的征钱多，户等低的征钱少。不过，户税在征收时大部分钱要折算成绢帛，征钱仅是很少的一部分。

（4）地税按田亩征收谷物。纳税的田亩以大历十四年的垦田数为准。

（5）对不定居的行商按三十分之一征税（后改为十分之一），使与定居的人负担大致均等。

（6）无论户税和地税，均按夏秋两季征收，夏税限六月纳毕，秋税限十一月纳毕。因为夏秋两征，故名两税法。

两税法的实施是一项有着重要意义的改革。首先，租庸调制"以丁身为本"，政府对租调的征敛，主要依据是丁身；两税法则主要依据土地多少而征税。两税中的地税按田亩交纳，户税虽说依据资产多寡分等交纳，但田亩是资产中的重要内容，所以户税实际上也主要是依据土地交纳。这种变化的主要原因是均田制破坏之后，土地占有情况愈来愈不均，于是舍人税地就成为税制发展的必然趋势。舍人税地也意味着唐政府对农民的人身控制有所减弱。其次，租庸调制之下，不管是田连阡陌的权要富室之家，还是仅占有少量土地的均田农户，他们向政府的交税都按丁交纳，每丁的负担完全一样，这当然极不合理。两税法推行后，"惟以资产为宗，不以丁身为本，资产少者则其税少，资

① 《册府元龟》卷四八七《邦计部·赋税》。

产多者则其税多”[①]。没有土地而租种他人土地的人，就只交户税，不交地税。这样，就多少改变了贫富负担不均的现象。再次，租庸调制以均田制为基础，流亡客户因为不在当地受田，所以既不编入户籍，也不纳税。两税法“惟以资产为宗”，规定无论主户、客户，均按田亩资产多寡交税，而且贵族官僚、富商地主也得交纳，从而极大地扩大了纳税面，即使政府不增加税率，也会大大增加收入。

两税法实施以前，大历年间由唐中央控制的户口仅 120 万户。建中元年（780 年）行两税法时，唐廷派黜陟使至诸道按比户口，结果总计得土户 180 余万，客户 130 余万，检括出隐户近 200 万户。两税法的立法原则比较公平，应是这次括户颇有成绩的一个原因。纳税的人数多了，国家的收入自然增多。仅以地方上交给唐中央的税钱为例，在推行两税法之前，每年约 1200 万贯，而盐利居其半。两税法实施后，“赋入一千三百五万六千七十贯，盐利不在此限”[②]，较前增加了一倍以上。这就加强了唐中央的经济力量。

推行两税法时，唐王朝明确规定：“今后除两税外，辄率一钱以枉法论。”[③]但这种局面只维持了一个极短的时期。稍后，腐朽的统治者又想尽办法搜刮，增添了许多苛捐杂税，再加上钱重物轻等原因，广大人民的负担成倍增加，生活愈加困苦。

四 经济地理的变化

安史之乱以后，北方黄河流域成为藩镇割据混战的角逐场所，社会经济的恢复和发展比较缓慢。但江南地区相对比较安定，又有不少北方人因避战乱而迁到江南，增添了劳动力。因此，在唐朝后期，江南地区的社会经济仍保持了迅速发展的趋势，其总体水平逐渐超过了北方。

唐后期，江南人民掀起了一个兴修水利的热潮。他们用创造性的劳动，使江河湖泊为农业服务。如在武进开凿孟渎，引江水溉田 4000 顷。在高邮筑堤为塘，能够溉田数千顷。在南昌修筑大小陂塘 598 个，建斗门以调节江水，能够溉田 1.2 万顷。在武陵（今湖南常德）一地修考功堰，溉田 1100 顷；修右史堰，开后乡渠，溉田 2000 顷；修津石陂，溉田 900 顷；又修槎陂，溉田千余顷。大量陂塘堤堰的修整和兴建，不仅增加了灌溉面积，而且使许多荒地变

① 《陆宣公集》卷二二《均节赋税恤百姓六条第一条》。

②③ 《旧唐书》卷一二《德宗纪》上。

成肥沃的良田。从《新唐书·地理志》的记载来看，唐代修筑的水利工程，在前期北方多于南方，在后期则南方多于北方，这种升降变化从一个侧面反映了唐前后期北南方经济实力的消长。

据晚唐人陆龟蒙所著《耒耜经》记载，唐后期江南地区使用的农具有犁、耙、砺礋、碌碡等。江东犁已有犁壁装置，耕地时能够自由碎土、松土和起垄作亩。犁的直辕已改为曲辕，更便于转弯和操纵。犁上还添置了犁评，可以调节犁铧入土的深浅。耙、砺礋和碌碡用于碎土松土，除去杂草，平整地面，使耕作更为精细。为适应水田生产，砺礋和碌碡均为坚硬的木质所制。

水利的兴修和生产工具的改进，有力地促进了江南地区农业的发展。当时人权德舆说："江、淮田一善熟，则旁资数道，故天下大计，仰于东南"[①]；刘晏也说："潭、衡、桂、阳必多积谷……沦波挂席，西指长安。三秦之人，待此而饱；六军之众，待此而强"[②]。可见唐后期江南地区的粮食生产已居全国首位，漕运粮食成了维系唐政权的命脉。

唐后期江南地区的手工业生产，也有了突飞猛进的发展。

以纺织业而论，南方已超过北方。吴越成为江南地区的丝纺织中心。德宗贞元以后，越州向朝廷进贡的丝织品达数十种之多，故而当时有"犛越而衣"的说法。越州出产的缭绫，"异彩奇文相隐映，转侧看花花不定"[③]，尤为精美。荆州和宣州（今安徽宣城）也发展成了丝织业的重要产地。荆州的贡绫、宣州的红线毯，均为全国的上选。同时，棉织业在江南也有了发展。桂管（今广西桂林）生产的棉布厚重御寒，文宗时朝臣竞相穿服，使布价为之骤贵。在岭南地区，棉织业似更普遍，当时有"白氎（棉布）家家织，红蕉处处栽"[④]之说。

造纸业在唐代达到新水平，重要的产地多分布在南方。宣、歙、杭、婺（今浙江金华）、衢、越、均（今湖北丹江口）、益、韶（今广东曲江）等州，都是著名的纸产地。宣州产的宣纸，洁白细软，为书画家所钟爱。浙东产的藤纸，坚固耐用，颇受欢迎。益州产的麻纸，品种多样，美观精致，多用于皇帝诏敕和官府文书。唐后期益州的造纸技术更有提高，花色品种也更多。唐宪宗时，名妓薛涛侨居成都，取百花潭水制成深红色诗笺，与文人名士唱和酬答，时人称为"薛涛笺"。又有所谓十色笺、鱼子笺等，也十分精美。荆、扬、交、

① 《新唐书》卷一六五《权德舆传》。

② 《旧唐书》卷一二三《刘晏传》。

③ 白居易：《缭绫篇》。

④ 王建：《送郑权尚书南海》。

广等地用桑树皮造纸，称作谷纸。韶州用竹造纸，开辟了后来竹纸迅速发展的历史。

南方的造船业在唐后期的发展也很显著。刘晏任诸道盐铁转运使时，在扬子县设立了十个造船场，派专知官督造千石大船。德宗时，荆南节度使李皋发明了脚踏战船，“挟二轮，蹈之翔风鼓浪，疾若挂帆席”[①]。昭宗时，刘恂在其所著《岭表录异》中说，岭南制造的商船不用铁钉，只用桄榔须制的绳索系缚船板，用橄榄糖涂抹，糖干后极为坚固光滑。这种不用铁钉的造船法是一个技术创新，唐宋时期航行在南海上的船舶，有很多是用这种方法制造的。

此外，茶叶生产在南方继续发展，专业化程度更高。以产茶著称的祁门，“山多而田少，水清而地沃，山且植茗，高下无遗土。千里之内，业于茶者七八矣。由是给衣食，供赋役，悉恃此……每岁二三月，（贾客）赍银缗缯素求市，将货他郡者，摩肩接迹而至”[②]。湖州的官营制茶业自德宗以后，“每岁以进奉顾山紫笋茶，役工三万人，累月方毕”[③]。饶州浮梁在宪宗元和年间，“每岁出茶七百万驮，税十五余万贯”[④]，是最大的茶叶产地。由于茶叶经济的发展，唐政府从中获取了不少利益。

唐后期江南地区的商业也有显著发展，特别是长江流域的商业最为活跃。

唐后期的扬州，“雄富冠天下”，是漕米、海盐、茶叶等货物的集散地，大食、波斯等国的许多商人汇集扬州。唐代诗人用“十里长街市井连”“夜市千灯照碧云”等诗句形容扬州商业的盛况。益州成为西南地区的政治、经济中心，所产锦绣、井盐、纸张、瓷器、茶叶等货物，多在这里运销各地，商业也很繁荣，与扬州齐名，时人称“扬一益二”。地处东南的杭州在唐后期发展极快，“骈樯二十里，开肆三万室”[⑤]，成为重要的商业城市。广州继续保持对外贸易中心城市的地位，“蛮胡贾人，舶交海中……外国之货日至，珠香象犀玳瑁奇物，溢于中国”[⑥]。大历五年（770年），外国商船到达广州的有四十多艘。它们载来了香料、药材、象牙、犀角、珍宝等货物，从中国贩走丝绸、瓷器等物品。唐政府在广州设立市舶使，后来又建市舶使院，管理对外贸易。唐晚期

① 《旧唐书》卷一三一《李皋传》。
② 《全唐文》卷八〇二《祁门县新修阊门溪记》。
③ 《元和郡县图志》卷二五《湖州长城县》。
④ 《元和郡县图志》卷二八《饶州浮梁县》。
⑤ 《全唐文》卷三一六《杭州刺史厅壁记》。
⑥ 《韩昌黎集》卷二一《送郑尚书序》。

在广州居住的外国商人多以万计，在泉州也有不少外商居住。明州是对日贸易的重要港口。

由于商业的繁荣，在扬州、长安、汴州等一些大城市都出现了夜市，商业活动逐渐冲破了先前的坊、市分离制，不少商人已在居民坊内开设店铺。当时还产生了柜坊和飞钱。柜坊亦称“僦柜”，大概是由邸店发展而来。柜坊经营的业务，是代客商保管财物，并凭帖或信物，替存钱者支付款项，以此收取柜租。德宗初年曾因削藩需要而强借京城柜坊储款的四分之一以助军，可见那时的柜坊是很多的。飞钱亦称“便换”，是我国产生的最早的汇兑制度。这一制度产生于宪宗时期，办法是：商人在京城把钱交给地方某道设在长安的进奏院，或者交给某军府、某使节、某富家，凭文券再到指定地方取现钱，这样就解决了长途搬运大量铜钱的困难。农村中的草市、虚市、野市等也继续发展。上述现象反映出唐后期的商业水平已经发展到了一个新阶段。

第三节　唐代的民族关系

唐代是我国多民族国家进一步发展的重要时期。当时，突厥、西域各族及薛延陀、回纥、吐蕃、南诏、靺鞨等，都曾在边疆地区建立过地方民族政权，推动了祖国历史的发展。唐朝与这些少数民族的地方政权有着密切的联系，汉族人民和各少数民族人民之间也都有着频繁的经济文化交流。这种联系和交流，不仅对社会发展有利，而且加深了汉族和各少数民族之间的友谊，使多民族国家日臻巩固。

一　突厥及西域诸王国

东突厥汗国　隋末，东突厥的势力又强大起来。大业十一年（615 年），隋炀帝北巡时，曾被东突厥启民可汗子始毕可汗围困于雁门。唐朝建立后，东突厥贵族仍不断向内地侵扰，颉利可汗和突利可汗曾两度率军进犯关中，进逼唐都长安。在这种形势下，唐太宗采取了积极防御的策略。

由于东突厥汗国的残酷统治，贞观元年（627 年），在其统治之下的薛延陀、回纥、拔也古等铁勒诸部相率起义，并在漠北建立了薛延陀汗国。奚、契丹等部也先后背叛东突厥，归附唐朝。各族人民的起义斗争，动摇了东突厥汗国的统治基础，促使突厥贵族内部矛盾激化。贞观三年（629年），唐太宗乘突厥内部分裂之时，派李靖、李勣等为行军总管，统兵十余万分道出击。次年，颉利可汗被俘，东突厥汗国在唐军的沉重打击下灭亡了。

东突厥灭亡后，唐政府在东起幽州，西至灵州（今宁夏灵武西南）一带，设置了顺、祐、长、化四个都督府，以安置内附的十余万突厥族民众。在东突厥故地，置定襄、云中两都督府，下设六个州，任用原来的突厥贵族为刺史，具体管理当地的突厥部落。当时，突厥人迁居长安的近万家，突厥贵族被任命为将军、中郎将等五品以上官者达百余人。此后，唐太宗又用金帛赎回了被突厥贵族掳去当奴隶的8万汉人，恢复了他们的平民身份。

唐和西突厥争夺西域的斗争　西突厥所控制的西域地区，有许多以城郭为中心的小国，它们都已进入了封建社会。立国在今新疆天山南的高昌（吐鲁番）、焉耆、龟兹（库车）、于阗（和田）、疏勒（喀什噶尔），是当时较为著名的五个地方政权。

高昌由汉人麹氏统治，“有三郡、五县、二十二城，有户八千，口三万七千七百”。高昌土地肥沃，农业发展，又能植棉为布，称“白叠布”。高昌人中很多是汉人，汉文为其通行文字。焉耆有户四千，地处博斯腾湖之滨，富渔盐灌溉之利，农牧业都很发达。龟兹有大城五，小城数百。龟兹人民以耕田、畜牧为业，又以铁冶著称，所产铁器行销西域全境。龟兹国内通行横写胡书，佛教极流行。于阗有大城五，小城数十。其地盛产玉，人民勤于纺织，也有自己的文字和语言。疏勒有大城十二，小城数十。它的农业、纺织、矿业均有一定的发展。

焉耆、龟兹、于阗、疏勒在西汉即已立国，属于汉西域都护所统辖的三十六国之中，高昌是两汉西域长史及戊己校尉的驻地，它们早就和内地有着密切联系。唐灭东突厥后，高昌王麹文泰曾到长安朝见唐太宗，焉耆王也遣使请开碛路以通往来。但是，他们这种跟内地加强联系的友好要求，遭到了西突厥的阻挠。

西突厥在隋末唐初势力日盛，“控弦数十万，霸有西域”。西突厥可汗授西域诸国王以颉利发的称号，“并遣吐屯一人监统之，督其征赋”[1]。唐朝和西域的联系被隔绝了。因此，唐朝在灭东突厥之后，开始和西突厥展开了争夺西域的斗争。

贞观二年（628年），西突厥可汗统叶护在内乱中被杀，汗国分裂为两部

---

① 《通典》卷一九九《边防典·突厥》下。

分：弩失毕五部据碎叶川西南方，咄陆五部据碎叶川东北方，双方攻伐不休，力量迅速削弱。贞观四年（630年），伊吾（今新疆哈密）等七城胡人归附唐朝，唐以其地为西伊州（后改名为伊州），作为进军西域的据点。贞观九年（635年），唐派兵降伏吐谷浑，打通了向西域用兵的道路。贞观十四年（640年），唐将侯君集攻取高昌，唐朝以其地置西州，并于交河城（今吐鲁番西雅尔和卓）设安西都护府。经过不断经略，到贞观二十二年（648年），西域大部统一于唐，唐迁安西都护府于龟兹，统领龟兹、焉耆、于阗、疏勒四镇，称“安西四镇”。四镇成为唐朝经营西域的军事基地，对西域的统一发挥了重要作用。

高宗显庆二年（657年），唐军俘虏沙钵罗可汗，西突厥汗国灭亡。唐朝控制了整个西域地区，原来役属于西突厥的中亚诸国也都归附唐朝。唐朝在于阗以西、波斯以东的十六国之地，在乌浒河（阿姆河）以北的昭武九姓国之地（乌兹别克斯坦境内），也设置了许多都督府和州。至长安二年（702年），武则天又在天山以北设置了北庭都护府。安西都护府和北庭都护府是唐朝设在西域的最高统治机构，前者管辖天山以南的塔里木盆地及葱岭以西、楚河以南的广大中亚地区，后者管辖天山以北及巴尔喀什湖以东、以南的广大游牧地区。

唐朝统一西域后，西域与内地的政治联系及经济文化交流更加密切了。唐政府在西域驻扎重兵，任命各级官吏，推行内地的均田制、租庸调制及府兵制，并在天山南路大兴屯田，使中原地区先进的农业生产技术进一步推广至西域。在今新疆出土的唐代各级官府的公文状牒、官衙印章及过所、契约等各类文书，充分证明了唐朝对西域的有效统治。在吐鲁番等地发现的12岁小学生卜天寿于景龙四年（710年）抄写的《论语郑氏注》，以及《史记》《汉书》《神农本草》等书的残纸，又证明了汉族文化对西域人民产生了深刻影响。与此同时，西域文化也随着西域贵族、僧侣、乐工、画师等大量涌入内地而深刻影响了汉族人民。在唐太宗所定的十部乐中，龟兹乐、疏勒乐和高昌乐三部来自西域，其中尤以龟兹乐对唐朝的影响最深。西域的舞蹈也风行内地。于阗画家尉迟乙僧在唐朝传授凹凸法，对唐朝绘画的发展起了巨大影响。汉族文化与西域文化的交融大大丰富了人们的生活。

唐朝统一西域，还有力地保障了“丝绸之路”的畅通。唐朝的丝绸随着一队队骆驼运销于西方各地，西方的物品也由这条商路运达内地，进一步促进了中西使节交往和经济文化的交流。

后突厥汗国　唐灭东突厥后，经常役使突厥人民东征西伐，因而不断激起他们的反抗。永淳元年（682年），突厥贵族骨咄禄利用本民族人民的反唐情绪，重建突厥政权，建牙于乌德犍山（即于都斤山，今鄂尔浑河上游杭爱山之北山)，据有东突厥故地，通常称之为后突厥汗国。骨咄禄之弟默啜可汗在位时，侵入西域地区，灭黠戛斯、突骑施二国，东西拓地万余里，控弦之士40万，恢复了先前的强盛局面。

后突厥汗国虽曾不断对唐朝进行骚扰，但双方仍维持着密切关系。武则天曾接受默啜可汗的请求，归还了突厥降户数千帐，并送给突厥谷种4万斛，杂彩5万段，农器3000件，铁4万斤。毗伽可汗时（716～734年），双方表示和好，突厥人和唐人"皆得一处养畜资生，种田耒作"①。双方还经常进行互市，唐朝"每岁赍缣帛数十万匹就市戎马，以助军旅，且为监牧之种"②。这种经济交流对双方均有利。

毗伽可汗死后，突厥贵族不断自相残杀，势力日衰。天宝元年（742年），在后突厥汗国统治下的拔悉密、回纥、葛逻禄三部乘机起兵，攻杀骨咄叶护。天宝四年（745年），回纥怀仁可汗统兵击突厥，杀白眉可汗，后突厥汗国至此灭亡。突厥人一部分内附唐朝，一部分西迁中亚，而大部分转入回纥汗国。

二　薛延陀和回纥

汉、魏以降的丁零族（又有敕勒、高车等名称），隋唐时期称为铁勒。突厥兴起后，居住在漠北的铁勒有薛延陀、回纥、都播、骨利干、多滥葛、同罗、仆固、拔也古、思结、浑、斛薛、奚结、阿跌等十五部，都受突厥汗国的统治。其中，薛延陀和回纥在东突厥汗国瓦解后，相继在漠北建立了地方政权。

薛延陀汗国　薛延陀是由薛、延陀两个部落联合而成的。突厥分裂后，铁勒诸族也大多一分为二，因此在东、西突厥汗国境内都有薛延陀部众。贞观二年（628年），西突厥统叶护可汗死，国内大乱，薛延陀首领夷男率部落7万余家越金山往附东突厥。这时，东突厥境内的薛延陀、回纥、拔也古等族，正在进行声势浩大的反抗斗争。夷男立即加入了斗争行列，率众击破东突厥的四部帅——所谓"四设"，被起义诸族共推为可汗。为了拉拢夷男共同对付东突厥，贞观三年（629年），唐太宗遣使册封他为真珠毗伽可汗。东突厥汗国灭亡后，薛延陀汗国迅速壮大，其领土东接室韦，西至金山，南接漠南突厥，北临瀚海，回纥、拔也古、阿跌、同罗、仆固等部均受其役属，发展为漠北的一大势力。

---

① 《册府元龟》卷九七九《外臣部·和亲二》。

② 《资治通鉴》卷二一三。

贞观十九年（645年），夷男死，其子多弥可汗立，暴虐无道，部众不服，遂至骚乱。贞观二十年，回纥酋长吐迷度攻杀多弥可汗及其宗族，唐军乘机进兵，消灭了薛延陀的残余力量。

薛延陀灭亡后，漠北的铁勒族回纥、同罗、拔也古等十二姓纷纷归属唐朝。贞观二十一年，唐朝于其地设六府七州，内附诸部推唐太宗为天可汗，并于回纥以南、突厥以北开辟一条大道，名“参天可汗道”。道上置驿68所，备有马匹及酒肉以供过使。漠北各州府岁供貂皮以充租赋。唐朝的行政权扩展到整个漠北地区。

回纥汗国 回纥是今天维吾尔族的祖先。在汉文史籍中，回纥又被称为袁纥、韦纥、回鹘、畏兀儿等。这些异称，都是“维吾尔”一词的不同音译。

回纥部众原来游牧于娑陵水（色楞格河）和嗢昆河（鄂尔浑河）流域，内分为药罗葛、胡咄葛、咄罗勿、貊歌息讫、阿勿嘀、葛萨、斛嗢素、药勿葛、奚耶勿等九族，史称“九姓回纥”。隋唐时期，回纥跟仆固、浑、拔也古、同罗、思结、契苾羽、阿结思、骨仑屋骨思等部落结成联盟，史称“九姓铁勒”。贞观初，唐灭东突厥后，回纥和薛延陀同为漠北两雄。贞观二十年（646年），唐与回纥联手灭了薛延陀，回纥尽占其土地和部众。贞观二十一年，唐朝在漠北推行羁縻府州制度，于回纥部设瀚海都督府，委任回纥酋长吐迷度为怀化大将军兼瀚海都督。武周时期，后突厥汗国势力强大，回纥受其奴役。玄宗开元中期以后，后突厥汗国衰乱，回纥又逐渐强大起来。天宝三年（744年），唐玄宗册封回纥首领骨力裴罗为怀仁可汗。次年，怀仁可汗攻灭后突厥汗国，尽有突厥故地，成为漠北强国。

回纥的国家制度，兼采突厥和唐制。可汗的子弟称特勤，别部领兵者称设，大臣有叶护、俟利发、达干、吐屯等，这是突厥制度。它还置内宰相三人，外宰相六人，又置都督、将军、司马等，这是唐制。回纥可汗在九姓铁勒等部皆置都督，以管理各部事务。在其他属部则派监使，以督责贡赋、监察政事。

回纥汗国的初期是奴隶制国家，但奴隶制在回纥没有获得充分发展，在唐朝封建社会的强大影响下，到8世纪时，它已明显地进入封建社会。可汗、贵族和伯克（牧主）是封建统治阶级，他们占有大量牲畜、牧地和其他生产资料。主要生产者是哈剌布敦（黑民），他们为封建主放牧、服劳役，还得自备武器、马匹替统治者打仗。在回纥社会中还有一部分奴隶，但他们属于补充性的劳动人手。

回纥政权与唐朝一直保持着密切的关系，每一任可汗都要经过唐朝的册封承认。安史之乱爆发后，回纥两次派精兵助唐，加速了安史集团的灭亡。为酬报回纥的军事援助，唐朝从至德二年（757年）起，每年送给回纥绢2万匹。回纥每年还用数万匹马交换内地的绢、茶物品，除自用外，有很大一部分绢、茶运销到了中亚各地。吐蕃尽陷河西、陇右之后，唐人和西方商人多改道经行回纥，进行商品运输和交易，回纥一时成为陆上丝绸之路的枢纽，这对回纥经济的发展起了重要作用。回纥商贾到内地经商者常以千计，他们在长安等地置资产，开店铺，有不少人和汉族通婚，久居不归。汉族文化也对回纥产生了深刻影响。8世纪中叶以后，回纥人开始从游牧走向定居，模仿唐朝的建筑修建了一些城市和宫殿，还采用了唐的开元历法，反映了他们与汉族人民的紧密联系和深厚感情。

到了9世纪30年代末，回纥汗国连年发生疾疫，又大雪成灾，羊马多死，经济走向萧条。同时，回纥统治阶级内部矛盾激化，不断自相残杀。开成五年（840年），回纥将军句录莫贺勾引黠戛斯10万骑入侵，破可汗城，杀可汗，回纥汗国至此灭亡。

回纥汗国灭亡后，部众四散。一部分迁至今新疆地区，成为后来的维吾尔族人，一部分迁到了河西走廊和葱岭以西的中亚地区。

三　吐　蕃

吐蕃是今天藏族的祖先。西藏高原原来的居民称盂族。战国以后，有些羌族部落，如越嶲羌、发羌、唐旄、迷唐等部，逐渐迁移到今西藏地区。他们和当地人民相融合，繁衍发展，形成了吐蕃族。

建立吐蕃王朝的是活动在雅隆河谷的牦牛部，统一牦牛部各部落的叫弃聂弃赞普。“赞普”是雄强丈夫的意思，以后成了吐蕃君长的尊称。从弃聂弃开始，吐蕃确立了酋长世袭制度。第八世赞普布袋巩甲以后，吐蕃社会获得了较快发展。农业开始同畜牧业分离，铁制工具、牛耕也出现了，冶金、纺织等手工业也有了一定的发展。生产力的不断提高，促使吐蕃社会逐渐由原始社会过渡到奴隶社会。

6世纪时，西藏高原形成了三大势力：以畜牧为业的羊同据有西部；农牧兼有的苏毗据有中部和北部；西南则是以农业为主的吐蕃。7世纪前期，吐蕃赞普松赞干布先后征服了羊同和苏毗残部，完成了统一西藏的任务，建立起统一的奴隶制政权。

松赞干布统治期间（629～650年）进行了多方面的改革。他迁都逻些（拉萨），从此逻些成为西藏政治、经济和文化的中心。中央集权的行政、军政制度日益完善。中央政权机构称尚论掣逋突瞿，下设七个宰相，一为大相（论茝、大论），两个最高军事长官都元帅、副都元帅加宰相同平章事衔，四个最高民政长官亦为宰相同平章事。实际执行政令的为宰相僚属，曩论（内大相）总揽国内事务，喻塞波掣逋（整事大相）相当于唐朝的刑部尚书，纰论伽罗笃波相当于唐朝的兵部尚书，等等。松赞干布把吐蕃地方按部落大小划分为31个千户府和4个下千户府。千户府既是行政单位，也是军事单位。吐蕃全境分为藏如、约如（右如）、卫如（中如）和叶如（左如）四个政区，每如又分上、下二支如。每个支如辖四至五个千户府，设大将一人、副将一人、判官一人。如有元帅，但不常置。总辖各如兵力的是都元帅和副都元帅。这些改革明显地受唐朝的中央官制和府兵制度的影响。为了适应经济和政治的需要，松赞干布时已开始采用历法，规定统一的度量衡，创造了吐蕃文。

吐蕃的王族称为“论”，宦族称为“尚”，论和尚构成统治阶级的核心。吐蕃原来信奉钵教，后来又从唐朝输入佛教，钵教巫师和佛教上层僧侣也是统治阶级的重要组成部分。直接生产者首先是奴隶，多是四处扩张而掠得的战俘奴隶。个体农民和牧民，仍占吐蕃人口的多数，他们是赋税和兵役的主要承担者，生活极端困苦。为了统治和镇压人民，松赞干布制定了残酷的法律，犯重罪的要砍头、剥皮，犯轻罪的也要受剜眼、刖足、割鼻、鞭打等酷刑，罪犯长期囚禁于地牢，受尽野蛮的折磨和迫害。

松赞干布之后，吐蕃开始和唐朝展开激烈的斗争。龙朔三年（663年），吐蕃灭唐朝的属国吐谷浑。不久，又侵入西域和剑南地区。天宝十年（751年），由于唐的压迫，南诏叛唐归吐蕃。安史之乱爆发后，吐蕃趁机大肆侵吞，不仅夺取了河西、陇右之地，而且完全控制了西域。广德元年（763年），吐蕃一度攻陷唐都长安。在8世纪下半叶，吐蕃的国力达到了鼎盛阶段。

吐蕃和唐朝虽然进行了长期的军事斗争，但友好往来一直是双方关系的主流。贞观十五年（641年），唐太宗允许以宗室女文成公主嫁给松赞干布。文成公主进藏时，带去了包括锦帛珠宝、生活用品、医疗器械、生产工具、蔬菜种子等在内的大量物品，还有经史、诗文、工艺、农药、历法等书籍。唐高宗时，吐蕃从内地引进了蚕种，唐朝还派酿酒、制碾硙、造纸墨的工匠到吐蕃传授技艺。景龙四年（710年），唐金城公主又携带着锦缯各数万匹，多种工匠以及一个龟兹乐队进入吐蕃，出嫁给弃隶缩赞赞普。吐蕃还通过互市，向唐朝购买茶叶、丝绸等物品。随着双方关系的日益密切，许多汉族人进入西藏，一些吐蕃贵族子弟也进入长安的国学学习汉族文化。汉文化的输入对吐蕃社会起了巨大的促进作用，吐蕃文化对汉族也有一定的影响。当时，吐蕃的马和形制优美奇异的金银器等物品不断地传到内地，甚至吐蕃的赭面风俗也被汉族妇女所模仿。密切的经济和文化关系加深了汉蕃人民之间的情谊。开元十七年（729年），弃隶缩赞赞普向唐玄宗上表说：“外甥是先皇帝舅宿亲，又蒙降金城公主，遂和同为一家，天下百姓，普皆安乐。”① 这说明在唐代汉蕃人民的关系已经是不可分离的了。

频繁的扩张战争削弱了吐蕃的国力，进入9世纪后，吐蕃开始由盛转衰。长庆元年（821年），可黎可足赞普派专使到唐朝请求会盟，缔结友好盟约。隆重的会盟先后在唐都长安和吐蕃国都逻些举行。盟文强调双方要“患难相恤，暴掠不作”②，永远和好相处。长庆三年（823年）在拉萨建立的唐蕃会盟碑，至今还屹立在大昭寺门前，成了汉藏两族人民友谊团结的珍贵物证。

自8世纪末叶以后，吐蕃统治阶级的内部矛盾愈演愈烈，残酷倾轧，吐蕃陷于分裂，号令不行。吐蕃驻扎陇右地区的洛门川讨击使论恐热有争夺赞普之位的野心，起兵攻击鄯州节度使尚婢婢，双方展开混战，“所过捕戮，积尸狼藉”③，给河陇地区的人民带来了深重灾难。大中二年（848年），沙州人张议潮发动起义，唐人群起响应，吐蕃守将惊慌逃窜。起义群众占领沙州后，又攻取了瓜、伊、西、甘、肃、兰、鄯、河、岷、廓等十州。大中五年（851年），张议潮遣其兄张议潭奉沙、瓜等十一州地图入朝进献。唐宣宗在沙州置归义军，以张议潮为节度使，河陇地区重新归唐所有。

在吐蕃内地，由于连年混战，饥疫蔓延，人民处于水深火热之中。咸通十年（869年），奴隶和平民大起义首先在东部地区爆发，迅速波及吐蕃全境。这次大起义前后延续了九年，震撼了吐蕃奴隶制度的基础。此后吐蕃社会开始向封建制阶段过渡。

四　南　诏

隋唐时期，在今云南地区错杂散居着许多部落，名号繁多，难以胜计。就种族来说，主要有白蛮与乌蛮。

环绕着洱海和滇池，是蛮族居住的两个中心。唐初，在洱海周围有上百个被称为“河蛮”的白蛮部落，大者五六百户，小者二三百户。在离洱海较远的

① 《旧唐书》卷一九六上《吐蕃传》上。
② 《旧唐书》卷一九六下《吐蕃传》下。
③ 《新唐书》卷二一六下《吐蕃传》下。

四周，则散居着乌蛮部落。白蛮的文字、语言、风俗大致和汉族相同，过着农耕生活。乌蛮较落后，大体过着畜牧生活。从 7 世纪初叶到中叶，乌蛮部落不断向洱海地区迁移，并征服了当地的白蛮，建立起了六个诏。乌蛮称王为诏，六诏就是六个王国。它们是：蒙舍诏、蒙嶲诏、越析诏、邆赕（téng shǎn，藤闪）诏、浪穹诏、施浪诏。

蒙舍诏地居最南，又称南诏。南诏王姓蒙，始祖叫蒙舍龙。永徽四年（653 年），舍龙子龙独逻（亦名细奴逻）开始建诏。7 世纪 70 年代以后，吐蕃势力进入洱海湖区北部。南诏离吐蕃最远，所受威胁较小，故仍依附于唐朝。唐朝为了抵御吐蕃，大力扶持南诏，支持南诏进行统一战争。到南诏王皮逻阁时，渐次消灭其他各诏，建立了统一的南诏国，都太和城（今大理市南）。开元二十六年（738 年），唐玄宗册封皮逻阁为云南王，南诏进入全盛时期，大致据有今云南及四川、贵州的一部分，“回环万里”，成为西南少数民族所建立的一个强大的地方政权。

南诏立国后，跟唐朝和吐蕃进行了长期的斗争。天宝九年（750 年），由于唐边境官吏对南诏“多所征求”，激起了南诏的武装反抗。天宝十年（751 年）和十三年（754 年），唐两次派重兵征讨南诏，均被南诏打败，前后损兵折将近 20 万。唐与南诏关系不和，吐蕃趁机而入。天宝十年，南诏归附吐蕃。吐蕃赞普封南诏王阁逻凤为“赞普钟南诏大国”（吐蕃称弟为“钟”，此封号意为“兄弟之邦”）。不过，南诏归吐蕃后，遭到了沉重压迫。吐蕃不仅向南诏征收重税，而且在南诏的险要之地修城筑堡加以扼制，南诏兵也要受吐蕃调遣，这都使南诏难以忍受。到唐德宗贞元初年，唐朝制定了新的民族关系政策，经过努力争取，贞元十年（794 年）正月，南诏与唐订立盟约，叛吐蕃重新归唐，双方恢复了先前的友好关系。不久，南诏王异牟寻亲率大军攻破吐蕃军事重心神川，“大破之，取铁桥等十六城，虏其五王，降其众十余万”[1]，摧毁吐蕃向西南渗透的大本营，大伤吐蕃元气。但 9 世纪 30 年代以后，南诏和唐的关系又趋恶化，不断发生战争。太和三年（829 年）底，南诏攻陷成都，大掠子女、百工及珍货而去，给唐朝造成巨大损失。

南诏的统一和归附于唐，推动了南诏社会的迅速发展。参照唐制，南诏建立了相当完备的政权组织，中央设清平官六人，相当于唐朝的宰相，又设六曹，相当于唐朝的六部。地方行政机构称为睑，共分为十睑，相当于唐朝的州。在重要的军事地区则设有六个节度使，分兵驻扎，军事制度类似于唐朝的

---

① 《资治通鉴》卷二三四。

府兵制。经济制度方面也仿行了唐朝的均田制度。当时，南诏境内的生产关系十分复杂。封建制度已经产生，但奴隶制还广泛存在，某些落后部落仍停留在原始氏族制阶段。总的来说，当时占统治地位的是奴隶制生产关系，所以南诏是一个奴隶制国家。

南诏的农业相当发达，灌溉便利，“浇田皆用源泉，水旱无损”①。随着汉族工匠的进入和技术引进，南诏的纺织水平逐步赶上唐朝。南诏的冶炼技术相当先进，所产浪剑、郁刀、铎鞘等武器锋利无比，素有盛名。南诏的建筑大多仿唐制，当时由汉族工匠恭韬、微义设计建成的崇圣寺塔，至今巍然屹立在苍山、洱海之间。

唐朝文化对南诏的影响很大。阁逻凤时，唐西泸县令郑回被俘，后来被任为清平官，在南诏大力传播儒学。贞元十年（794 年），南诏与唐重结盟好之后，异牟寻每年派贵族子弟到成都就学，前后延续 50 年，学成回国的人“殆以千数”。汉族的诗文、书法在南诏很是流行。

在南诏后期，王权旁落，大臣弄权，统治阶级内部矛盾激化。天复二年（902 年），郑回的七世孙郑买嗣推翻蒙氏南诏，自立为王，改国号为大长和。

五　靺鞨族和渤海国

靺鞨就是后来满族的祖先。商周时称为肃慎，汉魏时称为挹娄，北朝时称为勿吉，隋唐时改称为靺鞨。靺鞨族活动的地区，主要是在东北的白山（长白山）、黑水（黑龙江）地带。

靺鞨人依山傍水，坎地为室，相聚而居。他们从事农业，多采用原始的耦耕，农作物有粟、麦、穄等。他们还擅长养猪，富人所养往往多至数百头。隋唐之际，靺鞨已发展成粟末、白山、伯咄、安车骨、拂涅、号室、黑水等七大部。其中，居于南部（北起松花江上游、南至长白山一带）的粟末和居于北部（黑龙江中下游直至东海岸）的黑水二部，势力最为强盛。

粟末部比较先进，大概已经发展到奴隶制的初期阶段。圣历元年（698 年），其首领大祚荣建立政权，自立为震国王。开元元年（713 年），唐封大祚荣为渤海郡王，以其所部为忽汗州，令大祚荣兼都督。从此，这个政权就以渤海为号。到开元十四年（726 年），唐朝正式名之曰渤海国，晋封渤海郡王为渤海国王。渤海国最盛时，南至朝鲜半岛的北部，东抵今俄罗斯滨海地区，境内有五京、十五府、六十二州，国都为上京龙泉府（今黑龙江宁安世环镇）。

---

① 《蛮书》卷七《云南管内物产》。

渤海国历代新王继位，都要报请唐中央册封，与唐朝保持着密切的政治、经济和文化关系。从鸭绿江入海，经旅顺至登州（今山东蓬莱），是渤海通往唐朝的水路要道。渤海所产的马、铜等物品源源不断地输往唐朝，对内地经济的发展起了积极的推动作用。渤海的政治制度，“大抵宪象中国”①，中央设有宣诏、中台、政堂三省，下辖忠、仁、义、礼、智、信六部。渤海的十卫兵制与地方府、州、县也仿唐制。渤海使用汉文，许多汉文书籍，如《汉书》《三国志》《晋书》等，都从内地流传到那里。考古工作者在吉林省敦化近郊发现的渤海《贞惠公主墓碑》，从碑制形式到碑文文体，完全和内地的相同。渤海文化在唐文化的影响下有很大发展，在当时有“海东盛国”之誉。

黑水靺鞨和唐朝也有着密切联系。开元十年（722 年），唐玄宗任命其首领为勃利州（即伯力，今俄罗斯哈巴罗夫斯克）刺史。开元十三年（725 年），唐政府在其部地设置黑水军。次年，又在其最大部落设黑水都督府，以其首领为都督、刺史等官，唐朝另派长史对黑水各部进行监领。开元十六年（728 年），唐玄宗赐其都督姓李，名献诚，并授云麾将军兼黑水经略使。此后，黑水靺鞨与唐朝一直关系友好，联系紧密。

契丹族兴起后，天成元年（926 年），渤海为契丹所灭。此后，黑水靺鞨也成了契丹的附属。

总之，在魏晋南北朝长时期民族大融合的基础上，唐朝统治者实行了开明的民族政策。唐太宗说：“自古皆贵中华，贱夷狄，朕独爱之如一。”② 羁縻府州政策的推行，进一步促进了各民族之间的大融合，推动了中华民族大家庭的团结巩固。

第四节 唐末农民大起义

一 唐末政治的腐败与社会的黑暗

甘露之变后，“天下事皆决于北司”③，皇帝成了宦官手中的傀儡。唐懿宗

---

① 《新唐书》卷二一九。
② 《资治通鉴》卷一九八。
③ 《资治通鉴》卷二四五。

荒淫堕落，终日宴游，“听乐观优，不知厌倦”[①]，全将朝政抛于脑后。懿宗还大肆挥霍，极尽奢华之能事。咸通十年（869年），其女同昌公主出嫁，懿宗“倾宫中珍玩以为资送，赐第于广化里，窗户皆饰以杂宝，井栏、药臼、槽匮亦以金银为之，编金缕以为箕筐，赐钱五百万缗，他物称是”[②]。两年之后，同昌公主死去，懿宗为女大办丧事，所费不可胜计。懿宗又最佞佛。咸通十四年（873年），为了从法门寺迎奉佛骨，他命令“广造浮图、宝帐、香舆、幡花、幢盖以迎之，皆饰以金玉、锦绣、珠翠。自京城至寺三百里间，道路车马，昼夜不绝”[③]。继懿宗而立的僖宗更加腐朽，专事声色犬马，斗鸡打球，自以为是球场上的状元。僖宗由宦官田令孜扶持登基，他称田令孜为阿父，将政事一以委之。田令孜招权纳贿，朝政更加腐败不堪。

皇帝是如此的昏庸糜烂，大小官僚也贪残成风，专以害民为事。有些节度使出自禁军，他们以成倍的利息向长安富室借贷巨款以贿赂权宦；取得节度使之位后，便对治内人民巧取豪夺，除偿还借贷外，还积蓄了巨额财富。懿宗时的宰相路岩、曹确、杨收、徐商等人沆瀣一气，生活奢侈，贿赂公行。至德令陈蟠叟奏请破路岩亲吏边咸一家，可赡军二年，结果懿宗不但没有惩办边咸，反而把陈蟠叟流放到了爱州（治所在今越南清化）。定边节度使李师望“聚私货以百万计，戍卒怨怒，欲生食之”，后懿宗以窦滂代替李师望，谁知“滂贪残又甚于师望，故蛮寇未至，而定边固已困矣”[④]。咸通十年（869年），陕州大旱，人民向官府告灾，观察使崔荛指着庭院中的树说：“此尚有叶，何旱之有？”[⑤]竟把告灾的人痛打一顿。

在政治极为腐败的情况下，以皇帝为首的统治阶级更加紧了对土地的兼并掠夺。由庄宅使、宫使、宫苑使具体管理的政府田庄，和由内庄宅使、内园使、内宫苑使具体管理的皇室田庄，从京畿地区迅速向地方诸州发展。地主官僚的田庄更是遍布全国。懿宗咸通中，许州长葛县令严郜罢任之后，于当地兼并“良田万顷”，置为田庄，“桑柘成荫，奇花芳草，与松竹交错，引泉成沼，即阜为台，尽登临之志矣”[⑥]。宰相韦宙的江陵别业远近闻名，“良田美产，最

① 《资治通鉴》卷二五〇。
② 《资治通鉴》卷二五一。
③ 《资治通鉴》卷二五二。
④ 《资治通鉴》卷二五一。
⑤ 《旧唐书》卷一一七《崔宁传》附《崔荛传》。
⑥ 《三水小牍》卷下。

号膏腴，而积稻如坻，皆为滞穗”，积谷尚有七千堆，被懿宗称为“足谷翁”。[①] 僧侣地主的寺院田庄也不断膨胀。咸通末，宰相上书指出：“富者有连阡之田，贫者无立锥之地。”[②] 真实地反映了当时土地兼并的严重程度。广大劳动人民被迫丧失了土地，衣食无着，生活极其悲惨。

更有甚者，唐末政府的赋役剥削日益苛重，进一步加剧了广大人民生活的苦难。

德宗建中元年（780 年）两税法实行不久，由于钱重物轻和税额不断增加，农民所受的剥削逐渐加重。贞元十年（794 年），宰相陆贽上书说：“初定两税，万钱为绢三匹，价贵而数不多”，“近者万钱为绢六匹，价贱而数加”。[③] 这就是说，由于钱重物轻，十五年后人民的实际负担加重了一倍。在税额方面，两税法实行后的第三年（建中三年，782 年），每千钱即加征二百文，到了贞元八年（792 年），剑南西川观察使韦皋又奏请加征十分之二。税额的增加给人民带来了灾难，白居易在《重赋》一诗中揭露说：“国家定两税……明敕内外臣：税外加一物，皆以枉法论。奈何岁月久，贪吏得因循，浚我以求宠，敛索无冬春。织绢未成匹，缫丝未盈斤，里胥迫我纳，不许暂逡巡。岁暮天地闭，阴风生破村。夜深烟火尽，霰雪白纷纷。幼者形不蔽，老者体无温。”至唐末，地方官吏随意加重税额的情况更趋严重。会昌元年（841 年），武宗在制书中说：“内外诸州府百姓，所种田苗，率税斛斗，素有定额，如闻近年长吏不守法制，分外征求，致使力农之夫，转加困弊。”[④]

两税而外，统治者还通过辜榷制度和各种名目的苛捐杂税，对人民进行暴敛剥削。辜榷制度指政府对盐、酒、茶实行专卖的制度，其中以榷盐制最重要。榷盐制下，盐价不断增长。肃宗乾元元年（758 年）第五琦初行榷盐法时，盐价即由先前的每斗 10 文一下子提高到 110 文。德宗建中三年（782 年）时又增加到 210 文，贞元四年（788 年）再增加到 370 文。德宗以后，盐价屡有调整，但大都保持在每斗 200 文以上的价格。高额的垄断盐价一方面保障了政府的收入，榷盐法推行较好的时候，仅盐利之入即可占到政府财政收入的一半以上。另一方面也加重了广大人民的苦难，“榷价日贵，至有以谷数斗，易盐一升”[⑤] 者，许多人买不起盐，只得淡食。同时，为确保榷盐之利，政府出

① 《北梦琐言》卷三。
② 《旧唐书》卷一九上《懿宗纪》。
③ 《新唐书》卷五二《食货志》二。
④ 《唐会要》卷八四《租税》下。
⑤ 《唐大诏令集》卷一一二《减盐价敕》。

台了残酷的打击、禁止私盐的法规，并设有巡院等专门机构主要负责镇压私盐买卖，这进一步激化了阶级矛盾。唐中后期，榷酒、榷茶制度也曾严厉推行，同样制定了严酷的打私法规。其他诸如对漆、金、银、蔬菜、水果、木炭、粮食、布绢、牲畜、除陌钱的征税，更是名目繁多，数也数不清。

繁重的苛捐杂税，压得广大人民喘不过气来，而官僚、地主又凭借权势，把他们应交纳的赋税转嫁到人民身上。他们“广占阡陌，十分田地，才税二三”①，有的竟“全免科差”②，这更加速了人民的破产流亡。对流亡农户的赋税负担，地方官吏不但不给免去，反而采取均摊方法，将流亡农户的负担加到未流亡农户身上。元和十三年（818 年），丹王府谘议参军李渤给宪宗上疏说：“渭南县长源乡本有四百户，今才一百余户。阌乡县本有三千户，今才有一千户，其他州县大约相似。访寻积弊，始自均摊逃户。凡十家之内，大半逃亡，亦须五家摊税。似投石井中，非到底不止。摊逃之弊，苛虐如斯。”③ 广大人民陷入“财已竭而敛不休，人已穷而赋愈急”④ 的饥寒交迫境地。

唐政府还以“和籴”“和市”等名目，对人民敲骨吸髓。所谓和籴、和市，就是政府以它制定的价格购买人民手中的粮食或布绢等物。唐后期，政府制定的价格往往低于市场物价，也多采取强买手段，剥削于人。如元和七年（812 年），和籴粟 123 万石。宝历元年（825 年）在两京和河西和籴 200 万斛。和籴、和市的东西，政府多不给钱，或只给很少的钱，而人民如“有稽违，则迫蹙鞭挞，甚于税赋，号为和籴，其实害民”⑤。咸通七年（866 年），唐懿宗在赦诏中也不得不承认：“所在长吏，权立条流，临时差配，或强名和市，都不给直。”⑥

政治的腐败，社会的黑暗，人民生活的悲戚，连官僚集团中的少数有识之士也有所察觉。太和二年（828 年），贤良方正刘蕡在科举对策中指出：当时人民“处处流散，饥者不得食，寒者不得衣”；“官乱人贫，盗贼并起，土崩之势，忧在旦夕”；“陈胜、吴广不独起于秦，赤眉、黄巾不独起于汉”，⑦ 阶级矛盾已到了相当尖锐的程度。懿宗朝，翰林学士刘允章在《直谏书》中进一步

---

① 《册府元龟》卷四九五《邦计部·田制》。
② 《唐大诏令集》卷七二《乾符二年南郊赦》。
③ 《旧唐书》卷一七一《李渤传》。
④ 《韩昌黎先生文集》卷一九。
⑤ 《新唐书》卷五三《食货志》三。
⑥ 《唐大诏令集》卷八六《咸通七年大赦》。
⑦ 《旧唐书》卷一九〇下《刘蕡传》。

指出当时“民有八苦而无一乐，国有九破而无一成”：“九破”是终年聚兵、蛮夷炽兴、权豪奢僭、大将不朝、广造佛寺、贿赂公行、长吏残暴、赋役不等、食禄人多而输税人少；“八苦”是官吏苛刻、私债征夺、赋税繁多、所由乞敛、替逃人差科、冤屈不得申理、冻无衣饥无食、病不得医死不得葬等。[①] 国有九破，说明唐王朝已不能照旧统治下去；民有八苦，说明广大人民已无法继续生活下去，农民被迫起义的条件已经成熟。宣宗大中十三年（859 年）十二月，在浙东爆发了裘甫领导的农民起义。懿宗咸通九年（868 年），桂林戍卒在庞勋等人领导下举行起义。这两次起义揭开了唐末农民大起义的序幕。

二　黄巢大起义的爆发

咸通十四年（873 年），关东地区发生了一场严重的旱灾。在西起虢州（今河南灵宝）、东到海边的广大地区，夏麦歉收一半，秋稼几乎颗粒无收。人们只能以蓬子面和槐树叶充饥，饿殍遍野，惨不忍睹。在这种情况下，唐政府不但不减免赋税，赈济灾民，反而不管人民的死活，仍派大批官吏到地方上催交赋税，对居民“动加捶挞”。人民“虽撤屋伐木，雇妻鬻子”[②]，可还是交不上赋税，已被逼得走投无路。当时，在曹州（今山东菏泽）一带流传着这样一首歌谣：“金色虾蟆争努眼，翻却曹州天下反。”[③] 它鼓动着人民起来推翻唐王朝的残暴统治。乾符元年（874 年）底，濮州（治在今山东鄄城）人王仙芝领导几千民众在长垣（今河南长垣）揭竿起义。王仙芝自称天补均平大将军兼海内诸豪都统，并传檄诸道，痛斥唐政府的统治“贪沓，赋重，赏罚不平”[④]，赢得了广泛拥护。

次年六月，王仙芝攻克了濮州和曹州，众至数万。这时，黄巢率领数千人在冤句（今山东菏泽西南）起义，响应王仙芝，更大规模的农民起义爆发了。

黄巢，曹州冤句人，出身于盐商家庭，曾与王仙芝同贩私盐。黄巢善骑射，爱结交豪侠之士，读过书，会写诗、做文章，数次考进士，均没有及第。他曾赋《不第后赋菊》诗云：“待到秋来九月八，我花开后百花杀。冲天香阵透长安，满城尽带黄金甲。”此诗表达了他对唐政府腐朽统治的不满和决心改变现实的壮志。

① 《全唐文》卷八〇四，刘允章：《直谏书》。

② 《资治通鉴》卷二五二。

③ 《旧唐书》卷二〇〇下《黄巢传》。

④ 《新唐书》卷二二五下《黄巢传》。

王仙芝与黄巢两支农民起义军合到一块，并肩作战。散在兖、郓、青、齐一带的庞勋余部也纷起响应。起义军在王仙芝、黄巢领导下，“横行山东，民之困于重敛者争归之。数月之间，众至数万”。淮南和河南一带的农民也群起反抗唐的统治，“多者千余人，少者数百人”①。农民大起义的烈火已成燎原之势。

面对农民大起义的迅速发展，唐政府十分惊慌，急忙调兵镇压。乾符三年（876年）七月，起义军在沂州（今山东临沂）被诸道行营招讨使宋威打败，遂采取避实击虚、流动作战的方针，转而进军河南，连下阳翟（今河南禹州）、郏城（今河南郏县），“不十日破八县”，又攻下汝州，俘刺史王镣，震动东都。唐政府急调大军驻守潼关，防止起义军西进，又调曾元裕为招讨副使，守卫东都。起义军审时度势，避敌锋芒，又南下攻取唐州（今河南唐河）、邓州，再转战于荆襄，攻下郢州（今湖北钟祥）、复州（今湖北沔阳）、随州、安州（今湖北安陆），打得唐军“望风退缩”②。

唐王朝看到军事镇压不能取胜，便派宦官赶到蕲州（今湖北蕲春），授给王仙芝左神策押牙兼监察御史的官衔，妄图诱使起义军放下武器。王仙芝产生动摇，打算接受唐政府的官爵，但遭到了黄巢等将领的坚决反对，唐王朝的诱降阴谋未能得逞。

此后，王仙芝与黄巢两人分开活动，南北呼应，互相配合，或攻打郡县，“抗拒官军”，或“俘掠进奉，出彼入此，鸟逝风驱”③，拖得唐廷军队精疲力竭。为了摆脱被动局面，唐王朝再耍诱降手段。王仙芝又产生动摇，派尚君长、蔡温球等人去与唐廷谈判，在途中被宋威捉去，送到长安杀掉。这次事件教训了王仙芝，他看清了朝廷的嘴脸，率大军急攻荆南。乾符五年（878年）正月，攻破了江陵（今湖北荆州）罗城。王仙芝投降虽没有成为事实，但他的妥协动摇了起义军的斗志。申州（今河南信阳）、黄梅（今湖北黄梅）之役，王仙芝战败被杀。

王仙芝牺牲后，义军大部由尚让率领北上投依黄巢。黄巢正率军攻打亳州，被推为王。黄巢称“冲天太保均平大将军”，改元“王霸”，并设官分职，建立了统一的领导机构。这些措施，增强了起义军的凝聚力、战斗力，为今后的发展奠定了良好基础。

尔后，黄巢挥师北伐，再度威胁东都。当他发现唐政府在东都有所准备

①② 《资治通鉴》卷二五二。

③ 《唐大诏令集》卷一二〇《讨草贼诏》。

后，便挥师渡江，向江南地区进军，接连攻下虔（今江西赣州）、吉（今江西吉安）等州，又挥师浙西、浙东，俘唐观察使崔璆。为了避免与劲敌唐镇海节度使高骈决战，起义军克服种种困难，自衢州到建州（今福建建瓯）开辟山路700里，挺进福建境内，一举攻下福州城。

接着，黄巢指挥起义军南下向广州进军，克广州城，俘唐岭南东道节度使李迢。起义军还分兵西进，攻取桂州（今广西桂林），控制了岭南的大部分地区。

广州是岭南的政治中心和军事重镇，又是当时最大的对外贸易港口，是唐政府重要的财赋供应地之一。唐王朝对起义军攻占广州极为恐慌，急忙命宰相王铎为荆南节度使、南面行营招讨都统进驻江陵，又任命世家良将出身的李系为行营副都统兼湖南观察使屯驻潭州（今湖南长沙），“以塞岭北之路，拒黄巢”[①]。僖宗还妄想对黄巢招安，委任黄巢为率府率，以瓦解起义军，但黄巢置之不理。

起义军在广州休整之后，又决定北伐。乾符六年（879年）十月，黄巢挥师自桂林顺湘江乘船北上，连下永州、衡州（今湖南衡阳）、潭州（今长沙），灭敌10万，李系溃逃。此时，起义军号称50万，乘胜进逼江陵。王铎闻潭州失守，慌忙逃奔襄阳（今湖北襄樊）。不久，起义军占领了江陵，并立即进攻襄阳，但途中遭唐山南东道节度使刘巨容伏击，损失惨重，不得不改变路线，渡江东走。

唐王朝以王铎指挥不力，撤其招讨都统之职，另以高骈代之。高骈屯重兵于扬州（今江苏扬州），与起义军形成对峙。广明元年（880年）五月，起义军充分发挥机智灵活的战术，在信州（今江西上饶）歼灭高骈的大批精锐，杀其大将张璘，连下睦州（今浙江建德）、婺州（今浙江金华）和宣州（今安徽宣城）。七月，起义军自采石（今安徽当涂）渡过长江，攻下和州（今安徽和县），进围天长（今安徽天长），迫使高骈龟缩扬州城内，不敢出战。黄巢又率领起义军北渡淮河，进入颍、宋、徐、兖等州境内，纵横千里，沿途农民踊跃加入义军，迅速扩展到60万人，兵临东都洛阳。黄巢称“天补大将军”，向唐节度使发布文告说：“各宜守垒，勿犯吾锋！吾将入东都，即至京邑，自欲问罪，无预众人。”[②] 这个文告，讲究斗争策略，把打击的锋芒主要指向以僖宗为首的唐廷最高统治者，争取节度使的投降或暂时中立，以减轻阻力。唐东都留守刘允章不敢抵抗，率领文武官员开城向起义军投降。黄巢入城慰劳百姓，

① 《资治通鉴》卷二五三。

② 《资治通鉴》卷二五四。

“里闾晏然”①。

同年十二月初，起义军自洛阳西进攻克潼关。消息传到京城长安，唐王朝立即陷入一片混乱，宰相卢携畏罪自杀，官员们纷纷窜匿，吓得丧魂落魄的僖宗皇帝在宦官田令孜的护卫下，仓皇南逃。不久，黄巢亲率大军进入京城，“辎重自东都抵京师，千里相属”②，十分威武雄壮。京城市民夹道聚观，起义军平唐大将军尚让向市民宣慰道：“黄王起兵，本为百姓，非如李氏不爱汝曹，汝曹但安居无恐。”③

三　大齐政权的成败

起义军占领长安后，于同年十二月十三日正式建立农民政权，国号“大齐”。黄巢称皇帝，建年号为“金统”。以尚让、赵璋、崔璆、杨希古为宰相，孟楷、盖洪为左右军中尉，朱温、张言、李逵等为诸卫大将军、四面游奕使，皮日休等为翰林学士，王璠为京兆尹。大齐政权规定，唐朝官员三品以上的停职，四品以下的留任。它还镇压了豆卢瑑、张直方、崔沆等一批隐匿不降或假投降的唐廷官僚，但严禁随意杀人。大齐政权剥夺了大官僚、大地主的货财和田宅，将他们扫地出门，“富家皆跣而驱”④，对一般百姓，则“见贫者，往往施与之”⑤。这些措施，反映出大齐政权代表着广大人民群众的阶级利益。

大齐政权建立后，黄巢等人满足于取得的胜利成果，麻痹轻敌，没有派出重兵追歼唐王朝的残余势力，也没有及时镇压关中一带唐廷的节度使，使凤翔、陇右节度使郑畋保持了相当强的反动力量，也使唐朝廷喘上气来，重新调兵遣将对起义军发动进攻。另一方面，起义军渡江北上后，已有了建立根据地的良好条件，但黄巢等人一味流动作战，招降纳叛，连东都洛阳这样的战略要地，也没有驻兵防守。这些因素，使得起义军在进入长安之后，逐渐由主动变为被动，由有利变为不利。

广明二年（881年）三月，僖宗任郑畋为京城四面诸军行营都统，任泾原节度使程宗楚为副都统，负责进攻起义军。黄巢派尚让、王璠带兵5万攻打郑畋，由于急躁轻敌，结果中了郑畋的埋伏，损失两万余人。四月，郑畋指挥唐军从四面围困住长安城。黄巢主动把义军撤出长安，东屯灞上。唐军进入长安后，烧杀抢掠，无恶不作。起义军侦察到唐军入城后的混乱情况，分兵数路重

---

①②④ 《新唐书》卷二二五下《黄巢传》。

③⑤ 《资治通鉴》卷二五四。

新杀进长安城，唐军“死者什八九”。[①] 程宗楚、唐弘夫两个指挥唐军入城的将领，也被义军杀死。

中和二年（882 年）正月，僖宗又任命王铎为宰相，兼任诸道行营都统，统帅各路唐军再次将起义军围困于长安。在唐军长期包围下，起义军的处境日益困难，粮食极为缺乏，不得不以树皮等物充饥。与此同时，唐廷加紧了对起义军的分化瓦解。九月，负责东部防务的义军同州防御使朱温叛变投降，削弱了起义军的力量。朱温被僖宗赐名“朱全忠”，任以河中行营副招讨使，成了唐廷镇压起义军的一个忠实走狗。

同年十二月，唐朝廷又请来了沙陀贵族李克用的 4 万军队，协助镇压起义军。沙陀军队凶悍善战，使起义军处境愈加不利。中和三年（883 年）四月，起义军被迫撤出长安，经蓝田向河南退却。退却过程中，在陈州（今河南淮阳）遇到了唐陈州刺史赵犨的顽强抵抗，义军大将孟楷被俘牺牲。双方大小数百仗，胶着近 300 天，从而使得起义军丧失了机动灵活地寻求发展的大好时机。这一战略上的重大错误，再次使起义军陷入唐军的包围，大部被敌消灭。中和四年（884 年）五月，尚让等一部分义军将领向朱全忠和武宁节度使时溥投降，黄巢仅率千余人败走山东。六月，寡不敌众的黄巢在撤至泰山狼虎谷时自刎身亡，唐末农民大起义至此失败。

黄巢领导的农民大起义，在中国农民战争史上留下了光辉的一页，具有深远的历史意义。

首先，这次起义历时十年，南征北战，横扫大半个中国，队伍从数千人发展到六十多万，并且攻占了唐都长安，建立了大齐政权，使唐王朝的统治陷于土崩瓦解。

其次，这次起义沉重地打击了地主阶级，不少州县被攻破，不少官吏被惩处，使阶级关系发生了一些重要变化。魏晋以来的门阀士族势力经过这次起义军的扫荡，已被彻底摧毁，“丧亡且尽”。[②] 宋人王明清在《挥麈前录》卷二中说：“唐朝崔、卢、李、郑及城南韦、杜二家，蝉联珪组，世为显著，至本朝绝无闻人。”所以五代以后“取士不问家世，婚姻不问阀阅”。[③] 许多地主的田宅、财产也被义军没收，削弱了当时大土地所有制的发展，使土地高度集中和农民大量逃亡的现象有所缓和。同时，佃客的身份地位也有了某些改变。这就

① 《资治通鉴》卷二五四。

② 《新五代史》卷二八《豆卢革传》。

③ 《通志》卷二五《氏族志序》。

为五代和北宋社会经济的发展创造了有利条件。

再次，这次起义也沉重地打击了藩镇割据势力，广明元年（880年）起义军挥师北伐时，“所在雄藩，望风瓦解”[①]，为后来的全国统一减少了某些阻力。

最后，在这次起义中，王仙芝、黄巢先后以“天补均平大将军”和“冲天太保均平大将军”的名号发布檄文，号召广大人民起来推翻唐王朝的封建统治。像这样打出“均平”的旗号，在我国农民战争史上还是第一次。它说明这次农民起义已经从反对封建暴政和争取人身自由，发展到了要求政治上和经济上的平均，开始进入到了一个新的阶段。

四　唐王朝的灭亡

黄巢大起义之后，唐王朝已名存实亡。史称：“郡将自擅，常赋殆绝；藩侯废置，不自朝廷”[②]；“王室日卑，号令不出国门”[③]。在农民大起义的扫荡下，唐王朝只剩下一个空壳。

藩镇之间勾心斗角，互相攻伐，最后只剩下十几个。在河南有宣武节度使朱全忠，在山西有河东节度使李克用，在关中有凤翔节度使李茂贞，在河北有卢龙节度使刘仁恭，在浙江有镇海节度使钱镠，在淮南有淮南节度副大使杨行密，在西川有西川节度使王建。其中以朱全忠和李克用的实力最强。

龙纪元年（889年），朱全忠打败割据河南的秦宗权之后，“军势益盛”。光化三年（900年），朱全忠又打败了刘仁恭，河北诸镇为其所有。天复二年（902年），朱全忠率大军大败李克用，“自是克用不敢与全忠争者累年”[④]。在争斗火并之中，朱全忠逐渐占了上风。

僖宗死后，宦官杨复恭拥立僖宗之弟李晔为帝，是为昭宗。这时，宦官与朝官之间的斗争愈演愈烈，各自拉拢藩镇以为援助。天复元年（901年），宦官韩全诲勾结凤翔节度使李茂贞，宰相崔胤勾结宣武节度使朱全忠，四人各为表里，“全忠欲迁都洛阳，茂贞欲迎驾凤翔，各有挟天子令诸侯之意”[⑤]。韩全诲抢先下手，逼昭宗出长安至凤翔，投依李茂贞，朱全忠则带兵7万入关，崔

---

① 《通鉴考异》卷二四，“广明元年七月”条引《妖乱志》。

② 《旧唐书》卷一九下《僖宗纪》。

③ 《资治通鉴》卷二五九。

④ 《资治通鉴》卷二六三。

⑤ 《旧唐书》卷二〇上《昭宗纪》。

胤“促全忠以兵迎驾”①。天复三年（903年），朱全忠打败李茂贞。李茂贞杀韩全诲等宦官七十余人，与朱全忠和解，并将昭宗交给了朱全忠。昭宗重新回到长安。崔胤指责宦官“大则构扇藩镇，倾危国家；小则卖官鬻狱，蠹害朝政”②。朱全忠以此为理由杀宦官第五可范等数百人。宦官集团在这次事变中遭到了毁灭性打击，再也无力干预朝政。

天祐元年（904年），朱全忠派人杀死宰相崔胤等，逼昭宗迁都洛阳。同年八月，又杀昭宗，立其第九子年仅13岁的李柷（zhù，祝）为傀儡皇帝。第二年，再杀宰相裴枢、崔远等朝臣三十余人。到907年，朱全忠废李柷，自称皇帝，国号梁（史称后梁），都开封。唐朝遂亡。自618年建国，到907年灭亡，唐朝历时289年。

第五节　唐代的文化和社会生活

唐朝的文化，灿烂辉煌，不仅在中国，而且在世界文化发展史上，都占有重要地位。在唐朝统治的近300年当中，政治局面相对稳定的时期比较长，社会经济空前繁荣，对外经济文化交流十分频繁，这都是唐朝文化能够获得辉煌成就的原因。

一　宗教和哲学

宗教的流行　在唐代，随着对外关系的发展，许多外国宗教在中国传播开来。从波斯传来的有祆教、摩尼教和景教。祆教又名“拜火教”，十六国时已传入中国，至唐时颇盛，流传甚广。长安、洛阳、武威、敦煌等地都设有祆祠。唐政府中设有萨宝府，是专门管理祆教的机构。摩尼教于武周时始传入中国。回纥助唐平定安史之乱时，曾从洛阳带摩尼教师四人回国，摩尼教又传到回纥地区，并成为回纥的国教。大历三年（768年），代宗准回纥在长安建摩尼教寺，赐额“大云光明寺”。大历六年（771年），回纥又请于荆、扬、洪、越等州建大云光明寺，这说明摩尼教在南方也有所流传。景教是基督教的一个

① 《旧唐书》卷二〇上《昭宗纪》。

② 《资治通鉴》卷二六三。

支派。贞观十二年（638年），太宗诏许景教僧阿罗本在长安义宁坊“建寺一所，度僧二十一人”[①]，传教布道。高宗时允许在各州建景教寺院，统称波斯寺。玄宗天宝年间易名为大秦寺。现存《大秦景教流行中国碑》记叙了景教在唐代的传播情况。此外，唐代在长安、广州、扬州等地有不少大食商人，他们信奉的伊斯兰教也在这些地区流传，据说当时长安建有清真寺。

以上诸种宗教虽有流传，但非主流，在唐代流行的主要宗教是道教和佛教。

道教尊奉春秋战国时期著名的道家学者老子为太上老君，奉为教主。相传老子姓李名耳，与唐朝皇室同姓，所以自李渊开始，李唐皇帝便以老子的后裔自居，积极扶植道教，力图借助神权来巩固皇权。武德八年（625年），李渊下令规定道教在儒教和佛教之上，为三教之首，确立了有唐一代的崇道政策。贞观十二年，唐太宗下令规定道士、女冠位在僧、尼之前。乾封元年（666年），高宗追封老子为“太上玄元皇帝”。至玄宗朝，对道教更是推崇备至。玄宗诏令道士、女冠隶宗正寺，位在亲王之次，视为皇族宗室。又令王公以下皆习《老子》，极力壮大道教势力。当时两京和各州均建有玄元皇帝庙，道观也很多，长安有30所。开元末年，道教发展到鼎盛时期。

佛教在唐代有了新的发展，进入它的全盛期，并形成了几支主要的宗派。（1）天台宗，创立人是陈隋间的智𫖮（538～597年）。它崇奉的主要佛经是《法华经》，故又名“法华宗”。此宗宣传一切“皆由心生”，世界本体是空无的，故亦名“空宗”。它的基本理论为止观论、三谛圆融论和无情有性说。（2）法相宗，由玄奘（602～664年）创立于贞观年间。它的主要内容是“穷究万法之性相”，故名“法相宗”。以论证“万法唯识”“心外无法”为宗旨，又称“唯识宗”。它崇奉的主要佛经是《解深密经》《瑜伽师地论》《唯识二十论》，主张宇宙万物皆由“识”（精神本体）幻化而成。（3）华严宗，创立人是得到武则天大力扶持的法藏（643～712年），以崇奉《华严经》而得名，主要是通过论证所谓“尘是心缘，心为尘因。因缘和合，幻相方生”，以及“法界缘起法”，宣称客观世界是依赖于主观世界而存在的。

又有禅宗，“禅”是梵语音译“禅那”的简称，意思是静坐沉思，称为“坐禅”或“禅定”。禅宗之名即因此而得。相传禅宗由南印度僧人达摩创立于北魏之时，到武则天时，禅宗内部发生分化，分为慧能（638～713年）的南宗与神秀（？～706年）的北宗。南北二宗各把他们的主张归纳为四句偈。神

① 《唐会要》卷四九《大秦寺》。

秀说："身是菩提树，心如明镜台；时时勤拂拭，勿使惹尘埃。"慧能说："菩提本无树，明镜亦非台；本来无一物，何处惹尘埃？"前者主张通过长期苦修，排除杂念，然后才能渐悟成佛。后者主张"本性（人性）是佛，离性无别佛"，人们要想成佛，不必去习诵烦琐的佛经，也不必长期修行，只要向自己心中寻求就可以了，只要在一刹那间领悟到净土就在自己心中，即可顿悟成佛。南宗的主张简单速成，最后战胜了北宗，慧能取得了禅宗法嗣六祖的地位，南宗成为禅宗正宗，到唐末五代时，慧能的禅宗几乎取代了佛教其他各派，垄断了佛坛。

除上述四宗之外，较为重要的佛教宗派尚有净土宗和律宗。各派之间虽有差异，但它们都进行灵魂不灭、因果报应、六道轮回等迷信说教，引导人们逆来顺受，安于现状。

有唐一代，佛、道二教间的斗争一直很激烈。唐高祖和唐太宗置道教于佛教之上；武则天为了取唐建周，又把道教贬在佛教之下；唐武宗为了打击极度膨胀的佛教寺院的经济势力，听从道士之言，下令灭佛；唐宣宗继位后，又立即扶植佛教。由于佛、道二教在当时都有其生存的社会基础，因而谁也击不败谁。但是，由于以禅宗为代表的佛教，结合中国社会的实际，简化了教义和修行方法，吸收儒家的一些思想因素，增添了世俗宗法色彩，逐步从外来宗教转化为具有中国特色的宗教，加强了自己的竞争能力，因此，佛、道之争，佛教还是占优势的。

反佛思想　佛教文化的不断渗透，引起了与中国传统文化的碰撞和摩擦。唐代以傅奕为代表的一些人对佛教进行了批判，他们的反佛思想成为当时的一种社会思潮。

傅奕（555～639年）是隋及唐初著名的学者、科学家。他认为佛教是外来的祸害，佛教僧徒"不忠不孝，削发而揖君亲；游手游食，易服以逃租赋"，"于百姓无补，于国家有害"。主张禁除佛教，令僧尼匹配，生儿育女，以益国足兵。可见傅奕反佛是从维护儒家的伦理道德体系和李唐政权的利益出发的。傅奕进一步指出："生死寿夭，由于自然；刑德威福，关之人主……而愚僧矫诈，皆云由佛。"[①] 把人的"生死寿夭"归结为自然原因，有力地揭穿了佛教的欺骗宣传。傅奕还把魏晋以来的反佛人物编为《高识传》，作为斗争的武器，足见他反佛态度的坚定。

武周宰相狄仁杰（630～700年）及开元名相姚崇（650～721年）都从治理国家的角度对佛教进行了抨击。认为修佛寺、造佛像浪费国财民力，动摇国

① 《旧唐书》卷七九《傅奕传》。

家根基，于国有害无利。狄仁杰还认为佛教“诖误生人”[1]，有违名教。姚崇则对佛教宣扬的因果轮回说做了批判，说：“生前易知，尚觉无应；身后难究，谁见有证。”并告诫其子孙们道：“夫释迦之本法，为苍生之大弊，汝等各宜警策，正法在心，勿效儿女子曹，终身不悟也。”[2]

韩愈（768～824年）是唐后期反佛的主将。他在《原道》和《论佛骨表》中，对佛教进行了尖锐的批判：一是指责佛道二教耗费大量财富，加重百姓负担，使民“穷且盗也”[3]。二是指责“佛本夷狄之人”[4]，让佛教凌驾于儒学之上，有被同化为夷的危险。第三，也是最主要的一点，是指责佛教自外于天下国家，灭弃伦常，使得“子焉而不父其父，臣焉而不君其君，民焉而不事其事”[5]。为此，韩愈主张止塞佛道，勒令僧道还俗，发扬儒家之道以取代佛道的宗教理论。韩愈还通过总结梁武帝等皇帝崇佛祸国亡身的史实，以为佛并不足信。他不相信因果报应说，大胆地宣称“佛如有灵能作祸祟，凡有殃咎，宜加臣身”[6]，显示出反佛的坚决。

朴素唯物主义和无神论思想 在科学技术，特别是天文学方面成就的推动下，唐代朴素唯物主义和无神论思想有了重大发展。吕才、李华、卢藏用、李筌、柳宗元、刘禹锡等人对此做出了贡献，其中以柳宗元、刘禹锡的贡献最为突出。

吕才（600～665年），唐初著名学者，贞观时曾任太常博士、太常丞等职。他对当时盛行的风水迷信、卜筮迷信和禄命迷信进行了驳斥，认为“天覆地载，乾坤之理备焉，一刚一柔，消息之义详矣，或成于昼夜之道，感于男女之化，三光运于上，四气通于下，斯乃阴阳之大经，不可失之于斯须也。至于丧葬之吉凶，乃附此为妖妄”[7]。把“阴阳”归纳为天地、乾坤、刚柔、三光、四气等自然现象。

李华（约700～766年），唐代文学家。他在《卜论》一文中，以巧妙的语言，辛辣地嘲讽了占卜迷信。认为人们处世行事根本没有必要去求神问卜，而应以敬德为要。他说：“专任道德以贯之，则天地之理尽矣，又焉假夫蓍龟乎？又焉征夫鬼神乎？”[8] 主张注重人事，反对事鬼。

---

① 《旧唐书》卷八九《狄仁杰传》。

② 《旧唐书》卷九六《姚崇传》。

③⑤ 《韩昌黎文集》卷一《原道》。

④ 《韩昌黎文集》卷八《论佛骨表》。

⑥ 《旧唐书》卷一六〇《韩愈传》。

⑦ 《旧唐书》卷七九《吕才传》。

⑧ 《全唐文》卷三一七《卜论》。

卢藏用（生卒年不详），历仕武则天及中宗朝，著有《析滞论》，论述了他的天人观，并对世俗迷信进行了批判。卢藏用特别强调天而否定神，认为“得丧兴亡，并关人事；吉凶悔吝，无涉天时”[①]，主张“天道”也必从“人事”，统治者要治理好国家，不能信神靠天，必须勤于人事。

李筌（生卒年不详），主要活动于安史之乱前后。他的代表作《太白阴经》成书于代宗时期，既是一部著名的兵书，又集中反映了他的天人观。李筌认为天地与万物均生成于阴阳二气，这种生成过程是自自然然的，不是有意识的，否定有神秘的天与鬼神干预人事，强调事在人为。他说：“任贤使能，则不时日而事利；明法审令，则不卜筮而事吉；贵功赏劳，则不禳祀而得福。”[②]

柳宗元（773～819年），字子厚，河东（今山西永济）人，世称柳河东。他的著作后编为《柳河东集》，其中《天说》《天对》《答刘禹锡天论书》《非国语》《时令论》《封建论》等篇，集中地反映了他的唯物主义思想，主要表现在以下几个方面。

（1）否定神秘的天。柳宗元认为宇宙是由混沌的、运动着的元气构成的，所谓的天，也只不过是由元气构成的大自然，是一种“无青无黄、无赤无黑”[③]的客观存在，根本就不存在一种神秘的至高无上的能够支配人们命运的天。他还认为，天地万物的运动变化，都是元气“自动自休，自峙自流”，“自斗自竭，自崩自缺”[④]的结果，也不存在一种支配万物的神秘的外在力量。

（2）天人不相预说。在天人关系上，柳宗元认为天与人是各不相干涉的。他说：“生植与灾荒，皆天也；法制与悖乱，皆人也。二之而已，其事各行不相预，而凶丰理乱出焉。”[⑤]认为天地、元气、阴阳同瓜果、草木一样，都是物质的，没有什么意志，主张重视人事而不空谈天命鬼神。

（3）对鬼神迷信的批判。柳宗元从认识论的根源上对鬼神迷信产生的原因做了解释。他说：“古之所以言天者，盖以愚蚩蚩者耳”[⑥]；“力足者取乎人，力不足者取乎神。所谓足，足乎道之谓也。”[⑦]认为人们迷信鬼神是力量虚弱的表现，如果人们掌握了道（规律和规范），使人力足以支配自然，就不会相

---

① 《旧唐书》九四《卢藏用传》。
② 孙继民：《李筌〈太白阴经〉琐见》，载武汉大学《魏晋南北朝隋唐史资料》第七辑。
③ 《柳河东集》卷一四《天对》。
④ 《柳河东集》卷四四《非国语》。
⑤ 《柳河东集》卷三一《答刘禹锡天论书》。
⑥ 《柳河东集》卷三《断刑论下》。
⑦ 《柳河东集》卷四四《非国语》。

信鬼神了。

刘禹锡（772～842年），字梦得，彭城（今江苏徐州）人，世称刘宾客。他的著作后编为《刘梦得集》，其中《天论》三篇为其哲学代表作。主要哲学思想有：

（1）否定神秘的天。与柳宗元一样，刘禹锡也否定有神秘的天。他发展了柳宗元“天地，大果蓏也”[①]的观点，提出“天，有形之大者也”的命题。认为天是大而有形体的客观物质，有其自身的规律，并按规律永不停息地运动着。显然，他的天论比柳宗元的更进了一步。

（2）天与人交相胜还相用说。在《天论》三篇中，刘禹锡详尽地阐明自己的天人关系说，提出了天与人“交相胜而已矣，还相用而已矣”的光辉命题。他一方面说：“大凡入形器者，皆有能与不能”；“天之能，人固不能也；人之能，天亦有所不能也”。认为自然界与人类社会各自具有不同的功能与作用，不能相互代替。另一方面，他又强调天与人之间的相互作用，并认为“天胜人”是无意识的，而“人胜天”则是有意识的、有目的的。人胜天的关键在于“明理”，要认识“势”中之“数”，即要认识、掌握事物发展过程中的规律，通过发挥人的主观能动性，自觉地运用规律来改造自然界。刘禹锡的天人关系说，带有辩证的因素，是对唯物主义思想做出的新贡献。

柳宗元和刘禹锡是唐代朴素唯物主义和无神论的主要代表人物，但他们的观点是不彻底的。这主要表现在他们对宗教的容忍上，特别是他们参与反宦官斗争失败而被贬之后，转而向佛教求归宿。

韩愈、李翱的唯心主义思想 韩愈，字退之，邓州河阳（今河南孟州）人。他的著作主要保存在《韩昌黎集》里，其哲学思想代表作有《原道》《原性》《原人》《原鬼》等，阐述了他的唯心主义思想。

（1）天命论。在韩愈的世界观中，天命论占着统治地位。韩愈认为天有意志，能赏罚，人们的贵贱祸福是“存乎天”的，人们只能随顺敬畏天的意志，不可能以人力改变天命。

（2）道统说。“道”是儒家之道，是以孔孟所讲的仁义道德为主要内容的，即“博爱之谓仁，行而宜之之谓义，由是而之焉之谓道”[②]。韩愈认为，这种“道”从尧舜禹汤就开始了，中间历经文王、周公、孔子、孟子的代代相传，此后中断，一直到韩愈本人，才又延续下来。

---

① 《柳河东集》卷一六《天说》。

② 《韩昌黎文集》卷一《原道》。

(3) 人性论，亦称性情说。主要内容是：性，即人性，人的本性。它由仁、义、礼、智、信五种道德内涵组成。由于人们对上述五德具备的情况不同，便决定了人性的不同。韩愈据此把人性分为上、中、下三品，即三个等级。认为上品之性，五德俱全，是纯善的；中品之性，五德不全，是善恶相杂的；下品之性，五德具违，是纯恶的。不过，人性也不是不可移易的。韩愈认为："上之性，就学而愈明，下之性，畏威而寡罪，是故上者可教而下者可制也。"① 情，即人的感情，由喜、怒、哀、惧、爱、恶、欲七种要素组成。韩愈认为，不同的人对情的发动是不同的，上品之性必然发动为上品之情；中品之性必然发动为中品之情；下品之性必然发动为下品之情，即"情之于性，视其品"②。韩愈性情论的本质目的，就在于论证君在上，臣在中，民在下的等级秩序是符合人性的，是合理的。

李翱（约 772～842 年），字习之，陇西成纪（今甘肃秦安）人，是韩愈的学生。李翱的著作保存在《李文公集》里，哲学代表作是《复性书》三篇，主要思想是"性善情恶说"。他认为，人性是天赋的，所有的人，不论圣人或凡人的本性都是善良的，而人的情欲则是邪恶的。李翱认为，圣人之所以成为圣人，是因为圣人去掉了情欲，使善性得到了发挥；凡人之所以成为凡人，是因为善性被邪恶的情欲所干扰和遮蔽。凡人要想恢复善性，成为圣人，就必须去掉情欲。其方法是排除一切感情，忘掉一切思虑，使自己的心神在"弗思弗虑"中达到"清明""至诚"的境界。

二 儒学和史学

儒学 唐朝科举考试的主要内容是儒家经典，这推动了儒学在唐代的发展，主要表现为统一儒学的形成以及儒学由汉学向宋学的转变。

统一儒学的形成由官修《五经定本》《五经正义》及几部私修经书共同完成。《五经定本》是唐太宗令颜师古撰写的，是一部考订《周易》《尚书》《毛诗》《礼记》《左传》五经文字的书，后颁行全国，成为官定的统一课本。文宗开成二年（837 年），在郑覃的主持下，又刻成了著名的《开成石经》，进一步完成了五经在文字上的统一。《五经正义》由唐太宗令孔颖达等人撰写，是一部解释五经经义的书。书在高宗朝撰成后，完成了五经内容上的统一。此后，注释儒经必须以此为标准，科举应试亦必须准此答卷，不许自由发挥。私修经

①② 《韩昌黎文集》卷一《原性》。

书主要有唐初贾公彦的《周礼疏》《仪礼疏》，杨士勋的《春秋穀梁传疏》以及唐后期徐彦的《春秋公羊传疏》。这些书也对儒学的统一做了贡献。

儒学由汉学向宋学的转变完成于唐后期。啖助、陆质师徒创自由解经之学风。啖助著有《春秋统例》，陆质著有《春秋微旨》《春秋集传纂例》《春秋集传辨疑》。他们著述的特点是不受《春秋三传》的束缚，专凭己意说经，不仅对《五经正义》之类的书随意驳斥，即使对《春秋三传》本身也敢于提出异议，在学风上开启了宋学“空言说经，任意附会”的先河。韩愈、李翱师徒则从哲学思想上为宋学奠定了基础。韩愈“道统说”中的“道”在宋朝时被程、朱加以发挥，称之为“道”或“理”，并认为是最高的、永恒的、绝对的存在，是万事万物的本源。韩愈的“性情说”也被程、朱加以发挥，“性”被发展为“天命之性”，“情”被发展为“气质之性”。李翱的“性善情恶说”也被宋学直接继承，成为“存天理，灭人欲”以及“致良知说”的先声。

唐修八史 唐代以前，史书大都是私家著作。唐王朝建立后，为借鉴总结历史的经验教训，对史学十分重视。贞观三年（629 年）底，唐太宗将史馆自秘书省著作局移于门下省北，并令宰相任监修，负责编撰前代和本朝国史，把纪传体正史的编修掌握在政府手中，自此迄清代，官修正史成为历代相沿的制度。

唐代编修的正史共有八部，习称“唐八史”，即《晋书》《梁书》《陈书》《北齐书》《周书》《隋书》六部以及由李延寿私人编修但获得唐政府批准而列为正史的《南史》和《北史》。鉴于梁、陈、北齐、周、隋五史没有《志》，后来又编修了《五代史志》十种，一并附进《隋书》，即今《隋书》十志。

《史通》 《史通》是我国历史上第一部史学理论著作。作者刘知几（661～721 年），字子玄，彭城（今江苏徐州）人，是我国古代社会杰出的史学家。《史通》共 20 卷，对唐代以前的史学著作和史学家做了系统的总结，并提出了刘知几个人的修史主张。

刘知几对史学著作中流行的宿命论观点进行了批判，强调人事在历史上的作用，指出：“夫论成败者，固当以人事为主，必推命而言，则其理悖矣。”刘知几认为历史是变化和发展的，评价人物和事件应从当时的客观形势出发。他还反对是古非今，认为不应“以先王之道持今世之人”。显然，刘知几的历史观是进步的。

刘知几还提出了著名的“三长论”和“直笔论”。认为一个优秀的史学家必须具有才、学、识三长，而以识最重要，如果“见良直而不觉其善，逢抵牾而不知其失"，则学问再多也无用。对于写史，刘知几主张"直笔"，要做到"不掩恶，不虚美"，"不避强御"，"无所阿容"，反对迎合权势或从个人恩怨出发歪曲史实。这些卓越的见解，对后世史学产生了巨大影响。

《通典》 《通典》是我国第一部典制体通史，即专门记述历代典章制度的通史。作者杜佑（735～812年），字君卿，京兆万年（今陕西长安）人。他在刘秩《政典》的基础上，用力三十余年撰成《通典》。全书共200卷，分食货、选举、职官、礼、乐、兵、刑、州郡、边防九门，记载了自上古到唐代宗时期的各种典章制度及其沿革。《通典》的问世，创立了一种崭新的史书体裁——政书体，对后世史学影响巨大。

杜佑撰《通典》是为了吸取历史经验，解决当时的政治经济问题。他反对"非今是古"，主张"随时立制，遇弊变通"[①]。这种古为今用的治学精神是可贵的。但《通典》大讲礼教，《礼门》占了全书的一半，又说明杜佑修史的根本目的是巩固礼教伦常。

《元和郡县图志》和《蛮书》 李吉甫（758～814年）所著《元和郡县图志》，是一部历史地理学专著。全书40卷，记述了各郡县的户口、物产、山川古迹、地理沿革等方面的内容，是研究唐代历史和地理的重要著作。原书地图部分在宋代已经佚失，因此，后人又称此书为《元和郡县志》。

《蛮书》一名《云南志》，唐懿宗时人樊绰所著。全书10卷，系统记录了当时云南地区蛮族和其他少数民族的历史情况、政治制度、社会经济、山川地理、风土人情等，是唐代民族史研究的宝贵资料。

三 文 学

诗歌的繁荣 在百花盛开、争奇斗艳的唐代文学中，诗歌最为光彩夺目。清人所编的《全唐诗》，收集了2300多个诗人的48900多首诗，其数量之众多，内容之丰富，风格流派之多样，远远超出了过去任何一个朝代。诗在唐代取得了最辉煌的成就。

初唐诗坛，大体还笼罩着齐、梁宫体诗的影子，仍然只追求形式而缺乏内容，并出现了以上官仪为代表的"绮错婉媚"的"上官体"。只有号称"初唐四杰"的王勃、杨炯、卢照邻、骆宾王努力摆脱浮艳诗风，并卓有成绩。稍后的陈子昂，倡导诗歌改革，并在自己的创作实践中树立了内容充实、语言刚健

① 《通典》卷四十《职官》。

质朴的新诗风，为唐诗的发展开辟了道路。他的代表作有《感遇》诗38首、《蓟丘览古》7首和《登幽州台歌》等。

开元、天宝年间的盛唐时期，是诗歌发展的繁荣期。期间才华横溢的诗人大量涌现，相映争辉。孟浩然、王维以清闲优美的田园山水诗闻名；高适、岑参以悲壮豪迈的边塞诗著称；最杰出的是“诗仙”李白和“诗圣”杜甫。

李白（701～762年），字太白，原籍陇西成纪（今甘肃秦安），生于巴尔喀什湖以南的碎叶，幼年随父迁居四川彰明县（今江油）。李白生当唐朝极盛之时。他的诗歌内容广泛，想象丰富，热情奔放，具有强烈的艺术魅力，对后世影响极深。他的著名诗篇如《早发白帝城》《将进酒》《蜀道难》等，一直为人们所传诵。

李白有济苍生、安社稷的政治理想，关心国事，希望得到重用。但他不愿意迎合权贵，因而屡遭排挤。他的许多诗篇揭露了权贵的荒淫腐朽，表达了强烈的反抗精神。“安能摧眉折腰事权贵，使我不得开心颜！”这是他一生的自我写照。李白一生好游名山，在长期的漫游生活中，写下了许多歌颂山河的优秀诗篇。他还写过少量反映平民生活的作品。

李白追求功名的欲望是强烈的，这种思想在不少诗篇中都有表现。他受道家思想的影响很深，特别是在他的政治抱负不能实现时，就以学道寻仙来排遣忧闷，因此一些诗中常常流露出一种人生如梦、及时行乐的颓废情绪。

杜甫（712～770年），字子美，河南巩县人。杜甫生活在唐朝由盛转衰的时代，在颠沛流离的贫困生活中，深刻地感受到统治阶级的腐朽和广大人民的痛苦。安史之乱前，他在长安时就写了《兵车行》《丽人行》等光辉诗篇，唱出了“朱门酒肉臭，路有冻死骨”① 这样流传千古的名句，揭露了当时社会的黑暗。安史之乱后，在长期的漂泊生活中，杜甫又写出了《羌村》《北征》和《三吏》（《新安吏》《石壕吏》《潼关吏》）、《三别》（《新婚别》《垂老别》《无家别》）等不朽诗篇，讲述人民的苦难，痛斥统治阶级的贪残。这些都是杜诗的精华。除此之外，杜甫也写了不少优美动人的自然诗和抒情诗。

杜诗内容深刻，风格沉郁雄浑，语言精练，叙事谨严，真实地反映了广阔的社会现实生活，因而有“诗史”之称，在我国文学史上占有重要的地位。不过，杜甫的政治抱负是按照儒家政治思想建立一个太平治世，“致君尧舜上，再使风俗淳”②，并把希望寄托在好的君主身上。

---

① 杜甫：《自京赴奉先县咏怀五百字》。

② 杜甫：《奉赠韦左丞丈二十二韵》。

中晚唐诗人有钱起、卢纶等“大历十才子”，有新乐府诗派代表元稹、白居易，有奇险冷僻派代表孟郊、韩愈，等等。其中最为杰出的是白居易。

白居易（772～846 年），字乐天，自号香山居士，原籍下邽（今陕西渭南），生于河南新郑，是新乐府诗歌运动的代表。

白居易在文学创作上有很精辟的见解，他反对写那种一味追求文字华美而毫无实际内容的空洞文章，主张写诗作文都要接触时事，反映现实生活。“文章合为时而著，歌诗合为事而作”①，是他从事创作的基本观点。白居易生活在唐朝走向衰落的时期，长期的贫困流浪生活，使他有机会更多地接触社会现实，了解人民生活。因此，他的诗歌表现出对人民的深刻同情。被称为讽喻诗的《秦中吟》十首和《新乐府》五十首，是这类诗歌的代表作。其中《重赋》《卖炭翁》《杜陵叟》等篇，有力地揭露了剥削者的贪暴，表达了对人民痛苦生活的同情，发出了“剥我身上帛，夺我口中粟；虐人害物即豺狼，何必钩爪锯牙食人肉”② 的愤怒呼声；《轻肥》《伤宅》《歌舞》等篇尖锐地讽刺了官僚地主的荒淫生活，具有高度的思想性和艺术性。白居易的诗歌具有通俗易懂、形象生动、淳朴自然的风格，大多得到广泛传诵。此外，他的长篇叙事诗《长恨歌》和《琵琶行》，也具有很高的艺术水准，深为人们所喜爱。

白居易晚年在政治上不得志，意志消沉，信仰佛道，过着悠闲自适的生活，这使得他的晚期诗作大为逊色。

古文运动 南北朝时期占统治地位的骈文，一味追求声律、词藻、用典，文风萎靡，形式僵化，内容空洞，已成为表达思想的阻碍，严重束缚了文学的发展。随着唐朝经济的发展，庶族地主势力日益占据优势，士族地主势力迅速衰微，骈文这种贵族文体也就越来越不能适应社会的需要，于是出现了提倡古文的运动。所谓古文运动，名义上是要求恢复周秦两汉的古代散文体，好像是一个复古运动，实际上却是要在继承古代散文优秀传统的基础上，以自由质朴、注重内容的新散文体来代替骈文，是一个企图使文体、文风和文学语言适应时代要求的革新运动。

唐初的陈子昂是这个运动的奠基者。他在《与东方左史虬修竹篇序》中，明确指出“文章道弊五百年矣”，要求改变晋、宋、齐、梁“彩丽竞繁，而兴寄都绝”“逶迤颓靡，风雅不作”的文体和文风，恢复《诗经》风雅和汉魏古文的传统。此后，经过李华、萧颖士、独孤及、元结等的艰苦奋斗，进一步奠

---

① 白居易：《与元九书》。

② 白居易：《杜陵叟》。

定了古文在思想内容上以儒家思想为依据，在体裁形式上以两汉散文为榜样的理论基础，开启了古文运动的先河。

古文运动的主将是韩愈。他一方面主张“文以载道”，强调文章的形式必须为内容服务；一方面反对骈文，提倡继承和吸收从六经、离骚到司马迁、司马相如的古文成果，力图用新颖的文学语言，创造出一种自由流畅、直言散行、便于表达思想的新散文体。韩愈对自己的文体改革理论是身体力行的。他把自己所倡导的新散文体广泛地应用于政论、传记、书信、序文、墓志铭等各个方面，先后写出了三百多篇具有高度艺术技巧的散文。他的散文气势磅礴，感情充沛，文字精练，语言生动，获得了“文起八代之衰”的称誉。《原道》《原毁》《师说》《杂说》等是其代表作。但他从事古文运动的根本目的是复兴儒道，其基本出发点是把古文作为复兴儒道的工具和手段而加以提倡的，这就使他的许多作品带有说教色彩，“豪放奇险则过之，而温丽靖深不及也”①。

柳宗元是古文运动的另一健将。他继承并发展了韩愈的文学主张，写有四百多篇高水平的散文。他不仅写出了《天说》一类宣传无神论的名篇，还写了《捕蛇者说》《童区寄传》《种树郭橐驼传》一类揭露当时社会黑暗的作品。柳宗元的散文语言简洁，文笔生动，思想性强，感染力深，具有强烈的现实主义精神。此外，柳宗元的山水游记也很著名，他善于将自己的生活遭际和悲愤之情融入山水之中，使山水人格化、感情化，《永州八记》是其代表。

传奇小说　唐代中后期城市经济繁荣，产生了与之相适应的传奇小说。

与六朝的志怪小说相比，唐代传奇小说的主人公已经不是神鬼，而是现实生活中的人，因此作品具有比较丰富的社会内容。另一方面，古文运动为小说创作提供了表达能力更强的新散文体，诗歌的繁荣也给它输送了丰富的营养，从而使得传奇小说的创作艺术，无论在语言、结构、情节和人物塑造等方面，较之志怪小说都有了新发展，取得了新成就。可以说，传奇小说的出现标志着我国的古典小说开始脱离了萌芽状态，渐渐发育成形了。

从大历到大中年间（766～859 年），是传奇小说创作的极盛时期。著名的作品有沈既济的《枕中记》，李公佐的《南柯太守传》，陈鸿的《长恨歌传》《东城老父传》，白行简的《李娃传》，蒋防的《霍小玉传》，元稹的《莺莺传》，李朝威的《柳毅传》等。这些小说取材广泛，提出了许多富有社会意义的思想主题，成功地塑造了各种性格的人物形象，具有较浓的现实生活气息，对后世

---

① 苏轼：《评韩柳诗》。

文学产生了很大影响，宋、元、明三代许多著名的戏剧故事，就是在传奇小说的基础上发展创作出来的。

俗讲和变文　唐代佛教宣讲经文，分僧讲和俗讲两种。僧讲专对僧徒，俗讲则以普通人为对象。为了吸引听众，争取信徒，佛教僧侣在俗讲时，往往把经文通俗化、故事化，以散文和韵文相结合，夹叙夹唱，以加强效果。俗讲的话本，称为变文。由于这种形式生动活泼，为人民所喜闻乐见，因此变文很快从最初只讲唱佛经故事，发展到包括历史故事、民间传说和当代人物传记等，成为一种新的文学体裁。变文对当时的传奇小说，后来的宋人话本以及民间的弹词说唱都产生了很大的影响。

变文是在敦煌遗书中发现的，近人编有《敦煌变文集》。讲唱佛经故事的有《长兴四年中兴殿应圣节讲经文》和原标目已失的《维摩诘经讲经文》《妙法莲华经讲经文》等，讲唱历史故事的有《王昭君变文》《伍子胥变文》《孟姜女变文》等，讲唱当时人物故事的有《张议潮变文》《张淮深变文》等。后两类较有生活气息。

四　艺　术

雕塑　唐朝的雕塑艺术，以石雕和泥塑最为杰出。洛阳龙门、永靖炳灵寺等石窟中，有许多唐代的石雕造像。龙门奉先寺的卢舍那佛像，通高 17.14 米，头高 4 米，耳长 1.9 米，十分庄严雄伟。炳灵寺 80 号窟北面的文殊菩萨像，刻画细腻，都是富有代表性的杰作。四川乐山的石雕大佛坐像高达 71 米，伟岸自然，是我国最大的雕像。唐代帝王陵前的石雕更为珍贵。唐太宗昭陵前有石雕马六匹，称为“昭陵六骏”。整个石刻吸取佛教艺术的浮雕法，以娴熟的技巧，刻画了六匹骏马的不同姿态、性格和神情，简练有力，生动逼真，显示了雕刻艺人的高度艺术水平。此外，献陵石虎、顺陵石狮及乾陵前的巨大雕刻群也极为壮观、精美，也是唐代石雕中的精品。

著名的敦煌千佛洞是世界上罕见的艺术宝库。现存的 492 个窟洞中，唐窟达 230 个，几乎占了总数的一半。窟中各种佛教题材的泥塑佛像形态各异，栩栩如生，放射出健美的光彩。它们常常与壁画和谐地结合在一起，显示出雕塑艺人的高度智慧和才能。唐朝墓葬中出土的三彩陶俑，精美绝伦，不管是表情生动的骑俑、武士俑、乐舞俑，还是充满活力的马俑、驼俑，都塑造得精致细腻，活灵活现，在世界上素享盛誉。

唐朝著名的雕塑家有韩伯通、宋法智、吴智敏、杨惠之等，其中最为杰出的是杨惠之，有“塑圣”之称。据说他曾为长安一个著名演员塑像，行人一看到这个塑像的背影，就能认出是谁，可见其技艺之高明。他还是千手观音形象的创造者。

绘画　唐朝画苑不仅名家辈出，在题材内容、作画技法方面也有很大进步和创新。

初唐绘画，仍以宗教佛像和贵族人物画为主。名家有阎立德、阎立本兄弟等。现存的《太宗步辇图》和《历代帝王图》就是阎立本的杰作。

盛唐以后，人物画开始以世俗生活为内容，山水画也日益兴盛起来。著名画家有吴道子、李思训和李昭道父子、王维、王洽等人，其中以吴道子的成就最高。吴道子，又名吴道玄，对山水画和人物画都有很高的造诣，有“画圣”之称。在画法技巧上，吴道子在传统的兰叶描和西域的铁线描之外，创造出一种莼菜条的笔法。他还发展了梁朝张僧繇的晕染法（凹凸法），于焦墨痕中，别施彩色，微分深浅，使画面更富立体感。吴道子以轻盈飘逸的“吴带当风”的风格独步唐代画苑，现存《送子天王图》，据说就是他的作品。李思训，人称“大李将军”，李昭道，人称“小李将军”，父子俱长于山水画，画法上上宗隋人展子虔，但有所创新，以青绿为质，金碧为纹，创金碧山水画，是山水画北派之祖。诗人王维首创水墨山水画，画法精练、淡雅，富有诗意，是山水画南派之祖。王洽，一名王默，创泼墨山水画，时人称为“王泼墨”。

唐代仕女画，偏重描写上层妇女的生活。成就最高的画家有张萱和周昉。张萱的仕女画构图新颖，设色鲜明，用笔简劲流畅，流传至今的作品有宋徽宗赵佶所摹《虢国夫人游春图》《捣练图》。周昉的仕女画长于神情的描绘，今存作品有《簪花仕女图》《调琴啜茗图》《执扇仕女图》等。

唐代还有许多擅长画花鸟禽兽的画家，如薛稷画鹤，韩干、曹霸画马，韩滉、戴嵩画牛，都著称于世。

寺院、石窟和陵墓中的壁画，是唐代绘画艺术的一个重要方面。敦煌千佛洞的壁画绚丽多彩，其数量之多，内容之丰富，是空前的。壁画题材虽以佛经故事为主，但也大量反映了唐代的生产和生活情况，如耕地、收获、拉纤、伐木、射猎以及角抵、乐舞等。那些供养人画，更是当时历史的写真。这为今天研究当时的社会历史留下了宝贵的资料。壁画中千姿百态的飞天以及窟顶富有民族特色的藻井图案，也是艺术珍品。

1949年后，在陕西西安附近发掘的唐淮安王李寿、章怀太子李贤、懿德太子李重润、永泰公主李仙蕙等陵墓中出土了大批壁画。这些作品色彩鲜艳，场面宏大，生动活泼，内容极其丰富。如李寿墓中的牛耕、耧播、牛栏、牛车、杂役等图，形象地反映了唐代劳动人民的生产活动和生活情景。李贤、李重润等墓中的出行图、游猎图表现了封建贵族的穷奢极侈生活；客使图描绘了国内各民族的亲密关系和中外的友好关系；打马球图形象地记录了当时马球运动的激烈场面。这些壁画都有很高的艺术价值和史料价值。

书法　唐代书法异彩纷呈，名家众多，在我国书法史上占有重要地位。

初唐欧阳询、虞世南、褚遂良、薛稷四家的楷书潇洒飘逸，端严遒劲，继承了东晋二王（羲之、献之）书体的风格，并称“欧虞褚薛”。欧阳询的传世碑刻以《九成宫醴泉铭》最为有名，有“楷书第一”之称，特点是刚正劲险，法度森严，世称“欧体”。虞世南的风格是内含刚柔，萧散虚和，传世作品以《孔子庙堂碑》最著名。传世的《雁塔圣教序》最能代表褚遂良的风格，《世行禅智碑》是薛稷的代表作。

高宗、武后时的孙过庭是有名的草书家兼书法理论家，所著《书谱》二卷今传于世。

盛唐、中唐书法大家有颜真卿、怀素、张旭、贺知章等。颜真卿把篆、隶、行、楷四种笔法结合起来，创造了方正敦厚、沉着雄浑的新书体，称为“颜体”，对后世影响很大，传世著名作品有《颜氏家庙碑》《颜勤礼碑》《多宝塔碑》等。怀素的草书刚劲有力、奔放流畅，《自叙帖》是其代表作。张旭、贺知章亦长于草书。史言张旭嗜酒，“每醉后号呼狂走，索笔挥洒，变化无穷，若有神助，时人号为张颠”①。其代表作为《古诗四帖》。

柳公权是唐后期的书法大家，以楷书见长。他融化诸家笔法，自成一体，世称“柳体”，代表作有《李成碑》《唐大达法师玄秘塔碑》《神策军碑》等。柳公权与颜真卿合称“颜柳”，代表了唐代书法的最高水平。

音乐和舞蹈　唐朝在融合国内各民族乐舞和吸收外来乐舞有益成分的基础上，创造了风格多样、优美和谐的中华民族乐舞。

唐高祖时，沿用隋炀帝时的九部乐，到太宗时，定乐为十部，即燕乐、清商乐、西凉乐、天竺乐、高丽乐、龟兹乐、安国乐、疏勒乐、康国乐、高昌乐。乐队的规模很大，中外乐曲和乐器竞相争辉，盛况空前。高宗以后，十部乐逐渐衰落，到玄宗时遂按演出形式将乐分为坐部伎和立部伎。坐部伎有六种乐，演奏时坐于堂上；立部伎有八种乐，演奏时立于堂下。坐部贵，立部贱。

当时著名的音乐家，有中亚曹国人曹保、子善才、孙纲，一家三代善弹琵琶；米国人米嘉荣，善歌；李龟年、李谟，善笛。唐玄宗多才多艺，也是著名

---

①《旧唐书》卷一九〇《贺知章传》。

的音乐家，他既能创作舞曲，又善击羯鼓，曾选坐部伎子弟三百人和宫女数百人，在梨园教以音声，称为“皇帝梨园弟子”，反映了当时音乐的盛况。

唐代舞蹈分健舞和软舞两种，舞时配以音乐。健舞姿势雄健，舞曲有剑器、胡旋、胡腾等。软舞姿势柔软，舞曲有凉州、回波乐、乌夜啼等。当时流行的柘枝舞，来自中亚的石国，本是健舞，后经改进，逐渐接近软舞。盛唐时，流行霓裳羽衣舞。白居易《霓裳羽衣舞歌》称：“虹裳霞帔步摇冠，钿璎累累佩珊珊。”舞者衣饰如此华丽，非宫廷豪室是无法演出的。

健舞、软舞而外，唐代舞蹈还有歌舞戏、宗教祭祀舞及节日时群众自娱性的踏歌舞等。

五　科学技术

天文学　唐代最杰出的天文学家是一行和尚（683～727 年）。他本姓张，名遂，魏州昌乐（今河南南乐）人。开元十二年（724 年），跟一行和尚同时的一位工程技术专家梁令瓒和工匠们一起，创造了一架黄道游仪，用来观测日、月、五星的位置和运动情况。一行通过观察，发现了恒星位置移动的现象。这比英国天文学家哈雷在 1718 年提出恒星自行的观点早了将近 1000 年。

开元十二年，一行还倡议在全国 24 个地点测量北极高度和冬夏至日、春秋分日的日影长度，并设计了一种叫做复矩图的仪器，用来测量北极高度。一行从测量中算出地球南北相差 351 里 80 步（合今 129.22 公里），而北极高度相差一度。这是人类第一次对地球子午线的科学测量，比外国早了约 90 年。

开元十五年（727 年），一行还修订成了当时最先进的历法——《大衍历》，对后世影响很大。后来的历法家几乎都是按照它的结构来编写历法，直到明朝末年吸收西洋历法后才有所改变。

医学　唐代医学有很大的发展，不但分科较细，有杂疗、疡疮、少小、耳目、口齿、角注等五科，而且名医辈出，其中最杰出的是京兆华原（今陕西耀州）人孙思邈（581～682 年）。

永徽三年（652 年），孙思邈写成了他的第一部医学专著《备急千金要方》30 卷。30 年后，又写成了《千金翼方》30 卷，以补前书之不足。这两部著作通常简称《千金方》，是孙思邈一生心血的结晶。

孙思邈在书中总结了唐以前历代医家的医学理论和治疗经验，收集了 5300 多个方子。他对妇科和儿科特别重视，把它们列在卷首，主张独立设科。他注意药物配伍和辨证施治，首创复方，提出一方治多病或多方治一病的方法。他用昆布、海藻、羊和鹿的靥（甲状腺）等治疗因缺碘而造成的瘿病（甲状腺肿大），用含有多量维生素乙的杏仁、吴茱萸、蜀椒、谷皮等治疗和预防脚气病，在当时都是十分先进的。在药物的采集和应用方面，孙思邈也有突出成绩。《千金方》共收载了800余种药物，并对其中200多种药物的采集和炮制作了专门论述。此外，他在研究炼丹术的过程中，还对火药的发明做出了一定贡献。他在《丹经内伏硫黄法》一书中，叙述了把硫磺、硝石和皂角放在一起烧的硫磺伏火法，这个方子实际上就是早期的火药配方。

孙思邈在医疗实践中非常重视医德，认为医生应该认真治病，救死扶伤，反对利用治病的机会邀取私利。由于他对医学和药物学做出了巨大贡献，赢得了人民的尊敬和爱戴，被后世尊称为“药王”。

唐代医学的另一硕果是显庆四年（659年）由苏敬等人集体编成的药物学专著《唐新本草》。该书图文并茂，共53卷，收集药物844种，是世界上第一部由国家编定和颁布的药典。天宝十一年（752年），王焘编成的《外台秘要》40卷，是一部综合性医学著作，收集的方子多达6900多个，至今对临床治疗仍有参考价值。

雕版印刷术　印刷术是我国古代四大发明之一。最早的印刷术是雕版印刷，其法是将图画或文字反刻在一块平整的木板上，然后涂墨印刷。大约在7世纪中期，已经有了雕版印的佛像。8世纪80年代，有了作为商人纳税凭据用的“印纸”。长庆四年（824年），诗人元稹为白居易《长庆集》写的序文中说到，有人拿白诗的写本和印本在街头叫卖或换取酒茶。到文宗太和年间，四川和江淮一带民间已经每岁“以板印历日”，在市场出售，以致不等朝廷颁下新历，“其印历已满天下”①。可见在唐后期雕版印刷已相当发达。

现存最早的印刷品是唐懿宗咸通九年（868年）印的《金刚经》残卷，卷首有图，刻印精美，现存伦敦博物院。国内现存的最早印刷品，是1944年在成都东门外一座晚唐墓中出土的印本《陀罗尼经》。唐代发明的印刷术，以后逐渐传遍了全世界，对世界文化做出了伟大贡献。

建筑　唐代土木结构的建筑已经达到相当成熟的阶段。首都长安城就是一个规模宏伟、世界仅有的建筑群。据考古工作者实测，长安城南北长8651米，东西宽9721米，周长36.7公里，面积达84平方公里。城内有太极宫、大明宫、兴庆宫三个宫殿区，建有雄伟的宫殿和秀丽的亭台楼阁，宗庙社稷、官衙廨署布列在皇城之内，街道宽阔绳直，里坊整齐划一，宗教寺院众多，官员府

① 《册府元龟》卷一六〇《帝王部·革弊》。

第林立，组成了壮丽和谐的大都城。长安城的建筑设计对国内外的城市建设产生了直接影响，当时国内各城及日本的都城皆竞相仿效。

现存的唐代木构建筑有五台南禅寺大殿和佛光寺大殿、芮城五龙庙正殿、平顺天台庵正殿，都在山西。西安市的大、小雁塔则是唐塔中最享盛名者。

南禅寺大殿建于建中三年（782年），建筑面积虽小，但它是国内现存最古的木结构建筑。殿内佛坛上有17尊塑像，也是唐代作品。

佛光寺相传是北魏孝文帝创建。唐武宗灭佛时，寺毁。大中十一年（857年）重建。此后历代都曾修缮。寺内东大殿规模甚大，另有唐经幢两通、墓塔两座等。

大雁塔建于永徽三年（652年），在大慈恩寺内，由高僧玄奘亲自设计建造。此后屡经毁修，至今已1300多年。在唐代，不仅一般人春游时登临雁塔，而且考中进士者，还要到雁塔题名留念。小雁塔建于中宗景龙年间（707～710年），塔高原为15级，今存13级。大雁塔古朴大方，小雁塔俊秀玲珑，各具特色。

六　社会生活

衣食住行　唐代的服饰在形制、质料、颜色诸方面仍有法规上的尊卑贵贱之别。武德四年（621年），唐高祖初定服饰之制，规定了祭服、朝服（又名具服）、公服（又名从省服）、常服（又名燕服）四种服制。其中常服规定赤黄色为帝王专用，自此黄袍成为帝王的象征。其后，唐太宗、高宗、德宗、文宗等也都曾下令，对文武百官及庶民百姓的服饰区别做出明确规定。大致说来，贵族官僚及富室之家的服饰均以锦绣绫罗制成，而庶民百姓只能穿以粗布麻衣，服饰穿着有着严格的等级限制。

唐代男子的服饰风尚大体可分为两个阶段。初唐至盛唐时以裤褶服式为时髦，头戴幞头，身穿圆领、右衽、长仅及膝的窄袖袍衫，腰束革带，足蹬长靴或软皮靴。中晚唐时，上层社会的男子服饰又恢复了秦汉时的宽袍长袖，长裙高履，但裤褶服式仍在下层人民中间流行。

唐代妇女的服饰富丽绚烂，前后多有变化，但基本的服装有裙、襦、衫、帔几种样式。唐初女装因隋之旧，大多上身穿窄袖衫襦，下身著曳地长裙，足蹬弓履或高头履，即所谓“小头鞋履窄衣裳”的样式。随着社会经济的发展以及民族关系、中外关系的密切，特别是妇女思想的解放，唐代女装的形制趋向暴露和开放。唐初上层妇女外出多着幂䍦，全身障蔽。自永徽之后，皆用帷帽，帽裙至颈，渐为浅露。武则天时，帷帽全盛。中宗时，幂䍦已经绝迹。开元初，袒胸女装盛行，靓妆露面，无复遮蔽，士庶竞相仿效。不久，又胡帽乘马，露髻驰骋，或著男子衣服靴衫，招摇过市。到天宝初年，“贵族及士民好为胡服、胡帽，妇人则簪步摇钗，衿袖窄小”①，出现了“粉胸半掩疑晴雪”“长留白雪占胸前”的开放服式。中唐之后，窄袖服装逐渐过时，代之而起的是宽袖衣衫，妇女服装愈来愈肥，愈加褒博。

唐代妇女的发型十分繁多，以梳高髻为美，发式有云髻、螺髻、反绾髻、半翻髻、三角髻、双环望仙髻、回鹘髻、乌蛮髻等。面部化妆也非常繁复，化妆顺序大致为敷铅粉、抹胭脂、涂鸦黄、画黛眉、点口脂、描面靥、贴花钿等，其中眉式即有鸳鸯、小山、五岳、三峰、垂珠、月梭等十数种。

唐代饮食比前代更加丰富多样，主食以麦、粟、稻为主，间以多种杂粮。小麦面食是最主要的食品，无论贵贱皆食之，以饼类花样最多，有汤饼、胡饼、蒸饼、煎饼、凡当饼、红绫馅饼、赍字五色饼等。馒头也已会制作，称为饤坐、饾饤或曼头，多为祭祀所设。主食中还有馎饦（即烧饼）、寒具（即馓子）、馄饨等。副食以葱、韭、蒜、姜、菠菜、竹笋、杏、梨、枣、瓜、葡萄等蔬果为主。肉食也很常见，尤其是富贵之家，以牛、羊、猪、鸡为主，动物的下水、腑脏也开始被烹制成各种美味。蛤蜊、鳜鱼、虾、蟹等鱼类产品也都进入饮食之列。调味佐料则有盐、醋、酱、胡椒、蔗糖等。

酒已成为唐人生活中的必需品，饮酒之风甚盛。全国各地名酒甚多，仅京师长安一带就有西市腔、郎官清、阿婆清、新丰酒、仇家酒、户县酒等。城乡各地酒店、旗亭众多，酿酒、沽酒生意红火，在京师长安还有胡姬所开酒店，专卖胡酒，成为文人雅游饮宴之所。

茶成为唐人须臾不可离之物，自开元初年，饮茶之俗风靡全国，各地茶肆林立，煎茶售卖，茶道大行。陆羽所撰《茶经》，是我国第一部研究茶道的著作。茶叶成为进贡、赏赐、馈赠的佳品。品茶、斗茶成为士人的雅好。“田间之间，嗜好尤切”②，劳动人民也已离不开茶。

唐代饮食的一个显著特点是胡食盛行，尤其是开元以后，“贵人御馔，尽供胡食”③，成为一时风尚。前述胡饼即是一种胡食，这是唐代民族融合的结果。

唐代的居住条件因政治经济地位的不同而差异颇大。皇帝所居宫室最为豪

① 《新唐书》卷三四《五行志》。

② 《旧唐书》卷一七三《李珏传》。

③ 《旧唐书》卷四五《舆服志》。

华。唐初，长安的太极宫是皇帝议政和居住之地，有太极殿、两仪殿、甘露殿、延嘉殿、承香殿五座大殿。自贞观八年（634年）始，唐太宗以为其父李渊清暑为名，于太极宫以东营建新的宫室，初名永安宫，后易名大明宫。龙朔二年（662年），高宗李治身患风痹，恶太极宫“湫湿”，对大明宫大加修造，并将政治中心移于此。大明宫南部呈长方形，北部呈梯形，以丹凤门、含元殿、宣政殿、紫宸殿、蓬莱殿、含凉殿、玄武殿为中轴线，左右两侧各建有若干配殿，气势磅礴。玄宗即位后，又兴建了规模宏大的兴庆宫，把宫殿和园林有机地结合起来，主要宫殿楼阁有兴庆殿、大同殿、花萼相辉楼、勤政务本楼、沉香亭等。至此，唐代诸帝在京城内兴建了三个宫殿区，时称“三大内”。武则天迁都洛阳后，也大兴土木，修建了三阳宫、兴泰宫及明堂、天堂等。此外，唐代还兴建了九成宫、玉华宫、翠微宫等许多离宫别馆。

唐代上自王公贵族，下至庶民百姓的私人住宅有着形式和规模上的规定限制：即王公之居，不施重栱，藻井；三品，堂五间九架，门三间五架；五品，堂五间七架，门三间两架；六品、七品，堂三间五架，庶人四架，而门皆一间两架。但皇室宗亲及高官权臣多越制造宅，竞为奢侈，安史之乱后，一度大兴“木妖”之风，将军马璘造一座中堂，即花费二十余万。相比之下，一般庶民百姓无力购买砖瓦，多以茅屋为居，每有火灾发生，常有屋漏之苦。

唐代交通十分发达，以京师长安为中心的陆路交通网，以及由大运河和南方水乡构成的水路交通网四通八达，同时，驿站制度健全，陆有陆驿，水有水驿，陆驿有车马，水驿有舟船，为公私行旅和商贾往来提供了非常便利的条件。

唐代养马业经历了一个由衰而盛的过程，开元盛时，不仅政府拥有许多官马，民间私马数量也相当可观，马车成为重要的交通工具，但车乘方面的尊卑贵贱十分明显，皇帝有供服乘之用的五辂（玉辂、金辂、象辂、革辂、木辂）及耕根车、安车、四望车，还有供仪仗之用的指南车、记里鼓车、白鹭车、辟恶车等十二属车。皇后有重翟、厌翟、翟车、安车、四望车、金根车六等。皇太子和王公大臣也各有车乘。民间马车则主要用于运输物资。

马车而外，牛车、驴车的使用也比较普遍。肩舁和檐子也是重要的交通工具。肩舁又称肩舆、软舆、软舁等，檐子也叫竹舆、兜笼，均要以肩抬扛。

婚丧礼俗　针对隋末战乱之后户口稀少，经济萧条的状况，为增殖人口，发展经济，唐政府制定了早婚早育的婚姻政策。贞观初年，唐太宗颁布《令有司劝勉庶人婚聘及时诏》，规定男年二十，女年十五，皆得婚娶。开元中又规定男年十五、女年十三为婚姻界限。

唐代婚礼所须遵守的仪节很多，一般有纳采、问名、纳吉、纳征、请期、亲迎六种，称为“六礼”。婚姻在总体上表现出奢侈铺张的特点。

唐代婚姻大多仍须经父母之命和媒妁之言，但男女双方并非惟命是从，任人摆布，而是有着一定的自主挑选。受六朝遗风影响，注重门第仍是唐代婚姻的重要观念，讲究门当户对。同时，在社会开放的大环境下，贞节观念比较淡薄，离婚再嫁比较平常，一些妇女至有三嫁、四嫁者，他如未婚少女私结情好、有夫之妇另觅新欢者也不乏其人。

唐代盛行厚葬之风，且愈煽愈烈，上自皇室王公、百官勋臣，下至闾阎百姓，无不如此。唐代丧制仍遵古礼，分为斩衰、齐衰、大功、小功和缌麻五种，称为“五服”。斩衰在五服中最重，衣服用最粗的麻布制成，不修剪边沿，使断处外露，凡儿子及未嫁女为父，妻为夫，承重孙为祖父，均须服斩衰，服期三年。齐衰之服用粗麻布制作，边沿修剪整齐，凡曾祖父母和高祖父母死，均服齐衰，服期五至三月不等。大功之服用熟麻布做成，凡堂兄弟、未嫁堂姊妹、已嫁姑姊妹及已嫁女为伯叔父母、兄弟等，均服大功，服期九月。小功之服亦用熟麻布制成，较大功为细，凡为同宗的曾祖父母、伯叔父母、堂伯叔父母等均服之，服期五个月。缌麻在五服中最轻，用细麻布制成，凡为本宗高祖父母、曾伯叔祖父母、族伯叔父母、族兄弟等均服之，服期为三个月。在服丧期内，不得释服举乐，并须辞去一切官私事务，每日举哀哭泣。但若公务急需，亦可提前终止服丧，赴官视事，时称“起复”“夺情”。

唐代丧礼往往不立即发丧，而是死后入殓，停柩待葬一段时间，主要是等待亲属奔丧和朋友吊唁。待葬时间长短不一，有数日、数月甚或数年的。吊唁时须穿白衫，亲属则视亲疏而服五服，祭祀时则多烧纸钱。入葬前，还要占卜葬地吉凶，察看坟地风向水流的形势，谓之择吉地。当时相关葬书多达120多种。在当时的吐蕃、回纥、突厥等少数民族政权地区，还有殉葬、火葬、天葬之俗。

文体娱乐 唐代高度繁荣的社会经济，以及民族融合和中外关系的发展，共同促成了唐人丰富多彩的文体娱乐活动，成为社会生活的重要组成部分。

戏剧 乐舞而外，唐代戏剧有了很大发展。最著名的三大歌舞戏是大面、拔头和踏谣娘。它们以故事情节为主，由演员扮演人物，以歌唱、科白和表情动作表演。流行的剧目有《兰陵王》《神白马》《凤归云》《苏莫遮》等。其他剧种还有参军戏、傀儡戏等。参军戏是以科白为主，间有歌舞的话剧，由演员二人表演，一名参军，一名苍鹘，表演时一机智，一愚鲁，诙谐幽默，妙趣横生。傀儡戏又称魁垒子，即木偶戏。这些剧种在城乡各地经常上演，深为广大人民喜爱。

杂技　唐代杂技总称百戏，按形式和技巧的不同可分为拟兽技、驯兽技、绳伎、竿伎、呈力伎、丸剑伎、倒立伎、幻术等。拟兽技以扮演动物作舞为主，如舞龙、舞狮等。驯兽技以训练动物作舞为主，如舞马、舞象、驯猴等，唐玄宗时即有舞马四百蹄，每年千秋节，舞于勤政务本楼下。绳伎即走绳，表演者在一根平直的拉在空中的绳上，表演各种惊险动作。竿伎又分顶竿和爬竿两种，为传统项目，以表演力量、平衡和空中技巧为主。呈力伎以展示力大为表演特色，有扛鼎、举重等。丸剑伎以表演弄丸、跳剑为主，技高者可手接四剑，脚受五丸。倒立伎为柔术和硬气功表演。幻术有吞刀、吐火、燕奴等。

球类运动　有击鞠、蹴鞠、踏球等，其中以击鞠最为盛行。击鞠又称击球、打球，是一种骑在马上持杖击球的体育运动。击鞠最初由吐蕃传入。① 其打法是在宽广平整的球场上，参加者分为两队进行比赛，球场上设有球门，出场者一人骑一马，手持一杖，共争一球，以入门为得筹，以得筹多少定赢输。② 唐代的宫廷、京都及各大城市均建有马球场，君臣士庶嗜之若狂，许多妇女也参加了进来，马球运动高潮迭起，历久不衰。蹴鞠亦称踏鞠，是古代的足球运动，在唐代已达到相当水平，除两队角逐以定胜负的比赛形式外，还有单人表演赛、两人对踢赛等，也深受社会各阶层的喜爱。

棋类活动　有围棋、象棋、弹棋等，当时总称为“棋戏”，其中以围棋最盛。唐前期围棋盘为 17 道 289 子，中唐以后发展为 19 道 361 子，大大增加了围棋变化的余地，与现代围棋完全吻合。③ 象棋源于先秦时期，在唐代仍处于演变之中，不如围棋流行，但围棋、象棋均以比赛智力为主。弹棋在汉魏期间开始流行，主要靠技巧取胜，有一定的比赛规则，有类于现代的康乐球、台球游戏。

唐代十分流行的体育活动还有拔河、角抵、荡秋千、射箭、划船等。唐时称拔河为“拔河戏”，规模很大，比赛时群噪歌谣，声震远近。角抵又称角力、相扑，即今之摔跤。玄宗时每赐宴均设角抵观赏，热闹非凡。秋千，又称彩索、彩绳，尤为妇女、儿童所喜爱。杜甫诗“万里秋千习俗同”，反映了荡秋千的盛行。

节日风俗　唐代节日众多，活动丰富，气氛热烈，将唐人的社会生活点缀

① 阴法鲁：《唐代西藏马球戏传入长安》，《历史研究》1959 年第 6 期。

② 王赛时：《唐代马球综考》，《中国唐史学会论文集》，三秦出版社 1993 年版。

③ 王永平：《唐代游艺》，西北大学出版社 1995 年版。

得绚丽多姿。

除夕与元旦　在唐代，除夕之夜与元旦之晨是联袂齐过的，形成了“守岁”的习俗，即人们从除夕之夜一直欢乐到元旦天明，通宵达旦，彻夜不停。此时，千家万户阖家团聚，大设酒席，同时进行歌舞娱乐，还焚烧纸钱，祭祀祖先，并燃放爆竹，辟鬼去邪。当时燃放爆竹是将干竹子放在火上爆烧，使之清脆作响，故亦称为爆竿。

上元节　正月十五日为上元节，亦称元宵节、灯节。上元之夜以京师长安的最为精彩，各种彩灯争奇斗艳，观灯的人们倾城而出，前呼后拥，人声鼎沸，场面热烈。玄宗时为宣扬其太平盛世，特改上元节为三个晚上，从正月十四夜起，一连三夜狂欢不止。上元节时，还举行大量歌舞活动，以踏歌为盛，人们成群结队，手挽着手，踏地为节，边歌边舞，欢乐热闹的气氛，使人如醉似痴。

寒食节与清明节　夏历冬至后105天为寒食节，禁火三日，只能吃冷食，故又称“冷节”。寒食节后两日为清明节。由于前后紧连，唐人常将两个节日合在一起过。节日里除冷食外，上坟扫墓已成风俗，扫墓归来，要戴柳簪发，谓“清明不戴柳，红颜成皓首”。节日里还开展多项体育活动，如击鞠、荡秋千、斗鸡等。

上巳节　夏历三月三日为上巳节，人们除了修禊，主要是寻春郊游，即“踏青”。修禊是人们在节日里纷纷来到江渚池沼的水边，以春水洗涤污垢，以除病去疾，驱邪避怪，并戏水嬉戏，游玩取乐。踏青是人们相携来至郊外，寻春赏花，宴饮会友，或促膝谈心，或清歌吟唱，尽情地欣赏大自然的明媚春光。

端午节　夏历五月五日为端午节，亦称端阳节、端五节、重五节。节日里，人们除吃粽子、饮雄黄酒、系彩丝、挂香囊外，还举行龙舟竞渡表演和斗百草活动。龙舟竞渡尤盛于南方水乡，比赛时水上万舟齐发，水浪翻腾，舟子奋力划船，观众齐声呐喊，声震天地，精彩热烈。斗百草是比赛谁的花草种类多、品种奇。

七夕节　夏历七月七日为七夕节，是传说中牛郎织女鹊桥相会的日子。七夕之夜，人们摆设花果酒脯之类的祭品，轻奏琴弦，对天乞祈。妇女们则以穿针引线的方式向织女乞巧，希望有一双像织女那样的巧手。唐人林杰《乞巧》诗云：“七夕今宵看碧霄，牵牛织女渡河桥。家家乞巧望秋月，穿尽红丝几万条。”①

① 《全唐诗》卷四七二。

中秋节　夏历八月十五日为中秋节，唐人于此夜有赏月习俗，尤其被文人学士所热衷。白居易有诗曰：“人道秋中明月好，欲邀同赏意如何。”赏月时还多兼备酒宴和管弦，对月饮酒酬唱，有情有趣，格调清雅。

重阳节　夏历九月九日为重阳节。节日里人们举行登高活动，饮菊花酒，佩茱萸袋，还赋诗兴致，寄托情怀。登高是重阳节的主要活动，向高处攀登者即为登高，以登山为主，兼之登城、登台、登塔、登楼等等。人们往往借此言情咏志，内容健康高雅。

第六节　唐代的中外关系

一　唐朝在当时世界上的地位

社会经济繁荣、文化高度发展、国力强盛的唐朝，是当时世界上最先进的国家，处于世界历史的先导地位。亚、非地区许多国家的使节、商贾、学者、艺术家、僧侣等，不断地来到唐朝访问、求学和贸易。唐朝派往国外的使臣、僧侣以及到外国经商的商人也不绝于途。那时和唐朝通使交好的国家，主要的有70多个。唐政府在中央设有鸿胪寺，负责接待各国使节和宾客，在缘边之地设互市监、市舶使掌管对外贸易。长安、洛阳、广州、扬州等都是唐朝对外贸易的重要城市，尤以长安和广州最为著名。长安的太学里有为数众多的外国留学生，在唐朝政府机构中也有不少的外国人供职。唐朝在当时的世界上占着非常重要的地位。

唐朝的对外交通很发达。当时，陆路交通以长安为中心。北路经今蒙古地区到叶尼塞、鄂毕两河上游，往西达额尔齐斯河流域以西地区。西路经河西走廊，出玉门关西行，经新疆境内有三条路可通中亚、西亚、巴基斯坦和印度，是为著名的“丝绸之路”。西南路经西川到吐蕃，可达尼泊尔和印度；或经南诏、缅甸到印度。往东经河北、辽东可到朝鲜半岛。海路交通方面，去日本有三条路：一是由登州出发，渡渤海，沿辽东半岛东岸和朝鲜半岛西岸到日本；二是由楚州（今江苏淮安）出淮河口沿山东半岛北上，东渡黄海经朝鲜半岛到日本；三是由扬州或明州出海，横渡东海直达日本。到南亚诸国的海路，从广州经越南海岸，在马来半岛南端过马六甲海峡到苏门答腊，由此分别到印度尼西亚的爪哇、斯里兰卡和印度。到西亚的海路，主要是从广州出发，经东南亚越印度洋、阿拉伯海至波斯湾沿岸各国。在唐代，还初步开辟了到埃及和东非的海上交通。这些交通线，由于沿线的出土文物和沉船打捞而不断得到证实。

以上事实说明，唐朝在当时国际上享有很高的声望，是世界各国进行经济文化交流的一个中心。

二　和朝鲜、日本的关系

朝鲜　唐初，朝鲜半岛仍由高丽、百济、新罗三国鼎足而立，均遣使与唐往来。唐太宗平定东突厥和高昌后，以高丽联合百济进攻新罗为借口，于贞观十八年（644年）派水、陆大军10万进攻高丽，次年败归。高宗时，继续对高丽用兵，于总章元年（668年）攻下平壤城，高丽灭亡。唐在高丽故地设置了九都督府，四十二州，一百县，总隶于安东都护府。后来由于新罗的反对，唐朝的势力退出朝鲜半岛。上元二年（675年），新罗统一了朝鲜半岛。

新罗统一以后，和唐朝的友好关系继续发展。

新罗商人来唐贸易的很多，十分活跃，北起登州、莱州，南到楚州、扬州，都有他们的足迹。许多地方设有新罗馆、新罗坊或新罗村，是新罗人集中侨居的地方。新罗和唐朝的经济交流至为频繁，新罗的朝霞绸、纳绸等特产工艺品及人参、牛黄等药材大量输入唐朝，新罗商人则从唐朝贩回丝绸、瓷器、茶叶、图书等。

新罗到唐朝的留学生络绎不绝，在唐朝的外国留学生中，以新罗人为最多。开成五年（840年），学成归国的新罗学生一次就达百余人。不少新罗学生考取了唐朝的进士，时称“宾贡进士”。有的人进士及第后，留在唐朝做官。如崔致远12岁时入唐留学，18岁考取进士，曾任溧水县尉、侍御使、内供奉等职，后在唐淮南节度使高骈手下任官，专知笔砚，负责公文撰写，著有《桂苑笔耕集》20卷，保存了许多珍贵史料。新罗留学生在吸收和传播唐文化方面发挥了重要作用。

唐文化对新罗的影响是多方面的和巨大的。上元二年，新罗开始采用唐朝的历法。639到749年，新罗相继设立了医学、天文和漏刻博士，来研究唐朝的医学、天文和历法。8世纪中叶，新罗仿效唐朝的政治制度改建其行政组织，中央设执事省，相当于唐朝的尚书省，地方行政机构有州、郡、县、乡，也与唐朝相似。贞元四年（788年），新罗也采用科举制选官取吏，以《左传》《礼记》《孝经》为主要考试科目。中国的典籍如诸子书、《文选》《晋书》、诗文等大量传入新罗，白居易的诗尤其受到欢迎。朝鲜原来没有文字，7 世纪末，新罗学者薛聪创造了“吏读”法，用汉字作为音符来标记朝鲜语的助词、助动词等，帮助阅读汉文，对文化的普及起了推动作用。太和二年（828 年），新罗使臣把茶种带回国，从此朝鲜开始种茶。唐末五代时，雕版印刷术也传到了朝鲜。开元二十五年（737 年），新罗王逝世时，唐玄宗特地挑选经学家邢璹前往吊祭，并对他说：“新罗号为君子之国，颇知书记，有类中华。以卿学术，善与讲论，故选使充此。”[①] 由此可知，唐文化影响下的新罗文化已是相当发达的。

在长期的友好交往中，新罗文化对唐朝也产生了一定影响。高丽乐继续受到唐人的喜爱，被列为十部乐之一。在长安居住着不少新罗音乐家，他们对中朝文化交流做出了贡献。中国和朝鲜自古以来就是唇齿相依的邻邦。

日本 继隋朝之后，唐和日本的友好往来和文化交流进入空前繁荣的时期。这时日本社会正处于奴隶制瓦解、封建制确立和巩固的阶段，对唐朝的昌盛极为仰慕，因此它向唐朝派遣的使者、留学生和学问僧的数量之多，仅次于新罗。

贞观五年（631 年），日本派出了由留学生和学问僧组成的第一次“遣唐使”，到开成三年（838 年）止，共派出遣唐使 12 次，另有“迎入唐使”和“送客唐使”共 4 次。起初，遣唐使团的规模一般不超过 200 人，从 8 世纪初起，人数倍增，开元五年（717 年）、二十一年（733 年）和开成三年派出的三次遣唐使团，人数均在 550 人以上。遣唐使团组织完备，设有大使、副使、判官、录事，成员有翻译、医师、阴阳师、画师、史生、射手、船师、音乐长、音声生、玉生、锻生、铸生、细工生、船匠、舵师、水手长、水手等，还有留学生、学问僧多人。遣唐大使、副使都挑选了解唐朝情况和博通经史、娴习文艺的人担任，大使官阶一般在从四品上下。遣唐使还给唐皇帝带来了珍珠绢、琥珀、玛瑙、水织绝等贵重礼品。1970 年在西安发现的日本“和铜开珍”银币，很可能就是由遣唐使带来的。对此，唐廷也回赠一些高级丝织品、瓷器、乐器、文化典籍等。日本奈良东大寺内正仓院所存放的唐代乐器、屏风、铜镜、大刀等珍贵文物，就有一部分是由遣唐使带回去的。

日本选派留学生来唐是为了学习吸收先进的唐文化，他们被分配到长安的国子监学习各种专门知识。许多留学生在唐朝长期学习，与中国的诗人、学者结下了深厚友谊。如阿倍仲麻吕（汉名晁衡）长期留居中国，擅长诗文，历任

① 《旧唐书》卷一九九上《新罗传》。

光禄大夫、御史中丞、秘书监等职。他与诗人李白、王维交情深厚，常作诗唱和。天宝十二年（753 年），晁衡在回国途中遭遇风险，所乘船只漂流到越南，误传淹死，李白为此写下《哭晁卿衡》的悼诗："日本晁卿辞帝都，征帆一片绕蓬壶。明月不归沉碧海，白云愁色满苍梧。"表达了当时两国人民间的深情厚谊。后来晁衡历尽艰险，重返长安，并继续在唐任职，直到大历五年（770 年）病逝。日本留学生学成归国后，对传播唐文化发挥了重要作用。

日本来唐的学问僧共约 90 余人，其中以空海最为著名。他于贞元二十年（804 年）到达长安，在青龙寺随僧人惠果学习密宗，回国时带回了 180 多部佛经，并在日本建立了密宗，成为日本密宗始祖。空海除研究佛经外，还广泛吸收唐文化，编写过《文镜秘府论》和《篆隶万象名义》二书，对中国的文学和文字有深刻的研究，在中日文化交流方面做出了重要贡献。

中国僧人也不断东渡日本，弘扬佛法，沟通两国文化，其中贡献最大的是鉴真和尚。鉴真，姓淳于，扬州人，生于垂拱四年（688 年），为佛教律宗大师。应日本圣武天皇的约请，鉴真六次东渡，历尽艰辛，终于在天宝十三年（754 年）携同弟子到达日本。尽管已双目失明，且年近七旬，仍为传播唐文化做出了重大贡献。鉴真不仅把律宗传到了日本，而且把佛寺建筑、雕塑、绘画等艺术也传到了日本。日本现存的唐招提寺，就是由鉴真及其弟子创建的，对日本的建筑艺术产生过重要影响。该寺至今还收藏着鉴真和尚的坐像，这是唐代中日文化交流的重要纪念物。鉴真还精通医学，虽双目失明，仍能以鼻嗅分辨各种药物，对日本医药学的发展也做出了贡献。

唐文化源源不断地输入日本，对日本社会产生了多方位的广泛深入的影响。

政治方面：贞观十九年（645 年），日本进行了大化革新，在唐长期留学的高向玄理和僧旻被任命为国博士，参议国家大事，在改革中大显身手。他们参考隋唐的均田制度和租庸调制度，施行班田收授法和租庸调制；仿照隋唐的官制，改革了从中央到地方的官制；参照隋唐律令，制订了《大宝律令》。

教育方面：天智天皇时期在京都设立大学，后来学制逐渐完备，学科有明经、纪传、明法、书、算等科。在典药寮分别设有医、针、按摩等科；阴阳寮设有阴阳、历法、天文等科。各科设博士、助教进行讲授，学习的内容与唐大体相仿。

语言文字方面：8 世纪以前，日本使用汉字作为表达记述的工具。留学生吉备真备和学问僧空海在日本人民利用中国汉字的标音记意基础上，创造了日文假名字母。吉备真备采用汉字楷体偏旁造成"片假名"，空海采用汉字草体造成“平假名”，自此日本才有了自己的文字，大大推动了日本文化的发展。同时，日文的词汇和文法也受到汉语的影响。

文学方面：唐代丰富多彩的文学，深为日本人民欣赏。唐朝著名文人的诗文集不断传入日本，形象鲜明、语言通俗的白居易诗尤为日本人民喜爱。平安时代的诗集《和汉朗咏集》，收录了589首诗，其中白诗就有137首。白居易的长诗《长恨歌》和《琵琶行》流传更广，甚至编成戏曲演唱。日本人擅长汉诗、汉文的可谓人才辈出。留学生晁衡、吉备真备、小野篁、橘逸势等人都有很高的汉文学造诣。用汉文写成的文学著作在日本不断出现，著名的有《怀风藻》《凌云集》《经国集》等。仅《经国集》一书就收集了汉文诗917篇。

艺术方面：唐朝的音乐、绘画、雕塑、书法、工艺美术等也纷纷传入日本。日本吸取了唐朝的乐制，宫廷还请唐乐师教授音乐，唐朝的不少乐书、乐器陆续传入日本。唐朝的绘画也深受日本人喜爱，唐人绘画经日本画家仿效摹绘者，称为“唐绘”。1971年至1972年出土的唐章怀太子墓和懿德太子墓的侍女壁画，与1972年日本高松冢古墓中发现的同时代侍女群壁画十分相似。

科学技术方面：唐朝先进的生产技术、天文历法、医学、数学、建筑、雕版印刷等陆续传入日本。中国式的犁和名为唐镬的大型锄开始在日本普遍使用。日本人还仿照唐的水车，制造了手推、牛拉、脚踏等不同类型的水车。唐锹、唐竿、唐箕、唐碓、唐臼等器物也在日本广泛使用。中国医籍《素问》《难经》《脉经》《甲乙经》《黄帝针经》《张仲景方》《神农本草》和隋唐时的医学名著《诸病源候论》《千金方》《唐新本草》等先后传到日本。日本人结合自己的医疗实践经验，创建了“汉方医学”。平安时代，日本医学家撰写了不少医学专著，现今完整保存下来的还有《医心方》等书。7世纪以前，日本没有固定的都城。延载元年（694年）兴建了第一个都城藤原京，景云元年（710年）修建了平城京，贞元十年（794年）修建了平安京。这些城市的设计、布局均模仿唐都长安城，筑城所用砖瓦的纹饰也与唐代略同。

生活习俗方面：唐人所喜爱的马球、角抵、围棋等体育活动先后传入日本。茶叶于奈良时期传入日本，开始当药用，到平安时期已兴起喝茶之风。唐服也传入日本，深为日本人喜爱。在节令方面，端午节饮菖蒲酒，七月十五日盂兰盆会，九月九日重阳节，亦由唐朝传入日本。中日关系之密切，于此可见一斑。

三　和东南亚、南亚各国的经济文化交流

隋以后，由于海、陆交通的发展，东南亚、南亚地区的国家如越南、柬埔

寨、缅甸、印度尼西亚、斯里兰卡、尼泊尔、印度等，和唐朝的商业联系、外交往来，都进一步频繁和密切起来。

唐时，在越南中部立国的为林邑。武德六年（623年）和八年，唐高祖李渊曾举行盛宴欢迎林邑使者，演奏了九部乐，并赠以锦、彩等丝织品。贞观时，林邑一再派使者来唐，送来驯象、镠锁、五色带、朝霞布、火珠等物。另外还有五色鹦鹉，唐太宗曾令李百药作《鹦鹉赋》以赞美。高宗、玄宗时期，林邑仍经常遣使来唐。天宝八年（749年）曾送来珍珠100串、沉香30斤、驯象20只。肃宗至德以后，林邑改称环王国，仍和唐朝通好。终唐之世的近300年中，林邑使臣来唐达15次之多。唐代的典章制度还多传播到越南去，越南的佛教也是从唐朝传入的。另外，唐代诗人如杜审言、刘禹锡、韩偓等人都到过越南，与越南诗人唱和赠答，受到了越南人民的欢迎。其时，越南也以诗文取士，擅长诗赋的越南人姜公辅还受到唐德宗的器重，做过唐朝的翰林学士，他所写的《白云照春海赋》被唐朝人视为难得的佳作。

隋唐时期，继扶南在今柬埔寨立国的称真腊。真腊原是扶南的藩属，6世纪后期它以武力推翻扶南王朝，建立了以吉蔑族为核心的高棉王国。我国古籍上所称的“吉蔑”“真腊”“文单”“婆镂”，就是指古代柬埔寨这个新兴的王朝。大业十三年（617年），真腊国建立不久，便派出使者到我国来通好。唐时两国邦交进一步密切。武德六年（623年），真腊派使者来唐。贞观二年（628年），又同林邑一起派使者来唐，唐太宗回赐了很多礼品。以后，真腊国的使者屡次携带贵重的礼物来聘问。永徽元年（650年）至六年期间，仅是珍贵的白象就送来了32头。它们都经过特殊训练，会跪拜舞蹈，每逢节日在宫苑中表演。天宝十二年（753年），真腊王子率领随员访唐，唐玄宗赠以“果毅都尉”的荣誉称号。稍后，真腊副王婆弥和王后又亲自来唐。唐代宗极为重视，以国宾礼接待，并特赠以汉名“宾汉”（中国的上宾）作为纪念。

当时，真腊是与我国有通商的重要国家之一。形体庞大、较能抵抗风浪的唐代巨型帆船，连桅接樯地开到真腊去，带去了大批中国货，深受当地人民的欢迎。行销于柬埔寨的中国货品种很多，有金银、缣帛、漆器、瓷器、水银、纸札、硫磺、焰硝、檀香、白芷、麝香、麻布、雨伞、铁锅、铜盘、水珠、桐油、簸箕、木梳、针等，特别是泉州的青瓷器和明州的草席，更受柬埔寨人的欢迎。真腊商船也不时出现在我国的海港上，其贸易地区主要在广州。

随着两国关系的发展，扶南音乐也传入我国。唐王朝置有扶南乐，由扶南乐师传授后宫歌女曲艺，在节庆宴会上献演。史书说：“扶南乐舞者二人，以朝霞为衣，赤皮鞋。”① 真腊人以他们富于民族特色的音乐舞蹈，丰富了我国古典歌舞的内容。

隋唐时期，缅甸仍称骠国。贞元十八年（802 年），骠国王雍羌派遣弟悉利移、城主舒难陀率乐工 35 人，带来骠国乐 22 曲，到长安演奏。所用舞乐器 22 种，都与中国不同。白居易诗《骠国乐》说：“德宗立仗御紫庭，黈纩不塞为尔听。玉螺一吹椎髻耸，铜鼓一击文身踊。”骠国乐舞受到德宗的重视，轰动了长安城。除白居易外，元稹、胡直钧、唐次等也都写诗称赞骠国乐曲的优美。德宗还写信给骠王，称道两国的友好关系。此后，骠国又多次遣使来唐，双方关系友好。

唐时，在印尼苏门答腊立国的有室利佛逝、堕婆登，在爪哇立国的称阇婆。咸亨以后，室利佛逝多次派使臣到唐朝通好，唐朝曾在曲江设宴招待，并封其王为右金吾卫大将军宾义王。堕婆登在贞观末年曾遣使来唐，携带有古贝（也叫吉贝，即棉布）、象牙、白檀等礼物，唐太宗给予回礼，并复信报聘。阇婆自贞观以后不断遣使来唐，仅大历年间就来了三次，所带礼品有玳瑁、生犀等。这说明在唐代中国和印尼有着密切关系。

尼泊尔在唐代称尼婆罗。吐蕃政权与尼婆罗毗邻，双方关系密切，松赞干布曾娶尼婆罗公主为妻。吐蕃、尼婆罗之间有国际通道，称“吐蕃尼婆罗道”。吐蕃的学者常去尼婆罗，尼婆罗的著名学者西拉曼鸠也访问过吐蕃。双方在佛教、绘画、建筑等方面，互相都有不少影响。

尼泊尔和唐朝内地的关系也是密切的。许多由陆路去印度的唐朝僧人，往往取道尼泊尔。玄奘访问印度时，就曾于贞观九年（635 年）到尼泊尔探求佛学，参谒过释迦牟尼的诞生地迦毗罗卫国，并访问了加德满都。贞观二十一年（647 年），尼婆罗遣使来唐，带来了波棱（菠菜）、浑提葱和酢菜。随着中尼关系的发展，中国的造纸术也在这时传入尼泊尔。

印度、巴基斯坦和孟加拉，唐时统称为天竺。唐初，中天竺王尸罗逸多（戒日王）征服了天竺五部（即东西南北中五天竺），以后就不时遣使来通好。唐太宗也一再派梁怀璥、王玄策等出使报聘。当时两国的贸易往来极为频繁。孟加拉、印度半岛东西两岸，经常有中国商船泊港；印度的商船也经常到广州、泉州来贸易。唐朝输往印度的商品有麝香、纻丝、色绢、瓷器、铜钱等。从印度输入的物品有宝石、珍珠、棉布、胡椒等。

友好往来促进了中印的文化发展。唐太宗时曾派人到中天竺的摩揭陀，

① 《新唐书》卷二二《礼乐志》。

“取熬糖法，即诏扬州上诸蔗，拃沈如其剂，色味愈西域远甚”[①]，从而提高了中国的制糖技术。在文学方面，由于佛教经典的翻译，产生了与佛教有密切关系的变文。在艺术方面，敦煌、云冈、麦积山以及洛阳龙门石窟的壁画和雕塑，都保留着印度北部犍陀罗艺术风格的影响。此外，印度和巴基斯坦的天文、历法、医学、音韵学、音乐、舞蹈、绘画、建筑等也陆续传入，对中国有较大的影响。与此同时，在 7 世纪末叶，我国的纸经中亚传到了印度，以后又经尼泊尔传去了造纸术。从此，印度结束了用白桦树皮和贝叶写字的时代。

唐代中印文化交流史上，两国的佛教徒做出了卓越的贡献。其中，最著名的是我国的高僧玄奘和义净。

玄奘姓陈，河南缑氏（今河南偃师南）人。贞观元年（627 年），他从长安启程去天竺游学。途经今天的新疆及中亚各国，饱经风霜，历尽艰险，最后到达了巴基斯坦和印度。他游学 19 年，走遍了五天竺。玄奘在印度期间，主要在当时的佛教学术中心那烂陀寺（印度格雅城东北），从戒贤学习《瑜伽师地论》《大乘起信论》，并代戒贤为众僧讲经说法，主讲过《摄大乘论》，还发表过重要论文《会宗论》。贞观十六年（642 年），戒日王在曲女城（印度卡诺吉城）举行了一次大型佛教经学辩论会，参加的有印度十八国的国王和各派僧侣六七千人，玄奘做主讲人，并把所著《破恶见论》按印度习惯挂在会场门口，征求答辩，深为印度各界所佩服，获得了很高的荣誉。

贞观十九年（645 年），玄奘回到长安，带回了梵文佛经 657 部。他在长安慈恩寺专心做译经工作，20 年间译出佛经 75 部，1335 卷。这些佛经后来在印度大部分失传，中文译本就成了研究古代印度文学、科学的重要文献。在印度留学时，玄奘把秦王破阵乐介绍到了印度。回国后，他还把老子《道德经》译成梵文，送往印度。此外，玄奘还将这次所经历的各国各地区的风土、人情、物产、信仰和历史传说等等，撰写成《大唐西域记》12 卷，成为研究中古时期中亚、印度半岛等国的历史、地理和中西交通的宝贵资料。欧洲和日本的学者都曾对这本书进行过翻译和研究。印度那烂陀的废墟、王舍城的旧址、阿简达的石窟，得以展露和再现其光辉，玄奘在这方面有着不可磨灭的功绩。

继玄奘之后，我国另一位佛学大师义净，于咸亨二年（671 年）搭乘波斯船从广州出发，浮海赴印度。他先在那烂陀寺钻研佛学 10 年，后又到室利佛逝、末罗瑜（在苏门答腊）搜罗并抄写佛经，滞留南洋又 10 年。先后周游 30 余国，历时 25 年，共带回梵文经书 400 部。归国后在洛阳翻译佛经 12 年，译

① 《新唐书》卷二二一上《摩揭陀》。

出佛经 56 部，230 卷，还写了《南海寄归内法传》和《大唐西域求法高僧传》二书，记录了南亚很多国家的社会、文化和宗教状况。这些记载也是研究 7 世纪时印度、巴基斯坦和南洋各国的历史、地理的可贵资料。

除玄奘、义净前往印度外，亦有不少印度高僧携佛经来到唐朝弘法，或亲自参加译经工作，为中印文化交流做出了贡献。

斯里兰卡在唐代仍称师子国。咸亨元年（670 年）和天宝初年，师子国曾两次遣使来唐。在后一次，使者给唐廷送来了大珠、钿金、宝璎、象牙等贵重礼物。唐人李肇在所著《唐国史补》中说，当时来广州的外国船，以师子国的为最大，每年来多次。这说明中斯两国的贸易关系在那时是很密切的。

四　和中亚、西亚、北非各国的经济文化交流

中亚诸国　唐时，在今中亚地区的锡尔河以南至阿姆河一带，有称为“昭武九姓国”的康、安、石、曹、米、何、史、火寻和戊地九国。相传九国的祖先是月氏人，原先住在祁连山北昭武城（今甘肃高台），后为匈奴所迫，迁居此地，故总称“昭武九姓”。这些国家很早就和中国通商。西突厥强盛时，他们被西突厥所统治。唐平西突厥以后，他们名义上内附于唐，实际上唐朝并不管他们的内政，这就更加便利了他们和唐朝的经济、文化交流。唐太宗曾对安国使臣说：“西突厥已降，商旅可行矣。”[①] 昭武诸国都为此而高兴。当时在中国的外商，以这些国家的为最多。近年，在西安、洛阳出土了许多昭武九姓中曹、石、米、何、康、安诸姓的墓志，他们有的为唐朝立了军功，有的担任过唐朝的军政职务。石国、康国的胡腾舞、胡旋舞和柘枝舞也传入长安，为唐人所喜爱。这都说明昭武九姓国与唐朝关系是很密切的。

在中亚还有吐火罗国，即今阿富汗。它地处东西方陆路交通的要冲，自西汉以来就和中国有密切关系。唐初，吐火罗多次派使臣来唐通好，唐高宗亦曾派王名远到那里访问。玄宗时期，往来更为频繁。开元十二年（724 年），吐火罗使臣一次就给唐廷带来乾婆多罗等药物二百余种。在此前后，吐火罗送给唐廷的礼品还有汗血马、玻璃、玛瑙、金精等。

伊朗和东罗马　唐朝时期在西亚的重要国家有波斯和拂菻，前者即伊朗，后者即东罗马。

由北魏到隋唐，波斯萨珊王朝跟中国的关系很密切。7 世纪中，波斯为大

① 《新唐书》卷二二一下《安国传》。

食所灭。波斯王卑路斯及其子泥涅斯，先后定居长安，后皆客死于唐朝。波斯虽亡，但其西部部众犹存，仍与唐保持着密切关系，多次来唐通好。当时有许多波斯人流亡到中国，在中国落户。波斯商人的足迹遍于各地。在长安、洛阳、扬州、广州等城市中开设的波斯胡店，以经营宝石、珊瑚、玛瑙、香料、药材而驰名。晚唐著名的花间派词人李珣，就是留居在四川的波斯商人的后裔，他编著的《海药本草》中介绍了不少波斯药材。在吐鲁番、西宁、西安、太原以及广东的英德都曾发现过波斯萨珊王朝的银币，有的数量还很多，这证明唐朝和波斯的商业贸易是繁盛的。

波斯和唐朝在文化上互相影响、互相促进。波斯输入唐朝的东西很多，其中有菠菜和味甘如饴的波斯枣。中国的丝绸、瓷器、纸张等源源不绝地运销波斯，并通过波斯转输西方。在伊朗境内曾发掘出不少唐三彩。在吐鲁番阿斯塔那出土的唐联珠对鸟、猪头等纹锦，图案风格与波斯萨珊王朝的相似，猪头纹锦在织法上也受波斯织法的影响。波斯的马球运动在唐代流行。景教和摩尼教也由波斯传入中国。

贞观十七年（643 年），拂菻王波多力遣使来唐，献赤玻璃、石绿、金精等物。唐太宗回书答礼，并回赠绫、绮等丝织品。在唐前期，拂菻来使凡七次。东罗马的皇帝、贵族、妇女喜爱服用中国的丝织品，所以它“常利得中国缣素，解以为胡绫、绀纹，数与安息（即波斯）诸胡交市于海中”①。可见拂菻是唐朝丝织物的重要传输地。东罗马的医术和吞刀吐火等杂技也传到了唐朝。在西安、咸阳曾发现东罗马的金币，可能是拂菻商人带来的。

阿拉伯　唐朝称阿拉伯为大食。7 世纪初，伊斯兰教创始人穆罕默德统一阿拉伯半岛后，东灭波斯，西陷开罗，建立了势力达到中亚、南亚和北非的阿拉伯帝国。穆罕默德用《古兰经》鼓励他的门徒：“为了追求知识，虽远在中国，也应该去。”反映了当时阿拉伯人对中国文明的向往。

永徽二年（651 年），大食遣使和唐朝通好，在此后的 148 年间，大食遣使来唐计有 36 次之多。阿拉伯商人到中国的也不少。长安、洛阳、扬州、广州、泉州等处都有他们的足迹，不少人在中国定居落户，有的还在唐朝任职。大中二年（848 年），大食商人的后裔李彦升在长安考中了进士，堪称中阿友好关系史上的一段佳话。在西安唐墓中还出土了倭马亚王朝铸造的阿拉伯金币。

天宝十年（751 年），唐将高仙芝在怛罗斯战役中为大食所败，不少唐兵

---

① 《通典》卷一九三《边防·大秦》。

被俘，其中有造纸工人。大食利用他们的技术设厂造纸，于是中国的造纸术传到了中亚的撒马尔罕，又传到西亚大马士革，最后西传到了非洲和欧洲，为西方文化的传播提供了极为有利的条件。

被俘的唐军中有一个是杜佑的族侄，名叫杜环，他在大食住了十年，归国后，著有《经行记》一书，介绍了当时大食国都城亚俱罗的盛况。书中提到在亚俱罗市中，有“绫绢机杼，金银匠、画匠，汉匠起作画者，京兆人樊淑、刘泚。织络者，河东人乐久、吕礼”[①]。可见除造纸术外，唐朝的其他手工业技术也传到了阿拉伯。

近代考古工作者曾在伊拉克底格里斯河西岸的沙玛拉城遗址发掘出大批中国陶瓷，其中有唐三彩、白瓷和青瓷三种；在北非的福斯特（即开罗古城）遗址中，曾发掘出唐朝的青瓷器。这些来自遥远东方的中国工艺品，正是中阿经济文化交流的历史见证。

中阿之间的友好往来，也反映在唐代阿拉伯人关于中国的记载中。9世纪到过印度和中国的阿拉伯商人苏莱曼，在他的《印度·中国游记》中谈到中国到北非的海道航程，当时中国的船只运货到波斯湾口的西拉甫，然后换船经红海运到埃及。他还描写了广州阿拉伯人的居住情况、中国的瓷器和茶叶以及行政措施。据苏莱曼记载，当时广州有伊斯兰教判官一人，依本教风俗管理本族人民，举行宗教仪式。这说明，随着阿拉伯人的来华，伊斯兰教也传入中国。

综上所述，唐代中国和亚、非地区的许多国家有着广泛、密切的经济和文化联系，唐代中国和亚、非人民有着深厚的情谊。各国使者和人民的来访，扩大了中国人民的视野，丰富了中国人民的经济和文化生活。同时，由于唐朝是当时世界上最文明的国家之一，在人类文明史中占有重要的地位，因而那时中国人民对世界经济、文化的发展，也做出了应有的贡献。

---

① 《通典》一九三《边防·大食》引《经行记》。

图书在版编目（CIP）数据

中国古代史．上册/朱绍侯　齐涛　王育济主编．—5版．--福州：福建人民出版社，2010.5（2025.8重印）
ISBN 978-7-211-06151-8

Ⅰ．中…　Ⅱ．①朱．．．②齐．．．③王．．．　Ⅲ．中国—古代史—高等学校—教材　Ⅳ．K22

中国版本图书馆CIP数据核字（2010）第053663号

中国古代史（上册）
ZHONGGUO GUDAISHI

主　　编： 朱绍侯　齐涛　王育济
责任编辑： 江叔维
交流反馈： 340708490（QQ群）
出版发行： 福建人民出版社
电　　话： 0591-87533169（发行部）
网　　址： http://www.fjpph.com
电子邮箱： fjpph7211@126.com
地　　址： 福州市东水路76号
邮政编码： 350001
经　　销： 福建新华发行（集团）有限责任公司
印　　刷： 福建新华联合印务集团有限公司
地　　址： 福州市晋安区福兴大道42号
开　　本： 730mm×990mm　1/16
印　　张： 34
插　　页： 4
字　　数： 597千字
版　　次： 2010年5月第5版　2023年9月修订
印　　次： 2025年8月第30次印刷
印　　数： 365001—380000
书　　号： ISBN 978-7-211-06151-8
定　　价： 49.00元

本书如有印装质量问题，影响阅读，请直接向承印厂调换。